青海统计年鉴2018

QINGHAI STATISTICAL YEARBOOK

（总第34期 No.34）

青海省统计局
国家统计局青海调查总队
Qinghai Provincial Bureau Of Statistics
NBS Survey Office in Qinghai

中国统计出版社
China Statistics Press

图书在版编目(CIP)数据

青海统计年鉴. 2018 : 汉英对照 / 青海省统计局，国家统计局青海调查总队编. — 北京 : 中国统计出版社，2018.8
ISBN 978-7-5037-8530-6

Ⅰ. ①青… Ⅱ. ①青…②国… Ⅲ. ①统计资料—青海—2018—年鉴—汉、英 Ⅳ. ①C832.44-54

中国版本图书馆 CIP 数据核字(2018)第 155061 号

青海统计年鉴-2018

作　　者/青海省统计局　国家统计局青海调查总队
责任编辑/钟　钰
责任校对/陈宇祺
装帧设计/杨学文
出版发行/中国统计出版社
地　　址/北京市丰台区西三环南路甲 6 号
邮政编码/100073
电　　话/邮购(010)63376909　书店(010)68783171
网　　址/http://www.zgtjcbs.com
印　　刷/青海省统计局印刷厂
经　　销/新华书店
开　　本/890mm×1240mm　1/16
字　　数/1100 千字
印　　张/42
版　　别/2018 年 8 月第 1 版
版　　次/2018 年 8 月第 1 次印刷
定　　价/400.00 元　Price:400.00(RMB)

本书附同版本 CD-ROM 一张，光盘内容以书面文字为准。

如有印装差错，由本社发行部调换。

编 辑 说 明

《青海统计年鉴2018》是一本全面反映青海省国民经济和社会发展情况的资料工具书。本书收录了2017年青海经济和社会各方面的统计数据,同时又增加了体现经济和社会协调发展反映资源与环境变化的资料。

全书内容分23个篇目,即:特载、综合、国民经济核算、人口、就业人员和工资、固定资产投资、对外经济贸易、能源与环境、财政、价格指数、人民生活、农业、工业、建筑业、运输和邮电、国内贸易、旅游、金融业、教育和科技、卫生和社会服务、文化和体育、公共管理、社会保障和其他、全国各地区主要经济指标。

统计表中使用符号:"…"表示数据不足本表最小单位;"空格"表示无该项指标数据或该项指标数据不详;"#"表示总指标的其中项数据。读者在使用统计资料时,凡与本年鉴有出入的,均以本年鉴为准。

本《年鉴》是青海省统计局和国家统计局青海调查总队共同努力的结果,也是全省各条战线上广大统计干部辛勤劳动的成果,是集体智慧的结晶。在编辑出版、印刷、发行过程中,得到了中国统计出版社等许多单位及有关同志的大力支持,在此一并表示衷心感谢!

《青海统计年鉴》公开出版以来,受到了国内外广大读者的关心和支持,对本年鉴的内容和编辑工作提出了许多宝贵的意见,对此我们深表谢意。由于我们水平有限,疏误之处在所难免,欢迎各界人士随时对不足之处给予批评和指正,帮助我们进一步提高和改进统计年鉴的编辑水平,更好地为广大读者服务。

《青海统计年鉴-2018》编辑委员会

Editor's Explanatory Notes

Qinghai Statistical Yearbook 2018 is an annual statistical publication, which reflects comprehensively the economic and social development of Qinghai . It covers data for 2017 in various aspects of economic and social statistics, at the same time, increases information of resources and environmental changes reflected economic and social harmonious development.

The Yearbook contains twenty – three chapters : Special Articles, General Survey, National Accounts, Population, Employment and Wages, Investment in Fixed Assets, Foreign Trade and Economic Cooperation, Energy and Environment, Government Finance, Prices, People's Living Conditions, Agriculture, Industry, Construction, Transport, Postal and Telecommunication, Domestic Trade, Tourism, Financial Intermediation, Education, Science and Technology, Public Health and Social Services, Culture and Sports, Public Management, Social Security and Others, Main Economic Indicators of Different Regions of the Country.

Notations used in the yearbook :"…" indicates that the figure is not large enough to be measured with the smallest unit in the table; (blank space) indicates data are unknown, or are not available; "#" indicates a major breakdown of the total. When readers use statistical information, they should be based in this Yearbook if there is difference from this Yearbook.

The "Yearbook" is outcome of joint efforts of Qinghai Bureau of Statistics and Survey Organization of National Bureau of Statistics, is fruit of the hard work of majority of statistics cadres on all fronts of the province, and is the crystallization of collective wisdom. In editing and publishing, printing, distribution process, the yearbook has received great support from China Statistics Press, many units and comrades. We acknowledge their help to the book.

Qinghai Statistical Yearbook has received concern and support of the readers at home and abroad for the content and edit of the Yearbook of many valuable suggestions since published, which we are grateful. Because of our limited level, Mistakes are inevitable. Welcome people from all walks of life to give us the criticism and correction for our inadequacies at any time in order to help us further enhance and improve the editorial level of statistical yearbook, and served readers better.

Qinghai Statistical Yearbook 2018 **Editorial Board**

《青海统计年鉴－2018》编辑委员会

QINGHAI STATISTICAL YEARBOOK – 2018
NAME LIST OF EDITORIAL BOARD

一、特载

Special Articles

二、综合

General Survey

三、国民经济核算

National Accounts

六、固定资产投资

Investment in Fixed Assets

七、对外经济贸易

Foreign Trade and Economic Cooperation

八、能源与环境

Energy and Environment

九、财政

Government Finance

十、价格指数

Prices

十一、人民生活

People's Living Conditions

十二、农业

Agriculture

十三、工业
Industry

十四、建筑业

Construction

十五、运输和邮电

Transport, Postal and Telecommunication

十六、国内贸易

Domestic Trade

十七、旅游

Tourism

十八、金融业

Financial Intermediation

十九、教育和科技
Education, Science and Technology

二十、卫生和社会服务

Public Health and Social Services

二十一、文化和体育

Culture and Sports

二十二、公共管理、社会保障和其他

Public Management, Social Security and Others

二十三、全国各地区主要经济指标

Main Economy Indices and Order of the Different Parts of the Country

第 1 篇
CHAPTER 1

特　载
Special Articles

政府工作报告

——2018年1月25日在青海省第十三届人民代表大会第一次会议上

省长　王建军

各位代表：

现在，我代表省人民政府，向大会报告政府工作，请予审议，并请各位政协委员提出意见。

一、过去五年的工作回顾

刚刚过去的2017年，是青海发展史上极不平凡的一年，我们以迎接党的十九大胜利召开和全面贯彻落实十九大精神为动力，按照省第十三次党代会作出的决策部署，团结依靠全省各族人民，坚持稳中求进工作总基调，坚持新发展理念，以供给侧结构性改革为主线，以“四个转变”推动落实“四个扎扎实实”重大要求，稳增长、促改革、调结构、惠民生、保生态、防风险等各项工作统筹推进，全省经济社会发展总体平稳、稳中有进。实现地区生产总值2642.8亿元，比上年增长7.3%；全体居民人均可支配收入增长9.8%；居民消费价格涨幅控制在1.5%，为十二年来最低，省十二届人大六次会议确定的各项目标任务圆满完成！

一年来，在省委的坚强领导下，我们坚持观大势、谋全局、出实招、办实事，较好履行了政府宏观调控、公共服务、市场监管、社会管理、环境保护等职责，开创了各项工作的新局面。经济发展取得新成绩。全社会固定资产投资增长10.3%，社会消费品零售总额增长9.3%，地方公共财政收入同口径增长9.3%。重点产业关键技术取得新突破，建成全国首座百兆瓦太阳能光伏发电实证基地。规上工业增长7%，高技术产业和装备制造业增速分别达到21%和16%，创下了清洁能源供电连续168小时的世界新纪录。粮食产量连续十年突破百万吨，有机枸杞产量居全国首位。服务业增长7.9%，对经济增长的贡献率达45.1%。成功举办文化旅游节，旅游人次和旅游收入均增长20%以上。金融机构贷款余额突破6000亿元，社会融资规模增长1.6倍。机场旅客吞吐量突破600万人次。电信业务量增长1.4倍，电子商务交易额增长30.8%。基础设施得到新加强。西成铁路先导工程开工，格库、格敦铁路加快建设。民小、花久、共玉、循隆等高等级公路建成通车，新改建农村公路8600公里。格尔木机场改扩建工程竣工投运，祁连机场实现校飞。那棱格勒河水利枢纽开工建设，黄河沿岸四大水库灌区主体工程建成，农牧区饮水安全巩固提升工程惠及44.9万群众。建设与改造农网9176公里。生态文明建设有了新进展。三江源国家公园体制试点进展顺利，祁连山国家公园体制试点方案获批。可可西里列入世界自然遗产名录，祁连山山水林田湖草生态保护修复国家试点项目开工建设，河长制全面建立，5622名五级河长正式履职。国土绿化面积突破400万亩，为历年最多。中央环保督察期间交办的2299件环境问题全部办结。改革开放迈出新步伐。着力化解过剩产能，推动市场出清，完成132万吨煤炭去产能任务，分流安置企业职工3046人，直供电等举措降低企业成本70亿元。深化放管服改革，取消调整44项行政审批事项，实行企业“三十六证合一”和个体户“五证合一”，营商环境明显改善，市场主体增长13%。国有企业“3+10”改革试点创新体系形成。农村土地承包经营权确权登记工作进展顺利，农村集体产权制度、农垦等改革加快推进。中欧班列实现常态化运营，自营商品进出口总额增长45.1%，盐化产品首次出口欧洲。社会事业有了新变化。义务教育阶段生均公用经费补助标准持续提高，文化进村入户工程实现行政村全覆盖，广播电视综合人口覆盖率达到98.4%，跨省异地就医实现直接结算，大型体育场馆免费、低收费开放率达100%。西宁入选全国文明城市，西宁、海西、海南成功创建全国民族团结进步示范市州，玉树市荣膺国家卫生城市，互助故土园成功创建国家5A级旅游景区。民生福祉获得新提升。7个贫困县、525个贫困村、15.8万贫困人口脱贫摘帽。13项民生调标任务全面完成，城市低保月人均标准、农村低保年人均标准分别提高50元、350元。城镇新增就业6.1万人、农牧区劳动力转移就业108万人次，高校毕业生就业率达85%以上，城镇登记失业率3.1%。社会治理取得积极成效，人民的安全感、满意度不断增强。年初向人民承诺的民生十件实事全部兑现！

各位代表！2017年各项工作任务的完成，为实现本届政府五年任期目标划上了圆满句号。五年来，我们贯彻习近平新时代中国特色社会主义思想，落实党中央国务院决策部署，特别是2016年8月习近平总书记来青视察提出的重大要求，团结奋斗、艰苦创业，播撒了希望的种子，收获了丰硕的果实。这五年，是砥砺奋进的五年。地区生产总值跨上第二个千亿元台阶，年均增长8.7%，固定资产投资跨过两个千亿元大关，全省总财力达到1650.8亿元，社会消费品零售总额年均增长11.8%。"四个千亿元"产业、两个"千万千瓦级"可再生能源基地、"八大绿色产业技术体系"已具雏形，循环工业增加值占比达60%，全国最大的有机畜牧业生产基地落地我省。海东撤地设市，全省城镇化率提高5.7个百分点、达到53.1%。这五年，是生态向好的五年。"四梁八柱"生态文明制度不断完善。湿地面积跃居全国首位，三江源头重现千湖美景，青海湖水域面积17年来最大，裸鲤资源量约为保护初期的30倍，长江、黄河干流、澜沧江、黑河出省断面水质持续稳定在Ⅱ类以上，湟水河出省断面Ⅳ类水质达标率为100%，全省地表水优良比例达94.7%。全省空气质量优良天数比例达到92.4%，西宁南北山森林覆盖率达到79%，节能减排成效明显。这五年，是民生改善的五年。90.7万贫困人口实现稳定脱贫，城镇新增就业累计超过30万人，城乡居民人均可支配收入年均分别增长9.7%和11.1%。藏区所有学生和西宁、海东贫困家庭学生实现15年免费教育，新建3所高职院校，高校一流学科建设实现突破，建成青海师范大学新校区和三江源民族中学。全省五级公共文化服务网络覆盖率达95%，三个文化生态保护实验区建设成效初步显现，四级非遗名录保护体系基本建立，县级广播电视台建设实现全覆盖。社会保险参保扩面任务全面完成，养老、医疗、低保等基本公共服务实现全覆盖。社会救助水平不断提高。国家综合医改试点形成可复制、可推广的经验，"健康青海2030"行动计划全面实施，人均期望寿命提高到71.7岁，各族群众健康保障水平不断提升。累计开工建设各类城镇保障房38.7万套，新建农牧区各类住房35万户，城乡近三分之一人口改善了住房条件。物价涨幅由3.1%降至1.5%。连续86个月未发生重大及以上事故，安全生产事故起数和死亡人数实现"双下降"。妇女儿童事业长足发展，复转军人得到妥善安置，残疾人事业不断加强，各族群众的获得感幸福感安全感持续提升。这五年，是活力释放的五年。共推出843项重大改革举措，生态文明、医药卫生、司法体制改革试点取得重大进展，供给侧结构性改革深入推进，放管服、商事制度、国企国资、财税金融、农牧区、投融资改革持续深化，价格、电力体制、公车等改革全面推进。对外开放和对口援青成效显著，青洽会、环湖赛等大型经贸文体活动品牌效应凸显，曹家堡保税物流中心建成运营。生态文明先行区、循环经济发展先行区、民族团结进步先进区创建结出硕果。这五年，是守正出新的五年。深入开展党的群众路线教育实践活动和"三严三实"专题教育，推进"两学一做"学习教育常态化制度化。支持国防和军队现代化建设，军政军民关系进一步密切，军民融合深度发展迈出坚实步伐。自觉接受人大法律监督、工作监督和政协民主监督，五年来，向省人大提交地方性法规草案20件，审议通过政府规章21件，办理人大代表建议2243件、政协委员提案1707件。各级政府公信力、执行力显著增强。这五年，是后劲增强的五年。公路、铁路、航空立体交通网络正在构架，实现高速公路市州全覆盖，高等级公路通车里程达3900公里，所有县城通二级以上公路，畅通西宁"外环内网"交通格局初步形成，青海迈入高铁时代，"一主六辅"民用机场格局形成。引大济湟调水总干渠建成通水。青藏、青新联网相继建成，实现县域大电网全覆盖。高原云计算大数据、青海新能源大数据中心投入使用，宽带网络覆盖所有乡镇，农村电商物流网络体系不断完善。

过去五年，青海取得的显著成绩，是党的十八大以来党和国家事业阔步前行的一个缩影。这些成绩的取得，最根本的是得益于以习近平同志为核心的党中央坚强领导和党中央国务院对青海的特殊关心，得益于历届省委省政府打下的良好基础，得益于省人大、省政协和社会各界的支持监督，得益于全省各族人民的团结奋进，得益于驻青部队和武警部队全体官兵的大力支持，得益于各援青省市和各方面的真情帮扶。在此，我代表省人民政府，向全省各族人民，向人大代表、政协委员，向各民主党派、工商联、人民团体和社会各界人士，向中央驻青单位、驻青人民解放军和武警官兵，向所有关心和支持青海发展的海内外朋友，致以崇高的敬意和衷心的感谢！

各位代表！五年发展的历程充满艰辛，五年积累的经验弥足珍贵。习近平总书记在党的十九大上指出，中国特色社会主义进入了新时代，省第十三次党代会鲜明提出，青海发展站在了新起点上。此时此刻，我们深切体会到：新时代、新起点必须以新思想来指引，就是要用习近平新时代中国特色社会主义思想武装头脑、指导实践、推动工作。新时代、新起点必须贯彻新发展理念，就是要始终坚持创新第一动力、协调内生特点、绿色普遍形态、开放必由之路、共享根本目的。新时代、新起点必须开辟新路径，就是要争做"四个转变"的坚定实践者，在加快转变中推动青海高质量发展。新时代、新起点必须有新认识，就是要正确把握社会主要矛盾的变化，坚持不断发展论和发展阶段论相统一，与时俱进地抓好各项工作。新时代、新起点必须培育新动能，就是要坚持改革推动、开放带动、创新驱动，让弱鸟飞得更高、飞得更远。新时代、新起点必须创造新生活，就是要把人民对美好生活的向往作为奋斗目标，让各族人民过上更富足、更健康、更安全、更踏实的好日子。新时代、新起点必须有新作为，就是要以永不懈怠的精神状态和一往无前的奋斗姿态，干出一个新青海！

各位代表！过去五年的奋斗历程，已经载入史册，美好的明天正向我们走来。告别过去拥抱未来，我们必须始终保持忧患意识，安不忘危、稳不忘忧，始终清醒认识到青海仍处于社会主义初级阶段的较低层次，经济发展不平衡不充分，发展质量和效益有待提高，社会发育和文明程度有待提升，社会治理能力和水平有待提振，仍是我们面临的突出矛盾。创新能力不强，市场活力不足，非公经济发展水平不高，生态保护任重道远，脱贫攻坚任务繁重，民生改善和社会保障短板较多，社会和谐、风险防控底板不牢等问题，仍是我们需要应对的挑战。我们必须直面这些矛盾和挑战，以更加努力的工作、更加扎实的举措来解决，坚定不移地带领充满生机与活力的青海走进新时代、迈向新辉煌！

二、未来五年工作的总体部署

各位代表！处在中华民族伟大复兴的新时代，站在"两个一百年"奋斗目标的历史交汇期，建设更加富裕文明和谐美丽新青海，我们肩负的责任重大。未来五年，是大有作为的五年。党的十九大开启全面建设社会主义现代化国家新征程，提出实施区域协调发展、可持续发展、乡村振兴等重大战略，作出推进西部大开发形成新格局等重大部署，青海必将迎来新的发展黄金期，机遇前所未有。未来五年，是富民强省的五年。新发展理念日益深入人心，生态生产生活关系不断改善，财富"蛋糕"在绿色发展中越做越大，民生短板在决胜全面小康中不断补齐，人民对美好生活的向往在发展中逐步变成现实。未来五年，是打牢基础的五年。改革开放力度持续加大，供给侧结构性改革不断深化，城乡融合发展纵深推进，基础设施建设升级增效，公共服务水平质量更高，一二三次产业统筹推进，更多新动能持续释放，青海发展的条件更好、后劲更足。未来五年，是攻坚克难的五年。在新起点上推动青海实现新发展，有许多挑战需要应对，有许多关口需要跨越，有许多难题需要破解，要走的路很长，要付出的艰辛很多。我们必须咬定青山不放松，一年接着一年干，一件事接着一件事办，尽全力把宏伟蓝图变成美好的现实！

做好未来五年的工作，我们要深入贯彻落实党的十九大精神，在习近平新时代中国特色社会主义思想的指引下，按照省第十三次党代会的决策部署，坚持党对经济工作的领导，坚持稳中求进工作总基调，坚持新发展理念，坚持质量第一、效益优先，坚持以人民为中心的发展思想，坚持以供给侧结构性改革为主线，紧扣我国社会主要矛盾转化在青海的具体体现，努力满足人民对美好生活的新期待，统筹推进"五位一体"总体布局和协调推进"四个全面"战略布局，全面落实"四个扎扎实实"重大要求，着力推动"四个转变"，全面完成"十三五"规划，与全国同步全面建成小康社会，在新的起点上建设更加富裕文明和谐美丽新青海。综合分析我省发展的宏观环境和具体条件，未来五年可以分两步来安排。第一步：到2020年，与全国同步全面建成小康社会，为建设"四个更加"打下坚实基础。到那时，国家现行标准下农牧区贫困人口实现脱贫、贫困村全部退出、贫困县全部摘帽，农村集体经济发展壮大，乡村振兴取得重要进展；国内生产总值和城乡居民人均收入比2011年翻一番，人均国内生产总值和城乡居民人均收入与全国平均水平的相对差距不断缩小，人民生活水平和质量不断提高；与新时代要求相适应的生产力和生产关系不断改善，城市的承载力、乡村的宜居度、基础设施建设的覆盖面、基本公共服务的保障力、人民的精神面貌都有明显改观，供给与需求的矛盾进一步缓解，生态文明先行区、循环经济发展先行区、民族团结进步先进区建设迈上新台阶，青海在全国发展格局中的地位进一步提升。各族人民对青海的认同感、归属感、自豪感进一步增强。各类人才干事创业的活力竞相迸发，创造美好生活的激情充分涌流。第二步：2020至2022年，在全面建成小康社会的基础上，不断丰富"四个更加"的内涵，建设物阜民丰、开放包容、充满自信的新青海。到那时，发展质量更优，质量变革、效率变革、动力变革加快推进，全要素生产率不断提高，实体经济、科技创新、现代金融、人力资源协同发展的产业体系加快建设，市场机制有效、微观主体有活力、宏观调控有度的经济体制逐渐形成，综合经济实力持续增强。生态环境更美，全社会尊重自然、顺应自然、保护自然的意识更加坚定，生态优先、绿色发展的成效更加明显，还自然以宁静、和谐、美丽的基础更加厚植，天更蓝、山更绿、水更清、大地园林化的美景徐徐展现，人与自然和谐共生的现代化建设新格局基本形成。文明程度更高，社会主义核心价值观全面践行，人民有信仰、国家有力量、民族有希望的理念大力弘扬，人民思想觉悟、道德水准、文明素养普遍提高，文化产业和文化事业加快发展，文化自信、文化自觉和文化凝聚力更加彰显，物质文明、政治文明、精神文明、社会文明、生态文明发展更加协调。人民生活更好，改革发展成果更多更公平惠及全体人民，民生之利有更多保障，民生之忧有更多化解，人民安居乐业的基础和条件有更大的改善，形成人人有业创、大家忙起来的良好社会局面，人民获得感幸福感安全感更加充实、更有保障、更可持续。社会治理更实，公平正义成为根本价值坐标，法治青海、平安青海、诚信青海建设取得积极成效，公共安全形势更加稳定，民族和睦、宗教和顺、社会和谐，形成共建共治共享的良好社会治理格局。

各位代表！新一届政府任期的五年，是开启新征程、担当新使命的五年。未来五年政府的责任担当是：用信心和勇气开拓进取，用智慧和耐力成就事业，用实干和实绩赢得民心，做到四个“始终坚持”：一是始终坚持党的集中统一领导。牢固树立“四个意识”，在思想上政治上行动上同以习近平同志为核心的党中央保持高度一致，坚决贯彻党的路线方针政策，确保中央和省委各项决策部署落到实处、见到实效。二是始终坚持人民的主体地位。政府所有工作都要体现人民意愿、维护人民利益、接受人民监督，把人民幸福作为第一目标，把人民期盼作为第一任务，把人民呼声作为第一信号，全心全意为人民服务。三是始终坚持政府的清正廉洁本色。坚决贯彻中央八项规定和省委若干措施精神，一以贯之纠正“四风”，始终做到秉公用权、持廉守正、勤勉尽责、干事创业。四是始终坚持热爱青海、建设青海、奉献青海。敬意72万平方公里的高天厚土，呵护苍穹下的芸芸众生，铸牢艰苦奋斗的精神家园，以功成不必在我的信念，完成时代赋予的使命！

各位代表！三江源、昆仑山是青海的标志，也是青海的名片。谋划青海未来五年的工作，既要有三江之源的宽广视野，又要有昆仑之巅的博大胸怀，青海的大事不能办小了，青海的实事不能办虚了，要跳出青海审视青海，面向未来建好青海，推动青海未来五年发展的总体考虑是：谋划实施以“四个扎扎实实”“四个转变”“四化同步”“四个更加”“四种本领”为主抓手的“五四”战略。“四个扎扎实实”是做好青海工作的根本遵循，“四个转变”是推动落实“四个扎扎实实”重大要求的方法路径，“四化同步”是实现“四个扎扎实实”和“四个转变”的有力支撑，“四个更加”是建设富强民主文明和谐美丽的社会主义现代化强国愿景在青海的具体体现，“四种本领”是完成各项目标和任务的基本保证。

（一）实施落实“四个扎扎实实”重大要求战略。着力点在高质量发展上。一是扎扎实实推进经济持续健康发展。以供给侧结构性改革为主线，加快转变发展方式、优化经济结构、转换增长动力，实施质量强省战略，持续构建“八大绿色产业技术体系”，加快培育“四个百亿元”农牧业产业和“四个千亿元”工业产业，促进文化和旅游深度融合，加大对民族医药事业的支持力度，加快新技术、新产业、新业态的普及提升，推动经济持续健康发展，由高速增长转向高质量发展，建设现代化经济体系。二是扎扎实实推进生态环境保护。坚持节约优先、保护优先、自然恢复为主的方针，牢固树立社会主义生态文明观，以五大生态板块为抓手，统筹山水林田湖草系统治理，建设好三江源、祁连山国家公园，开展好生态功能提升、资源节约提效、环境治理提质、国土绿化提速、生态制度构建五大行动，筑牢国家重要生态安全屏障。三是扎扎实实保障和改善民生、加强社会治理。在经济发展可持续、财力支撑有保障的基础上，全面分析公众社会心理诉求，解决好突出民生问题，发挥好社会政策的托底作用，加强基本公共服务，加强基本民生保障，加强基层基础工作，弘扬生命至上、安全第一的思想，培育积极向上的社会心态，及时化解社会矛盾，有效维护国家安全，保持社会大局持续稳定。四是扎扎实实加强和规范党内政治生活。按照新时代党的建设总要求，坚持“两个生态”一起抓、“两个责任”一起扛，严明党的政治纪律和政治规矩，深化机构和行政体制改革，加强行政督察和审计监督，抓好党建责任实化、队伍能力优化、组织建设强化、作风建设转化工作，不断提高政府施政能力和服务水平。

（二）实施推进“四个转变”新思路战略。着力点在加快转变上。一是加快从经济小省向生态大省、生态强省转变。持续构建绿色低碳循环发展经济体系、市场导向绿色技术创新体系、清洁低碳和安全高效能源体系，倡导简约适度绿色低碳生活方式，开展创建节约型机关、绿色家庭、绿色学校、绿色社区和绿色出行“五项绿色细胞工程”行动，形成绿色发展方式和生产方式，实现生产系统和生活系统循环链接，为加快生态文明体制改革、建设美丽中国作出青海人的努力。二是加快从人口小省向民族团结进步大省转变。全面贯彻党的民族政策和民族区域自治制度，深化民族团结进步教育，深入开展全国民族团结进步先进市州创建和升级活动，加快实施“十三五”藏区发展规划和对口援青规划，推进与川甘交界地区平安与振兴工程，加强各民族交往交流交融，促进各民族像石榴籽一样紧紧抱在一起，为民族团结进步贡献更多的青海经验、青海智慧。三是加快从研究地方发展战略向融入国家战略转变。着力保护好“中华水塔”。抓住“一带一路”、长江经济带、区域协调发展、西部大开发、兰西城市群、人口较少民族发展、脱贫攻坚、对口援青、东西部扶贫协作等战略机遇，更好融入国家发展战略。抓住清洁能源示范省建设的机遇，把光伏发电打造成具有规模优势、效率优势、市场优势的特色支柱产业，使青海成为国家重要的新型能源产业基地。抓住2022年冬奥会机遇，大力推介能体现青海特征的吉祥物、纪念品，提高大美青海的知名度和影响力。四是加快从农牧民单一的种植、养殖、生态看护向生态生产生活良性循环转变。构建政府为主导、企业为主体、社会组织和公众共同参与的环境治理体系，以满足人民日益增长的优美生态环境需要为导向，大力发展资源环境可承载的特色产业。通过加强职业教育、技能培训，为农牧民提供更多的生态公益性岗位，通过挖掘传统文化潜力，打造特色劳务品牌，让农牧民的身份变成崇高职业。实施新型农牧业经营主体培育工程，促进小农户与现代农牧业发展有机衔接，推动农牧业由单一种养向种养加销售深度融合、由数量型向质量效益型、由种(养)得好向卖得更好转变，走出一条生态保护、生产发展和生活富裕的共赢之路。

(三)实施统筹“四化同步”发展战略。着力点在统筹推进上。一是推动信息化和工业化深度融合。着力实施“互联网+”制造业、互联网创新发展、大数据发展等“三大行动计划”，促进互联网、大数据在企业研发设计、生产制造、经营管理、销售服务中的综合集成应用，促进工业结构整体优化升级。二是推动工业化和城镇化良性互动。发展生产力、变革生产关系、调整城乡关系，着力实施产城融合发展行动计划，推动经济园区化、园区产业化、产业集群化，发挥工业化对城镇化的牵引作用，实现工业化为城镇化提供动力活力、城镇化为工业化提供空间承载的互促互动。三是推动城镇化和农业现代化相互协调。着力优化区域发展布局，打造宜居宜业“大西宁”、城乡统筹和农业现代化“新海东”、开放“柴达木”、特色“环湖圈”、绿色“江河源”。推进以人为核心的新型城镇化，促进农牧业与旅游休闲、农耕体验、文化传承、健康养生等深度融合，打造更多有文化、有产业、有支撑、有品牌的高原特色美丽小镇，打造更多以大漠风光、雪域风情、田园风景、红色旅游、传统民俗为依托的休闲农牧业，走农牧业内涵式发展道路，培育和造就更多懂农牧、爱农牧、为农牧的“三农三牧”工作队伍，推进“三农三牧”现代化，形成以工促农、以城带乡、城乡统筹的新格局。

(四)实施加快“四个更加”提速战略。着力点在结出硕果上。一是建设更加富裕新青海。以高质量发展为目标，充分发挥青海能源、资源比较优势，加快国家循环经济试验区、高新技术产业园区和各类产业园区建设步伐，改造提升传统产业，发展壮大新兴产业，培育更多支柱产业，加快发展现代服务业，推动经济总量再上一个千亿元台阶。加强铁路、公路、航空、管道、电网、信息、物流等基础设施网络建设，加快打通各类出省通道，构建更加快捷的出行和运输网络，让青海更好地走进全国、走向世界。大力实施民生项目工程，让富裕新青海的成果为各族人民群众提供物质上富足、精神上富有的保障，确保各族人民在幼有所育、学有所教、劳有所得、病有所医、老有所养、住有所居、弱有所扶上有更多获得感。二是建设更加文明新青海。坚持全民行动，干部带头，从家庭做起，从儿童抓起，积极开展群众性精神文明创建活动，倡导健康文明的生活方式，有效激发各族人民建设文明新青海的内生动力。采取有效措施，破除大操大办、厚葬薄养、人情攀比等陈规陋习，教化群众、淳化民风，焕发精神文明新气象，营造劳动光荣的社会风尚和精益求精的敬业风气，坚定走生产发展、生活富裕、生态良好的文明发展之路。深入挖掘民族优秀传统文化中蕴含的思想理念、人文精神、道德规范，深入实施道德模范建设工程，高水平打造中国原子城国家级爱国主义教育和理想信念教育示范基地，深入实施文化惠民工程，丰富群众文化生活，用更加文明的办法来加强文明建设，让文明的细胞活跃在青海大地。三是建设更加和谐新青海。抓住各族群众最急最忧最盼的问题，解决好各族群众最关心最直接最现实的利益问题，完善公共服务体系，保障各族群众基本生活，不断满足人民群众日益增长的美好生活需要，完善社会救助、社会福利、慈善事业、优抚安置等制度，积极应对人口老龄化，加快老龄事业和产业发展，认真做好机关离退休干部、企业离退休职工、乡村“三老人员”工作，不断促进社会公平正义，形成有效的社会治理、良好的社会秩序，加强预防和化解社会矛盾机制建设，正确处理人民内部矛盾，加强社区治理体系建设，推动社会治理重心下移，实现更高层次的社会和谐。四是建设更加美丽新青海。深入挖掘长江文化、黄河文化的底蕴，努力做好名山大川和冷凉气候的文章，不断强化湖泊、湿地保护，持续谱写青海山脉、水脉、人脉、文脉交相辉映的出彩篇章，加快打造全国有影响的旅游胜地、康养基地、文化创意园地，让美丽新青海成为美丽中国一张最亮丽的名片!

(五)实施增强“四种本领”锻造战略。着力点在不断提升上。一是增强学习和政治领导本领。“凡事思所以然，天下第一学问”，增强政治本领，必须从加强学习做起，各级政府及其工作人员都要增强学习新知识、掌握新本领的自觉性和紧迫感，重视学习，不断掌握新知识、熟悉新领域、开拓新视野，全面提高履职的能力和干事的本领。二是增强改革创新和科学发展本领。永不僵化，永不停滞，必须与时俱进、改革创新，各级政府及其工作人员都要不断增强自我净化、自我完善、自我革新、自我提高的能力，努力跟上新时代，努力适应新时代，努力融入新时代。三是增强依法施政和群众工作本领。政府因人民而生，为人民而兴，忠于人民才能脚下有根，各级政府及其工作人员都要拜人民为师，向人民学习，与人民共安危，做人民的贴心人，只有把人民扛在肩上，人民才会把我们放在心上。时代是出卷人，政府是答卷人，人民是阅卷人，依法施政必须过了群众这一关。四是增强狠抓落实和驾驭风险本领。一分部署，九分落实，落实能力是各级政府及其工作人员最大的能力，建设富裕文明和谐美丽新青海的美好蓝图，不是用来欣赏和赞美的，必须扑下身子真抓实干，一个目标一个目标分解，一件任务一件任务落实，一个时间节点一个时间节点推进，做到善始善终、善作善成。

各位代表！“五四战略”是政府系统贯彻党的十九大精神的重大实践，是落实省第十三次党代会要求的重大举措，也是新青海建设的重大任务，我们要久久为功、持之以恒实施好，为实现“一个同步”、建设“四个更加”打下坚实基础，奋力开创青海更加美好的未来！

三、2018年重点工作的安排

今年是全面贯彻党的十九大精神的开局之年，也是深入落实省第十三次党代会精神的重要一年。我们要以习近平新时代中国特色社会主义经济思想为指导，按照中央经济工作会议的决策部署，落实省委十三届三次全会要求，做好经济社会发展各项工作。

今年国民经济和社会发展的主要预期目标是：地区生产总值增长7%左右，全体居民人均可支配收入增长9%，城镇新增就业6万人，农牧区劳动力转移就业105万人次，城镇登记失业率控制在3.5%以内，居民消费价格涨幅控制在3%以内，主要城市空气质量优良天数比例达到78%以上，湟水河出省断面Ⅳ类水质稳定向好。

实现上述目标，要重点抓好以下八个方面的工作：

（一）坚决打好三大攻坚战，为决胜全面小康强基固本。强化政策倾斜，聚焦精准发力，攻克坚中之坚。打好防范化解重大风险攻坚战。严厉打击非法集资等违法违规金融活动，遏制金融市场高杠杆投机炒作，有效防范处置银行不良贷款，强化风险监测预警和应急处置，有序化解不良资产、影子银行、互联网金融等突出风险点，坚决守住不发生区域性系统性金融风险的底线。加强政府债务管理，稳妥处置存量，有效遏制增量，努力化解地方政府隐性债务风险。坚持“房子是用来住的、不是用来炒的”定位，继续实行分类调控、因城因地施策，保持房地产市场平稳健康发展。加快建立多主体供应、多渠道保障、租购并举的住房制度，建立和完善房地产发展长效机制。打好精准脱贫攻坚战。以解决突出制约问题为重点，以重大扶贫工程和到村入户帮扶为抓手，强化支持保障体系，加大政策倾斜和扶贫资金整合力度，重点攻克深度贫困堡垒。把扶贫和扶志、扶智结合起来，把救急纾困和内生脱贫结合起来，把发展短平快项目和培育特色产业结合起来，着力激发贫困人口内生动力。积极对接东西部扶贫协作和对口援青，持续推进贫困村提升工程，深入开展健康扶贫，实施9631户易地扶贫搬迁，年内确保12个贫困县摘帽、500个贫困村退出、15万贫困人口脱贫。全面开展扶贫资金绩效管理，对已脱贫人口，攻坚期内脱贫不脱政策。打好污染防治攻坚战。强化中央环保督察问题整改。加强大气污染联防联控，开展城市扬尘综合整治，推进燃煤锅炉清洁化改造和煤改气、煤改电，统筹做好配电设施改造、居民取暖用气用电补助等工作。做好工业废水集中处置，加强城镇污水、生活垃圾处理设施建设，并逐步延伸到农牧区。抓好重要饮用水水源地保护，推进湟水河综合治理，在全面推行河长制基础上实施湖长制。推进畜禽养殖污染防治和废弃物资源化利用，加大农业面源污染防治力度，加强生活垃圾分类和无害化处理，让群众切实感受到环境改善的成果！

（二）践行新发展理念，推动供给侧结构性改革取得实效。强化创新驱动，发展实体经济，切实提高供给体系质量。坚持创新驱动发展。加强创新体系建设，理顺青海国家高新区体制机制，提升三江源生态与高原农牧业、藏药新药开发等国家重点实验室建设水平，加大高新技术企业、科技型企业培育力度，强化协同创新，培育共享经济、数字经济、生物经济等新业态新模式，高质量建设“双创”示范基地和专业化众创空间，大力实施“高端创新人才千人计划”“青海学者计划”，着力培育实用技能人才，开展“军民产业融合示范引领行动”，鼓励高校毕业生、复转军人、农民工等人员返乡下乡创新创业，打造创新创业升级版。大力发展实体经济。优化要素配置，培育一批主业突出的优势企业，扶持一批有发展潜力的中小微企业，招引一批综合效益好的延链补链项目，力争培育规模以上企业40户、新增中小企业1000户。实施增强制造业核心竞争力三年行动计划和新一轮技术改造升级工程，推动制造业向数字化、网络化、智能化、绿色化转变，落实“降税减证提标”三项措施，支持制造业升级发展。开展“两化”融合以点扩面行动，促进互联网、大数据、人工智能与实体经济深度融合。激发和保护企业家精神，弘扬劳模精神和工匠精神，建设知识型、技能型、创新型劳动者大军。持续推进“三去一降一补”。坚持用市场化、法治化手段推动水泥、电石、碳化硅、铁合金等行业去产能。发展住房租赁市场特别是长期租赁，建设省市（州）县三级联网的房屋租售公共服务平台，开展培育住房租赁试点，做好中低收入住房困难家庭的保障工作，允许房地产开发企业在一定条件下将在建和库存商业用房改造为住宅和养老、旅游、电商等用房。加快重点企业市场化法治化债转股、兼并重组等步伐，支持企业通过盘活闲置资产优化债务结构。降低制度性交易、税费和要素成本，清理规范涉企收费和垄断性中介服务。统筹做好各项补短板工作。

（三）科学精准施策，保持经济在合理区间运行。抓住关键环节，持续有效发力，巩固经济稳中向好势头。着力扩大有效投资。开展“项目生成年活动”，谋划和储备一批全局性、基础性、战略性重大工程项目，争取启动格成铁路等项目前期工作。加快投资计划和项目资金下达节奏，垫资开工一批项目，尽快形成实物量，全社会固定资产投资增长7%左右。着力稳定工业增长。开展工业强基发展年活动，运用新技术、新工艺、新材料和新设备，改造提升盐湖化工、有色冶金、能源化工、建筑材料、轻工纺织等传统产业，全面建成金属镁一体化、一里坪盐湖资源综合利用等项目，推动盐湖资源开发上升为国家战略。实施锂电产业和光伏制造扩能提升、装备制造和生物产业发展、新材料产业链条延伸、关键技术突破、信息技术应用示范等五大工程，推进比亚迪锂电池、金昆仑锂盐、中利光纤、煤制烯烃等项目。“一企一策”做好煤电油气运等要素协调保障工作，抓好上下游产业对接，跟踪服务在建项目，帮助企业扩产促销。着力推动消费升级。开展服务业质量提升、服务业标准化发展专项行动，深入推进新一轮服务业综合改革试点，推进实施“十大扩消费行动”，大力促进社会力量发展旅游、文化、体育、健康、养老等幸福产业，开展居家和社区养老服务国家级改革试点，加快发展康养产业。推进消费品工业增品种、提品质、创品牌，发展数字家庭、远程定制、体验分享等消费新模式，促进服务消费和节能、环保、低碳等绿色消费。对接知名电商平台，扩大省内产品线上销售额。实现社会消费品零售总额增长9%左右。着力促进文化旅游深度融合。深入挖掘昆仑文化、河湟文化等丰富内涵，精心打造喇家国家考古遗址公园，加大支持热贡文化艺术发展，统筹旅游文化产业互动发展。加快旅游业全域化、全季化、多元化发展，推进“智慧旅游”建设，实现旅游总收入增长20%。

推进“厕所革命”三年攻坚计划，创建生态旅游、自驾车旅游示范省，推进卓尔山、茶卡盐湖等创建5A级景区，精心筹办全省旅游产业大会。

（四）加快生态文明体制改革步伐，推动绿色发展取得新进展。以生态保护优先协调推进经济发展。加快绿色发展。大力实施绿色制造工程，谋划一批生态利用型、循环高效型、低碳清洁型、环境治理型绿色产业项目，建设清洁能源示范省。抓好三江源国家公园绿色融资改革试点，积极探索碳排放权、排污权、用能权等各类环境权益融资工具。树立节约集约循环利用的资源观，开展工业节能与绿色标准化行动，落实工业企业能效“领跑者”制度，节能减排控制在国家规定目标以内。完善绿色制度。深化空间规划体制改革，抓好国家公园体制试点，开展生态产品价值实现机制试点，探索建立以国家公园为主体的自然保护地体系。落实和深化国有自然资源资产管理、生态环境监管、自然生态空间用途管制、生态补偿等生态文明体制改革。科学划定“三区三线”，推进碳汇交易试点。完成环保机构监测监察执法垂直管理制度改革。狠抓绿色工程。推进三江源二期、环青海湖二期、天然林保护、水土保持等重点生态工程，继续实施退耕还林还草，抓好祁连山山水林田湖草生态保护修复试点，启动祁连山生态搬迁试点，抓好国家湟水规模化林场建设试点和西宁生态森林公园建设，强化湿地保护与恢复，加大黑土滩科学治理力度。培育生态保护修复专业企业，实施国土绿化提速三年行动计划，新增营造林400万亩。

（五）聚焦社会主要矛盾，坚持在发展中保障和改善民生。落实基本公共服务均等化规划和清单，实施民生项目工程，促进基本公共服务标准化。就业增收方面，开展各类就业援助活动，做好高校毕业生、去产能分流职工、新生代农民工、就业困难人员、军转安置人员等重点群体就业工作，确保高校毕业生就业率达到85%以上。深化机关企事业单位工资制度改革，多渠道增加技能人才、新型职业农牧民、科研人员、基层干部等群体收入。教育发展方面，优化教育布局，全面启动第三期学前教育行动计划和高中攻坚计划，扩大公办学前教育和高中阶段教育资源，加强义务教育控辍保学工作，着力解决教育资源不够不优、教育质量不高等突出问题，研究解决婴幼儿照护和儿童早期教育服务需求问题。搭建职业教育“一主五辅”政策体系，推进高校内涵式发展和产教融合。文化惠民方面，积极推进藏羌彝文化产业走廊和国家文化消费试点城市建设，建成540个村级综合性文化服务中心，加快推进广播电视村村通向户户通升级。卫生健康方面，深入推进分级诊疗、家庭医生签约服务、跨省异地就医直接结算，健全完善现代医院管理制度，加大包虫病等重大传染病和地方病防控力度，加强全科医生培养，发展智慧医疗和健康产业，提高基层医疗卫生机构服务能力和质量，推进中藏医药传承创新，大力开展全民健身活动和爱国卫生运动，筹办好第十七届省运会。社会保障方面，继续落实全民参保计划，确保养老金按时足额发放。统筹推进社会救助、社会福利、公益慈善、优抚安置，加强残疾康复服务，新建、改扩建15个社区日间照料中心和50个农村老年之家，建设一批医养结合服务机构，着力构建养老、敬老、孝老政策体系和社会环境。住房保障方面，启动新的三年棚改计划，加大公租房保障力度，实施老旧小区改造，年内改造城镇棚户区3.05万户、综合改造2万户、农牧民危旧房6万户。同时，继续推进“菜篮子”工程，抓好市场价格检查执法，确保价格平稳运行。加强地方志、参事等建设，推动实现志鉴“两全”目标，更好发挥资政作用。持续开展双拥共建，巩固军政军民团结。

（六）加强和创新社会治理，营造良好的经济社会发展环境。完善社会治理体制，提高社会治理社会化、法治化、智能化、专业化水平。深化民族团结进步先进区创建。坚持法安天下、德润人心，深入推进“六同”工程、“九进”创建，建设一批民族团结进步示范单位和教育基地，加强民族地区基础设施、基本公共服务设施建设，支持优秀民俗产业加快发展，促进各民族共同团结奋斗，共同繁荣发展，画出最大同心圆。依法加强宗教事务管理，积极引导宗教与社会主义社会相适应。加强预防和化解社会矛盾。完善社会矛盾排查预警机制、重大决策社会稳定风险评估机制，从源头上排除、化解、处置各类矛盾。推广“三种类型、四个层级”治理模式，实现政府治理、社会调解和居民自治的良性互动。深入开展法治青海、平安青海、诚信青海建设。完善立体化社会治安防控体系，依法打击各类违法犯罪活动，坚持不懈开展“两反一防”。开展弘扬时代新风行动，加强社会公德、职业道德、家庭美德、个人品德教育，培育道德沃土，形成向上向善、健康和谐的文明风尚。做实做细预案，强化协同联动，有效应对地震、干旱、洪涝、雪灾、泥石流等自然灾害。强化安全生产和食品药品监管，实现基层安全生产网格化全覆盖，坚决遏制重特大安全事故，保证“舌尖上的安全”，筑起防控安全风险的铜墙铁壁！

（七）抓好城乡区域统筹，不断拓展发展新空间。统筹东西南北，促进城乡联动，不断增强区域发展的协调性。实施乡村振兴战略。制定乡村振兴战略规划，深入推进农牧业供给侧结构性改革，坚持质量兴农、绿色兴农，加快推进农牧业由增产导向转向提质导向，加快构建现代农牧业产业体系、生产体系、经营体系，促进农牧区一二三产业融合发展，不断提高农牧业综合效益和竞争力。突出分类指导，抓好粮食生产功能区、重要农产品生产保护区划定，严格落实粮食安全责任制，积极打造东部特色种养高效示范区、环湖农牧交错循环发展先行区、青南生态有机畜牧业保护发展区和沿黄冷水养殖适度开发带，做强牦牛、藏羊、冷水鱼、枸杞、饲草等产业，加快建设现代农业产业园，推动乡村旅游等新兴业态发展，引导农牧业加快向绿色化、优质化、特色化、品牌化发展。抓住第二轮土地承包到期后再延长三十年的政策机遇，完善承包地“三权”分置制度，探索盘活闲置农房和宅基地的办法，改进耕地占补平衡管理办法。启动农村集体经济“破零”工程。加快完善农牧区基础设施，推进“农村双改”，实施饮水安全巩固提升工程，新改建提升农村公路6000公里，建设与改造农村电网9228公里，安排500个村庄环境综合整治，再建300个高原美丽乡村。提升基层治理能力，打好“乡情牌”、念好“引才经”，激励各类人才到农牧区广阔天地大显身手。实施区域协调发展战略。支持西宁扩容提质，打造绿色发展样板城市。支持海东加快完善城市功能，更好融入兰西城市群建设。支持海西优化开放环境，形成开放发展的战略支点。支持环湖地区建设全省生态旅游、现代生态畜牧业示范区，实现特色发展。支持青南地区加快建设绿色生态产品供给地、特色文化体验旅游目的地，促进保护与发展和谐共进。引导县域经济多极发展。加快谋划省内黄河生态经济带建设。推进以人为核心的新型城镇化。推进城乡融合发展，拓宽居住证公共服务保障功能。推进农牧区产权确权登记，维护进城农牧民土地承包权、土地经营权、宅基地使用权和集体收益分配权，让进城农牧民带权带资、后顾无忧。壮大格尔木、德令哈、玉树等区域性城市，推动具备条件的县有序设市（区）。提高城镇规划建设管理水平，开展“城市双修”和海绵城市建设试点，加快智慧城市、绿色城市、人文城市建设，积极发展智能交通，着力解决交通拥堵和停车难、停车乱问题。保护历史风貌，抓好品质建设，提升柯鲁柯镇、龙羊峡镇等特色小镇的“颜值”和“气质”，再建16个美丽城镇。

（八）坚持抓重点、补短板、强弱项，奋力开创各项工作新局面。坚持以全局带动局部、以局部推动全局。抓好重点领域和关键环节改革。深化“放管服”改革，全面实施市场准入负面清单制度，大力推行“互联网+政务服务”，全面推开“证照分离”和网上审批，加强事中事后监管，实行政府定价经营服务性收费“一张网”，加强各级服务窗口管理，推进综合执法改革，完善守信激励和失信惩戒机制，打造良好营商环境。深化财税金融体制改革，制定实施省以下事权和支出责任划分意见，全面实施预算绩效管理制度，落实结构性减税降费政策，完善地方税体系，开征环境保护税，实现地方公共财政收入与地区生产总值协调增长。完善金融机构法人治理结构，推进青海银行增资扩股和农信社改制，深化国家普惠金融综合示范区试点，大力发展多层次资本市场。深化国企国资改革，完善现代企业制度和公司法人治理结构，健全以管资本为主的国有资产监管体制，推进混合所有制改革、员工持股和规范企业董事会建设试点，加快剥离国有企业办社会职能，加强国企党的建设，推动国有资本做强做优做大。同时，深化投融资、价格、公车、审计管理体制等改革。深化对内对外开放，积极融入国家自贸区战略，在条件成熟的地区申报综合保税区。深化与沿海沿边地区通关合作，实施青藏国际陆港项目，完善曹家堡保税物流中心综合配套，推进千万美元潜力企业和出口自主品牌双育计划，加快发展跨境电商贸易和物流，打造特色轻工、新能源外贸转型升级示范基地，支持盐湖钾肥等重点企业“走出去”，开展国际产能合作，实现进出口总额增长8%。推动建立长江流域生态保护合作机制，促进东西部扶贫协作和对口援青升级加力，加强与南京、无锡等城市合作，全面提升青洽会、环湖赛、藏毯展等重大经贸文体活动的国际化、专业化、市场化水平。开展招商引资突破提质年活动，确保招商引资签约率、履约率、到位资金高于上年。积极推进港澳台侨交流合作。加快补齐基础设施短板。交通方面，全面建成格敦铁路、祁连机场，基本建成格库铁路省内段，建成扎麻隆至倒淌河高速公路，加快推进大通至武威、乐都至化隆等高速公路建设，开工建设尖扎至共和、扁都口至门源高速公路及其他国省干线公路，深入推进"四好农村路"建设。继续实施"畅通西宁"工程，加快推进曹家堡综合交通枢纽、西成铁路建设，开工西宁机场三期、青海湖机场和贵德通用机场。能源方面，推进玛尔挡等水电站建设，扩大新能源装机容量，加快特高压外送通道建设，建成投运西宁北750千伏输变电工程，进一步打造全国最大的水、光、风互补清洁能源基地。水利方面，加快建设引大济湟西干渠、湟水北干二期、蓄集峡、那棱格勒河水利枢纽等重大项目。通信方面，全面深化"光网青海"建设，打造百兆引领的高品质宽带网络，实施一批基础网络、数据中心、政务信息、中小企业信息化、物联网等信息化工程，提前布局新一代无线网络。在推进基础设施建设中统筹国防需求。大力促进非公经济发展。建设非公经济企业公共服务平台，发布政策信息，畅通诉求渠道，努力破解融资难、融资贵问题。坚持国企民企一视同仁，放宽市场准入，消除行业壁垒，梳理一批带动力强的民营企业项目，纳入全省重点项目计划，稳妥利用多种PPP方式盘活存量资产，鼓励民间资本进入支线铁路、油气、电信等领域，构建亲清新型政商关系，激发各类市场主体活力，激发民间有效投资活力。

各位代表！新形势新任务对政府工作提出了新要求，我们要坚持以习近平新时代中国特色社会主义思想为根本遵循，以落实党中央国务院和省委决策部署为根本前提，以解决不平衡不充分发展为根本任务，以人民至上为根本价值取向，以重要时间节点为根本工作坐标，以实现新时代新气象新作为为根本要求，大兴学习之风、大兴调研之风、大兴实干之风，深入推进党风廉政建设和反腐败斗争，全面整治庸政懒政怠政，自觉接受省人大、省政协及各方监督，广集民意民智，建设人民满意的法治政府。

各位代表！踏上发展新征程，面对人民新期待，我们要高举中国特色社会主义伟大旗帜，紧密团结在以习近平同志为核心的党中央周围，在省委的坚强领导下，不忘初心、牢记使命，同心同德、奋发有为，为与全国同步全面建成小康社会、建设更加富裕文明和谐美丽新青海而不懈奋斗！

青海省2017年国民经济和社会发展计划执行情况与2018年计划草案的报告

——2018年1月25日在青海省第十三届人民代表大会第一次会议上

青海省发展和改革委员会

受省人民政府委托，现将2017年国民经济和社会发展计划执行情况与2018年计划草案提请省十三届人大一次会议审议，并请政协各位委员和列席会议的同志提出意见。

一、2017年全省国民经济和社会发展计划执行情况

2017年，国内外环境错综复杂，经济下行压力不减，不可预见因素增多。在省委的坚强领导下，各地区、各部门深入学习贯彻党的十九大精神和习近平新时代中国特色社会主义思想，全力落实省第十三次党代会部署，以"四个转变"新思路推动落实"四个扎扎实实"重大要求，牢牢把握稳中求进工作总基调，以推进供给侧结构性改革为主线，先后开展"百日攻坚"等系列专项行动，统筹稳增长促改革调结构惠民生保生态防风险，全省经济"稳"的基调延续，"进"的方向明确，"转"的趋势增强。

经济平稳增长，各项目标任务全面完成。经济运行呈现大局稳定、效益回升的良好态势，全年完成地区生产总值2642.8亿元，增长7.3%。农牧业丰产丰收，一产增长4.9%，粮油产量稳定，菜肉小幅增长，水产品增长33.5%。工业基本面平稳，规上工业增长7%，36个大类行业中24个增长，先行指标表现积极，用电量、货运量分别增长7.5%、6.2%。服务业增长7.9%，贡献率达45.1%，旅游总收入增长23%，机场旅客吞吐量突破600万人次，电信业务量增长1.4倍。1－11月规上企业实现利润75.2亿元，增长33.3%；地方财政收入246.1亿元，同口径增长9.3%，总财力达到1650.8亿元；全体居民收入增速快于经济增速，增长9.8%。财政金融支撑作用明显，公共财政支出1530.3亿元，支出的均衡性、时效性、保障性增强，金融机构各项贷款余额突破6000亿元，社会融资规模增长1.6倍。价格走势稳中趋缓，CPI上涨1.5%，为十二年来最低。

绿色发展提速，生态文明建设迈上新台阶。坚持"绿水青山就是金山银山"，全省上下贯彻绿色发展理念、推进生态文明建设的自觉性、主动性显著增强。生态文明制度加快完善，三江源国家公园体制试点进展顺利，祁连山国家公园体制试点方案获批，发布重点生态功能区产业准入清单，开展生态保护红线划定，5622名五级河长正式履职，可可西里申遗成功。生态工程稳步实施，三江源二期完成投资9亿元，祁连山山水林田湖草修复启动，新一轮国土绿化快速推进，造林面积突破400万亩。环境质量持续改善，全省空气质量优良天数比例达92.4%，湟水河出省断面Ⅳ类水质达标率100%，工业固废综合利用率52.5%，单位GDP能耗进一步下降。打好环保督察攻坚战，果断关停整顿不合法、不合规、有问题的企业和项目，中央环保督察期间交办的2299件事项全部办结，限时解决了一批群众关注的环境问题，在"阵痛"中倒逼调整结构、转型发展。

民生福祉提升，群众获得感明显增强。坚持以人民为中心的发展思想，不断补齐短板，民生十件实事顺利完成，全面兑现政府承诺。惠民生投资达到1857.8亿元，增长16.7%。精准扶贫成效显著，落实各类专项扶贫资金105亿元，7个贫困县、525个贫困村、15.8万贫困人口脱贫摘帽，对2.5万户实施了易地扶贫搬迁。就业大局稳定，城镇新增就业6.1万人，城镇登记失业率3.1%，高校毕业生就业率达85%以上，农牧区富余劳动力转移就业108万人次，超额完成年度目标。社会保障持续扩面，完成13项民生指标调标，多项标准居全国或西部前列。实施五大公共服务工程264项，一批教育、卫生、文化、体育项目建成投运。70%以上县实现义务教育基本均衡，高中毛入学率达83.5%，成为全国第二个中职免费教育省份，高等教育取得"双一流"新突破。全面实现异地就医无障碍直接结算。文化进村入户工程实现行政村全覆盖，广播电视综合人口覆盖率达到98.4%，大型体育场馆免费、低收费开放率达100%。新建城镇公共租赁住房和棚户区改造7.2万户，完成农牧区危旧房改造6万户，城乡居民住房条件明显改善。西宁市入选全国文明城市，西宁、海西、海南成功创建全国民族团结进步示范市州，玉树市荣膺国家卫生城市。

供给结构优化,新兴产业快速成长。坚持把青海放在全国大局中去谋划,积极对接国家战略,巩固扩大比较优势,培育壮大新技术、新产业、新业态、新模式。积极稳妥去产能,完成132万吨煤炭去产能任务,分流安置企业职工3046人。房地产去库存成效明显,商品房去化周期降至13.3个月,较年初减少3.2个月。成功发行12亿美元境外债券,盐湖股份、西部矿业债转股积极推进,妥善化解个别企业债务风险。累计降低企业成本70亿元。工业结构优化升级,高技术产业、装备制造业分别增长21%和16%,晶硅、光纤、锂电池等新产品大幅增加。新能源装机接近1000万千瓦,发电量占比达到20%,在全国首次实现连续168个小时全清洁能源供电,建成全国首座百兆瓦太阳能光伏发电实证基地,国家重要的新能源基地稳步建设。12条循环产业链初步形成,循环工业占比达60%,高耗能、资源类行业占比下降。新材料、生物医药等领域关键技术取得突破,高新技术和科技型企业分别达144家和294家。服务业投资占比超过六成,金融、物流、健康养老等行业稳步增长,电商经济、分享经济快速发展。农牧业供给侧结构性改革成效显现,高原、绿色、有机品牌带动效应明显,农经饲三元结构不断优化,有机枸杞产量居全国第一,农畜产品加工转化率达54.2%,专业合作社发展到961家,休闲农牧业从业人员3.1万人、年利润5.6亿元,生态生产生活良性循环的局面加快形成。

动能加快转换,投资消费协同拉动。着力转变发展方式,全方位推动增长动能转变,我省经济增长实现了从主要依靠工业带动为主转为工业和服务业共同带动、从主要依靠投资拉动转为投资和消费一起拉动,推进了增长动能的结构性变革。发挥投资在改善基础条件、改善民生和调整结构中的关键作用,努力扩大有效投资,全年投资增长10.3%,180个重点项目完成投资1953亿元。西成铁路先导工程开工,格库、格敦铁路加快建设。民小一级、循隆高速、花久高速、共玉高速建成通车,西宁至所有市州通高速公路,所有县城通二级以上公路,新改建农村公路8600公里,高等级公路里程达3900公里,公路总里程突破8万公里。格尔木机场改扩建工程竣工投运,祁连机场实现校飞。那棱格勒河水利枢纽开工,黄河沿岸四大水库灌区主体工程建成,39个县饮水安全巩固提升工程全面实施,惠及44.9万群众。西宁北750千伏输变电开工,青海电网750千伏骨干网架初步形成,建设与改造农网9176公里,农牧区供电可靠性进一步提高。数字、宽带青海加快建设,移动通信减费提速,移动互联网接入流量增长1.9倍,4G手机用户增长60%。主动融入国家战略,西宁机场三期、特高压直流输变电等重大项目前期取得明显进展。注重发挥消费带动的基础性作用,推进“十大扩消费行动”,体育、健康、养老、信息等服务消费稳步增长,消费业态多样、供应丰富,零售总额增长9.3%,建成电商交易平台10个,电商交易额增长30.8%。积极培育本省优势特色出口产品,外贸结构不断优化,自营商品进出口额增长45.1%,盐化产品首次出口欧洲。

发展活力增强,改革开放取得新进展。进一步增强改革的系统性、整体性、协同性,经济发展更具活力和韧性。取消调整44项行政审批事项,同步实行企业“三十六证合一”和个体户“五证合一”,市场主体增长13%。“3+10”国企改革试点全部落实到18户省属企业。制定深化投融资体制改革实施意见,下放10类项目核准权限,出台企业投资项目核备办法,投资项目审批监管平台上线运行。加快农牧区土地制度、供销合作社、国有林场改革,扶持壮大农村集体经济。完成省属国有企事业单位车改,启动藏区六州车改。积极融入“一带一路”、长江经济带、东西部扶贫协作等国家战略,加快建设基础联通工程,鼓励优势产能走出去,中欧班列实现常态化运营,对外合作不断深化。研究制定《关于进一步加强和改进招商引资工作的若干意见》和《贯彻落实国家自贸区战略的实施意见》,成功举办“青洽会”、“环湖赛”、文化旅游节等赛事展会,与央企签订1925亿元合作项目,招商引资到位资金756.7亿元,落实支援帮扶资金16亿元。

一年来,全省上下以党的十九大精神举旗定向,以“四个转变”新思路推动“四个扎扎实实”重大要求落地生根,在事关青海长远发展的重大问题上勇于探索、敢于实践,采取了一系列远近结合、标本兼治、行之有效的办法,牢牢把握了主动权。以“四大专项攻坚行动”为抓手,点面结合、问题导向,定期分析经济形势,召开经济工作电视电话会、重点工作推进会和支援帮扶、科技、非公经济、脱贫、藏区发展等专题会,抓重点、补短板、强弱项。积极开展安全、环保、扶贫等重点领域大督查,省级领导包片督导整改,形成层层抓落实的浓厚氛围。实行“710”工作法,建台账、强督查、抓整改,健全逐级抓落实、环环促进度、逐项见成效的工作机制。各地区、各部门强化政治担当和责任意识,创新发展思路,改进工作方法,握指成拳、合力攻坚,做了大量艰苦细致的工作,推动各项工作实现新突破。

2017年的优异成绩是在过去几年工作基础上取得的。五年来,省委在党中央国务院的坚强领导下,观大势、谋全局、干实事,带领全省上下全面完成“十二五”规划,顺利启动“十三五”规划,经济社会发展成就显著。综合实力再上新台阶。全省经济总体平稳、稳中有进,生产总值年均增长8.7%,供给侧结构性改革有力推进,“四个千亿元”产业初具规模,“八大绿色产业技术体系”加快形成,累计完成投资16010亿元,年均增长17.6%,基础设施持续改善,社会消费品零售总额年均增长11.8%,城镇化率达到53.1%,展现出欠发达地区追赶奋进的新气象。生态环保取得新突破。生态文明建设决心之大、力度之大、成效之大前所未有,生态系统退化趋势得到遏制,五大板块生态建设格局形成,三江源重现千湖美景,青海湖水域面积17年来最大,湿地总面积跃居全国首位,主要江河水质稳定在Ⅱ类以上,木里矿区整治基本完成,西宁南北山森林覆盖率达79%,节能减排成效明显,美丽中国“青海样板”步伐铿锵有力。群众生活增添新福祉。以解决人民群众普遍关心的突出问题入手,推进全面小康社会建设,90.7万贫困人口实现稳定脱贫,贫困发生率从24.6%降到10.3%,城镇新增就业累计超过30万人,城乡居民收入年均分别增长9.7%和11.1%,社保参保扩面任务全面完成,城乡近三分之一人口改善住房条件,基本公共服务均等化程度不断提升,物价涨幅持续回落,社会治理体系更加完善,人民获得感幸福感安全感明显增强。改革开放呈现新局面。把中央顶层设计与省情实际紧密结合,解放思想,大胆创新,改革全面发力、多点突破、纵深推进,共推出843项重大改革举措,行政审批事项精简幅度达64%,市场主体增长85%,生态文明、司法体制、医药卫生体制三大改革试点走在前列,积极融入“一带一路”等国家战略,对口援青成效显著,经贸文体活动品牌效应凸显,青海变得更加自信和开放。

二、2018年经济社会发展环境和主要目标

2018年是全面贯彻党的十九大精神的开局之年,是改革开放40周年,是决胜全面建成小康社会、实施“十三五”规划承上启下的关键一年,也是深入落实省第十三次党代会精神的重要一年,做好全年工作意义重大、责任重大。我省发展面临不少有利因素,一是党的十九大和中央经济工作会议对今后一个时期特别是2018年经济工作进行了全面部署,尤其对实施区域协调发展战略做出新安排,强化举措推进西部大开发形成新格局、实施乡村振兴战略、开展生态产品价值实现机制试点等,这都有利于我省更好地对接国家战略、争取各方支持、赢得发展机遇。二是全国经济基本实现见底回稳,生产资料市场需求稳增,价格持续回暖,供给侧结构性改革效应越发明显,主要行业好于预期,我省经济增长有较好的宏观环境支撑。三是省内转型发展趋势向好,以新能源、新材料为代表的新兴产业加快成长,为后续有质量、有效益增长奠定了良好基础。传统产业经过连续的升级改造,竞争能力不断增强,市场预期阶段性回升,先行指标逐步趋好,行业信心有所提振,有利于传统行业稳定增长。

在看到有利条件的同时,也要安不忘危,稳不忘忧,清醒认识到当前我省发展也面临着不少困难和制约。主要是,投资融资成本上升、大项目接续不畅,民间投资信心和动力不足,投资预期和增长乏力之间矛盾凸显;传统产业转型发展步履艰难,新兴产业体量有限难挑大梁,工业发展面临短稳长忧的问题;地方公共财政收支矛盾突出;资金价格高企,债券市场利率上涨,企业贷款难与银行投放难并存,金融领域潜在风险不容忽视。

在综合研判国内外发展形势、分析增长动力、兼顾发展需要和可能的基础上,省委十三届三次全会全面落实中央经济工作会议部署,研究确定2018年全省经济社会发展的总体要求是:全面贯彻党的十九大和十九届二中全会、中央经济工作会议、中央农村工作会议精神,以习近平新时代中国特色社会主义思想为指导,牢牢把握稳中求进工作总基调,自觉坚持新发展理念,紧扣我国社会主要矛盾变化,统筹推进“五位一体”总体布局和协调推进“四个全面”战略布局,围绕以“四个转变”推动落实“四个扎扎实实”重大要求,聚力建设现代化经济体系、推动高质量发展,聚力推进改革开放,聚力打好防范化解重大风险、精准脱贫、污染防治三大攻坚战,聚力实施乡村振兴战略、区域协调发展战略,聚力推进党的建设新的伟大工程,在新的起点上奋力开创富裕文明和谐美丽新青海建设新局面。

2018年全省经济社会发展主要预期目标是:地区生产总值增长7%左右,全体居民人均可支配收入增长9%,城镇新增就业6万人,农牧区劳动力转移就业105万人次,城镇登记失业率控制在3.5%以内,居民消费价格涨幅控制在3%以内,主要城市空气质量优良天数比例达到78%以上,湟水河出省断面Ⅳ类水质稳定向好。

以上目标体现了稳中求进的工作总基调,更加注重把握“稳”和“进”的辩证统一关系,更加注重把握质量第一、效益优先的要求。完成这些指标,还要受到多方面制约和不确定因素挑战,压力不减,难度不小,需付出艰辛努力。

三、2018年国民经济和社会发展主要任务措施

2018年,我们要认真贯彻落实“五四战略”,紧扣社会主要矛盾新变化,围绕推动高质量发展,把着力点放在实体经济上,加快建设现代化经济体系,统筹推进稳增长促改革调结构惠民生防风险各项工作,保持奋发有为的精神状态,锐意进取、埋头苦干,确保“四个扎扎实实”取得明显进展,“四个转变”取得新突破,为实现“一个同步、四个更加”奠定更好基础、赢得更大主动。

(一)聚焦特色优势,持续深化供给侧结构性改革。

推动增长动力变革。落实国家加快绿色产业发展的意

见，大力实施绿色制造工程，谋划一批生态利用型、循环高效型、低碳清洁型、环境治理型绿色产业项目。建设国家清洁能源示范省，稳步打造两个“千万千瓦级”可再生能源基地，新能源装机突破1100万千瓦。打造千亿锂产业基地，推进锂资源整合，实施好比亚迪10GWH锂电池、3万吨电池级碳酸锂等项目。扩大新材料产业规模，加快中利光纤预制棒等项目，做大晶硅、光电材料、铜铝箔电子基材等产品，引进集成电路用硅料、碳纤维材料等项目。落实好增强制造业核心竞争力三年行动计划，做强以高端装备为主的先进制造业，发展高铁专用机床，培育新能源汽车。开展“两化”融合试点扩面行动，促进互联网、大数据、人工智能与实体经济融合发展，开展工业企业“上云”行动，建设省级大数据产业发展集聚区，在西宁、海东、海南等地区规划建设大数据产业，建成10个工业大数据典型示范项目。

提高科技创新驱动力。贯彻创新驱动发展战略，保持财政科技投入增长20%。实施重大科技创新，建设盐湖资源、太阳能、锂电池等创新集群，突破锂盐高纯化、铝镁合金深加工等一批关键技术。建设三江源生态与高原农牧业、藏药新药开发等国家重点实验室，形成创新高地。实施农牧业“1020”工程、“两个倍增”工程和科技“小巨人”计划，设立提质增效专项基金，培育一批具有创新能力的排头兵企业，新培育高新技术企业30家、科技型企业45家。瞄准“四新”经济，深入推进大众创业万众创新，高质量建设1个国家级、2个省级小微企业“双创”示范基地和一批专业化众创空间。坚持人才强省战略，推进“高端创新人才千人计划”、“青海学者计划”，完善科技创新和成果转化激励机制，引进和培养一批急需高素质科技人才。

加快传统产业转型升级。开展工业强基发展年活动和重点工业项目提速攻坚行动，抓好百项改造提升和百项创新攻坚工程，全面提高传统产业的产品技术、工艺装备、能效环保等水平。打造千亿元级盐湖资源综合利用产业，建成盐湖金属镁一体化、一里坪盐湖资源综合利用项目，推进金昆仑锂盐等项目。培育发展铝、铜、铅、锌等下游精深加工及高附加值产品，推进高精度铝板带、高档电解铜箔、钛合金等项目。持续建设千万吨油气田。围绕消费升级，促进特色轻工业提质量、上档次、扩规模，支持牛羊肉、藏毯、乳制品、青稞酒等对接中高端需求，丰富种类，提高品质。着力壮大一批优势企业，扶持一批发展潜力大的中小微企业，力争培育规上企业40户、中小企业1000户。

持续抓好“三去一降”重点任务。分类施策、标本兼治，大力破除无效供给，巩固钢铁、煤炭、电解铝、水泥、铁合金等行业去产能成果，有效防范煤电产能过剩风险，综合运用市场化法治化手段，鼓励先进企业重组并淘汰落后产能。统筹去产能、保供应等工作，做好煤炭供需对接。加大“僵尸企业”处置力度，完善各方依法分担债务的处置机制。因城施策，去化周期短的城市调控措施逐步回归中性，库存大的县城支持农民工购房，支持商业用房对接医养、旅游等产业消化存量。推进盐湖股份、西矿集团、投资集团等企业市场化法治化债转股，鼓励外资、民资有效参与资产重组。把降成本与产业转型升级、提升创新能力结合起来，继续推进减税降费，多措并举降低融资、用能和物流成本，清理涉企收费，加大对乱收费查处和整治力度，推动制度性交易成本进一步降低。加快电力市场建设，大幅提高电力市场化交易比重，增加清洁电力供应。

（二）大力实施乡村振兴战略，推进农牧业农牧区现代化。

推动城乡融合发展。制定乡村振兴战略规划，坚持以工补农、以城带乡，健全城乡融合发展体制机制，清除阻碍要素下乡的各种障碍，加快形成工农互促、城乡互补、全面融合、共同繁荣的新型工农城乡关系。引导乡村牧区多功能建设、专业化发展，推动近郊乡村加快融入城镇，支持偏远乡村退耕还林还草或纳入生态风景旅游区建设。推动农村基础设施提档升级，实施农牧区饮水安全巩固提升工程，建好、管好、护好、运营好农村公路，新改建提升农村公路6000公里。综合治理农村突出环境问题，建设300个高原美丽乡村，安排500个村庄环境综合整治，增加农业生态产品和服务供给。

巩固和完善基本经营制度。深化农村牧区改革，坚持农村土地集体所有、稳定土地承包关系，完善承包地“三权”分置制度，全面完成土地承包经营权确权登记颁证，引导经营权规范有序流转。统筹推进农村土地征收、集体经营性建设用地入市、宅基地制度改革试点。建立符合市场经济要求的集体经济运行机制，推动资源变资产、资金变股金、农民变股东改革，增强集体经济发展活力和实力。支持村集体破零工程，抓好泽库等6个县农牧区集体产权制度改革试点，发展农民股份合作经济。强化乡村振兴投入保障，开拓投融资渠道，公共财政更大力度向“三农”倾斜。

深化农牧业供给侧结构性改革。以质量兴农、绿色兴农为核心，以培育壮大高原、绿色、有机、富硒等品牌为抓手，力促农牧业从增产转向提质，做强牦牛、藏羊、冷水鱼、枸杞、饲草等产业。优化布局，建设东部特色种养高效示范区、环湖农牧交错循环发展先行区、青南生态有机畜牧业保护发展区、沿黄冷水养殖适度开发带。支持打造粮油、果蔬、畜禽养殖和沙棘枸杞“四个百亿元”产业，划定150万亩粮食生产功能区和100万亩油菜保护区，实施黄河谷地百万亩土地整治，建成高标准农田54万亩。严格落实粮食安全责任制，提高粮食质量安全检测和处置能力，实施优质粮食工程，推动粮食流通体系现代化，确保粮食安全。

促进产业融合发展。以增强发展活力和后劲为目标，用工业化理念发展农牧业、用服务业方法经营农牧业，实现产业链延伸、价值链提升、供应链贯通。促进农牧业和旅游业融合，大力发展休闲农牧业、乡村旅游，推广湟中卡阳、大通边麻沟模式，扶持建设30个各具特色的休闲观光农牧业基地，打造一批田园综合体。把乡村旅游和农耕文化结合在一起，保护利用传统村落整体格局和历史风貌，深入挖掘自身特色文化资源，增强乡村旅游的文化体验性。健全社会化服务体系，推广专业化服务，同步提升农牧业生产、服务附加值。积极培育新型农业经营主体，促进小农户和现代农业发展有机衔接，挖掘少数民族传统手工艺品、绿色农畜产品等特色产品，推进“互联网+现代农业”，借力“互联网+”开办特色店、连锁店。

（三）打好污染防治攻坚战，提供更多优质生态产品。

持续推进污染防治专项行动。落实好“党政同责、一岗双责”，强化考核追究问责，扎扎实实推进中央环保督察反馈问题整改，确保整改工作不挂空挡、不留死角。精准对标中央环保督察组反馈的三大类11项52个具体问题和14项意见建议，实行“销号”管理，逐一建立台账，按节点要求完成整改。因地制宜建立长效机制，全面落实治本之策，推进生态环境保护全面步入法制化、制度化轨道。强化大气污染防治举措，巩固扬尘综合整治成效，城市大型施工地喷雾降尘，推进六州集中供热燃煤锅炉脱硫改造，打赢蓝天保卫战。落实好水污染防治62条措施，建设重点工业园区和工业聚集区废水集中处置设施，落实畜禽养殖禁养区和限养区制度，建设农牧区分散式生活污水收集处理设施。落实防治土壤污染51条措施，修复治理铬污染场地，实施甘河、格尔木重金属污染防治项目，调查土壤污染重点行业用地污染状况。推进城市生活垃圾强制分类试点。开展工业节能和绿色标准化行动，落实工业企业能效“领跑者”制度，节能减排控制在国家规定目标以内。

加快生态文明体制改革。加紧完善与主体功能区相配套的财政、产业、投资、人口流动等政策，进一步明确禁止、限制开发区准入事项，科学划定县域“三区三线”空间格局，优化重点生态功能区考核政策。落实和深化国有自然资源资产管理、生态环境监管、自然生态空间用途管制、生态补偿等生态文明体制改革。巩固三江源国家公园体制试点成果，开展三江源自然资源资产管理体制改革试点。筹建祁连山国家公园工作机构，出台实施方案、总体规划、专项规划。制定可可西里遗产地相关规划。协调好国家公园与地方政府的工作关系。在落实好河长制基础上实施湖长制，一河（湖）一策，严格水域空间管控。完成环保机构监测监察执法垂直管理制度改革。常态化开展排污权交易及环境污染责任保险，健全环保信用评价、信息强制性披露等制度。

实施生态功能提升行动。推进“五大板块”生态保护和修复，抓好三江源二期、祁连山山水林田湖草、青海湖生态保护等区域工程，实施高原湿地保护、沙漠化防治、退耕还林还草等专项，抓好西宁生态森林公园建设。开展三江源三期规划前期研究。推进国土绿化提速三年行动计划，抓好造林绿化、城乡绿化美化等重点工作，新增营造林400万亩。落实好新一轮草原保护奖补，强化绩效管理。健全耕地草原森林河流湖泊休养生息制度，抓好轮作休耕、划区轮牧，建设生态廊道和生物多样性保护网络。构建覆盖全省的“天空地一体化”生态环境监测评估预警体系。

（四）打好精准脱贫攻坚战，不断巩固脱贫成果。

确保完成精准扶贫目标任务。整合投入各类资金126亿元，推进“1+8+10+6”政策落地，确保年内实现12个贫困县摘帽、500个贫困村退出、15万贫困人口稳定脱贫。注重激发贫困人口内生动力，健全“三位一体”产业扶贫模式，抓好扶贫产业园、到户产业扶持项目。实施9631户易地扶贫搬迁，完善基础设施配套，规划后续产业，全面完成“十三五”易地扶贫搬迁任务。实施好东西部扶贫协作、“携手奔小康”、“百企联百村”等精准扶贫行动。突出智力扶贫、技术扶贫，开展驾驶、养殖等实用性技术培训，提升贫困人口劳动技能。统筹解决好贫困边缘人口致富问题。分类扶持摘帽县、退出村、脱贫户，在一定时期内保持现有扶贫政策不变、力度不减，持续改善条件，推动长远发展。

扎实推进深度贫困地区脱贫攻坚。落实三年行动计划，按照“三个新增”要求，加大扶持，优先安排项目资金。加快深度贫困地区重大基础设施建设，有序推进一批脱贫带动效果明显的路、水、电和信息工程。加大光伏、电商、乡村旅游等项目倾斜力度。排查贫困户住房安全，提高危房改造补助标准，统筹分档实施。提高贫困户子女就读职业院校、高等院校助学标准。落实健康扶贫措施。重视解决大龄未婚青年及单亲贫困户稳定脱贫问题。帮扶深度贫困地区非贫困村，实现第一书记派驻和干部结对帮扶贫困户全覆盖。

压实扶贫工作责任。统筹衔接阶段目标，保证现行标准下的脱贫质量，既不降低标准，也不吊高胃口，不脱离实际随意提前脱贫计划，实事求是调整，蹄疾步稳推进。夯实工作基础，做好数据比对，核准信息数据，做到扶贫台账与建档立卡信息相衔接、可追溯。在严格抓好省内考核评估的基础上,配合好国家年度考核,严格自检,理清整改的问题、时限和措施,建立台账,查漏补缺。推进阳光扶贫、廉洁扶贫,开展扶贫领域作风专项治理,重点治理搞“假脱贫”、“被脱贫”、“数字脱贫”等问题,从重从快处理贪污挪用、截留私分、优亲厚友、虚报冒领等腐败行为。

(五)坚持不懈精准施策,提高保障和改善民生水平。

实施好民生项目工程。重点围绕幼有所育、学有所教、劳有所得、病有所医、老有所养、住有所居、弱有所扶及生态环境保护等八个方面,实施阳光培育、教育强基、全民健康、幸福养老、扶弱助困、美丽家园等民生工程。优化教育布局,建设72所幼儿园、80所义务教育学校。加强义务教育控辍保学工作,推动义务教育均衡发展,有序落实15年免费教育,提高高中阶段教育入学率,搭建职业教育“一主五辅”政策体系,提升高等教育服务经济社会发展水平。积极推进藏羌彝文化产业走廊和国家文化消费试点城市建设,建成540个村级综合性文化服务中心,推进广播电视村村通向户户通升级。深化医药卫生制度改革,提高城乡居民医保筹资标准和基本公共卫生服务补助标准,加强基层医疗卫生服务体系建设,推进家庭医生签约服务,建成青大附院门诊综合楼、省妇女儿童医院综合楼。大力开展全民健身和爱国卫生运动,为1000个乡镇、村、社区配备健身器材,筹办好第十七届省运会。实施全民参保计划,完善基本养老保险制度。抓好社会救助、社会福利、公益慈善、优抚安置,健全农村留守儿童和妇女关爱服务体系。推进医养结合,改造现有养老设施,建设15个社区日间照料中心和50个农村老年之家,抓好西宁市居家和社区养老服务国家级试点。进一步加强和改善价格调控,抓好“菜篮子”工程,有效增加自产蔬菜供给。实施“厕所革命”新三年行动计划,采用规范标准、资金补助和政策引导等多种手段,改造、新建一批卫生厕所,逐步实现全省厕所数量充足、分布合理、功能实用、管理有效、环保卫生、如厕文明。

加快住房制度改革和长效机制建设。按照“房子是用来住的、不是用来炒的”的定位,抓好百姓安居工程,加快建立多主体供应、多渠道保障、租购并举的住房制度。科学调节房地产用地供应节奏、布局和规模,优化住房供给,扩大住房有效需求。大力发展住房租赁市场特别是长期租赁,建设省市州县三级联网的房屋租售公共服务平台。鼓励房地产企业开展住房租赁,支持专业化、机构化住房租赁企业发展。落实三年棚改计划,推进保障性住房建设,实施城镇棚户区改造3.05万户、综合改造2万户、农牧民危旧房6万户,完善配套市政和公共服务设施。

提高就业质量和收入水平。实施就业增收工程,提供全方位公共就业服务,推进高校毕业生就业创业促进计划、离校未就业生技能培训行动,完成城乡劳动力技能培训8万人次,确保高校毕业生就业率达到85%以上。注重解决结构性就业矛盾,开展各类就业援助活动,加大公益岗位挖潜,公开考录招聘5000人,做好军转安置工作,壮大“拉面经济”、“金秋采棉”等劳务品牌。深化机关企事业单位工资制度改革,引导企业职工工资合理增长。拓宽居民经营性收入和财产性收入渠道。

确保社会和谐稳定。加强社会治安综合治理,对重大决策实行风险评估制度,有效预防和化解矛盾纠纷。严格落实安全生产责任和管理制度,加强生产、交通、建筑、消防等重点领域安全工作,强化预警平台、救援队伍、保障设施建设,严防重特大安全事故发生。加大食药品安全监管,整治突出问题,确保“舌尖上的安全”。提升防灾减灾救灾能力,做细做实预案,有效应对地震、雪灾、春旱、洪涝等灾害。

(六)进一步提升服务业贡献率,增强消费基础性作用。

创建生态旅游示范省。依托独特生态旅游资源,打造探险、体验、科考、体育等高端产品,抓好生态旅游目的地、精品线路、风景廊道建设,提升品质旅游供给。推进祁连卓尔山、茶卡盐湖等创建5A级景区,高标准打造中国原子城,完善青海湖、土族故土园、贵德等景区设施,建设青海之窗文旅城、循化撒拉尔水镇。编制全域旅游规划,加快发展全域旅游。开展旅游服务质量提升行动,标本兼治,以小入手,丰富要素供给,改善软环境。引进大型旅游集团,推动市场化改革,全方位开放旅游市场。精心筹办全省旅游产业大会。实现旅游总收入增长20%。

着力发展现代服务业。开展服务业质量提升、服务业标准化专项行动,推进新一轮服务业综合改革试点。推进西宁生物科技产业园服务业试点,打造服务业新业态与工业改造升级并行新格局,促进服务业和工业深度融合。加快生产性服务业专业化发展、向价值链高端延伸,着力发展工业设计、节能环保服务、检验检测认证、电子商务、市场营销等产业。加快构建和完善物流服务体系,抓好朝阳物流园、丝绸之路国际物流城、冷链物流等项目,引导流通企业向供应链综合服务转型。扶持幸福产业发展,围绕健康、养老、文化、体育、教育等重点领域,引导社会资本加大投入力度,不断提质扩容、释放消费潜力。大力提升生活性服务业水平,实施餐饮、住宿品质提升工程,规范发展私房菜、家庭旅馆等业态,推进标准化建设,实行星级管理。

推动消费提档升级。完善促进消费的体制机制,推进实施“十大扩消费行动”,壮大消费新增长点。对接知名电商平台，规划建设省内货源基地，支持零售企业数字化改造，建成市州级电商服务基地2个、县级服务中心10个、乡镇村级服务站点200个，扩大省内产品线上销售额。顺应消费需求变化新趋势，积极发展数字家庭、远程定制、体验分享等新消费业态，促进节能、环保、低碳等绿色消费。持续优化消费市场环境，科学布局城市综合体，改造传统商业区，打造一批特色商业街区，建设进口商品直销平台。稳定发展汽车消费，创新举办汽车展，改造城市路网，有效增加停车位，增建充电桩，扩大汽车消费。全年实现社会消费品零售总额增长9%左右。

（七）着眼重点领域，发挥投资对优化供给结构的关键作用。

提升基础设施支撑保障能力。保持投资合理增长，继续实施一批重大项目，全社会固定资产投资增长7%左右。建成格敦铁路和青藏铁路格拉段扩能改造工程，基本建成格库铁路省内段，加快西成铁路和曹家堡综合交通枢纽工程。建成扎麻隆至倒淌河高速公路，加快建设武威至大通、乐都至化隆高速公路，开工尖扎至共和、扁都口至门源高速公路，建成109线青海湖改线段、西宁绕城环线大湟平段、都兰至德令哈公路、大武至班玛公路。继续实施“畅通西宁”工程。实现祁连机场通航运营，开工西宁机场三期、青海湖机场和贵德通用机场。实施桥头铝电“上大压小”、西宁火电厂供热改造及西宁城南、城北集中供暖工程。抓好电网建设，建成投运西宁北750千伏输变电工程，开工海西至塔拉750千伏输电线路，建设与改造农网9228公里。竣工投产鱼卡一号井。加快共和盆地干热岩、柴北缘煤层气的深度勘探和开发利用。建设蓄集峡和那棱格勒河水利枢纽、引大济湟西干渠、湟水北干二期、拉西瓦灌溉等工程，推进湟水河、隆务河、通天河等重要支流防洪治理，开工扎毛、马什格羊水库灌溉及哇洪水库。全面深化“光网青海”建设，打造百兆引领的高品质宽带网络，实施基础网络、数据中心、电子政务、中小企业信息化、物联网等信息化工程，提前布局新一代无线网络，加强信息安全保障。

精准谋划项目。对接国家战略和区域政策机遇，开展“项目生成年活动”，跟进谋划一批全局性、基础性、战略性项目，全力推进318项重大项目前期。抓住国家“十三五”专项规划中期评估机遇，争取将格成铁路、西宁至玉树至昌都铁路、玉树机场扩建、次哈水电站等一批重大工程调整纳入国家规划。实行综合评估和以奖代补，提高前期工作进度和质量。认真研究国家产业政策，立足优势，谋划提出一批产业项目，提高成熟度，力促能立项、能招商、能落地。加强项目储备，做实并动态调整、充实、完善重大建设项目库，做好与政务大厅、在线平台的有效联动。

加快项目实施进度。健全“投资项目化、项目责任化、责任具体化”机制，落实包片区包项目责任，实行月调度、季稽察、年考核。加快资金下达节奏，国家资金随到随转，提前开工一批项目。变冬闲为冬忙，加快设计、招标等流程，提前备工备料，在保证质量安全的前提下，力争冬季不停工，尽可能多地完成实物量。落实建筑材料生产经营责任分工，规划建设一批建材市场、砂石料厂，保障省内建设需求。抓好投资品供给提升工程，提高省内投资要素比例。

激发民间投资活力。进一步落实好支持民间投资各项政策。深入推进审批破冰工程，实行“负面清单＋标准＋承诺＋备案＋时限”制度，探索“多评合一”、“多图联审”、“联合验收”等新模式。发挥财政资金撬动作用，大力推广运用PPP模式，转变方式，以已建项目为着力点，拿出一批有稳定回报、吸引力强的项目集中推介，带动更多社会资本。规范PPP项目发展，防范政府爽约和企业失信。

（八）实施区域协调发展战略，提升新型城镇化水平。

增强东部地区带动力。认真组织实施《兰州－西宁城市群发展规划》，明显提升人口聚集能力和经济发展活力，构建强中心、多节点的城镇新格局，进一步提升对内对外开放水平，探索建立区域协调发展的新机制。以增强青藏高原生态屏障功能、共守黄河上游生态安全为目标，完成湟水流域空间治理规划，精心布局流域生态及发展空间功能，实施水环境综合治理、规模化林场等工程，将全流域打造成“河清湖碧、山川秀美、文化浓郁、生活宜居”之地。以打造支撑和引领全省发展的核心增长极为统领，加快西宁海东一体化进程，推进产业、交通、生态等“七个一体化”，支持西宁打造绿色发展样板城市、海东加快完善城市功能，形成优势互补、分工协作的区域发展大格局。

加快藏区发展步伐。加大对藏区发展的支持力度，有序实施藏区“十三五”项目规划，结合中期评估增补新项目，进一步补短板强弱项。支持柴达木地区转型升级、多元发展，在优先发展新能源和盐湖化工等产业的同时，支持发展旅游、特色农牧业等产业，在建设全国循环经济示范区上迈出新步伐。以构建格尔木全国性综合交通枢纽为抓手，启动相关规划，打造承东启西、面向中亚、西亚的重要交通枢纽和现代物流集散基地。抓好环湖地区特色化发展，加快建设共和、海晏等高原新兴城镇，构建青海湖草原湿地生态带、祁连山水源涵养生态带，打造青海湖人文旅游景观廊道，努力建成全省生态旅游示范区、现代生态畜牧业发展示范区和国际旅游目的地。扶持青南地区绿色发展，抓好青甘川交界地区平安与振兴工程，落实支持果洛发展政策措施，努力构建绿色生态产品供给地、特色文化体验旅游目的地。

提高城镇化质量。把握城镇化加快发展的大势，以东部地区、州府所在地、特色小城镇为支撑，以完善基础设施网络为抓手，强化户籍、居住、人口制度衔接，建立城镇基本公共服务支出分担机制，加快农业转移人口市民化，构建更加开放更具活力的新型城镇化格局。编制完成省级国土规划，启动编制西宁市新一轮城市总体规划。完成海西三行委行政区划调整，加快共和等撤县设市步伐。继续实施16个美丽城镇和茶卡、柯鲁柯、龙羊峡等一批特色小镇建设，提升中小加工业、休闲旅游、商贸集市等载体功能。开展"城市双修"和海绵城市建设试点，启动智慧城市、绿色城市、人文城市建设。完成120万平方米既有建筑节能改造。

推动园区改革创新发展。落实好推动园区改革和创新发展的意见，促进全省生产力布局向园区倾斜、产业向园区集中、要素向园区流动、企业向园区聚集，使园区经济成为带动全省经济发展的火车头和主战场。优化园区形态和布局，加快园区转型升级步伐，提升科技创新能力，促进产业提档升级，推进绿色循环发展，支持公共平台建设，提升基础设施水平。理顺管理关系，整合内设机构，强化环保、安全监管，完善考核政策，赋予园区更多决策权、自主权。

（九）打好防范化解重大风险攻坚战，发挥财政金融支撑作用。

打好防控风险攻坚战。把防控金融风险放到更重要的位置，组建全省金融风险防范化解领导小组，建立部门间联防联控联动长效机制，制定金融风险综合防控工作方案，稳步化解银行不良贷款。推动省属国有企业和产能过剩行业去杠杆，引导符合条件的企业开展市场化兼并重组。加强对互联网金融企业、投资管理类公司的监管，继续做好非法集资风险专项整治和交易场所清理整顿，守住不发生区域性系统性金融风险的底线。进一步规范政府举债行为，开展隐性债务摸底工作，明晰责任，严格控制增量，逐步消化存量。加强政府投资项目管理，特别是在谋划布局基础设施和民生工程时，尽力而为、量力而行，加大对地方债负担重地区的统筹力度，避免进一步增加地方负担，出现大的资金缺口。在工程建设领域全面推行工资保证金制度和工程款支付担保制度，保障农民工工资支付。

实施更加积极的财政政策。采取盘活存量、整合专项等措施保障重大项目建设，加大供给侧结构性改革、生态保护、脱贫攻坚等方面投入，巩固扩大财政投资对经济增长的拉动作用。创新方式，推进政府引导基金"由补变投"运作，建立稳定支持和竞争性支持协调机制。完善预算管理，推进中期财政规划管理，清理财政支出挂钩事项。深化"营改增"改革，落实结构性减税和普遍性降费政策，规范政府性基金和非税收入。培育税收增长点，启动环境保护税改革，完善资源税相关政策，跟进落实国家消费税、车辆购置税、个人所得税和房地产税等改革，实现地方公共财政收入与地区生产总值协调增长。精打细算，减少一般性支出。

加大金融对实体经济支持力度。落实金融支持供给侧结构性改革20条措施，开展"金融暖企"行动，用足用好差别化货币政策，有效对接重点行业、重点项目，力争贷款余额增长9%。抓好国家普惠金融综合示范区试点，推进金融机构重点向青南地区县域延伸，提高"三农"、小微金融服务的覆盖面和获得性。设立2家村镇银行，实现农信社全部改制为农商行，加快青海银行第四次增资扩股。抓好三江源国家公园绿色融资改革试点，积极探索碳排放权、排污权、用能权等各类环境权益融资工具。推进建筑设计院、鲁青饲料等企业上市，发行短期融资债券、中期票据等，扩大直接融资规模。

（十）完善社会主义市场经济体制，形成全面开放新格局。

加大简政放权力度。全面实施市场准入负面清单制度。深化商事制度改革，加快推进"证照分离"和网上审批，提高工商登记便利化水平。持续规范清理涉企经营服务性收费，实行政府定价经营服务性收费"一张网"，坚决防止不合理收费死灰复燃。强化事中事后监管，推动"双随机一公开"监管方式全覆盖，推进综合执法改革，以包容审慎监管助力新动能健康成长。加快政务云平台建设，推行"互联网+政府服务"，推动实体服务大厅向网上延伸，由集中审批向集成服务转变。

深化重点领域改革。加强国企党的建设，完善现代企业制度和公司法人治理结构，推进国企"3+10"改革，推动混合所有制改革、员工持股和规范企业董事会建设试点，优化国有资产监管方式，深化国有资本投资运营公司综合性改革，妥善做好"三供一业"分离移交，推动国有资本做强做优做大。落实好国家石油、天然气、电力体制改革方案。深化事业单位改革，强化公益属性，推进政事分开、事企分开、管办分离。加快信用体系建设，完善公共信用信息共享平台（青海）和"信用中国（青海）"网站，提高信用信息归集、共享、公开、应用水平，落实"红黑名单"制度，强化信用联合奖惩，开展金融和电商领域严重失信问题专项整治。加快建立现代财政制度，完善省与市州收入划分方案，合理确定省以下事权及支出责任，适度增加省级事权和支出责任。深化科技体制改革，提高科技成果转化收益分享比例，建立科技计划绩效评价、调整和终止机制。继续推进价格改革，加快放开竞争性领域价格，规范水气热等政府定价管理方式。完成公车改革。

深度融入“一带一路”建设。加快实施战略通道项目，谋划建设向西开放大型物流集散地。加强与沿海沿边地区通关合作，完善西宁机场口岸基础配套，推进中欧班列常态化运营。按照共抓大保护，不搞大开发的要求，积极融入长江经济带发展，跟进落实国家流域横向生态补偿机制，推动流域生态保护合作。复制推广国家自贸区经验，在条件成熟的地区设立综合保税区。促进外贸创新发展，实施青藏国际陆港项目，推进千万美元潜力企业和出口自主品牌双育计划，打造特色轻工、新能源外贸转型升级示范基地，扩大枸杞等企业出口资质认证培育，支持地毯、磷酸铁锂等产品出口，实现进出口总额增长8%。围绕“引大入青、引优入青、引新入青”，深化交流合作，把青洽会、环湖赛、文化旅游节、藏毯展等展会赛事与“一带一路”建设有效对接起来，举办“一带一路”经贸洽谈会，提升层次，扩大影响力，确保招商引资签约率、履约率和到位资金高于上年。

支持非公经济发展。建设非公经济企业公共服务平台，发布政策信息，畅通诉求渠道，努力破解融资难、融资贵问题。坚持国企民企一视同仁，放宽市场准入，消除行业壁垒，加大统筹协调力度，优化要素配置，重点支持一批带动能力强的民营企业重点项目。进一步破除歧视性限制和各种隐性障碍，加强产权保护，加快构建亲清新型政商关系。激发和保护企业家精神，实施企业家培育工程，营造有利于非公经济发展和企业家健康成长的政策、法治、市场和投资环境，更好发挥企业家作用。

切实抓好支援帮扶。落实完善支援帮扶工作机制，加强高层互访交流，建立部门结对共建机制，签订与6个援青省市政府间的合作框架协议。谋划打造新平台，将支援帮扶与“一带一路”建设、长江经济带建设有机结合起来，在携手共走、携手共建上取得新突破。实施好对口援青规划，落实年度支援帮扶资金，重点支持贫困地区安居、就业、教育、医疗、产业发展。推动学校、医院结对帮扶工作，稳步扩大异地高中班、中职班规模，支持办好州级综合医院。做好援青干部人才服务保障。

各位代表，完成2018年经济社会发展预期目标，任务艰巨，责任重大。让我们在省委的正确领导下，以习近平新时代中国特色社会主义思想为指导，认真贯彻党的十九大精神，全面落实省第十三次党代会部署，坚定信心，迎难而上，求真务实，埋头苦干，为实现“一个同步、四个更加”目标而努力奋斗！

青海省2017年财政预算执行情况和2018年财政预算草案的报告

——2018年1月25日在青海省第十三届人民代表大会第一次会议上

青海省财政厅

受省政府委托，现将2017年财政预算执行情况和2018年财政预算草案的报告提请省十三届人大一次会议审议，并请政协各位委员和列席会议的同志提出意见。

一、关于2017年全省预算执行情况

2017年，在省委、省政府的坚强领导下，在各级人大及其常委会的监督指导下，全省各级财政部门以党的十九大和省第十三次党代会精神为指导，坚决贯彻执行预算法，认真落实"四个扎扎实实"重大要求，坚持稳中求进的工作总基调，自觉践行"四个转变"新思路，以新发展理念引领经济发展新常态，攻坚克难抓收入，加力增效稳增长，创新方式增效益，统筹兼顾保民生，积极稳妥推改革，全省财政收支运行平稳，有力保障了经济社会持续健康发展。

（一）2017年预算收支情况。

1. 一般公共预算。

（1）全省执行情况。全省地方一般公共预算收入246.1亿元，为预算的101.3%，比2016年同口径增长9.3%。

全省一般公共预算支出1530.3亿元，较上年增加5.5亿元，预算执行率为98.7%，其中，一般公共服务128.1亿元，增长5.5%；公共安全90.1亿元，增长27%；教育188.1亿元，增长9.8%；科学技术11.9亿元，增长9.5%；文化体育与传媒37.1亿元，增长11.5%；社会保障和就业211.4亿元，增长7.7%；医疗卫生与计划生育128.8亿元，增长25%；节能环保64.2亿元，下降12.5%；城乡社区142.4亿元，增长18.9%；农林水事务224.8亿元，下降3.3%；交通运输95.2亿元，下降46.7%；住房保障57.8亿元，下降17.3%。部分项目支出下降的主要原因是，中央相关政策调整，部分专项补助减少，以及上年一次性安排等。

全省预算执行结果，总财力为1650.8亿元，较上年基本持平。其中，地方一般公共预算收入246.1亿元，中央补助收入1113.4亿元，新发地方政府一般债券96.2亿元，使用上年结余结转33亿元，调入预算稳定调节基金92.9亿元，调入历年财政存量资金及政府性基金等69.2亿元。另外，发行置换债券238.1亿元。全省一般公共预算支出1530.3亿元，债务还本支出239.7亿元，安排预算稳定调节基金91.8亿元，上解支出1.3亿元。收支相抵后，年终结余25.8亿元，全部为结转下年支出。

（2）省本级执行情况。省本级地方一般公共预算收入77亿元，预算执行率为95.7%，增加3.6亿元，增长4.9%。

省本级一般公共预算支出491.6亿元，预算执行率为97.3%，减少8.6亿元，下降1.7%。其中，一般公共服务29.3亿元，增长12.9%；公共安全49.5亿元，增长41.4%；教育28.7亿元，增长19.4%；科学技术7.2亿元，增长31.2%；文化体育与传媒14.2亿元，增长24.3%；社会保障和就业72.8亿元，增长12.8%；医疗卫生与计划生育49.7亿元，增长146.9%；节能环保14.4亿元，下降25.4%；城乡社区22.6亿元，增长4427.6%（主要是安排20亿元的基础设施建设基金所致）；农林水事务34.5亿元，下降3.6%；交通运输85.3亿元，下降49.8%；住房保障7.1亿元，增长14.9%。

省本级预算执行结果，总财力为582.9亿元，较上年减少20.1亿元。其中，地方一般公共预算收入77亿元，中央补助收入283.7亿元（中央补助我省收入1113.4亿元，扣除对市州补助829.7亿元），使用地方政府债券收入96.2亿元，上年结余25.4亿元，调入预算稳定调节基金75.7亿元，调入历年财政存量资金及政府性基金等24.9亿元。另外，使用置换债券156.4亿元（全省238.1亿元，转贷市州级81.7亿元）。省本级一般公共预算支出491.6亿元，债务还本支出156.4亿元，安排预算稳定调节基金71.4亿元，上解支出1.3亿元。收支相抵后，结转下年支出18.5亿元，实现了当年收支平衡。

2. 政府性基金预算。

全省政府性基金收入257.8亿元。其中，当年完成收入83.5亿元（主要来源为国有土地使用权出让金、车辆通行费、国家重大水利工程建设基金、大中型水库库区基金、彩票公益金等收入），中央补助收入13.9亿元，上年结转31.8亿元，发行新增专项债券94亿元，发行专项置换债券34.6亿元。政府性基金支出131.6亿元（专项用于土地收储、高速公路还贷、重大水利建设、库区移民后期扶持、社会福利救助等支出），调入一般公共预算27.9亿元，债务还本支出34.6亿元，结转下年支出63.7亿元。

省本级政府性基金收入119.7亿元。其中，当年完成收入27亿元，中央补助收入1.8亿元（全省13.9亿元，补助市州12.1亿元），上年结转27.9亿元，使用新增专项债券收入63亿元（全省94亿元，转贷市州31亿元）。政府性基金支出完成40.3亿元，调入一般公共预算19.7亿元，结转下年支出59.7亿元。

3. 国有资本经营预算。

全省国有资本经营预算收入1.2亿元，中央补助收入2.4亿元，上年结转0.2亿元；国有资本经营预算支出2亿元，调出资金0.1亿元，结转下年支出1.7亿元。

省本级国有资本经营预算收入1亿元（青海省国有资产投资管理有限公司、青海青江实业集团有限公司、青海省汽车运输集团有限公司等74家省属国有企业上缴的利润），中央补助收入2.4亿元，上年结转0.2亿元；国有资本经营预算支出1.8亿元（用于解决国有企业退休教师待遇历史遗留问题、三供一业、产业升级改造等），调出资金0.1亿元，结转下年支出1.7亿元。

4. 社会保险基金预算。

全省社会保险基金收入完成304.8亿元，增加30.7亿元，增长11.2%；社会保险基金支出完成297.2亿元，增加23.6亿元，增长8.6%。

省本级社会保险基金收入完成250.5亿元，增加51.8亿元，增长26%；社会保险基金支出完成256.6亿元，增加47.4亿元，增长22.7%。

需要说明的问题：一是关于地方一般公共预算收入增幅的问题。按照财政部工作要求，我们在年初确定2017年预算收入目标时，对营改增改革因素同口径作了调整，增长目标设定为同口径增长8%。年底完成收入246.1亿元，较上年实际完成数增加7.6亿元，同口径增长9.3%。二是关于预算执行调整的问题。一般公共预算支出较年初预算增加242.3亿元，主要是中央增加专项转移支付补助支出200亿元，利用中央新增均衡性转移支付等安排补助下级支出10亿元和增加工资性补助支出20亿元，各级整合调入其他资金安排支出12.3亿元。三是关于政府性基金结转的问题。按照中央财政进一步改革专项债务的要求，由政府性基金收入作为还款来源发行的专项债，发行和安排使用时必须对应到具体政府性基金项目支出，加之中央财政严格控制地方库款规模和实施均衡发行制度，致使部分地方专项债券发行较晚，未能在当年形成支出，将结转下年继续使用。四是关于地方政府债务预算管理的问题。2017年全省发行新增地方政府债券190.2亿元，按照规定，分别在一般公共预算和政府性基金预算中作了反映。截至2017年底，除个别地区债务风险较高外，全省债务风险总体可控。

（二）落实省人代会预算审查决议情况。

各位代表，过去的一年，全省财政部门按照省十二届人大六次会议有关决议，以及省人大财政经济委员会的审查意见，主动加强与省人大的汇报沟通，认真办理人大代表建议，充分发挥财政职能作用，加强收支管理，优化支出结构，加大改革创新力度，破解发展制约瓶颈，夯实管理基础，强化风险防控，狠抓工作落实，促进了全省经济社会平稳发展。重点开展了以下工作：

1. 狠抓财政收支预算执行。坚持目标导向，压实工作责任，强化收支管理，目标任务如期全面完成。地方收入目标超出预期，按月召开财政收支执行分析会，强化分析、考核和通报，加强与执收单位的沟通协调，依法征收、应收尽收，经过全省各级各部门的艰苦努力，超预期完成了年初既定的目标任务。中央补助持续增加，创新争取工作思路和方法，加强与中央部委的有效对接，加大督导考核力度，全年共落实中央各类补助资金1113.4亿元，较上年增加32.9亿元，增长3%。另外，争取新增地方政府债务额度195亿元，较上年增长29.1%，落实对口援青资金14.4亿元，较上年增长9.7%。支出执行平稳有序，注重强化预算执行管理，严格落实月度支出任务，加快预算指标下达，特别是采取垫支、预拨，确保了重大基础设施、民生工程、生态建设等重点项目支出需求，全省公共财政支出预算执行率进一步提高。

2. 加大供给侧结构性改革投入。切实提高财政资金的供给质量，助推全省经济结构调整优化和产业结构转型升级。持续扩大有效投资。全年下达资金320亿元，重点支持和保障了交通、水利、保障房、东部城市群、藏区基础设施等重大项目，既有力地拉动了当期经济增长，也为后续增长提供了新的动能。支持提高发展质量。积极支持全省重点产业加快发展，培育新的经济增长点。下达资金12.7亿元，用于支持传统产业转型升级、战略新兴产业发展壮大、煤炭等行业化解过剩产能和企业职工分流安置等，推进电力直接交易、“气字头”企业稳定生产，并为循环经济、中小企业、旅游产业及藏医药发展4支基金注资8.5亿元，支持优势产业潜力挖掘和中小企业创业创新；认真贯彻中央和省委1号文件精神，下达资金53.3亿元，落实各项扶持农牧业发展政策，支持新型农牧业经营主体、现代农业示范园区开展适度规模经营，重点推进“菜篮子”工程、“粮改饲”工程、标准化畜牧业规模养殖等项目；下达资金7.8亿元，用于新能源汽车推广应用、机场航线补贴、冷链物流、电子商务进农村，以及传统三产改造升级等项目，支持重点旅游景区基础设施建设、旅游新业态开发等，促进全省旅游业加快发展。全面落实减税降费政策。认真贯彻落实营改增过渡期、简并增值税税率结构、小微企业等税收优惠政策，全面清理规范涉企收费，取消或停征27项行政事业性收费和政府性基金，政府还贷二级公路收费全部取消，继续落实降低社保费率政策，全年减免企业税费93.2亿元，有效降低了企业成本。支持创新驱动发展。积极贯彻中央政策要求，完善竞争性经费和一般性经费相协调的投入机制，下达资金7.2亿元，支持重大科技专项、企业研发与转化、科技成果转化和基础研究等项目，继续扩大青海省科技创新引导基金规模，发挥大学生创业投资引导资金作用。

3. 大力保障生态环境保护和建设。按照从经济小省向生态大省、生态强省转变的新要求，切实在财政政策和资金上支持全省生态环境保护与建设。加大生态环保建设投入。下达资金60.9亿元，用于祁连山"山水林田湖"生态修复、三江源二期、天然林保护、森林生态效益补偿、湿地生态效益补偿机制、退牧还林还草和重点防护林保护工程建设，实施大气、污水和重点流域、土壤污染治理项目。深入推进生态文明改革。以支持祁连山保护为突破口，加大争取中央重点生态功能区转移支付补助力度，将德令哈市纳入转移支付补助范围，全面有效保障"1+9+3"教育经费、生态移民困难群众生活补助等生态补偿政策落实。安排下达资金24.1亿元，全面落实草原生态保护补助奖励政策等。推进三江源国家公园建设。加大工作沟通衔接及中央资金争取力度，研究提出了"综合财力补助+专项"的三江源国家公园财政管理体制建议，安排建设资金6.3亿元，用于园区内基础设施建设、机构运转等，促进公园长远发展建设。结合精准扶贫，全省设置5.5万名生态公益管护岗位，加快实施生态脱贫步伐。

4. 持续提升民生保障水平。坚持在发展中保障和改善民生，健全民生投入稳定增长机制，统筹财力配置，切实把更多的资金用于改善民生和发展社会事业。全力实施民生十件实事。统筹考虑城乡居民急需，细化目标任务，强化督导落实，既定的65项民生实事全部兑现。大力推进脱贫攻坚。继续加大财政扶贫资金投入，下达财政扶贫专项和易地扶贫搬迁资金60.3亿元，较上年增长49.7%，并按因素法将资金分配到县，有效保障了全省贫困地区、贫困人口的精准扶贫资金需求。深入推进涉农资金统筹整合使用，建立"多个渠道引水、一个龙头放水"的扶贫投入机制，全年统筹整合规模达190.8亿元。支持加强社会保障和就业。下达资金99.3亿元，调整提高各类退休人员养老金标准和城乡低保补助标准，建立了特困人员救助供养制度和困难群体取暖补助政策。支持实施残疾人家庭无障碍设施改造和重度残疾人辅助性就业。全面落实扶持就业创业各项政策，支持打造"拉面经济"等劳务品牌和创业孵化基地建设，加大城乡劳动力技能培训和农牧区富余劳动力转移就业扶持力度，有效促进城乡居民就业创业。支持教育改革发展。下达资金49.6亿元，将西宁、海东两市非建档立卡贫困家庭残疾学生及农村特困救助供养学生纳入15年免费教育，提高义务教育生均公用经费补助标准。继续实施学前教育"三年行动"计划、义务教育"全面改薄"、薄弱高中改造计划、高等教育和职业教育综合实力提升计划，提高教育教学质量。实施藏汉双语定向免费师范生培养计划，完善教师补充机制。支持深化医药卫生体制改革。下达资金43.5亿元，支持公立医院综合改革，全面落实三级公立医院综合改革补助政策，提高城乡居民医保筹资和基本公共卫生服务补助标准，加大包虫病防治、农村妇女"两癌"筛查、卫生应急能力建设、医疗卫生人才培养等支持力度，有效缓解了群众"看病难、看病贵"的问题。大力推动文化体育繁荣。下达资金13.5亿元，支持基层综合文化服务中心建设、"三馆"免费开放、重点文物及非遗保护等项目开展，支持公共体育场馆设施建设及"环湖赛"、文化旅游节等大型活动的举办，进一步促进公共文化体育服务标准化、均等化。推进城乡住房保障工作。安排资金35.4亿元，支持全省6万套农村危旧房改造，5.6万套保障房、公租房建设，并将棚户区改造货币化安置比例提高到50%以上。

5. 深入推进财税管理改革。紧跟中央财税改革步伐，细化工作举措，健全改革台账，扎实推进已出台改革政策落地，加强督导检查，有序有效推进各项重点改革。调整优化支出结构。出台了《关于优化全省财政支出结构实施意见》，从零基预算改革、清退固化支出、落实重大决策部署、创新投入方式、盘活存量资金、推进事权划分、强化支出管理7个方面严格落实工作举措，着力解决当前我省财政支出运行管理中存在的"越位""缺位"问题。加快推进农牧业人口市民化步伐。出台了《关于支持农牧业转移人口市民化若干财政政策的实施意见》，通过强化各级政府尤其是人口流入地政府的主体责任，支持推进"人带经费、事随人走"的财政支持农业转移人口市民化的政策体系，从而加快实现基本公共服务常住人口全覆盖。清理规范支出挂钩事项。下发了清理规范重点支出同财政收支增幅或生产总值挂钩事项有关问题的通知，明确预算安排不再将农业、科技、教育等支出与相关经济财政指标挂钩，着力解决财政支出结构固化僵化等问题。加强预算绩效管理。将省级部门预算中的所有项目支出全部纳入了绩效目标管理，拓展重点专项支出绩效评价工作广度和深度，2017年省本级评价资金规模达323.5亿元，基本覆盖了省本级的重点专项支出。不断完善考评机制，把省对下和省级部门综合绩效考评结果作为年度目标责任考核的重要依据。大力规范政府性债务管理。严格政府债务限额管理，规范政府举债融资机制，清理整改不规范的举债融资担保行为,遏制隐性债务增长势头。建立政府性债务风险应急处置机制和风险约谈机制,强化政府债务风险预警。将政府债务纳入领导班子年度目标责任考核体系、省对下财政管理和省级部门预算管理综合绩效考评。全面加强财政财务管理。实施行政事业单位资产动态监督管理,规范和加强政府采购管理,深化国库集中支付改革,加强财政监督检查,严肃财经纪律,强化基层财务人员培训,加快财政信息化建设。同时,积极参与司法、社保、科技、金融等重点改革,较好地发挥了财税改革的支撑引领作用。积极开展事权和支出责任划分。结合改革步伐,在调研和学习借鉴外省(市)经验的基础上,拟定了《省以下财政事权和支出责任划分改革的实施意见》,合理划分各级政府间财政事权与支出责任,着力构建财力与事权支出相匹配的资金分担机制,促进各级政府更好履职尽责。扎实推进税制改革。进一步扩大农产品增值税进项税额核定扣除试点范围,研究制定了切实可行、符合我省实际的环境保护税税额标准及同一排放口应税污染物项目数方案,组织开展了水资源税改革、地方税体系建设等摸底调研。

(三)过去五年财政工作总结。

2017 年是本届政府任期的最后一年。回顾总结五年来的财政工作,主要呈现以下特点:

一是财政保障能力有效提升。主动克服经济下行压力、营改增及国家实施减税降费政策等因素的影响,坚持一手抓收入、增总量,一手抓支出、促优化,努力做大“财政蛋糕”,各项财政主要指标均保持了匀速增长。2012 - 2017 年,全省地方公共预算收入从 186.4 亿元增加到 246.1 亿元,年均增长 5.7%。中央各类补助从 839.7 亿元增加到 1113.4 亿元,年均增长 5.8%。总财力从 1307.5 亿元增加到 1650.8 亿元,年均增长 4.8%。全省地方公共预算支出从 1159 亿元增加到 1530.3 亿元,年均增长 5.7%。财力规模和支出总量的持续扩大,为全省经济社会事业加快发展提供了有力支撑。

二是促进经济发展更加有力。积极发挥财政调控职能,五年累计投入 1840 亿元,支持实施了铁路、机场、高速公路、水利、生态保护等一批重点项目建设,持续扩大有效投资,拉动了经济增长。深化供给侧结构性改革,着力推动工业经济提质增效、农牧业发展方式转变、服务业优化升级、城乡区域协调发展。全面落实减税降费政策,五年累计减免税费 420 亿元;创新财政投入方式,组合应用各类财政政策工具,政府引导基金、政府购买服务、PPP 模式等取得积极进展,初步形成多元化投入发展的良好格局,吸引和撬动更多资金支持经济社会发展。

三是民生保障机制逐步完善。五年累计安排资金 5420 亿元,始终将财政支出的 75% 以上用于保障和改善民生,支持实施 15 年免费教育、居民养老金和医疗保险提标等政策,完善保障房供给体系,积极推进公立医院改革,全力支持打赢脱贫攻坚战,统筹推进民族团结进步创建,提升创新社会治理能力,坚持生态保护优先,支持实施了生态移民补偿、三江源二期、祁连山生态综合治理、农村环境连片整治及大气、水、土壤污染防治等 57 类生态环保项目,人民群众的获得感不断增强。

四是财税体制改革纵深推进。注重制度建设,出台了财税体制改革总体方案,明确改革的路线图和时间表,坚持预算管理制度改革先行,中期财政规划管理、财政资金统筹整合、盘活财政存量资金、优化财政支出结构、强化支出绩效管理、创新投入方式、防范化解政府性债务风险等方面都取得突破性进展,营改增改革全面推开,环保税、资源税改革稳步推进,财政转移支付制度逐步完善,激发了财政改革发展活力,为 2020 年基本建立现代财政制度奠定了坚实基础。

五是财政资金管理更趋规范。围绕完善制度、明确职责、理顺流程、控制节点、加强监督,构建了财政内部控制体系。配合省人大启动了省本级预算联网监督工作。修改完善各类专项资金管理办法,初步建立项目资金全覆盖的专项资金监管体系和预算绩效管理机制。全面推进预决算信息公开,加大预算执行监督、会计监督、会计服务行业监管、非税收入检查力度,严肃财经纪律,依法处理违规、违纪行为,财政管理科学化、规范化水平明显提升,资金使用效益不断提高。

五年来,全省财政工作取得了来之不易的成绩,实现了新跨越。这些成绩的取得,得益于国家宏观政策拉动,得益于省委的正确领导和各级人大及其常委会的监督指导,得益于财政部及社会各方面的理解和支持。在看到成绩的同时,我们也清醒地认识到,财政改革发展中仍面临不少困难和问题,突出表现在:一是受经济发展新旧动能转换和减税降费政策的影响,财政收入增速趋缓,地方税体系尚未建立,增收的基础仍不稳固,加之争取中央补助难度增大,财力总量持续增长的压力越来越大。二是受传统做法及一些政策固化的影响,民生领域的刚性支出有增无减,各级各部门牢固树立过紧日子的思想不够紧迫,加之各方面对加大投入的要求越来越高,财政保障的难度越来越大,收支矛盾十分突出。三是部分地方政府及其部门债务管理“红线”意识和“底线”思维不强,仍存在变相举债、违规担保等行为,隐性债务风险较大,加之全省已进入偿债高峰期,债务压力加快向预算安排传导。四是部分项目前期工作薄弱、绩效管理不够扎实、资金监管不够精准,不同程度地存在资金等项目、支出进度不均衡、存量资金屡清屡累、财政支出即期拉动效应不高等问题。对这些问题,我们将高度重视,积极采取措施,认真加以解决。

二、关于 2018 年全省和省本级预算草案

2018年，全省经济发展面临的环境依然错综复杂，经济短期内趋稳特征明显，经济增长新动能不断积聚，各方面的有利因素持续增加，但仍存在较多不稳定不确定因素，发展不平衡不充分的问题进一步显现。反映在财政收支上，地方收入增收少、中央补助增量少、刚性支出增加多的情况更加凸显，财政收支形势十分严峻，平衡预算面临极大压力。

根据面临的财政经济形势，2018年全省预算编制和财政工作的指导思想是：全面学习贯彻党的十九大精神，以习近平新时代中国特色社会主义思想为指导，坚持稳中求进工作总基调，坚持新发展理念，紧扣社会主要矛盾变化，更加注重推动高质量发展；调整优化财政支出结构，提高财政资金使用效率，着力支持打好防范化解重大风险、精准脱贫、生态文明建设和污染防治三大攻坚战；坚持以供给侧结构性改革为主线，贯彻落实积极的财政政策，增强财政的可持续性，全面实施绩效管理，深化财税体制改革，促进经济社会持续健康发展。

按照上述指导思想，我们在预算编制中总体把握以下原则：一是坚持聚焦中心，服务大局的原则，牢固树立“四个意识”，充分发挥财政职能作用，以“四个转变”新思路推动“四个扎扎实实”重大要求落地生根；二是坚持靶向施策、精准发力的原则，全力支持打好防范化解重大风险、精准脱贫、生态文明建设和污染防治三大攻坚战；三是坚持实事求是、积极稳妥、留有余地的原则，千方百计做大财力总量；四是坚持量入为出、统筹兼顾、突出重点的原则，下大力气优化财政支出结构；五是坚持集中财力办大事的原则，保障好重大项目资金需求；六是坚持可持续、保基本、兜底线的原则，促进社会事业和民生不断改善；七是坚持全面发力、注重实效的原则，持续推进全面深化改革；八是坚持勤俭节约、精打细算、提高绩效的原则，牢固树立过紧日子的思想。

（一）2018年财政收入安排考虑。

2018年全省地方公共预算收入安排，综合考虑了宏观经济形势和全面推进营改增减税等因素，初步计划增幅与GDP相适应，按增长7.5%来安排，其中：省本级收入略高于全省增幅水平按增长8%安排，以保持财政政策的连续性。同时，将中央财政提前下达的各类资金全部纳入年初预算，继续安排一定的新增均衡性转移支付补助和地方政府新增债券，加大预算稳定调节基金等各类资金的统筹调入力度，财力总量保持适度增长，支撑全省经济社会持续健康发展。

（二）2018年财政重点支持方向。

1. 支持打好三大攻坚战。全面贯彻中央经济工作会议和省委十三届三次全会精神，积极创新工作思路，细化工作举措，强化政策、资金支持，为打赢三大攻坚战提供保障和支撑。一是支持防范化解风险。加强源头管控，坚决遏制隐性债务增量，盘活各类资金和资产，积极稳妥化解地方政府债务风险；争取中央增加安排我省新增专项债券规模，保障合理融资需求；足额安排地方政府债务利息资金并及时给付，维护政府良好信誉。跟进落实划转部分国有资本充实社保基金政策，弥补企业养老保险基金缴费不足，防范养老保险支付风险。二是支持精准脱贫。瞄准特殊贫困人口，全面落实“三个新增”工作要求，深入推进财政涉农资金统筹整合，全力支持重大扶贫工程，推进异地扶贫搬迁、生态扶贫、特色产业扶贫、健康扶贫等工作，强化资金监管和绩效管理，充分发挥财政资金的引导作用，更多采用生产奖补、劳务补助等方式，年内确保12个贫困县摘帽，500个贫困村退出，15万贫困人口脱贫。三是支持生态文明建设和污染防治。保障“五大生态板块”重大生态工程资金需求，支持国家公园建设，三江源二期、祁连山综合整治、湟水河全流域治理等生态工程，落实草原、森林、湿地生态保护补助政策，完善生态补偿机制。支持大气、水、土壤污染源头防治及旅游景区、城乡人居环境整治行动。

2. 支持供给侧结构性改革。按照高质量发展的要求，统筹利用现有财政资金和政策渠道，支持深化供给侧结构性改革，积极培育各类市场主体，推动形成优质高效的供给体系，不断满足城乡群众个性化、多样化需求。一是发挥产业基金引导作用。积极支持实施“中国制造2025”，加快发展先进制造业，促进经济转型升级，继续用好工业企业结构调整专项补助资金；支持培育清洁能源、新型材料、电子信息等绿色新兴产业，促进发展方式转变；支持煤炭等行业化解过剩产能，妥善处理“僵尸企业”。二是深化增值税等税制改革。落实租入固定资产进项抵扣等增值税政策，完善抵扣链条，持续释放营改增的减税红利，进一步清理规范涉企收费，切实减轻企业发展负担，促进新动能培育和经济转型升级。三是实施创新驱动发展战略。优化科技经费投入，加强基础研究，强化战略科技力量，拓展实施国家和省内重大科技项目。健全技术创新引导支持机制，支持实施重大科技专项和企业研发等基础研究，促进科技成果转化，推动建立产学研深度融合创新体系，强化创新对发展的引领作用。四是支持金融等服务业发展。综合运用业务奖励、费用补贴、贷款贴息、以奖代补等方式，加快建立普惠金融服务和保障体系。推进政策性农业保险提标扩面增品，促进农牧业稳定发展。加快发展现代服务业，培育壮大新动能。

3. 支持乡村振兴发展。贯彻落实中央农村工作会议精神，坚持走城乡融合发展、共同富裕、质量兴农、绿色发展、文化兴盛、乡村善治、特色减贫等目标路径，跟进落实财政支持政策，着力推动农牧业全面升级，农牧区全面进步，农牧民全面发展。一是全面落实好各项惠农政策。完善农业支持保护制度，实施以绿色生态为导向的农业补贴政策，支持耕地休耕轮作、耕地质量综合治理，加快推进农业农村现代化。

发展多种形式适度规模经营，推动培育新型农业经营主体，健全农业社会化服务体系，促进农村一二三产业融合发展。二是支持村集体经济发展。全力支持“破零工程”、乡村旅游、林业产业发展、畜牧业养殖和种植等集体经济发展。加强高标准农田建设。支持农田水利设施建设。深入推动健全乡村治理体系，推进美丽乡村建设。三是加快补齐农村公共服务短板。加强农村资源环境保护，大力改善水、电、路、气和信息流通等基础设施建设，统筹山水林田湖保护建设，逐步缩小城乡差距。

4. 支持区域协调发展。认真落实财政支持区域协调发展的各项政策措施，进一步下移财力，加大专项资金投入力度。一是稳步提升城乡区域间基本公共服务均等化水平。全力支持海东经济社会发展和海西州城乡一体化建设，完善城市功能，不断拓展发展空间，提高承载能力。继续对川甘青交界平安与振兴工程给予差别化的财政扶持政策，促进黄南、果洛加快发展。协调做好对口援青工作。二是支持预算内重点基建投资、藏区公益性项目、美丽城镇、“厕所革命”工程、新型城镇化建设、城市棚户区改造和城镇棚户区综合治理工程，创新重点基建项目投入方式。三是通过发行专项债券，切实保障好西成铁路、西宁机场三期、曹家堡综合交通枢纽、高速公路、重大水利等重点领域的项目资金需求。

5. 支持社会事业发展。按照坚守底线、突出重点、完善制度、引导预期的工作要求，统筹安排财力保障和改善民生，不断增强人民群众的获得感和幸福感。一是支持教育优先发展。健全各级教育投入机制，落实15年免费教育，支持学前教育“三年行动”计划、义务教育“全面改薄”、职业教育“一州一校”建设和高中教育布局调整。积极争取中央“三区三州”政策支持，推进教育脱贫攻坚。加快一流学科建设，落实高职高校生均财政拨款制度。加强教师队伍建设。二是支持社会保障和就业。支持实施全民参保计划，统筹提高各类退休人员养老保险待遇标准，支持建立全省统一的社会保险公共服务平台，推进财政与人社部门信息互联互通，进一步强化社会保险基金预算管理。统筹城乡社会救助体系，进一步完善社会救助、社会福利、慈善事业、优抚安置等制度。全面落实高校毕业生等重点群体就业创业财政政策，提高公共就业服务能力。三是支持医药卫生改革。支持推进“健康青海2030”行动计划，支持改善公立医院服务条件，落实三级公立医院经费补偿机制。完善城乡居民医保筹资机制，适当提高个人缴费占比，支持巩固异地就医住院费用直接结算工作成果。调整提高基本公共卫生人均补助标准，支持推动家庭医生签约服务。继续加大包虫病防治、疾病预防、食品药品安全监管等方面的支持力度。四是支持文化体育旅游发展。加强公共文化服务体系建设，落实好博物馆、体育馆等公共文体场馆免费或低收费开放。支持青海卫视发展，实施中央广播电视节目无线数字化覆盖，促进文物、非物质文化遗产保护工作。加快重点景区配套基础设施建设，推动文化体育经贸与旅游的深度融合，做强旅游支柱产业，提升旅游综合服务能力。

（三）2018年收入和支出安排。

按照预算编制要求和支出政策，2018年全省及省本级一般公共预算、政府性基金预算、国有资本经营预算、社会保险基金预算统筹安排如下：

1. 一般公共预算。全省年初总财力1346.9亿元。其中，地方一般公共预算收入安排264.6亿元，增长7.5%，中央补助收入814.6亿元，纳入地方政府债券收入100亿元，调入预算稳定调节基金91.8亿元，统筹整合调入其他资金50.1亿元，动用上年结余结转25.8亿元。

全省一般公共预算支出安排1346.6亿元，比上年年初预算增长4.6%。主要安排：一般公共服务129.8亿元，增长2.5%；公共安全81.3亿元，增长36.6%；教育161亿元，增长4.3%；科学技术11.8亿元，增长7.3%；文化体育与传媒26.6亿元，增长3.9%；社会保障和就业176.7亿元，增长4.2%；医疗卫生与计划生育115亿元，增长4.5%；节能环保51.7亿元，增长5.4%；交通运输106亿元，增长8.2%；住房保障支出32.8亿元，下降40.4%；农林水事务183.2亿元，增长7.1%；其他各项支出270.8亿元，增长4.8%。上解支出0.3亿元。

省本级当年财力为601.8亿元，较上年增长5.1%。其中，地方一般公共预算收入83.2亿元，增长8%。中央补助收入303.8亿元（中央补助814.6亿元，扣除对市州补助510.8亿元），纳入地方政府债券收入100亿元，统筹调入各类资金115.1亿元（包括动用预算稳定调节基金70亿元，整合财政存量等资金45.1亿元），上解支出0.3亿元。加上动用上年结转18.5亿元后，省本级总财力为620.3亿元。

具体安排为：一般公共服务29.3亿元，增长7.1%；公共安全42.5亿元，增长4.4%；教育53.7亿元，增长4.7%；科学技术8.6亿元，增长6.9%；文化体育与传媒8.9亿元，增长1.1%；社会保障和就业60.8亿元，增长9.5%；医疗卫生与计划生育41.5亿元，增长5.1%；节能环保44亿元，增长8.6%；交通运输101亿元，增长4.1%；住房保障支出22.3亿元，下降18.6%；农林水事务51.1亿元，增长4.5%；其他各项支出156.6亿元，增长2.2%。

汇总2018年省本级部门预算，省本级行政事业单位用财政拨款安排的“三公经费”为1.87亿元（其中：因公出国境费0.31亿元，公务接待费0.54亿元，公务用车购置0.01亿元，公务用车运行费1.01亿元），比上年下降8.8%。

2. 政府性基金预算。全省政府性基金收入安排83.5亿元，政府性基金支出安排78.2亿元。省本级政府性基金收入安排27.9亿元,政府性基金支出安排38.4亿元。

3.国有资本经营预算。全省国有资本经营收入安排0.7亿元,国有资本经营支出安排2.1亿元。省本级国有资本经营收入安排0.6亿元,国有资本经营支出安排1.9亿元。

4.社会保险基金预算。全省社会保险基金收入安排335.2亿元,社会保险基金支出安排326.4亿元。省本级社会保险基金收入安排272.5亿元,社会保险基金支出安排280.6亿元。

以上预算安排的具体情况详见《青海省2017年财政预算收支执行情况及2018年预算安排情况表》。

三、切实做好2018年的财政工作

2018年是全面贯彻落实党的十九大精神的开局之年,是决胜全面建成小康社会、实施"十三五"规划承上启下的关键一年,财政工作要深入学习贯彻党的十九大和省第十三次党代会精神,围绕中心,服务大局,进一步提高政治站位,强化责任担当,发挥好财政基础性支撑和保障作用。

(一)千方百计增强保障能力。妥善处理好减税与增支、增加政府债券与防范风险之间的矛盾,狠抓自有收入组织,密切跟踪收入预算执行情况以及国家税制改革动向,完善税收保障机制,创新非税收入征缴制度,严格落实任务分解、形势分析、情况通报等制度,加强分析研判,及时有效应对,继续开展收入质量绩效评估,严防虚增收入行为,既要应收尽收,又要提高收入质量。要积极争取中央补助和地方政府债券额度,要抓住青海的特殊性因素,紧盯中央的战略侧重和政策导向,积极主动适应因素法、竞争性分配、考核评估项目资金分配等方式,完善考核激励机制,做实项目前期,强化协调配合,确保财力总量稳定增长。调整优化财政支出运行机制,更好把握财政支出的时机、节奏和力度,继续优化支出结构,调整压减低效、无效支出,积极盘活存量资金,严格控制结余结转规模,采取预拨、垫支等方式保障重点支出需求,提高财政支出的精准性、均衡性和实效性。

(二)多措并举促进经济发展。坚持以供给侧结构性改革为主线,在统筹考虑全省经济社会发展基本需求的基础上,重点支持国家重大发展战略、重点改革事项和省十三次党代会安排部署的各项重点任务,发挥好财政投资拉动经济增长的支撑作用,多渠道筹措资金,统筹运用好预算安排、中央专项、地方政府债券、政府引导基金、PPP模式等各类资金,加快形成多元化投入格局。继续落实积极的财政政策,更加注重优化投资结构,提高基础设施和产业、民生、藏区发展的投资比重,增强投资的综合拉动效应。加大政府引导和服务力度,积极推进传统产业转型升级,支持壮大战略性新兴产业,大力拓展新业态,大力推进新型工业化,支持发展现代服务业。健全各级财政农业投入稳定增长机制,加大各类涉农资金整合力度,全力支持脱贫攻坚行动,促进农牧业提质增效和农牧民脱贫增收。

(三)坚定不移推进生态建设。紧紧围绕加快从经济小省向生态大省、生态强省转变的新思路,通过增加预算安排、争取国家更多支持,统筹资金支持重大生态环境保护工程、矿业权退出、污染防治行动计划、山水林田湖生态修复、国家公园体制试点、城乡垃圾污水收集处理设施建设、农牧区环境综合整治等,加快发展绿色经济和循环低碳经济,培育绿色产业体系,大力发展清洁能源、电子信息、新能源、新材料等战略性新兴产业。继续实施草原生态保护补奖政策,完善生态补偿机制,加大绩效目标考核评估,建立生态保护成效与资金分配挂钩的激励约束机制。准确把握国家政策导向和支持重点,加大重点生态功能区转移支付补助和生态专项补助争取力度,完善和落实我省重点生态功能区财政奖补政策,进一步扩大奖补范围,加大对下奖补力度,引导和激励州县政府强化生态保护责任。

(四)持之以恒保障改善民生。全面落实中央和省委、省政府既定的相关民生政策,围绕民生"七有"和生态保护,统筹谋划和实施好2018年民生项目工程,重点支持实施城乡居民最关心、最直接、最现实的民生项目,进一步破解民生难题、回应社会关切、满足民生需求。按照兜底线、织密网、建机制的要求,加快构建覆盖全民、城乡统筹、权责清晰、保障适度、可持续的多层次社会保障体系。坚持量力而行,尽力而为,合理引导社会预期,本着"量入为出、小步快跑"的思路,既要努力缩小与全国平均水平差距,又要妥善处理好民生诉求和财力可承受的关系,审慎出台新的提标扩面政策,适度降低经济增长较快时期的过高承诺,切实做到当前可承受、未来可持续。

(五)坚持不懈深化财税改革。聚焦党的十九大报告对事权与责任划分、税制改革、预算制度改革的新要求,加强政策研究,完善改革举措,在关键环节和体制、机制短板上精准发力,加快建立现代财政制度。在事权改革方面,密切关注、认真研究青海与中央财政的事权关系变化,积极争取有利于我省长远发展的财力分配格局。出台省以下财政事权和支出责任划分改革的实施意见。跟进中央改革步伐,在教育、医疗卫生、环境保护等基本公共服务领域和外交领域划分省对下事权和支出责任,统筹考虑地方收入和债务情况,适度强化省级事权和支出责任。在税制改革方面,认真落实营改增改革和减税降费政策,全面开征环境保护税,完善资源税政策。加强地方税体系研究,主动跟进中央消费税、个人所得税和房地产税等改革步伐。在预算制度改革方面,深入推动前期改革政策落地,全面推进全口径政府预算管理,严格控制非急需、非刚性财政支出,加强跨年度预算平衡,强化项目库建设,深入推进中期财政规划管理。健全完善农牧民转移人口市民化奖补机制。

（六）驰而不息强化财政管理。坚持依法理财、规范管理，健全长效机制，全面提升财政管理精细化、精准化水平。全面实施绩效管理。健全以结果导向配置公共资源的绩效管理机制，推进绩效管理与预算编制、执行、监督有机融合，加大绩效信息公开，向人大报告绩效目标、绩效评价结果并向社会公开。加强政府债务管理。出台规范和加强政府债务管理办法，开展全省政府性债务督查检查，摸清风险底数，一对一的分析研判存在的问题，分门别类地制定化解的具体措施，坚决控制政府隐性债务增长，全面完成非政府债券形式存量债务置换工作，稳步推进融资平台市场化转型，加强债务管理考核评价，建立终身追责机制，防范和化解政府债务风险。创新探索拓宽融资渠道，做好项目收益与融资自求平衡专项债券发行试点工作。规范政府投资基金管理。全面分析研究已设立基金治理结构、资金规模、运行管理等情况，尽快发挥好各类基金引导撬动作用。严控新设基金，清理整合已设基金，建立政府投资基金统计报告制度，科学界定基金投资领域，引导和规范基金的投向，加强监管，严查明股实债行为。

各位代表，2018 年全省财政改革发展的任务十分繁重艰巨。我们将认真落实本次大会决议，按照中央和省委、省政府部署要求，积极进取，扎实工作，为建设更加富裕、更加文明、更加和谐、更加美丽新青海做出新的更大贡献！

青海省2017年国民经济和社会发展统计公报[1]

青 海 省 统 计 局

国家统计局青海调查总队

2018年2月27日

2017年，面对错综复杂的经济运行环境及各种挑战，省委、省政府带领全省各族人民砥砺奋进、开拓创新，深入学习贯彻落实习近平新时代中国特色社会主义思想、十九大精神，按照省第十三次党代会作出的各项决策部署，统筹推进“五位一体”总体布局，协调推进“四个全面”战略布局，牢固树立和贯彻落实新发展理念，以“四个转变”推动落实“四个扎扎实实”，全年全省经济保持总体平稳、稳中向好的发展态势。

一、综合

初步核算，全年全省地区生产总值[2]2642.80亿元，按可比价格计算，比上年增长7.3%。分产业看，第一产业增加值238.41亿元，增长4.9%；第二产业增加值1180.38亿元，增长7.2%；第三产业增加值1224.01亿元，增长7.9%。第一产业增加值占全省地区生产总值的比重为9.0%，第二产业增加值比重为44.7%，第三产业增加值比重为46.3%。人均地区生产总值44348元，比上年增长6.4%。

年末全省常住人口598.38万人，比上年末增加4.92万人。按城乡分，城镇常住人口317.54万人，占总人口的比重（常住人口城镇化率）为53.07%，比上年末提高1.44个百分点；乡村常住人口280.84万人，占46.93%。少数民族人口285.49万人，占47.71%。全年人口出生率14.42‰，比上年低0.28个千分点；人口死亡率6.17‰，比上年低0.01个千分点。全年人口自然增长率8.25‰，比上年低0.27个千分点。全省人户分离的人口[3]为98.75万人，其中流动人口[4]82.06万人。年末全省户籍人口584.69万人，其中城镇户籍人口240.66万人，占总户籍人口的41.16%；乡村户籍人口344.03万人，占58.84%。

表1　2017年末常住人口数及构成

指标名称	人口数（万人）	比重（%）
常住人口	598.38	100
#城镇	317.54	53.07
乡村	280.84	46.93
#男性	303.62	50.74
女性	294.76	49.26
#0－14岁	118.30	19.77
15－64岁	433.35	72.42
65岁及以上	46.73	7.81
#少数民族人口	285.49	47.71

全年全省城镇新增就业人员6.10万人。年末城镇登记失业率为3.1%。全年农牧区劳动力转移就业108万人次。

全年全省居民消费价格总水平比上年上涨1.5%。其中，城市上涨1.7%，农村上涨1.1%。

表2　2017年居民消费价格比上年涨跌幅度

指标名称	涨跌幅度（%）
居民消费价格	1.5
食品烟酒	－0.1
#食品	－0.5
#粮食	2.0
菜	－6.5
畜肉类	－0.3
蛋类	－3.2
干鲜瓜果类	0.8
茶及饮料	0.6
烟酒	0.6
在外餐饮	0.5
衣着	0.9
居住	2.9
生活用品及服务	0.7
交通和通信	1.0
教育文化和娱乐	0.8
医疗保健	5.9
其他用品和服务	1.7

全年全省农业生产资料价格比上年上涨2.4%。农产品生产者价格上涨1.0%。工业生产者出厂价格上涨16.7%，工业生产者购进价格上涨8.0%。固定资产投资价格上涨6.1%。西宁市新建住宅房屋销售价格上涨3.5%，二手住宅销售价格上涨0.7%。

全年全省公共财政预算收入408.70亿元，比上年同口径增长13.5%。其中，地方公共财政预算收入246.14亿元，增长9.3%；上划中央收入162.56亿元，增长20.6%。在地方公共财政预算收入中，增值税88.64亿元，增长5.7%；企业所得税23.23亿元，增长36.1%；个人所得税8.96亿元，增长39.8%。全省公共财政预算支出1530.26亿元，比上年增长0.4%。其中，医疗卫生与计划生育支出增长25.0%，城乡社区支出增长18.9%，文化体育和传媒支出增长11.5%，教育支出增长9.8%，社会保障和就业支出增长7.7%，一般公共服务支出增长5.5%。

二、种植业和畜牧业

全年农作物总播种面积558.58千公顷，比上年减少2.75千公顷。粮食作物播种面积278.61千公顷，比上年减少2.44千公顷。其中，小麦85.92千公顷，减少0.35千公顷；青稞45.32千公顷，减少0.11千公顷；玉米25.06千公顷，减少1.56千公顷；豆类27.74千公顷，减少0.76千公顷；马铃薯93.37千公顷，增加0.26千公顷。经济作物播种面积186.78千公顷，比上年增加9.38千公顷。其中，油料148.84千公顷，增加6.23千公顷；枸杞33.53千公顷，增加1.63千公顷。蔬菜及食用菌播种面积50.24千公顷，比上年减少0.12千公顷。全年粮食产量100.71万吨，比上年减产2.74万吨。

表3　2017年主要农产品产量及增长速度

指标名称	产量（万吨）	比上年增长（%）
粮食	100.71	-2.6
#小麦	32.35	-2.1
青稞	9.70	-0.3
玉米	16.24	-10.1
豆类	5.86	-2.7
马铃薯	36.32	-0.1
油料	29.48	-1.9
药材	11.27	25.3
#枸杞	7.89	20.3
蔬菜及食用菌	170.01	持平
水果	3.81	-5.3
水产品	1.61	33.5

年末全省牛存栏546.56万头，比上年末下降6.6%；羊存栏1387.41万只，下降0.2%；生猪存栏108.77万头，下降12.0%；家禽存栏317.54万只，下降14.2%。全年全省牛出栏132.18万头，比上年增长5.5%；羊出栏726.06万只，增长7.4%；生猪出栏145.54万头，增长5.2%；家禽出栏520.39万只，增长12.3%。全年全省肉类总产量38.33万吨，增长6.4%。

表4　2017年主要畜产品产量及增长速度

指标名称	产量（万吨）	比上年增长（%）
肉类	38.33	6.4
#猪肉	11.41	8.6
牛肉	12.85	5.5
羊肉	12.68	5.8
牛奶	33.80	2.4
禽蛋	2.46	2.9
羊毛	1.91	1.5
#羊绒（吨）	411	-5.5

三、工业和建筑业

全年全省全部工业增加值790.63亿元，按可比价格计算，比上年增长6.8%。规模以上工业[5]增加值比上年增长7.0%。在规模以上工业中，按经济类型分，股份制企业增加值增长7.7%，国有企业增加值增长5.4%，集体企业增加值增长1.1倍，外商及港澳台商投资企业增加值下降12.6%。按门类分，制造业增加值增长9.5%，采矿业增加值下降8.0%，电力、热力、燃气及水生产和供应业增加值增长8.3%。

全年全省规模以上工业36个行业中，24个行业增加值比上年增长。

表5　2017年规模以上工业主要行业增加值增长速度

指标名称	比上年增长（%）
电力、热力生产和供应业	8.6
有色金属冶炼和压延加工业	6.7
化学原料和化学制品制造业	7.2
石油和天然气开采业	4.8
石油加工及炼焦业	6.0
黑色金属冶炼和压延加工业	-1.0
电气机械和器材制造业	20.2
非金属矿物制品业	7.8
医药制造业	17.5
农副食品加工业	3.3
酒、饮料和精制茶制造业	39.8
食品制造业	50.2
有色金属矿采选业	-40.0
文教、工美、体育和娱乐用品制造业	-4.0
煤炭开采和洗选业	-26.5
通用设备制造业	28.2
纺织服装、服饰业	9.9
纺织业	29.9

规模以上工业中，新能源产业增加值比上年增长10.2%，新材料产业增加值增长22.5%，盐湖化工产业增加值增长9.5%，有色金属产业增加值增长6.7%，轻工纺织业增加值增长14.6%，生物产业增加值增长26.6%，装备制造业[6]增加值增长16.0%。高技术制造业[7]增加值增长21.0%。资源类行业[8]增加值下降8.0%。

全年全省建筑业增加值390.08亿元，按可比价格计算，比上年增长8.1%。注册地在省内的具有资质等级的总承包和专业承包建筑企业406个，实现利润15.82亿元，比上年增长5.8%。

四、固定资产投资

全年全省完成全社会固定资产投资3897.14亿元，比上年增长10.3%。按产业分，第一产业投资137.57亿元，增长4.8%；第二产业投资1308.71亿元，增长0.5%，其中工业投资1204.79亿元，增长1.0%；第三产业投资2450.86亿元，增长16.8%。基础设施投资[9]1663.97亿元，增长15.9%。民间固定资产投资[10]1226.50亿元，增长1.2%。水利、环境和公共设施管理业，卫生和社会工作等短板领域投资大幅增长。

表6　2017年分行业50万元及以上项目固定资产投资及增长速度

指标名称	投资额（亿元）	比上年增长（%）
农林牧渔业	137.57	4.8
采矿业	98.51	1.0
制造业	734.21	13.0
电力、热力、燃气及水生产和供应业	372.07	-16.6
建筑业	103.92	-4.9
批发和零售业	32.64	10.7
交通运输、仓储和邮政业	736.46	23.5
住宿和餐饮业	42.46	26.9
信息传输、软件和信息技术服务业	89.34	16.4
金融业	1.03	-78.9
租赁和商务服务业	72.55	68.6
科学研究和技术服务业	12.32	-69.3
水利、环境和公共设施管理业	488.40	44.4
居民服务、修理和其他服务业	9.78	52.8
教育	64.28	-12.2
卫生和社会工作	42.81	51.5
文化、体育和娱乐业	67.06	43.5
公共管理、社会保障和社会组织	127.92	-27.1

在全社会固定资产投资中，战略性新兴产业[11]投资1445.43亿元，比上年增长12.5%。高技术制造业投资101.09亿元，增长31.2%。新材料产业投资106.78亿元，增长25.1%。盐湖化工产业投资149.82亿元，增长18.9%。装备制造业投资55.40亿元，增长1.1倍。轻工纺织业投资109.35亿元，增长86.4%。高耗能行业[12]投资679.98亿元，下降7.7%。

全年全省房地产开发投资408.59亿元，比上年增长2.9%。其中，商品住宅投资213.66亿元，下降6.2%；商业营业用房投资97.08亿元，增长1.1%。

表7　2017年房地产开发和销售

指标名称	计量单位	绝对数	比上年增长（%）
房地产开发投资额	亿元	408.59	2.9
#住宅	亿元	213.66	-6.2
房屋施工面积	万平方米	2936.71	3.1
#住宅	万平方米	1735.76	-1.0
竣工房屋面积	万平方米	440.90	14.0
#住宅	万平方米	229.45	-0.8
商品房销售面积	万平方米	494.04	12.8
#住宅	万平方米	399.57	7.1

五、国内贸易

全年全省社会消费品零售总额839.03亿元，比上年增长9.3%。按经营地分，城镇消费品零售额728.08亿元，增长9.3%（其中城区消费品零售额427.19亿元，增长8.7%）；乡村消费品零售额110.95亿元，增长9.9%。按消费类型分，商品零售额774.22亿元，增长9.4%；餐饮收入额64.81亿元，增长9.3%。

在限额以上批发和零售业[13]商品零售额中，粮油、食品类零售额比上年增长7.9%，化妆品类增长24.4%，石油及制品类增长12.3%，家用电器和音像器材类增长7.2%，家具类增长7.0%，汽车类增长6.9%，烟酒类增长6.8%，服装、鞋帽、针纺织品类增长5.3%，日用品类增长4.6%，金银珠宝类增长3.2%，饮料类增长1.9%，中西药品类下降12.1%。

限额以上批发和零售业通过公共网络实现的零售额6562万元，增长50.7%。限额以上住宿和餐饮业通过公共网络实现餐费收入833万元，增长47.3%。

六、对外经济

全年全省货物进出口总额44.42亿元，比上年下降55.9%。其中，出口额28.75亿元，下降68.2%；进口额15.67亿元，增长50.7%。

表 8　2017 年主要商品进出口额及增长速度

指标名称	绝对数（亿元）	比上年增长（%）
出口	28.75	-68.2
#铁合金	7.40	142.9
纺织纱线、织物及制品	5.45	-53.5
未锻轧铝及铝材	3.36	346.1
焦炭、半焦炭	2.94	265.2
文化产品	2.90	-59.5
服装及衣着附件	2.58	-84.3
农产品	2.34	104.1
机电产品	1.09	-95.2
进口	15.67	50.7
#机电产品	7.17	180.8
氧化铝	6.59	76.4

表 9　2017 年对主要国家进出口额及增长速度

指标名称	绝对数（亿元）	比上年增长（%）
出口	28.75	-68.2
#美国	4.57	-45.7
巴基斯坦	3.33	-39.1
日本	2.90	-1.9
南非	2.79	210.5
吉尔吉斯斯坦	2.24	-75.5
进口	15.67	50.7
#日本	5.48	1373.2
印度	2.50	348.6
澳大利亚	2.29	-28.5

全年全省新批外资项目 14 个，比上年增加 8 个。合同使用外商直接投资额 1.60 亿美元，增长 66.7%；实际使用外商直接投资额 0.18 亿美元，增长 20.0%。全年对外承包工程业务完成营业额 3.90 亿美元，增长 26.1%，对外劳务合作派出各类劳务人员 517 人。

七、交通、邮电和旅游

年末全省铁路营运里程 2299 公里，与上年末持平，其中高速铁路[14]218 公里。公路通车里程 80901 公里，比上年末增加 2316 公里，其中高速公路 3223 公里，增加 345 公里。民航通航里程 124969 公里，增加 4912 公里。

表 10　2017 年各种运输方式完成客货运输量及增长速度

指标名称	计量单位	运输量	比上年增长（%）
货物运输量[15]	万吨	18141.38	6.1
铁路	万吨	3051.72	7.7
公路	万吨	14871.26	5.9
民航	吨	29592.10	16.7
管道	万吨	215.44	3.5
旅客运输量	万人	6899.35	7.1
铁路	万人	1134.46	14.1
公路	万人	5069.69	4.0
民航	万人	625.51	22.5
水路	万人	69.69	5.4

年末全省民用汽车保有量 100.10 万辆，比上年末增长 11.7%，其中私人汽车保有量 82.90 万辆，增长 12.2%。民用轿车保有量 48.55 万辆，增长 10.5%，其中私人轿车保有量 42.15 万辆，增长 10.2%。

全年全省邮政业务量[16]6.01 亿元，比上年增长 24.4%。全年邮政业完成函件业务 483.44 万件，包裹业务 41.71 万件，快递业务量 1449.71 万件，快递业务收入 3.88 亿元（比上年增长 29.3%）。全年电信业务量[17]161.59 亿元，增长 1.4 倍。年末移动电话用户 610.88 万户，增长 13.2%；固定电话用户 106.69 万户，增长 4.5%。电话普及率 120.91 部/百人。固定互联网宽带接入用户[18]120.15 万户，比上年末增长 20.6%。移动宽带用户[19]513.17 万户，比上年末增长 33.6%，其中，4G 移动电话用户[20]436.69 万户，增长 56.4%。

全年接待国内外游客 3484.10 万人次，比上年增长 21.1%。其中，国内游客 3477.08 万人次，增长 21.2%；入境游客 7.02 万人次，增长 0.2%。实现旅游总收入 381.53 亿元，增长 23.0%。其中，国内旅游收入 378.94 亿元，增长 23.3%；旅游外汇收入 3829.04 万美元，下降 13.3%。

八、金融

年末全省金融机构人民币各项存款余额 5826.63 亿元，比年初增加 256.46 亿元，比上年末增长 4.6%。其中，境内住户存款余额 2141.41 亿元，增长 6.9%；境内非金融企业存款余额 1608.34 亿元，下降 2.1%。金融机构人民币各项贷款余额 6222.49 亿元，比年初增加 642.73 亿元，比上年末增长 11.5%。其中，境内住户贷款余额 629.34 亿元，增长 21.4%；境内非金融企业及机关团体贷款余额 5590.88 亿元，增长 10.5%。

全年保险公司原保险保费收入[21]80.18 亿元，比上年增长 16.7%。其中，寿险保费收入 34.34 亿元，增长 19.1%；财产险保费收入 33.34 亿元，增长 12.5%；健康险和意外伤害险保费收入 12.50 亿元，增长 22.1%。全年保险赔付额 29.25亿元，比上年增长 6.8%。其中，寿险赔付额 6.98 亿元，下降9.6%；财产险赔付额16.50亿元，增长10.8%；健康险和意外伤害险赔付额5.77亿元，增长21.1%。

九、人民生活和社会保障

全年全省全体居民人均可支配收入19001元，比上年增长9.8%。其中，人均工资性收入11351元，增长10.9%；人均经营净收入2861元，增长8.8%；人均财产净收入949元，增长10.0%；人均转移净收入3840元，增长7.4%。全年全体居民人均生活消费支出15503元，比上年增长4.9%。恩格尔系数为28.7%，比上年降低0.2个百分点。

全年全省城镇常住居民人均可支配收入29169元，比上年增长9.0%。其中，人均工资性收入20568元，增长9.8%；人均经营净收入1899元，下降5.4%；人均财产净收入1613元，增长11.1%；人均转移净收入5089元，增长11.7%。全年城镇常住居民人均生活消费支出21473元，比上年增长3.0%。

全年全省农村常住居民人均可支配收入9462元，比上年增长9.2%。其中，人均工资性收入2704元，增长9.7%；人均经营净收入3764元，增长17.7%；人均财产净收入326元，增长0.4%；人均转移净收入2668元，下降0.4%。全年农村常住居民人均生活消费支出9903元，比上年增长7.4%。

年末全省养老保险参保人数377.45万人，比上年末增加9.93万人。其中，城镇企业职工养老保险参保人数108.38万人，增加5.25万人；城乡居民基本养老保险参保人数239.11万人，增加3.90万人；机关事业单位养老保险参保人数29.96万人，增加0.78万人。全省医疗保险参保人数[22]548.99万人，比上年末减少3.50万人。其中，城镇职工医疗保险参保人数94.03万人，减少3.85万人；城乡居民医疗保险参保人数454.96万人，增加0.35万人。全省失业保险参保人数41.47万人，比上年末增加0.70万人，其中农民工参保人数0.26万人。全省工伤保险参保人数66.15万人，比上年末增加6.40万人，其中农民工参保人数10.96万人。全省生育保险参保人数50.04万人，比上年末增加0.39万人。年末全省享受城镇最低生活保障人数13.2万人，享受农村最低生活保障人数42.1万人。

十、教育、科学技术和文化体育

全年全省学龄儿童入学率99.8%，与上年持平；普通初中毛入学率109.3%，比上年下降1.3个百分点；九年义务教育巩固率94.2%，比上年提高0.5个百分点；高中阶段毛入学率84.0%，比上年提高2.0个百分点。全年全省研究生教育招生1730人，在校生4112人，毕业生1051人。普通高等教育招生2.59万人，在校生7.92万人，毕业生1.98万人。中等职业教育招生2.80万人，在校生7.50万人，毕业生1.95万人。普通高中招生4.24万人，在校生12.39万人，毕业生3.83万人。初中学校招生7.05万人，在校生20.58万人，毕业生6.82万人。普通小学招生8.50万人，在校生46.51万人，毕业生7.28万人。特殊教育招生1173人，在校生5061人，毕业生414人。幼儿园在园幼儿20.72万人。

全年全省取得省部级以上科技成果510项，比上年增加40项，其中，基础理论成果114项，应用技术成果372项，软科学成果24项。专利申请[23]3181件，其中发明专利申请949件。专利授权1580件，比上年增加223件，其中发明专利授权240件。签订技术合同1016项，比上年增加30项；成交金额67.7亿元，比上年增长19.0%。年末全省共有天气雷达观测站点12个，县级以上卫星云图接收站点52个，地震台站122个，地震遥测台网3个。

年末全省有艺术表演团体12个，文化馆46个，公共图书馆49个，博物馆23个，档案馆55个，广播电视电台46座，中短波发射台26座。广播综合人口覆盖率98.4%，比上年末提高0.2个百分点；电视综合人口覆盖率98.4%，比上年末提高0.2个百分点。全年出版杂志287万册、报纸9196万份、图书1215万册（张），其中少数民族文字图书290万册（张）。

年末全省有等级运动员487人，比上年末增加106人。其中，国家级运动健将4人，一级运动员135人，二级运动员348人。在第十三届全国运动会上获得1枚金牌、3枚银牌、3枚铜牌。全年销售体育彩票8.17亿元。

十一、卫生和社会服务

年末全省卫生机构6370个，床位3.75万张。其中，医院215个，床位3.19万张；乡镇卫生院405个，床位4500张；社区卫生服务中心（站）254个，妇幼保健院（所、站）50个，疾病预防控制中心（防疫站）56个，村卫生室4518个，门诊、诊所（卫生所、医务室）803个，卫生监督所（中心）55个。卫生人员4.78万人，其中，执业（助理）医师1.54万人，注册护士1.65万人。

年末全省共有各类提供住宿的社会服务机构57个，其中养老服务机构37个。社会服务床位9220张，其中养老服务床位5899张。年末共有社区服务中心30个，社区服务站441个。

十二、资源、环境和安全生产

年末全省有自然保护区11个，面积2177万公顷，其中国家级自然保护区7个，面积2074万公顷。森林面积452万公顷，森林覆盖率6.3%。湿地面积[24]814.36万公顷，其中自然湿地面积800.1万公顷。国家重点公益林管护面积496.09万公顷，天然林保护面积367.82万公顷。全年全民义务植树1500万株。当年治理水土流失面积229平方公里，造林面积26.92万公顷。全年市（州）政府所在地城镇空气质量优良天数比例为92.4%。

全年全省各类生产安全事故死亡317人，比上年减少25人。工矿商贸事故死亡66人，比上年减少6人。道路交通事故[25]365起，比上年减少6起；死亡248人，比上年减少21人。火灾1685起，比上年增加305起。

注释：

[1]本公报中2017年数据均为初步统计数，增速按同口径计算。个别数据因四舍五入的原因，存在与分项合计不等的情况。

[2]地区生产总值、各产业增加值及人均地区生产总值按国家统计局2012年制定的《三次产业划分规定》口径统计，绝对数按现价计算，增长速度按不变价格计算。

[3]人户分离的人口是指居住地与户口登记地所在的乡镇街道不一致且离开户口登记地半年以上的人口。

[4]流动人口是指人户分离人口中不包括市辖区内人户分离的人口。市辖区内人户分离的人口是指一个直辖市或地级市所辖区内和区与区之间，居住地和户口登记地不在同一乡镇街道的人口。

[5]规模以上工业企业统计口径为年主营业务收入2000万元及以上的工业企业。

[6]装备制造业包括金属制品业，通用设备制造业，专用设备制造业，汽车制造业，铁路、船舶、航空航天和其他运输设备制造业，电气机械及器材制造业，通信设备计算机及其他电子设备制造业，仪器仪表制造业。

[7]我省高技术制造业包括化学药品制造，中药饮品加工，中成药生产，兽用药品制造，生物药品制造，卫生材料及医药用品制造，光纤、光缆制造，锂离子电池制造，电子器件制造，电子元件制造，仪器仪表制造，信息化学品制造。

[8]资源类行业包括煤炭开采和洗选业，石油和天然气开采业，黑色金属矿采选业，有色金属矿采选业，非金属矿采选业，开采辅助活动，其他采矿业。

[9]基础设施投资是指建造或购置为社会生产和生活提供基础性、大众性服务的工程和设施的支出。本文中的基础设施投资包括电力、热力、燃气及水生产和供应业，交通运输和邮政业，信息传输服务业，水利、环境和公共设施管理业投资。[10]民间固定资产投资是指具有集体、私营、个人性质的内资企事业单位以及由其控股（包括绝对控股和相对控股）的企业单位建造或购置固定资产的投资。

[11]根据我国《战略性新兴产业分类（2012）》（试行），战略性新兴产业包括节能环保产业、新一代信息技术产业、生物产业、高端装备制造产业、新能源产业、新材料产业、新能源汽车产业等七大产业。

[12]高耗能行业包括石油加工及炼焦业，化学原料和化学制品制造业，非金属矿物制品业，黑色金属冶炼和压延加工业，有色金属冶炼和压延加工业，电力、热力生产和供应业。

[13]限额以上批发业包括年主营业务收入在2000万元及以上的批发业企业（单位）；限额以上零售业包括年主营业务收入在500万元及以上的零售业企业（单位）；限额以上住宿、餐饮业包括年主营业务收入在200万元及以上的住宿、餐饮业企业（单位）。

[14]高速铁路是指最高营运速度达到200公里/小时及以上的铁路。

[15]货物运输量含管道运输量，管道运输量仅指原油运输量。

[16]邮政业务总量按2010年不变价格计算。

[17]电信业务总量按2015年不变价格计算。

[18]固定互联网宽带接入用户是指报告期末在电信企业登记注册，通过xDSL、FTTx+LAN、FTTH/0以及其他宽带接入方式和普通专线接入公众互联网的用户。

[19]移动宽带用户是指报告期末在计费系统拥有使用信息、占用3G或4G网络资源的在网用户。

[20]4G移动电话用户是指报告期末在计费系统拥有使用信息、占用4G网络资源的在网用户。

[21]原保险保费收入是指保险企业确认的原保险合同保费收入。

[22]城乡居民基本医疗保险参保人数下降是由于城乡系统整合，清退重复参保人员。

[23]2017年专利申请量口径发生变化，2016年指国家知识产权局受理的专利申请数量，2017年指国家知识产权局受理且按规定缴足申请费的专利申请数量。

[24]湿地面积为2012年开展的全国第二次湿地资源调查数据。

[25]道路交通事故仅指安全生产道路交通事故，包括铁路事故。

资料来源：

本公报中户籍人口数据来自省公安厅治安警察总队；城镇新增就业人员、城镇登记失业率、农牧区劳动力转移就业人数和社会保障数据来自省人力资源和社会保障厅；价格、城乡居民收支、畜牧业全部数据及种植业中部分数据来自国家统计局青海调查总队；财政数据来自省财政厅；货物进出口数据来自西宁海关；外商直接投资、对外承包工程、劳务合作数据来自省商务厅；铁路营运里程及铁路客货运输量来自青藏铁路公司；公路通车里程及公路、水路客货运输量来自省交通厅；民航通航里程及民航客货运输量来自西部机场集团青海机场有限公司；管道运输量数据来自青海油田分公司和中国石油西部管道涩宁兰天然气销售分公司；民用汽车拥有量数据来自省公安厅交通警察总队车辆管理支队；邮政业务数据来自省邮政管理局和省邮政公司；电信业务量、移动电话用户数、固定电话用户数、电话普及率、互联网用户数、移动宽带用户数、4G移动电话用户数来自省通信管理局；旅游数据来自省旅游发展委员会；金融业数据来自中国人民银行西宁中心支行；保险业数据来自中国保险监督管理委员会青海监管局；教育数据来自省教育厅；科技数据来自省科技厅；天气雷达观测站点及县级以上卫星云图接收站点数据来自省气象局；地震台站和遥测台网数据来自省地震局；艺术表演团体、文化馆、公共图书馆、博物馆、报纸、期刊、图书出版数据来自省文化和新闻出版厅；档案馆数据来自省档案局；广播、电视数据来自省广播电影电视局；体育数据来自省体育局；卫生数据来自省卫生和计划生育委员会；城乡最低生活保障人数、社会服务机构数据来自省民政厅；自然保护区数据来自省环境保护厅；森林面积、湿地面积、国家重点公益林管护面积、天然林保护面积、全民义务植树数据来自省林业厅；治理水土流失面积数据来自省水利厅；生产安全事故、道路交通事故数据来自省安全生产监督管理局；火灾事故数据来自省公安消防总队；其他数据均来自青海省统计局。

第 2 篇
CHAPTER 2

综　合
General Survey

每天主要社会经济活动

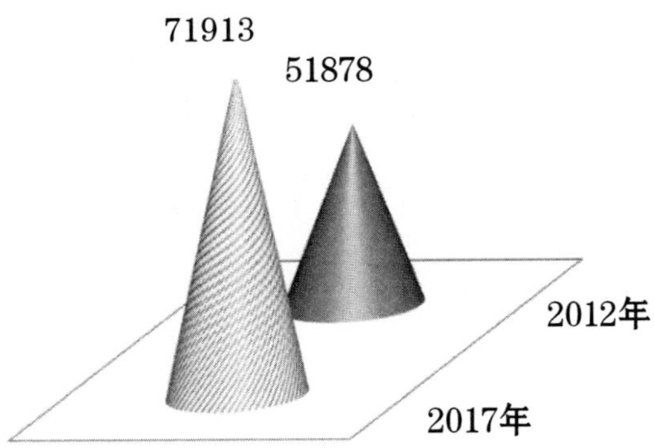

地区生产总值（万元）

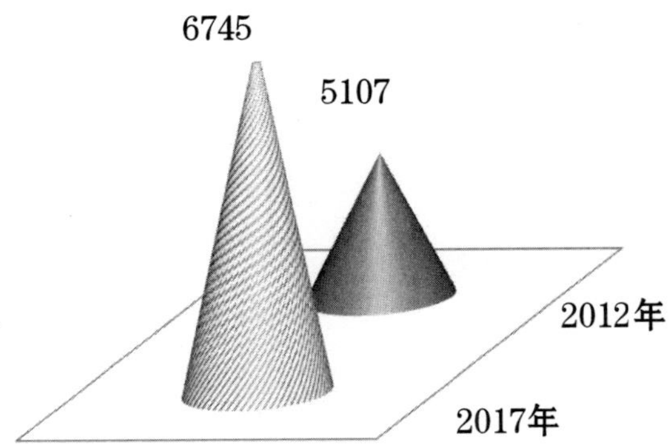

地方财政收入（万元）

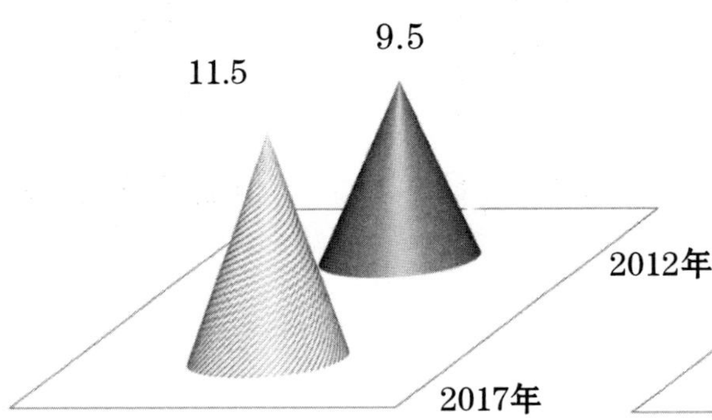

能源消费量（万吨标煤）

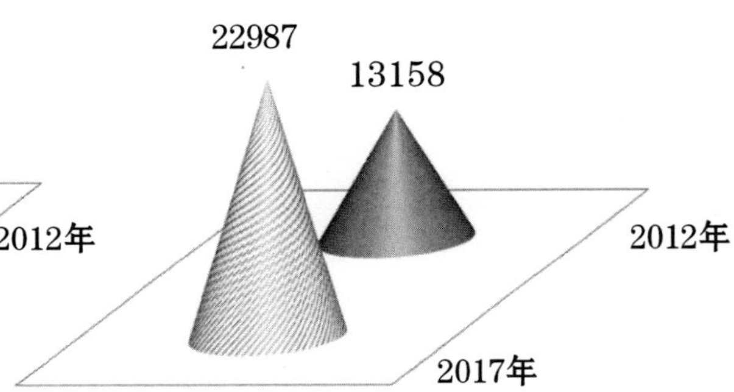

社会消费品零售额（万元）

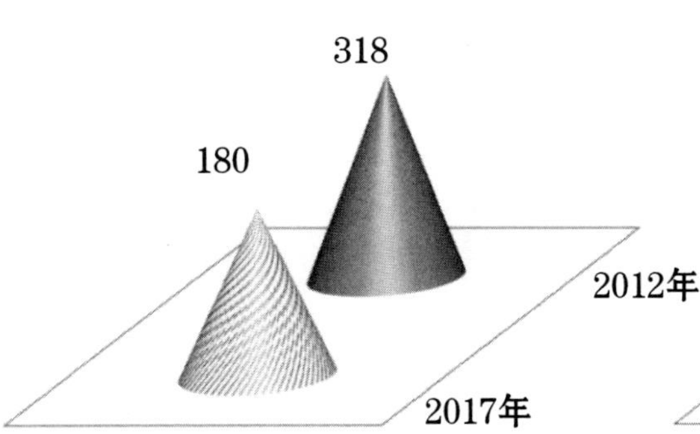

进出口额（万美元）

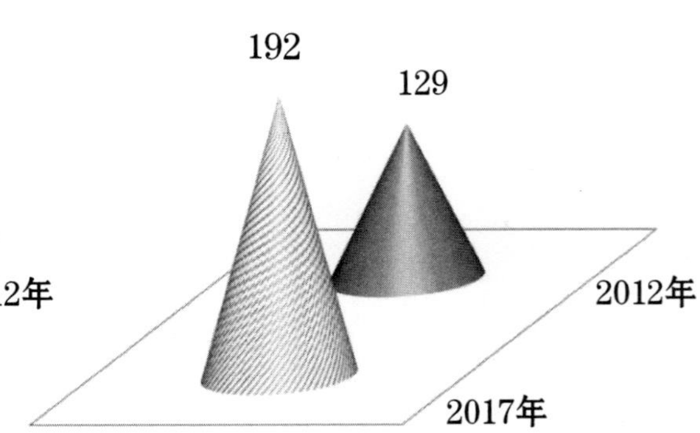

国际旅游者人数（人次）

2-1 各部门机构数

Number of Agencies of Various Departments

单位：个 (unit)

部门	Department	机构数 Number of Agencies 2016	2017	2017年比2016年增减 Increase or Decrease Over the 2016 in 2017
农村基层单位	**Rural Grass-roots Units**			
乡政府	Township Governments	225	223	-2
镇政府	Town Governments	140	143	3
村民委员会	Village Committees	4143	4146	3
乡村户数（万户）	Number of Rural Households (10 000 Households)	97.4	98.4	1.0
规模以上工业企业	**Industrial Enterprises above Designated Size**	**593**	**569**	**-24**
大型企业	Large Enterprises	23	22	-1
中型企业	Medium-sized Enterprises	90	87	-3
小型企业	Small Enterprises	480	460	-20
国有及国有控股企业	State-owned and State-holding Enterprises	138	138	持平
集体企业	Collective-owned Enterprises	2	1	-1
外商及港澳台商投资企业	Enterprises with Funds from Hong Kong ,Macao, Taiwan and Foreign Countries	25	24	-1
建筑业企业	**Construction Enterprises**	**412**	**406**	**-6**
卫生事业	**Health Care**			
医院、卫生院	Hospital and Health Centers	603	617	14
妇幼保健院(所、站)	Materbity and Child Care Centers	55	50	-5
教育事业	**Education**			
普通高等学校	Regular Inststutions of Higher Education	12	12	持平
中等职业教育	Secondary Vocational Schools	39	39	持平
普通中学	Regular Secondary Schools	374	371	-3
普通小学	Primary Schools	889	758	-131
学前教育	Pre-school Education	1667	1735	68
科技机构	**Science and Technology Institutions**	**107**	**113**	**6**
艺术事业	**Art**	**27**	**25**	**-2**
艺术表演团体	Art Performing Troupes	12	12	持平
公共图书馆	**Public Libraries**	**49**	**49**	**持平**
群众文化事业	**Mass Culture**	**414**	**415**	**1**
群众艺术馆	Mass Art Centers	9	9	持平
文化馆	Cultural Centers	46	46	持平
文化站	Cultural Stations	359	360	1
艺术教育事业	**Art Education Units**	**1**	**1**	**持平**
其他文化事业	**Other Cultural Units**	**9**	**12**	**3**
艺术研究机构	Art Research Institutions	1	1	持平
文物事业	**Cultural Relics**	**55**	**53**	**-2**
博物馆	Museums	23	23	持平
文物机构	Cultural Relics Institutions	30	29	-1

2-2 主要年份国民经济和社会发展总量与速度指标

指 标	Item	总量指标	
		2000	2005
人口 （万人）	**Population (10 000 persons)**		
常住人口	Population at Year-end	516.50	543.20
市镇人口	Urban	179.54	213.21
乡村人口	Rural	336.96	329.99
男性人口	Male	267.03	277.58
女性人口	Female	249.47	265.62
就业 （万人）	**Employment (10 000 persons)**		
就业人员数	Employment	283.9	291.0
城镇	Urban	81.5	94.1
乡村	Rural	202.4	196.9
城镇登记失业人数	Registration Unemployment in Urban Areas	1.80	3.63
国民经济核算 （亿元）	**National Accounting (100 million yuan)**		
生产总值	Gross Domestic Product	263.68	543.32
第一产业	Primary Industry	40.12	65.34
第二产业	Secondary Industry	108.83	264.61
第三产业	Tertiary Industry	114.73	213.37
支出法生产总值	Gross Domestic Product by Expenditure Approach	263.68	543.32
最终消费	Government Final Consumption Expenditure	171.70	360.72
居民消费	Household Consumption Expenditures	122.33	210.29
政府消费	Government Consumption Expenditure	49.37	150.43
资本形成总额	Gross Capital Formation	160.46	369.28
固定资本形成	Gross Fixed Capital Formation	156.97	364.08
存货增加	Changes in Inventories	3.49	5.20
固定资产投资 （亿元）	**Investment in Fixed Assets (100 million yuan)**		
全社会固定资产投资总额	Total Investment in Fixed Asssets	154.83	367.15
国有经济	State-owned Economy	102.83	175.64
集体经济	Collective-ownedEconomy	6.61	14.50
私营个体经济	Individual and Private Economies	13.08	42.76
财政 （亿元）	**Government Finance (100 million yuan)**		
地方财政收入	Local Government Revenue	16.58	33.82
财政支出	Government Expenditures	68.26	169.75
物价总指数 （上年=100）	**Price Indices (preceding year=100)**		
商品零售价格总指数	Retail Price Index	99.00	100.70
居民消费价格总指数	Consumer Price Index	99.50	100.80
农业生产资料价格总指数	Price Indices of Agricultural Means of Production	100.70	106.50
利用外资 （亿美元）	**Utilization of Foreign Capital (USD 100 million)**		
合同利用外资协议额	Signed an Agreement for Use of Foreign Capital	1.53	3.56
能源生产与消费（万吨标准煤）	**Production and Consumption of Energy(10 000 tons of SCE)**		
能源生产总量	Total Energy Production	937.90	1867.27
能源消费总量	Total Energy Consumption	897.23	1830.48

Principal Aggregate Indicators on National Economic and Social Development and Growth Rates in Main Years

Aggregate Data				速度指标(%) Index and Growth Rates						
				指数（2017年比以下各年） Index (2017as percentage of the following years)				平均增长速度 Average Annual Growth Rate		
2010	2015	2016	2017	2000	2005	2010	2015	2001-2017	2011-2017	2016-2017
563.47	588.43	593.46	598.38	115.85	110.16	106.20	101.69	0.87	0.86	0.84
251.98	295.98	306.40	317.54	176.86	148.93	126.02	107.28	3.41	3.36	3.58
311.49	292.45	287.06	280.84	83.35	85.11	90.16	96.03	-1.07	-1.47	-2.01
291.79	300.28	302.43	303.62	113.70	109.38	104.05	101.11	0.76	0.57	0.55
271.68	288.15	291.03	294.76	118.15	110.97	108.50	102.29	0.99	1.17	1.14
307.7	321.4	324.3	327.0	115.18	112.36	106.29	101.74	0.83	0.88	0.87
119.2	154.5	160.9	165.7	203.31	176.09	139.01	107.25	4.26	4.82	3.56
188.5	166.9	163.4	161.3	79.69	81.92	85.57	96.64	-1.33	-2.20	-1.69
4.24	4.44	4.58	4.67	259.44	128.65	110.14	105.18	5.77	1.39	2.56
1350.43	2417.05	2572.49	2624.83	631.69	358.06	193.20	115.86	11.45	9.86	7.64
134.92	208.93	221.19	238.41	221.61	177.05	141.93	110.56	4.79	5.13	5.15
744.63	1207.31	1249.98	1162.41	904.89	428.74	208.19	116.24	13.83	11.04	7.81
470.88	1000.81	1101.32	1224.01	536.20	328.67	184.24	116.52	10.38	9.12	7.94
1350.43	2417.05	2572.49	2624.83	631.69	358.06	193.20	115.86	11.45	9.86	7.64
720.57	1485.98	1676.44	1815.42	607.88	315.72	203.87	118.37	11.20	10.71	8.80
410.26	888.70	989.92	1073.87	526.05	328.94	217.28	118.41	10.26	11.72	8.82
310.31	597.28	686.52	741.55	813.71	297.50	185.94	118.27	13.12	9.27	8.75
1086.99	3374.09	3565.46	3897.01	1549.14	743.87	312.95	112.67	17.49	17.70	6.15
1057.86	3303.61	3551.90	3918.34	1579.40	753.54	321.74	115.61	17.62	18.17	7.52
29.13	70.48	13.56	-21.33							
1068.73	3266.64	3533.19	3897.14	2517.04	1061.46	364.65	119.30	21.91	23.99	8.90
515.92	1843.39	1828.45	1992.00	1937.18	1134.14	386.11	108.06	19.32	25.20	2.40
16.01	22.42	11.53	14.91	225.57	102.83	93.13	66.50	8.95	2.55	-30.46
147.83	571.71	638.13	696.58	5325.54	1629.05	471.20	121.84	27.71	29.32	10.77
110.22	267.13	238.51	246.20	1484.92	727.97	223.37	92.16	17.20	12.17	-4.00
743.40	1515.16	1524.80	1530.44	2242.07	901.58	205.87	101.01	20.07	10.87	0.50
104.30	101.00	100.40	101.20	150.70	145.87	115.11	101.60	2.44	2.03	0.80
105.40	102.60	101.80	101.50	177.88	159.73	123.87	103.33	3.45	3.11	1.65
103.50	100.80	101.50	102.40	212.19	184.89	133.25	103.94	4.52	4.19	1.95
3.17	1.60	0.96	1.60	104.58	44.94	50.47	100.00	0.26	-9.31	
4005.82	3298.88	3003.89	3305.78	352.47	177.04	82.52	100.21	7.69	-2.71	0.10
2814.57	4134.11	4110.51	4202.46	468.38	229.58	149.31	101.65	9.51	5.89	0.82

2-2 续表1

指 标	Item	总量指标 2000	总量指标 2005
农业	**Agriculture**		
农林牧渔业从业人员 (万人)	Employed Persons of Agriculture,Forestry, Animal Husbandry and Fishery (10 000 persons)	142.25	128.73
农林牧渔业总产值(亿元)	Gross Output Value of Agriculture,Forestry, Animal Husbandry and Fishery (100 million yuan)	56.99	94.04
主要农产品产量 (万吨)	Output of Major Farm Products (10 000 tons)		
粮食	Grain	82.70	93.26
油料	Oil-bearing Crops	19.40	31.85
水果	Fruits	2.24	1.48
肉类	Meat	20.83	25.75
牛肉	Beef	6.35	7.44
羊肉	Mutton	7.00	9.16
水产品	Aquatic Products	0.12	0.09
工业	**Industry**		
主要工业产品产量	Output of Major Industrial Products		
原煤 (万吨)	Coal (10 000 tons)	145	555
原油 (万吨)	Crude Oil (10 000 tons)	200	221
发电量 (亿千瓦小时)	Electricity (100 million kwh)	134	213
粗钢 (万吨)	Crude Steel (10 000 tons)	43	51
钢材 (万吨)	Rolled Steel (10 000 tons)	36	48
原铝 (万吨)	Primary Aluminum (10 000 tons)	28	67
原盐 (万吨)	Salt (10 000 tons)	68	112
农用化肥 (万吨)	AgriculturdFertilizers (10 000 tons)	67	159
水泥 (万吨)	Cement (10 000 tons)	124	371
规模以上工业企业主要指标	**Principal Indicators of Industrial Enterprises above Designated Size**		
固定资产原价 (亿元)	Original Value of Fixed Assets (100 million yuan)	505.81	844.71
利润总额 (亿元)	Total Profits (100 million yuan)	0.79	72.82
建筑业	**Construction**		
建筑业总产值 (亿元)	Gross Output Value (100 million yuan)	44.72	90.93
施工房屋面积(万平方米)	Floor Space of Building under Construction (10 000 sq.m)	339.43	407.55
竣工房屋面积(万平方米)	Floor Space of Building Completed (10 000 sq.m)	192.90	194.02
交通运输	**Transport**		
货运量 (万吨)	Total Freight Traffic (10 000 tons)	5076	7152
铁路	Railways	833	1453
公路	Highways	4050	5491
管道	Petroleum and Gas Pipelines	193	208
民用航空	Civil Aviation		0.33
客运量 (万人)	Total Passsnger Traffic (10 000 persons)	3612	4920
铁路	Railways	352	368
公路	Highways	3250	4525
民用航空	Civil Aviation	10	27
公路通车里程 (公里)	Total Lenth of Highways (km)	18679	29719

Continued

Aggregate Data				速度指标(%) Index and Growth Rates						
				指数（2017年比以下各年） Index (2017 as percentage of the following years)				平均增长速度 Average Annual Growth Rate		
2010	2015	2016	2017	2000	2005	2010	2015	2001-2017	2011-2017	2016-2017
120.99	116.41	115.50	116.72	82.05	90.67	96.47	100.27	-1.16	-0.51	0.13
201.32	319.27	338.80	364.10	217.39	177.25	142.92	110.55	4.67	5.23	5.14
102.03	102.72	103.45	100.71	121.78	107.99	98.71	98.04	1.17	-0.19	-0.98
36.91	30.48	30.04	29.48	151.96	92.56	79.87	96.72	2.49	-3.16	-1.65
1.44	1.50	1.29	1.29	57.59	87.16	89.58	86.00	-3.19	-1.56	-7.26
27.53	34.75	36.04	38.33	184.01	148.85	139.23	110.30	3.65	4.84	5.02
8.46	11.49	12.18	12.85	202.36	172.72	151.89	111.84	4.23	6.15	5.75
9.04	11.56	11.98	12.68	181.14	138.43	140.27	109.69	3.56	4.95	4.73
0.16	1.06	1.21	1.61	1341.67	1833.71	1006.25	151.89	16.50	39.07	23.24
1863	805	775	716	493.79	129.01	38.43	88.94	9.85	-12.77	-5.69
186	223	221	228	114.00	103.17	122.58	102.24	0.77	2.95	1.11
457	537	487	561	418.66	263.38	122.76	104.47	8.79	2.97	2.21
137	121	115	120	279.07	235.29	87.59	99.17	6.22	-1.87	-0.41
138	114	125	127	352.78	264.58	92.03	111.40	7.70	-1.18	5.55
147	219	222	229	817.86	341.79	155.78	104.57	13.16	6.54	2.26
124	286	206	183	269.12	163.39	147.58	63.99	6.00	5.72	-20.01
313	520	552	462	689.55	290.57	147.60	88.85	12.03	5.72	-5.74
811	1744	1875	1450	1169.35	390.84	178.79	83.14	15.56	8.65	-8.82
2026.10	4870.20	5123.97	4875.65	963.93	577.20	240.64	100.11	14.26	13.37	0.06
182.02	67.85	80.02	101.11	12798.73	138.85	55.55	149.02	33.03	-8.06	22.07
279.61	409.51	410.62	406.93	909.95	447.52	145.53	99.37	13.87	5.51	-0.32
693.12	908.69	886.79	861.16	253.71	211.30	124.24	94.77	5.63	3.15	-2.65
273.16	350.21	301.94	338.65	175.56	174.54	123.97	96.70	3.37	3.12	-1.66
11426	16173	17090	18140	357.37	253.64	158.76	112.16	7.78	6.83	5.91
3286	2729	2834	3052	366.39	210.05	92.88	111.84	7.94	-1.05	5.75
7962	13233	14047	14871	367.19	270.82	186.77	112.38	7.95	9.34	6.01
178	210	208	215	111.40	103.37	120.79	102.38	0.64	2.73	1.18
0.47	0.86	0.99	1.27		384.85	270.21	147.67		15.26	21.52
10997	5825	6201	6603	182.81	134.21	60.04	113.36	3.61	-7.03	6.47
474	936	994	1134	322.16	308.15	239.24	121.15	7.12	13.27	10.07
10439	4595	4873	5070	156.00	112.04	48.57	110.34	2.65	-9.80	5.04
85	224	268	329	3290.00	1218.52	387.06	146.88	22.81	21.33	21.19
62185	75593	78585	80895	433.08	272.20	130.09	107.01	9.00	3.83	3.45

2-2 续表2

指 标		Item		总量指标	
				2000	2005
邮电通信业		**Postal and Telecommunication Services**			
函件	(万件)	Number of Letters Delivered	(10 000 pieces)	2762	1886
报刊期发数	(万份)	Number of Newspaper and Magazines Distributed	(10 000 copies)	47	51
邮路总长度	(公里)	Length of Postal Routes	(km)	26978	23721
本地(固定)电话年末用户	(万部)	Number of Fixed Telephone Subscribers at Year-end	(10 000 subscirbers)	36.87	113.50
移动电话用户	(万户)	Number of Mobile Telephone Subscribers	(10 000 subscribers)	21.07	121.36
国内商业		**Domestic Trade**			
社会消费品零售总额	(亿元)	Total Retail Sales of Comsumer Goods	(100 million yuan)	100.26	161.59
对外经济贸易		**Foreign Trade**			
进出口总额	(亿美元)	Total Value of Exports and Imports	(USD 100 million)	1.60	4.13
出口额		Exports		1.12	3.23
进口额		Imports		0.48	0.90
旅游		**Tourism**			
旅游人数	(万人次)	Number of Tourists	(10 000 person-times)	321	637
旅游外汇收入	(万美元)	Foreign Exchange Earnings from International Tourism	(USD 10 000)	740	1102
金融保险	**(亿元)**	**Financial Intermediation and Insurance**	**(100 million yuan)**		
金融机构人民币各项存款余额		Deposits of National Banking System		280.17	733.05
金融机构人民币各项贷款余额		Loans of National Banking System		348.57	638.59
保险公司保费收入		Insurance Premium of Insurance Companies		5.13	7.86
保险公司赔款及给付金额		Indemnity Expenditure and Payment of Insurance Companies		1.19	1.99
教育		**Education**			
专任教师数	(人)	Full-time Teachers	(person)	47821	52167
普通高等学校		Institutions of Higher Education		2107	3051
中等职业学校		Secondary Vocational Schools		1363	1588
普通中学		Regular Secondary Schools		16645	20050
小学		Primary Schools		27706	27478
在校学生数	(万人)	Students Enrollment	(10 000 persons)	75.62	89.34
普通高等学校		Institutions of Higher Education		1.33	3.44
中等职业学校		Secondary Vocational Schools		1.34	2.47
普通中学		Regular Secondary Schools		22.47	32.75
小学		Primary Schools		50.48	50.68
科技		**Science and Technology**			
研究与开发经费支出	(亿元)	Expenditures on Research and Development	(100 million yuan)	1.31	2.07
技术合同成交额	(亿元)	Volume of Transaction in Technical Markets	(100 million yuan)	0.51	1.18

Continued

Aggregate Data				速度指标(%) Index and Growth Rates						
				指数（2017年比以下各年） Index (2017 as percentage of the following years)				平均增长速度 Average Annual Growth Rate		
2010	2015	2016	2017	2000	2005	2010	2015	2001-2017	2011-2017	2016-2017
472	371	321	483	17.49	25.61	102.33	130.19	-9.75	0.33	14.10
47	51	27	48	102.13	94.12	102.13	94.12	0.12	0.30	-2.99
43484	33661	95136	86279	319.81	363.72	198.42	256.32	7.08	10.28	60.10
103.20	101.42	102.07	106.69	289.37	94.00	103.38	105.20	6.45	0.48	2.57
397.80	517.53	539.76	610.88	2899.29	503.36	153.56	118.04	21.90	6.32	8.65
351.03	690.98	767.30	839.03	836.85	519.23	239.02	121.43	13.31	13.26	10.19
7.89	19.34	15.15	6.55	409.38	158.60	83.01	33.86	8.64	-2.63	-41.81
4.66	16.42	13.66	4.24	378.57	131.27	90.93	25.82	8.15	-1.35	-49.18
3.23	2.93	1.49	2.31	481.25	256.67	71.57	78.84	9.68	-4.67	-11.21
1226	2315	2877	3484	1085.36	546.94	284.18	150.47	15.06	16.09	22.67
2045	3876	4416	3829	517.43	347.46	187.24	98.79	10.15	9.37	-0.61
2319.64	5212.80	5570.17	5826.63	2079.68	794.85	251.19	111.78	19.54	14.06	5.72
1822.65	4988.01	5579.76	6222.49	1785.15	974.41	341.40	124.75	18.48	19.17	11.69
25.70	56.30	68.73	80.18	1562.96	1020.10	311.98	142.43	17.55	17.65	19.34
6.66	20.32	27.38	29.25	2457.98	1469.85	439.32	143.95	20.73	23.55	19.98
54634	57812	58299	59590	124.61	114.23	109.07	103.08	1.30	1.25	1.53
3731	4127	4340	4671	221.69	153.10	125.19	113.18	4.79	3.26	6.39
2444	2410	2457	2433	178.50	153.21	99.55	100.95	3.47	-0.06	0.48
21875	24796	25094	25167	151.20	125.52	115.05	101.50	2.46	2.02	0.75
26584	26479	26408	27319	98.60	99.42	102.76	103.17	-0.08	0.39	1.57
98.57	93.16	93.48	94.90	125.50	106.22	96.28	101.87	1.34	-0.54	0.93
6.04	7.14	7.46	7.92	595.49	230.23	131.16	110.92	11.07	3.95	5.32
7.91	7.64	7.41	7.50	559.70	303.64	94.82	98.17	10.66	-0.76	-0.92
32.72	32.98	32.82	32.97	146.73	100.67	100.76	99.97	2.28	0.11	-0.02
51.90	45.40	45.79	46.51	92.14	91.75	89.61	102.44	-0.48	-1.55	1.22
8.33	11.58	14.00	17.91	1367.18	865.22	215.01	154.66	16.63	11.56	24.36
11.46	46.95	56.92	67.72	13288.58	5733.23	590.69	144.24	33.32	28.88	20.10

2-2 续表3

指 标		Item		总量指标	
				2000	2005
文化		**Culture**			
出版数量		Number of Published			
图书	(万册)	Books	(10 000 copies)	586	840
杂志	(万册)	Magazine	(10 000 copies)	91	204
报纸	(万份)	News Paper	(10 000 copies)	4800	4486
家庭		**Family**			
家庭总户数	(万户)	Total Number of Family Households	(10 000 households)	115.24	131.93
城镇居民平均每户家庭人口	(人)	Average Household Size in Urban Areas	(person)	3.24	3.02
农村居民平均每户家庭人口	(人)	Average Household Size in Rural Areas	(person)	5.32	5.16
居住		**Housing**			
城镇居民人均拥有住房面积	(平方米)	Per Capita Building Space in Urban Areas	(sq.m)	12.06	18.35
农村居民人均拥有住房面积		Per Capita Living Space in Rural Areas	(sq.m)	15.32	17.95
生活		**People's Living Conditions**			
城镇居民人均可支配收入	(元)	Per Capita Annual Disposable Income of Urban Households(yuan)		5221	8271
农村居民人均可支配收入	(元)	Per Capita Disposable Income of Rural Household	(yuan)	1504	2206
城乡储蓄存款余额	(亿元)	Outstanding Amount of Saving Deposits in Urban and Rural Areas	(100 million yuan)	146.28	361.51
工资		**Wages**			
非私营单位在岗职工工资总额	(亿元)	Total Wages of Employed Persons in Non Private Units	(100 million yuan)	49.76	78.03
职工平均工资	(元)	Average Wage of Staff and Workers	(yuan)	10050	19084
卫生					
医疗机构	(个)	Number of Hospitals	(unit)	577	562
卫生技术人员	(万人)	Health Technical Personnel	(10 000 persons)	2.15	2.08
床位数	(万张)	Number of Hospital Beds	(10 000 units)	1.65	1.60
市政建设		**Municipal Works**			
自来水供水总量	(万吨)	Annual Supply of Tap Water	(10 000 tons)	14239	19569
排水管道长度	(公里)	Length of Sewer Pipelines	(km)	263	1010
城市(市区)煤气和天然气供气量	(万立方米)	Volume of Coal Gas and Natural Gas	(10 000cu.m)	15815	63606
城市(市区)液化石油气供气量	(吨)	Volume of Liquefied Petroleum Gas	(ton)	13290	14338
园林绿地面积	(公顷)	Areas of Green Land	(hectares)	1503	4092
灾害		**Disaster**			
火灾发生数	(起)	Fire Accidents	(times)	670	900
火灾损失	(万元)	Economic Loss of Fire Accidents	(10 000 yuan)	475	415
交通事故发生数	(起)	Number of Traffic Accidents	(times)	1579	952
交通事故损失	(万元)	Economic Loss ofTraffic Accidents	(10 000 yuan)	667	411

Continued

Aggregate Data				速度指标(%) Index and Growth Rates						
				指数（2017年比以下各年） Index (2017 as percentage of the following years)				平均增长速度 Average Annual Growth Rate		
2010	2015	2016	2017	2000	2005	2010	2015	2001-2017	2011-2017	2016-2017
1003	1213	1128	1215	207.34	144.64	121.15	100.13	4.38	2.78	0.07
323	299	318	283	310.99	138.73	87.75	94.55	6.90	-1.85	-2.76
9770	10554	9574	9102	189.63	202.90	93.17	86.24	3.84	-1.01	-7.14
161.85	179.99	176.89	189.53	164.47	143.66	117.10	105.30	2.97	2.28	2.62
2.99	3.01	3.04	3.01	92.90	99.67	100.67	100.00	-0.43	0.10	
4.97	4.03	4.03	4.00	75.19	77.52	80.48	99.26	-1.66	-3.05	-0.37
25.90	31.24	34.09	34.61	286.90	188.61	133.63	110.79	6.40	4.23	5.26
21.44	31.43	32.86	33.90	221.28	188.86	158.12	107.86	4.78	6.76	3.86
14462	24542	26757	29169	558.69	352.67	201.69	118.85	10.65	10.54	9.02
4028	7933	8664	9462	629.21	428.92	234.91	119.27	11.43	12.98	9.21
943.78	1816.76	2002.42	2141.41	1463.91	592.35	226.90	117.87	17.10	12.42	8.57
185.91	378.24	413.99	473.06	950.68	606.25	254.46	125.07	14.16	14.27	11.83
37182	61868	67451	76535	761.54	401.04	205.84	123.71	12.68	10.86	11.22
734	863	878	956	165.68	170.11	130.25	110.78	3.01	3.85	5.25
2.39	3.43	3.69	4.05	188.35	194.98	169.48	117.93	3.79	7.83	8.59
2.01	3.42	3.52	3.83	231.83	238.85	191.00	111.84	5.07	9.69	5.75
17672	25674	25387								
921	1908	2982								
162570	131872	136733								
6382	5191	6763								
3387	5901	7982								
1623	1529	1380	1685	251.49	187.22	103.82	110.20	5.57	0.54	4.98
926	3836	1385	1607	338.32	387.23	173.54	41.89	7.43	8.19	-35.28
1206	1036	1023	1129	71.50	118.59	93.62	108.98	-1.95	-0.94	4.39
390	614	751	1120	167.92	272.51	286.89	182.35	3.10	16.25	35.04

2-3 主要年份国民经济和社会发展结构指标
Structural Indicators on National Economic and Social Development in Main Years

单位：% (%)

指 标	Item	2000	2005	2010	2015	2016	2017
人口	**Population**						
城乡结构	Urban and Rural Compostition						
城镇	Urban	34.76	39.25	44.72	50.30	51.63	53.07
乡村	Rural	65.24	60.75	55.28	49.70	48.37	46.93
性别结构	Sexual Compostition						
男	Male	51.70	51.10	51.78	51.03	50.96	50.74
女	Demale	48.30	48.90	48.22	48.97	49.04	49.26
就业	**Employment**						
产业结构	Industrial Compostition						
第一产业	Primary Industry	55.80	49.50	41.40	35.81	35.51	35.11
第二产业	Secondary Industry	12.60	17.40	22.60	23.00	22.86	22.41
第三产业	Tertiary Industry	31.60	33.10	36.00	41.19	41.63	42.48
国民经济核算	**National Accounting**						
生产总值产业结构	Industrial Compostition						
第一产业	Primary Industry	15.22	12.03	9.99	8.64	8.60	9.08
第二产业	Secondary Industry	41.27	48.70	55.14	49.95	48.59	44.29
第三产业	Tertiary Industry	43.51	39.27	34.87	41.41	42.81	46.63
投资	**Investment**						
全社会固定资产投资经济结构	Composition of Tatal Investment in Fixd Assets						
国有经济	State-owned Economy	66.41	47.84	48.27	56.43	51.75	51.12
集体经济	Collective Economy	4.27	3.95	1.50	0.69	0.33	0.38
私营个体经济	Private Individual Economy	8.45	11.65	13.83	17.50	18.06	17.87
其他经济	Other	20.87	36.57	36.40	25.38	29.86	30.63
资金到位来源结构	Composition of Funding Sources						
国家预算内资金	State Budget	17.04	15.79	13.56	20.16	25.47	20.00
国内贷款	Domestic Loans	24.33	16.87	17.11	21.29	21.08	26.15
利用外资	Foreign Investment	1.39	0.55	0.50	0.08	0.55	0.12
自筹和其他投资	Self-raising Funds and Other Investments	56.96	66.38	68.82	58.47	52.90	53.73
财政	**Government Finance**						
财政收入结构	Composition of Government Revenue						
中央	Central Government	36.44	46.65	46.23	29.91	33.76	39.76
地方	Local Government	63.56	53.35	53.77	70.09	66.24	60.24
能源生产与消费	**Enery**						
能源生产总量结构	Composition of Total Energy Production						
原煤	Coal	16.79	26.92	41.07	18.17	18.72	18.19
原油	Crude Oil	30.46	16.95	6.64	9.66	10.51	9.85
天然气	Natural Gas	5.06	15.86	18.63	24.74	26.92	25.75
一次电力	Hydro-power	47.69	40.27	33.67	47.43	43.84	46.21

2-3 续表1 Continued

单位：% (%)

指 标	Item	2000	2005	2010	2015	2016	2017
能源消费总量结构	Composition of Total Energy Consumption						
原煤	Coal	30.18	44.2	34.14	32.53	36.28	32.12
石油	Crude Oil	18.96	8.63	7.61	8.52	9.92	11.12
天然气	Natural Gas	4.83	8.00	11.21	14.28	14.97	15.69
电力	Electric Power	46.03	39.17	47.04	44.67	38.83	41.07
农业	**Agriculture**						
农林牧渔业产值结构	Compostition of Gross Output Value of Agriculture						
农业	Farming	46.66	38.75	45.74	45.42	45.90	44.60
林业	Forestry	3.70	1.86	1.87	2.33	2.45	2.48
牧业	Animal Husbandry	49.48	54.97	50.40	49.60	48.91	50.26
渔业	Fishery	0.16	0.07	0.06	0.87	0.96	0.94
农林牧渔服务业	Services of Agriculture		4.35	1.93	1.78	1.78	1.72
工业	**Industrty**						
规模以上工业总产值结构	Compostition of Gross Output of Industrial Enterprises above Designated Size						
大型企业	Large Enterprises	58.97	73.97	51.30	38.03	36.51	45.38
中型企业	Medinm-sized Enterprises	4.35	11.51	30.22	25.31	25.22	22.08
小型企业	Small Enterprises	36.68	14.52	18.48	36.66	38.27	32.54
建筑业	**Construction**						
建筑业总产值结构	Compostition of Gross Output Value of Construction Industry						
房屋土木工程建筑业	Civil Engineering Construction	85.53	90.13	92.59	94.71	94.23	94.11
建筑安装业	Installation Industry	13.45	8.06	5.94	4.68	5.13	5.12
建筑装饰业及其它建筑业	Construction Decoration Industry and Other Constructions	1.02	1.02	1.47	0.61	0.64	0.77
交通运输业	**Transportation**						
货运量结构	Composition of Freight Traffic						
按运输方式分	By Mode of Transport						
铁路	Railways	16.41	20.32	28.76	16.87	16.58	16.82
公路	Highways	79.79	76.78	69.68	81.82	82.19	81.98
民用航空	Civil Aviation				0.01	0.01	0.01
管道输油(气)	Pipelines	3.80	2.90	1.56	1.30	1.22	1.19
商业	**Business**						
社会消费品零售总额构成	Composition of Retail Sales of Consumer Goods						
城镇	City	85.84	88.47	86.77	86.87	86.84	86.78
乡村	Under County Level	14.16	11.53	13.23	13.13	13.16	13.22
对外经济贸易	**Foreign Trade**						
进出口总值结构	Total Value of Imports and Exports						
出口	Total Exports	70.12	78.19	59.10	84.88	90.17	64.66
进口	Total Imports	29.88	21.81	40.90	15.12	9.83	35.34

2–3 续表2 Continued

单位：% (%)

指 标	Item	2000	2005	2010	2015	2016	2017
国际旅游	**International Tourism**						
来华旅游人次结构	Number of Overseas Visitor Arrivals						
外国人	Foreigners	33.33	50.00	60.00	75.42	71.43	81.43
港澳台同胞	Chinese Compatriots from Hong Kong, Macao and Taiwan	66.67	50.00	40.00	24.58	28.57	18.57
教育	**Education**						
在校学生结构	Composition of Student Enrollment in Regular School						
大学生	College and University Students	1.76	3.85	6.13	7.67	7.98	8.35
中专生	Secondary School Students	1.77	2.76	8.03	8.20	7.93	7.90
中学生	Middle School Students	29.71	36.65	33.19	35.40	35.10	34.74
小学生	Primary School Students	66.76	56.74	52.65	48.73	48.99	49.01
专任教师结构	Composition of Full-time Teachers in Regular Schools						
大学	Colleges and Universities	4.41	5.85	6.83	7.14	7.44	7.84
中专	Secondary School	2.85	3.04	4.47	4.17	4.22	4.08
中学	Middle School	34.81	38.44	40.04	42.89	43.04	42.23
小学	Primary School	57.94	52.67	48.66	45.80	45.30	45.85
生活	**People's Living Conditions**						
城镇居民消费结构	Consumption Compostition of Urban Households						
食品、烟酒类	Food，Tobacco and Liquor	40.88	36.31	34.15	28.66	28.66	28.23
衣着类	Clothing	10.96	11.06	10.49	9.91	9.42	8.85
生活用品及其他类	Household Appliances and Other	41.60	41.96	39.08	44.04	43.65	45.05
居住类	Residence	6.56	10.67	16.28	17.39	18.27	17.87
农村居民消费结构	Consumption Compostition of Rural Reidents						
食品、烟酒类	Food，Tobacco and Liquor	57.89	45.14	42.48	29.93	24.44	29.74
衣着类	Clothing	7.67	8.49	6.61	7.32	6.90	6.77
生活用品及其他类	Household Appliances and Other	24.08	30.58	34.02	45.68	52.54	45.93
居住类	Residence	10.36	15.79	16.89	17.07	16.12	17.56
卫生	**Health Care**						
卫生机构技术人员结构	Composition of Medical and Technical Personnel						
执业医师	Certified Doctors	35.70	34.38	34.36	30.49	29.70	29.84
执业助理医师	Assistant Doctors	9.04	8.40	5.91	5.84	4.84	5.02
注册护士	Registered Nures	19.68	33.53	37.34	40.05	41.39	42.09
卫生机构病床结构	Beds In Health Institutions						
医院	Hospitals	84.50	83.54	78.91	82.81	83.30	83.59
卫生院	Health Centers	11.26	13.60	14.77	12.33	12.02	11.77
其他	Others	4.24	2.86	6.32	4.86	4.68	4.64

2-4 主要年份国民经济和社会发展比例和效益指标

Indicators on Proportions and Efficiency on National Economy and Social Development in Main Years

指 标	Item	2000	2005	2010	2015	2016	2017
人口 (‰)	**Population** (‰)						
出生率	Brith Rate	19.25	15.70	14.94	14.72	14.70	14.42
死亡率	Death Rate	6.15	6.21	6.31	6.17	6.18	6.17
自然增长率	Natural Growth Rate	13.10	9.49	8.63	8.55	8.52	8.25
就业	**Employment**						
就业者负担人口 (人)	Number of Dependents per Employee(person)	1.82	1.87	1.83	1.83	1.83	1.83
三次产业从业者比例 (以第一产业为100)	Proportion of Employed Persons (Primary Industry = 100)						
第一产业	Primary Industry	100.00	100.00	100.00	100.00	100.00	100.00
第二产业	Secondary Industry	22.58	35.15	54.59	64.40	64.38	63.84
第三产业	Tertiary Industry	56.63	66.87	86.95	115.03	117.21	121.00
城镇登记失业率 (%)	Registered Unemployment Rate in Urban Areas (%)	2.40	3.93	3.80	3.20	3.10	3.10
国民经济核算	**National Accounting**						
三次产业增加值比例 (以第一产业为100)	Proportion of The Added Value (Primary Industry=100)						
第一产业	Primary Industry	100.00	100.00	100.00	100.00	100.00	100.00
第二产业	Secondary Industry	271.26	404.97	551.90	577.85	565.12	487.57
第三产业	Tertiary Industry	285.96	326.55	349.01	479.02	497.91	513.41
全社会劳动生产率 (元/人.年)	Labor Productivity (yuan/person.year)	9363	18688	44210	75685	79682	80609
第一产业	Primary Industry	2583	4464	10468	18066	19213	20736
第二产业	Secondary Industry	28643	53695	109553	164933	168836	157700
第三产业	Tertiary Industry	12994	22442	43359	76685	82382	89383
人均生产总值 (元)	Per Capita GDP	5138	10045	24098	41252	43531	44047
固定资产投资	**Investment in Fixed Assets**						
全社会固定资产投资相当于生产总值比例 (%)	Proportion of Investment in Fixed Assets to GDP (%)	58.72	67.58	79.14	135.15	137.34	148.47
房屋竣工率 (%)	Housing Completion Rate (%)	55.81	49.05	34.20	30.39	18.45	15.70
财政	**Government Finance**						
地方财政收入相当于生产总值比例 (%)	Proportion of Local Government Revenue to GDP (%)	6.29	6.23	8.16	11.05	9.27	9.38
财政支出相当于生产总值比例 (%)	Proportion of Local Government Expendituresto GDP (%)	25.89	31.24	55.05	62.69	59.27	58.31
地方财政收入相当于全年财政支出比例 (%)	Proportion of Local Government Revenue to Expenditures (%)	24.30	19.92	14.83	17.63	15.65	16.09
能源生产与消费	**Energy**						
能源生产弹性系数 (%)	Elasticity Ratio of Energy Production (%)	0.66	4.28	1.59			1.38
能源消费弹性系数 (%)	Elasticity Ratio of Energy Consumption (%)		2.80	0.61	0.44		0.31
单位生产总值能耗(吨标准煤/万元)	Energy Consumption per 10 000 yuan of GDP (ton of SCE)	3.40	3.07	2.80	1.84	1.57	1.50
规模以上工业单位增加值能耗(吨标准煤/万元)	Energy Consumption per 10 000 yuan of Value-added to Gross Industrial Output Vaule (ton of SCE)	5.65	3.44	2.59	2.11	2.29	2.16

2-4 续表1 Continued

指 标	Item	2000	2005	2010	2015	2016	2017
农业	**Agriculture**						
农林牧渔业从业者人均农产品产量 (公斤)	Per Capita Farm Products Output of Employed Persons of Agriculture,Forestry,Animal Husbandry and Fishery (kg)						
粮食	Grain Crops	577	724	843	882	896	863
油料	Oil-bearing Crops	135	247	305	262	260	253
肉类	Meat	146	203	228	299	312	330
水产品	Aquatic Products	1	1	1	9	10	14
每公顷播种面积农产品产量 (公斤)	Output of Farm Products Per Hectare (kg)						
粮食	Grain Crops	2563	3798	3717	3708	3681	3615
油料	Oil-bearing Crops	1013	1968	2109	2104	2106	1981
工业企业效益	**Economic Benefit of Industrial Enterprises**						
规模以上企业总资产贡献率(%)	Ratio of Total Assets to Industrial Output Value of Enterprises above Designated Size (%)	7.70	11.07	11.57	4.70	4.44	4.96
规模以上企业资产负债率 (%)	Assets-Liability Ratio of Enterprises above Designated Size (%)	72.90	67.54	63.74	69.17	68.41	67.34
规模以上企业流动资产周转次数 (次/年)	Turnover of Working Capital of Enterprises above Designated Size (times/year)	0.77	1.40	1.64	1.46	1.40	1.15
建筑业	**Construction**						
技术装备率 (元/人)	Rate of Technical Equipment (yuan/person)	9153	14655	23068	20322	15552	29603
产值利润率 (%)	Profit Rate of Output Value (%)	0.85	0.63	2.20	3.28	3.64	2.61
全员劳动生产率(按总产值计算) (元/人)	Overall Labor Productivity Calculated Based on Gross Output Value (yuan/person)	42284	87203	221885	318902	355038	281983
交通运输业	**Transportation**						
铁路网密度(公里/万平方公里)	Railway Density (km/10000 sq.km)	15.28	15.24	22.92	31.54	31.88	31.88
公路网密度(公里/万平方公里)	Highway Density (km/10000 sq.km)	259.43	412.76	862.24	1048.15	1089.64	1121.67
铁路货运密度 (吨/公里)	Railway Densityof Freight Transport (ton/km)	7573	13245	19903	12001	12327	13275
公路货运密度 (吨/公里)	Highway Densityof Freight Transport (ton/km)	2168	1848	1280	1751	1787	1838
邮电通信业	**Post and Telecommunication Services**						
电话普及率 (含移动电话) (部/百人)	Popularization Rate of Telephone (Include Mobile Phone (set/100 persons)	11.22	46.00	89.90	106.09	108.15	119.92
固定电话普及率	Popularization Rate of Fixed telephone	7.14	22.00	19.20	17.38	16.42	17.83
移动电话普及率	Popularization Rate of Mobile Phones	4.08	24.00	70.70	88.71	91.73	102.09
国内商业	**Domestic Trade**						
人均社会消费品零售额 (元)	Per Capita Retail Sales of Consumer Goods(yuan)	1954	2987	6264	11793	12984	14080
对外经济贸易	**Foreign Trade**						
进出口总额相当于生产总值比例 (%)	Proportion of Total Value of Imports and Exports to GDP (%)	5.02	6.23	3.96	4.96	3.91	1.69
国际旅游	**International Tourism**						
每一来青游客花费 (美元)	Expenditure per International Tourist in Qinghai (USD)	227	313	409	179	166	169

2-4 续表2 Continued

指 标	Item	2000	2005	2010	2015	2016	2017
金融保险	**Finance Intermidiation and Insurance**						
金融机构存款相当于生产总值比例 (%)	Bank Deposits as Percentage of GDP (%)	106.25	134.92	171.77	215.67	216.53	221.98
金融机构贷款相当于生产总值比例 (%)	Bank Loans as Percentage of GDP (%)	132.19	128.04	134.97	206.37	216.90	237.06
教育	**Education**						
学龄儿童入学率 (%)	Enrollment Ratio of Primary Schools (%)	94.2	97.0	99.6	99.8	99.8	99.8
小学毕业生升学率 (%)	Promotion Rate from Primary Schools to Junior Secondary Schools (%)	88.7	97.3	95.6	94.7	96.2	96.8
初中毕业生升学率 (%)	Promotion Rate from Junior Secondary Schools to Senior Secondary Schools (%)	66.4	74.6	86.5	87.5	87.7	93.1
平均每一专任教师负担学生数 (人)	Average Number of Students for Each Full-time Teacher Burden (person)						
高等学校	Regular Institutions of Higher Education	6.3	11.3	16.2	17.3	17.2	17.0
普通中学	Regular Secondary Schools	13.5	16.3	15.0	13.3	13.1	13.1
小学学校	Primary Schools	18.2	18.4	19.5	17.1	17.3	17.0
科技	**Science and Technology**						
县以上研究与开发经费支出相当于生产总值比例 (%)	R&D and Expenditures Above County Level as Percentage of GDP (%)	0.50	0.54	0.74	0.48	0.54	0.68
文化	**Culture**						
每百万人有艺术表演团体 (个)	Number of Art Performance Troupes Per Million Persons (unit)	2.71	2.21	2.50	2.05	2.03	2.01
每百万人有公共图书馆(个)	Number of Public Libraries Per Million Persons (unit)	7.36	7.92	7.86	8.36	8.29	8.22
每百万人有博物馆 (个)	Number of Museum Per Million Persons (unit)	2.71	2.76	3.21	3.93	3.89	3.86
家庭	**Family**						
少儿抚养比 (%)	Children Dependency Ratio (%)	39.15	34.52	28.74	27.36	27.25	27.30
老年抚养比 (%)	Elderly Dependency Ratio (%)	6.65	8.65	8.66	10.13	10.38	10.78
生活	**People's Living Conditions**						
城镇与农村居民收入比例(以农村居民收入指数为1)	Income of Urban and Rural Residents Ratio (Income of Rural Residents Index=1)	3.47	3.72	3.59	3.09	3.09	3.08
卫生	**Health Care**						
每万人医疗机构数 (个)	Number ofHealth Institutions per 10 000 Persons (unit)	1.12	1.03	1.30	1.47	1.49	1.60
每万人卫生技术人员数(人)	Number ofMedical Technical Personnel per 10 000 Persons (person)	41.90	38.40	42.64	58.61	62.47	67.97
每万人医疗床位数 (张)	Number ofBeds in Health Institutions per 10 000 Persons (unit)	32.20	29.65	35.78	58.45	59.61	64.35
市政建设	**Municipal Works**						
城市自来水普及率 (%)	Percentage of Population with Access to Tap Water(%)	97.29	100.00	99.87	99.06	99.21	
城市燃气普及率 (%)	Percentage ofCity Population with Access to Gas (%)	48.88	64.00	90.79	85.96	87.55	
人均拥有公共绿地面积 (平方米)	Per Capita Public Green Areas (sq.m)	3.74	5.03	8.53	10.48	10.78	
灾害	**Disaster**						
平均每起火灾损失 (元)	The Average Loss per Fire (yuan)	7090	4606	5708	25090	10036	9539
平均每起交通事故损失(元)	The Average Loss per Traffic Accident (yuan)	4224	4316	3237	5929	7338	9923

2-5 党的“十八大”以来 青海国民经济与社会发展主要指标

指 标	Item	2012	2013
人 口	**Population**		
总人口 (万人)	Total Population (10 000 persons)	573.17	577.79
少数民族 (万人)	Population of Ethnic Minorities (10 000 persons)	271.11	274.32
人口自然增长率 (‰)	Natural Growth Rate (‰)	8.24	8.03
少数民族占总人口比重 (%)	Percentage of Ethnic Minoritiesin Total Population (%)	47.27	47.42
在总人口中城镇人口所占比重(%)	Percentage of Urban Populationin Total Population (%)	47.44	48.51
就 业	**Employment**		
就业人员 (万人)	Employment Persons (10 000 persons)	310.89	314.21
年末城镇登记失业率 (%)	Registration Unemployment in Urban Areas at Year-end (%)	3.4	3.3
国民经济核算	**National Accounts**		
地区生产总值 (亿元)	Gross Domestic Product (100 million yuan)	1893.54	2122.06
第一产业	Primary Industry	176.91	204.72
第二产业	Secondary Industry	1092.34	1151.28
第三产业	Tertiary Industry	624.29	766.06
工业	Industry	895.89	912.68
建筑业	Construction	196.45	238.97
人均生产总值 (元)	Per Capita GDP (yuan)	33181	36875
固定资产投资	**Investment in Fixed Assets**		
全社会固定资产投资 (亿元)	Total Investment in Fixed Assets in the Whole Country(100 million yuan)	1920.03	2403.9
财 政	**National Government**		
公共财政预算收入 (亿元)	Public Budgete Revenue (100 million yuan)	319.69	368.56
地方公共财政预算收入	Local Government Public Budgete Revenue	186.42	223.86
公共财政预算支出	Public Finance Budgete Expenditures	1159.05	1227.89
物 价 (上年=100)	**Price Indices (preceding year=100)**		
居民消费价格指数	Consumer Price Index	103.10	103.9
农 业	**Agriculture**		
农作物总播种面积 (千公顷)	Total Sown Areas of Farm Crops (1 000 hectares)	554.21	555.77
主要农(畜)产品产量 (万吨)	Output of Major Farm Livestock Products (10 000 tons)		
粮食	Grain	101.50	102.37
油料	Oil-bearing Crops	35.22	32.57
蔬菜及食用菌	Vegetables and Edible Fungis	158.75	158.94
牛奶	Cow Milk	27.55	27.55
肉类	Meat	30.47	31.98

Main Indicators on National Economic and Social Development Since the 18th National Congress of Communist Party of China

2014	2015	2016	2017	2013-2017 累计增长(%) Cumulative Growth Rate(%)	2013-2017 年均增长(%) Average Annual Growth Rate(%)
583.42	588.43	593.46	598.38	4.4	0.9
277.53	280.74	283.14	285.49	5.3	1.0
8.49	8.55	8.52	8.25	五年共提高0.01个千分点	
47.56	47.71	47.71	47.71	五年共提高0.44个百分点	
49.78	50.30	51.63	53.07	五年共提高5.63个百分点	
317.30	321.41	324.28	326.97	5.2	1.0
3.2	3.2	3.1	3.1	五年共下降0.3个百分点	
2303.32	2417.05	2572.49	2624.83	51.7	8.7
215.93	208.93	221.19	238.41	28.7	5.2
1234.31	1207.31	1249.98	1162.41	55.5	9.2
853.08	1000.81	1101.32	1224.01	51.2	8.6
954.27	893.87	901.68	777.56	50.0	8.4
280.43	313.81	348.67	384.85	78.1	12.2
39671	41252	43531	44047	45.3	7.8
2908.71	3266.64	3533.19	3897.14	103.0	17.6
385.47	381.14	360.05	408.70	27.8	5.0
251.68	267.13	238.51	246.20	32.0	5.7
1347.43	1515.16	1524.80	1530.44	32.0	5.7
102.80	102.60	101.80	101.50	13.2	2.5
553.70	558.39	561.33	558.58	0.8	0.2
104.81	102.72	103.45	100.71	-0.8	-0.2
31.51	30.48	30.04	29.48	-16.3	-3.5
158.58	166.40	170.02	170.01	7.1	1.4
30.50	31.50	33.00	33.80	22.7	4.2
33.41	34.75	36.04	38.33	25.8	4.7

2–5 续表

指　　标		Item		2012	2013
工　业(规模以上)		**Industry(Enterprises above Designated Size)**			
工业企业利润总额	(亿元)	Total Profits		168.89	148.81
主要工业产品产量		Output of Major Industrial Products			
原油	(万吨)	Crude Oil	(10 000 tons)	205	215
原盐	(万吨)	Salt	(10 000 tons)	177	261
原煤	(万吨)	Coal	(10 000 tons)	2460	3020
发电量	(亿千瓦时)	Electricity	(100 million kwh)	556	566
粗钢	(万吨)	Crude Steel	(10 000 tons)	141	148
电解铝	(万吨)	Electrolytic Aluminum	(10 000 tons)	203	224
水泥	(万吨)	Cement	(10 000 tons)	1371	1786
运输、邮电业		**Transport and Post**			
铁路营业里程	(公里)	Length of Railways in Operation	(km)	1856	1856
公路通车里程	(公里)	Length of Highways in Operation	(km)	65988	70117
民用航空航线里程	(公里)	Civil Aviation Routes	(km)	50273	62820
货运量	(万吨)	Total Freight Traffic	(10 000 tons)	13680	13576
客运量	(万人次)	Total Passenger Traffic	(10 000 person-time)	12830	4957
民用汽车保有量	(万辆)	Possession of Civil Vehicles	(10 000 units)	51.73	61.17
年末固定电话用户	(万户)	Number of Fixed Telephone Subscribers at Year-end	(10 000 households)	102.50	101.80
年末移动电话用户	(万户)	Number of Mobile Telephone Subscribers at Year-end	(10 000 households)	537.20	542.40
商　业		**Domestic Trade**			
社会消费品零售总额	(亿元)	Total Retail Sales of Comsumer Goods	(100 million yuan)	480.25	549.58
对外贸易		**Foreign Trade**			
海关进出口总额	(亿美元)	Total Value of Imports and Exports	(100 million USD)	11.60	14.03
出口		Exports		7.30	8.47
金　融		**Financial Intermediation**			
金融机构人民币存款余额	(亿元)	Deposits of National Banking System	(100 million yuan)	3528.41	4102.54
金融机构人民币贷款余额	(亿元)	Loans of National Banking System	(100 million yuan)	2791.68	3398.17
居　住		**Housing**			
城镇居民人均拥有住房面积	(平方米)	Per Capita Gross Living Space in Cities	(sq.m)	26.1	25.9
农村居民人均拥有住房面积	(平方米)	Per Capita Net Floor Space of Rural Residents	(sq.m)	30.9	26.8
生　活		**People's Living Conditions**			
城镇居民人均可支配收入	(元)	Per Capita Annual Disposable Income of Urban Households	(yuan)	18336	20352
农村居民人均可支配收入	(元)	Per Capita Net Income of Rural Households	(yuan)	5594	6462
城镇居民恩格尔系数	(%)	Engle's Coefficient of Urban Households	(%)	32.64	30.34
农村居民恩格尔系数	(%)	Engle's Coefficient of Rural Households	(%)	37.15	33.23
城乡居民人均年末人民币储蓄存款余额	(元)	Outstanding Amount of RMB Saving Deposits in Urban and Rural Areas	(yuan)	22347	26138

Continued

2014	2015	2016	2017	2013-2017 累计增长(%) Cumulative Growth Rate(%)	2013-2017 年均增长(%) Average Annual Growth Rate(%)
106.19	67.85	80.02	101.11	-40.1	-9.8
220	223	221	228	11.2	2.1
222	286	206	183	3.4	0.7
1800	805	775	716	-70.9	-21.9
551	537	487	561	0.9	0.2
144	121	115	120	-14.9	-3.2
234	219	222	229	12.8	2.4
1844	1744	1875	1450	5.8	1.1
2074	2274	2299	2299	23.9	4.4
72703	75593	78585	80895	22.6	4.2
92536	92689	120057	124969	148.6	20.0
14846	16173	17090	18140	32.6	5.8
5643	5825	6201	6603	44.8	7.7
70.67	79.45	89.61	100.10	93.5	14.1
100.15	101.42	102.07	106.69	4.1	0.8
543.99	517.53	539.76	610.88	13.7	2.6
620.83	690.98	767.30	839.03	74.4	11.8
17.19	19.34	15.15	6.55	-43.5	-10.8
11.28	16.42	13.66	4.24	-41.9	-10.3
4529.87	5212.80	5570.17	5826.63	65.1	10.6
4171.73	4988.01	5579.76	6222.49	122.9	17.4
28.8	31.2	34.1	34.6	五年共增加8.5平方米	
31.2	31.4	32.9	33.9	五年共增加3.0平方米	
22307	24542	26757	29169	59.1	9.7
7283	7933	8664	9462	69.1	11.1
29.89	28.66	28.66	28.23	五年共降低4.41个百分点	
31.89	29.93	29.44	29.74	五年共降低7.41个百分点	
28259	31007	33885	35935	60.8	10.0

2–6 主要年份平均每天主要社会经济活动
Selected Indicators on Average Daliy Social and Economic Activities in Main Years

指 标		Item		2000	2005	2010	2015	2016	2017
每天创造的财富		**The Wealth Created Each Day**							
生产总值	(万元)	Gross Regional Product	(10 000 yuan)	7224	14885	36998	66221	70479	71913
#第一产业		Primary Industry		1099	1790	3696	5724	6060	6532
第二产业		Secondary Industry		2982	7250	20401	33077	34246	31847
第三产业		Tertiary Industry		3143	5846	12901	27419	30173	33534
#工业		Industry		2159	5587	16812	24490	24704	21303
建筑业		Construction		823	1662	3588	8598	9553	10544
交通运输、仓储和邮政业		Transport, Storage and Post		479	873	1678	2481	2602	2841
批发和零售业		Wholesale and Retail Trades,		532	976	2231	4241	4467	4634
住宿和餐饮业		Hotels and Catering Services		159	257	447	1185	1265	1341
地方财政收入	(万元)	Local Government Revenue	(10 000 yuan)	454	927	3020	7319	6534	6745
财政支出	(万元)	Government Expenditures	(10 000 yuan)	1870	4651	20367	41511	41775	41930
粮 食	(吨)	Grain Crops	(ton)	2266	2555	2795	2814	2834	2759
油 料	(吨)	Oil-bearing Crops	(ton)	532	873	1011	835	823	808
肉 类	(吨)	Meat	(ton)	571	706	754	952	987	1050
牛肉		Beef		174	204	232	315	334	352
羊肉		Muttom		192	251	248	317	328	347
牛 奶	(吨)	Cow Milk	(ton)	565	647	718	863	904	926
原 煤	(吨)	Coal	(ton)	3972	15205	51041	22055	21233	19616
发电量	(万千瓦时)	Electricity	(10 000 kwh)	3671	5836	12521	14712	13342	15370
原 油	(吨)	Crude Oil	(ton)	5480	6055	5096	6110	6055	6247
钢 材	(吨)	Rolled Steel	(ton)	986	1315	3781	3123	3425	3479
原 盐	(吨)	Salt	(ton)	1863	3069	3397	7836	5644	5014
每天消费量		**Daily Consumption**							
最终消费	(万元)	Final Consumption	(10 000 yuan)	4074	9883	19742	40712	45930	49737
居民消费		People's Consumption		3352	5761	11240	24348	27121	29421
农村居民		Rural		1144	1758	3346	7305	8339	9232
城镇居民		Urban		2208	4004	7894	17043	18782	20189
政府消费		Government Consumption		1353	4121	8502	16364	18809	20316

2−6 续表 Continued

指 标	Item	2000	2005	2010	2015	2016	2017
能源消费量 （万吨标准煤）	Consumption of Energy (10 000 tons of SCE)	2.46	5.02	7.71	11.33	11.26	11.51
社会消费品零售总额(万元)	Retail Sales of Consumer Goods (10 000 yuan)	2747	4427	9617	18931	21022	22987
每天其他经济活动	**Other Economic Activities**						
资本形成总额 （万元）	Gross Capital Formation (10 000 yuan)	4396	10117	29781	92441	97684	106768
固定资本形成	Gross Fixed Capital Formation	4301	9975	28982	90510	97312	107352
存货增加	Changes in Inventories	96	142	798	1931	372	-584
城镇新建住宅面积 （万平方米）	New Residential Area of Urban (10 000 sq.m)	0.14	0.20	0.66	0.88	0.63	0.63
农民个人新建住宅面积 （万平方米）	New Residential Area of Individual Farmers (10 000 sq.m)	0.54	0.55	1.81	1.68	1.74	1.56
货运量 （万吨）	Freight Traffic (10 000 tons)	13.91	19.59	31.30	44.31	46.82	49.70
客运量 （万人）	Passenger Traffic (10 000 person)	9.90	13.48	30.13	15.96	16.99	18.09
进出口总额 （万美元）	Total Value of Imports and Exports(10 000 USD)	43.76	113.25	216.18	529.99	415.03	179.54
出口总额	Total Exports	30.69	88.56	127.75	449.85	374.24	116.10
进口总额	Total Imports	13.08	24.70	88.43	80.14	40.78	63.44
利用外资合同金额 （万美元）	Total Amount of Contracted Foreign Investment (10 000 USD)	41.95	97.43	86.73	43.70	26.19	43.93
国际旅游者人数 （人次）	Number of International Tourists	82	110	137	181	192	192
居民新增储蓄额 （万元）	Residents of New Savings (10 000 yuan)	444	1349	5190	3551	5087	3808
每天人口变动	**Daily Population Changes**						
出 生 （人）	Birth (person)	271	233	229	236	238	235
死 亡 （人）	Death (person)	86	92	97	99	100	101

2−7 主要年份人均主要工农业产品产量

Per Capita Output of Major Industrial and Agricultural Products in Main Years

单位：千克 (kg)

年 份 Year	粮 食 Grain	油 料 Oil-bearing	水 果 Fruits	牛 奶 Cow Milk	肉 类 Meat	牛羊肉 Beef and Mutton	羊 毛 Woll	水产品 Aquatic Products
1978	253.9	12.5	1.8	32.6	16.6		4.5	0.9
1980	255.3	18.9	2.0	30.9	22.7	17.3	4.6	0.9
1981	210.3	16.7	2.7	32.3	22.2	15.9	4.5	0.8
1982	239.4	19.0	3.5	32.1	22.5	16.7	4.4	0.7
1983	246.7	18.4	3.0	33.2	23.0	17.4	4.1	1.0
1984	261.0	19.2	4.5	34.0	24.3	18.2	4.0	1.0
1985	248.0	24.5	4.9	38.2	27.6	20.2	3.8	1.1
1986	237.4	25.0	4.7	37.4	27.8	19.7	3.6	1.1
1987	245.3	24.4	5.0	41.2	26.8	18.4	3.6	0.5
1988	245.5	24.2	6.0	42.1	27.6	18.5	3.4	0.6
1989	253.5	24.1	5.2	45.3	28.8	18.7	3.5	0.6
1990	258.1	27.1	5.0	45.4	34.6	24.2	4.0	0.8
1991	254.2	29.3	4.7	45.1	34.9	24.1	4.0	0.9
1992	258.8	30.7	5.7	45.5	35.7	25.1	4.0	0.9
1993	255.7	32.8	5.9	40.7	34.3	23.6	3.8	0.8
1994	248.4	39.2	5.5	41.2	37.9	26.2	3.8	0.8
1995	239.1	33.9	5.6	41.9	38.5	26.0	3.7	0.5
1996	255.4	35.3	6.0	37.4	38.6	26.2	3.4	0.5
1997	259.2	37.3	5.5	37.8	40.3	26.8	3.3	0.4
1998	256.8	42.1	5.0	39.8	41.1	26.7	3.3	0.3
1999	204.6	56.3	4.8	37.6	39.8	25.1	3.1	0.3
2000	161.1	37.8	4.4	40.2	40.6	26.0	3.2	0.2
2001	198.5	44.2	3.3	41.7	42.5	28.1	3.2	0.4
2002	173.6	44.5	3.1	41.9	43.3	28.6	3.2	0.3
2003	163.4	49.3	2.7	41.7	44.6	29.3	3.3	0.2
2004	165.0	53.9	2.7	42.4	46.3	30.1	3.3	0.2
2005	172.4	58.9	2.7	43.7	47.6	30.7	3.3	0.2
2006	174.5	51.2	2.4	43.6	44.8	29.3	3.2	0.4
2007	180.2	58.3	2.5	45.5	44.3	29.1	2.8	0.3
2008	184.1	63.7	2.4	45.7	46.2	28.8	2.8	0.4
2009	184.8	65.9	2.6	45.5	48.4	30.5	2.8	0.1
2010	182.1	65.9	2.6	46.8	49.1	31.2	3.2	0.3
2011	182.7	63.7	2.4	47.6	51.0	32.9	3.4	0.6
2012	177.9	61.7	2.5	48.3	53.4	35.0	3.4	0.8
2013	177.9	56.6	2.3	47.9	55.6	36.2	3.4	1.0
2014	180.5	54.3	2.3	52.5	57.5	37.1	3.2	1.6
2015	175.3	52.0	2.6	53.8	59.3	39.3	3.2	1.8
2016	175.1	50.8	2.2	55.8	61.0	40.9	3.2	2.0
2017	169.0	49.5	2.2	56.7	64.4	42.9	3.2	2.7

2-7 续表 Continued

单位：千克 (kg)

年 份 Year	原 盐 Salt	农用化肥 Chemical Fertilizers	原 煤 Coal	原铝(电解铝) Aluminum	原 油 Crude Petroleum Oil	发电量 (千瓦小时) Electricity (kwh)	粗 钢 Steel	水 泥 Cement
1978	108.0	33.7	679		37.8	180.7	50.4	50.5
1980	80.8	19.0	670		40.2	219.6	47.9	79.7
1981	33.7	29.3	504		44.0	203.5	45.7	57.2
1982	66.6	28.7	535		44.6	202.5	47.0	72.4
1983	65.2	29.3	558		44.7	196.1	48.7	93.2
1984	85.9	30.7	602		46.6	206.0	49.9	106.9
1985	90.2	6.1	685		49.4	281.3	51.7	119.7
1986	165.6	8.0	657		84.5	353.4	54.3	118.3
1987	338.2	9.8	645		42.1	526.5	56.7	115.9
1988	256.3	11.9	622	5.4	148.5	1063.8	67.9	125.0
1989	280.4	12.9	691	7.3	165.8	1331.2	71.2	123.5
1990	235.0	14.8	721	10.3	182.5	1591.1	72.7	115.8
1991	315.6	21.9	636	13.0	226.2	1326.2	80.4	128.1
1992	201.4	26.9	616	15.3	230.4	1088.5	83.5	154.0
1993	208.8	25.2	498	19.8	233.7	1466.7	92.4	167.0
1994	197.1	33.3	561	24.3	240.4	1554.6	97.5	133.9
1995	159.4	43.8	582	24.0	254.9	1265.1	74.4	133.6
1996	140.8	32.1	613	25.9	289.0	1273.7	84.0	157.0
1997	32.4	39.2	669	37.8	325.6	1712.6	87.7	160.8
1998	78.7	63.7	641	47.2	352.8	2013.0	87.2	206.3
1999	96.6	82.1	423	51.9	374.5	2258.4	88.2	230.6
2000	131.8	130.7	283	55.2	389.7	2607.0	83.6	241.1
2001	148.3	153.0	445	56.8	396.4	2650.4	85.2	319.4
2002	118.3	145.6	475	66.0	407.0	2652.6	79.4	502.0
2003	124.9	182.3	585	75.4	414.2	2437.5	89.9	577.9
2004	147.3	277.4	766	105.2	414.1	3134.0	88.1	636.0
2005	207.1	294.0	1026	123.9	408.6	3937.9	94.3	685.9
2006	262.2	375.9	1085	150.3	408.8	5078.4	146.7	680.2
2007	294.7	445.7	1630	172.8	402.1	5403.4	209.2	795.1
2008	426.8	446.7	2139	184.5	397.9	5534.0	208.0	828.3
2009	127.7	500.2	2310	163.7	334.7	6495.1	228.5	1097.5
2010	221.3	558.6	3324	262.3	331.9	8155.1	244.5	1447.2
2011	270.4	464.8	3466	298.7	344.6	7723.3	245.7	1843.3
2012	310.2	625.6	4311	355.7	359.2	9742.9	247.1	2402.4
2013	453.5	717.7	5248	389.2	373.6	9835.3	257.2	3103.5
2014	382.4	866.2	3100	403.0	378.9	9490.1	248.0	3176.0
2015	488.1	887.5	1374	373.8	380.1	9165.0	206.5	2976.5
2016	348.6	934.1	1311	375.7	374.0	8241.0	194.6	3172.9
2017	307.2	775.3	1202	384.3	382.6	9414.0	201.4	2433.2

2-8 2015-2017年非公有制经济基本情况

指　　标	Item	户数(个) Number of Enterprises(unit)			从业人员(人) Employed Person(person)		
		2015	2016	2017	2015	2016	2017
总计	**Total**	**309122**	**338068**	**374971**	**1105452**	**1185649**	**1390390**
按经济类型分	**By Economic Type Groups**						
股份合作企业	Cooperative Enterprises	131	153	147	3058	3363	3273
联营企业	Joint Ownership Enterprises	15	14	11	243	242	171
有限责任公司	Limited Liability Corporations	3176	3488	3411	128766	129956	108288
股份有限公司	Share-holding Corporations Limited	325	326	309	19370	19426	16979
私营企业	Private Enterprises	16665	19381	29173	316071	334411	436759
个体经济	Self-employed Individual Economy	284189	309959	339355	571976	631303	772218
港澳台商投资企业	Enterprises with Funds from	42	44	82	5975	6152	9141
外商企业	Foreign Funded Enterprises	74	77	142	7478	7533	14715
其他企业	Other Enterprises	4505	4626	2341	52515	53263	28846
按行业类别分	**Grouped by Sector**						
农林牧渔业	Agriculture,Forestry,Animal Husbandry and Fishery	8417	9901	11771	64608	70535	72006
工业	Industry	19556	21086	23404	208106	212212	241453
建筑业	Construction	3328	3626	5167	96012	101279	131701
农林牧渔服务业	Agriculture, Forestry, Animal Husbandry and Fishery Services	254	327	366	1825	1942	2097
批发和零售业	Wholesale and Retail Trades	148294	159925	168356	298748	313857	359076
交通运输、仓储及邮政业	Transport,Storage and Post	58675	60355	66497	102412	103453	134854
住宿和餐饮业	Hotels and Catering Services	34568	41366	49031	148811	169960	196567
信息传输、软件和信息技术服务业	Information transmission, Computer services and software industry	875	1106	1402	6336	7952	10056
金融业	Financial Intermediation	161	188	249	2502	3208	4804
房地产业	Real Estate	1257	1391	1562	29119	37001	39420
租赁和商务服务业	Leasing and Business Services	4433	5391	7297	37448	42372	52798
科学研究和技术服务业	Scientific research, technical services and geological prospecting industry	1139	1222	1569	12573	12739	15458
水利、环境和公共设施管理业	Management of Water Conservancy,	402	442	625	2655	3233	4848
居民服务、修理和其他服务业	Services to Households and Other Services	22870	26263	31611	60378	69146	80056
教育	Education	258	299	326	2426	2766	3453
卫生和社会工作	Health, Social Security and Social Welfare	1275	1408	1516	6656	7362	8955
文化、体育和娱乐业	Culture, Sports and Entertainment	3360	3772	4222	24837	26632	32788
公共管理、社会保障和社会组织	Public Management and Social Organizations						
按产业结构分	**By Industrial Structure**						
第一产业	Primary Industry	8417	9901	11771	64608	70535	72006
第二产业	Secondary Industry	22884	24712	28571	304118	313491	373154
第三产业	Tertiary Industry	277821	303455	334629	736726	801623	945230

注:按照2012年制定的《三次产业划分规定》，农林牧渔服务业、工业中的开采辅助活动和金属制品、机械和设备修理业划归为第三产业。

Basic ConditionS on Non-public Economy(2015-2017)

注册资金(万元) Registered Capital(10 000 yuan)			销售收入或营业收入(万元) Revenue from Principal Business(10 000 yuan)			总产出(万元) Gross Industrial(10 000 yuan)		
2015	2016	2017	2015	2016	2017	2015	2016	2017
14223463	**16822575**	**17743029**	**37896160**	**41444733**	**46071678**	**29858624**	**30582685**	**31330397**
21666	38042	36550	226274	258503	248366	397078	488222	30822
37199	33892	26629	140	128	101	118	105	85
2692247	2839511	2776827	8916506	9578586	9367132	5148954	4499811	4132306
892118	894798	848137	2623336	2573943	2439719	1469138	1349533	1149064
7925170	9945874	11222520	17824401	20276665	23159500	16573176	17120626	18711662
904318	1316638	1441506	6081507	6488121	7103444	4244796	4438001	5195401
163544	163859	305374	1357918	1391514	2593276	1123645	1435283	1681798
306163	307108	566355	549530	559321	1031475	516346	1026460	341880
1281038	1282853	519131	316548	317952	128665	385373	224644	87379
672862	781576	824340	1122748	1237338	1375476	1122748	1205369	1705463
5888999	7135679	7526108	13404279	14629991	15957032	20830636	20804488	19838959
498707	585096	617110	1848056	2021107	2246746	1848056	1872136	2094350
39581	45976	48492	15885	17372	19311	15885	16933	18217
3140905	3648390	3848013	16744560	18332511	20685448	1795444	2170789	2469382
226480	263072	277466	1167180	1276474	1418981	954655	983662	1268156
580962	674830	711754	466234	509892	566817	466234	492290	621624
121635	141288	149019	893250	976893	1085955	893250	914077	931458
2205260	2561569	2701726	1074496	1175111	1306302	795896	857093	880432
236569	274792	289827	501481	548439	609667	501481	545296	677779
365750	424846	448092	162418	177627	197458	147387	156872	198935
27197	31592	33321	24866	27194	30230	24866	29739	48033
136976	159107	167813	287213	314107	349174	287213	320332	353725
3866	4491	4737	12033	13160	14629	12033	14279	14673
7105	8253	8705	56863	62188	69131	56863	63402	67781
70609	82018	86506	114598	125329	139321	105976	135928	141430
672862	781576	824340	1122748	1237338	1375476	1122748	1205369	1705463
6387706	7720775	8143218	15252335	16651098	18203778	22678692	22676624	21933309
7162895	8320224	8775471	21521077	23556297	26492424	6057184	6700692	7691625

b)According to the three industry classification standards of 2012 ,service in support of agriculture, support activities for mining and repair service of metal products, machinery and equipmen are classified as the tertiary industry.

2-9　2015-2017年非公有制经济增加值构成项目

单位:万元

指　　标	Item	增加值 Value added			劳动者报酬 Workers Compensation		
		2015	2016	2017	2015	2016	2017
总计	**Total**	**8491944**	**9176032**	**9508064**	**3262844**	**3571126**	**4087279**
按经济类型分	**By Economic Type Groups**						
股份合作企业	Cooperative Enterprises	139122	26583	7505	8607	7425	3840
联营企业	Joint Ownership Enterprises	58	56	45	27	28	22
有限责任公司	Limited Liability Corporations	1433785	1656805	1521635	408630	430502	485855
股份有限公司	Share-holding Corporations Limited	564838	604707	495811	245514	233129	166113
私营企业	Private Enterprises	3431838	3821334	4379586	1007941	1142112	1680176
个体经济	Self-employed Individual Economy	2127163	2263799	2514206	1355675	1531513	1612364
港澳台商投资企业	Enterprises with Funds from Hong Kong, Macao and Taiwan	409889	333907	468649	50391	54391	80531
外商企业	Foreign Funded Enterprises	183544	350555	75209	44783	77518	22360
其他企业	Other Enterprises	201707	118286	45418	141276	94508	36018
按行业类别分	**Grouped by Sector**						
农林牧渔业	Agriculture,Forestry,Animal Husbandry and Fishery	469694	506361	814764	435876	469903	792546
工业	Industry	4022414	4320073	3937483	847937	955016	902598
建筑业	Construction	542996	550034	556632	365936	368011	372448
农林牧渔服务业	Agriculture, Forestry, Animal Husband and Fishery Services	9266	9878	10626	8588	9155	9849
批发和零售业	Wholesale and Retail Trades	1334028	1519317	1576235	711294	767352	827138
交通运输、仓储及邮政业	Transport,Storage and Post	340490	355398	462580	197720	205406	271024
住宿和餐饮业	Hotels and Catering Services	258912	286253	351488	199992	232337	278040
信息传输、软件和信息技术服务业	Information transmission, Computer services and software industry	442391	452705	467932	98000	104607	114363
金融业	Financial Intermediation						
房地产业	Real Estate	474059	496530	522714	40502	53724	37621
租赁和商务服务业	Leasing and Business Services	265785	303828	370020	148080	169096	207706
科学研究和技术服务业	Scientific research, technical services and geological prospecting industry	69492	73946	92831	37219	39467	49122
水利、环境和公共设施管理业	Management of Water Conservancy, Environment and Public Facilities	7641	9213	17324	6606	7775	14091
居民服务、修理和其他服务业	Services to Households and Other Services	175205	194887	223430	104098	116466	133011
教育	Education	6460	7621	7875	5125	6015	6245
卫生和社会工作	Health, Social Security and Social Welfare	19971	22196	24001	17167	19105	20616
文化、体育和娱乐业	Culture, Sports and Entertainment	53140	67792	72129	38704	47691	50861
公共管理、社会保障和社会组织	Public Management and Social Organizations						
按产业结构分	**By Industrial Structure**						
第一产业	Primary Industry	469694	506361	814764	435876	469903	792546
第二产业	Secondary Industry	4565410	4870107	4494115	1213873	1323027	1275046
第三产业	Tertiary Industry	3456840	3799564	4199185	1613095	1778196	2019687

注:按照2012年制定的《三次产业划分规定》，农林牧渔服务业、工业中的开采辅助活动和金属制品、机械和设备修理业划归为第三产业。

Components of Non-public Economy Value-Added(2015-2017)

(10 000 yuan)

固定资产折旧 Depreciation for Fixed Asset			生产税净额 Production Tax Net			营业盈余 Operating Surplus		
2015	2016	2017	2015	2016	2017	2015	2016	2017
3065674	**1709917**	**2070844**	**1144004**	**2530329**	**1502651**	**1019422**	**1364660**	**1847291**
99178	4864	2017	9859	5871	3326	21478	8423	-1678
9	8	7	9	8	7	13	12	9
503587	458967	482694	178770	362860	265383	342798	404476	287703
199370	175722	141890	122755	136305	75697	-2801	59551	112111
1493808	514173	752594	672545	1682821	1009158	257544	482228	937659
479618	398948	558587	22158	24316	26219	269712	309022	317036
145844	92924	111143	94292	147700	93921	119362	38892	183054
95243	51948	16585	35922	165161	26394	7596	55928	9870
49017	12363	5327	7694	5287	2546	3720	6128	1527
33818	36458	22218						
2084804	743443	882870	823402	2116770	1056148	266271	504844	1095867
50553	41008	51379	67912	84796	76906	58595	56219	55900
678	723	777						
37494	116475	121433	82258	83114	164373	502982	552376	463291
109433	113110	148134	15000	15288	22922	18337	21594	20500
18793	16616	23924	14379	18635	24345	25748	18665	25179
333457	335854	339394	25565	25773	26079	-14631	-13529	-11904
305339	203712	357306	71471	134992	69020	56747	104102	58767
22754	25977	31854	23444	26815	32555	71507	81940	97905
11447	12250	15460	8769	9403	12240	12057	12826	16009
2316	2830	5492	2475	3001	5724	-3756	-4393	-7983
48211	52491	61131	6336	7743	8108	16560	18187	21180
296	359	362	506	620	618	533	627	650
1209	1364	1483	665	776	957	930	951	945
5072	7247	7627	1822	2603	2656	7542	10251	10985
33818	36458	22218						
2135357	784451	934249	891314	2201566	1133054	324866	561063	1151767
896499	889008	1114377	252690	328763	369597	694556	803597	695524

b)According to the three industry classification standards of 2012 ,service in support of agriculture, support activities for mining and repair service of metal products, machinery and equipmen are classified as the tertiary industry.

2-10 法人单位及产业活动单位(2017年)

Juridical Entity and Industrial Activity Units(2017)

单位：个 (unit)

指标	Item	法人单位 Juridical	单产业 Single-Industry	多产业 Multi-Industry	产业活动单位 Industrial Activity Units	多产业所属 Multi-Industry Owned
总　计	**Total**	**108680**	**104162**	**4518**	**127873**	**23711**
按国民经济行业分组	**By Sector**					
农林牧渔业	Agriculture, Forestry, Animal Husbandry and Fishery	22578	22501	77	22790	289
采矿业	Mining	1086	1048	38	1177	129
制造业	Manufacturing	6999	6785	214	7253	468
电力、燃气及水的生产和供应业	Production and Supply of Electricity, Gas and Water	915	872	43	1222	350
建筑业	Construction	6491	6294	197	7800	1506
交通运输、仓储和邮政业	Transport, Storage and Post	1952	1813	139	2924	1111
信息传输、软件和信息技术服务业	Information Transmission, Software and Information Technology Services	2232	2168	64	3009	841
批发和零售业	Wholesale and Retail Trades	24309	23629	680	28625	4996
住宿和餐饮业	Hotels and Catering Services	2768	2689	79	3042	353
金融业	Financial Intermediation	504	386	118	2143	1757
房地产业	Real Estate	2798	2608	190	3169	561
租赁和商务服务业	Leasing and Business Services	11166	10929	237	12139	1210
科学研究和技术服务业	Scientific Research and Technical Services	3508	3371	137	4612	1241
水利、环境和公共设施管理业	Management of Water Conservancy, Environment and Public Facilities	1150	1127	23	1355	228
居民服务和其他服务业	Services to Households and Other Services	2043	2001	42	2185	184
教育	Education	2105	1902	203	3808	1906
卫生和社会工作	Health and Social Work	1305	1187	118	3297	2110
文化、体育和娱乐业	Culture, Sports and Entertainment	1992	1942	50	2134	192
公共管理和社会组织	Public Management and Social Organization	12779	10910	1869	15189	4279
按地区分组	**By Region**					
青海省	Qinghai Province	108680	104162	4518	127873	23711
西宁市	Xining City	53859	52001	1858	62577	10576
海东市	Haidong City	23374	22607	767	27177	4570
海北州	Haibei Zang A.P	5315	5063	252	6415	1352
黄南州	Huangnan Zang A.P	3368	3184	184	3884	700
海南州	Hainan Zang A.P	6438	5724	714	8197	2473
果洛州	Golog Zang A.P	1890	1710	180	2567	857
玉树州	Yushu Zang A.P	4166	3998	168	4854	856
海西州	Haixi Mongolian & Zang A.P	10270	9875	395	12202	2327
按机构类型分组	**By Mechanism Type**					
企业	Enterprise	76131	73940	2191	88204	14264
事业	Institution	4269	3784	485	8370	4586
机关	Organ	2970	1929	1041	4240	2311
社会团体	Social Organizations	1788	1767	21	1934	167
民办非企业单位	Private Non-enterprise Units	1008	993	15	1008	15
基金会	Foundation	16	16		17	1
居委会	Residents Committee	455	444	11	462	18
村委会	Village Committee	4140	3429	711	4143	714
农民专业合作社	Professional Farmers Cooperatives	14065	14039	26	14088	49
其他组织机构	Other Organizations	3838	3821	17	5407	1586

第 3 篇
CHAPTER 3

国民经济核算
National Accounts

国内生产总值增速

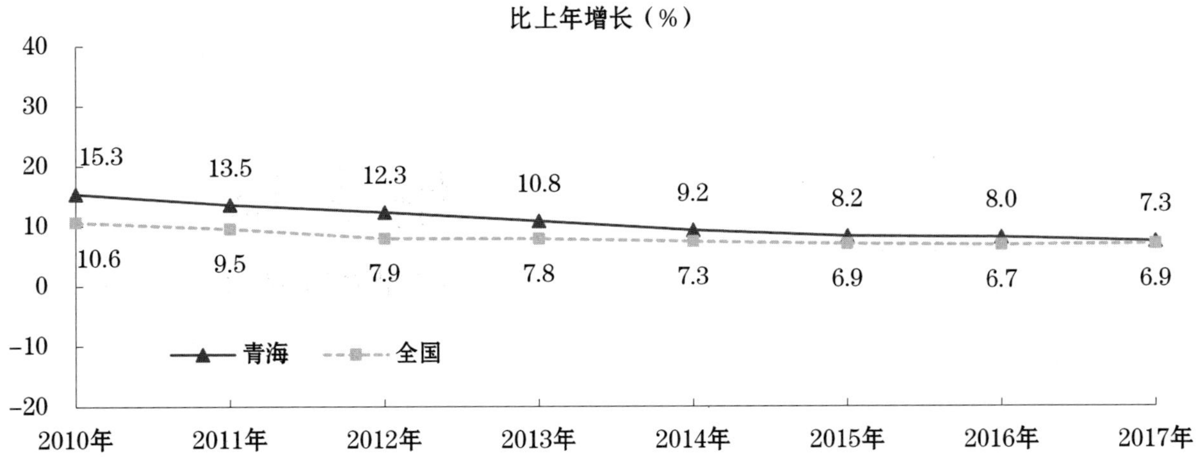

地区生产总值构成

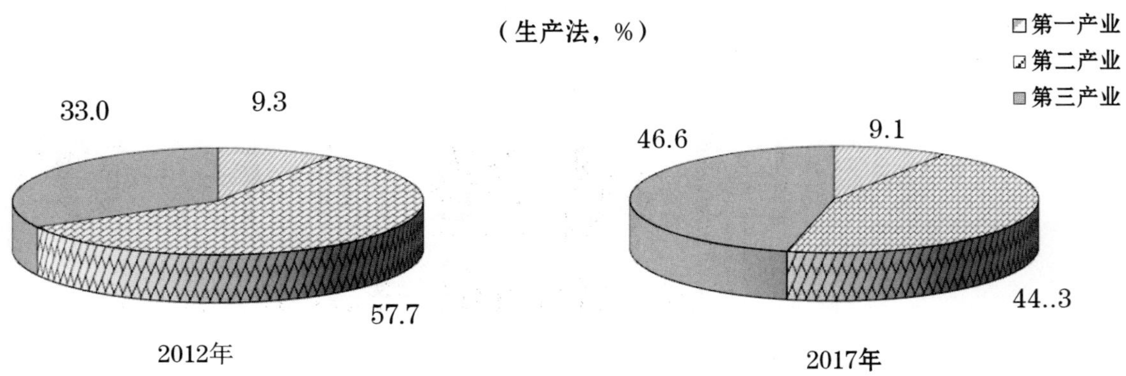

最终消费构成

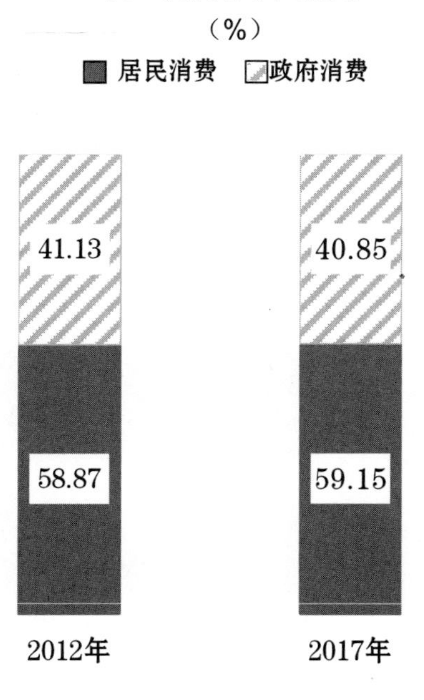

生产总值构成

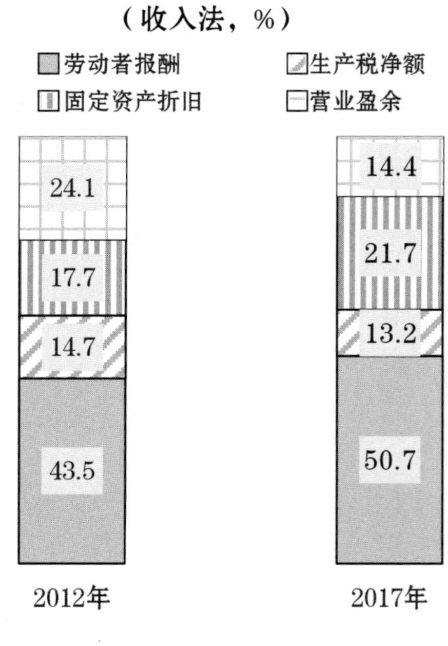

3-1 主要年份总产出
Gross Output in Main Years

按当年价格计算

Data in this table are calculated at current prices

单位：亿元 (100 million yuan)

年份 Year 地区 Region	总产出 Total Output	第一产业 Primary Industry	第二产业 Secondary Industry	第三产业 Tertiary Industry	农林牧渔业 Agriculture Forwdtry Animal Husbandry and Fishery	工业 Industry	建筑业 Construction
1952	2.39	1.61	0.32	0.46	1.61	0.26	0.06
1957	6.96	2.80	2.50	1.66	2.80	1.27	1.23
1965	9.93	4.16	3.41	2.36	4.16	2.42	0.99
1970	14.96	4.37	7.28	3.31	4.37	4.74	2.54
1975	23.96	5.63	13.35	4.98	5.63	10.16	3.19
1978	32.06	5.99	19.54	6.53	5.99	13.56	5.98
1980	37.18	7.77	21.51	7.90	7.77	14.33	7.18
1981	34.75	7.30	18.85	8.60	7.30	12.25	6.60
1982	37.84	8.36	22.71	6.77	8.36	14.73	7.98
1983	43.34	8.67	24.14	10.53	8.67	15.37	8.77
1984	50.22	10.48	27.55	12.19	10.48	17.92	9.63
1985	62.18	12.25	35.27	14.66	12.25	22.65	12.62
1986	71.17	14.11	39.49	17.57	14.11	26.79	12.70
1987	81.13	15.94	45.11	20.08	15.94	31.30	13.81
1988	101.76	19.49	59.08	23.19	19.49	42.51	16.57
1989	123.31	21.60	68.76	32.95	21.60	54.18	14.58
1990	144.62	24.53	71.29	48.80	24.53	55.25	16.04
1991	155.73	25.24	78.08	52.41	25.24	60.51	17.57
1992	183.24	28.03	95.07	60.14	28.03	68.22	26.85
1993	235.33	31.99	126.62	76.72	31.99	92.76	33.86
1994	295.40	45.99	155.88	93.53	45.99	123.49	32.38
1995	350.97	56.44	181.35	113.19	56.44	143.21	38.14
1996	392.40	57.68	199.48	135.23	57.68	147.68	51.80
1997	446.96	60.85	242.05	144.06	60.85	174.94	67.11
1998	502.96	62.87	283.07	157.03	62.87	196.81	86.26
1999	544.05	61.39	309.48	173.18	61.39	209.88	99.60
2000	621.44	59.51	362.94	198.99	59.51	240.08	122.86
2001	701.50	66.39	402.93	232.18	66.39	243.48	159.45
2002	814.12	69.34	482.26	262.53	69.34	270.61	211.65
2003	954.90	71.77	584.00	299.13	71.77	329.78	254.22
2004	1130.85	86.65	704.50	339.70	86.65	422.80	281.70
2005	1314.62	94.04	829.50	391.08	94.04	536.09	293.41
2006	1524.79	97.64	977.39	449.76	97.64	696.40	280.99
2007	1868.88	121.26	1212.88	534.74	121.26	927.57	285.31
2008	2365.80	153.40	1568.47	643.93	153.40	1260.92	307.55
2009	2465.21	157.30	1581.64	726.27	157.30	1216.82	364.82
2010	3187.75	201.30	2127.85	858.60	201.30	1653.61	474.24
2011	3927.87	230.82	2673.44	1023.61	230.82	2081.64	591.80
2012	4429.02	263.86	3015.37	1149.79	263.86	2287.79	727.58
2013	5243.40	305.38	3457.66	1480.36	310.3	2570.52	891.67
2014	5719.01	322.17	3744.47	1652.37	327.49	2702.82	1046.37
2015	5970.58	313.58	3820.23	1836.77	319.26	2653.98	1170.95
2016	6464.40	332.77	4158.33	1973.30	338.8	2871.65	1291.36
2017	6493.17	357.84	4010.76	2124.57	364.09	2558.49	1452.27
西宁市 Xining City	3338.99	78.05	2153.83	1107.11	78.73	1511.40	642.47
海东市 Haidong City	1081.09	94.67	704.82	281.59	96.29	410.01	294.82
海北州 Haibei Zang A.P	164.14	28.19	67.18	68.77	28.80	27.17	40.01
黄南州 Huangnan Zang A.P	201.21	25.17	130.66	45.37	26.19	31.19	99.47
海南州 Hainan Zang A.P	341.80	47.45	240.63	53.72	48.44	135.89	104.73
果洛州 Golog Zang A.P	61.80	7.83	30.29	23.69	8.06	7.57	22.72
玉树州 Yushu Zang A.P	149.46	29.73	90.11	29.62	30.20	0.83	89.28
海西州 Haixi Mongolian & Zang A.P	1054.73	45.45	744.04	265.24	46.20	676.30	67.74

注：1.1992—2004年、2005—2008年、2013年数据分别根据第一次、第二次和第三次经济普查数据进行调整和修订。
2.2013年开始按照国民经济行业分类(GB/T4754—2011)标准执行
3.1990—1993年的总产出依据第三产业普查作了统一调整。
4.1997年工业总产出等于按新口径计算工业总产值加销项税。
5.2006年第一产业数据根据农业普查数据进行了调整。

a) Data in 1992-2004,2005-2008 and 2013 were adjusted and revised based on the first, the second and the third economic census data separately.
b) It began to implement in accordance with the national economic industry classification (GB/T4754-2011) standards since 2013.
c) The total output in 1990-1993 were made a uniform adjustment based on the census of tertiary industry.
d) Industrial output in 1997 equaled to the total industrial output value calculated with new caliber added output tax.
e) Data on the primary industry in 2006 were adjusted according to agricultural census data.

3-2 主要年份总产出指数
Indices of Gross Output in Main Years

以上年为100

preceding year=100

单位：%　　(%)

年份 Year 地区 Region		总产出 Total Output	第一产业 Primary Industry	第二产业 Secondary Industry	第三产业 Tertiary Industry	农林牧渔业 Agriculture Forwdtry Animal Husbandry and Fishery	工业 Industry	建筑业 Construction
1952		100.00	100.00	100.00	100.00	100.00	100.00	100.00
1957		91.26	100.31	70.97	122.58	100.31	104.01	57.83
1965		109.47	111.00	103.78	115.89	111.00	129.21	137.64
1970		118.56	100.02	131.31	105.56	100.02	142.33	123.41
1975		114.41	99.12	121.92	104.70	99.12	115.65	132.09
1978		123.27	99.38	129.77	117.81	99.38	116.26	146.96
1980		99.83	111.02	95.95	111.38	111.02	97.48	94.74
1981		91.77	93.05	89.05	102.63	93.05	85.46	91.99
1982		117.48	107.80	120.05	113.94	107.80	119.00	120.84
1983		108.27	102.48	106.25	119.60	102.48	101.39	109.88
1984		119.47	108.94	111.61	117.75	108.94	114.23	109.81
1985		106.89	111.11	106.77	105.32	111.11	119.72	97.48
1986		102.72	104.68	101.60	105.27	104.68	111.33	93.03
1987		106.82	103.86	106.54	109.26	103.86	113.01	99.73
1988		109.16	100.27	112.30	103.43	100.27	120.57	102.41
1989		95.69	102.43	96.34	93.71	102.43	108.09	79.82
1990		116.52	104.86	102.07	173.17	104.86	103.17	99.96
1991		107.95	102.34	99.98	126.19	102.34	105.74	88.65
1992		113.60	104.10	113.70	115.70	104.10	105.30	133.50
1993		107.29	100.18	110.00	106.98	100.18	113.47	103.27
1994		106.41	103.60	105.06	110.10	103.60	112.70	88.80
1995		107.97	99.80	109.38	109.80	99.80	109.00	110.40
1996		111.12	103.90	114.31	109.40	103.90	109.70	126.60
1997		110.82	105.70	113.46	108.70	105.70	110.50	120.30
1998		111.61	104.50	115.36	108.20	104.50	110.20	126.30
1999		108.45	100.20	110.36	108.30	100.20	109.90	111.20
2000		109.54	97.40	109.56	114.00	97.40	105.60	116.80
2001		113.07	105.40	115.28	111.60	105.40	109.40	125.00
2002		112.38	103.40	114.50	111.20	103.40	108.90	122.60
2003		113.35	97.80	117.52	109.80	97.80	120.10	114.20
2004		111.93	103.80	113.58	110.60	103.80	120.30	104.50
2005		114.35	105.53	117.54	109.78	105.53	127.51	102.01
2006		110.91	103.73	111.28	111.85	103.73	118.59	97.91
2007		113.20	104.76	113.95	113.49	104.76	119.52	101.63
2008		112.93	104.26	114.31	111.81	104.26	119.66	100.38
2009		110.92	105.77	111.31	110.39	105.77	110.66	113.62
2010		119.51	106.62	123.30	113.61	106.62	123.01	124.17
2011		115.81	104.81	117.58	113.98	104.81	117.04	119.47
2012		113.73	115.35	114.96	110.25	115.35	113.57	119.70
2013		110.15	104.14	110.42	110.67	104.06	108.58	116.67
2014		109.65	105.59	110.09	109.32	105.58	108.46	115.25
2015		109.55	105.20	109.90	109.48	105.15	107.06	118.38
2016		108.84	105.47	110.12	106.78	105.44	109.84	110.73
2017		107.53	104.95	107.87	107.25	104.89	107.40	108.51
西宁市	Xining City	109.28	105.47	109.70	108.67	105.36	108.07	114.49
海东市	Haidong City	109.85	105.36	111.42	106.89	105.34	108.48	117.63
海北州	Haibei Zang A.P	81.20	106.60	65.60	96.20	106.60	49.60	89.40
黄南州	Huangnan Zang A.P	105.51	101.69	106.14	106.06	101.99	95.07	110.95
海南州	Hainan Zang A.P	99.40	97.50	100.90	94.50	97.60	107.10	94.00
果洛州	Golog Zang A.P	97.80	94.32	97.17	100.05	94.62	120.60	90.50
玉树州	Yushu Zang A.P	101.00	104.10	94.04	116.32	104.07	100.50	93.98
海西州	Haixi Mongolian & Zang A.P	109.30	111.60	108.70	110.70	111.50	108.80	108.60

注：1.1995年工业指数与工业普查数有差距。
2.2013年开始按照国民经济行业分类(GB/T4754—2011)标准执行。
3.1992—2004年、2005—2008年、2013年数据分别根据第一次、第二次和第三次经济普查数据进行调整和修订。
4.2006年第一产业数据根据农业普查数据进行了调整。

a) There is a gap between the industrial indices in 1995 and the data of industrial census.
b) It began to implement in accordance with the national economic industry classification (GB/T4754-2011) standards since 2013.
c) Data in 1992-2004, 2005-2008 and 2013 were adjusted and revised based on the first, the second and the third economic census data separately.
d) Data on the primary industry in 2006 were adjusted according to agricultural census data.

3-3 主要年份总产出指数
Indices of Gross Output in Main Years

以1952年为100

year of 1952=100

单位：% (%)

年份 Year	总产出 Total Output	第一产业 Primary Industry	第二产业 Secondary Industry	第三产业 Tertiary Industry	农林牧渔业 Agriculture Forwdtry Animal Husbandry and Fishery	工业 Industry	建筑业 Construction
1952	100.00	100.00	100.00	100.00	100.00	100.00	100.00
1957	282.38	147.46	659.48	513.51	147.46	386.33	1333.53
1965	374.18	187.14	921.11	670.27	187.14	789.04	2162.28
1970	717.21	196.56	2847.38	924.32	196.56	1805.23	5392.36
1975	1089.75	252.60	4669.44	1264.86	252.60	3839.48	6677.47
1978	1541.39	267.56	7165.41	1627.03	267.56	5037.37	12347.61
1980	1683.20	285.25	7782.74	1851.35	285.25	4903.07	14814.51
1981	1544.67	265.42	6930.53	1900.00	265.42	4190.16	13627.87
1982	1814.76	286.13	8320.10	2164.84	286.13	4986.29	16467.91
1983	1964.75	293.22	8840.10	2589.19	293.22	5055.60	18094.94
1984	2211.48	319.44	9866.44	3048.64	319.44	5775.01	19870.06
1985	2363.93	354.93	10534.40	3210.81	354.93	6913.85	19369.33
1986	2428.28	371.54	10702.95	3386.49	371.54	7697.18	18019.29
1987	2593.85	385.88	11402.93	3700.00	385.88	8698.59	17970.64
1988	2831.56	386.92	12805.49	3827.03	386.92	10487.79	18403.72
1989	2728.69	396.32	12336.81	3586.49	396.32	11336.25	14689.85
1990	3179.47	415.58	12592.17	6210.81	415.58	11695.61	14683.97
1991	3432.22	425.30	12589.65	7837.84	425.30	12366.94	13017.34
1992	3899.00	442.74	14314.43	9068.38	442.74	13022.39	17378.15
1993	4183.40	443.53	15745.44	9701.35	443.53	14776.50	17946.41
1994	4451.55	459.50	16542.14	10681.19	459.50	16653.12	15936.42
1995	4806.20	458.58	18093.51	11727.95	458.58	18151.90	17593.80
1996	5340.67	476.47	20682.50	12830.37	476.47	19912.63	22273.75
1997	5918.38	503.63	23466.37	13946.62	503.63	22003.46	26795.33
1998	6605.55	526.29	27069.88	15090.24	526.29	24247.81	33842.50
1999	7163.59	527.34	29873.19	16342.73	527.34	26648.35	37632.86
2000	7846.69	513.63	32728.22	18630.71	513.63	28140.66	43955.18
2001	8872.56	541.37	37727.83	20791.87	541.37	30785.88	54943.97
2002	9971.21	559.77	43196.76	23120.56	559.77	33525.82	67361.31
2003	11301.97	547.46	50764.65	25386.38	547.46	40264.51	76926.62
2004	12650.15	568.26	57660.98	28077.34	568.26	48438.21	80388.31
2005	14465.45	599.68	67774.72	30822.40	599.68	61765.82	82004.12
2006	16043.53	622.06	75418.27	34475.05	622.06	73249.34	80293.66
2007	18160.81	651.69	85938.67	39125.41	651.69	87544.11	81604.45
2008	20509.09	679.46	98232.89	43744.26	679.46	104751.53	81917.47
2009	22748.69	718.66	109343.03	48289.29	718.66	115918.05	93074.63
2010	27186.96	766.24	134819.96	54861.46	766.24	142590.79	115570.77
2011	31485.22	803.10	158521.31	62531.09	803.10	166888.26	138072.40
2012	35808.14	926.38	182236.10	68940.53	926.38	189535.00	165272.66
2013	39442.67	964.73	201225.10	76296.48	963.99	205797.10	192823.61
2014	43248.89	1018.66	221528.71	83407.31	1017.78	223207.53	222229.21
2015	47379.16	1071.63	243460.05	91314.33	1070.20	238965.99	263074.94
2016	51567.48	1130.24	268098.21	97505.44	1128.42	262480.24	291302.88
2017	55450.51	1186.19	289197.54	104574.58	1183.60	281903.78	316092.76

注：1.1992–2004年、2005–2008年、2013数据分别根据第一次、第二次和第三次经济普查数据进行调整和修订。
2.2013年开始按照国民经济行业分类(GB/T4754–2011)标准执行。
3.2006年第一产业数据根据农业普查数据进行了调整。

a) Data in 1992-2004, 2005-2008 and 2013 were adjusted and revised based on the first, the second and the third economic census data separately.
b) It began to implement in accordance with the national economic industry classification (GB/T4754-2011) standards since 2013.
c) Data on the primary industry in 2006 were adjusted according to the agricultural census data.

3-4 主要年份生产总值
Gross Domestic Product in Main Years

按当年价格计算

Data in this table are calculated at current prices.

单位：亿元 (100 million yuan)

年份 地区	Year Region	生产总值 Gross Domestic Product	第一产业 Primary Industry	第二产业 Secondary Industry	第三产业 Tertiary Industry	农林牧渔业 Agriculture Forwdtry Animal Husbandry and Fishery	工业 Industry	建筑业 Construction	人均生产总值（元） Per Capita GDP (yuan)
1952		1.63	1.20	0.12	0.31	1.20	0.10	0.02	101
1957		3.95	2.13	0.78	1.04	2.13	0.40	0.38	193
1965		6.14	3.36	1.28	1.50	3.36	0.96	0.32	271
1970		8.15	3.36	2.79	2.00	3.36	2.02	0.77	303
1975		12.42	4.64	4.76	3.02	4.64	3.78	0.98	371
1978		15.54	3.67	7.71	4.16	3.67	5.57	2.14	428
1980		17.79	5.00	7.83	4.96	5.00	5.67	2.16	473
1981		17.49	4.63	7.23	5.63	4.63	5.21	2.02	459
1982		19.95	5.56	8.03	6.36	5.56	5.62	2.41	513
1983		22.45	5.90	8.98	7.57	5.90	6.38	2.60	569
1984		26.42	7.35	10.15	8.92	7.35	7.19	2.96	662
1985		33.01	8.64	13.39	10.98	8.64	8.90	4.49	808
1986		38.44	10.47	15.40	12.57	10.47	11.06	4.34	916
1987		43.38	11.74	16.61	15.03	11.74	12.09	4.52	1018
1988		54.96	14.36	23.30	17.30	14.36	17.33	5.97	1260
1989		60.37	15.73	25.29	19.35	15.73	20.07	5.22	1365
1990		69.94	17.67	26.89	25.38	17.67	21.23	5.66	1558
1991		75.10	17.96	29.84	27.30	17.96	23.49	6.35	1647
1992		87.52	19.90	36.31	31.31	19.90	26.69	9.62	1912
1993		109.68	22.21	48.13	39.34	22.21	36.67	11.46	2364
1994		138.40	32.40	57.78	48.22	32.40	46.13	11.65	2942
1995		167.80	39.62	64.58	63.60	39.62	51.62	12.96	3513
1996		184.17	40.41	70.00	73.76	40.41	53.27	16.73	3799
1997		202.79	41.80	76.63	84.36	41.80	56.90	19.73	4122
1998		220.92	42.94	85.44	92.54	42.94	62.40	23.04	4426
1999		239.38	42.03	94.03	103.32	42.03	68.63	25.40	4728
2000		263.68	40.12	108.83	114.73	40.12	78.80	30.03	5138
2001		300.13	44.74	125.09	130.30	44.74	87.02	38.07	5774
2002		340.65	47.31	144.51	148.83	47.31	97.48	47.03	6478
2003		390.20	48.47	171.92	169.81	48.47	117.18	54.74	7346
2004		466.10	60.70	211.70	193.70	60.70	153.50	58.20	8693
2005		543.32	65.34	264.61	213.37	65.34	203.94	60.67	10045
2006		648.50	67.55	331.91	249.04	67.55	265.12	66.79	11889
2007		797.35	83.41	419.03	294.91	83.41	344.52	74.51	14507
2008		1018.62	105.57	557.12	355.93	105.57	468.60	88.52	18421
2009		1081.27	107.40	575.33	398.54	107.40	470.33	105.00	19454
2010		1350.43	134.92	744.63	470.88	134.92	613.65	130.98	24098
2011		1670.44	155.08	975.18	540.18	155.08	811.73	163.45	29522
2012		1893.54	176.91	1092.34	624.29	176.91	895.89	196.45	33181
2013		2122.06	204.72	1151.28	766.06	207.59	912.68	238.97	36875
2014		2303.32	215.93	1234.31	853.08	219.03	954.27	280.43	39671
2015		2417.05	208.93	1207.31	1000.81	212.22	893.87	313.81	41252
2016		2572.49	221.19	1249.98	1101.32	224.69	901.68	348.67	43531
2017		2624.83	238.41	1162.41	1224.01	242.04	777.56	384.85	44047
西宁市	Xining City	1284.91	41.80	556.44	686.67	42.19	413.34	143.13	54808
海东市	Haidong City	436.04	57.79	206.73	171.53	58.77	118.92	87.81	29737
海北州	Haibei Zang A.P	82.91	19.81	23.83	39.28	20.18	11.29	12.53	29391
黄南州	Huangnan Zang A.P	79.01	20.35	26.64	32.02	20.97	12.80	13.84	28953
海南州	Hainan Zang A.P	145.82	34.62	66.10	45.10	35.15	45.80	20.30	31002
果洛州	Golog Zang A.P	37.27	6.65	12.28	18.34	6.79	2.96	9.32	18459
玉树州	Yushu Zang A.P	64.38	27.85	22.71	13.82	28.02	0.82	21.89	15798
海西州	Haixi Mongolian & Zang A.P	526.19	29.46	349.66	147.07	29.90	294.13	55.53	102391

注：1.1992—2004年、2005—2008年、2013数据分别根据第一次、第二次和第三次经济普查数据进行调整和修订。
2.2013年开始按照国民经济行业分类(GB/T4754—2011)标准执行。
3.2006年第一产业数据根据农业普查数据进行了调整。

a) Data in 1992-2004, 2005-2008 and 2013 were adjusted and revised based on the first, the second and the third economic census data separately.
b) It began to implement in accordance with the national economic industry classification (GB/T4754-2011) standards since 2013.
c) Data on the primary industry in 2006 were adjusted according to the agricultural census data.

3-5 主要年份生产总值构成
Composition of Gross Domestic Product in Main Years

按当年价格计算

Data in this table are calculated at current prices.

单位：%　　　　(%)

年份 Year / 地区 Region	生产总值 Gross Domestic Product	第一产业 Primary Industry	第二产业 Secondary Industry	第三产业 Tertiary Industry	农林牧渔业 Agriculture Forwdtry Animal Husbandry and Fishery	工业 Industry	建筑业 Construction
1952	100.0	73.6	7.4	19.0	73.6	6.2	1.2
1957	100.0	53.9	19.7	26.4	53.9	10.1	9.6
1965	100.0	54.7	20.8	24.5	54.7	15.6	5.2
1970	100.0	41.2	34.2	24.6	41.2	24.8	9.4
1975	100.0	37.4	38.3	24.3	37.4	30.4	7.9
1978	100.0	23.6	49.6	26.8	23.6	35.8	13.8
1980	100.0	28.1	44.0	27.9	28.1	31.9	12.1
1981	100.0	26.5	41.3	32.2	26.5	29.8	11.5
1982	100.0	27.9	40.3	31.8	27.9	28.2	12.1
1983	100.0	26.3	40.0	33.7	26.3	28.4	11.6
1984	100.0	27.8	38.4	33.8	27.8	27.2	11.2
1985	100.0	26.2	40.6	33.2	26.2	27.0	13.6
1986	100.0	27.2	40.1	32.7	27.2	28.8	11.3
1987	100.0	27.1	38.3	34.6	27.1	27.9	10.4
1988	100.0	26.1	42.4	31.5	26.1	31.5	10.9
1989	100.0	26.1	41.9	32.0	26.1	33.2	8.6
1990	100.0	25.3	38.4	36.3	25.3	30.4	8.0
1991	100.0	23.9	39.7	36.4	23.9	31.3	8.4
1992	100.0	22.7	41.5	35.8	22.7	30.5	11.0
1993	100.0	20.3	43.9	35.9	20.3	33.4	10.5
1994	100.0	23.4	41.7	34.8	23.4	33.3	8.4
1995	100.0	23.6	38.5	37.9	23.6	30.8	7.7
1996	100.0	21.9	38.0	40.0	21.9	28.9	9.1
1997	100.0	20.6	37.8	41.6	20.6	28.1	9.7
1998	100.0	19.4	38.7	41.9	19.4	28.2	10.4
1999	100.0	17.6	39.3	43.2	17.6	28.7	10.6
2000	100.0	15.2	41.3	43.5	15.2	29.9	11.4
2001	100.0	14.9	41.7	43.4	14.9	29.0	12.7
2002	100.0	13.9	42.4	43.7	13.9	28.6	13.8
2003	100.0	12.4	44.1	43.5	12.4	30.0	14.0
2004	100.0	13.0	45.4	41.6	13.0	32.9	12.5
2005	100.0	12.0	48.7	39.3	12.0	37.5	11.2
2006	100.0	10.4	51.2	38.4	10.4	40.9	10.3
2007	100.0	10.5	52.5	37.0	10.5	43.2	9.3
2008	100.0	10.4	54.7	34.9	10.4	46.0	8.7
2009	100.0	9.9	53.2	36.9	9.9	43.5	9.7
2010	100.0	10.0	55.1	34.9	10.0	45.4	9.7
2011	100.0	9.3	58.4	32.3	9.3	48.6	9.8
2012	100.0	9.3	57.7	33.0	9.3	47.3	10.4
2013	100.0	9.6	54.3	36.1	9.8	43.0	11.3
2014	100.0	9.4	53.6	37.0	9.5	41.4	12.2
2015	100.0	8.6	50.0	41.4	8.8	37.0	13.0
2016	100.0	8.6	48.6	42.8	8.7	35.1	13.5
2017	100.0	9.1	44.3	46.6	9.2	29.6	14.7
西宁市 Xining City	100.0	3.3	43.3	53.4	3.3	32.2	11.1
海东市 Haidong City	100.0	13.3	47.4	39.3	13.5	27.3	20.1
海北州 Haibei Zang A.P	100.0	23.9	28.7	47.4	24.3	13.6	15.1
黄南州 Huangnan Zang A.P	100.0	25.8	33.7	40.5	26.5	16.2	17.5
海南州 Hainan Zang A.P	100.0	23.7	45.3	30.9	24.1	31.4	13.9
果洛州 Golog Zang A.P	100.0	17.8	33.0	49.2	18.2	7.9	25.0
玉树州 Yushu Zang A.P	100.0	43.3	35.3	21.5	43.5	1.3	34.0
海西州 Haixi Mongolian & Zang A.P	100.0	5.6	66.5	28.0	5.7	55.9	10.6

注：1.1992—2004年、2005—2008年、2013数据分别根据第一次、第二次和第三次经济普查数据进行调整和修订。
2.2013年开始按照国民经济行业分类(GB/T4754—2011)标准执行。
3.2006年第一产业数据根据农业普查数据进行了调整。

a) Data in 1992-2004, 2005-2008 and 2013 were adjusted and revised based on the first, the second and the third economic census data separately.
b) It began to implement in accordance with the national economic industry classification (GB/T4754-2011) standards since 2013.
c) Data on the primary industry in 2006 were adjusted according to the agricultural census data.

3-6 主要年份生产总值指数
Indices of Gross Domestic Product in Main Years

按可比价格计算

Data in this table are calculated at constant prices.

(1952=100) (year of 1952=100)

年份 Year	生产总值 Gross Domestic Product	第一产业 Primary Industry	第二产业 Secondary Industry	第三产业 Tertiary Industry	农林牧渔业 Agriculture Forwdtry Animal Husbandry and Fishery	工业 Industry	建筑业 Construction	人均生产总值 Per Capita GDP
1952	100.00	100.00	100.00	100.00	100.00	100.00	100.00	100.00
1957	216.67	151.20	591.67	335.48	151.20	330.00	1900.00	172.86
1965	312.26	203.62	1001.62	493.60	203.62	847.14	1600.00	224.87
1970	445.69	203.60	2460.10	689.74	203.60	2111.84	3848.76	260.14
1975	665.06	278.85	4075.30	959.28	278.85	3639.41	4899.10	324.06
1978	825.92	234.54	6501.60	1326.01	234.54	5435.19	10687.83	371.37
1980	884.25	243.25	6539.41	1389.94	243.25	5465.59	10796.77	477.00
1981	871.87	230.60	6048.95	1690.17	230.60	5049.11	10097.64	464.98
1982	974.75	261.17	6672.00	1901.44	261.17	5398.00	12045.89	509.99
1983	1078.07	279.04	7279.15	2203.77	279.04	5921.07	12995.10	555.99
1984	1224.69	318.10	8123.54	2547.55	318.10	6551.07	14794.92	623.98
1985	1357.45	343.87	9358.31	2751.36	343.87	7782.02	15845.36	675.96
1986	1467.40	375.85	10006.00	2968.72	375.85	8547.77	16095.72	714.36
1987	1551.05	387.50	10362.60	3295.28	387.50	9255.53	14246.32	743.50
1988	1670.48	385.14	12755.62	3183.57	385.14	11678.62	16045.63	782.68
1989	1690.52	395.00	12717.35	3255.85	395.00	12357.15	12595.82	781.67
1990	1753.47	411.47	12797.35	3433.62	411.47	12415.23	13745.82	798.78
1991	1835.64	415.50	13556.07	3707.62	415.50	13105.52	13565.75	824.59
1992	1971.30	432.16	14586.27	4062.07	432.16	13838.11	15877.35	872.41
1993	2161.55	429.26	16720.59	4564.95	429.26	15970.56	17777.87	943.95
1994	2337.11	444.72	18038.85	5072.32	444.72	17663.44	17475.65	1006.53
1995	2524.08	442.49	19716.46	5667.10	442.49	19341.47	18961.07	1070.55
1996	2744.18	458.87	21808.38	6213.50	458.87	20695.37	23720.30	1146.77
1997	2992.25	474.93	24120.07	6856.88	474.93	22557.96	27539.27	1232.21
1998	3259.16	491.55	26891.47	7482.17	491.55	24588.17	32909.43	1322.59
1999	3523.48	496.47	29427.34	8228.94	496.47	26801.11	36430.74	1409.81
2000	3838.48	476.61	32870.34	9182.54	476.61	29481.22	42478.24	1515.41
2001	4287.97	504.25	37843.62	10163.04	504.25	32724.15	53692.50	1671.19
2002	4805.96	526.94	44072.68	11229.29	526.94	37665.50	64269.92	1851.51
2003	5375.95	546.96	51353.49	12328.25	546.96	44106.30	74038.95	2050.18
2004	6035.58	567.96	59883.30	13596.83	567.96	53831.74	77259.64	2280.21
2005	6771.92	596.59	69374.80	14980.98	596.59	65157.94	78913.00	2536.28
2006	7669.88	617.23	80322.14	16949.49	617.23	77329.44	83687.24	2848.50
2007	8703.01	644.14	92322.27	19349.53	644.14	90707.43	88767.05	3207.41
2008	9880.53	669.26	107573.91	21706.31	669.26	108359.10	92548.53	3619.56
2009	10882.42	702.73	119772.79	23831.35	702.73	119379.22	108198.49	3966.31
2010	12550.69	744.19	142864.98	26724.48	744.19	142371.66	129156.54	4541.42
2011	14238.76	779.91	167694.91	29324.77	779.91	167628.39	149369.54	5099.56
2012	15983.01	820.47	191323.12	32571.02	820.47	190928.74	171774.97	5675.81
2013	17715.57	863.95	214779.33	35762.98	863.95	213649.26	195754.76	6238.85
2014	19347.17	908.96	236171.35	38924.43	908.88	232535.85	225431.18	6752.93
2015	20927.83	955.32	255891.66	42256.36	954.87	249720.25	253745.34	7238.47
2016	22599.96	1006.91	277591.27	45615.74	1006.43	268199.55	283027.55	7750.95
2017	24247.50	1056.25	297439.05	49237.63	1054.74	286329.84	306009.39	8247.01

注:1.1992-2004年、2005-2008年、2013数据分别根据第一次、第二次和第三次经济普查数据进行调整和修订。
2.2013年开始按照国民经济行业分类(GB/T4754-2011)标准执行。

a) Data in 1992-2004, 2005-2008 and 2013 were adjusted and revised based on the first, the second and the third economic census data separately.

b) It began to implement in accordance with the national economic industry classification (GB/T4754-2011) standards since 2013.

3-7 主要年份生产总值指数
Indices of Gross Domestic Product in Main Years

按可比价格计算

Data in this table are calculated at constant prices.

(上年=100)　　(preceding year=100)

年份 Year / 地区 Region	生产总值 Gross Domestic Product	第一产业 Primary Industry	第二产业 Secondary Industry	第三产业 Tertiary Industry	农林牧渔业 Agriculture Forwdtry Animal Husbandry and Fishery	工业 Industry	建筑业 Construction	人均生产总值 Per Capita GDP
1952	100.00	100.00	100.00	100.00	100.00	100.00	100.00	100.00
1957	97.33	100.53	74.74	114.29	100.53	100.00	61.83	91.28
1965	112.45	110.49	127.00	106.12	110.49	121.79	145.45	107.59
1970	119.57	100.34	162.50	106.87	100.34	183.59	103.31	114.79
1975	107.83	99.78	116.23	108.13	99.78	113.41	128.95	104.82
1978	114.93	96.91	128.08	122.61	96.91	116.32	173.98	111.87
1980	117.78	97.74	123.20	129.89	97.74	131.40	105.88	115.87
1981	98.60	94.80	92.50	121.60	94.80	92.38	93.52	97.48
1982	111.80	113.30	110.30	112.50	113.30	106.91	119.30	109.68
1983	110.60	106.80	109.10	115.90	106.80	109.69	107.88	109.02
1984	113.60	114.00	111.60	115.60	114.00	110.64	113.85	112.23
1985	110.84	108.10	115.20	108.00	108.10	118.79	107.10	108.33
1986	108.10	109.30	107.50	107.90	109.30	109.84	101.58	105.68
1987	105.70	103.10	103.00	111.10	103.10	108.28	88.51	104.08
1988	107.70	99.39	123.10	96.61	99.39	126.18	112.63	105.27
1989	101.20	102.56	99.74	102.27	102.56	105.81	78.50	99.87
1990	103.72	104.17	102.23	105.46	104.17	100.47	109.13	102.19
1991	104.69	100.98	104.29	107.98	100.98	105.56	98.69	103.23
1992	107.39	104.01	107.61	109.56	104.01	105.59	117.04	105.80
1993	109.65	99.33	114.63	112.38	99.33	115.41	111.97	108.20
1994	108.12	103.60	107.88	111.11	103.60	110.60	98.30	106.63
1995	108.00	99.50	109.30	111.73	99.50	109.50	108.50	106.36
1996	108.72	103.70	110.61	109.64	103.70	107.00	125.10	107.12
1997	109.04	103.50	110.60	110.35	103.50	109.00	116.10	107.45
1998	108.92	103.50	111.49	109.12	103.50	109.00	119.50	107.33
1999	108.11	101.00	109.43	109.98	101.00	109.00	110.70	106.59
2000	108.94	96.00	111.70	111.59	96.00	110.00	116.60	107.49
2001	111.71	105.80	115.13	110.68	105.80	111.00	126.40	110.28
2002	112.08	104.50	116.46	110.49	104.50	115.10	119.70	110.79
2003	111.86	103.80	116.52	109.79	103.80	117.10	115.20	110.73
2004	112.27	103.84	116.61	110.29	103.84	122.05	104.35	111.22
2005	112.20	105.04	115.85	110.18	105.04	121.04	102.14	111.23
2006	113.26	103.46	115.78	113.14	103.46	118.68	106.05	112.31
2007	113.47	104.36	114.94	114.16	104.36	117.30	106.07	112.60
2008	113.53	103.90	116.52	112.18	103.90	119.46	104.26	112.85
2009	110.14	105.00	111.34	109.79	105.00	110.17	116.91	109.58
2010	115.33	105.90	119.28	112.14	105.90	119.26	119.37	114.50
2011	113.45	104.80	117.38	109.73	104.80	117.74	115.65	112.28
2012	112.25	105.20	114.09	111.07	105.20	113.90	115.00	111.30
2013	110.84	105.30	112.26	109.80	105.30	111.90	113.96	109.92
2014	109.21	105.21	109.96	108.84	105.20	108.84	115.16	108.24
2015	108.17	105.10	108.35	108.56	105.06	107.39	112.56	107.19
2016	107.99	105.40	108.48	107.95	105.40	107.40	111.54	107.08
2017	107.29	104.90	107.15	107.94	104.80	106.76	108.12	106.40
西宁市 Xining City	109.52	105.14	110.65	108.68	105.02	109.70	114.47	108.47
海东市 Haidong City	108.40	105.16	110.79	106.21	105.15	107.50	117.63	107.79
海北州 Haibei Zang A.P	79.70	105.20	54.50	98.40	105.20	46.10	68.30	79.10
黄南州 Huangnan Zang A.P	103.32	104.97	102.08	103.26	105.00	93.53	112.97	102.30
海南州 Hainan Zang A.P	98.60	105.10	93.90	102.00	105.10	107.40	69.70	97.70
果洛州 Golog Zang A.P	97.44	105.06	86.54	103.14	105.02	77.77	89.69	95.80
玉树州 Yushu Zang A.P	101.03	104.14	94.01	107.11	104.11	100.50	93.80	100.06
海西州 Haixi Mongolian & Zang A.P	109.50	110.80	109.10	110.10	110.70	109.20	108.60	108.89

注：1.1992—2004年、2005—2008年、2013数据分别根据第一次、第二次和第三次经济普查数据进行调整和修订。

2.2013年开始按照国民经济行业分类(GB/T4754—2011)标准执行。

a) Data in 1992-2004, 2005-2008 and 2013 were adjusted and revised based on the first, the second and the third economic census data separately.

b) It began to implement in accordance with the national economic industry classification (GB/T4754-2011) standards since 2013.

3-8 2014-2017年分行业增加值及增速

单位：亿元，%

行　业	Item	2014 总量 Aggregate	2014 增速 Growth Rate
生产总值	Gross Domestic Product	2303.32	9.2
农林牧渔业	Agriculture Forwdtry Animal Husbandry and Fishery	219.03	5.2
#农林牧渔服务业	Serbices in Support of Agriculture	3.10	4.8
采矿业	Mining	223.93	-13.0
#开采辅助活动	Support Activities for Mining	0.02	
制造业	Manufacturing	576.74	18.6
#金属制品、机械和设备修理业	Metal Products, Machinery and Equipment Repair Industry	0.37	9.7
电力、热力、燃气及水生产和供应业	Production and Supply of Electricity,Gas and Water	153.60	5.5
建筑业	Construction	280.43	15.2
批发和零售业	Wholesale and Retail Trades	150.64	6.7
交通运输、仓储和邮政业	Transport, Storage and Post	81.70	8.8
住宿和餐饮业	Hotels and Catering Services	37.30	2.4
信息传输、软件和信息技术服务业	Information Transmission, Software and Information Technology Services	44.85	10.8
金融业	Financial Intermediation	175.21	18.3
房地产业	Real Estate	48.96	4.5
租赁和商务服务业	Leasing and Business Services	35.54	7.1
科学研究和技术服务业	Scientific Research, Technical Services	22.39	6.7
水利、环境和公共设施管理业	Management of Water Conservancy, Environment and Public facilities	5.65	6.8
居民服务、修理和其他服务业	Residents Services and Other Service	16.27	7.2
教育	Education	47.13	6.8
卫生和社会工作	Health and Social Work	26.01	6.8
文化、体育和娱乐业	Culture, Sports and Entertainment	14.96	6.3
公共管理、社会保障和社会组织	Public Administration, Social Security and Social Organizations	142.98	5.5

注：1.本表总量按当年价格计算，增速按可比价计算。
2.按照2012年制定的《三次产业划分规定》，农林牧渔服务业、开采辅助活动和金属制品、机械和设备修理业划归为第三产业。

Gross Domestic Product（2014-2017）

(100 million yuan,%)

2015		2016		2017	
总量 Aggregate	增速 Growth Rate	总量 Aggregate	增速 Growth Rate	总量 Aggregate	增速 Growth Rate
2417.05	8.2	2572.49	8.0	2624.83	7.3
212.22	5.1	224.69	5.4	242.04	4.8
3.29	2.5	3.50	5.5	3.63	-1.4
146.26	-26.5	121.12	-15.9	179.78	-8.5
0.02		0.02			
609.71	18.9	639.11	13.7	426.81	9.4
0.35	8.8	0.35	8.6		
137.90	1.0	141.45	4.1	170.97	7.1
313.81	12.6	348.67	11.5	384.85	8.1
154.78	-4.5	163.04	4.9	169.15	2.5
90.55	1.9	94.99	4.5	103.69	7.8
43.27	6.1	46.17	6.8	48.96	5.3
52.54	17.7	58.46	9.8	88.01	47.6
220.87	17.9	245.81	10.5	274.60	7.6
53.59	4.7	56.13	5.0	60.89	5.0
41.63	1.6	46.31	7.8	54.42	16.7
27.81	9.4	31.71	8.2	35.62	16.0
7.03	21.0	8.01	11.4	8.62	6.0
19.05	1.6	21.19	7.6	24.50	16.8
58.55	5.4	66.75	6.9	74.98	3.4
32.32	20.9	36.85	12.0	41.71	3.2
17.52	0.9	19.50	7.9	23.77	16.8
177.64	15.5	202.53	9.4	211.46	0.4

a)In this table, aggregate is calculated at current prices while growth rate is calculated at current prices.
b)According to the three industry classification standards of 2012 ,service in support of agriculture, support activities for mining and repair service of metal products, machinery and equipmen are classified as the tertiary industry.

3-9 地区分行业增加值及增速(2017年)

单位：亿元，%

指标	Intem	西宁市 Xining City 总量 Aggregate	西宁市 Xining City 增速 Growth Rate	海东市 Haidong City 总量 Aggregate	海东市 Haidong City 增速 Growth Rate
生产总值	Gross Domestic Product	1284.9	9.5	436.0	8.4
农林牧渔业	Agriculture Forwdtry Animal Husbandry and Fishery	42.2	5.0	58.8	5.1
#农林牧渔服务业	Serbices in Support of Agriculture	0.4	-6.5	1.0	4.3
采矿业	Mining	0.1	-97.8	11.9	7.0
#开采辅助活动	Support Activities for Mining				
制造业	Manufacturing	351.0	10.4	90.4	7.6
#金属制品、机械和设备修理业	Metal Products, Machinery and Equipment Repair Industry	0.0	-79.7		
电力、热力、燃气及水生产和供应业	Production and Supply of Electricity,Gas and Water	62.2	8.8	16.6	7.3
建筑业	Construction	143.1	14.5	87.8	17.6
批发和零售业	Wholesale and Retail Trades	108.9	2.3	15.3	3.7
交通运输、仓储和邮政业	Transport, Storage and Post	52.9	8.7	18.8	7.8
住宿和餐饮业	Hotels and Catering Services	12.6	5.0	7.6	5.3
信息传输、软件和信息技术服务业	Information Transmission, Software and Information Technology Services	73.5	34.1	12.2	54.7
金融业	Financial Intermediation	156.9	8.0	12.7	6.4
房地产业	Real Estate	30.4	4.7	5.9	5.6
租赁和商务服务业	Leasing and Business Services	34.4	34.2	1.7	9.3
科学研究和技术服务业	Scientific Research, Technical Services	22.2	-3.1	9.7	1.0
水利、环境和公共设施管理业	Management of Water Conservancy, Environment and Public facilities	6.3	-0.3	4.2	1.0
居民服务、修理和其他服务业	Residents Services and Other Service	12.2	36.1	2.2	32.0
教育	Education	40.3	-1.2	20.9	1.0
卫生和社会工作	Health and Social Work	28.3	-0.9	3.6	1.0
文化、体育和娱乐业	Culture, Sports and Entertainment	20.4	34.4	1.3	44.8
公共管理、社会保障和社会组织	Public Administration, Social Security and Social Organizations	86.9	-0.7	54.5	1.0

注：1.本表总量按当年价格计算，增速按可比价计算。
2.按照2012年制定的《三次产业划分规定》，农林牧渔服务业、开采辅助活动和金属制品、机械和设备修理业划归为第三产业。

Gross Domestic Product (2017)

(100 million yuan,%)

海北州 Haibei Zang A.P		黄南州 Huangnan Zang A.P		海南州 Hainan Zang A.P		果洛州 Golog Zang A.P		玉树州 Yushu Zang A.P		海西州 Haixi Mongolian & Zang A.P	
总量 Aggregate	增速 Growth Rate	总量 Aggregate	增速 Growth Rate	总量 Aggregate	增速 Growth Rate	总量 Aggregate	增速 Growth Rate	总量 Aggregate	增速 Growth Rate	总量 Aggregate	增速 Growth Rate
82.9	-20.3	79.0	3.3	145.8	-1.4	37.3	-2.6	64.4	1.0	526.2	9.5
20.2	5.2	21.0	5.0	35.2	5.1	6.8	5.0	28.0	4.1	29.9	10.7
0.4	5.2	0.6	6.3	0.5	3.2	0.1	3.2	0.2	0.1	0.4	3.2
2.5	-81.5			0.7	-64.8	2.0	-27.1			94.1	12.0
3.1	-46.3	4.4	0.5	12.8	10.3	0.6	7.3			169.1	7.4
5.7	-12.0	8.4	-9.4	32.3	10.9	0.4	15.6	0.8	0.5	30.9	8.0
12.5	-31.7	13.8	13.0	20.3	-30.3	9.3	-10.3	21.9	-6.2	55.5	8.6
3.0	4.8	1.6	4.4	3.4	3.6	1.3	0.1	1.3	3.7	11.0	3.9
2.6	5.0	0.8	8.6	4.3	2.1	1.4	7.2	0.8	17.7	52.0	20.7
1.9	3.2	1.7	5.0	2.5	5.5	1.6	5.0	0.4	5.7	4.7	5.8
1.2	3.1	1.3	9.0	1.8	7.5	1.6	4.5	1.8	7.7	10.7	11.9
3.8	15.7	2.7	11.3	5.9	7.0	2.7	9.2	0.2	2.3	14.2	5.2
1.1	4.7	0.9	5.0	2.5	5.0	0.4	5.0	0.1	2.7	3.6	8.9
0.9	3.0	0.2	9.1	0.4	7.9	1.0	5.3	0.8	9.0	6.5	11.1
1.1	-7.3	0.6	0.5	0.6	-0.5	0.0	6.5	0.3	3.5	3.8	-4.2
0.1	-7.4	0.3	1.5	0.4	-1.5			0.4	4.5	0.6	0.6
0.6	3.4	0.3	9.0	0.4	7.5	0.7	6.2	1.1	9.6	3.9	14.5
2.8	-8.1	2.4	1.3	5.6	-3.4	1.2	0.2	0.5	9.3	5.3	2.2
1.8	-7.5	1.4	1.2	3.1	-2.3	1.2	0.0	0.6	7.1	5.0	0.3
1.2	3.3	1.0	9.0	0.7	7.4	1.2	5.0	0.5	9.1	3.5	5.3
16.8	-7.0	16.3	0.8	12.8	-0.1	3.8	-2.6	4.8	6.2	21.7	1.2

a)In this table, aggregate is calculated at current prices while growth rate is calculated at current prices.
b)According to the three industry classification standards of 2012 ,service in support of agriculture, support activities for mining and repair service of metal products, machinery and equipmen are classified as the tertiary industry.

3-10 三次产业贡献率

Share of the Contribution of the Three Strata of Industry to the Increase of GDP

按可比价格计算

Data in this table are calculated at constant prices.

单位：% (%)

年 份 Year	生产总值 Gross Domestic Product	第一产业 Primary Industry	第二产业 Secondary Industry	第三产业 Tertiary Industry	工 业 Industry
1990	100.00	27.34	26.56	46.09	4.69
1991	100.00	5.60	35.60	58.80	37.68
1992	100.00	14.02	40.40	45.59	24.24
1993	100.00	-1.74	59.79	41.95	50.32
1994	100.00	10.04	41.65	48.30	43.29
1995	100.00	-1.36	47.80	53.55	40.27
1996	100.00	8.49	48.12	43.40	27.61
1997	100.00	7.39	48.29	44.33	33.69
1998	100.00	7.11	53.24	39.65	34.16
1999	100.00	2.21	50.21	47.58	37.58
2000	100.00	-7.20	56.40	50.80	38.20
2001	100.00	8.29	52.68	39.03	27.48
2002	100.00	5.93	56.98	37.09	36.37
2003	100.00	4.76	60.35	34.88	43.08
2004	100.00	4.27	61.28	34.45	56.34
2005	100.00	5.22	61.09	33.69	58.81
2006	100.00	3.14	57.96	38.90	52.87
2007	100.00	3.56	55.22	41.22	50.51
2008	100.00	2.91	61.57	35.52	58.49
2009	100.00	4.56	57.85	37.59	42.89
2010	100.00	3.40	65.80	30.80	53.80
2011	100.00	3.60	71.20	25.20	59.90
2012	100.00	3.92	65.60	30.48	53.50
2013	100.00	4.16	65.53	30.31	52.50
2014	100.00	4.56	63.50	31.94	46.35
2015	100.00	4.90	60.40	34.70	43.56
2016	100.00	5.84	52.97	41.19	34.23
2017	100.00	5.67	49.21	45.12	34.07

注：1.产业贡献率指各产业增加值增量与GDP增量之比。
2.2006年第一产业数据根据农业普查数据进行了调整。
3.2013年根据第三次经济普查数据进行调整。
4.2013年开始按照国民经济行业分类(GB/T4754—2011)标准执行。

a) The contribution rate of industry refers to the ratio of increment of industrial added value to increment of GDP.
b) Data on the primary industry in 2006 were adjusted according to agricultural census data.
c) Data in 2013 were adjusted and revised based on the third economic census data.
d) It began to implement in accordance with the national economic industry classification (GB/T4754-2011) standards since 2013.

3-11　三次产业对生产总值增长的拉动

Contribution of the Three Strata Industry to GDP Growth

按可比价格计算

Data in this table are calculated at constant prices.

单位：百分点　　(percentage points)

年　份 Year	生产总值 Gross Domestic Product	第一产业 Primary Industry	第二产业 Secondary Industry	第三产业 Tertiary Industry	工　业 Industry
1990	3.70	1.01	0.98	1.71	0.17
1991	4.69	0.26	1.67	2.76	1.77
1992	7.39	1.04	2.99	3.37	1.79
1993	9.65	-0.17	5.77	4.05	4.86
1994	8.12	0.82	3.38	3.92	3.52
1995	8.00	-0.11	3.83	4.29	3.22
1996	8.72	0.74	4.20	3.78	2.41
1997	9.04	0.67	4.37	4.01	3.05
1998	8.92	0.63	4.75	3.54	3.05
1999	8.11	0.18	4.07	3.86	3.05
2000	8.94	-0.64	5.04	4.54	3.41
2001	11.71	0.97	6.17	4.57	3.22
2002	12.08	0.72	6.88	4.48	4.39
2003	11.86	0.57	7.16	4.14	5.11
2004	12.27	0.52	7.52	4.23	6.91
2005	12.20	0.64	7.45	4.11	7.18
2006	13.26	0.42	7.69	5.15	7.01
2007	13.47	0.48	7.44	5.55	6.81
2008	13.53	0.39	8.33	4.81	7.91
2009	10.14	0.46	5.87	3.81	4.35
2010	15.33	0.52	10.09	4.72	8.25
2011	13.45	0.48	9.58	3.39	8.06
2012	12.25	0.48	8.04	3.73	6.55
2013	10.84	0.45	7.10	3.29	5.69
2014	9.21	0.42	5.85	2.94	4.27
2015	8.17	0.40	4.93	2.84	3.56
2016	7.99	0.47	4.23	3.29	2.73
2017	7.29	0.41	3.59	3.29	2.48

注：1.产业拉动指GDP增长速度与各产业贡献率之乘积。
2.2006年数据根据农业普查数据进行调整和修订。
3.2013年根据第三次经济普查数据进行调整。
4.2013年开始按照国民经济行业分类(GB/T4754—2011)标准执行。

a) Industry driven means the product of GDP growth rate and contribution rate of industry.
b) Data in 2006 were adjusted according to agricultural census data.
c) Data in 2013 were adjusted and revised based on the third economic census data.
d) It began to implement in accordance with the national economic industry classification (GB/T4754-2011) standards since 2013.

3-12 1990-2017年生产总值构成项目
Components of Gross Domestic Product (1990-2017)

(按当年价格计算)

Data in this table are calculated at current prices.

单位：亿元 (100 million yuan)

年 份 Year	生产总值 Gross Domestic Product	劳动者报酬 Compensation of Employees	生产税净额 Net Taxes on Production	固定资产折旧 Depreciation of Fixed Assets	营业盈余 Operating Surplus
1990	69.94	39.50	8.48	9.86	12.10
1991	75.10	43.75	9.54	10.34	11.47
1992	87.52	50.21	10.87	14.34	12.10
1993	109.68	62.58	12.16	14.67	20.27
1994	138.40	76.06	14.29	19.49	28.56
1995	167.80	90.48	16.85	26.38	34.09
1996	184.17	109.03	16.46	26.03	32.66
1997	202.79	119.93	22.05	32.46	28.36
1998	220.92	124.44	21.30	35.31	39.86
1999	239.38	134.20	25.79	39.11	40.29
2000	263.68	139.39	30.74	58.48	35.07
2001	300.13	156.77	34.23	54.68	54.44
2002	340.65	172.31	40.59	59.57	68.19
2003	390.20	189.75	46.80	70.29	83.35
2004	466.10	220.30	55.00	84.70	106.10
2005	543.32	258.53	64.53	102.17	118.09
2006	648.50	314.39	80.13	103.72	150.26
2007	797.35	405.93	101.45	114.45	175.52
2008	1018.62	536.60	129.01	133.69	219.32
2009	1081.27	581.69	158.49	180.66	160.43
2010	1350.43	635.34	197.71	199.80	317.58
2011	1670.44	756.12	292.11	270.88	351.33
2012	1893.54	823.58	278.38	335.98	455.60
2013	2122.06	957.08	279.60	410.46	474.92
2014	2303.32	1071.61	304.77	559.25	367.69
2015	2417.05	1125.20	298.63	590.26	402.96
2016	2572.49	1254.75	277.66	682.69	357.39
2017	2624.83	1329.37	345.92	570.58	378.96

注：1.1992-2004年、2005-2008年、2013数据分别根据第一次、第二次和第三次经济普查数据进行调整和修订。
2.2013年开始按照国民经济行业分类(GB/T4754-2011)标准执行。
3.2006年第一产业数据根据农业普查数据进行了调整。

a) Data in 1992-2004, 2005-2008 and 2013 were adjusted and revised based on the first, the second and the third economic census data separately.
b) It began to implement in accordance with the national economic industry classification (GB/T4754-2011) standards since 2013.
c) Data on the primary industry in 2006 were adjusted according to the agricultural census data.

3-13　1990-2017年支出法生产总值

Gross Domestic Product by Expenditure Approach(1990-2017)

按当年价格计算

Data in this table are calculated at current prices.

单位：亿元　　(100 million yuan)

年份 Year	支出法生产总值 Gross Domestic Product by Expenditure Approach	最终消费支出 Final Consumption Expenditures	资本形成总额 Gross Capital Formation		货物和服务净出口 Net Exports of Goods and Services	资本形成率 Capital Formation Rate (%)	最终消费率 Final Consumption Rate (%)
			固定资产形成总额 Gross Fixed Capital Formation	库存增加 Change in Inventories			
1990	69.94	53.79	20.44	8.16	-12.45	40.89	76.91
1991	75.10	60.76	23.91	9.45	-19.02	44.42	80.90
1992	87.52	65.18	29.04	8.99	-15.69	43.45	74.47
1993	109.68	73.06	41.03	10.46	-14.87	46.95	66.61
1994	138.40	92.83	47.76	12.34	-14.54	43.43	67.08
1995	167.80	113.40	57.48	20.19	-23.27	46.29	67.58
1996	184.17	130.71	79.24	11.50	-37.28	49.27	70.97
1997	202.79	135.53	101.55	12.64	-46.92	56.31	66.83
1998	220.92	142.88	116.38	13.07	-51.41	58.59	64.68
1999	239.38	155.17	131.12	9.17	-56.07	58.60	64.82
2000	263.68	171.70	156.97	3.49	-68.48	60.85	65.12
2001	300.13	202.88	202.17	5.22	-110.14	69.10	67.60
2002	340.65	227.58	244.00	10.09	-141.02	74.59	66.81
2003	390.20	257.75	282.18	9.02	-158.75	74.63	66.06
2004	466.10	309.76	314.93	8.72	-167.31	69.44	66.46
2005	543.32	360.72	364.08	5.20	-186.68	67.97	66.39
2006	648.50	423.49	411.68	15.95	-202.62	65.94	65.30
2007	797.35	509.45	480.43	16.28	-208.81	62.30	63.89
2008	1018.62	593.51	583.20	59.99	-218.08	63.14	58.27
2009	1081.27	616.51	791.80	6.44	-333.48	73.82	57.02
2010	1350.43	720.57	1057.86	29.13	-457.13	80.49	53.36
2011	1670.44	859.75	1369.90	29.76	-588.97	83.79	51.47
2012	1893.54	997.36	1895.70	-176.45	-823.07	90.80	52.67
2013	2122.06	1048.49	2418.27	100.81	-1445.51	118.71	49.41
2014	2303.32	1154.40	2953.52	50.92	-1855.52	130.44	50.12
2015	2417.05	1485.98	3303.61	70.48	-2443.02	139.60	61.48
2016	2572.49	1676.44	3551.90	13.56	-2669.41	138.60	65.17
2017	2624.83	1815.42	3918.34	-21.33	-3087.60	148.47	69.16

注：1.历年数据根据经济普查数据进行调整和修订。
2.2006年数据根据农业普查数据进行调整和修订。
3.2009年、2010年最终消费数据根据国家核算要求进行调整和修订.
4.2013年数据按照第三次经济普查数据调整和修订以。

a) Data in past year were adjusted and revised based on economic census data.
b) Data in 2006 were adjusted according to agricultural census data.
c) The Final Consumption Expenditures Data in 2009 and 2010 were adjusted and amended in accordance with the requirements of national accounting.
e) Data in 2013 were adjusted and revised according to the third economic census data.

3-14 1990-2017年生产总值消费额及构成

Consumption Expenditure and Its Composition of GDP(1990-2017)

按当年价格计算

Data in this table are calculated at current prices.

年 份 Year	最终消费支出(亿元) Final Consumption Expenditure (100 million yuan)	居民消费（亿元） Household Consumption (100 million yuan) 农村居民 Rural Households	 城镇居民 Urban Households	政府消费(亿元) Government Consumption (100 million yuan)	最终消费支出＝100 Final Consumption Expenditures=100 居民消费 Household Consumption	 政府消费 Government Consumption	人均消费水平（元/人） Per Capita Consumption Expenditure (yuan/person) 全体居民 All Households	 农村居民 Rural Households	 城镇居民 Urban Households
1990	53.79	17.68	18.76	17.35	67.74	32.26	821	606	1235
1991	60.76	19.29	21.08	20.39	66.44	33.56	895	650	1367
1992	65.18	22.07	24.87	18.24	72.00	27.98	1026	732	1592
1993	73.06	24.76	29.85	18.45	74.75	25.25	1177	809	1893
1994	92.83	30.34	39.12	23.38	74.82	25.18	1477	976	2453
1995	113.40	34.82	48.01	30.57	73.04	26.96	1734	1103	2964
1996	130.71	37.56	58.80	34.35	73.72	26.28	1988	1175	3563
1997	135.53	38.98	61.51	35.03	74.15	25.85	2043	1209	3630
1998	142.88	39.75	67.09	36.04	74.78	25.22	2140	1213	3911
1999	155.17	40.79	73.64	40.73	73.75	26.25	2260	1227	4238
2000	171.70	41.74	80.60	49.37	71.25	28.75	2384	1245	4530
2001	202.88	44.06	91.00	67.82	66.57	33.43	2598	1315	4925
2002	227.58	46.33	102.36	78.89	65.34	34.66	2828	1399	5261
2003	257.75	48.70	116.22	92.83	63.98	36.02	3105	1477	5768
2004	309.76	52.33	132.28	125.15	59.60	40.40	3443	1583	6432
2005	360.72	64.15	146.14	150.43	58.30	41.70	3888	1941	6947
2006	423.49	70.51	160.18	192.80	54.47	45.53	4229	2128	7481
2007	509.45	81.36	192.28	235.81	53.71	46.29	4978	2453	8819
2008	593.51	102.75	219.65	271.11	54.32	45.68	5830	3121	9816
2009	616.51	111.91	249.43	255.17	58.61	41.39	6501	3435	10845
2010	720.57	122.14	288.12	310.31	56.94	43.06	7326	3848	11878
2011	859.75	151.32	343.45	364.98	57.55	42.45	8744	4905	13348
2012	997.36	185.56	401.61	410.19	58.87	41.13	10289	6116	15026
2013	1048.49	208.17	486.41	353.91	66.25	33.75	12070	6954	17617
2014	1154.40	236.40	549.37	368.63	68.07	31.93	13534	8285	18606
2015	1485.98	266.65	622.05	597.28	59.81	40.19	15167	9109	21217
2016	1676.44	304.38	685.54	686.52	59.05	40.95	16751	10505	22761
2017	1815.42	336.98	736.89	741.55	59.15	40.85	18020	11868	23621

注：1.历年数据根据经济普查数据进行调整和修订。
2.2009年、2010年最终消费数据根据国家核算要求进行调整和修订。

a) Data in past year were adjusted and revised based on economic census data.

b) The Final Consumption Expenditures Data in 2009 and 2010 were adjusted and amended in accordance with the requirements of national accounting.

3-15 三大需求对生产总值增长的贡献率和拉动(1990-2017)
Share and Contribution of the Three Demands of GDP to the Growth of GDP(1990-2017)

按可比价格计算

Data in this table are calculated at constant prices.

年 份 Year	最终消费支出 Final Consumption Expenditure		资本形成总额 Gross Capital Formation		货物和服务净出口 Net Exports of Goods and Services	
	贡献率 (%) Share of The Contribution (%)	拉动 (百分点) Contribution Driven (percentage points)	贡献率 (%) Share of The Contribution (%)	拉动 (百分点) Contribution Driven (percentage points)	贡献率 (%) Share of The Contribution (%)	拉动 (百分点) Contribution Driven (percentage points)
1990	328.12	12.14	453.13	16.77	-681.20	-25.20
1991	126.43	5.94	60.06	2.82	-86.50	-4.07
1992	-9.45	-0.70	-3.45	-0.26	112.90	8.35
1993	19.71	1.91	27.37	2.65	52.90	5.13
1994	56.26	4.56	29.96	2.43	13.80	1.12
1995	18.47	1.48	58.31	4.66	23.20	1.90
1996	41.48	3.61	45.29	3.94	13.20	1.15
1997	-6.96	-0.63	92.84	8.36	14.10	1.27
1998	28.68	2.55	76.32	6.79	-5.00	-0.45
1999	57.89	4.69	46.22	3.74	-4.10	-0.33
2000	68.97	6.14	66.14	5.89	-35.10	-3.12
2001	75.48	8.83	140.64	16.45	-116.10	-13.58
2002	66.33	8.03	111.89	13.54	-78.20	-9.46
2003	61.29	7.29	65.31	7.77	-26.63	-3.17
2004	85.79	10.55	52.30	6.43	-38.10	-4.69
2005	91.85	11.21	75.77	9.24	-67.60	-8.25
2006	76.31	10.12	65.98	8.75	-42.29	-5.61
2007	65.76	8.86	62.77	8.45	-28.53	-3.84
2008	30.05	4.06	76.10	10.30	-6.15	-0.83
2009	7.58	0.77	179.92	18.24	-87.50	-8.87
2010	40.84	6.26	143.54	22.00	-84.38	-12.93
2011	50.02	6.73	126.58	17.02	-76.60	-10.30
2012	56.90	6.97	135.88	16.65	-92.78	-11.37
2013	3.06	0.33	378.21	41.00	-281.27	-30.49
2014	39.86	3.67	237.18	21.85	-177.04	-16.31
2015	145.21	11.86	190.40	15.56	-235.61	-19.25
2016	97.17	7.76	117.58	9.40	-114.75	-9.17
2017	44.76	3.26	105.45	7.69	-50.21	-3.66

注：1.三大需求指支出法国内生产总值的三大构成项目，即最终消费支出、资本形成总额、货物和服务净出口。
2.贡献率指三大需求增量与支出法国内生产总值增量之比。
3.拉动指国内生产总值增长速度与三大需求贡献率的乘积。
4.2006年数据根据第一次农业普查数据进行了调整。
5.历年数据根据经济普查数据进行调整和修订。
6.2009年、2010年最终消费数据根据国家核算要求进行调整和修订。
7.2013年数据根据第三次经济普查进行调整和修订。

a) The three major demands means the three major conponents of GDP by expenditure approach, namely, final consumption expenditure,capital formation, net exports of goods and services.
b) The contribution rate refers to the ratio of increment of the three major demands to the increment of GDP by expenditure approach.
c) Driven by the three major demands Means the product of the growth rate of GDP and the contribution rate of the three major demands.
d) Data in 2006 were adjusted according to the first agricultural census data.
e) Historical data were adjusted and revised based on the economic census data.
f) The Final Consumption Expenditures Data in 2009 and 2010 were adjusted and amended in accordance with the requirements of national accounting.
g) Data in 2013 were adjusted and revised according to the third economic census data.

主要统计指标解释

国内生产总值(GDP)　指按市场价格计算的一个国家(或地区)所有常住单位在一定时期内生产活动的最终成果。国内生产总值有三种表现形态,即价值形态、收入形态和产品形态。从价值形态看,它是所有常住单位在一定时期内生产的全部货物和服务价值与同期投入的全部非固定资产货物和服务价值的差额,即所有常住单位的增加值之和;从收入形态看,它是所有常住单位在一定时期内创造并分配给常住单位和非常住单位的初次收入之和;从产品形态看,它是所有常住单位在一定时期内最终使用的货物和服务价值与货物和服务净出口价值之和。在实际核算中,国内生产总值有三种计算方法,即生产法、收入法和支出法。三种方法分别从不同的方面反映国内生产总值及其构成。

对于一个地区来说,称为地区生产总值或地区 GDP。

三次产业　三产业的划分是世界上较为常用的产业结构分类,但各国的划分不尽一致。根据《国民经济行业分类》(GB/T 4754－2011),我国的三次产业划分是:

第一产业是指农、林、牧、渔业(不含农、林、牧、渔服务业)。

第二产业是指采矿业(不含开采辅助活动),制造业(不含金属制品、机械和设备修理业),电力、热力、燃气及水生产和供应业,建筑业。

第三产业即服务业,是指除第一产业、第二产业以外的其他行业。

劳动者报酬　指劳动者因从事生产活动所获得的全部报酬。包括劳动者获得的各种形式的工资、奖金和津贴,既包括货币形式的,也包括实物形式的,还包括劳动者所享受的公费医疗和医药卫生费、上下班交通补贴、单位支付的社会保险费、住房公积金等。

生产税净额　指生产税减生产补贴后的余额。生产税指政府对生产单位从事生产、销售和经营活动以及因从事生产活动使用某些生产要素(如固定资产、土地、劳动力)所征收的各种税、附加费和规费。生产补贴与生产税相反,指政府对生产单位的单方面转移支出,因此视为负生产税,包括政策亏损补贴、价格补贴等。

固定资产折旧　指一定时期内为弥补固定资产损耗按照规定的固定资产折旧率提取的固定资产折旧,或按国民经济核算统一规定的折旧率虚拟计算的固定资产折旧。它反映了固定资产在当期生产中的转移价值。各类企业和企业化管理的事业单位的固定资产折旧是指实际计提的折旧费;不计提折旧的政府机关、非企业化管理的事业单位和居民住房的固定资产折旧是按照统一规定的折旧率和固定资产原值计算的虚拟折旧。原则上,固定资产折旧应按固定资产的重置价值计算,但是目前我国尚不具备对全社会固定资产进行重估价的基础,所以暂时只能采用上述办法。

营业盈余　指常住单位创造的增加值扣除劳动者报酬、生产税净额和固定资产折旧后的余额。它相当于企业的营业利润加上生产补贴,但要扣除从利润中开支的工资和福利等。

支出法国内生产总值　是从最终使用的角度反映一个国家(或地区)一定时期内生产活动最终成果的一种方法,包括最终消费支出、资本形成总额及货物和服务净出口三部分。计算公式为:

支出法国内生产总值＝最终消费支出＋资本形成总额＋货物和服务净出口

最终消费支出　指常住单位为满足物质、文化和精神生活的需要,从本国经济领土和国外购买的货物和服务的支出。它不包括非常住单位在本国经济领土内的消费支出。最终消费支出分为居民消费支出和政府消费支出。

居民消费支出　指常住住户在一定时期内对于货物和服务的全部最终消费支出。居民消费支出除了直接以货币形式购买的货物和服务的消费支出外,还包括以其他方式获得的货物和服务的消费支出,即所谓的虚拟消费支出。居民虚拟消费支出包括如下几种类型:单位以实物报酬及实物转移的形式提供给劳动者的货物和服务;住户生产并由本住户消费了的货物和服务,其中的服务仅指住户的自有住房服务和付酬的家庭雇员提供的家庭和个人服务;金融机构提供的金融媒介服务。

政府消费支出　指政府部门为全社会提供的公共服务的消费支出和免费或以较低的价格向居民住户提供的货物和服务的净支出,前者等于政府服务的产出价值减去政府单位所获得的经营收入的价值,后者等于政府部门免费或以较低价格向居民住户提供的货物和服务的市场价值减去向住户收取的价值。

资本形成总额　指常住单位在一定时期内获得减去处置的固定资产和存货的净额,包括固定资本形成总额和存货变动两部分。

固定资本形成总额　指常住单位在一定时期内获得的固定资产减处置的固定资产的价值总额。固定资产是通过生产活动生产出来的,且其使用年限在一年以上、单位价值在规定标准以上的资产,不包括自然资产。可分为有形固定资本形成总额和无形固定资本形成总额。有形固定资本形成总额包括一定时期内完成的建筑工程、安装工程和设备工器具购置(减处置)价值,以及土地改良、新增役、种、奶、毛、娱乐用牲畜和新增经济林木价值。无形固定资本形成总额包括矿藏的勘探、计算机软件等获得减处置。

存货变动 指常住单位在一定时期内存货实物量变动的市场价值,即期末价值减期初价值的差额,再扣除当期由于价格变动而产生的持有收益。存货变动可以是正值,也可以是负值,正值表示存货上升,负值表示存货下降。存货包括生产单位购进的原材料、燃料和储备物资等存货,以及生产单位生产的产成品、在制品和半成品等存货。

货物和服务净出口 指货物和服务出口减货物和服务进口的差额。出口包括常住单位向非常住单位出售或无偿转让的各种货物和服务的价值;进口包括常住单位从非常住单位购买或无偿得到的各种货物和服务的价值。由于服务活动的提供与使用同时发生,一般把常住单位从非常住单位得到的服务作为进口,非常住单位从常住单位得到的服务作为出口。货物的出口和进口都按离岸价格计算。

Explanatory Notes on Main Statistical Indicators

Gross Domestic Product (GDP) refers to the final products at market prices produced by all resident units in a country during a certain period of time. Gross domestic product is expressed in three different perspectives, namely value, income, and products respectively. GDP in its value perspective refers to the balance of total value of all goods and services produced by all resident units during a certain period of time, minus the total value of input of goods and services of the nature of non - fixed assets; in other words, it is the sum of the value - added of all resident units. GDP from the perspective of income includes the primary income created by all resident units and distributed to resident and non - resident units. GDP from the perspective of products refers to the value of all goods and services for final demand by all resident units plus the net exports of goods and services during a given period of time. In the practice of national accounting, gross domestic product is calculated from three approaches, namely production approach, income approach and expenditure approach, which reflect gross domestic product and its composition from different angles.

For a region, it is called as Gross Regional Product (GRP) or regional GDP.

Three Strata of Industry Classification of economic activities into three strata of industry is a common practice in the world, although the grouping varies to some extent from country to country. In China, according to Industrial classification for National Economic Activities (GB/T 4754 - 2011), economic activities are categorized into the following three strata of industry:

Primary industry refers to agriculture, forestry, animal husbandry and fishery industries (not including services in support of agriculture, forestry, animal husbandry and fishery industries).

Secondary industry refers to mining and quarrying (not including support activities for mining), manufacturing (not including repair service of metal products, machinery and equipment), production and supply of electricity, heat, gas and water, and construction.

Tertiary industry refers to all other economic activities not included in the primary or secondary industries.

Compensation of Employees refers to the total payment of various forms to employees for the productive activities they are engaged in. It includes wages, bonuses and allowances, which the employees earn in cash or in kind. It also includes the free medical services provided to the employees and the medicine expenses, transport subsidies and social insurance, and housing fund paid by the employers.

Net Taxes on Production refers to taxes on production less subsidies on production. The taxes on production refers to the various taxes, extra charges and fees levied on the production units on their production, sale and business activities as well as on the use of some factors of production, such as fixed assets, land and labour in the production activities they are engaged in. In contrast to taxes on production, subsidies on production refer to the unilateral government transfer to the production units and are therefore regarded as negative taxes on production. They include subsidies on the loss due to implementation of government policies, price subsidies, etc.

Depreciation of Fixed Assets refers to the depreciation of fixed assets in a given period, drawn in accordance with the stipulated depreciation rate for the purpose of compensating the wear - and - tear loss of the fixed assets or the depreciation of fixed assets imputed in accordance with the stipulated unified depreciation rate in the national economic accounting system. It reflects the value of transfer of the fixed assets in the production of the current period. The depreciation of fixed assets in various enterprises and institutions managed as enterprises refers to the depreciation expenses actually drawn. In government agencies and institutions not managed as enterprises which do not draw the depreciation expenses, as well as for the houses of residents, the depreciation of fixed assets is the imputed depreciation, which is calculated in accordance with the stipulated unified depreciation rate. In principle, the depreciation of fixed assets should be calculated on the basis of the re – purchased value of the fixed assets. However, currently the conditions in China do not facilitate the revaluation of all the fixed assets. Therefore, only the above – mentioned methods can be adopted at present.

Operating Surplus refers to the balance of the value added created by the resident units after deducting the labourers remuneration, net taxes on production and the depreciation of fixed assets. It is equivalent to the business profit of the enterprises plus subsidies to production, but the wages and welfare expenses paid from the profits should be deducted.

GDP by Expenditure Approach refers to the method of measuring the final results of production activities of a country (region) during a given period from the perspective of final uses. It includes final consumption expenditure, gross capital formation and net export of goods and services. The formula for computation is. :

GDP by expenditure approach = final consumption expenditure + gross capital formation + net export of goods and services

Final Consumption Expenditure refers to the total expenditure of resident units for purchases of goods and services from both the domestic economic territory and abroad to meet the needs of material, cultural and spiritual life. It does not include the expenditure of non – resident units on consumption in the economic territory of the country. The final consumption expenditure is broken down into household consumption expenditure and government consumption expenditure.

Household Consumption Expenditure refers to the total expenditure of resident households on the final consumption of goods and services. In addition to the consumption of goods and services bought by the households directly with money, the household consumption expenditure also includes expenditure on goods and services obtained by the households in other ways, i. e. the so – called imputed consumption expenditure, which includes the following: (a) the goods and services provided to households by employers in the form of payment in kind and transfer in kind; (b) goods and services produced and consumed by the households themselves, in which the services refer to the owner – occupied housing and services offered by paid family employees; (c) financial intermediate services provided by financial institution.

Government Consumption Expenditure refers to the consumption expenditure spent for the provision of public services provided by the government to the whole country and the net expenditure on the goods and services provided by the government to households free of charge or at reduced prices. The former equals to the output value of the government services minus the value of operating income obtained by the government departments. The latter equals to the market value of the goods and services provided by the government free of charge or at reduced prices to the households minus the value received by the government from the households.

Gross Capital Formation refers to the fixed assets acquired less disposals and the net value of inventory, thus including gross fixed capital formation and changes in inventories.

Gross Fixed Capital Formation refers to the value of acquisitions less those disposals of fixed assets during a given period. Fixed assets are the assets produced through production activities with unit value above a specified amount and which could be used for over one year. Natural assets are not included. Gross fixed capital formation can be categorized into total tangible fixed capital formation and total intangible fixed capital formation. Total tangible fixed capital formation includes the value of the construction projects and installation projects completed and the equipment, apparatus and instruments purchased (less those disposed) as well as the value of land improved, the value of draught animals, breeding stock and animals for milk, for wool and for recreational purposes and the newly increased forest with economic value. Total intangible fixed capital formation includes the prospecting of minerals and the acquisition of computer software minus the disposal of them.

Changes in Inventories refers to the market value of the change in the physical volume of inventory of resident units during a given period, i. e. the difference between the values at the beginning and at the end of the period minus the gains due to the change in prices. The changes in inventories can have a positive or a negative value. A positive value indicates an increase in inventory while a negative value indicates a decrease in inventory. The inventory includes raw materials, fuels and reserve materials purchased by the production units as well as the inventory of finished products, semi – finished products and work – in – progress.

Net Export of Goods and Services refers to the exports of goods and services subtracting the imports of goods and services. Exports include the value of various goods and services sold or gratuitously transferred by resident units to non – resident units. Imports include the value of various goods and services purchased or gratuitously acquired resident units from non – resident units. Because the provision of services and the use of them happen simultaneously, the acquisition of services by resident units from abroad is usually treated as import while the acquisition of services by non – resident units in this country is usually treated as export. The exports and imports of goods are calculated at FOB.

第 4 篇

CHAPTER 4

人　口

Population

常住人口及自然增长率变动情况

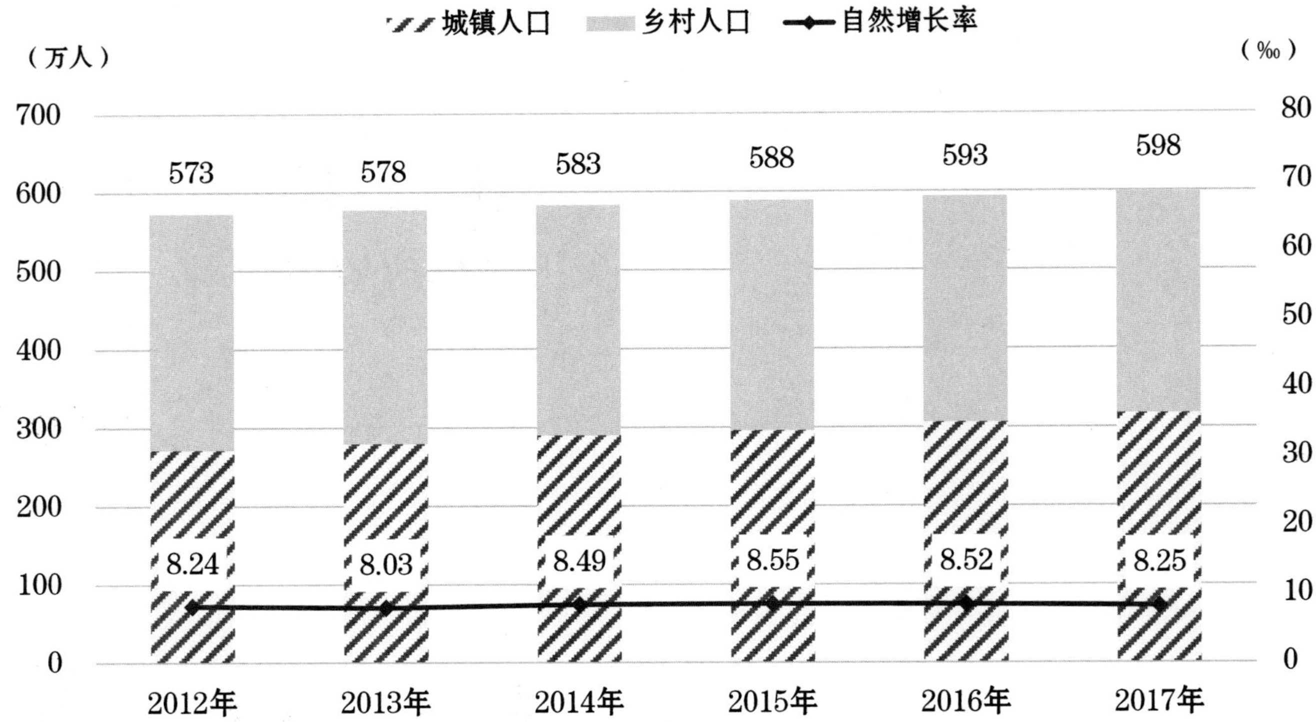

各民族人口构成

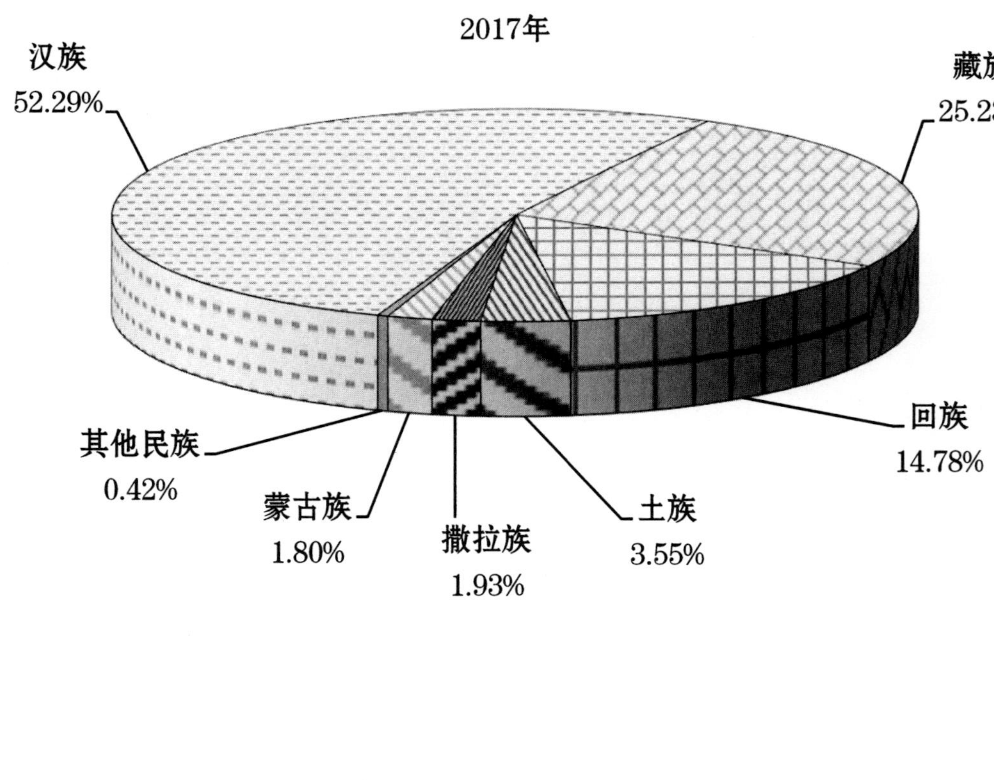

4-1 主要年份常住人口及自然变动情况
Population and Natural Changes in Main Years

年份 Year	常住人口 (万人) Total Population (10 000 persons)	自然变动情况 Natural Changes 出生 Birth 人数(人) Population (person)	出生率 Birth Rate (‰)	死亡 Death 人数(人) Population (person)	死亡率 Death Rate (‰)	自然增加 Natural Increase 人数(人) Population (person)	自然增长率 Natural Growth Rate (‰)
1990	447.66	108052	24.34	33162	7.47	74890	16.87
1991	454.43	105409	23.37	37662	8.35	67747	15.02
1992	461.02	103171	22.54	37259	8.14	65912	14.40
1993	466.70	95091	20.50	38315	8.26	56776	12.24
1994	474.00	103759	22.06	32078	6.82	71681	15.24
1995	481.20	105000	22.01	33000	6.89	72000	15.12
1996	488.30	106000	21.89	35000	7.20	71000	14.69
1997	495.60	107000	21.80	34000	6.95	73000	14.85
1998	502.80	106130	21.26	33850	6.78	72280	14.48
1999	509.80	104703	20.68	34327	6.78	70376	13.90
2000	516.50	98781	19.25	31559	6.15	67222	13.10
2001	523.10	99074	19.06	33475	6.44	65599	12.62
2002	528.60	94916	18.05	33391	6.35	61525	11.70
2003	533.80	89985	16.94	32350	6.09	57635	10.85
2004	538.60	87508	16.32	34585	6.45	52923	9.87
2005	543.20	84921	15.70	33590	6.21	51331	9.49
2006	547.70	83127	15.24	34200	6.27	48927	8.97
2007	551.60	82063	14.93	33694	6.13	48369	8.80
2008	554.30	80122	14.49	33951	6.14	46171	8.35
2009	557.30	80647	14.51	34404	6.19	46243	8.32
2010	563.47	83721	14.94	35360	6.31	48361	8.63
2011	568.17	81648	14.43	34628	6.12	47020	8.31
2012	573.17	81606	14.30	34583	6.06	47023	8.24
2013	577.79	81488	14.16	35277	6.13	46211	8.03
2014	583.42	85123	14.67	35860	6.18	49263	8.49
2015	588.43	86248	14.72	36151	6.17	50097	8.55
2016	593.46	86869	14.70	36520	6.18	50349	8.52
2017	598.38	85932	14.42	36768	6.17	49164	8.25

4-2 主要年份人口变化情况
Changes of Population in Main Years

单位：万人 (10 000 persons)

年份 Year	年末常住人口 Total Population at Year-end	按性别分 By Sex 男 Male	女 Female	按城乡分 By Residence 市镇人口 Urban	乡村人口 Rural
1982	392.79	201.92	190.87	79.82	312.97
1990	447.66	229.36	218.30	153.22	294.44
1991	454.43	232.80	221.63	155.11	299.32
1992	461.02	235.95	225.07	157.34	303.68
1993	466.70	238.95	227.75	158.04	308.66
1994	474.00	242.74	231.26	160.90	313.10
1995	481.20	246.37	234.83	163.13	318.07
1996	488.30	250.01	238.29	166.93	321.37
1997	495.60	252.76	242.84	171.94	323.66
1998	502.80	252.13	250.67	174.18	328.62
1999	509.80	259.29	250.51	176.33	333.47
2000	516.50	267.03	249.47	179.54	336.96
2001	523.10	266.09	257.01	190.00	333.10
2002	528.60	271.12	257.48	199.16	329.44
2003	533.80	272.33	261.47	203.80	330.00
2004	538.60	276.43	262.17	207.51	331.09
2005	543.20	277.58	265.62	213.21	329.99
2006	547.70	278.52	269.18	215.02	332.68
2007	551.60	279.50	272.10	221.02	330.58
2008	554.30	279.33	274.97	226.49	327.81
2009	557.30	280.26	277.04	233.51	323.79
2010	563.47	291.79	271.68	251.98	311.49
2011	568.17	287.55	280.62	262.62	305.55
2012	573.17	294.94	278.23	271.92	301.25
2013	577.79	292.65	285.14	280.30	297.49
2014	583.42	297.19	286.23	290.40	293.02
2015	588.43	300.28	288.15	295.98	292.45
2016	593.46	302.43	291.03	306.40	287.06
2017	598.38	303.62	294.76	317.54	280.84

注：1990年以前数据为公安户籍统计数，其余年份数据为人口变动抽样调查推算数。1990、2000、2010年数据为年底数。

a)Data before 1990 were taken from the statistics of household registration of Qinghai Provincial Public Security Department. Data in the remaining years have been estimated on the basis of the annual national sample surveys on population changes. Data in 1990,2000 and 2010 were Population at year-end.

4-3 主要年份人口机械变动情况

Mechanical Changes of Popualtion in Main Years

单位：人、% (person，%)

年 份 Year	迁 入 Immigration		迁 出 Move Out		机械增加 Machinery Increased	
	人 数 Population	迁入率 Immigration Rate	人 数 Population	迁出率 Move Out Rate	人 数 Population	增长率 Growth Rate
1990	10306	0.23	24491	0.55	-14185	-0.32
1991	11201	0.25	26295	0.58	-15094	-0.33
1992	12040	0.27	27666	0.62	-15626	-0.35
1993	10824	0.23	25059	0.54	-14235	-0.31
1994	10871	0.24	19464	0.43	-8593	-0.19
1995	11439	0.25	17156	0.38	-5717	-0.13
1996	11209	0.24	17219	0.37	-6010	-0.13
1997	11043	0.24	14550	0.31	-3507	-0.08
1998	7687	0.16	12734	0.27	-5047	-0.11
1999	6872	0.15	12057	0.26	-5185	-0.11
2000	8749	0.17	17782	0.35	-9033	-0.18
2001	9789	0.19	20231	0.39	-10442	-0.20
2002	10601	0.22	19534	0.40	-8933	-0.18
2003	13736	0.28	22527	0.46	-8791	-0.18
2004	15809	0.32	22652	0.46	-6843	-0.14
2005	18097	0.36	26365	0.53	-8268	-0.17
2006	21875	0.43	24261	0.48	-2386	-0.05
2007	27418	0.53	25435	0.49	1983	0.04
2008	27365	0.52	25086	0.48	2279	0.04
2009	28328	0.51	25753	0.46	2575	0.05
2010	27719	0.49	23305	0.42	4414	0.07
2011	33348	0.59	21120	0.37	12228	0.22
2012	25663	0.45	19642	0.34	6021	0.11
2013	23920	0.42	17047	0.30	6906	0.12
2014	11850	0.20	10169	0.18	1681	0.02
2015	17298	0.30	22046	0.38	-4748	-0.08
2016	17544	0.30	14328	0.25	3216	0.05
2017	17624	0.30	17483	0.30	141	…

注：1.本表数据来源于青海省公安厅，下表同。

a) Date in this table are Annual Report data of Qinghai Provincial Public Security Department，the same below.

4-4 分地区户籍统计人口数及变动情况(2017年)

单位：户、人

地 区	Region	年末数 Number at Year-end					
		总户数 Total Number of Households	总人口 Total Population			总人口中 In Total Population	
			合计 Total	男 Male	女 Female	城镇人口 Urban	乡村人口 Rural
全 省	**Provincial Total**	**1895297**	**5846878**	**2958850**	**2888028**	**2406578**	**3440300**
西宁市	**Xining City**	**748680**	**2055817**	**1030001**	**1025816**	**1280620**	**775197**
城东区	Chengdong District	85799	257619	126903	130716	257619	
城中区	Chengzhong District	82705	246775	119782	126993	231871	14904
城西区	Chengxi District	81524	242525	117201	125324	242525	
城北区	Chengbei District	202672	229883	112089	117794	202675	27208
大通县	Datong County	122388	466698	239463	227235	192701	273997
湟中县	Huangzhong County	133154	481813	247737	234076	111709	370104
湟源县	Huangyuan County	40438	130504	66826	63678	41520	88984
海东市	**Haidong City**	**482706**	**1719789**	**884026**	**835763**	**473489**	**1246300**
乐都区	Ledu District	92141	288436	147841	140595	97262	191174
平安区	Ping'an District	42781	127391	64182	63209	56544	70847
民和县	Minhe County	109566	436136	225518	210618	116895	319241
互助县	Huzhu County	113528	401540	210068	191472	96230	305310
化隆县	Hualong County	80924	304675	155273	149402	61844	242831
循化县	Xunhua County	43766	161611	81144	80467	44714	116897
海北州	**Haibei Zang A.P**	**96698**	**296762**	**150514**	**146248**	**89383**	**207379**
门源县	Menyuan County	49620	162297	83201	79096	37557	124740
祁连县	Qilian County	18118	52398	26143	26255	22093	30305
海晏县	Haiyan County	12837	36029	18083	17946	14925	21104
刚察县	Gangcha County	16123	46038	23087	22951	14808	31230
黄南州	**Huangnan Zang A.P**	**89629**	**279135**	**139986**	**139149**	**71454**	**207681**
同仁县	Tongren County	33350	100046	49919	50127	36976	63070
尖扎县	Jianzha County	22271	62451	31218	31233	18187	44264
泽库县	Zeku County	22262	76521	38630	37891	10374	66147
河南县	Henan County	11746	40117	20219	19898	5917	34200

注：本表数据为省公安厅年报数。

Household Registration Statistics and Changes in Population by Region (2017)

(household，person)

年内人口变动 Changes During The Year					
出生 Birth	死亡 Death	迁入 Immigration		迁出 Move Out	
		省内 Within Province	省外 Outside Province	省内 Within Province	省外 Outside Province
90429	**45429**	**53213**	**17624**	**49008**	**17483**
25306	**14723**	**21128**	**9885**	**10834**	**8019**
3179	2203	3983	2123	632	1536
2807	1955	3202	1727	524	1556
3269	1469	4253	2471	590	2343
2862	1737	3384	2307	576	1360
6185	3052	4593	631	4865	635
5705	3127	1252	461	2211	416
1299	1180	461	165	1436	173
27987	**17236**	**13970**	**2843**	**15678**	**4428**
3545	3460	4509	852	4761	975
1692	1203	810	281	1301	310
7716	5347	749	860	2097	2058
4934	3028	2835	544	3572	768
6545	3158	3542	177	2215	171
3555	1040	1525	129	1732	146
4231	**2563**	**3669**	**392**	**4372**	**400**
2660	1673	2514	168	2596	188
687	321	363	125	403	71
344	252	438	50	725	61
540	317	354	49	648	80
6244	**1579**	**1135**	**184**	**1252**	**186**
1915	561	262	114	441	70
1320	430	369	40	405	71
2207	364	453	12	297	10
802	224	51	18	109	35

a) Data in this table are Annual Report data of Qinghai Provincial Public Security Department.

4-4 续表

单位：户、人

地 区	Region	总户数 Total Number of Households	总人口 Total Population 合计 Total	男 Male	女 Female	总人口中 In Total Population 城镇人口 Urban	乡村人口 Rural
海南州	**Hainan Zang A.P**	**147657**	**472849**	**237248**	**235601**	**110583**	**362266**
共和县	Gonghe County	44868	135704	68055	67649	41878	93826
同德县	Tongde County	18657	63208	31893	31315	11272	51936
贵德县	Guide County	36732	110835	55862	54973	22761	88074
兴海县	Xinghai County	23221	81880	40931	40949	12221	69659
贵南县	Guinan County	24179	81222	40507	40715	22451	58771
果洛州	**Golog Zang A.P**	**70834**	**207255**	**104967**	**102288**	**35862**	**171393**
玛沁县	Maqin County	16467	48212	24561	23651	15998	32214
班玛县	Banma County	8291	31374	15964	15410	4332	27042
甘德县	Gande County	11202	39389	19997	19392	4272	35117
达日县	Dari County	21830	44487	22436	22051	5009	39478
久治县	Jiuzhi County	7083	28189	14068	14121	2244	25945
玛多县	Maduo County	5961	15604	7941	7663	4007	11597
玉树州	**Yushu Zang A.P**	**110048**	**409613**	**206208**	**203405**	**68013**	**341600**
玉树市	Yushu City	32206	112858	56404	56454	31238	81620
杂多县	Zaduo County	14963	67034	33502	33532	6328	60706
称多县	Chengduo County	18046	61790	31075	30715	10073	51717
治多县	Zhiduo County	11610	34541	17179	17362	6289	28252
囊谦县	Nangqian County	22586	100185	50267	49918	8605	91580
曲麻莱县	Qumalai County	10637	33205	17781	15424	5480	27725
海西州	**Haixi Mongolian & Zang A.P**	**149045**	**405658**	**205900**	**199758**	**277174**	**128484**
格尔木市	Geermu City	50933	137570	69678	67892	128892	8678
德令哈市	Delingha City	26036	73767	37310	36457	45403	28364
乌兰县	Wulan County	40755	99374	50749	48625	80335	19039
都兰县	Dulan County	23300	72013	36763	35250	14467	57546
天峻县	Tianjun County	8021	22934	11400	11534	8077	14857

Continued

(household, person)

年内人口变动 Changes During The Year					
出生 Birth	死亡 Death	迁入 Immigration		迁出 Move Out	
		省内 Within Province	省外 Outside Province	省内 Within Province	省外 Outside Province
8442	**3661**	**6397**	**729**	**7340**	**702**
1936	1038	836	148	1770	284
1184	353	542	20	828	27
2288	1364	1735	478	2181	300
1511	399	1757	35	1721	33
1523	507	1527	48	840	58
4471	**1044**	**1061**	**149**	**1415**	**142**
753	253	255	43	479	42
611	155	42	27	131	36
1019	172	99	25	131	23
755	284	65	18	80	16
719	74	532	24	540	18
614	106	68	12	54	7
8344	**1843**	**820**	**926**	**1451**	**839**
2526	594	211	157	704	90
1276	126	294	38	214	44
1320	494	56	25	110	31
520	139	75	7	150	8
2082	391	76	592	172	651
620	99	108	107	101	15
5404	**2780**	**5033**	**2516**	**6666**	**2767**
2187	733	1334	1519	1871	1419
972	748	1981	378	2136	300
1014	632	1035	489	1699	837
878	500	627	109	840	182
353	167	56	21	120	29

4-5 2006-2017年少数民族人口数

单位:万人、%

民 族	Ethnic Name	2006	2007	2008
少数民族人口总计	**Total Population of Ethnic Minorities**	**254.42**	**256.96**	**258.97**
少数民族占全省人口的比重	**Percentage to Total Population of The Province**	**46.45**	**46.58**	**46.72**
藏族	Tibetan	123.00	126.61	130.04
占全省人口的比重	Percentage to Total Population of The Province	22.46	22.95	23.45
回族	Hui	85.96	85.38	84.62
占全省人口的比重	Percentage to Total Population of The Province	15.69	15.48	15.26
土族	Tu	22.12	21.71	21.24
占全省人口的比重	Percentage to Total Population of The Province	4.04	3.94	3.83
撒拉族	Salar	11.72	11.47	11.20
占全省人口的比重	Percentage to Total Population of The Province	2.14	2.08	2.02
蒙古族	Mongolian	9.61	9.70	9.76
占全省人口的比重	Percentage to Total Population of The Province	1.75	1.76	1.76
其它民族	Others	2.02	2.07	2.11
占全省人口的比重	Percentage to Total Population of The Province	0.37	0.38	0.38

注：2006—2009年数据根据第六次人口普查数据进行了调整，2010年的各民族人口比重是第六次人口普查数据，2011—2014年数据根据2015年1%人口抽样调查数据进行了调整，2015—2017年采用青海省2015年全国1%人口抽样调查结果推算数据。

Population of Ethnic Minorities（2006-2017）

(10 000person,%)

2009	2010	2011	2012	2013	2014	2015	2016	2017
261.10	**264.70**	**267.90**	**271.11**	**274.32**	**277.53**	**280.74**	**283.14**	**285.49**
46.85	**46.98**	**47.13**	**47.27**	**47.42**	**47.56**	**47.71**	**47.71**	**47.71**
133.45	137.70	139.85	142.00	144.16	146.31	148.46	149.73	150.97
23.94	24.44	24.60	24.76	24.91	25.07	25.23	25.23	25.23
83.89	83.55	84.23	84.92	85.60	86.29	86.97	87.71	88.44
15.05	14.83	14.82	14.81	14.80	14.79	14.78	14.78	14.78
20.79	20.47	20.55	20.63	20.71	20.79	20.89	21.05	21.24
3.73	3.63	3.61	3.60	3.58	3.56	3.55	3.55	3.55
10.93	10.72	10.85	10.98	11.11	11.23	11.36	11.46	11.55
1.96	1.90	1.91	1.91	1.92	1.92	1.93	1.93	1.93
9.87	10.00	10.12	10.24	10.36	10.49	10.59	10.70	10.77
1.77	1.77	1.78	1.78	1.79	1.80	1.80	1.80	1.80
2.17	2.26	2.30	2.34	2.38	2.43	2.47	2.49	2.51
0.39	0.41	0.41	0.41	0.42	0.42	0.42	0.42	0.42

a)Data in 2006-2009 were estimated from the Sixth National Population Census. The proportion of people of all ethnic minorities in 2010 were from the Sixth National Population Census. Data in 2011- 2014 were estimated from 1% population sample survey in 2015. Data in 2015-2017 were calculated by nationwide 1% population sampling survey results of Qinghai in 2015.

主要统计指标解释

人口数 指一定时点、一定地区范围内有生命的个人总和。

年度统计的年末人口数指每年 12 月 31 日 24 时的人口数。

常住人口 指在某地区实际居住半年以上的人口。

户籍人口 指公民依照《中华人民共和国户口登记条例》已在其经常居住地的公安户籍管理机关登记了常住户口的人。

城镇人口和乡村人口 城镇人口是指居住在城镇范围内的全部常住人口；乡村人口是除上述人口以外的全部人口。

出生率(又称粗出生率) 指在一定时期内(通常为一年)一定地区的出生人数与同期内平均人数(或期中人数)之比，用千分率表示。本资料中的出生率指年出生率，其计算公式为：

出生率 = 年出生人数/年平均人数 × 1000‰

式中：出生人数指活产婴儿，即胎儿脱离母体时(不管怀孕月数)，有过呼吸或其他生命现象。年平均人数指年初、年底人口数的平均数，也可用年中人口数代替。

死亡率(又称粗死亡率) 指在一定时期内(通常为一年)一定地区的死亡人数与同期内平均人数(或期中人数)之比，用千分率表示。本资料中的死亡率指年死亡率，其计算公式为：

死亡率 = 年死亡人数/年平均人数 × 1000‰

人口自然增长率 指在一定时期内(通常为一年)人口自然增加数(出生人数减死亡人数)与该时期内平均人数(或期中人数)之比，用千分率表示。计算公式为：

人口自然增长率 = (本年出生人数 - 本年死亡人数)/年平均人数 × 1000‰

= 人口出生率 - 人口死亡率

Explanatory Notes on Main Statistical Indicators

Total Population refers to the total number of people alive at a certain point of time within a given area. The annual statistics on total population is taken at midnight, the 31st of December.

Resident Population refers to the population actually living for more than half a year at a place.

Registered Population refers to the citizens who have registered their permanent residence with the public security household register authority of the location where they often live.

Urban Population and Rural Population Urban population refers to all people residing in cities and towns, while rural population refers to population other than urban population.

Birth Rate (or Crude Birth Rate) refers to the ratio of the number of births to the average population (or mid - period population) during a certain period of time (usually a year), expressed in ‰. Birth rate in the chapter refers to annual birth rate. The following formula is used:

Birth Rate = Number of Births / Annual Average Population × 1000‰

Number of births in the formula refers to live births, i. e. when a baby has breathed or showed any vital phenomena regardless of the length of pregnancy.

Annual average population is the average of the number of population at the beginning of the year and that at the end of the year. Sometimes it is substituted by the mid - year population.

Death Rate (or Crude Death Rate) refers to the ratio of the number of deaths to the average population (or mid - period population) during a certain period of time (usually a year), expressed in ‰. Death rate in the chapter refers to annual death rate. The following formula is used:

Death Rate = Number of Deaths / Annual Average Population × 1000‰

Natural Growth Rate of Population refers to the ratio of natural increase in population (number of births minus number of deaths) in a certain period of time (usually a year) to the average population (or mid - period population) of the same period, expressed in ‰. The following formula is applied:

Natural Growth Rate of Population = (Number of Births - Number of Deaths) / Annual Average Population × 1000‰

Natural Growth Rate of Population = Birth Rate - Death Rate

第 5 篇
CHAPTER 5

就业人员和工资
Employment and Wages

三次产业就业人员

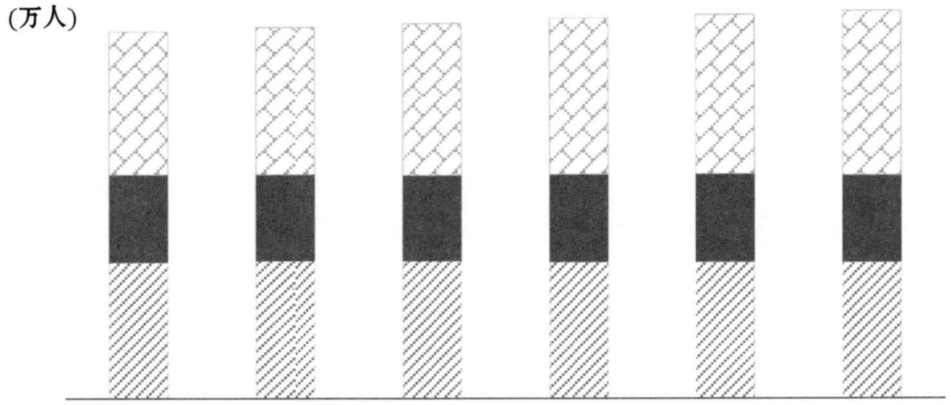

	2012年	2013年	2014年	2015年	2016年	2017年
第三产业	121	125	129	132	135	139
第二产业	75	73	72	74	74	73
第一产业	115	117	116	115	115	115

城乡就业构成

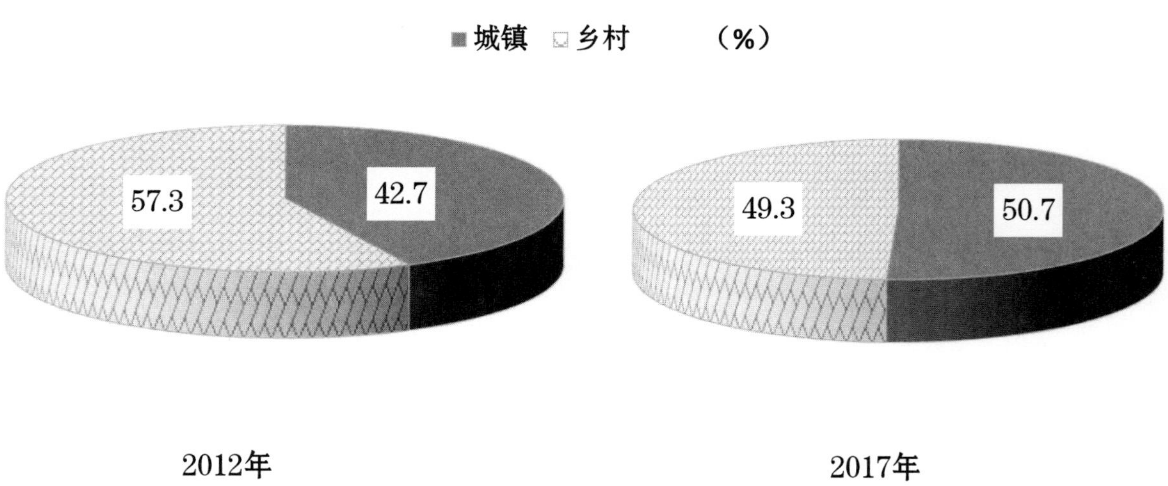

5-1 主要年份就业基本情况

Basic Conditions of Employment in Main Years

项　目	Item	2011	2012	2013	2014	2015	2016	2017
就业人员总计 （万人）	**Total Number of Employed Persons (10 000 persons)**	**309.2**	**310.9**	**314.2**	**317.3**	**321.4**	**324.3**	**327.0**
第一产业	Primary Industry	121.8	115.1	116.6	116.2	115.1	115.2	114.8
第二产业	Secondary Industry	73.9	74.5	72.8	72.5	73.9	74.1	73.3
第三产业	Tertiary Industry	113.5	121.3	124.8	128.6	132.4	135.0	138.9
就业人员构成(合计=100)	**Composition of Employed Persons(total=100)**							
第一产业	Primary Industry	39.4	37.0	37.1	36.6	35.8	35.5	35.1
第二产业	Secondary Industry	23.9	24.0	23.2	22.9	23.0	22.9	22.4
第三产业	Tertiary Industry	36.7	39.0	39.7	40.5	41.2	41.6	42.5
按城乡分就业人员(万人)	**Number of Employed Persons by Urban and Rural Areas (10 000 persons)**							
城镇就业人员	Urban Employed Persons	127.3	132.9	141.5	148.2	154.5	160.9	165.7
国有单位	State-owned Units	41.6	43.8	34.8	34.4	34.2	34.8	35.2
城镇集体单位	Urban Collective-owned Units	1.9	1.6	1.3	1.2	1.1	1.1	0.9
股份合作单位	Cooperative Units	0.6	0.4	0.3	0.3	0.4	0.4	0.3
有限责任公司	Limited Liability Corporations	12.8	11.4	16.2	16.6	16.2	16.4	16.8
股份有限公司	Share-holding Corporations Ltd.	2.1	2.6	9.7	9.2	9.2	8.6	8.7
私营企业	Private Enterprises	21.7	20.1	12.7	14.0	12.8	18.3	25.5
外商投资单位	Foreign Funded Units	0.5	0.7	1.0	0.7	0.6	0.6	0.3
港澳台商投资单位	Units with Funds from Hong Kong,Macao & Taiwan	0.6	0.5	0.5	0.5	0.5	0.5	0.5
个体	Self-employed Individuals	22.5	27.2	37.2	40.1	43.9	49.4	58.7
乡村就业人员	Rural Employed Persons	181.9	178.0	172.7	169.1	166.9	163.4	161.3
#私营企业	Private Enterprises	13.9	17.5	13.3	13.5	11.9	11.4	10.8
个体	Self-employed Individuals	6.3	5.1	3.3	4.4	2.2	2.7	3.4
城镇登记失业人数(万人)	**Number of Registered Unemployed Persons in Urban Areas (10 000 persons)**	**4.4**	**4.1**	**4.2**	**4.2**	**4.4**	**4.6**	**4.7**
城镇登记失业率 （%）	**Registered Unemployment Rate in Urban Areas (%)**	**3.8**	**3.4**	**3.3**	**3.2**	**3.2**	**3.1**	**3.1**

注：就业人员总计及城镇和乡村就业人员小计资料是根据人口普查和人口、劳动力抽样调查推算数，分经济类型就业人员相加不等于总计。

a)Employment totals, urban and rural employment subtotal data are calculated according to the population census, population, labor force sampling survey.The sum of the employment by economic types is not equal to the total.

5-2 主要年份按三次产业分的年末就业人员数
Number of Employed Persons at Year-end by Three Strata of Industry in Main Years

年 份 Year	就业人员（万人） Total Employed Persons (10 000 persons)	第一产业 Primary Industry	第二产业 Secondary Industry	第三产业 Tertiary Industry	构 成（合计=100）Composition in Percentage (Total=100) 第一产业 Primary Industry	第二产业 Secondary Industry	第三产业 Tertiary Industry
1982	171.17	113.83	29.61	27.73	66.5	17.3	16.2
1990	241.25	144.75	45.35	51.15	60.0	18.8	21.2
1991	245.21	147.37	45.61	52.23	60.1	18.6	21.3
1992	249.24	150.54	45.61	53.09	60.4	18.3	21.3
1993	253.33	142.62	43.07	67.64	56.3	17.0	26.7
1994	257.49	144.96	43.26	69.27	56.3	16.8	26.9
1995	261.71	146.82	44.23	70.66	56.1	16.9	27.0
1996	266.01	151.09	43.36	71.56	56.8	16.3	26.9
1997	270.38	151.41	40.56	78.41	56.0	15.0	29.0
1998	274.81	153.07	40.40	81.34	55.7	14.7	29.6
1999	279.32	152.23	40.22	86.87	54.5	14.4	31.1
2000	283.91	158.42	35.77	89.72	55.8	12.6	31.6
2001	285.66	170.25	37.99	77.42	59.6	13.3	27.1
2002	287.72	162.27	39.13	86.32	56.4	13.6	30.0
2003	289.80	156.78	45.79	87.23	54.1	15.8	30.1
2004	290.42	148.69	47.92	93.81	51.2	16.5	32.3
2005	291.04	144.06	50.64	96.34	49.5	17.4	33.1
2006	294.19	139.15	56.49	98.55	47.3	19.2	33.5
2007	298.56	132.26	61.50	104.80	44.3	20.6	35.1
2008	301.00	133.95	64.11	102.94	44.5	21.3	34.2
2009	303.26	130.40	66.41	106.45	43.0	21.9	35.1
2010	307.65	127.37	69.53	110.75	41.4	22.6	36.0
2011	309.18	121.82	73.89	113.47	39.4	23.9	36.7
2012	310.89	115.09	74.52	121.28	37.0	24.0	39.0
2013	314.21	116.60	72.80	124.81	37.1	23.2	39.7
2014	317.30	116.20	72.47	128.63	36.6	22.9	40.5
2015	321.41	115.09	73.93	132.39	35.8	23.0	41.2
2016	324.28	115.16	74.14	134.98	35.5	22.9	41.6
2017	326.97	114.79	73.28	138.90	35.1	22.4	42.5

注：为了与《中国统计年鉴》口径保持一致，与历史数据有可比性，2001至2010年就业人员总数根据第六次人口普查相关数据进行了修正,2011、2012年就业人员总数是根据人口和劳动力抽样调查的推算数，分产业就业人数按全面报表结构推算。

a)In order to accord with the statistical caliber of "China Statistical Yearbook" and can be compared with the historical data, the total number of employed persons from 2001 to 2010 were adjusted on the Sixth National Population Census, the data in 2011and 2012 is estimated on the sampling survey of population, and the number of employed persons by sector are estimated according to the comprehensive report structure.

5-3 2012-2017年按行业分全部单位就业人员数

Number of Employed Persons in All Units by Sector(2012-2017)

单位：人 (person)

项 目	Item	2012	2013	2014	2015	2016	2017
全省	**Provincial Total**	**791870**	**847677**	**879737**	**909729**	**952546**	**975918**
农林牧渔业	Agriculture, Forestry, Animal Husbandry and Fishery	18258	17017	17760	18277	20027	22329
采矿业	Mining	34960	56173	48637	44446	44819	41116
制造业	Manufacturing	178354	186435	186535	189249	183984	178662
电力、燃气及水的生产和供应业	Production and Supply of Electricity,Gas and Water	22140	20750	22602	21741	24828	27384
建筑业	Construction	96862	99977	119780	112110	115493	113956
批发和零售业	Wholesale and Retail Trades	56972	60329	61035	78617	98359	101841
交通运输、仓储和邮政业	Transport, Storage and Post	36230	49818	46266	48217	50921	55772
住宿和餐饮业	Hotels and Catering Services	18169	17825	21361	22112	25131	26524
信息传输、软件和信息技术服务业	Information Transmission, Software and Information Technology	11418	10618	10752	9992	11233	11739
金融业	Financial Intermediation	22079	21667	22505	22765	23985	22943
房地产业	Real Estate	17403	23907	29097	31690	33017	34932
租赁和商务服务业	Leasing and Business Services	14525	16187	25575	35187	35539	42314
科学研究和技术服务	Scientific Research and Technical Services	30107	25960	25669	24679	25335	26000
水利、环境和公共设施管理业	Management of Water Conservancy, Environment and Public Facilities	11066	11459	11557	12122	12456	14006
居民服务、修理和其他服务业	Services to Households, Repair and Other Services	6306	9284	4857	6826	8769	13103
教育	Education	77838	78187	76326	78237	79083	76373
卫生和社会工作	Health and Social Services	38750	39291	41903	41840	44599	47251
文化、体育和娱乐业	Culture, Sports and Entertainment	8403	9248	9889	10054	9422	10079
公共管理、社会保障和社会组织	Public Management, Social Security Social Organization	92030	93545	97631	101568	105546	109594

注：本表含私营单位。

a)In this talbe, private units are included.

5-4 分登记注册类型和行业年末全部单位就业人数(2017年)
Number of Employed Persons in All Units at Year-end by Status of Registration and Sector(2017)

单位：人 (person)

项目	Item	合计 Total	国有单位 State-owned Units	城镇集体单位 Urban Collective-owned Units	其他单位 Units of Other Types of Ownership
全省	**Provincial Total**	**975918**	**352108**	**9359**	**614451**
农林牧渔业	Agriculture,Forestry,Animal Husbandry and Fishery	22329	11538	67	10724
采矿业	Mining	41116	574	60	40482
制造业	Manufacturing	178662	2615	343	175704
电力、燃气及水的生产和供应业	Production and Supply of Electricity,Gas and Water	27384	10642		16742
建筑业	Construction	113956	9800	3848	100308
批发和零售业	Wholesale and Retail Trades	101841	2058	447	99336
交通运输、仓储和邮政业	Transport, Storage and Post	55772	36062	240	19470
住宿和餐饮业	Hotels and Catering Services	26524	1619	121	24784
信息传输、软件和信息技术服务业	Information Transmission, Software and Information Technology	11739	358		11381
金融业	Financial Intermediation	22943	14963	3250	4730
房地产业	Real Estate	34932	796		34136
租赁和商务服务业	Leasing and Business Services	42314	1201	341	40772
科学研究和技术服务	Scientific Research and Technical Services	26000	19188	21	6791
水利、环境和公共设施管理业	Management of Water Conservancy, Environment and Public Facilities	14006	9979	69	3958
居民服务、修理和其他服务业	Services to Households, Repair and Other Services	13103	291	116	12696
教育	Education	76373	72454		3919
卫生和社会工作	Health and Social Services	47251	41332	252	5667
文化、体育和娱乐业	Culture, Sports and Entertainment	10079	7044	184	2851
公共管理、社会保障和社会组织	Public Management, Social Security Social Organization	109594	109594		

注：本表含私营单位。
a)In this talbe, private units are included.

5-5 分登记注册类型和行业年末非私营单位就业人数(2017年)

Number of Employed Persons in Non-private Units at Year-end by Status of Registration and Sector(2017)

单位：人 (person)

项目	Item	合计 Total	国有单位 State-owned Units	城镇集体单位 Urban Collective-owned Units	其他单位 Units of Other Types of Ownership
合计	**Total**	**633496**	**352108**	**9359**	**272029**
按企、事业和机关分组	**Grouped by Enterprises, Institutions and Agencies**				
企业	Enterprises	350795	74401	9024	267370
事业	Institutions	174142	173661	335	146
机关	Agencies & Organizations	103980	103980		
民间非营利组织	Folk Non-profit Organizations	4176			4176
其他	Others	403	66		337
按国民经济行业分组	**Grouped by Sector**				
农林牧渔业	Agriculture,Forestry,Animal Husbandry and Fishery	14459	11538	67	2854
采矿业	Mining	31226	574	60	30592
制造业	Manufacturing	101341	2615	343	98383
电力、燃气及水的生产和供应业	Production and Supply of Electricity,Gas and Water	23690	10642		13048
建筑业	Construction	64791	9800	3848	51143
批发和零售业	Wholesale and Retail Trades	22094	2058	447	19589
交通运输、仓储和邮政业	Transport, Storage and Post	46890	36062	240	10588
住宿和餐饮业	Hotels and Catering Services	6166	1619	121	4426
信息传输、软件和信息技术服务业	Information Transmission, Software and Information Technology	9000	358		8642
金融业	Financial Intermediation	22680	14963	3250	4467
房地产业	Real Estate	10399	796		9603
租赁和商务服务业	Leasing and Business Services	7581	1201	341	6039
科学研究和技术服务	Scientific Research and Technical Services	22549	19188	21	3340
水利、环境和公共设施管理业	Management of Water Conservancy, Environment and Public Facilities	12001	9979	69	1953
居民服务、修理和其他服务业	Services to Households, Repair and Other Services	824	291	116	417
教育	Education	76373	72454		3919
卫生和社会工作	Health and Social Services	43216	41332	252	1632
文化、体育和娱乐业	Culture, Sports and Entertainment	8622	7044	184	1394
公共管理、社会保障和社会组织	Public Management, Social Security Social Organization	109594	109594		

5-6 分行业分地区非私营单位年末女性就业人员(2017年)
Number of Female Employed Persons in Non-private Units at Year-end by Sector and Region(2017)

单位：人 (person)

项 目	Item	全省合计 Provincial Total	西宁市 Xining City	海东市 Haidong City	海北州 Haibei Zang A.P	黄南州 Huang-nan Zang A.P	海南州 Hainan Zang A.P	果洛州 Golog Zang A.P	玉树州 Yushu Zang A.P	海西州 Haixi Mong-olian & Zang A.P
合计	**Total**	**238714**	**124894**	**27417**	**12134**	**8583**	**14509**	**6208**	**9694**	**35275**
农林牧渔业	Agriculture,Forestry,Animal Husbandry and Fishery	5757	377	691	855	90	2780	203	314	447
采矿业	Mining	8986	247	145	221	1		53		8319
制造业	Manufacturing	30282	17490	2050	86	364	481	14	52	9745
电力、燃气及水的生产和供应业	Production and Supply of Electricity,Gas and Water	6576	5075	278	324	113	134	72	148	432
建筑业	Construction	8634	7214	406	56	106	287	51	1	513
批发和零售业	Wholesale and Retail Trades	11547	8922	696	164	115	85	59	232	1274
交通运输、仓储和邮政业	Transport, Storage and Post	13918	11483	653	253	121	135	200	122	951
住宿和餐饮业	Hotels and Catering Services	3700	2208	286	99	157	172	73	112	593
信息传输、软件和信息技术服务业	Information Transmission, Software and Information Technology	3759	3520	71	4	120	2		28	14
金融业	Financial Intermediation	11481	7787	1125	401	331	533	144	168	992
房地产业	Real Estate	4221	3393	413	16	42	10	25	4	318
租赁和商务服务业	Leasing and Business Services	2493	2006	159	22	9	148			149
科学研究和技术服务	Scientific Research and Technical Services	6972	4805	704	448	190	121	193	110	401
水利、环境和公共设施管理业	Management of Water Conservancy, Environment and Public Facilities	5390	2516	1073	631	336	228	30	125	451
居民服务、修理和其他服务业	Services to Households, Repair and Other Services	286	160	32			10			84
教育	Education	42081	17253	8562	3064	2081	3691	1712	2298	3420
卫生和社会工作	Health and Social Services	27469	16639	3228	1292	1361	1902	780	867	1400
文化、体育和娱乐业	Culture, Sports and Entertainment	3974	2170	420	276	207	217	126	194	364
公共管理、社会保障和社会组织	Public Management, Social Security Social Organization	41188	11629	6425	3922	2839	3573	2473	4919	5408

5-7 分行业分地区非私营单位年末企业就业人员(2017年)
Number of Employed Persons in Non-private Enterprises at Year-end by Sector and Region(2017)

单位：人 (person)

项目	Item	全省合计 Provincial Total	西宁市 Xining City	海东市 Haidong City	海北州 Haibei Zang A.P	黄南州 Huang-nan Zang A.P	海南州 Hainan Zang A.P	果洛州 Golog Zang A.P	玉树州 Yushu Zang A.P	海西州 Haixi Mong-olian & Zang A.P
合计	**Total**	**350795**	**232939**	**20836**	**6329**	**4610**	**8821**	**2194**	**2269**	**72797**
农林牧渔业	Agriculture,Forestry,Animal Husbandry and Fishery	6607	448	44	1331		3902		17	865
采矿业	Mining	31226	826	375	1553	12		407		28053
制造业	Manufacturing	101341	59564	8423	542	745	948	62	120	30937
电力、燃气及水的生产和供应业	Production and Supply of Electricity,Gas and Water	23465	18453	732	861	407	651	250	473	1638
建筑业	Construction	64750	54709	3780	312	1464	1150	711	82	2542
批发和零售业	Wholesale and Retail Trades	22075	16503	1517	293	319	228	185	649	2381
交通运输、仓储和邮政业	Transport, Storage and Post	36484	32867	977	280	149	305	178	287	1441
住宿和餐饮业	Hotels and Catering Services	5904	3708	399	151	279	259	5	164	939
信息传输、软件和信息技术服务业	Information Transmission, Software and Information Technology	8887	8376	200		258	5		38	10
金融业	Financial Intermediation	21670	14161	2243	827	691	1033	313	415	1987
房地产业	Real Estate	10191	8466	806	28	161	33	48	7	642
租赁和商务服务业	Leasing and Business Services	6618	5159	568	54	4	34			799
科学研究和技术服务业	Scientific Research and Technical Services	5680	5233	91	97	25		25		209
水利、环境和公共设施管理业	Management of Water Conservancy, Environment and Public Facilities	2219	1318	299		96	246		17	243
居民服务、修理和其他服务业	Services to Households, Repair and Other Services	623	456	40			16			111
教育	Education	96	13	83						
卫生和社会工作	Health and Social Services	1040	1040							
文化、体育和娱乐业	Culture, Sports and Entertainment	1919	1639	259			11	10		
公共管理、社会保障和社会组织	Public Management, Social Security Social Organization									

5-8 2012-2017年分行业私营单位就业人员数

Number of Employed Persons in Private Units by Sector(2012-2017)

行业	Item	2012	2013	2014	2015	2016	2017
总计 （万人）	**Total (10 000 persons)**	**37.57**	**26.05**	**27.52**	**24.73**	**29.65**	**36.33**
按城乡分 （万人）	**By urban and Rural Areas(10 000 persons)**						
城镇	Urban	20.06	12.72	14.00	12.81	18.26	25.48
乡村	Rural	17.51	13.33	13.52	11.92	11.39	10.85
按行业分 （人）	**By Sector (person)**						
农林牧渔业	Agriculture, Forestry, Animal Husbandry and Fishery	20790	19688	31240	25767	33264	40845
采矿业	Mining	14387	11733	11700	6955	6802	6542
制造业	Manufacturing	94056	80620	64018	42427	42592	44343
电力、燃气及水的生产和供应业	Production and Supply of Electricity, Gas and Water	5718	5161	5894	4428	4740	4968
建筑业	Construction	62728	24262	28192	27925	33220	41200
批发和零售业	Wholesale and Retail Trades	93153	55957	60262	64935	78068	91188
交通运输、仓储和邮政业	Transport, Storage and Post	6094	4978	5774	5957	7225	11970
住宿和餐饮业	Hotels and Catering Services	14135	6910	7691	6900	9172	12086
信息传输、软件和信息技术服务业	Information Transmission, Software and Information Technology	4281	2829	3537	3843	5736	8487
金融业	Financial Intermediation	952	1280	1819	1842	2260	3417
房地产业	Real Estate	14133	11530	12739	9854	10326	11572
租赁和商务服务业	Leasing and Business Services	16465	14186	18476	21823	30560	42842
科学研究和技术服务业	Scientific Research and Technical Services	3559	3654	5348	6593	8087	11411
水利、环境和公共设施管理业	Management of Water Conservancy, Environment and Public Facilities	791	1060	1285	1397	1797	2467
居民服务、修理和其他服务业	Services to Households, Repair and Other Services	13488	10888	12088	10871	13884	18262
教育	Education	400	264	320	432	640	976
卫生和社会工作	Health and Social Services	1094	716	876	732	921	1638
文化、体育和娱乐业	Culture, Sports and Entertainment	1973	1353	1948	2388	3924	5610
其他	Others	7494	3444	2026	2256	3298	3471

注：本表数据来源于青海省工商行政管理局。

a)The data source of this table is the Qinghai Administration for Industry and commerce.

5-9 2016-2017年分行业分城乡个体就业人员数
Number of Employed Persons of Self-employed Individuals in Urban and Rural Areas by Sector(2016-2017)

项 目	Item	2016		2017	
		从业人员（人）Number of Employed (person)	城镇 Urban	从业人员（人）Number of Employed (person)	城镇 Urban
合计	**Total**	**520970**	**493567**	**621049**	**587046**
农林牧渔业	Agriculture, Forestry, Animal Husbandry and Fishery	22325	18477	28314	23640
采矿业	Mining	504	397	499	396
制造业	Manufacturing	29397	25828	34576	30289
电力、燃气及水的生产和供应业	Production and Supply of Electricity, Gas and Water	146	144	98	93
建筑业	Construction	1618	1446	1924	1696
批发和零售业	Wholesale and Retail Trades	250976	238477	280997	266747
交通运输、仓储和邮政业	Transport, Storage and Post	5154	4912	31452	30543
住宿和餐饮业	Hotels and Catering Services	123071	118355	142931	136716
信息传输、软件和信息技术服务业	Information Transmission, Software and Information Technology	1210	1142	1537	1442
金融业	Financial Intermediation	7	7	2	2
房地产业	Real Estate	78	77	86	85
租赁和商务服务业	Leasing and Business Services	4008	3779	4744	4403
科学研究和技术服务业	Scientific Research and Technical Services	608	600	613	606
水利、环境和公共设施管理业	Management of Water Conservancy, Environment and Public Facilities	26	24	17	15
居民服务、修理和其他服务业	Services to Households, Repair and Other Services	57004	55379	66404	64043
教育	Education	266	250	351	327
卫生和社会工作	Health and Social Services	2393	2284	2724	2606
文化、体育和娱乐业	Culture, Sports and Entertainment	17999	17848	19555	19217
其 他	Others	4180	4141	4225	4180

注：本表数据来源于青海省工商行政管理局。
a)The data source of this table is the Qinghai Administration for Industry and commerce.

5-10 2010-2017年按登记注册类型分全部单位就业人员工资总额
Total Wages of Employed Persons in All Units by Status of Registration(2010-2017)

年 份 Year	工资总额（万元） Total Wages (10 000 yuan)				
	合 计 Total	国 有 单 位 State-owned Units	城镇集体 单 位 Urban Collective-owned Units	私 营 单 位 Private Units	其 他 单 位 Units of Other Types of Ownership
2010	2173744.9	1554173.2	34566.3	277728.3	307277.1
2011	2884530.0	1925195.4	44887.3	378904.9	535542.4
2012	3260275.9	2207462.1	45442.9	380480.1	626890.8
2013	3810416.6	1909189.4	43462.8	505802.8	1351961.6
2014	4336585.7	2053363.8	49906.4	753507.7	1479807.8
2015	4778667.3	2251117.1	52560.8	937918.1	1537071.3
2016	5347414.8	2552391.1	64049.1	1151033.4	1579941.2
2017	6053961.9	2958774.2	58779.6	1272018.4	1764389.7

注：2011年起国家报表制度将就业人员劳动报酬改为工资总额。

a)Earning of Employed Persons is changed to Total Wages of Employed Persons in the national reporting system since 2011.

5-11 2010-2017年按登记注册类型分全部单位就业人员平均工资
Average Wage of Employed Persons in All Units by Status of Registration(2010-2017)

单位：元 (yuan)

年份 Year	合计 Total	国有单位 State-owned Units	城镇集体单位 Urban Collective-owned units	股份合作单位 Cooperative Units	有限责任公司 Limited Liability Corporations	股份有限公司 Share-holding Corporations Ltd.	私营单位 Private Units	外商投资单位 Foreign Funded Units	港澳台商投资单位 Units with Funds from Hong Kong, Macao & Taiwan
2010	31775	41417	23171	24847	22457	27481	17444	24019	25941
2011	36551	46936	23745	28708	29124	41221	20646	32539	29840
2012	41555	50729	29341	30519	35989	44240	23056	38559	45006
2013	45587	55410	34255	41294	39773	62088	26226	39891	57156
2014	49500	60815	40883	46092	44675	70693	30337	45109	59830
2015	51968	66382	46033	58425	48557	69066	32248	45164	55546
2016	55706	73971	54780	65874	50983	72813	34908	44708	63671
2017	61816	84938	62994	72616	58585	78136	36588	35066	68015

5-12　2012-2017年按行业分全部单位就业人员工资总额
Total Wages of Employed Persons in All Units by Sector(2012-2017)

单位：万元　(10 000 yuan)

项　目	Item	2012	2013	2014	2015	2016	2017
合计	**Total**	**3260275.9**	**3810416.6**	**4336585.7**	**4778667.3**	**5347414.8**	**6053961.9**
农林牧渔业	Agriculture, Forestry, Animal Husbandry and Fishery	50731.1	51770.7	58972.3	69999.6	80794.3	104477.4
采矿业	Mining	163598.0	345359.6	367924.3	343497.1	349068.9	352519.9
制造业	Manufacturing	637433.4	708922.5	798615.0	822525.6	861716.9	894530.5
电力、燃气及水的生产和供应业	Production and Supply of Electricity,Gas and Water	122129.1	122597.1	134118.7	145218.7	166527.3	214696.6
建筑业	Construction	356286.4	378076.1	512831.4	532116.8	539205.0	597229.9
批发和零售业	Wholesale and Retail Trades	148322.4	191916.1	216571.0	297880.9	404338.6	449114.2
交通运输、仓储和邮政业	Transport, Storage and Post	201975.3	281938.4	279591.9	339325.6	369653.2	428610.0
住宿和餐饮业	Hotels and Catering Services	42222.3	46927.6	59589.6	74617.2	83879.1	93351.7
信息传输、软件和信息技术服务业	Information Transmission, Software and Information Technology	51906.2	52252.6	59575.2	68338.0	71398.0	81873.5
金融业	Financial Intermediation	127032.5	142443.6	168653.8	182636.9	209942.1	224890.0
房地产业	Real Estate	43956.2	68175.9	83467.2	96523.5	104667.9	116271.1
租赁和商务服务业	Leasing and Business Services	62522.0	39545.4	56946.1	83411.4	106752.0	111019.2
科学研究和技术服务	Scientific Research and Technical Services	176381.6	143293.5	155501.8	168572.6	189427.6	215088.3
水利、环境和公共设施管理业	Management of Water Conservancy, Environment and Public Facilities	35400.5	42608.7	47733.2	54780.6	64355.5	80993.5
居民服务、修理和其他服务业	Services to Households, Repair and Other Services	18411.8	21058.6	13169.0	22277.9	33266.5	51754.4
教育	Education	392035.9	442580.4	482571.8	540325.1	619085.1	697988.9
卫生和社会工作	Health and Social Services	158967.3	182341.1	215427.3	234534.8	275942.5	334149.4
文化、体育和娱乐业	Culture, Sports and Entertainment	36340.3	43069.6	50733.7	54338.9	59619.8	74183.8
公共管理、社会保障和社会组织	Public Management, Social Security Social Organization	434623.6	505539.1	574592.4	647746.1	757774.5	931219.6

5-13 按登记注册类型和行业分全部单位就业人员平均工资(2017年)

Average Wage of Employed Persons in All Units by Status of Registration and Sector(2017)

单位：元 (yuan)

项　目	Item	合　计 Total	国有单位 State-owned Units	城镇集体单位 Urban Collective-owned units	私营单位 Private Units	其他单位 Units of Other Types of Ownership
合计	**Total**	**61816**	**84938**	**62994**	**36588**	**64391**
农林牧渔业	Agriculture, Forestry, Animal Husbandry and Fishery	41663	58384	37612	27980	25063
采矿业	Mining	87227	87420	53180	39675	101150
制造业	Manufacturing	48628	56492	40705	35406	59525
电力、燃气及水的生产和供应业	Production and Supply of Electricity,Gas and Water	79813	77239		46869	90591
建筑业	Construction	48968	50450	46801	38588	59700
批发和零售业	Wholesale and Retail Trades	44760	93929	31861	42539	48477
交通运输、仓储和邮政业	Transport, Storage and Post	79337	93372	56711	43500	62227
住宿和餐饮业	Hotels and Catering Services	34358	46127	28113	31886	42016
信息传输、软件和信息技术服务业	Information Transmission, Software and Information Technology	68738	65130		35235	79752
金融业	Financial Intermediation	98064	99607	95556	28776	99011
房地产业	Real Estate	32826	70193		27898	42759
租赁和商务服务业	Leasing and Business Services	32374	63591	39352	27432	47761
科学研究和技术服务	Scientific Research and Technical Services	82403	91535	66000	52103	62625
水利、环境和公共设施管理业	Management of Water Conservancy, Environment and Public Facilities	58883	64833	82431	34265	53783
居民服务、修理和其他服务业	Services to Households, Repair and Other Services	38175	50529	32466	37931	38682
教育	Education	91790	95105			29872
卫生和社会工作	Health and Social Services	71951	76770	72726	33057	49945
文化、体育和娱乐业	Culture, Sports and Entertainment	73167	80925	33195	40956	73138
公共管理、社会保障和社会组织	Public Management, Social Security Social Organization	85500	85500			

5-14 主要年份非私营单位在岗职工工资总额和指数
Total Wages of Staff and Workers of Non-private Units in Main Years

年 份 Year / 地 区 Region		工资总额（万元） Total Wages Bill (10 000yuan)				指 数（上年=100） Indices (preceding year=100)			
		合 计 Total	国有单位 State-owned Units	城镇集体单位 Urban Collective-owned Units	其他单位 Units of Other Types of Ownership	合 计 Total	国有单位 State-owned Units	城镇集体单位 Urban Collective-owned Units	其他单位 Units of Other Types of Ownership
1982		63473.7	56398.6	7075.1		107.8	107.3	111.5	
1990		173045.1	156406.1	16566.0	73.0	107.9	108.4	103.9	90.5
1991		184656.3	166116.6	18433.6	106.1	106.7	106.2	111.3	145.3
1992		209226.3	188042.7	21010.5	173.2	113.3	113.2	114.0	163.3
1993		243829.2	223340.6	20127.6	361.0	116.5	118.8	95.8	208.4
1994		327134.8	304604.0	21694.0	836.8	134.2	136.4	107.8	231.8
1995		380242.7	354554.3	24226.2	1462.1	116.2	116.4	111.7	174.7
1996		442899.5	413836.6	26868.0	2194.9	116.5	116.7	110.9	150.1
1997		459073.1	429768.5	25869.2	3435.4	103.7	103.8	96.3	156.5
1998		461574.1	428709.2	26231.5	6633.4	100.5	99.8	101.4	193.1
1999		486047.3	452903.2	25031.6	11292.2	102.4	102.4	90.8	139.2
2000		497630.4	463606.7	22731.5	11292.2	107.8	108.1	86.7	170.2
2001		573591.7	517030.5	23392.3	33168.9	115.3	111.5	102.9	293.7
2002		614001.5	544899.4	22328.3	46773.8	107.0	105.4	95.5	141.0
2003		634734.7	557899.9	20380.5	56454.3	103.4	102.4	91.3	120.7
2004		697129.5	612568.9	22446.3	62114.3	109.8	109.8	110.1	110.0
2005		780295.8	648092.3	20597.6	111605.9	111.9	105.8	91.8	179.7
2006		930521.4	774798.0	22496.6	133226.8	119.3	119.6	109.2	119.4
2007		1120644.0	934132.5	26933.1	159578.4	120.4	120.6	119.7	119.8
2008		1368950.6	1144330.0	31084.7	193535.9	122.2	122.5	115.4	121.3
2009		1597793.0	1334416.5	30248.8	233127.7	116.7	116.6	97.3	120.5
2010		1859058.8	1524032.4	32731.9	302294.5	116.4	114.2	108.2	129.7
2011		2415863.5	1873565.8	40250.0	502047.7	130.0	122.9	123.0	166.1
2012		2859622.3	2192531.2	44455.9	622635.2	118.4	117.0	110.4	124.0
2013		3266761.6	1895487.4	42628.4	1328645.8	114.2	86.5	95.9	213.4
2014		3534872.6	2031884.2	48753.7	1454234.7	108.2	107.2	114.4	109.5
2015		3782397.5	2226372.5	51083.6	1504941.4	107.0	109.6	104.8	103.5
2016		4139892.0	2528220.8	61557.9	1550113.3	109.5	113.6	120.5	103.0
2017		4730637.1	2937884.5	57219.8	1735532.8	114.3	116.2	93.0	112.0
西宁市	Xining City	2450550.2	1396820.1	25890.2	1027839.9	116.4	117.3	78.4	116.7
海东市	Haidong City	510053.1	428275.8	10021.4	71755.9	107.7	111.1	112.9	90.5
海北州	Haibei Zang A.P	225906.1	204756.8	3228.5	17920.8	113.3	112.9	105.5	119.8
黄南州	Huangnan Zang A.P	161288.8	139291.8	5208.4	16788.6	112.1	114.0	100.1	102.0
海南州	Hainan Zang A.P	247004.0	216820.8	4362.2	25821.0	119.4	123.6	122.0	92.6
果洛州	Golog Zang A.P	135145.6	128186.2	1772.1	5187.3	120.0	122.4	88.5	88.0
玉树州	Yushu Zang A.P	182551.3	176455.3	1430.0	4666.0	119.8	119.6	117.7	127.3
海西州	Haixi Mongolian & Zang A.P	818138.0	247277.7	5307.0	565553.3	109.6	112.0	115.1	108.5

注：1.1998年及以后工资总额为在岗职工工资总额。
2.本表不含私营单位。

a)Data of total wages bill since 1998 refer to wages of fully employed staff and workers.

b) In this talbe, private units are not included.

5-15 主要年份非私营单位在岗职工平均工资和指数
Average Wage and Related Indices of Staff and Workers in Non-private Units in Main Years

年份 Year 地区 Region		平均工资(元) Average Wage (yuan)				指数(上年=100) Indices (preceding year=100)			
		合计 Total	国有单位 State-owned Units	城镇集体单位 Urban Collective-owned Units	其他单位 Units of Other Types of Ownership	合计 Total	国有单位 State-owned Units	城镇集体单位 Urban Collective-owned Units	其他单位 Units of Other Types of Ownership
1982		1111	1155	848		104.91	104.71	106.53	
1990		2632	2789	1722	1799	107.96	108.10	105.77	88.66
1992		3098	3290	2036	2892	112.57	112.79	111.44	160.31
1993		3658	3891	2201	3006	118.08	118.27	108.10	103.94
1994		4976	5348	2512	5642	136.03	137.45	114.13	187.69
1995		5753	6161	2928	5452	115.61	115.20	116.56	96.63
1996		6687	7146	3373	6176	116.24	115.99	115.20	113.28
1997		7091	7623	3419	4326	106.04	106.68	101.36	70.05
1998		8011	8511	4249	6187	112.97	111.65	124.28	143.02
1999		9081	9664	4570	6851	113.36	113.55	107.55	110.73
2000		10050	10744	4785	6989	110.67	111.18	104.70	102.01
2001		12906	14028	6101	8841	128.42	130.57	127.50	126.50
2002		14472	15816	7211	9585	112.13	112.75	118.19	108.42
2003		15356	16692	8306	10341	106.11	105.54	115.19	107.89
2004		17229	18686	10302	11291	112.20	111.95	124.03	109.19
2005		19084	21158	10080	13591	110.77	113.23	97.84	120.37
2006		22679	24984	11322	16588	118.84	118.08	112.32	122.05
2007		26166	29683	13228	17118	115.38	118.81	116.83	103.20
2008		30983	35454	15342	19857	118.41	119.44	115.98	116.00
2009		33561	38876	18283	20046	108.32	109.65	119.17	100.95
2010		37182	42906	20672	23442	110.79	110.37	113.07	116.94
2011		42493	48618	23501	30237	114.28	113.31	113.69	128.99
2012		46827	51173	29720	37225	110.20	105.26	126.46	123.11
2013		52105	55810	34984	48290	111.27	109.06	117.71	129.72
2014		57804	61482	41160	54021	110.94	110.16	117.65	111.87
2015		61868	67095	46364	56045	107.03	109.13	112.64	103.75
2016		67451	74605	56882	58703	109.02	111.19	122.69	104.74
2017		76535	85613	66104	65175	113.47	114.76	116.21	111.02
西宁市	Xining City	72670	88140	57065	59003	114.11	113.69	113.22	114.10
海东市	Haidong City	74337	80117	69400	52323	113.53	113.65	127.76	105.73
海北州	Haibei Zang A.P	80886	85308	68400	51869	108.73	109.73	103.89	104.31
黄南州	Huangnan Zang A.P	75936	78905	69911	59073	106.37	107.18	97.56	101.49
海南州	Hainan Zang A.P	81714	92080	104110	41234	124.73	126.68	122.02	103.91
果洛州	Golog Zang A.P	82734	83433	69494	72448	112.93	114.17	88.85	96.63
玉树州	Yushu Zang A.P	80182	80551	96622	65442	117.39	117.29	117.67	122.15
海西州	Haixi Mongolian & Zang A.P	87244	85995	83443	87839	110.71	119.71	112.90	106.83

5-16 分行业分地区非私营单位在岗职工工资总额(2017年)
Total Wages of Staff and Workers in Non-private Units by Sector and Region(2017)

单位：万元 (10 000 yuan)

项目	Item	全省合计 Provincial Total	西宁市 Xining City	海东市 Haidong City	海北州 Haibei Zang A.P	黄南州 Huang-nan Zang A.P	海南州 Hainan Zang A.P	果洛州 Golog Zang A.P	玉树州 Yushu Zang A.P	海西州 Haixi Mong-olian & Zang A.P
合计	**Total**	**4730637**	**2450550**	**510053**	**225906**	**161289**	**247004**	**135146**	**182551**	**818138**
农林牧渔业	Agriculture,Forestry,Animal Husbandry and Fishery	74740	7803	14931	12822	2512	17670	4921	6038	8043
采矿业	Mining	308879	2570	1159	5491	26		3637		295996
制造业	Manufacturing	597626	315596	45769	2361	2579	4068	287	487	226479
电力、燃气及水的生产和供应业	Production and Supply of Electricity,Gas and Water	198252	160929	3832	6194	3396	4823	1498	3585	13995
建筑业	Construction	360701	310204	18211	2963	7939	4186	4059	183	12956
批发和零售业	Wholesale and Retail Trades	115619	81371	8093	1926	2091	1797	1355	3768	15218
交通运输、仓储和邮政业	Transport, Storage and Post	387864	339976	10075	3962	3283	2283	8959	2494	16832
住宿和餐饮业	Hotels and Catering Services	26120	16677	1437	380	781	868	453	670	4854
信息传输、软件和信息技术服务业	Information Transmission, Software and Information Technology	71814	67896	1609	37	1774	28		314	156
金融业	Financial Intermediation	222225	153272	18942	8471	6802	11016	3191	4670	15861
房地产业	Real Estate	45781	38603	3619	159	598	133	118	31	2520
租赁和商务服务业	Leasing and Business Services	37396	28728	3013	359	155	675			4466
科学研究和技术服务业	Scientific Research and Technical Services	194167	141955	16841	10153	3854	3370	4593	2531	10870
水利、环境和公共设施管理业	Management of Water Conservancy, Environment and Public Facilities	73559	41063	13553	3508	3538	3889	576	855	6577
居民服务、修理和其他服务业	Services to Households, Repair and Other Services	2892	1617	357	29		40			849
教育	Education	697239	243693	167340	50200	37920	68966	26391	38065	64664
卫生和社会工作	Health and Social Services	319096	178735	40436	18514	13517	28108	10168	11927	17691
文化、体育和娱乐业	Culture, Sports and Entertainment	68051	39920	5473	4885	3137	3422	2060	3559	5595
公共管理、社会保障和社会组织	Public Management, Social Security Social Organization	928616	279942	135363	93492	67387	91662	62880	103374	94516

5-17 分行业分地区非私营单位在岗职工平均工资(2017年)

Average Wage of Staff and Workers in Non-private Units by Sector and Region(2017)

单位：元　　(yuan)

项　目	Item	全省合计 Provincial Total	西宁市 Xining City	海东市 Haidong City	海北州 Haibei Zang A.P	黄南州 Huang-nan Zang A.P	海南州 Hainan Zang A.P	果洛州 Golog Zang A.P	玉树州 Yushu Zang A.P	海西州 Haixi Mong-olian & Zang A.P
合计	**Total**	**76535**	**72670**	**74337**	**80886**	**75936**	**81714**	**82734**	**80182**	**87244**
农林牧渔业	Agriculture, Forestry, Animal Husbandry and Fishery	51724	70614	68336	44260	65762	36515	63003	91769	50177
采矿业	Mining	108155	31494	34091	50050	21750		88073		114368
制造业	Manufacturing	59560	53249	56131	45936	66301	43508	44231	40558	73306
电力、燃气及水的生产和供应业	Production and Supply of Electricity,Gas and Water	84817	88340	53607	69823	73511	74885	58976	74378	81701
建筑业	Construction	59292	60267	60785	46735	56788	41159	56065	61133	50529
批发和零售业	Wholesale and Retail Trades	52806	49406	52858	65051	66394	78463	84713	58696	67575
交通运输、仓储和邮政业	Transport, Storage and Post	86388	89148	68914	68778	89207	67757	107675	73150	59142
住宿和餐饮业	Hotels and Catering Services	42749	44649	36023	25172	27608	30254	33029	48536	49533
信息传输、软件和信息技术服务业	Information Transmission, Software and Information Technology	79846	80199	67305	45875	86971	56200		61510	74238
金融业	Financial Intermediation	99296	106713	78662	86178	83770	94806	82666	94913	89409
房地产业	Real Estate	44958	46326	40210	48061	36938	36027	24500	44286	38011
租赁和商务服务业	Leasing and Business Services	50089	51217	48136	64196	70364	22201			52604
科学研究和技术服务	Scientific Research and Technical Services	88037	89754	76725	83774	65315	110134	92780	86365	94687
水利、环境和公共设施管理业	Management of Water Conservancy, Environment and Public Facilities	63600	70811	54760	42061	55020	63642	101070	38013	71338
居民服务、修理和其他服务业	Services to Households, Repair and Other Services	44425	40244	63679	58200		24875			49349
教育	Education	91991	85267	93737	95312	85328	106429	82497	85271	117401
卫生和社会工作	Health and Social Services	76191	73521	74248	88247	59861	96063	79749	73485	91004
文化、体育和娱乐业	Culture, Sports and Entertainment	78992	81138	63121	91659	69702	76731	77466	72637	87014
公共管理、社会保障和社会组织	Public Management, Social Security Social Organization	85936	89159	76184	94935	83752	95016	86815	81327	82923

5-18 按登记注册类型和行业分非私营单位在岗职工平均工资(2017年) Average Wage of Staff and Workers in Non-private Units by Status of Registration and Sector(2017)

单位：元 (yuan)

项目	Item	合计 Total	国有单位 State-owned Units	城镇集体单位 Urban Collective-owned Units	其他单位 Units of Other Types of Ownership
全省	**Total**	**76535**	**85613**	**66104**	**65175**
按企、事业和机关分组	**Grouped by Enterprises, Institutions and Agencies**				
企业	Enterprises	70319	88250	65720	65757
事业	Institutions	83749	83768	75703	79733
机关	Agencies & Organizations	86948	86948		
民间非营利组织	Folk Non-profit Organizations	30087			30087
其他	Others	42683	73000		36411
按国民经济行业分组	**Grouped by Sector**				
农林牧渔业	Agriculture, Forestry, Animal Husbandry and Fishery	51724	58405	37612	25063
采矿业	Mining	108155	87420	53180	108679
制造业	Manufacturing	59560	56987	40705	59692
电力、燃气及水的生产和供应业	Production and Supply of Electricity,Gas and Water	84817	77443		90773
建筑业	Construction	59292	53796	51485	60506
批发和零售业	Wholesale and Retail Trades	52806	94014	31801	48746
交通运输、仓储和邮政业	Transport, Storage and Post	86388	93628	63995	62019
住宿和餐饮业	Hotels and Catering Services	42749	45873	28113	42018
信息传输、软件和信息技术服务业	Information Transmission, Software and Information Technology	79846	65130		80447
金融业	Financial Intermediation	99296	100075	95927	99152
房地产业	Real Estate	44958	70193		42839
租赁和商务服务业	Leasing and Business Services	50089	63876	39951	47881
科学研究和技术服务	Scientific Research and Technical Services	88037	92354	66000	62536
水利、环境和公共设施管理业	Management of Water Conservancy, Environment and Public Facilities	63600	65113	82431	54600
居民服务、修理和其他服务业	Services to Households, Repair and Other Services	44425	51644	32466	42127
教育	Education	91991	95328		29872
卫生和社会工作	Health and Social Services	76191	77232	73085	50086
文化、体育和娱乐业	Culture, Sports and Entertainment	78992	81404	33195	73354
公共管理、社会保障和社会组织	Public Management, Social Security Social Organization	85936	85936		

5−19 主要年份城镇登记失业人员变化情况

Changes of Urban Registered Unemployed Persons in Main Years

单位：万人、%　　(10 000 persons,%)

年份 Year	失业人员总数 Total Number of Unemployed Persons	上年结转人数 Number of Unemployed Persons at Last Year-end	本年新增加人数 Number of New Increase This Year	由就业转失业人数 From Employment into Unemployment	本年度安排失业人员就业的人数 Number of Arrangements for Employment of Unemployed Persons This Year	本年末实有失业人员数 Number of Actual Unemployed Persons at Year-end	女性 Female	城镇登记失业率 Registered Unemployment Rate in Urban Area
1982	6.70	4.45	2.25		4.05	2.65		4.34
1990	7.82	4.34	3.48	0.99	3.35	4.17	1.99	4.88
1992	6.68	3.32	3.36	0.76	3.65	2.64	1.36	3.35
1993	5.11	2.64	2.47	0.35	2.97	1.84	1.04	2.49
1994	4.40	1.84	2.56	0.27	2.61	1.64	0.98	2.21
1995	4.14	1.64	2.50	0.28	2.53	1.51	0.75	2.18
1996	4.39	1.51	2.88	0.41	2.93	1.34	0.80	1.87
1997	3.89	1.34	2.55	0.47	2.30	1.50	0.79	2.10
1998	3.84	1.50	2.34	0.59	1.95	1.82	0.86	2.50
1999	4.49	1.82	2.67	0.48	2.13	1.93	1.01	2.64
2000	4.54	1.93	2.61	1.13	2.38	1.80	0.94	2.40
2001	6.66	1.80	4.86	1.48	4.21	2.45	1.03	3.50
2002	6.92	2.45	4.47	1.37	3.98	2.85	1.46	3.60
2003	7.61	2.85	4.76	2.64	4.54	3.07	1.71	3.80
2004	8.58	3.07	5.51	3.17	5.10	3.48	1.79	3.92
2005	8.31	3.48	4.83	1.80	4.68	3.63	2.32	3.93
2006	8.60	3.63	4.97	2.01	4.87	3.73	1.89	3.90
2007	10.10	3.73	6.37	1.84	6.38	3.72	1.52	3.75
2008	8.73	3.73	5.00	2.20	4.86	3.87	1.89	3.80
2009	9.46	3.87	5.59	2.43	5.39	4.07	1.72	3.80
2010	10.33	4.06	6.27	2.08	6.09	4.24	1.63	3.80
2011	10.96	4.24	6.72	2.81	6.61	4.35	1.76	3.80
2012	10.68	4.35	6.33	1.89	6.59	4.09	1.61	3.40
2013	10.21	4.09	6.12	1.82	5.98	4.23	1.75	3.30
2014	10.71	4.23	6.48	1.93	6.49	4.22	1.76	3.20
2015	10.18	4.21	5.97	2.05	5.74	4.44	1.65	3.20
2016	11.11	4.44	6.67	1.59	6.53	4.58	1.66	3.10
2017	11.25	4.58	6.67	1.37	6.59	4.67	1.59	3.10

注：本表数据来源于青海省人力资源和社会保障厅。
a)The data in this table are from the Provincial Department of human resources and social security.

主要统计指标解释

经济活动人口　指在16周岁及以上，有劳动能力，参加或要求参加社会经济活动的人口。包括就业人员和失业人员。

就业人员　指在16周岁及以上，从事一定社会劳动并取得劳动报酬或经营收入的人员。这一指标反映了一定时期内全部劳动力资源的实际利用情况，是研究我国、我省基本国情国力的重要指标。

单位就业人员　指在各级国家机关、政党机关、社会团体及企业、事业单位中工作，取得工资或其他形式的劳动报酬的全部人员。包括在岗职工、劳务派遣人员及其他就业人员；不包括离开本单位仍保留劳动关系，并定期领取生活费的人员；利用课余时间打工的学生及在本单位实习的各类在校学生；本单位因劳务外包而使用的人员。

国有单位　指资产归国家所有的经济组织。包括按《中华人民共和国企业法人登记管理条例》规定登记注册的非公司制的经济组织，以及中央、地方各级国家机关、事业单位和社会团体。

集体单位　指生产资料归集体所有，并按《中华人民共和国企业法人登记管理条例》规定登记注册的经济组织。

其他单位　包括股份合作单位、联营单位、有限责任公司、股份有限公司、港澳台商投资单位以及外商投资单位等其他登记注册类型单位。

在岗职工　指在本单位工作并由单位支付工资的人员，以及有工作岗位，但由于学习、病伤产假等原因暂未工作，仍由单位支付工资的人员。

城镇私营和个体就业人员　城镇私营就业人员指在工商管理部门注册登记，其经营地址设在县城关镇（含县城关镇）以上的私营企业就业人员，包括私营企业投资者和雇工。城镇个体就业人员指在工商管理部门注册登记，并持有城镇户口或在城镇长期居住，经批准从事个体工商经营的就业人员，包括个体经营者和在个体工商户劳动的家庭帮工和雇工。

就业人员工资总额　指根据《关于工资总额组成的规定》（1990年1月1日国家统计局发布的一号令）中的具体规定，本单位在一定时期内（季度或年度）直接支付给本单位全部就业人员的劳动报酬总额。包括计时工资、计件工资、奖金、津贴和补贴、加班加点工资、特殊情况下支付的工资。是在岗职工工资总额、劳务派遣人员工资总额和其他就业人员工资总额之和。

工资总额是税前工资，包括单位从个人工资中直接为其代扣或代缴的房费、水费、电费、住房公积金和社会保险基金个人缴纳部分等。

工资总额不论是计入成本的还是不计入成本的，不论是以货币形式支付的还是以实物形式支付的，均应列入工资总额的计算范围。

在岗职工工资总额　指本单位在一定时期内直接支付给本单位全部在岗职工的劳动报酬总额。在岗职工工资总额由基本工资、绩效工资、工资性津贴和补贴、其他工资四部分组成。工资总额不包括病假、事假等情况的扣款。各单位在填报在岗职工工资总额四项构成时，应根据实际情况调整对应项目；如不能确定调整项，可扣减基本工资项。

就业人员平均工资　指本单位在报告期内就业人员的平均工资水平。计算公式为：

$$\text{就业人员平均工资}=\frac{\text{就业人员工资总额}}{\text{就业人员平均人数}}$$

在岗职工平均工资　指本单位在报告期内在岗职工的平均工资水平。计算公式为：

$$\text{在岗职工平均工资}=\frac{\text{在岗职工工资总额}}{\text{在岗职工平均人数}}$$

城镇登记失业人员　指有非农业户口，在一定的劳动年龄内（16周岁至退休年龄），有劳动能力，无业而要求就业，并在当地就业服务机构进行求职登记的人员。

城镇登记失业率　城镇登记失业人员与城镇单位就业人员（扣除使用的农村劳动力、聘用的离退休人员、港澳台及外方人员）、城镇单位中的不在岗职工、城镇私营业主、个体户主、城镇私营企业和个体就业人员、城镇登记失业人员之和的比。计算公式为：

$$\text{城镇登记失业率}=\frac{\text{城镇登记失业人数}}{\begin{array}{c}\text{（城镇单位就业人员－使用的农村劳动力－聘用的离退休人员－聘用}\\\text{的港澳台及外方人员）＋不在岗职工＋城镇私营业主＋城镇个体户主＋}\\\text{城镇私营企业及个体就业人员＋城镇登记失业人数}\end{array}}\times100\%$$

Explanatory Notes on Main Statistical Indicators

Economically Active Population refers to the population aged 16 and over who are capable of working, are participating in or willing to participate in economic activities, including employed persons and unemployed persons.

Employed Persons refer to persons aged 16 and over who are engaged in gainful employment and thus receive remuneration payment or earn business income. This indicator reflects the actual utilization of total labor force during a certain period of time and is often used for the research on China's and Qinghai's economic situation and national power.

Persons Employed in Various Units refer to all the persons working in government agencies of various levels, political and party organizations, social organizations, enterprises and institutions, and receiving wages or other forms of payment. They include fully - employed staff and workers, the dispatch personnel and other employment, don't include persons which leave the unit but retain labor relations and regularly receive cost of living, school students which work using of their spare time and practice in this unit, persons of the unit labor outsourcing.

State - owned Units refer to economic units whose assets are owned by the state, including non - corporation units registered according to Regulation of the People's Republic of China on the Registration of Enterprises and Corporations, state organs, institutions and social organizations at the central - level and local levels.

Collective - owned Units refer to economic units registered according to Regulation of the People's Republic of China on the Registration of Enterprises and Corporations where the means of production are collectively owned.

Units of Other Types of Ownership refer to units registered with other types of ownership, including cooperative units, joint ownership units, limited liability corporations, share holding corporations, units funded by entrepreneurs from Hong Kong, Macao, and Taiwan, and foreign - funded units.

Employed Staff and Workers refer to persons who work in, and receive wages from their working units, including persons who have their work posts but are temporarily absent from work for reasons of study or on sick, injury or maternal leave and still receive wages from their working units.

Persons Employed in Private Enterprises and Self - Employed Individuals in Urban Areas Persons employed in private enterprises refer to the persons employed in the private enterprises which have been registered at the departments of industrial and commercial administration for which the business operation are situated at a county town (i. e. a town where the county government is located), or at urban areas with administrative hierarchy higher than a county town. The self - employed individuals in urban areas refer to persons who hold the certificates of residence in urban areas or have resided in the urban areas for a long time and have been registered at the departments of industrial and commercial administration and approved to be engaged in individual industrial or commercial business, including self - employed persons as well as helpers and hired laborers who work in individual households.

Total Wage Bill of Employed Persons refers to employment wages the units paid directly to the total remuneration of all employed persons in this unit within a certain period (quarterly or annual) on the basis of the provisions on the composition of wages (January 1, 1990, the National Statistics Office published the first Decree). Including hourly, piece rates, bonuses, allowances, overtime wages and subsidies, wages paid under special circumstances. It is the total sum of fully - employed staff and workers wages, labor dispatch personnel payroll and personnel wages and other employment.

Total Wage Bill are wages before taxes, including water charges, electricity, housing fund and social insurance fund for individuals and so on, what withheld or paid rates directly from the individual wage by the units.

Total wage Bill should be calculated whether it is included in the cost is not included in the cost, whether paid in monetary form or be paid in kind.

Total Wage Bill of Employed Staff and Workers refers to this unit paid directly to the total remuneration of all fully - employed staff and workers in this unit within a certain period. It is consisting of four parts, basic salary, performance pay, wage and other wage subsidies. It do not include deductions such as sick leave, unpaid leave. When units report employee wages four constituted, they should be adjusted the corresponding project according to the actual situation. If cannot determine adjustments, can deduct from basic salary.

Average Wage of Employment Persons refers to the average wage level of employed persons in the unit during the reporting period the average wage and is calculated as follows:

$$\text{Average Wage of Employment Persons} = \frac{\text{Total Wage Bill of Employment Persons}}{\text{Average Number of Employment Persons}}$$

Average Wage of Employed Staff and Workers refers to the average wage level of employed staff and workers in the unit during the reporting period the average wage and is calculated as follows:

$$\text{Average Wage of Employed Staff and Workers} = \frac{\text{Total Wage Bill of Staff and Workers}}{\text{Average Number of Staff and Workers}}$$

Registered Unemployed Persons in Urban Areas refer to the persons with non - agricultural household registration at certain working ages (16 years old to retirement age), who are capable of working, unemployed and willing to work, and have been registered at the local employment service agencies to apply for a job.

Registered Unemployment Rate in Urban Areas refers to the ratio of the number of the registered unemployed persons to the sum of the number of persons employed in various units (minus the employed rural labor force, re – employed retirees, and Hong Kong, Macao, Taiwan or foreign employees), laid – off staff and workers in urban units, owners of private enterprises in urban areas, owners of self – employed individuals in urban areas, employees of private enterprises in urban areas, employee of self – employed individuals in urban areas, and the registered unemployed persons in urban areas. The formula is as follows:

$$\text{Registered unemployment ratein urban areas} = \frac{\text{number of registered urban unemployed persons}}{\begin{gathered}\text{number of persons employed in urban units} - \text{employed rurallabour force}\\ \text{re} - \text{employed retirees} - \text{Hong Kong, Macao, Taiwan or foreign employees}\\ + \text{laid} - \text{off staff and workers} + \text{owners of urban private enterprises} + \text{owners of}\\ \text{urban self} - \text{employed individuals} + \text{employees of urban private enterprises} + \text{employees of}\\ \text{urban self} - \text{employed individuals} + \text{registered unemployed persons in urban areas}\end{gathered}} \times 100\%$$

第 6 篇
CHAPTER 6

固定资产投资
Investment in Fixed Assets

全社会固定资产投资额

（亿元）

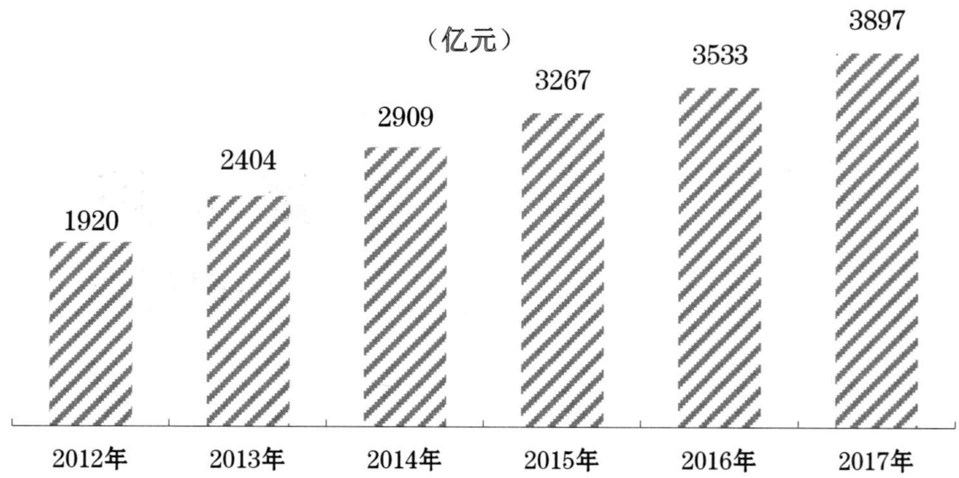

三次产业投资结构

(%)

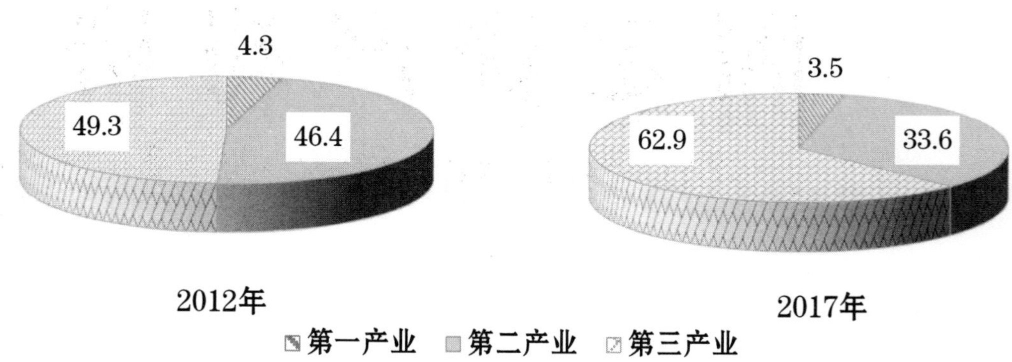

房地产开发投资

（亿元）

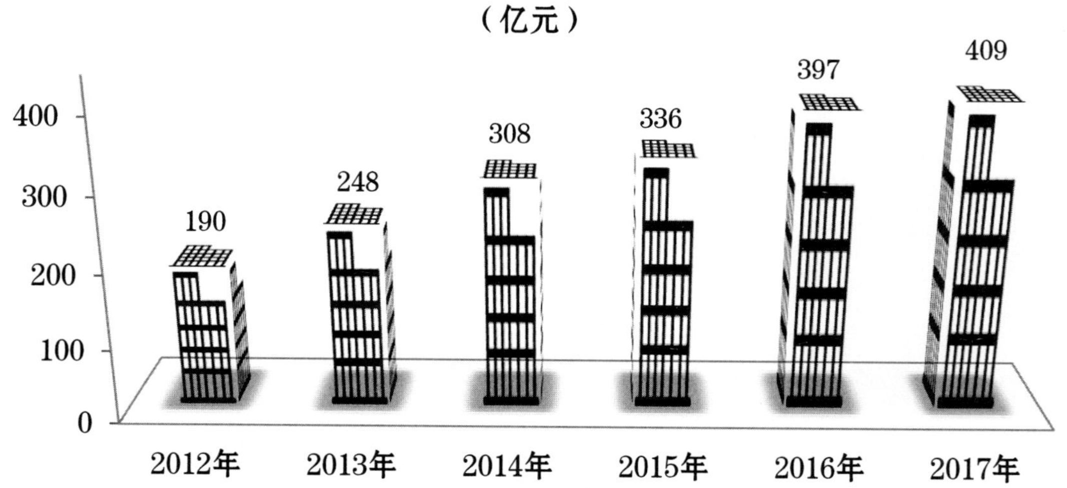

6-1 2000-2017年全社会固定资产投资(按经济类型分)

Total Investment in Fixed Assets by Econmic Type(2000-2017)

指 标 Item	总 计 Total	国有经济 State-owned	集体经济 Collective-owned	私营个体经济 Private and Self-employed Individual	其他经济 Others
投资额(亿元) Investment(100 million yuan)					
2000	154.83	102.83	6.61	13.08	32.31
2001	201.61	125.18	3.50	17.90	55.03
2002	245.02	153.88	2.72	21.26	67.16
2003	285.12	176.31	9.03	31.57	68.21
2004	318.06	168.39	10.38	37.24	102.05
2005	367.15	175.64	14.50	42.76	134.25
2006	419.62	196.73	20.12	41.82	160.95
2007	487.47	201.21	26.52	36.46	223.28
2008	582.85	255.48	23.79	41.52	262.06
2009	800.51	398.01	14.33	84.76	303.41
2010	1068.73	515.92	16.01	147.83	388.97
2011	1434.33	691.63	17.50	166.02	559.18
2012	1920.03	903.11	16.08	264.00	736.84
2013	2403.90	1145.32	21.16	390.32	847.10
2014	2908.71	1391.44	20.48	564.85	931.94
2015	3266.64	1843.39	22.42	571.71	829.12
2016	3533.19	1828.45	11.53	638.13	1055.08
2017	3897.14	1992.00	14.91	696.58	1193.65
增长速度(上年=100) Growth Rate(preceding year=100)					
2000	20.84	9.29	-6.24	-12.92	170.43
2001	30.21	21.73	-45.45	36.85	70.32
2002	21.53	2.93	77.71	18.77	22.04
2003	16.37	14.58	231.99	48.49	1.56
2004	11.55	-4.49	15.00	17.96	49.61
2005	15.43	4.31	39.60	14.82	31.55
2006	14.29	12.01	38.76	-2.20	19.89
2007	16.17	2.28	-37.67	20.61	38.73
2008	19.57	26.97	-10.29	13.88	17.37
2009	37.34	55.79	-39.76	104.14	15.78
2010	33.51	29.62	11.72	74.41	28.20
2011	34.20	34.10	9.30	12.30	43.80
2012	33.86	30.58	-8.11	59.02	31.77
2013	25.20	26.82	31.59	47.85	14.96
2014	21.00	21.49	-3.21	44.71	10.02
2015	12.31	32.48	9.48	1.22	-11.03
2016	10.90	-1.00	-48.10	28.00	29.00
2017	10.30	8.90	29.40	9.20	13.10

注：其他经济为除国有、集体、私营个体经济以外的经济类型。(2016年增速按不含农户同口径计算，下同)

a) Others mean economic types except state-owned, collective-owned, private and self-employed individual. The growth rate is calculated by excluding farm household data with the same caliber in 2016, the same below.

6-2 2010-2017年全社会固定资产投资

单位：亿元

指 标	Item	2010	2011
投资总额	**Total Investment**	**1068.73**	**1434.33**
#民间投资	Non-government Investment	402.34	559.19
#基础设施投资	Infrastructuret Investment	284.31	373.73
按经济类型分	**By Economic Type**		
国有经济	The State-owned Economy	515.92	691.63
集体经济及私营个体投资	Collective-owned, Private and Self-employed Individual	163.84	183.51
联营经济	Joint Ownership Economy	0.54	1.35
股份经济	Share Economy	349.25	484.13
港、澳、台投资	Economy with Funds from Hong Kong,Macao and Taiwan	1.30	7.03
外商投资经济	Foreign Funded Economy	21.96	34.25
其他投资	Others	15.92	32.43
按产业分	**By Three Strata of Industry**		
第一产业	Primary Industry	76.44	90.82
第二产业	Secondary Industry	465.23	667.20
工业	Industry	444.93	632.07
第三产业	Tertiary Industry	527.06	676.31
按构成分	**By Structure**		
建筑安装工程	Construction and Installation	855.33	1098.56
设备工具器具购置	Purchase of Equipment and Instruments	129.44	227.88
其他费用	Others	83.96	107.89
本年资金到位按来源分	**By Sources of Funds**		
国家预算内资金	State Budget	141.50	317.16
国内贷款	Domestic Loans	178.51	215.50
债券	Bond	0.07	0.11
利用外资	Foreign Investment	5.21	7.75
自筹资金	Self-raising Funds	542.75	778.01
其他资金	Others	175.13	164.59
房屋建筑面积(万平方米)	**Floor Space of Buildings(10 000 sq.m)**		
施工面积	Floor Space under Construction	4310.18	6023.28
住宅	Residential Buildings	3093.19	4320.00
竣工面积	Floor Space Completed	1474.19	1906.45
住宅	Residential Buildings	1297.02	1685.09

注：全社会投资数据2015年之前含农户数据，2016年起不含农户数据，下同。

Total Investment in Fixed Assets(2010-2017)

(100 million yuan)

2012	2013	2014	2015	2016	2017
1920.03	**2403.90**	**2908.71**	**3266.64**	**3533.19**	**3897.14**
799.05	1020.95	1240.12	1180.36	1212.08	1226.50
540.39	702.82	1021.41	1169.71	1419.13	1663.97
903.11	1145.32	1391.44	1843.39	1828.45	1992.00
280.08	411.48	585.33	594.13	649.66	711.49
0.39	0.73	1.60	2.10	0.37	
644.25	770.50	831.68	728.58	939.84	1099.62
15.71	28.33	24.64	18.58	12.29	8.18
22.64	4.26	30.67	0.21	21.43	14.72
53.85	43.28	43.35	79.65	81.15	71.13
82.89	109.27	139.46	157.92	159.56	137.57
891.27	1160.25	1281.88	1467.45	1302.67	1308.71
826.06	1076.42	1204.57	1305.45	1193.44	1204.79
945.87	1134.38	1487.37	1641.27	2070.96	2450.86
1496.21	1794.16	2288.90	2540.39	2788.19	3047.08
271.19	435.17	455.76	489.50	521.07	567.41
152.63	174.57	164.06	236.75	223.93	282.66
393.07	406.42	559.94	645.23	882.92	683.83
427.12	537.89	596.22	681.39	730.56	894.22
0.14	1.09	16.46	1.72	6.52	4.30
2.56	9.13	4.22	2.68	19.02	3.96
980.10	1240.91	1363.51	1593.43	1472.88	1578.93
219.50	439.09	285.32	275.90	354.12	254.53
5880.72	5642.89	5591.35	4996.16	5175.56	4677.03
3624.57	3419.90	3342.22	2959.48	2393.56	1972.76
1587.48	1846.91	1743.59	1518.56	954.71	734.44
1208.90	1405.06	1358.12	1108.77	570.84	359.81

a) Total Investment included farm household data before 2015 and not included since 2016,the same below.

6-3 2000-2017年全社会固定资产投资构成及资金来源

Structrue and Sourses of Funds of Total Investment in Fixed Assets (2000-2017)

单位：亿元、% (100 million yuan，%)

年 份 Year	按构成分 By Structure of Funds			按资金来源分 By Source of Funds						
	建筑安装工程 Construction	设备工具器具购置 Purchase of Equipment and Instruments	其他费用 Others	资金来源总额 Total Funds This Year	国家预算内资金 State Budget	国内贷款 Domestic Loans	债券 Financial Bond	利用外资 Foreign Investment	自筹 Self-raising Fund	其他资金 Others
投资额 Investment										
2000	117.00	25.47	12.36	148.99	25.38	36.25	0.41	2.07	53.78	31.09
2001	146.39	34.55	20.67	191.21	33.36	43.19	0.10	1.51	77.72	35.34
2002	192.49	35.16	17.37	250.92	55.17	68.18	0.01	2.56	77.59	47.40
2003	222.87	41.34	20.91	257.82	59.04	29.89	0.21	3.44	119.31	45.94
2004	251.46	47.46	19.14	312.88	42.58	33.22	0.28	2.98	177.60	56.23
2005	266.14	69.14	31.87	378.43	59.75	63.84	1.54	2.09	196.15	55.05
2006	312.86	69.87	36.89	401.20	59.10	67.35		2.03	189.84	82.89
2007	363.41	76.72	47.35	479.14	61.93	66.05		7.49	263.34	80.33
2008	440.46	87.38	55.01	563.89	81.98	93.29		8.70	298.95	80.96
2009	588.36	123.99	88.16	800.72	130.45	148.87		8.44	387.27	125.69
2010	855.33	129.44	83.96	1043.17	141.50	178.51	0.07	5.21	542.75	175.13
2011	1098.56	227.88	107.89	1483.12	317.16	215.50	0.11	7.75	778.01	164.59
2012	1496.21	271.19	152.63	2022.50	393.07	427.12	0.14	2.56	980.10	219.50
2013	1794.16	435.17	174.57	2634.53	406.42	537.89	1.09	9.13	1240.91	439.09
2014	2288.90	455.76	164.06	2825.67	559.94	596.22	16.46	4.22	1363.51	285.32
2015	2540.39	489.50	236.75	3200.35	645.23	681.39	1.72	2.68	1593.43	275.90
2016	2788.19	521.07	223.93	3466.03	882.92	730.56	6.52	19.02	1472.88	354.12
2017	3047.08	567.41	282.66	3419.77	683.83	894.22	4.30	3.96	1578.93	254.53
构 成 Percentage										
2000	75.57	16.45	7.98	100	17.04	24.33	0.27	1.39	36.09	20.87
2001	72.61	17.14	10.25	100	17.45	22.59	0.05	0.79	40.64	18.48
2002	78.56	14.35	7.09	100	21.99	27.17	…	1.02	30.92	18.89
2003	78.17	14.50	7.33	100	22.90	11.59	0.08	1.33	46.27	17.82
2004	79.06	14.92	6.02	100	13.61	10.62	0.09	0.95	56.76	17.97
2005	72.49	18.83	8.68	100	15.79	16.87	0.41	0.55	51.83	14.55
2006	74.56	16.65	8.79	100	14.73	16.79		0.51	47.32	20.66
2007	74.56	15.74	9.70	100	12.93	13.78		1.56	54.96	16.77
2008	75.57	14.99	9.44	100	14.54	16.54		1.54	53.02	14.36
2009	73.50	15.49	11.01	100	16.27	18.59	0.03	1.05	48.36	15.70
2010	80.03	12.11	7.86	100	13.56	17.11	0.01	0.50	52.03	16.79
2011	76.60	15.90	7.50	100	21.40	14.50	0.01	0.52	52.50	11.07
2012	77.93	14.12	7.95	100	19.43	21.12	0.01	0.13	48.46	10.85
2013	74.64	18.10	7.26	100	15.43	20.42	0.04	0.35	47.10	16.67
2014	78.69	15.67	5.64	100	19.82	21.10	0.58	0.15	48.25	10.10
2015	77.77	14.98	7.25	100	20.16	21.29	0.05	0.08	49.79	8.63
2016	78.91	14.75	6.34	100	25.47	21.08	0.19	0.55	42.49	10.22
2017	78.19	14.56	7.25	100	20.00	26.15	0.13	0.12	46.17	7.44

6-4　2000-2017年分地区固定资产投资

Total Investment in Fixed Assets by Region(2000-2017)

单位：亿元　　(100 million yuan)

年　份 Year	西宁市 Xining City	海东市 Haidong City	海北州 Haibei Zang A.P	黄南州 Huang-nan Zang A.P	海南州 Hainan Zang A.P	果洛州 Golog Zang A.P	玉树州 Yushu Zang A.P	海西州 Haixi Mong-olian & Zang A.P
2000	53.82	14.12	4.27	3.31	5.81	1.85	3.01	28.25
2001	69.30	26.39	6.10	4.80	10.90	4.70	3.60	39.70
2002	77.70	32.79	7.50	4.70	14.09	2.20	4.30	49.00
2003	85.40	39.54	8.80	7.50	17.29	3.70	4.80	54.70
2004	98.50	43.55	10.60	11.70	21.79	3.00	5.80	57.30
2005	115.60	43.69	12.60	11.50	24.68	3.70	7.30	66.90
2006	141.04	45.93	15.65	10.61	28.13	6.13	8.76	87.30
2007	178.91	45.41	19.50	12.25	21.05	6.46	10.58	119.82
2008	221.98	54.62	25.60	15.28	24.94	7.50	14.02	125.53
2009	248.20	73.92	28.63	17.54	53.52	10.88	16.98	132.30
2010	403.02	98.01	39.48	22.53	45.88	16.60	39.50	178.23
2011	528.01	166.57	53.26	31.90	63.99	24.61	142.91	251.16
2012	700.48	255.44	71.81	42.38	79.01	38.24	170.84	401.59
2013	925.44	405.45	94.29	53.72	139.75	50.90	92.86	510.07
2014	1176.61	508.09	103.00	64.72	185.50	58.41	40.12	538.42
2015	1295.95	611.39	113.06	76.32	232.06	67.81	49.61	505.86
2016	1399.30	635.43	128.98	86.69	251.73	71.94	57.72	559.97
2017	1600.03	713.88	109.19	105.05	161.54	71.50	69.92	700.17

注：本表未包括跨地区项目。海北州数据未含飞地经济项目投资，下表同。

a) Data in this table do not include trans-regional items. Data of Haibei Zang A.P is not including enclave economy project investment. The same applies to the tables following.

6-5 2017年按地区分全社会固定资产投资
Total Investment in Fixed Assets by Region(2017)

单位：万元、平方米　　　　(10 000 yuan，sq.m)

类　型	Type	西宁市 Xining City	海东市 Haidong City	海北州 Haibei Zang A.P	黄南州 Huang-nan Zang A.P	海南州 Hainan Zang A.P	果洛州 Golog Zang A.P	玉树州 Yushu Zang A.P	海西州 Haixi Mong-olian & Zang A.P
投资总额	**Investment**	**1600.03**	**713.88**	**109.19**	**105.05**	**161.54**	**71.50**	**69.92**	**700.17**
按登记注册类型分	**By Registration type**								
国有投资	State-owned Investment	709.78	446.84	52.55	75.69	90.03	51.50	63.42	207.67
集体投资	Collective-owned Investment	5.48	5.87		1.61	0.06			1.88
股份合作企业	Cooperative Investment								
私营个体投资	Private and Self-employed Individuals Investment	410.52	85.17	16.46	6.06	34.78	3.37	3.34	136.88
联营经济投资	Joint Ownership								
有限责任公司	Limited Liability Corporations	392.26	124.11	38.14	5.98	34.11	10.95	0.03	226.33
股份有限公司	Share Holding Corporations Ltd.	41.93	34.44	1.39	1.75	0.24			116.62
港澳台投资	Funds from Hong Kong, Macao and Taiwan	1.51	2.43						4.25
外商投资	Foreign Funded	12.75				1.98			
其他投资	Others	25.80	15.02	0.65	13.96	0.34	5.68	3.13	6.54
按资金来源分	**By Sources of Funds**	**1434.65**	**599.90**	**112.34**	**109.76**	**157.43**	**66.70**	**48.65**	**588.62**
国家预算内资金	State Budget	186.81	115.21	38.68	63.81	48.79	46.66	35.06	114.37
国内贷款	Domestic Loans	303.61	168.26	23.56	5.49	50.55	5.08	1.28	134.72
债券	Bond	1.27	0.05		0.22	1.02			1.74
利用外资	Foreign Investment	0.70	2.70		0.08				0.49
自筹资金	Self-raising Fund	785.83	269.49	45.13	33.30	52.39	10.81	4.66	311.71
其他资金	Others	156.43	44.19	4.97	6.86	4.68	4.15	7.65	25.59
按构成分	**By Structure of Funds**								
建筑安装工程	Construction and Installation	1215.13	600.58	102.82	94.60	108.36	69.05	63.82	451.85
设备、工具、器具购置	Purchase of Equipment and Instruments	235.07	71.73	3.94	6.44	45.80	0.65	4.49	181.75
其他费用	Others	149.83	41.56	2.43	4.01	7.38	1.80	1.62	66.57
本年新增固定资产	**Add Fixed Assets of This Year**	**1063.95**	**579.54**	**76.35**	**92.76**	**114.52**	**43.27**	**52.35**	**407.20**
房屋建筑面积	**Floor Space of Buildings**								
施工面积	Floor Space under Construction	3186.70	648.80	198.61	148.53	125.39	36.31	31.49	301.19
竣工面积	Floor Space Completed	357.15	92.88	125.63	89.19	22.95	2.96	8.59	35.09
住宅	Residential Buildings	183.14	45.80	87.97	27.55	4.30	0.22	5.34	5.48

注：本表未含跨省区项目；按资金来源分为财务拨款数。

a) Data in this table do not include trans-provincial projects. The data divided by source of funds are financial appropriating funds.

6-6 2017年按各种口径分50万元以上项目固定资产投资

Completion of Investment in Fixed Assets of Projects over 500 Thousand Yuan by Various Calibres (2017)

单位：亿元 (100 million yuan)

指 标	Item	合 计 Total	地方 Local
总 计	**Total**	**3488.56**	**3264.14**
按登记注册类型分	**By Registration Type**		
内资	Domestic Funds	3453.64	3229.22
国有	State-owned	1922.04	1817.28
集体	Collective-owned	7.47	7.47
股份合作	Cooperative	7.44	7.44
联营	Joint		
有限责任公司	Limited Liability	748.78	695.96
国有独资公司	State-owned Sole Proprietorship	61.44	59.20
其他有限责任公司	Others	687.35	636.76
股份有限公司	Share-holding	222.55	155.72
私营	Private	475.17	475.17
其他内资	Others	70.18	70.18
港澳台投资	Funds from Hong Kong, Macao and Taiwan	8.18	8.18
合资经营企业(港或澳、台资)	Joint-venture Enterprises	1.51	1.51
合作经营企业(港或澳、台资)	Cooperation Enterprises		
港、澳、台商独资经营企业	Enterprises with Sole Investment	4.25	4.25
港、澳、台商投资股份有限公司	Share-holding Corporations Ltd.	2.43	2.43
其他港、澳、台商投资企业	Others		
外商投资	Foreign Investment	14.72	14.72
中外合资经营企业	Joint-venture Enterprises	12.71	12.71
中外合作经营企业	Cooperation Enterprises		
外资企业	Enterprises with Sole Funds	2.01	2.01
外商投资股份有限公司	Share-holding Corporations Ltd.		
其他外商投资企业	Others		
个体经营	Self-employed Individual	12.01	12.01
个体户	Self-employed	9.36	9.36
个人合伙	Individual Partners	2.65	2.65
按隶属关系分	**By Jurisdiction of Management**		
中央	Central	224.42	
地方	Local	3264.14	3264.14
省	Province	479.44	479.44
州市县属	Prefecture, City and County	2784.70	2784.70
州市	Prefecture，City	385.89	385.89
县	County	1485.98	1485.98
其他	Others	912.82	912.82

6-6 续表1 Continued

单位：亿元 (100 million yuan)

指 标	Item	合 计 Total	地方 Local
按建设性质分	**By Character of Construction**		
新建	New Construction	2869.81	2653.10
扩建	Extension	242.66	242.18
改建和技术改造	Reconstruction	281.05	275.54
单纯建造生活设施	The Construction of Living Facilities	7.13	7.13
迁建	Moving	15.92	15.92
恢复	Resumption	28.17	28.17
单纯购置	Purchase	43.82	42.10
按建设阶段分	**By Construction Phase**		
在建	Under Construction	1869.67	1716.44
全部投产	All into Operation	1574.25	1503.06
全部停缓建	Stop Postponed	44.64	44.64
按注册控股类型分	**By Registration Categories**		
国有控股	State-holding	2597.81	2373.39
集体控股	Collective-Holding	33.61	33.61
私人控股	Private-holding	684.08	684.08
港澳台商控股	Hong Kong, Macao and Taiwan-holding	7.16	7.16
外商控股	Foreign-holding	2.01	2.01
其他	Others	163.88	163.88
按国民经济行业分	**By Sector**		
农、林、牧、渔业	Agriculture, Forestry, Animal Husbandry and Fishery	137.57	137.48
农业	Farming	36.44	36.44
林业	Forestry	27.56	27.56
畜牧业	Animal Husbandry	23.98	23.89
渔业	Fishery	0.70	0.70
农、林、牧、渔服务业	Services in Support of Agriculture	48.88	48.88
采矿业	Mining	98.51	51.67
煤炭开采和洗选业	Mining and Washing of Coal	11.26	11.26
石油和天然气开采业	Extraction of Petroleum and Natural Gas	47.33	0.50
黑色金属矿采选业	Mining and Processing of Ferrous Metal Ores	1.96	1.96
有色金属矿采选业	Mining and Processing of Non-Ferrous Metal Ores	26.66	26.66
非金属矿采选业	Mining and Processing of Nonmetal Ores	9.14	9.14
其他采矿业	Mining of Other Ores	2.14	2.14

6-6 续表2 Continued

单位：亿元 (100 million yuan)

指 标	Item	合 计 Total	地方 Local
制造业	Manufacturing	734.21	732.56
农副食品加工业	Processing of Food from Agricultural Products	63.62	63.62
食品制造业	Manufacture of Foods	70.57	70.57
饮料制造业	Manufacture of Beverages	17.48	17.48
烟草制品业	Manufacture of Tobacco		
纺织业	Manufacture of Textile	10.37	10.37
纺织服装、鞋、帽制造业	Manufacture of Textile Wearing Apparel,Footwear and Caps	4.26	4.26
皮革、毛皮、羽毛(绒)及其制品业	Manufacture of Leather, Fur,Feather and Related Products	0.25	0.25
木材加工及木、竹、藤、棕、草制品业	Processing of Timber, Manufacture of Wood, Bamboo, Rattan, Palm and Straw Products	5.29	5.29
家具制造业	Manufacture of Furniture	10.40	10.40
造纸及纸制品业	Manufacture of Paper and Paper Products	0.08	0.08
印刷业和记录媒介的复制	Printing, Reproduction of Recording Media	4.98	4.98
文教体育用品制造业	Manufacture of Articles For Culture, Education and Sport Activities	10.15	10.15
石油加工、炼焦及核燃料加工业	Processing of Petroleum, Coking, Processing of Nuclear Fuel	2.55	2.55
化学原料及化学制品制造业	Manufacture of Raw Chemical Materials and Chemical Products	152.79	152.79
医药制造业	Manufacture of Medicines	39.18	39.18
化学纤维制造业	Manufacture of Chemical Fibers		
橡胶和塑料制造业	Manufacture of Rubber and Manufacture of Plastics	10.88	10.88
非金属矿物制品业	Manufacture of Non-metallic Mineral Products	43.93	43.93
黑色金属冶炼及压延加工业	Smelting and Pressing of Ferrous Metals	17.72	17.72
有色金属冶炼及压延加工业	Smelting and Pressing of Non-ferrous Metals	120.64	120.18
金属制品业	Manufacture of Metal Products	10.54	10.54
通用设备制造业	Manufacture of General Purpose Machinery	18.75	18.75
专用设备制造业	Manufacture of Special Purpose Machinery	12.28	12.28
汽车制造业	Manufacture of Automobile	5.49	5.49
铁路、船舶、航空航天和其他运输设备制造业	Manufacture of Railway,Watercraft,Aviation and other Transport Equipments	6.69	6.69
电气机械及器材制造业	Manufacture of Electrical Machinery and Equipment	72.65	71.46
计算机、通信和其他电子设备制造业	Manufacture of Computers, Communication and Electronic Equipment	7.28	7.28
仪器仪表制造业	Manufacture of Measuring Instruments and Machinery	2.01	2.01
其他制造业及金属制品、机械和设备修理业	Other Manufacture, Repair Service of Metal Products, Machinery and Equipment	11.90	11.90
废弃资源综合利用业	Recycling and Disposal of Waste	1.49	1.49

6-6 续表3 Continued

单位：亿元 (100 million yuan)

指 标	Item	合计 Total	地方 Local
电力、燃气及水的生产和供应业	Production and Supply of Electricity, Gas and Water	372.07	321.70
电力、热力的生产和供应业	Production and Supply of Electric Power and Heat Power	342.37	292.00
燃气生产和供应业	Production and Supply of Gas	8.95	8.95
水的生产和供应业	Production and Supply of Water	20.75	20.75
建筑业	Construction	103.92	103.33
房屋和土木工程建筑业	Construction of Buildings and Civil Engineering	92.74	92.15
建筑安装业	Building Installation	4.67	4.67
建筑装饰和其他建筑业	Building Decoration and Other Construction	6.51	6.51
交通运输、仓储和邮政业	Transport, Storage and Post	736.46	675.98
铁路运输业	Railway Transport	1.17	0.69
道路运输业	Road Transport	701.33	641.33
水上运输业	Water Transport	0.21	0.21
航空运输业	Air Transport	12.23	12.23
管道运输业	Transport Via Pipelines	0.82	0.82
装卸搬运和其他运输服务业	Loading, Unloading and Other Transport Services	3.98	3.98
仓储业	Storage	16.42	16.42
邮政业	Post	0.29	0.29
信息传输、计算机服务和软件业	Information Transmission, Computer Services and Software	89.34	26.88
电信和其他信息传输服务业	Telecommunications and Other Information Transmission Services	83.47	21.01
计算机服务业	Computer Services	5.87	5.87
批发和零售业	Wholesale and Retail Trades	32.64	32.64
批发业	Wholesale Trade	12.84	12.84
零售业	Retail Trade	19.80	19.80
住宿和餐饮业	Hotels and Catering Services	42.46	42.46
住宿业	Hotels	23.95	23.95
餐饮业	Catering Services	18.52	18.52
金融业	Financial Intermediation	1.03	1.03
货币金融服务	Monetary Financial Services	0.64	0.64
资本市场服务	Capital Market Service	0.39	0.39
保险业	Insurance		
其他金融活动	Other Financial Activities		
房地产业	Real Estate	255.24	255.10
租赁和商务服务业	Leasing and Business Services	72.55	72.55
租赁业	Leasing	0.05	0.05
商务服务业	Business Services	72.50	72.50

6-6 续表4 Continued

单位：亿元 (100 million yuan)

指　标	Item	合计 Total	地方 Local
科学研究、技术服务和地质勘查业	Scientific Research, Technical Service and Geologic Prospecting	12.32	12.32
研究与试验发展	Research and Experimental Development	0.65	0.65
专业技术服务业	Professional Technical Services	5.68	5.68
科技交流和推广服务业	Services of Science and Technology Exchanges and Promotion	6.00	6.00
水利、环境和公共设施管理业	Management of Water Conservancy,	488.40	487.38
水利管理业	Environment and Public Facilities	84.64	84.64
生态保护和环境治理业	Ecological Protection and Environmental Mmanagement Industry	69.50	69.50
公共设施管理业	Public Facilities Management	334.25	333.24
居民服务和其他服务业	Services to Households and Other Services	9.78	9.78
居民服务业	Services to Households	7.51	7.51
其他服务业	Other Services	2.26	2.26
教育	Education	64.28	63.48
卫生和社会工作	Health, Social Work	42.81	42.81
卫生	Health	33.73	33.73
社会工作	Social Work	9.08	9.08
文化、体育和娱乐业	Culture, Sports and Entertainment	67.06	67.06
新闻出版业	Journalism and Publishing Activities	0.11	0.11
广播、电视、电影和音像业	Broadcasting, Movies, Television and Audiovisual Activities	1.16	1.16
文化艺术业	Cultural and Art Activities	29.82	29.82
体育	Sports Activities	9.13	9.13
娱乐业	Entertainment	26.83	26.83
公共管理、社会保障和社会组织	Public Management, and Social Organization	127.92	127.92
中国共产党机关	Organs of Communist Party of China	0.15	0.15
国家机构	Government Agencies	78.71	78.71
人民政协和民主党派	People's Political Consultative Conference and Democratic Parties	0.01	0.01
社会保障	Social Security	9.90	9.90
群众团体、社会团体和其他成员组织	Non-Governmental Organizations, Social Organizations and Membership Organizations	15.84	15.84
基层群众自治组织	Grass Roots Self-governing Organizations	23.32	23.32
国际组织	International Organizations		

6-7 2017年分地区分行业项目固定资产投资
Investment in Fixed Assets by Sector and Region (2017)

单位：亿元 (100 million yan)

指　标	Item	西宁市 Xining City	海东市 Haidong City	海北州 Haibei Zang A.P	黄南州 Huang-nan Zang A.P	海南州 Hainan Zang A.P	果洛州 Golog Zang A.P	玉树州 Yushu Zang A.P	海西州 Haixi Mong-olian & Zang A.P
总计	**Total**	**1248.70**	**681.01**	**104.85**	**103.39**	**159.61**	**71.50**	**69.92**	**683.73**
按行业分	**By Sector**								
农林牧渔业	Agriculture, Forestry, Animal Husbandry and Fishery	41.62	22.92	7.86	8.48	17.50	4.05	1.90	33.24
采矿业	Mining	5.07	0.86	2.44	0.23	0.68			89.23
制造业	Manufacturing	382.05	110.14	5.37	6.09	5.74	1.94	1.27	221.61
电力、煤气及水的生产和供应业	Production and Supply of Electricity, Gas and Water	54.24	48.05	10.36	10.67	56.41	16.20	3.04	161.41
建筑业	Construction	46.41	10.77		0.28		8.20	21.77	16.48
交通运输、仓储及邮政业	Transport, Storage and Post	210.27	142.93	26.76	11.10	17.82	6.22	6.83	31.68
信息传输、软件和信息技术服务业	Information Transmission, Software and Information Technology Services	6.76	6.23	0.05	0.58	0.74	0.10	0.97	2.57
批发和零售业	Wholesale and Retail Trades	13.47	5.23	0.05	2.61	2.81	2.48	1.02	4.96
住宿、餐饮业	Hotels and Catering Services	9.72	8.88	4.41	3.45	4.13	1.47	2.32	8.08
金融业	Financial Intermediation	0.18	0.14	0.41	0.00	0.04			0.25
房地产业	Real Estate	98.52	68.34	19.11	17.51	19.94	7.48	7.14	17.20
租赁和商务服务业	Leasing and Business Services	46.72	8.83	0.46	0.21	1.52	0.61	0.36	13.85
科学研究、技术服务和地质勘查业	Scientific Research, Technical Services and Geological Prospecting Industry	4.63	5.16	0.34	0.12	0.35	0.46	0.69	0.55
水利、环境和公共设施管理业	Management of Water Conservancy, Environment and Public facilities	198.18	159.75	21.56	19.89	17.15	8.21	3.71	59.96
居民服务和其他服务业	Residents Services and Other Service	7.00	0.33	0.13	0.10	0.19	0.49	0.21	1.34
教育	Education	22.00	14.11	1.22	4.19	5.55	3.50	10.23	3.49
卫生和社会工作	Health and Social Work	25.74	7.60	1.50	1.31	2.66	1.10	0.35	2.55
文化体育和娱乐业	Culture, Sports and Entertainment	28.28	14.07	0.71	4.38	2.44	6.38	0.52	10.28
公共管理、社会保障和社会组织	Public Administration, Social Security and Social Organizations	47.83	46.69	2.10	12.19	3.93	2.59	7.59	5.00
国际组织	International Organizations								

注：本表为50万元以上项目投资完成情况未含省直报项目，未含跨地区直报项目。

a) Data in this table are completion condition of investment projects above 500 thousand yuan, and do not include provincial and trans-regional Projects reporting directly.

6-8 2012-2017年固定资产投资项目新增主要生产能力
Newly Increased Production Capacity of Investment in Fixed Assets(2012-2017)

能力名称	Item	2012	2013	2014	2015	2016	2017
原煤开采 (万吨/年)	Coal Mining (10 000 tons/year)	1095	1091	500	45	135	405
洗煤 (万吨/年)	Coal washing (10 000 tons/year)	420	400	841	40		
天然原油 (万吨/年)	Petroleum Extraction (10 000 tons/year)				200	35	45
天然气开采 (亿立方米/年)	Extraction of Petroleum and Natural Gas (100 million cu.m/year)					0.3	
铁矿开采(原矿) (万吨/年)	Iron Ore Mining (10 000 tons/year)	430.5	68.2	19.0			
铁矿石成品矿 (万吨/年)	Finished Products of Iron Ore Mine (10 000 tons/year)						
炼铁 (万吨/年)	Iron-making (10 000 tons/year)						
炼钢 (万吨/年)	Steel-making (10 000 tons/year)						
初轧 (万吨/年)	Rolling Early (10 000 tons/year)						
铁合金 (万吨/年)	Iron Alloy (10 000 tons/year)	13.3	39.2	2.6			
热轧钢材 (万吨/年)	Hot-rolled Steel (10 000 tons/year)						
钢丝 (万吨/年)	Wire Steel (10 000 tons/year)						
铜采矿(原矿) (万吨/年)	Copper Ore Mining (10 000 tons/year)	727.0	919.5	52.0	30.0		5.0
铜选矿(处理原矿) (万吨/年)	Copper Ore Dressing:Crude Ore Processing (10 000 tons/year)		60	0.03			
铜含量 (吨/年)	Copper Content (ton/year)				2862	4000	
铜冶炼 (吨/年)	Copper Smelting (ton/year)						
#电解铜	Electrolytic Copper (ton/year)						
铅锌采矿(原矿) (万吨/年)	Plumbum/Zinc Ore Mining(10 000 tons/year)	10.1		20.2	15.3		
铅锌选矿(处理原矿) (万吨/年)	Plumbum and Zinc Ore Dressing:Crude Ore Processing (10 000 tons/year)	20.0	9.0	50.0	2.0		
铅含量 (吨/年)	Plumbum Content (ton/year)			20			
锌含量 (吨/年)	Zinc Content (ton/year)						
铅冶炼 (吨/年)	Plumbum Smelting (ton/year)						
#电解铅	Electrolytic Plumbum						
镍采矿 (吨/年)	Nickel Ore Mining (ton/year)						
氧化铝 (吨/年)	Aluminum Oxide (ton/year)						
锌冶炼 (吨/年)	Zinc Smelting (ton/year)						
电解铝 (吨/年)	Electrolytic Aluminum (ton/year)	150000	240000	240000			247695
粗铅 (吨/年)	Crude Plumbum (ton/year)						
铝加工 (吨/年)	Aluminum Processing (ton/year)	251400	250800	1040000	1040000	300000	197709
金采矿(原矿) (万吨/年)	Gold Ore Mining (10 000 tons/year)						
金选矿(处理原矿) (吨/年)	Gold Ore Dressing: Crude Ore Processing (ton/year)						
金含量 (公斤/年)	Gold Content (kg/year)						
黄金 (公斤/年)	Gold (kg/year)	941.5	1060.0	17.0	6.0	12.0	
矿山成品金 (公斤/年)	Gold Finished (kg/year)						
水力发电 (万千瓦)	Hydraulic Power Generat (10 000 kw)	306	902	861	67	515	
火力发电 (万千瓦)	Fire Power Generation (10 000 kw)				66	35	
太阳能发电 (万千瓦)	Solar Power Generation (10 000 kw)	126	657	99	192	253	91
风力发电 (万千瓦)	Wind Power Generation (10 000 kw)	15	135	21	22	54	85
输电线路长度(11万伏及以上) (公里)	Length of Transmission Line (km)	2019	374	1959	860	103	300
变电设备能力(11万伏及以上)(万千伏安)	Substation Equipment Capacity (10 000kVA)						

6-8 续表 continued

能力名称	Item	2012	2013	2014	2015	2016	2017
水泥 (万吨/年)	Cement (10 000 tons/year)	225	1133	51		43	
胶合板 (万立方米/年)	Plywood (10 000 cu.m/year)						
刨花板 (万立方米/年)	Flakeboard (10 000 cu.m/year)						
平板玻璃 (万重量箱/年)	Plate Glass (10 000 Weight-box/year)						
硫酸 (吨/年)	Sulphuric Acid (ton/year)						
烧碱 (吨/年)	Caustic Soda (ton/year)						
纯碱 (吨/年)	Soda Ash (ton/year)						
电石 (吨/年)	Calcium Carbide (ton/year)	550					
磷肥 (吨/年)	Phosphate Fertilizer (ton/year)		19200				
钾肥 (吨/年)	Potash Fertilizer (ton/year)	1393000	537350	254493	1637080	620130	3500
朔料树脂及共聚物 (吨/年)	Plastic Colophony and Polymer (ton/year)		5000	1290	228012		
化学原料药 (吨/年)	Chemical Medicinal Materials (ton/year)						
中成药 (吨/年)	Traditional Chinese Medicine (ton/year)						
毛纺锭 (锭)	Wool Spindles (unit)						
原盐 (吨/年)	Salt (ton/year)						
机制纸 (万吨/年)	Machine-made Paper (10 000 cu.m/year)						
移动通信基站设备 (个/年)	Mobile Communicating Base Station Equipment (unit/year)						
程控交换机 (万线/年)	Program-Controlled Telephone Exchange (10 000 lines/year)						1070
新建公路 (公里)	Length of New Highways (km)	2100	5627	6424	3475	2789	1652
#高速公路	Express Way	22		132		201	434
一级公路	First Class				2	166	31
二级公路	Second Class	19	300	41	26	146	
改建公路 (公里)	Length of Reconstructed Highways (km)	711	1932	1790	2122	595	1696
#高速公路	Express Way						
一级公路	First Class						
二级公路	Second Class	7	95	143			477
新建独立公路桥梁 (延长米)	New-built Seoarate (Extended Length)	7447	6144	7042	6783	3751	1948
新建独立公路桥梁 (座)	Highway and Bridge (unit)	61	147	109	77	33	36
新(扩)建客、货运站 (个)	Number of Newly-built or Expanded(unit)		6	18	10	5	4
新(扩)建客、货运站(平方米)	Passenger and Freight Stations (sq.m)		15885	31688	10485	7951	4385

6-9 1995-2017年50万元以上项目固定资产投资
Investment in Fixed Assets of Projects over 500 Thousand Yuan in Urban Area(1995-2017)

年 份 Year / 地 区 Region	施工项目(个) Number of Projects under Construction (unit)	新开工项 目(个) Number of Projects Started This Year (unit)	全部建成投产项目(个) Number of Projects Completed and Put into Use (unit)	项目建成投产率 Rate of Construction Projects Completed and Put into Use (%)	固定资产投资额(亿元) Investment in Fixed Assets (100 million yuan)	新增固定资产(亿元) Newly Increased Fixed Assets (100 million yuan)	交付使用率 Rate of Projects of Fixed Assets Completed and Put into Use (%)
1995	1122	788	748	66.7	44.97	32.92	73.2
1996	1243	985	841	67.7	66.80	50.14	75.1
1997	1227	855	742	60.5	77.55	72.78	93.9
1998	1419	1026	785	55.3	91.94	62.30	67.8
1999	1544	998	901	58.4	94.85	77.72	81.9
2000	1646	1215	970	58.9		59.15	48.3
2001	1932	1459	1155	59.8	163.65	113.03	69.1
2002	2106	1588	1285	61.0	195.22	92.24	47.2
2003	2287	1802	1261	55.1	212.94	74.17	34.8
2004	2275	1681	1427	62.7	247.53	147.54	59.6
2005	2550	1695	1548	60.7	281.72	151.46	53.8
2006	2472	1757	1758	71.1	353.43	290.78	82.3
2007	2238	1601	1363	60.9	409.49	219.80	53.7
2008	2394	1617	1527	63.8	462.86	286.28	61.9
2009	2678	1774	1608	60.0	616.27	257.88	41.8
2010	2900	1516	1398	48.2	731.82	279.68	38.2
2011	2936	1946	1362	46.4	1029.72	444.56	43.2
2012	3767	2292	2000	53.1	1465.90	684.02	46.7
2013	4360	2718	2686	61.6	1849.58	864.37	46.7
2014	4533	2988	2970	65.5	2180.66	965.25	44.3
2015	7432	5389	5498	74.0	2858.32	1790.53	62.6
2016	8606	6461	6233	72.4	3136.27	1707.44	54.4
2017	9709	6878	7370	75.9	3488.56	2366.42	67.8
西宁市 Xining City	2337	1615	1743	74.6	1248.70	935.07	74.9
海东市 Haidong City	1269	959	1008	79.4	681.01	547.37	80.4
海北州 Haibei Zang A.P	601	485	453	75.4	104.85	73.97	70.6
黄南州 Huangnan Zang A.P	1200	837	867	72.3	103.39	92.76	89.7
海南州 Hainan Zang A.P	1074	854	874	81.4	159.61	114.52	71.8
果洛州 Golog Zang A.P	833	656	574	68.9	71.50	43.27	60.5
玉树州 Yushu Zang A.P	726	417	572	78.8	69.92	52.35	74.9
海西州 Haixi Mongolian & Zang A.P	1631	1044	1271	77.9	683.73	405.80	59.4
不分地区 Not Classified by Region	38	11	8	21.1	365.87	101.30	27.7

6–10 2017年主要产品建设规模
Construction Size of Main Production(2017)

能力名称	Item	建设规模 Total Construction Size	本年施工规模 Under Construction This Year	本年新开工 Started This Year	累计新增 Accumulated Newly Increased	本年新增 Newly Increased This Year
原煤开采 (万吨/年)	Coal Mining (10 000 tons / year)	505	445	45	405	405
天然原油开采 (万吨/年)	Petroleum Extraction (10 000 tons / year)	52	52	52	52	45
天然气开采 (亿立方米/年)	Extraction of Natural Gas (10 000 cu.m / year)					
铁矿开采(原矿) (万吨/年)	Iron Ore Mining (10 000 tons / year)					
铁矿选矿处理量 (万吨/年)	Iron Ore Dressing: Crude Ore Dressing (10 000 tons / year)					
铁合金 (折标吨/年)	Iron Allo (equivalent standard ton / year)					
铜采矿(原矿) (万吨/年)	Copper Ore Mining (10 000 tons / year)	30	5	5	5	5
铜选矿:处理原矿 (万吨/年)	Copper Ore Dressing: Crude Ore Processing					
铅锌采矿(原矿) (万吨/年)	Plumbum / Zinc Ore Mining (10 000 tons / year)					
电解铝 (吨/年)	Electrolytic Aluminum (ton / year)	715000	247695	247695	297695	247695
铝加工 (吨/年)	Aluminum Processing (ton / year)	360000	238849	108287	217709	197709
水力发电 (万千瓦)	Hydraulic Power (10 000 KW)	359.9	10.9		88.8	
火力发电 (万千瓦)	Fire Power (10 000 KW)					
其他发电 (万千瓦)	Other Power (10 000 KW)	0.6	0.6	0.6		
输电线路长度 (公里) (11万伏及以上)	Length of Transmission Line (km) (above 110 000 V)	339	339	27	325	300
水泥 (万吨/年)	Cement (10000 tons / year)					
磷肥 (吨/年)	Phosphate Fertilizer (ton / year)					
钾肥 (吨/年)	Potash Fertilizer (ton / year)	9450	9450	3500	3500	3500
毛纺锭 (锭)	Wool Spindles (unit)					
新建公路 (公里)	Length of New Highways (km)	3402	2932	1290	1795	1652
改建公路 (公里)	Length of Reconstructed Highways (km)	4572	4192	1322	1749	1696
新建独立公路 (延长米)	New-built Separate Highway(Extended Length)	7323	6747	5363	1948	1948
桥梁 (座)	Bridge (unit)	56	51	49	36	36
新(扩)建客、货运站 (个)	Number of Newly-builtor Expanded Passengerand FreightStations (unit)	4	4	4	4	4
新(扩)建客、货运站 (平方米)	Number of Newly-builtor Expanded Passengerand Freight Stations (sq.m)	5785	4385	4385	5785	4385
城市自来水供水能力(万吨/日)	Tap Water Supply Capacity (10 000 tons / day)	49.8	10.5	6.6	27.3	2.5

6-11 2017年按行业分50万元以上施工、投产项目个数

Number of Construction Projects over 500 Thousand Yuan under Construction and Projects Completed and Projects Put into Use by Sector(2017)

单位：个、% (unit，%)

行 业	Sector	施工项目 Number of Projects under Construction	新开工项 目 Started This Year	全部建成投产项目 Number of Projects Completed and Put into Use	项目建成投 产 率 Rate of Projects Completed and Put into Use
总计	**Total**	**9709**	**6878**	**7370**	**75.9**
农林牧渔业	**Agriculture, Forestry, Animal Husbandry and Fishery**	**1202**	**969**	**1034**	**86.0**
农业	Agriculture	204	134	161	78.9
采矿业	**Mining**	**70**	**43**	**54**	**77.1**
煤炭开采和洗选业	Mining and Washing of Coal	15	7	10	66.7
石油和天然气开采业	Extraction of Petroleum and Natural Gas	2	1	2	100.0
黑色金属矿采选业	Mining and Processing of Ferrous Metal Ores	5	2	3	60.0
有色金属矿采选业	Mining and Processing of Non-Ferrous Metal Ores	22	20	19	86.4
制造业	**Manufacturing**	**1008**	**634**	**741**	**73.5**
农副食品加工业	Processing of Food from Agricultural Products	162	106	135	83.3
食品制造业	Manufacture of Foods	144	74	104	72.2
饮料制造业	Manufacture of Beverages	31	19	17	54.8
烟草制品业	Manufacture of Tobacco				
纺织业	Manufacture of Textile	15	6	14	93.3
纺织服装、鞋、帽制造业	Manufacture of Textile Wearing Apparel, Footwear and Caps	8	6	8	100.0
皮革、毛皮、羽毛(绒)及其制品业	Manufacture of Leather, Fur, Feather and Related Products	4	4	4	100.0
木材加工及木、竹、藤、棕、草制品业	Processing of Timber, Manufacture of Wood, Bamboo, Rattan, Palm and Straw Products	2	1		
家具制造业	Manufacture of Furniture	5	4	2	40.0
造纸及纸制品业	Manufacture of Paper and Paper Products	2	2	2	100.0
印刷业和记录媒介的复制	Printing, Reproduction of Recording Media	6	3	4	66.7
文教体育用品制造业	Manufacture of Articles For Culture, Education and Sport Activities	27	16	23	85.2
石油加工、炼焦及核燃料加工业	Processing of Petroleum, Coking, Processing of Nuclear Fuel	8	6	8	100.0
化学原料及化学制品业	Manufacture of Raw Chemical Materials and Chemical Products	107	52	70	65.4
医药制造业	Manufacture of Medicines	59	38	38	64.4
化学纤维制造业	Manufacture of Chemical Fibres				
橡胶和塑料制品业	Manufacture of Rubber and Manufacture of Plastics	22	14	16	72.7
非金属矿物制品业	Manufacture of Non-metallic Mineral Products	91	70	67	73.6
黑色金属冶炼及压延加工业	Smelting and Pressing of Ferrous Metals	23	18	19	82.6
有色金属冶炼及压延加工业	Smelting and Pressing of Non-ferrous Metals	77	53	52	67.5

6-11 续表 continued

单位：个、% (unit，%)

行 业	Sector	施工项目 Number of Projects under Construction	新开工项目 Started This Year	全部建成投产项目 Number of Projects Completed and Put into Use	项目建成投产率 Rate of Projects Completed and Put into Use
金属制品业	Manufacture of Metal Products	19	14	11	57.9
通用设备制造业	Manufacture of General Purpose Machinery	20	12	16	80.0
专用设备制造业	Manufacture of Special Purpose Machinery	41	28	36	87.8
交通运输设备制造业	Manufacture of Transport Equipment	10	6	6	60.0
电气机械及器材制造业	Manufacture of Electrical Machinery and Equipment	77	51	58	75.3
通信设备、计算机及其他电子设备制造业	Manufacture of Communication Equipment, Computers and Other Electronic Equipment	6	3	5	83.3
仪器仪表及文化、办公用机械制造业	Manufacture of Measuring Instruments and Machinery for Cultural Activity and Office Work	9	9	5	55.6
工艺品及其他制造业	Manufacture of Artwork and Other Manufacturing	17	7	8	47.1
废弃资源综合利用业	Recycling and Disposal of Waste	7	4	5	71.4
电力燃气水的生产供应业	**Production and Supply of Electricity, Gas and Water**	**465**	**328**	**360**	**77.4**
电力、热力的生产和供应业	Production and Supply of Electric Power and Heat Power	368	262	293	79.6
建筑业	**Construction**	**835**	**625**	**577**	**69.1**
交通运输、仓储和邮政业	**Transport, Storage and Post**	**816**	**491**	**589**	**72.2**
仓储业	Storage	50	29	31	62.0
邮政业	Post	3	2		
信息传输、计算机服务和软件业	**Information Transmission, Computer Services and Software**	**77**	**57**	**64**	**83.1**
批发和零售业	**Wholesale and Retail Trades**	**182**	**131**	**158**	**86.8**
住宿和餐饮业	**Hotels and Catering Services**	**246**	**184**	**189**	**76.8**
金融业	**Financial Intermediation**	**9**	**4**	**6**	**66.7**
房地产业	**Real Estate**	**606**	**421**	**464**	**76.6**
租赁和商务服务业	**Leasing and Business Services**	**121**	**84**	**78**	**64.5**
科学研究、技术服务和地质勘查业	**Scientific Research, Technical Service and Geologic Prospecting**	**69**	**48**	**46**	**66.7**
水利、环境和公共设施管理业	**Management of Water Conservancy, Environment and Public Facilities**	**1814**	**1375**	**1314**	**72.4**
居民服务和其他服务业	**Services to Households and Other Services**	**119**	**80**	**99**	**83.2**
教育	**Education**	**763**	**491**	**639**	**83.7**
卫生和社会工作	**Health, Social Work**	**268**	**164**	**215**	**80.2**
文化、体育和娱乐业	**Culture, Sports and Entertainment**	**359**	**287**	**268**	**74.7**
公共管理、社会保障和社会组织	**Public Management, Social Security and Social Organization**	**680**	**462**	**475**	**69.9**
国际组织	**International Organizations**				

6-12 1985-2017年农村个人固定资产投资和建房
Individual Investment in Fixed Assets and Building Construction in Rural Area(1985-2017)

年份 Year	投资总额(万元) Total Investment (10 000yuan)	按投资来源分 By Sources of Funds: 国内贷款 Domestic Loans	自筹资金 Self-raising Funds	其他资金 Others	按投资方向分 By Investment Orientation: 第一产业 Primary Industry	第二产业 Secondary Industry	第三产业 Tertiary Industry	施工房屋建筑面积(万平方米) Floor Space of Buildings under Construction (10 000 sq.m)	竣工房屋建筑面积(万平方米) Floor Space of Buildings Completed (10 000 sq.m)	住宅 Residential Buildings	竣工房屋造价(元/平方米) Value of Buildings Completed (yuan/sq.m)	住宅 Residential Buildings
1985	9567							211.77	214.63	206.04		
1986	9467							109.31	109.31	109.31		
1987	11388							596.78	192.13	160.11		
1988	19950							167.82	167.82	126.60		
1989	17508							151.95	148.98	140.04		
1990	14747							124.64	121.60	112.48		
1991	16079							197.36	197.36	181.94		
1992	18259							113.00	113.00	113.00		
1993	31972							208.66	189.69	145.43		
1994	30580							176.25	176.25	163.96		
1995	35128							122.50	122.50	115.65		
1996	37359							150.41	150.41	122.90		
1997	36965							149.00	147.93	130.90		
1998	41852							198.09	198.09	172.37		
1999	40441							142.00	137.00	129.00	138.58	140.57
2000	77197	9124	62334	5739	11970	2085	63142	197.07	197.07	197.07	158.76	164.39
2001	81595	3509	74823	3264	18992	4018	58585	181.89	180.70	160.56	163.36	170.58
2002	98620	30474	63215	4931	19261	408	78951	141.45	141.28	127.05	181.06	176.11
2003	93563	9833	76727	7002	47676		45887	233.72	217.53	196.92	175.70	175.38
2004	97231	3563	87921	5748	46519	1685	49027	171.02	168.86	154.07	208.87	212.46
2005	101134	2899	85496	12739	30844	544	69746	252.74	252.74	201.03	217.44	250.72
2006	114113	1740	108697	3676	37755	393	75965	281.56	276.15	184.81	252.75	323.32
2007	140144	9198	126411	4536	41455	781	97908	257.34	252.80	219.70	328.79	361.00
2008	173472	13076	150996	9400	40129	652	132691	225.56	224.68	180.67	374.68	433.68
2009	229781	20083	209698		39770	689	189322	378.71	370.15	302.98	446.10	506.52
2010	494295	27300	404675	62320	45276	566	448453	710.42	707.52	661.72	559.97	578.32
2011	696640	136468	420730	139442	71336	561	624743	808.80	771.60	719.30	709.26	742.97
2012	747560	53743	567929	125889	57314	20254	669992	824.17	744.00	665.00	739.26	804.60
2013	760784	68804	587018	104962	65112	5269	690403	802.20	733.00	665.43	788.30	836.01
2014	723164	92480	537103	93581	61494	22637	639033	750.59	723.54	654.66	794.23	824.56
2015	664618	95165	476530	92923	41185	8459	614974	741.71	670.09	614.71	789.11	808.26
2016	725424	87662	475596	162166	51617	3082	670725	717.10	663.90	635.90	908.05	919.88
2017	636922	106758	408391	121773	40244	2721	593957	624.38	598.20	569.53	944.37	956.67

注：本表为抽样调查数。
a) Data in this table are taken from sample survey.

6-13 2013-2017年房地产开发主要指标
Main Indicators of Real Estate Development(2013-2017)

指 标	Item	2013	2014	2015	2016	2017
企业个数 （个）	**Number of Enterprises (unit)**	**308**	**325**	**330**	**353**	**321**
内 资	Domestic Funded	305	322	329	352	318
国 有	State-owned Enterprises	4	3	3	4	12
集 体	Collective-owned Enterprises					
港、澳、台投资	Enterprises with Funds from Hong Kong, Macao and Taiwan	2	2			2
外商投资	Foreign Funded	1	1	1	1	1
年末从业人数 （人）	**Average Number of Employed Persons (persons)**	**10094**	**10374**	**10449**	**10940**	**10095**
内 资	Domestic Funded	10025	10311	10421	10913	10027
国 有	State-owned Enterprises	261	239	106	149	893
集 体	Collective-owned Enterprises					
港、澳、台投资	Enterprises with Funds from Hong Kong, Macao and Taiwan	39	27			41
外商投资	Foreign Funded	30	36	28	27	27
土地开发及购置 （万平方米）	**Land Development and Purchase (10 000 sq.m)**					
本年土地购置面积	Land Space Purchased This Year	80.13	99.87	48.35	18.52	44.86
本年完成投资额 （亿元）	**Investment Completed This Year(100 million yuan)**	**247.61**	**308.27**	**336.00**	**396.92**	**408.59**
住宅	Residential Buildings	159.72	190.67	201.38	227.78	213.66
资金来源小计 （亿元）	**Sources of Funds (100 million yuan)**	**259.09**	**351.07**	**361.04**	**423.25**	**412.02**
国内贷款	Domestic Loans	44.43	51.56	72.94	71.58	70.09
利用外资	Foreign Investment					
自筹资金	Self-raising Fund	117.97	139.36	153.80	197.17	199.13
房屋建筑面积 （万平方米）	**Floor Space of Buildings (10 000 sq.m)**					
施工面积	Floor Space under Construction	2376.64	2545.90	2585.59	2847.71	2936.71
竣工面积	Floor Space Completed	592.62	559.49	454.41	386.67	440.90
住宅	Residential Buildings	474.39	447.50	320.84	231.21	229.45
商品房销售面积 （万平方米）	**Floor Space of Commercialized Buildings Sold (10 000 sq.m)**	**381.56**	**415.77**	**392.96**	**437.85**	**494.04**
住宅	Residential Buildings	369.70	362.92	329.71	373.03	399.57
商品房平均销售价格（元/平方米）	**Selling Price of Commercialized Buildings (yuan/sq.m)**	**4163**	**5081**	**5242**	**5400**	**6001**
住宅	Residential Buildings	3957	4294	4241	4612	5298
实收资本合计 （亿元）	**Total Capital Held (100 million yuan)**	**107.51**	**131.91**	**158.54**	**198.46**	**154.54**
资产负债率 （%）	**Ratio of Liabilities to Assets (%)**	83.3	85.4	85.7	118.9	118.3
营业收入 （亿元）	**Total Revenue (100 million yuan)**	**107.85**	**159.04**	**116.66**	**260.28**	**139.89**
主营业务收入	Revenue from Principal Business	106.73	152.96	111.97	258.85	136.20
土地转让收入	Land Transferred	0.38	0.55	1.49	0.19	0.12

6-14 2000-2017年按用途分房地产开发企业(单位)投资额

Investment Actually Completed by Enterprises for Real Estate Development by Use (2000-2017)

单位：万元 (10 000 yuan)

年 份 地 区 Year Region	本年完成投资额 Investment Completed This Year	住 宅 Residential Buildings	办公室 Office	商业营业用房 Houses for Business Use	其 他 Others
2000	134990	81416	8369	24031	21174
2001	153558	85985	11482	28707	27384
2002	169171	94830	14657	13913	45771
2003	223121	154604	21610	21205	25702
2004	262394	166081	27476	35841	32996
2005	291130	165786	19280	43828	62236
2006	311794	229397	7414	48459	26524
2007	342057	280506	7094	31633	22824
2008	511881	428812	5227	38627	39215
2009	728499	545720	7221	40297	135261
2010	1081887	752005	21522	158326	150034
2011	1447986	902274	39733	290551	215428
2012	1896795	1411006	33642	268742	183405
2013	2476138	1597196	167543	444914	266485
2014	3082702	1906743	273158	642797	260004
2015	3359998	2013766	374264	646196	325772
2016	3969204	2277750	325052	960228	406174
2017	4085865	2136640	334624	970840	643761
西宁市 Xining City	3513337	1711652	329174	878019	594492
海东市 Haidong City	328747	258502	1596	47026	21623
海北州 Haibei Zang A.P	43470	33065		7404	3001
海南州 Hainan Zang A.P	19270	9894		8465	911
海西州 Haixi Mongolian & Zang A.P	164384	120527	1834	18889	23134
黄南州 Huangnan Zang A.P	16657	3000	2020	11037	600

注：本表2004年数据为常规报表数。
a) Data in 2004 in this table were taken from routine account.

6-15 2000-2017年房地产开发企业(单位)资金来源

Sources of Funds of Enterprises for Real Estate Development(2000-2017)

单位：万元 (10 000 yuan)

年份 地区 Year Region	本年资金来源小计 Total Funds This Year	国内贷款 Domestic Loans	利用外资 Foreign Investment	外商直接投资 Foreign Direct Investment	自筹资金 Self-raising Funds	其他资金来源 Others
2000	128862	21719	3105	3105	85719	18319
2001	164288	27458	2239	2239	98673	35918
2002	179958	25469	5001	3241	93406	56032
2003	230688	41998	3550	3550	97984	85056
2004	409130	59935	3175	3175	187639	155477
2005	309008	20764	375	375	185255	102614
2006	357658	35338	250		239909	82161
2007	443366	82493			218491	142382
2008	599312	102594			410936	85782
2009	887388	131286			470715	285387
2010	1248374	269021	23248	23248	567846	388259
2011	1670483	171335	15276	15276	795017	508995
2012	2284477	373912			1133544	777021
2013	2590856	444349			1179734	966773
2014	3510695	515589			1393612	1601494
2015	3610382	729430			1537963	1342989
2016	4232471	715784			1971709	1544978
2017	4120237	700860			1991255	1428122
西宁市 Xining City	3603568	690088			1637412	1276068
海东市 Haidong City	270815	8972			165368	96475
海北州 Haibei Zang A.P	43600				19630	23970
海南州 Hainan Zang A.P	15370	300			9521	5549
海西州 Haixi Mongolian & Zang A.P	165031	1500			141428	22103
黄南州 Huangnan Zang A.P	21853				17896	3957

注：本表2004年数据为第一次经济普查数。分地区未包括直报单位数据。

a) Data in 2004 in this table were taken from the first economic census. Data by region does not include data of unit reporting directly.

6-16 2000-2017年房地产开发建设房屋建筑面积和造价

Floor Space and Cost of Buildings Developed for Real Estate Development(2000-2017)

年份 地区 Year Region	施工房屋面积(万平方米) Floor Space of Buildings under Construction (10 000 sq.m)	竣工房屋面积(万平方米) Floor Space of Buildings Completed (10 000 sq.m)	房屋建筑面积竣工率 Rate of Floor Space of Buildings Completed (%)	竣工房屋价值(万元) Value of Buildings Completed (10 000 yuan)	竣工房屋造价(元/平方米) Cost of Buildings Completed (yuan/sq.m)
2000	218.64	74.26	33.96	74089	997.70
2001	267.58	105.99	39.61	92126	869.19
2002	342.38	133.60	39.02	133285	997.64
2003	412.08	156.99	38.10	152522	971.50
2004	511.02	240.60	47.08	267381	1111.31
2005	422.87	104.11	24.62	126588	1215.90
2006	457.81	133.08	29.07	174446	1310.81
2007	584.22	171.21	29.30	248771	1453.02
2008	698.21	225.30	32.27	359510	1595.69
2009	900.39	181.98	20.20	285579	1569.29
2010	1424.23	267.67	18.79	498434	1862.12
2011	1666.05	520.46	31.24	1268417	2437.11
2012	1891.23	416.20	22.00	1078925	2592.32
2013	2376.64	592.62	24.94	1607565	2712.64
2014	2545.90	559.49	21.98	1601984	2863.29
2015	2585.59	454.41	17.57	1203598	2648.70
2016	2847.71	386.67	13.58	1113944	2880.86
2017	2936.71	440.90	15.01	1374764	3118.09
西宁市 Xining City	2235.27	342.82	15.34	1134972	3310.69
海东市 Haidong City	517.27	85.99	16.62	214300	2492.15
海北州 Haibei Zang A.P	35.98	5.24	14.56	14392	2746.56
海南州 Hainan Zang A.P	8.29				
海西州 Haixi Mongolian & Zang A.P	129.34	6.85	5.30	11100	1620.44
黄南州 Huangnan Zang A.P	10.56				

注：本表2004年数据为第一次经济普查数。
a) Data in 2004 in this table were taken from the first economic census.

6-17 2000-2017年按用途分房地产开发企业(单位)新开工房屋面积

Floor Space of Buildings Started This Year by Enterprises for Real Estate Development by Use(2000-2017)

单位：万平方米 (10 000 sq.m)

年份 地区 Year Region	本年新开工房屋面积 Floor Space Started This Year	住宅 Residential Buildings	办公楼 Office Buildings	商业营业用房 Houses for Business Use	其他 Others
2000	127.88	96.44	7.51	21.40	2.53
2001	127.62	84.29	12.43	30.19	0.71
2002	168.08	135.14	16.34	13.91	2.69
2003	236.34	185.34	17.00	30.84	3.15
2004	199.86	169.78	8.42	17.60	4.07
2005	243.06	201.04	11.56	26.43	4.03
2006	209.89	173.44	8.06	25.38	3.01
2007	273.99	242.04	7.69	18.05	6.21
2008	299.11	274.96	1.40	19.45	3.30
2009	505.13	423.61	3.53	57.28	20.71
2010	700.67	568.91	17.26	69.48	45.03
2011	532.33	447.78	6.51	43.73	34.32
2012	772.90	605.33	7.79	97.38	62.41
2013	859.76	599.85	43.75	123.41	92.75
2014	694.77	406.66	53.11	149.39	85.61
2015	785.52	493.51	47.29	130.33	114.39
2016	870.10	524.82	47.97	191.01	106.30
2017	714.37	381.29	45.31	174.24	113.53
西宁市 Xining City	551.57	268.65	44.08	138.52	100.32
海东市 Haidong City	89.44	60.10	0.48	18.80	10.06
海北州 Haibei Zang A.P	16.92	14.00		2.09	0.83
海南州 Hainan Zang A.P	4.58	2.60		1.85	0.13
海西州 Haixi Mongolian & Zang A.P	51.15	35.94	0.18	12.84	2.19
黄南州 Huangnan Zang A.P	0.71		0.57	0.14	

注：本表2004年数据为第一次经济普查数。
a) Data in 2004 in this table were taken from the first economic census.

6-18 2000-2017年按用途分的商品房屋实际销售面积

Actually Floor Space of Commercialized Buildings Sold by Use(2000-2017)

单位：万平方米 (10 000 sq.m)

年 份 地 区 Year Region	房屋销售面积 Floor Space of Commercialized Buildings Sold	住 宅 Residential Buildings	办公楼 Office Buildings	商业营业用房 Houses for Business Use	其 他 Others
2000	39.91	36.84	0.37	2.50	0.20
2001	33.66	31.86	0.08	1.57	0.15
2002	68.04	61.17	1.08	3.24	2.54
2003	83.51	70.34	4.14	8.27	0.76
2004	145.76	125.05	8.65	11.18	0.87
2005	121.04	108.46	8.73	3.57	0.28
2006	119.69	110.96	1.87	6.21	0.66
2007	154.53	147.34	1.60	5.26	0.34
2008	147.89	141.23	0.94	5.55	0.18
2009	216.82	208.02	1.38	6.63	0.79
2010	281.04	266.43	1.00	13.21	0.41
2011	359.56	342.56	1.48	14.81	0.71
2012	262.96	246.86	0.21	15.48	0.41
2013	381.56	369.70	0.69	10.27	0.90
2014	415.77	362.92	8.10	40.18	4.57
2015	392.96	329.71	23.74	32.27	7.24
2016	437.85	373.03	19.13	34.97	10.72
2017	494.04	399.57	26.98	58.28	9.21
西宁市 Xining City	388.22	305.11	26.61	48.24	8.26
海东市 Haidong City	84.53	75.43	0.30	8.04	0.76
海北州 Haibei Zang A.P	5.24	4.60		0.54	0.10
海南州 Hainan Zang A.P	3.65	3.24		0.41	
海西州 Haixi Mongolian & Zang A.P	12.03	10.82	0.07	1.05	0.09
黄南州 Huangnan Zang A.P	0.37	0.37			

注：本表2004年数据为第一次经济普查数。分地区未包括直报单位数据。

a) Data in 2004 in this table were taken from the first economic census. Data by region does not include data of unit reporting directly.

6−19 2000−2017年按用途分的商品房屋实际销售额

Actually Sale of Commercialized Buildings by Use(2000-2017)

单位：万元 (10 000 yuan)

年份 地区 Year Region	房屋销售额 Total Sale of Buildings	住宅 Residential Buildings	办公楼 Office Buildings	商业营业用房 Houses for Business Use	其他 Others
2000	49413	41847	1395	5633	538
2001	40670	35796	167	4452	255
2002	87898	71375	1420	11845	3258
2003	122365	94398	8807	18820	340
2004	241004	183485	22682	33500	1337
2005	221768	182320	24132	14706	610
2006	229877	204230	4689	20267	691
2007	357123	324986	4924	26783	430
2008	363745	336669	3083	23531	462
2009	545761	508048	4949	31882	882
2010	844416	770999	2183	69964	1270
2011	1167878	1058522	2578	103981	2797
2012	1064592	911437	1395	150192	1568
2013	1588392	1462925	4067	118301	3099
2014	2112694	1558318	66418	470249	17709
2015	2059969	1398329	228392	413459	19789
2016	2364421	1720566	130616	461798	51441
2017	2964953	2117069	216501	596426	34957
西宁市 Xining City	2578509	1797097	215253	533973	32186
海东市 Haidong City	317787	259265	916	55620	1986
海北州 Haibei Zang A.P	16878	14907		1853	118
海南州 Hainan Zang A.P	10474	9042		1432	
海西州 Haixi Mongolian & Zang A.P	40133	35586	332	3548	667
黄南州 Huangnan Zang A.P	1172	1172			

注：本表2004年数据为第一次经济普查数。
a) Data in 2004 in this table were taken from the first economic census.

6-20 2000-2017年按用途分的商品房屋平均销售价格

Average Selling Price of Commercialized Buildings by Use (2000-2017)

单位：元/平方米 (yuan/sq.m)

年 份 地 区 Year Region	房屋平均 销售价格 Average Selling Price of Buildings	住 宅 Residential Buildings	办公楼 Office Buildings	商业营业用房 Houses for Business Use	其 他 Others
2000	1238.16	1135.89	3770.27	2257.26	2662.05
2001	1208.33	1123.54	2174.48	2840.92	1700.00
2002	1291.85	1166.90	1310.69	3650.56	1004.10
2003	1465.30	1342.02	2127.29	2275.70	447.37
2004	1653.40	1460.29	7330.96	2995.16	1536.78
2005	1832.19	1681.03	2765.62	2801.87	1636.23
2006	1920.56	1840.50	2511.52	3266.03	1054.16
2007	2311.00	2205.75	3075.00	5093.08	1278.62
2008	2459.56	2383.83	3279.79	4239.82	2566.67
2009	2517.10	2442.36	3581.04	4805.27	111.79
2010	3004.61	2893.81	2183.00	5296.29	3097.56
2011	3248.08	3090.01	1741.89	7021.00	3939.44
2012	4048.49	3692.12	6642.86	9702.33	3824.39
2013	4162.91	3957.10	5861.92	11522.68	3435.70
2014	5081.40	4293.83	8199.75	11703.56	3875.05
2015	5242.18	4241.09	9620.56	12812.49	2733.29
2016	5400.07	4612.41	6827.81	13205.55	4798.60
2017	6001.44	5298.37	8024.50	10233.80	3795.55
西宁市 Xining City	6641.88	5890.00	8089.18	11069.09	3896.61
海东市 Haidong City	3759.46	3437.16	3053.33	6917.91	2613.16
海北州 Haibei Zang A.P	3220.99	3240.65		3431.48	1180.00
海南州 Hainan Zang A.P	2869.59	2790.74		3492.68	
海西州 Haixi Mongolian & Zang A.P	3336.08	3288.91	4742.86	3379.05	7411.11
黄南州 Huangnan Zang A.P	3167.57	3167.57			

注：本表2004年数据为第一次经济普查数。

a) Data in 2004 in this table were taken from the first economic census.

主要统计指标解释

全社会固定资产投资 是以货币形式表现的在一定时期内全社会建造和购置固定资产的工作量以及与此有关的费用的总称。该指标是反映固定资产投资规模、结构和发展速度的综合性指标,又是观察工程进度和考核投资效果的重要依据。全社会固定资产投资按登记注册类型可分为国有、集体、个体、联营、股份制、外商、港澳台商、其他等。

城镇固定资产投资 指城镇各种登记注册类型的企业、事业、行政单位及个体户进行的计划总投资(或实际需要总投资)50万元及50万元以上的建设项目投资和房地产开发投资。县城及以上区域内发生的投资,县及县以上各级政府及主管部门直接领导、管理的建设项目和企业事业单位的投资均为城镇固定资产投资。

房地产开发投资 指各种登记注册类型的房地产开发公司、商品房建设公司及其他房地产开发法人单位和附属于其他法人单位实际从事房地产开发或经营活动的单位统一开发的包括统代建、拆迁还建的住宅、厂房、仓库、饭店、宾馆、度假村、写字楼、办公楼等房屋建筑物和配套的服务设施,土地开发工程(如道路、给水、排水、供电、供热、通讯、平整场地等基础设施工程)的投资;不包括单纯的土地交易活动。

农村投资 包括在农村区域范围内进行固定资产投资活动的企业、事业、行政单位及农户投资。

建设总规模 是指在报告期内所有施工项目的计划总投资。这个指标和施工项目相对应。

在建总规模 是指在报告期末所有在建项目的计划总投资。

在建净规模 是指报告期末所有在建项目建成投产尚需的投资总量。

在建净规模 = 在建总规模 - 未投产项目(期末在建)累计完成投资。

固定资产投资的资金来源 根据固定资产投资的资金来源不同,分为国家预算内资金、国内贷款、利用外资、自筹资金和其他资金。

(1)国家预算内资金:分为财政拨款和财政安排的贷款两部分。包括中央财政的基本建设基金(分经营性基金和非经营性基金两部分)、专项支出(如煤代油专项等)、收回再贷、贴息资金,财政安排的挖潜改造和新产品试制支出、城建支出、商业部门简易建筑支出、不发达地区发展基金等资金中用于固定资产投资的资金;地方财政中由国家统筹安排的资金等。

(2)国内贷款:指报告期固定资产投资单位向银行及非银行金融机构借入的用于固定资产投资的各种国内借款,包括银行利用自有资金及吸收的存款发放的贷款、上级主管部门拨入的国内贷款、国家专项贷款、地方财政专项资金安排的贷款、国内储备贷款、周转贷款等。

(3)利用外资:指报告期收到的用于固定资产建造和购置的国外资金(包括设备、材料、技术在内)。包括对外借款(外国政府、国际金融组织贷款、出口信贷、外国银行商业贷款、对外发行债券和股票)、外商直接投资及外商其他投资。不包括我国自有外汇资金(国家外汇、地方外汇、留成外汇、调剂外汇和中国银行自有资金发行的外汇贷款等)。计算利用外资时,需要折算成人民币,折算中所使用的外汇汇率按现汇计算,即按使用外汇时的汇率计算。

(4)自筹资金:指固定资产投资单位报告期收到的,由各地区、各部门及企、事业单位筹集用于固定资产投资的预算外资金,包括中央各部门、各级地方和企、事业单位的自筹资金。

(5)其他资金:指在报告期收到的除以上各种资金之外其他用于固定资产投资的资金,包括企业或金融机构通过发行各种债券筹集到的资金、群众集资、个人资金、无偿捐赠的资金及其他单位拨入的资金等。

固定资产投资按国民经济行业分 根据建设项目建成投产后的主要产品或主要用途及社会经济活动性质来确定国民经济行业。一般情况下,一个建设项目或一个企业、事业单位只能属于一种国民经济行业。

固定资产投资按隶属关系分 是按建设单位或企业、事业、行政单位的主管上级机关确定的。

(1)中央:是指中共中央、人大常委会和国务院各部、委、局、总公司以及直属机构直接领导的建设项目和企业、事业、行政单位。这些单位的固定资产投资计划由国务院各部门直接编制和下达,建设中所需物资、主要设备以及建设中的问题都由中央有关部门安排和解决。

(2)地方:是由省(自治区、直辖市)、地区(州、盟、省辖市)、县(旗、县级市)三级政府及业务主管部门直接领导和管理的建设项目、企业、事业、行政单位。地方项目还包括不隶属以上各级政府及主管部门的建设项目和企业、事业单位,如外商投资企业和无主管部门的企业等。

固定资产投资按建设性质分 根据整个建设项目情况来确定。建设项目的性质一般分为新建、扩建、改建和技术改造、迁建、恢复。房地产开发单位、农村投资、城镇工矿区私人建房投资不划分建设性质。

(1)新建:一般指从无到有开始建设的企业、事业和行政单位或建设项目。现有企业、事业、行政单位一般不属于新建。但如有的单位原有基础很小,经过建设后新增的固定资产价值超过该企、事业、行政单位原有固定资产价值(原值)三倍以上的也应作为新建。

(2)扩建:指在厂内或其他地点,为扩大原有产品的生产能力(或效益)或增加新的产品生产能力,而增建主要的生产车间(或主要工程)、分厂、独立的生产线。行政、事业单位在原单位增建业务用房(如学校增建教学用房、医院增建门诊部、病房等)也作为扩建。

现有企、事业单位为扩大原有主要产品生产能力或增加新的产品生产能力,增建一个或几个主要生产车间(或主要工程)、分厂,同时进行一些更新改造工程的,也应作为扩建。

(3)改建和技术改造:指现有企业、事业单位,对原有设施进行技术改造或更新(包括相应配套的辅助性生产、生活福利设施)的建设项目。现有企业、事业单位为适应市场变化的需要,而改变企业的主要产品种类(如军工企业转产民用品等)的建设项目,应作为改建。原有产品生产作业线由于各工序(车间)之间能力不平衡,为填平补齐充分发挥原有生产能力而增建不增加本企业主要产品设计能力的车间,也应作为改建。技术改造是指企业、事业单位在现有基础上,用先进的技术代替落后的技术,用先进的工艺和装备代替落后的工艺和装备,以改变企业落后的技术经济面貌,实现以内涵为主的扩大再生产,达到提高产品质量、促进产品更新换代、节约能源、降低消耗、扩大生产规模、全面提高社会经济效益的目的。技术改造具体包括以下内容:机器设备和工具的更新改造;生产工艺改革、节约能源和原材料的改造;厂房建筑和公共设施的改造;劳动条件和生产环境的改造等。

固定资产投资按构成分 固定资产投资活动按其工作内容和实现方式分为建筑安装工程,设备、工具、器具购置,其他费用三个部分。

(1)建筑安装工程(建筑安装工作量):指各种房屋、建筑物的建造工程和各种设备、装置的安装工程。包括各种房屋建造工程;各种用途设备基础和各种工业窑炉的砌筑工程及金属结构工程;为施工而进行的各种准备工作和临时工程以及完工后的清理工作等;铁路、道路的铺设,矿井的开凿及石油管道的架设等;水利工程;防空地下建筑等特殊工程;列入房屋工程预算内的暖气、卫生、通风、照明、煤气等设备的价值及装设油饰工程;列入建筑工程预算内的各种管道(蒸汽、压缩空气、石油、给排水等管道)、电力、电讯电缆导线等的敷设工程;以及各种机械设备的安装工程;为测定安装工程质量,对设备进行的试运工作;房地产开发单位进行的商品房屋开发建设工程、土地开发工程。

在安装工程中,不包括被安装设备本身的价值。

(2)设备、工具、器具购置:指建设单位或企、事业单位购置或自制的,达到固定资产标准的设备、工具、器具的价值。新建单位及扩建单位的新建车间,按照设计或计划要求购置或自制的全部设备、工具、器具,不论是否达到固定资产标准均计入“设备、工具、器具购置”中。

(3)其他费用:指在固定资产建造和购置过程中发生的,除上述几项内容以外的各种应分摊计入固定资产的费用。

施工项目 指报告期内进行过建筑或安装施工活动的项目。凡是报告期内施过工的建设项目,不论施工时间长短,均作为施工项目统计。施工项目个数可以反映一定时期固定资产投资的实际规模,与同期全部建成投产项目个数相比,可以从建设速度的角度反映固定资产投资的效果。根据建设项目施工活动的不同性质,施工项目又分为:本年正式施工项目、本年收尾项目和以前年度全部停缓建项目。

全部建成投产项目 工业项目指设计文件规定形成生产能力的主体工程及其相应配套的辅助设施全部建成,经负荷试运转,证明具备生产设计规定合格产品的条件,并经过验收鉴定合格或达到竣工验收标准,与生产性工程配套的生活福利设施可以满足近期正常生产的需要,正式移交生产的建设项目。非工业项目指设计文件规定的主体工程和相应的配套工程全部建成,能够发挥设计规定的全部效益,经验收鉴定合格或达到竣工验收标准,正式移交使用的建设项目。

新增生产能力(或工程效益) 指通过固定资产投资活动而增加的设计能力(或工程效益),该指标是以实物形态表现的反映固定资产投资成果的指标,也是考核投资经济效果的重要依据之一。

新增生产能力(或工程效益)一般有以下几种表现形式:

(1)用产品数量表示,以工程在单位时间内(一般是一年)所能生产的产品数量(即年产量)表示。如原煤开采用万吨/年表示,化学农药用吨/年表示,拖拉机制造用台/年表示等。某些化工产品由于含量差别较大,按其设计含量计算折合量表示,如硫酸、纯碱、烧碱等。

(2)用单位时间内所能处理的原料数量表示,以工程每天(或小时)所能处理原料的数量表示。如机制糖工程日处理原料吨,食用植物油日处理原料吨,城市污水处理能力用万吨/日表示等。

(3)用新增加的主要设备的数量或容量表示,如新增棉布织机、丝织机等台数,毛纺锭等锭数,发电厂新增发电机组容量用千瓦表示等。

(4)用建筑物容积、容量、面积、长度表示,是非工业项目或工程新增效益的一种表现形式。如铁路投产里程、新建公路、水库容量、粮食仓库、学校学生席位、医院病床、有效灌溉面积等。

根据工程的特点,有时需要用两种或两种以上的复合计量单位表示新增生产能力(或工程效益),如新增内燃机生产能力同时用年产台数、千瓦数表示等。

为了规范新增生产能力(或工程效益)的名称和计算单位,国家统计局制订了《新增生产能力(或工程效益)目录及代码》。各固定资产投资单位在统计新增生产能力(或工程效益)时,必须按目录中规定的名称、计量单位和代码填报。

房屋建筑面积 指房屋建筑物勒脚以上外墙外围的水平截面面积,包括房屋建筑物的有效面积和结构面积。该指标是从实物形态上反映建设规模和建设成果的重要指标之一,也是检查工程形象进度、计算工程造价、分析投资效果、研究施工任务和建筑材料之间平衡情况的重要依据。

住宅建筑面积 指施工和竣工房屋建筑面积中供居住用的房屋建筑面积。

施工面积 指报告期内施工的全部房屋建筑面积。包括本期新开工的面积和上期开工跨入本期继续施工的房屋面积,以及上期已停建在本期恢复施工的房屋面积。本期竣工和本期施工后又停缓建的房屋,其建筑面积仍计入本期房屋施工面积中。

竣工面积 指在报告期内房屋建筑按照设计要求已经全部完工,达到住人和使用条件,经验收鉴定合格(或达到竣工验收标准),正式移交使用单位的各栋房屋建筑面积的总和。

房屋建筑面积竣工率 指一定时期内房屋竣工面积占同期房屋施工面积的比率。

新增固定资产 指报告期内已经完成建造和购置过程,并已交付生产或使用单位的固定资产价值。该指标是表示固定资产投资成果的价值指标,也是反映建设进度,计算固定资产投资效果的重要指标。

项目建成投产率 指一定时期内全部建成投产项目个数与同期施工项目个数的比率。该指标是从建设单位建设速度的角度反映投资效果的指标。

固定资产交付使用率 指一定时期新增固定资产与同期完成投资额的比率。该指标是反映固定资产动用速度，衡量建设过程中宏观投资效果的综合指标。由于新增固定资产是较长时期内形成的结果，而投资额则是当年完成的，因此，该指标一般适宜于反映较长时期内固定资产的动用情况。

商品房销售面积 指报告期内出售商品房屋的合同总面积（即双方签署的正式买卖合同中所确定的建筑面积）。由现房销售建筑面积和期房销售建筑面积两部分组成。

商品房销售额 指报告期内出售商品房屋的合同总价款（即双方签署的正式买卖合同中所确定的合同总价）。该指标与商品房销售面积同口径，由现房销售额和期房销售额两部分组成。

Explanatory Notes on Main Statistical Indicators

Total Investment in Fixed Assets in the Whole Country refers to the volume of activities in construction and purchases of fixed assets of the whole country and related fees, expressed in monetary terms during the reference period. It is a comprehensive indicator which shows the size, structure and growth of the investment in fixed assets, providing a basis for observing the progress of construction projects and evaluating results of investment. Total investment in fixed assets in the whole country includes, by type of ownership, the investment by State - owned units, collective - owned units, individuals, joint ownership units, share - holding units, as well as investments by entrepreneurs from foreign countries and from Hong Kong, Macao and Taiwan, and by other units.

Urban Investment in Fixed Assets refers to construction projects involving a total planned (or required) investment of 500,000 yuan and over by enterprises of various types of ownership, institutions, administrative units and individuals in urban areas, investment in real estate development. In other words, all investments that take place in county towns and urban areas, investment in construction projects under the direct leadership and management of government agencies at and above county levels and investments by enterprises and institutions at and above county levels are covered in urban investment in fixed assets.

Investment in Real Estate Development refers to investment by real estate development companies, commercialized buildings construction companies and other real estate development units of various types of ownership in the construction of buildings, such as residential buildings, factory buildings, warehouses, hotels, guesthouses, holiday villages, office buildings, and the complementary service facilities and land development projects, such as roads, water supply, water drainage, power supply, heating supply, telecommunications, land leveling and other infrastructural projects. It does not include activities in pure land transactions.

Investment in Rural Areas refers to investment in fixed assets by enterprises, institutions, administrative units and households in rural areas.

Total Size of Construction refers to the planned total investment for all construction projects during the reference period. This item should correspond with projects under work.

Total Size of Investment in Projects under Construction refers to the planned total investment of all projects under construction at the end of the reference period.

Net Size of Investment in Projects under Construction refers to the outstanding requirement of investment of all projects under construction at the end of the reference period.

Net size of investment in projects under construction = Total size of investment - Accumulated completed investment of projects under construction

Sources of Funds for Investment in Fixed Assets are categorized as funds from the State budget, domestic loans, foreign investment, self - raised funds, and others, depending on the sources of investment.

(1) Fund from the State budget consists of budgetary appropriation and loans from the State budget. More specifically, it includes, from the budget of the central government, capital construction fund (operation fund and non - operational fund), special expenses (e. g. expenses on substituting petroleum with coal), loans from repayment, discount fund, expenses on innovation and trial production of new products, expenses on urban construction, expenses on temporary construction from business departments, development fund for less developed areas, as well as local budgetary fund transferred from the central budget.

(2) Domestic loans refer to loans of various forms borrowed by investing units from banks and non - bank financial institutions during the reference period for the purpose of investment in fixed assets, including loans issued by banks from their self - owned funds and deposit, loans appropriated by higher authorities, special loans by government, loans arranged by local government from special funds, domestic reserve loan, and working loan.

(3) Foreign investment refers to foreign funds received during the reference period for the construction and purchase of investment in fixed assets (covering equipment, materials and technology), including foreign borrowings (loans from foreign governments and international financial institutions, export credit, commercial loans from foreign banks, issue of bonds and stocks overseas), foreign direct investment and other foreign investments. Excluded from this category is capital in foreign exchanges owned by China (foreign exchanges owned by the central and local governments, foreign exchanges retained by enterprises, foreign exchanges by enterprises through the regulating mechanism, loans in foreign exchanges issued by the Bank of China with its own fund, etc.). In calculating the utilization of foreign capital, foreign currencies are converted into Chinese Renminbi applying the current exchange rate when the foreign capitals are actually used.

(4) Self - raised funds refer to extra - budgetary funds for investment in fixed assets received during the reference period by investing units from central government ministries, local governments, enterprises and institutions, including their self - raised funds.

(5) Others refer to funds for investment in fixed assets received from sources other than those listed above, including cap-

ital raised through issuing bonds by enterprises or financial institutions, funds raised from individuals and through donations, and funds transferred from other units.

Investment in Fixed Assets by Sector the classification of construction projects by sector is determined by the major products or the purpose of the projects when they are put into production or use, and by the nature of their social economic activities. In general, one project or one enterprise or institution can only be classified into one sector.

Investment in Fixed Assets by Jurisdiction of Management refers to the classification of investment by the competent authorities under which investment is made by construction units, enterprises, institutions or administrative units.

(1) Central investment refers to the investment in projects or by enterprises, institutions or administrative units which are under the direct leadership and management of the State Council and of the national commissions, ministries, agencies and State – owned large corporations. Various ministries and departments of the State Council prepare and implement plans for investment in fixed assets by those departments, and arrange and ensure the supply of materials and key equipment required for the projects.

(2) Local investment refers to the investment in projects or by enterprises, institutions or administrative units which are under the direct leadership and management of departments under the provincial, prefecture and county governments. Also included are projects by foreign – invested enterprises and enterprises without competent managing authorities.

Investment in Fixed Assets by Type of Construction construction projects in general can be classified, by the type of construction, into new construction, expansion, reconstruction and technical transformation, moving and restoration. However, investment by type of construction is not applied to investment by real – estate development units, investment in rural areas and private investment in housing construction in urban areas and in industrial and mining areas.

(1) New construction in general refers to construction projects, which start from scratch, of enterprises, institutions, administrative agencies. Construction in existing enterprises, institutions or agencies is generally not considered as new construction. In case the size of the existing unit is quite small, and the value of newly added fixed assets is more than three times of the original value, the expansion will be considered as new construction.

(2) Expansion refers to construction of new major production workshop, branch factory or independent production line within a factory or in other locations, for the purpose of increasing the production capacity (or improving efficiency) or adding new production capacity. Newly constructed accommodation for the operation of institutions and administrative organizations (such as newly constructed buildings for teaching in schools, buildings for clinics or wards in hospitals, etc.) are also classified as expansion.

Also included in expansion are investments by existing enterprises or institutions in building major production line(s) or branch factory(ies) along with some work on innovation, for the purpose of expanding the production capacity of original products or producing new products.

(3) Reconstruction and technical transformation refers to construction projects by existing enterprises or institutions in innovation or technical transformation of the old facilities (including auxiliary production equipment and welfare facilities). Also considered as reconstruction is the construction of new workshops by the existing enterprises or institutions to change the variety of products to meet the market demand (such as the production of civil products by defense industries), or to bring the designed production capacity into full play through a more balanced production process on production lines. Technical transformation refers to replacement of old technology or equipment by new technology or equipment, in order to expand the reproduction through improvement of technology contents in production, to improve product quality, to promote new products, to save energy, to reduce consumption, to expand the production scale and to improve overall social – economic efficiency. Contents of technical transformation include: updating of machinery, equipment and tools; reforming production process by using energy or materials saving technology; construction of factory workshops and transformation of public facilities; improvement of working conditions and environment, etc.

Investment in Fixed Assets by Structure by their contents and the mode of implementation, investment activities are classified into 3 categories, i. e. construction and installation, purchase of equipment and instrument, and other expenses.

(1) Construction and installation (work volume of construction and installation) refers to the construction of houses and buildings and the installation of various kinds of equipment and instruments. They include construction of houses; equipment foundations, industrial kilns and stoves, and metal structure work; preparation works and temporary works for project construction, and clearing up works post project construction; pavement of railways and roads, drilling of mines and putting up of oil pipes; construction of water conservancy; construction of underground air – raid shelters and construction of other special projects; value of equipment for heating, sanitation, ventilation, lighting, gas, painting, etc. that are covered by the budget of housing projects; laying out of various pipelines (for steam, compressed air, petroleum, tap water and sewage) and wiring and cabling for electric power and for communications; installation of various machinery and equipment; testing operation for pre – testing the quality of installation projects, and land and other development work conducted by real estate developers for commercialized housing.

The value of equipment installed is itself not included in the value of installation projects.

(2) Purchase of equipment and instruments refers to the total value of equipment, tools, and instruments purchased or self – produced which come up to the cut – off point for fixed assets

by the construction units or investing enterprises or institutions. Equipment, tools and instruments purchased or self – produced for new workshops by newly established or expanded units are categorized as "purchase of equipment and instruments" no matter whether they come up to the cut – off point for fixed assets.

(3) Other expenses refer to expenses arising during the construction or purchase of fixed assets other than those mentioned above.

Projects under Construction refer to projects with construction and installation activities undertaken in the reference period. All projects that have construction activities undertaken during the reference period are reported as projects under construction irrespective of the length of construction work. The number of projects under construction can reflect the actual size of investment in fixed assets during a given period, and when compared with the number of projects completed and put into use during the same period, it demonstrates the results of investment in fixed assets from the angle of the speed of the construction. Depending on the nature of construction activities, projects under construction can also be classified into projects beginning construction in current year, winding – up projects in current year and stopped or suspended projects in previous years (with resumption of work in current year).

Projects Completed and Put into Use Industrial projects refer to the major projects and auxiliary facilities having been completed in accordance with the design documents, resulting in forming production capacity and having checked and accepted after relevant tests, while the living and welfare facilities having been completed and being capable of ensuring normal production. Non – industrial projects refer to the major projects and auxiliary facilities which have been completed in accordance with the design documents; have been checked, accepted after relevant examination; and have been formally delivered for use.

Newly Increased Production Capacity (or Project Efficiency) refers to the increase in design capacity (or project efficiency) through investment in fixed assets, which reflects the accomplishment of investment in fixed assets in physical form and serves as an important basis for evaluating the economic efficiency of investment.

The newly increased production capacity (project efficiency) is usually expressed in one of the following forms:

(1) Volume of output of products, i. e. the volume of output that the project can produce during a given period (usually a year). For instance, the capacity in coal mining is expressed in 10,000 tons/year, the capacity in producing chemical pesticides expressed in ton/year, the capacity in producing tractors in tractor/year, etc. For some chemical products where the effective contents differ significantly, the production capacity is expressed as the designed effective content equivalent, such as in the case of sulphuric acid, soda ash, caustic soda, etc;

(2) volume of raw materials processed per unit of time, i. e. the volume of raw materials that could be processed by the project per day (or per hour), such as tons of materials processed per day by a sugar refining project or edible vegetable oil project, or tons of urban sewage processed per day;

(3) number or capacity of major equipment increased, such as number of cotton or silk looms increased, wool spindles increased, or capacity (in kilowatts) of power generators increased; and

(4) physical measures (volume, capacity, area, and length) of construction, which is typical for non – industrial projects, for instance, the length of railways put into operation, the length of highways, the capacity of reservoirs, the capacity of warehouses, the floor space of housing projects, capacity for new students in schools or beds in hospitals, areas under new irrigation project, etc.

The special features of projects may sometimes call for the combined use of two or more measurements to reflect the increase in production capacity (or project efficiency); for instance, the new capacity for the production of internal combustion engines is expressed in sets per year and kilowatts per year simultaneously.

To standardize the nomenclature and unit of measurement for newly increased production capacity (or project efficiency), the National Bureau of Statistics has developed the Nomenclature and Codes for New Production Capacity (Project Efficiency). All reporting units with investment activities are required to follow these two nomenclatures in reporting statistics on new production capacity (project efficiency).

Floor Space of Buildings under Construction refers to the total floor space of the horizontal section of outer walls above the plinth of the building, including the effective area and the area occupied by the structure. This indicator is one of the important indicators in physical terms to reflect the scale and accomplishment of the construction industry and also an important basis for monitoring the progress, calculating the cost, analyzing the efficiency and studying the supply of building materials in relation to the construction projects.

Floor Space of Residential Buildings refers to the floor space of the residential buildings among the total space of buildings under construction or completed.

Floor Space under Construction refers to total floor space of all buildings under construction during the reference period, including floor space of newly started buildings during the reference period, floor space of construction extended from the previous period to the current period, and floor space of construction suspended during the previous period and resumed in the current period. Floor space of construction completed in the current period, and floor space of construction started and then suspended in the current period are also included in the floor space under construction of the current year.

Floor Space Completed refers to the floor space of all buildings completed in the reference period, which have been appraised and accepted (or come up to the designed standards) and has been transferred to owner units.

Completion Rate of Floor Space of Buildings refers to the ratio of the floor space of buildings completed in a certain period of time to the floor space of buildings under construction in the same period.

Newly Increased Fixed Assets refer to the newly increased value of fixed assets, constructed or purchased, that have been transferred to the investors. This is an indicator that demonstrates the results of investment in fixed assets in monetary terms, and an important indicator to reflect the speed of construction and to calculate the efficiency of investment.

Rate of Construction Projects Completed and Put into Use refers to the ratio of the number of construction projects completed and put into use in a certain period of time to the number of projects under construction in the same period. This reflects the investment efficiency from the perspective of the speed of projects construction.

Rate of Projects of Fixed Assets Completed and Put into Operation refers to the ratio of the newly increased fixed assets to the total investment made in the same period. This is a comprehensive indicator reflecting the speed of the employment of fixed assets and the investment efficiency at the macro - level. As the newly increase fixed assets is the result of a long period while the investment is completed in the current year, this indicator is expected to be used to reflect the employment of fixed assets over a long period of time.

Area of Commercialized Housing Sold refers to total contracted area of commercialized housing (i. e. area of floor space as designated in the formal contracts signed by both sides) during the reference time. It constitutes floor space of completed housing and floor space of future housing.

Value of Commercialized Housing Sold refers to the total contracted value (i. e. value of sales/purchase for selling/purchase of commercialized housing as designated in the contract signed by both sides) during the reference time. This indicator has the same coverage as the area of commercialized housing sold, which constitutes floor space of completed housing and floor space of housing yet to be completed.

第 7 篇
CHAPTER 7

对外经济贸易
Foreign Trade and Economic Cooperation

进出口贸易

（万美元）

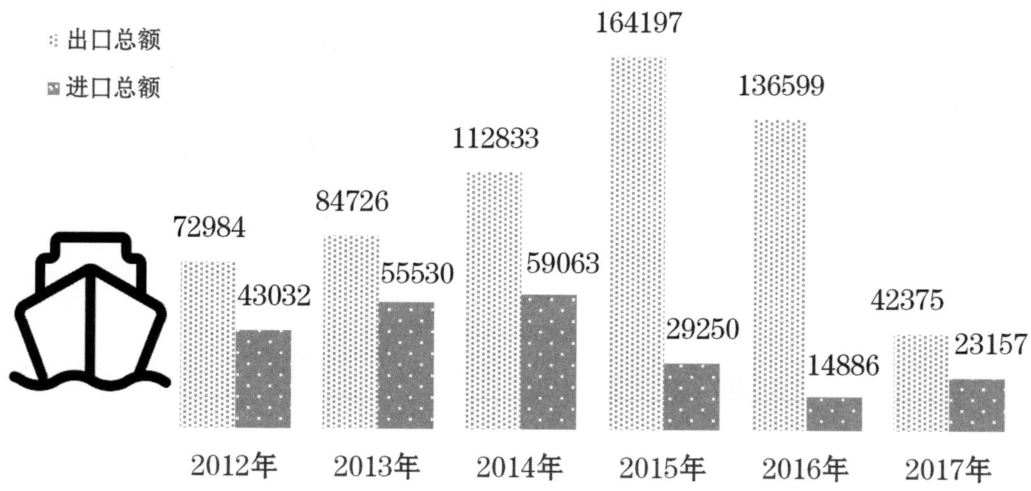

外商直接投资合同利用外资情况

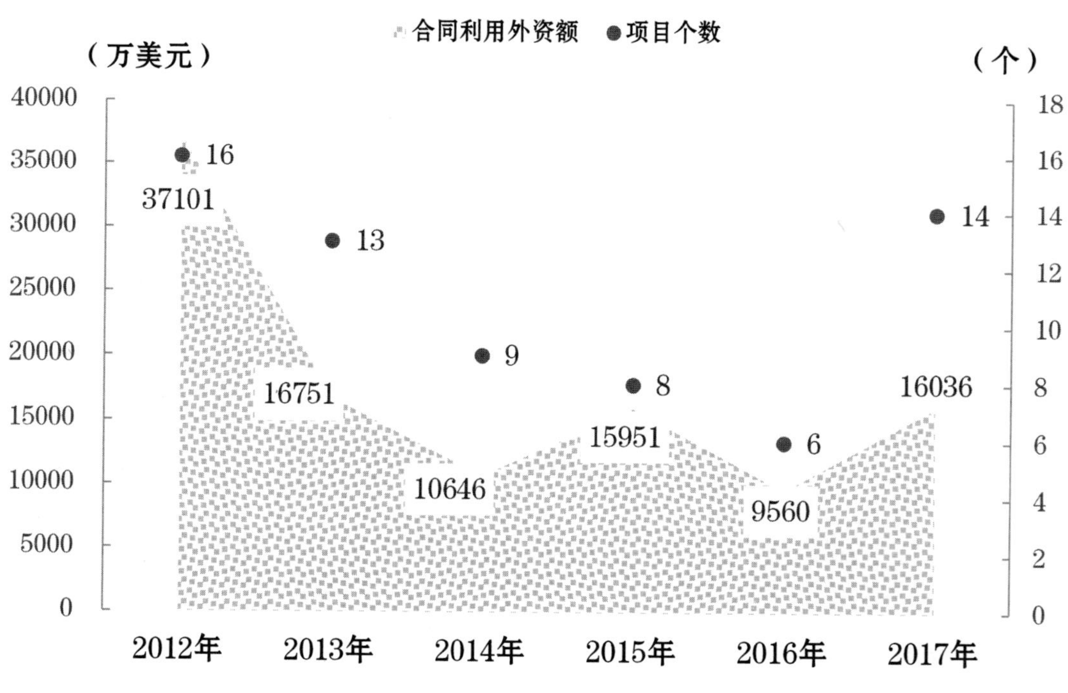

7-1 主要年份进出口贸易总额

Total Value of Imports and Exports in Main Years

单位：万美元 (USD 10 000)

年 份 地区	Year Region	进出口总额 Total Value of Imports and Exports	进口总额 Total Exports	出口总额 Total Imports
1990		7027	222	6805
1991		7791	240	7552
1992		10399	1356	9043
1993		12442	2268	10174
1994		14331	1981	12350
1995		16226	2419	13807
1996		22497	9017	13480
1997		16476	4036	12440
1998		11405	974	10431
1999		10785	2099	8686
2000		15973	4773	11200
2001		20490	5577	14913
2002		19671	4562	15109
2003		33913	6526	27387
2004		57551	12075	45476
2005		41338	9014	32324
2006		65175	11752	53422
2007		61207	22616	38591
2008		68847	26972	41875
2009		58590	33491	25099
2010		78906	32276	46630
2011		92382	26199	66182
2012		116016	43032	72984
2013		140256	55530	84726
2014		171896	59063	112833
2015		193447	29250	164197
2016		151485	14886	136599
2017		65532	23157	42375
西宁市	Xining City	48554	20341	28213
海东市	Haidong City	9398	1175	8223
黄南州	Huangnan Zang A.P	22	14	8
海南州	Hainan Zang A.P	812	209	603
果洛州	Golog Zang A.P	13		13
海西州	Haixi Mongolian & Zang A.P	6733	1418	5315

注：本表数据来源于西宁海关，以下表同。
a)The data in this table are from the Xining customs.the same below.

7-2 2017年海关进口主要商品总值表

Total Value of Major Import Commodities by Customs(2017)

商品名称	Item	金额 Value (万美元) (USD 10 000)	(万元) (10 000yuan)
机电产品	Mechanical and Electrical Products	10566	71696
氧化铝	Aluminum Oxide	9758	65859
橡胶或塑料加工机械及零件	Rubber or Plastic Processing Machinery and Parts	4374	29615
高新技术产品	High and New-tech Products	2460	16920
农产品	Agriculture Products	1320	8930
肉及杂碎	Meat and Chop	934	6286
金属加工机床	Metal Processing Machine Tools	342	2351
非泡沫塑料的板、片、膜、箔	Plates, Sheets, Films, and Foils of non Foamed Plastics	306	2063
计量检测分析自控仪器及器具	Automatic Measuring and Analyzing Instrument and Apparatus	303	2066
煤及褐煤	Coal and Lignite	240	1643
医药品	Medical and Pharmaceutical Products	178	1195
羊毛	Wool	172	1176
机械提升搬运装卸设备及零件	Machinery Lifting, Carrying, Handling Equipment and Parts	171	1132
塑料制品	Plastic Products	165	1105
生命科学技术	Life Science and Technology Products	132	903
铅矿砂及其精矿	Lead Ore and Concentrates	112	770
电器及电子产品	Mechanical and Electrical Products	94	644

7-3 2017年海关出口主要商品总值表

TotalValueofMajorExportCommoditiesbyCustoms(2017)

商品名称	Item	金额 Value (万美元) (USD10000)	(万元) (10000yuan)
铁合金	Ferroalloy	10944	73999
纺织纱线、织物及制品	Textile Yarn, Fabrics and Products	8030	54517
	Non Forging Aluminum and Aluminum	4955	33578
焦炭、半焦炭	Coke, Semi Coke	4361	29387
文化产品	Cultural Artifact	4267	28950
服装及衣着附件	Clothing and Accessories	3763	25768
农产品	Agriculture Products	3464	23421
中药材及中式成药	Medical Materials and Medicaments of Chinese Type	2067	13960
机电产品	Mechanical and Electrical Products	1594	10870
山羊绒	Cashmere	1165	7871
鞋类	Footwear	1109	7659
碳酸钠(纯碱)	Sodium Carbonate (SodaAsh)	400	2724
机械设备	Mechanical Equipment	370	2523
运输工具	PaperandPaperboard(Uncut)	363	2466
陶瓷产品	Ceramic Products	343	2340
肉及杂碎	Meat and Chop	324	2050
电器及电子产品	Electrical and Electronic Products	317	2068
床垫、寝具及类似品	Mattresses, Bedding, and Similar Products	259	1760
帽类	Caps	244	1674
其他硅	Other Silicon	240	1658
箱包及类似容器	Bags and Semi Containers	238	1642
食用植物油(包括棕榈油)	UnwroughtAluminumandRolledAluminum	223	1538
医药品	Medical Products	213	1443
钢材	Rolled Steel	207	1416
蔬菜	Vegetables	185	1284
高新技术产品	High and New-tech Products	183	1256
汽车零件	Locks	107	726
塑料制品	Plastic Product	75	517
自动数据处理设备及其部件	Automatic Data Processing Equipment and Parts	57	397
织物制袜子	Fabric Made of Socks	56	383

7-4 2017年海关按国别(地区)分出口总值

Total Value of Export by Country (Region) From the Customs (2017)

国家(地区)	Country (Region)	(万美元) (USD 10 000)	(万元) (10 000yuan)	国家(地区)	Country (Region)	(万美元) (USD 10 000)	(万元) (10 000yuan)
美国	United States	6736	45682	墨西哥	Mexico	336	2261
巴基斯坦	Pakistan	4911	33307	印尼	Indonesia	290	1953
日本	Japan	4282	28958	加拿大	Canada	285	1921
南非	South Africa	4138	27921	智利	Chile	260	1771
吉尔吉斯斯坦	Kyrgyzstan	3244	22417	新西兰	Netherlands	208	1408
中国台湾	Taiwan, China	2780	18836	尼泊尔	Nepal	197	1338
韩国	Republic of Korea	1515	10304	利比亚	Libya	184	1246
意大利	Italy	1318	8906	土耳其	Turkey	179	1217
越南	Vietnam	1200	8004	法国	France	178	1210
中国澳门	Macao, China	1164	7835	菲律宾	Philippines	175	1206
泰国	Thailand	953	6407	荷兰	Netherlands	174	1196
中国香港	Hong Kong, China	859	5788	巴西	Brazil	158	1083
朝鲜	Korea DPR.	833	5760	德国	Germany	157	1058
澳大利亚	Australia	811	5510	埃及	Egypt	154	1055
沙特阿拉伯	Saudi Arabia	701	4770	比利时	Belgium	110	750
阿联酋	United Arab Emirates	658	4438	俄罗斯	Russia	102	691
马来西亚	Malaysia	533	3648	伊朗	Iran	94	639
英国	United Kingdom	471	3215	以色列	Israel	86	588
尼日利亚	Nigeria	423	2904	伊拉克	Iraq	80	542
印度	India	398	2690	波兰	Poland	80	538

7-4 续表

Continued

国家(地区)	Country (Region)	(万美元) (USD 10 000)	(万元) (10 000yuan)	国家(地区)	Country (Region)	(万美元) (USD 10 000)	(万元) (10 000yuan)
西班牙	Spain	79	542	乌克兰	Ukraine	15.7	104
摩洛哥	Morocco	72	489	爱沙尼亚	Estonia	15	102
阿尔及利亚	Algeria	56	380	缅甸	Myanmar	14	93
蒙古	Mongolia	55	380	葡萄牙	Portugal	10	68
科威特	Kuwait	51	347	乌兹别克斯	Uzbekistan	10	68
新加坡	Singapore	48	321	阿曼	Oman	9	61
黎巴嫩	Lebanon	43	290	贝宁	Benin	9	60
也门	Yemen	39	268	捷克	Czech	9	59
新喀里多尼亚	New Caledonia	38	257	阿富汗	Afghanistan	7	51
阿尔巴尼亚	Albania	36	236	瑞典	Sweden	7	44
哥伦比亚	Colombia	35	235	卡塔尔	Qatar	6	39
阿根廷	Argentina	34	227	科特迪瓦	Cote d'Ivoire	6	37
秘鲁	Peru	30	202	毛里塔尼亚	Mauritania	5	36
罗马尼亚	Romania	30	201	白俄罗斯	Belarus	5	34
巴林	Bahrain	28	187	哥斯达黎加	Costa Rica	4	29
苏丹	Sultan	23	157	吉布提	Djibouti	4	25
加纳	Ghana	20	137	斯里兰卡	Sri Lanka	4	25
叙利亚	Syria	20	131	冰岛	Iceland	4	25
突尼斯	Tunisia	18	122	安哥拉	Angola	3	22
爱尔兰	Ireland	18	121	丹麦	Denmark	3	23

7-5 主要年份利用外资概况
Utilization of Foreign Capital in Main Years

单位：万美元 (USD 10 000)

年 份 Year	外商直接投资 Direct Foreign Investment 项 目(个) Number of Projects (unit)	合同利用外资额 Total Amount of Contracted Foreign Investment	实际利用外资额 Total Amount of Foreign Investment Actually Utilized
1985	4	318	108
1991	2	19	13
1992	11	399	191
1993	54	4300	900
1994	19	2143	965
1995	28	5447	1064
1996	18	2799	1114
1997	22	7284	2179
1998	24	12583	5066
1999	15	2821	2671
2000	40	15312	5309
2001	47	15961	5586
2002	32	21268	11380
2003	44	35767	19167
2004	52	35330	22500
2005	29	35562	26600
2006	17	40608	27500
2007	37	41601	31000
2008	22	30899	22000
2009	8	30835	21500
2010	17	31658	21930
2011	6	33596	16893
2012	16	37101	20578
2013	13	16751	9372
2014	9	10646	5010
2015	8	15951	5500
2016	6	9560	1495
2017	14	16036	1833

注：本表数据来源于青海省商务厅，以下表同。
The data in this table are from the Qinghai Provincial Department of Commerce, the same below.

7-6 2016-2017年按行业分外商直接投资合同外资额

Direct Foreign Investment by Sector(2016-2017)

行 业	Sector	项 目(个) Number of Projects (unit)		金 额(万美元) Value (USD 10 000)	
		2016	2017	2016	2017
总计	**Total**	**6**	**14**	**9560**	**16036**
农林牧渔业	Agriculture, Forestry, Animal Husbandry and Fishery				
采掘业	Mining				
制造业	Manufacturing	2	3	2015	10400
电力、煤气及水的生产和供应业	Production and Supply of Electricity, Gas and Water	1	1	512	1654
建筑业	Construction				
交通运输、仓储和邮政业	Transport, Storage and Post				
批发和零售业	Wholesale and Retail Trades	2	3	4710	3215
住宿和餐饮业	Hotels and Catering Services	1	2	…	52
房地产业	Real Estate				
租赁和商务服务业	Leasing and Business Services		2	2323	186
科学研究、技术服务和地质勘查业	Scientific Research, Technical Service and Geologic Prospecting				
水利、环境和公共设施管理业	Management of Water Conservancy, Environment and Public Facilities				
居民服务和其他服务业	Services to Households and Other Services		2		303
卫生体育和社会福利业	Health, Sports and Social Welfare		1		226
其 他	Others				

7-7 2016－2017年利用外资额(按方式和国别分)

Utilization of Foreign Capital (by Method and Country) (2016－2017)

单位：万美元 (USD 10 000)

指 标	Item	合同数(个) Number of Projects (unit)		外方直接投资合同金额 Contracted Value of Direct Foreign Investment	
		2016	2017	2016	2017
总计	**Total**	**6**	**14**	**9560**	**16036**
按投资方式分组	**By Form**				
合资经营企业	Equity Joint Venture	2	8	666	10899
合作经营企业	Contractural Joint Venture	1		1350	
外资企业	Wholly Foreign-owned Enterprise	3	6	7544	5137
股份制	FDI Shareholding Inc.				
其 它	Others				
按投资国别(地区)分组	**By Country or Region**				
亚 洲	**Asia**	**5**	**7**	**6582**	**3738**
中国香港	Hong Kong, China	4	5	6132	3524
中国台湾	Taiwan， China		1		98
印度尼西亚	Indonesia				
韩 国	Republic of Korea	1		…	
日 本	Japan				
新加坡	Singapore				
尼泊尔	Nepal		1		116
印 度	India				
中国澳门	Macao, China			450	
欧 洲	**Europe**	**1**	**2**	**655**	**29**
德 国	Germany		1		7
荷 兰	Netherlands				
英 国	United Kingdom				
法 国	France				
瑞 士	Switzerland				
比利时	Belgium	1		625	
波 兰	Poland			30	
土耳其	Turkey		1		22
美 洲	**North America**		**1**		**8335**
加拿大	Canada				
美 国	United States		1		3
维尔京群岛	Virgin Islands				8332
大洋洲及太平洋诸岛	**Oceanic and Pacific Islands**				
澳大利亚	Australia				
萨摩亚	Samoa				
新西兰	New Zealand				
非洲	**Africa**		**1**		**761**
埃 及	Egypt		1		761
其他(外商投资企业再投资)	**Others**		**3**	**2323**	**3173**

主要统计指标解释

进出口总额 指实际进出我国国境的货物总金额。包括对外贸易实际进出口货物,来料加工装配进出口货物,国家间、联合国及国际组织无偿援助物资和赠送品,华侨、港澳台同胞和外籍华人捐赠品,租赁期满归承租人所有的租赁货物,进料加工进出口货物,边境地方贸易及边境地区小额贸易进出口货物(边民互市贸易除外),中外合资企业、中外合作经营企业、外商独资经营企业进出口货物和公用物品,到、离岸价格在规定限额以上的进出口货样和广告品(无商业价值、无使用价值和免费提供出口的除外),从保税仓库提取在中国境内销售的进口货物,以及其他进出口货物。该指标可以观察一个国家在对外贸易方面的总规模。我国规定出口货物按离岸价格统计,进口货物按到岸价格统计。

商品经营单位所在地进、出口额 指在所在地海关注册登记的有进出口经营权的企业实际进、出口额。

商品目的地进口额和商品货源地出口额 目的地进口额指进口货物的消费、使用或最终抵运地的实际进口额;货源地出口额指出口货物的产地或原始发货地的实际出口额。

利用外资 指我国各级政府、部门、企业和其他经济组织通过对外借款、吸收外商直接投资以及用其他方式筹措的境外现汇、设备、技术等。

对外借款 指通过对外正式签订借款协议,从境外筹措的资金,包括外国政府贷款、国际金融组织贷款、外国银行商业贷款、出口信贷以及对外发行债券等。1996 年及以前还包括对外发行股票。该指标是我国利用外资的重要部分。

外商直接投资 指外国企业和经济组织或个人(包括华侨、港澳台胞以及我国在境外注册的企业)按我国有关政策、法规,用现汇、实物、技术等在我国境内开办外商独资企业、与我国境内的企业或经济组织共同举办中外合资经营企业、合作经营企业或合作开发资源的投资(包括外商投资收益的再投资),以及经政府有关部门批准的项目投资总额内企业从境外借入的资金。

外商其他投资 指除对外借款和外商直接投资以外的各种利用外资的形式。包括企业在境内外股票市场公开发行的以外币计价的股票(目前主要是在香港证券市场发行的 H 股和在境内证券市场发行的 B 股)发行价总额,国际租赁进口设备的应付款,补偿贸易中外商提供的进口设备、技术、物料的价款,加工装配贸易中外商提供的进口设备、物料的价款。

Explanatory Notes on Main Statistical Indicators

Total Imports and Exports at Customs refer to the real value of commodities imported and exported across the border of China. They include the actual imports and exports through foreign trade, imported and exported goods under the processing and assembling trades and materials, supplies and gifts as aid given gratis between governments and by the United Nations and other international organizations, and contributions donated by overseas Chinese, compatriots in Hong Kong and Macao and Chinese with foreign citizenship, leasing commodities owned by tenant at the expiration of leasing period, the imported and exported commodities processed with imported materials, commodities trading in border areas (excluding mutual exchange goods), the imported and exported commodities and articles for public use of the Sino - foreign joint ventures, cooperative enterprises and ventures with sole foreign investment. Also included is import or export of samples and advertising goods for which CIF or FOB value are beyond the permitted ceiling (excluding goods of no trading or use value and free commodities for export), imported goods sold in China from bonded warehouses and other imported or exported goods. The indicator of the total imports and exports at customs can be used to observe the total size of external trade in a country. In accordance with the stipulation of the Chinese government, imports are calculated at CIF, while exports are calculated at FOB.

Import and Export Value by Location of China's Foreign Trade Managing Units refers to actual value of imports and exports carried out by corporations which have been registered by the local Customs house and are vested with right to run import export business.

Import Value of Commodities by Place of Destination and Export Value of Commodities by Place of Origin in China The former indicator refers to the value of import commodities of the places of their consumption, utilization or the places of their final destination. The latter indicator refers to the value of export commodities of the places of their origin or the places of the commodities dispatched.

Utilization of Foreign Capitals refers to remittance, equipment and technology financed from abroad, by loans, foreign direct investment and other forms undertaken by the Chinese governments at all levels, by various departments, enterprises and other economic units.

Foreign Borrowings refer to funds borrowed from abroad through formal signing of borrowing agreements with foreign institutions, including loans of foreign governments, loans of international financial institutions, commercial loans of foreign banks, export credit, and funds raised by Chinese bonds (and shares before 1996) issued abroad. It is an important part of China's utilization of foreign capitals.

Foreign Direct Investment refers to the investments inside China by foreign enterprises and economic organizations or individuals (including overseas Chinese, compatriots from Hong Kong, Macao and Taiwan, and Chinese enterprises registered abroad), following the relevant policies and laws of China, for the establishment of ventures exclusively with foreign own investment, Sino - foreign joint ventures and cooperative enterprises or for co - operative exploration of resources with enterprises or economic organizations in China. It includes the re - investment of the foreign entrepreneurs with the profits gained from the investment and the funds that enterprises borrow from abroad in the total investment of projects which are approved by the relevant department of the government.

Other Foreign Investment refers to all forms of utilization of foreign capitals other than foreign borrowings and foreign direct investment. It includes the total value of stock shares in foreign currencies issued by enterprises at domestic or foreign stock exchanges (now mainly consisting of H shares issued at Hong Kong Security Market and B shares issued at domestic security markets), rent payable for the imported equipment through international leasing arrangement, cost of imported equipment, technology and materials provided by foreign counterparts in compensation trade and processing and assembly trade.

第 8 篇

CHAPTER 8

能 源 与 环 境

Energy and Environment

能源生产消费情况

（万吨标准煤）

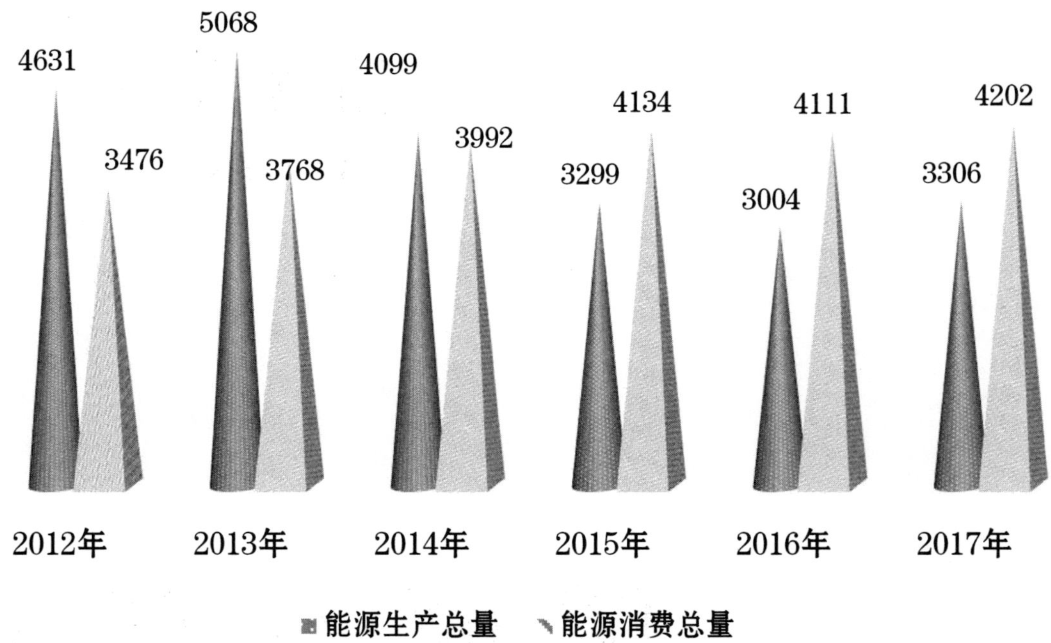

能源生产构成

能源消费构成

2017年

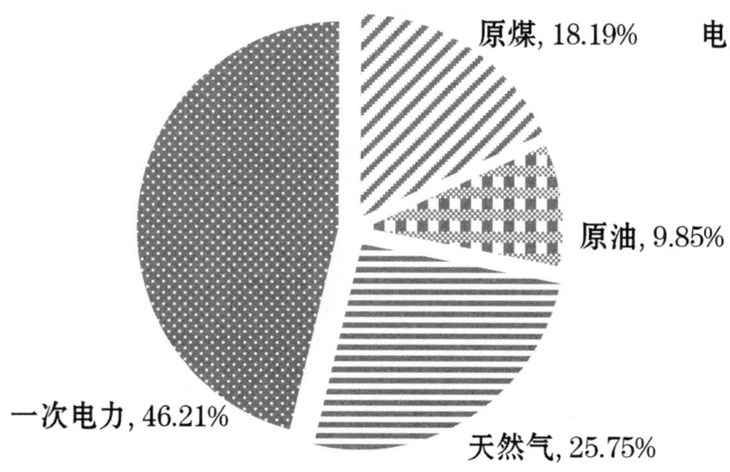

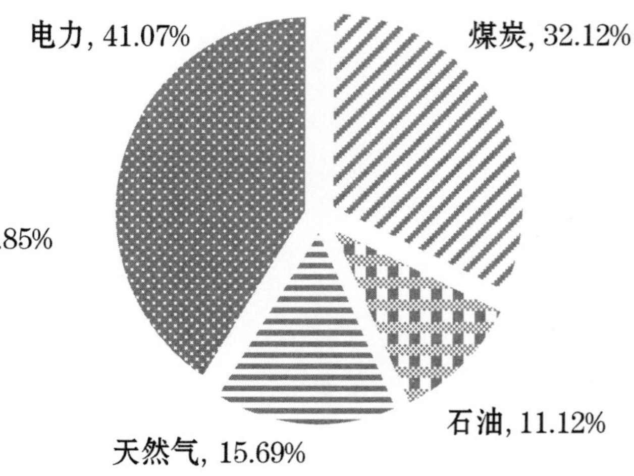

8-1 1990-2017年一次能源生产总量及构成
Total Production of Primary Energy and It's Composition (1990-2017)

年份 Year	能源生产总量 (万吨标准煤) Total Energy Production (10 000 tons of SCE)	占能源生产总量的比重(%) As Percentage of Total Energy Production(%)			
		原煤 Coal	原油 Crude Oil	天然气 Natural Gas	一次电力 Primary Electric Power
1990	606.46	32.28	19.08	1.02	47.62
1991	552.26	31.82	26.39	1.65	40.14
1992	504.85	34.32	30.00	1.25	34.43
1993	559.17	25.29	27.69	1.00	46.01
1994	619.47	26.12	26.06	1.31	46.50
1995	571.57	29.74	30.41	1.36	38.49
1996	584.71	35.34	33.32	2.49	28.85
1997	672.89	28.79	34.02	3.97	33.22
1998	771.00	24.90	32.63	4.22	38.25
1999	885.89	23.00	30.57	4.76	41.67
2000	937.90	16.79	30.46	5.06	47.69
2001	907.05	13.31	32.44	8.76	45.49
2002	974.46	18.31	31.38	14.34	35.97
2003	990.14	22.40	31.75	18.90	26.95
2004	1226.30	23.92	25.86	17.76	32.46
2005	1867.27	26.92	16.95	15.86	40.27
2006	2113.85	25.60	15.07	14.50	44.83
2007	2458.17	32.35	12.82	18.56	36.27
2008	2857.42	36.66	11.02	20.32	32.00
2009	3219.77	39.41	8.27	17.79	34.53
2010	4005.82	41.07	6.64	18.63	33.67
2011	4035.16	41.27	6.90	20.50	31.33
2012	4631.37	43.59	6.32	17.34	32.75
2013	5068.33	48.05	6.05	16.99	28.91
2014	4099.40	33.47	7.67	21.26	37.60
2015	3298.88	18.17	9.66	24.74	47.43
2016	3003.89	18.72	10.51	26.92	43.84
2017	3305.78	18.19	9.85	25.75	46.21

注：1.电力折算标准煤的系数根据当年平均发电煤耗计算。
2.生产、消费量按等价值计算，下表同。
a) The coefficient for conversion of electric power into SCE (standard coal equivalent) is calculated on the basis of the data on average coal consumption in generating electric power in the same year.
b) The energy production and consumption in this table are at equalance prices. The same applies to the tables following.

8–2 1990–2017年能源消费总量及构成

Total Consumption of Energy and It's Composition (1990-2017)

年份 Year	能源消费总量 (万吨标准煤) Total Energy Consumption (10 000 tons of SCE)	占能源消费总量的比重(%) As Percentage of Total Energy Consumption(%)			
		煤炭 Coal	石油 Crude Oil	天然气 Natural Gas	电力 Electric Power
1990	504.35	51.54	12.47	1.03	32.97
1991	474.29	44.08	11.25	2.24	42.43
1992	499.29	42.53	7.80	1.85	47.82
1993	559.98	38.57	8.69	1.00	51.74
1994	625.38	40.27	8.24	1.30	50.19
1995	687.71	41.64	8.42	1.13	48.81
1996	698.25	40.75	8.57	2.07	48.61
1997	706.78	45.45	19.15	3.77	31.63
1998	738.88	39.78	17.92	4.40	37.90
1999	938.68	37.29	16.84	4.38	41.49
2000	897.23	30.18	18.96	4.83	46.03
2001	939.33	28.02	18.05	7.52	46.41
2002	1018.83	26.42	15.77	13.25	44.56
2003	1122.70	28.72	13.47	15.07	42.74
2004	1364.38	27.56	14.07	15.79	42.58
2005	1830.48	44.20	8.63	8.00	39.17
2006	2085.84	45.18	7.75	8.46	38.61
2007	2295.91	47.56	8.09	8.29	36.06
2008	2497.74	43.72	8.95	12.20	35.13
2009	2573.44	42.99	7.79	12.69	36.53
2010	2814.57	34.14	7.61	11.21	47.04
2011	3145.28	28.58	10.68	12.97	47.77
2012	3475.88	31.43	9.40	14.60	44.57
2013	3768.16	31.67	8.24	13.95	46.14
2014	3991.70	29.77	8.21	12.86	49.16
2015	4134.11	32.53	8.52	14.28	44.67
2016	4110.51	36.28	9.92	14.97	38.83
2017	4202.46	32.12	11.12	15.69	41.07

注:1.2005–2013年能耗及相关数据根据第二次、第三次经济普查结果进行了修订，以下表同。
2.电力包括一次电力与电力净调入之和，按等价值(当年发电煤耗)计算。
3.煤炭包括：原煤、洗精煤、其它洗煤、煤制品、焦炭、焦炉煤气、煤矸石、高炉煤气、其他焦化产品、转炉煤气、其他煤气。
4.石油包括：原油、汽油、煤油、柴油、燃料油、石脑油、润滑油、石蜡、溶剂油、石油沥青、石油焦、液化石油气、炼厂干气和其他石油制品。

a) Data of energy consumption and related in 2005-2013 were adjusted and revised based on the second and third economic census.the same below
b) Electric Power is calculated at equal value (current coal consumption in generating electric power).
c) The Coal includs raw coal, washed coal, other coal washing, coal products, coke, coke oven gas, coal, blast furnace gas, other coking products, converter gas, other gas.
d) Petroleum includs crude oil, gasoline, kerosene, diesel oil, fuel oil, naphtha, lubricating oil, paraffin, solvent oil, petroleum asphalt, petroleum coke, liquefied petroleum gas, refinery gas and other petroleum products.

8-3 2012-2017年综合能源平衡表

Overall Energy Balance Sheet(2012-2017)

单位：万吨标准煤 (10 000 tons of SCE)

项 目	Item	2012	2013	2014	2015	2016	2017
可供本地区消费的能源量	**Total Energy Available for Consumption**	**3476.01**	**3768.41**	**3991.90**	**4134.50**	**4110.82**	**4202.43**
年初库存量	Early Stocks	232.84	215.47	342.33	334.94	305.08	336.65
一次能源生产量	Primary Energy Output	4631.37	5068.34	4099.40	3298.88	3003.89	3305.78
外省(区、市)调入量	Amount Tranferred from Other Provinces	1306.01	1351.25	1541.73	1261.85	1651.70	1209.25
进口量	Imports						
本省(区、市)调出量(-)	Amount Tranferred out from the Province(-)	-2467.63	-2537.88	-1656.61	-456.10	-513.14	-530.28
出口量(-)	Exports (-)						
年末库存量(-)	The End of Inventories	-226.58	-328.76	-334.94	-305.07	-336.72	-118.98
加工转换投入(-)产出(+)量	**Input(-) and Output(+) of Processing and Conversion**	**-82.07**	**-108.58**	**-57.65**	**-1.46**	**-26.50**	**-65.82**
火力发电	Thermal Power						
供 热	Heating	-4.91	-5.61	-5.20	-30.62	-12.75	-44.90
煤炭洗选	Coal Washing	-64.13	-75.08	-35.75	-1.78	-7.41	-16.08
炼 焦	Coking	-21.50	-39.41	-34.41		-31.32	-39.40
炼 油	Petroleum Refining	-15.37	-14.22	-9.96	-9.63	-10.58	-9.19
制 气	Gas Production						
天然气液化	Natural Gas Liquefaction			-1.02	-1.00	-0.76	-1.19
煤制品加工	Coal Goods of Process						
回收能	Recovery of Energy	23.83	25.73	28.69	41.57	36.32	44.95
损失量	Amount of Losses	72.69	78.47	76.04	101.48	81.04	90.37
其中：运输和输配损失	Transportation Losses	66.08	71.89	69.50	62.87	67.04	78.00
终端消费量	**End-use Consumption**	**3321.12**	**3581.11**	**3858.01**	**4031.17**	**4002.97**	**4046.27**
第一产业	Primary Industry	19.28	19.80	20.88	23.57	26.91	23.79
农林牧渔业	Agriculture, Forestry, Animal Husbandry, Fishery	19.28	19.80	20.88	23.57	26.91	23.79
第二产业	Secondary Industry	2766.16	3006.03	3247.87	3344.29	3270.99	3253.64
工 业	Industry	2729.60	2966.27	3205.84	3297.82	3225.36	3202.34
用于原材料	For Raw and Processed Material	204.52	239.60	239.50	263.78	226.05	258.02
建筑业	Construction	36.56	39.76	42.03	46.46	45.63	51.30
第三产业	Tertiary Industry	319.81	333.08	354.73	401.75	434.37	487.23
交通运输、仓储和邮政业	Transport, Storage and Post	135.91	142.67	152.18	173.58	196.50	219.69
批发、零售业和住宿、餐饮业	Wholesale and Retail Trades, Hotels and Catering Services	55.04	57.69	61.62	69.81	74.61	108.67
其 他	Others	128.87	132.72	140.93	158.36	163.26	158.88
生活消费	Household Consumption	215.87	222.19	234.53	261.56	270.70	281.60
城 镇	Urban	125.13	130.41	138.46	156.41	162.91	177.55
乡 村	Rural	90.74	91.78	96.07	105.15	107.79	104.05
消费量合计	**Total Consumption**	**3475.88**	**3768.16**	**3991.70**	**4134.11**	**4110.51**	**4202.46**

注：1. 电力、热力按等价热值折算。
2. 村办工业包括在工业中。
a) Electric power and heat are converted on the basis of equal caloric value.
b) Energy consumption of industry include that of village industry.

8-4 1990-2017年能源生产弹性系数

Elasticity Ratio of Energy Production(1990-2017)

年 份 Year	能源生产比上年增长(%) Growth Rate of Energy Production over Preceding Year (%)	电力生产比上年增长(%) Growth Rate of Electricity Production over Preceding Year (%)	生产总值比上年增长(%) Growth Rate of Gross Domestic Product (GDP) over Preceding Year (%)	能源生产弹性系数 Elasticity Ratio of Energy Production	电力生产弹性系数 Elasticity Ratio of Electricity Production
1990	17.24	21.30	3.72	4.63	5.73
1991	-8.94	-15.40	4.69		
1992	-8.58	-16.70	7.39		
1993	10.76	36.50	9.65	1.12	3.78
1994	10.80	7.40	8.12	1.33	0.91
1995	-7.70	-17.40	8.00		
1996	2.30	2.20	8.72	0.26	0.25
1997	15.08	36.45	9.04	1.67	4.03
1998	14.60	19.26	8.92	1.64	2.16
1999	14.90	13.80	8.11	1.84	1.70
2000	5.87	17.00	8.94	0.66	1.90
2001	-3.29	2.90	11.71		0.25
2002	7.40	-4.10	12.08	0.61	
2003	1.60	-14.90	11.86	0.13	
2004	23.85	41.23	12.27	1.94	3.36
2005	52.27	27.85	12.20	4.28	2.28
2006	13.21	28.51	13.26	1.00	2.15
2007	16.29	8.99	13.47	1.21	0.67
2008	16.24	6.64	13.53	1.20	0.49
2009	12.68	17.78	10.14	1.25	1.75
2010	24.41	24.35	15.33	1.59	1.59
2011	0.73	3.87	13.45	0.05	0.29
2012	14.78	20.78	12.25	1.21	1.70
2013	9.43	-0.13	10.84	0.87	
2014	-19.12	0.78	9.21		0.08
2015	-19.53	-3.30	8.17		
2016	-8.94	-15.82	7.99		
2017	10.05	15.98	7.29	1.38	2.19

注：生产总值增长速度按可比价格计算，以下表同。

a) The growth rate of GDP are calculated at constant prices. The same applies to the tables following.

8-5 1990-2017年能源消费弹性系数

Elasticity Ratio of Energy Consumption(1990-2017)

年 份 Year	能源消费比上年增长(%) Growth Rate of Energy Consumption over Preceding Year (%)	电力消费比上年增长(%) Growth Rate of Electricity Consumption over Preceding Year (%)	生产总值比上年增长(%) Growth Rate of Gross Domestic Product (GDP) over Preceding Year (%)	能源消费弹性系数 Elasticity Ratio of Energy Consumption	电力消费弹性系数 Elasticity Ratio of Electricity Consumption
1990	6.81		3.72	1.83	
1991	-5.96		4.69		
1992	5.27		7.39	0.71	
1993	12.16		9.65	1.26	
1994	11.68	9.78	8.12	1.44	1.20
1995	9.97	3.59	8.00	1.25	0.45
1996	1.53	4.40	8.72	0.18	0.50
1997	1.22	21.68	9.04	0.13	2.40
1998	4.54	7.61	8.92	0.51	0.85
1999	27.04	13.66	8.11	3.33	1.68
2000	-4.42	8.13	8.94		0.91
2001	4.69	-3.58	11.71	0.40	
2002	8.46	18.15	12.08	0.70	1.50
2003	10.19	19.65	11.86	0.86	1.66
2004	21.53	26.36	12.27	1.75	2.15
2005	34.16	4.09	12.20	2.80	0.34
2006	13.95	18.40	13.26	1.05	1.39
2007	10.07	16.69	13.47	0.75	1.24
2008	8.79	9.10	13.53	0.65	0.67
2009	3.03	7.67	10.14	0.30	0.76
2010	9.37	37.94	15.33	0.61	2.47
2011	11.75	20.52	13.45	0.87	1.53
2012	10.51	7.41	12.25	0.86	0.60
2013	8.41	12.30	10.84	0.78	1.13
2014	5.93	6.94	9.21	0.64	0.75
2015	3.57	-9.02	8.17	0.44	
2016	-0.57	-13.55	7.99		
2017	2.24	7.76	7.29	0.31	1.06

8-6 分行业终端能源消费总量和主要能源品种消费量(2017年)

Terminal Consumption of Energy and Major Variety Energy Consumption by Sector(2017)

行　业	Sector	能源消费总量(万吨标准煤) Total Energy Consumption (10 000 tons of SCE)	原煤消费量(万吨) Coal Consump-tion (10 000 tons)	汽油消费量(万吨) Gasoline Consump-tion (10 000 tons)	电力消费量(亿千瓦小时) Electricity Consumption (100 million kwh)
消费总计	**Total Consumption**	**4046.27**	**568.43**	**60.05**	**663.87**
一.农林牧渔业	**Agriculture, Forestry, Animal Husbandry, Fishery**	**23.79**	**3.17**	**2.47**	**2.49**
二.工业	**Industry**	**3202.34**	**418.02**	**3.88**	**594.10**
轻工业	Light Industry	19.10	2.50	1.16	3.33
重工业	Heavy Industry	3183.24	415.52	2.71	590.76
(一)采矿业	Mining	270.01	5.63	0.60	27.36
煤炭开采和洗选业	Mining and Washing of Coal	7.61	2.42	0.12	1.01
石油和天然气开采业	Extraction of Petroleum and Natural Gas	181.78	0.07	0.25	4.73
黑色金属矿采选业	Mining and Processing Ferrous Metal Ores	4.34	0.06	0.10	1.15
有色金属矿采选业	Mining and Processing Non-ferrous Metal Ores	14.96	1.65	0.11	4.13
非金属矿采选业	Mining and Processing Non-metal Ores	57.96	1.43	0.02	15.32
开采辅助活动	Support Activities of Mining				
其他采矿业	Mining of Other Minerals	3.36			1.02
(二)制造业	Manufacturing	2862.35	406.44	3.23	546.79
农副食品加工业	Processing of Food from Agricultural Products	6.55	0.74	0.22	1.24
食品制造业	Manufacture of Foods	2.63	0.97	0.11	0.33
酒、饮料和精制茶制造业	Manufacture of Liquor,Beverage and Refined Tea	2.41	0.48	0.22	0.32
烟草制品业	Manufacture of Tobacoo				
纺织业	Manufacture of Textile	1.30	0.08	0.10	0.27
纺织服装、服饰业	Manufacture of Textile Clothing, Apparel	0.72		0.10	0.05
皮革、毛皮、羽毛及其制品和制鞋业	Manufacture of Leather, Fur, Feather, and Related Products and Footware				
木材加工及木、竹、藤、棕、草制品业	Processing of Timber, Manufacture of Wood, Bamboo, Rattan, Palm, and Straw Products				
家具制造业	Manufacture of Furniture	0.59		0.10	0.13
造纸及纸制品业	Manufacture of Paper and Paper Products	0.01			0.01

8-6 续表1 Continued

行 业	Sector	能源消费总量(万吨标准煤) Total Energy Consumption (10 000 tons of SCE)	原煤消费量(万吨) Coal Consumption (10 000 tons)	汽油消费量(万吨) Gasoline Consumption (10 000 tons)	电力消费量(亿千瓦小时) Electricity Consumption (100 million kwh)
印刷和记录媒介复制业	Printing, Reproduction of Recording Media	0.34		0.10	0.04
文教、工美、体育和娱乐用品制造业	Manufacture of Articles For Culture, Education, Arts and Sport Activities	0.45		0.11	0.00
石油加工、炼焦和核燃料加工业	Processing of Petroleum, Coking, Processing of Nuclear Fuel	36.87	0.11	0.20	2.84
化学原料和化学制品制造业	Manufacture of Raw Chemical Materials and Chemical Products	749.64	241.08	0.55	48.74
医药制造业	Manufacture of Medicines	2.33	0.23	0.11	0.42
化学纤维制造业	Manufacture of Chemical Fibres	1.45			0.44
橡胶和塑料制品业	Manufacture of Rubber and Plastics	2.04	0.01	0.11	0.47
非金属矿物制品业	Manufacture of Non-metallic Mineral Products	231.01	146.47	0.23	30.44
黑色金属冶炼和压延加工业	Smelting and Pressing of Ferrous Metals	600.18	11.60	0.22	123.02
有色金属冶炼和压延加工业	Smelting and Pressing of Non-ferrous Metals	1201.48	4.66	0.24	332.25
金属制品业	Manufacture of Metal Products	3.21	0.00	0.23	0.75
通用设备制造业	Manufacture of General Purpose Machinery	1.45		0.16	0.21
专用设备制造业	Manufacture of Special Purpose Machinery	0.19			0.04
汽车制造业	Manufacture of Automobile	0.15		0.01	0.04
铁路、船舶、航空航天和其他运输设备制造业	Manufacture of Railroad, Marine, Aerospace and Other Transportation Equipments				
电气机械和器材制造业	Manufacture of Electrical Machinery and Equipment	7.66		0.01	1.92
通信设备、计算机和其他电子设备制造业	Manufacture of Communication Equipment, Computers and Other Electronic Equipment	0.99			0.26
仪器仪表制造业	Manufacture of Measuring Instruments	3.44			1.02
其他制造业	Others	2.25		0.10	0.64
废弃资源综合利用业	Utilization of Waste Materials	0.32			0.10
金属制品、机械和设备修理业	Metal Products, Mechanics and Equipments Maintainance	2.68			0.81

8-6 续表2 Continued

行 业	Sector	能源消费总量(万吨标准煤) Total Energy Consumption (10 000 tons of SCE)	原煤消费量(万吨) Coal Consumption (10 000 tons)	汽油消费量(万吨) Gasoline Consumption (10 000 tons)	电力消费量(亿千瓦小时) Electricity Consumption (100 million kwh)
(三)电力、燃气及水的生产和供应业	Electric Power, Gas and Water Production and Supply	69.99	5.96	0.05	19.94
电力、热力的生产和供应业	Production and Supply of Electric Power and Heat Power	58.07	5.96	0.04	16.35
燃气生产和供应业	Production and Supply of Gas	4.98			1.51
水的生产和供应业	Production and Supply of Water	6.93		0.01	2.07
三.建筑业	**Construction**	**51.30**	**4.73**	**5.86**	**4.82**
房屋和土木工程建筑业	Buildings and Civil Engineering	40.76	3.91	3.30	4.19
建筑安装业	Construction Installation	2.84	0.65	0.33	0.19
建筑装饰业	Construction Decoration	4.22	0.16	2.07	0.32
其它建筑业	Others	3.49	0.02	0.17	0.12
四.交通运输、仓储和邮政业	**Transport, Storage and Post**	**219.69**	**4.95**	**10.81**	**8.00**
铁路运输业	Railway Transportation	47.73	2.93	0.15	6.66
道路运输业	Road Transportation	165.39	0.39	10.20	0.69
水上运输业	Water Transportation				
航空运输业	Air Transportation	0.86	0.09	0.02	0.20
管道运输业	Pipeline Transportation	0.73	0.01	0.01	0.17
装卸搬运及其他运输服务业	Material Handling and Other Transportation Services	0.02	0.01	0.01	
仓储业	Storage	3.69	1.23	0.32	0.18
邮政业	Postal Services	1.28	0.29	0.10	0.09
五.批发、零售业和住宿、餐饮业	**Wholesale, Retail Trade, Accommodation and Catering Trade**	**108.67**	**9.56**	**4.59**	**9.65**
六.其他行业	**Others**	**158.88**	**22.50**	**6.52**	**17.47**
七.城乡居民生活	**Household Consumption of Urban and Rural Residents**	**281.60**	**105.49**	**25.92**	**27.35**

8-7 1990–2017年能源自给率

Energy Self-sufficiency Rate(1990-2017)

单位：万吨标准煤 (10 000 tons of SCE)

年 份 Year	能源生产总量 Total Energy Production	能源消费总量 Total Energy Consumption	能源自给率(%) Energy Self-sufficiency Rate(%)
1990	606.46	504.35	120.24
1991	552.26	474.29	116.44
1992	504.85	499.29	101.11
1993	559.17	559.98	99.85
1994	619.47	625.38	99.05
1995	571.57	687.71	83.11
1996	584.71	698.25	83.74
1997	672.89	706.78	95.21
1998	771.00	738.88	104.35
1999	885.89	938.68	94.38
2000	937.90	897.23	104.53
2001	907.05	939.33	96.56
2002	974.46	1018.83	95.65
2003	990.14	1122.70	88.19
2004	1226.30	1364.38	89.88
2005	1867.27	1830.48	102.01
2006	2113.85	2085.84	101.34
2007	2458.17	2295.91	107.07
2008	2857.42	2497.74	114.40
2009	3219.77	2573.44	125.12
2010	4005.82	2814.57	142.32
2011	4035.16	3145.28	128.29
2012	4631.37	3475.88	133.24
2013	5068.33	3768.16	134.50
2014	4099.40	3991.70	102.70
2015	3298.88	4134.11	79.80
2016	3003.89	4110.51	73.08
2017	3305.78	4202.46	78.66

8-8 环境保护基本情况
Basic Statistics on Environmental Protection

指　　标	Item	2016	2017
水环境	**Water Environment Conditions**		
水资源总量　(亿立方米)	Total Amount of Water Resources　(100 million cu. m)	612.70	785.70
地表水资源量	Surface Water	591.47	764.30
地下水资源量	Groundwater	282.51	355.70
地表水与地下水资源重复量	Duplicated Measurement Between Surface Water and Groundwater	261.28	334.20
人均水资源量　(立方米/人)	Per Capita Water Resources　(cu.m/person)	10324.20	13130.60
用水总量　(亿立方米)	Water Consumption　(100 million cu. m)	26.40	25.83
#农业用水	Agriculture	19.95	19.19
工业用水	Industry	2.57	2.54
生活用水	Consumption	2.78	2.86
生态环境补水	Ecological Protection	1.10	1.24
生态环境	**Ecological Environment Conditions**		
森林面积　(万公顷)	Area of Forest　(1 0000 hectares)	452.21	452.21
森林覆盖率　(%)	Forest Coverage Rate　(%)	6.3	6.3
湿地面积　(万公顷)	Wetland Area　(1 0000 hectares)	814.36	814.36

注：本表数据来源于青海省水利厅、青海省环境保护厅、青海省林业厅、青海省国土资源厅、青海省住房和城乡建设厅、青海省卫生和计划生育委员会。

a)The data in this table are from the Qinghai provincial water conservancy bure,Environmental Protection bure,Forestry bure,bure of land and resources,bure of housing and urban rural construction,Health and Planning Commission.

8-8 续表1 Continued

指　标	Item	2016	2017
累计水土流失治理面积(千公顷)	Cumulative Soil Erosion Control Area (10 000 hectares)	858.18	881.09
当年造林面积 (公顷)	The Area of Afforestation This Year (hectare)	202614	198809
自然保护区数 (个)	Number of Nature Reserves (unit)	11	11
#国家级自然保护区	Nation Level	7	7
自然保护区面积 (万公顷)	Area of Nature Reserves (10 000 hectares)	2177	2177
自然灾害	**Natural Disasters**		
地质灾害次数 (次)	Number of Geologic Hazards (time)	46	31
地质灾害直接经济损失 (万元)	Direct Economic Losses of Geologic Hazard (10 000 yuan)	2512.06	888.50
森林火灾次数 (次)	Number of Forest Fires (time)	11	16
森林火灾受害森林面积 (公顷)	Danaged Forest Area (hectare)	52	129
突发环境事件次数 (次)	Number of Sudden Environmental Incidents (unit)	0	0
本年林业投资完成额 (万元)	Investment Completed This Year for Afforestation(10 000 yuan)	307243	383704
#生态建设与保护	Ecological Construction and Protection	238664	254357
林业支撑与保障	Forestry Support and Protection	15694	10609
林业产业发展	Development of Forestry	49509	90329
林业民生工程	Forestry Projects for People's Livelihood		
其　他	Others	3376	28409

8-8 续表2 Continued

指　　标	Item	2015	2016
城市环境	**Urban Environmental**		
城区面积　(平方公里)	Total Urban Area　(sq.km)	688.15	1258.79
建设用地面积　(平方公里)	City Areas and Floor Space of Buildings　(sq.km)	173.10	673.46
供水总量　(万立方米)	Total Water Supply　(10 000 cu.m)	25674.16	25387.46
用水普及率　(%)	Coverage Rate of Urban Population with Access to Tap Water(%)	99.06	99.21
污水排放量　(万立方米)	Volume of City Sewage　(10 000 cu.m)	18579	18484
污水处理量　(万立方米)	Disposal of City Sewage　(10 000 cu.m)	11143	14379
污水处理厂集中处理率　(%)	Treatment Rate of City Sewage　(%)	59.98	62.12
生活垃圾清运量　(万吨)	Urban Consumption Wastes Collected and Transported	82.24	81.99
生活垃圾无害化处理量　(万吨)	Volume of Urban Consumption Wastes Disposed　(10 000 tons)	71.70	78.95
生活垃圾无害化处理率　(%)	Treatment Rate of Urban Consumption Wastes　(%)	87.18	96.29
燃气普及率　(%)	Coverage Rate of Urban Population with Access to Gas　(%)	85.96	87.55
集中供热面积　(万平方米)	Area of Centralized Heating in Urban　(10 000 sq.m)	461.46	462.36
人均公园绿地面积(平方米/人)	Per Capita Public Green Area　(sq.m)	10.48	10.78
建成区绿化覆盖率　(%)	Green Covered Area as % of Completed Area　(%)	29.79	31.12
农村环境	**Rural Environmental**		
农村卫生厕所普及率　(%)	Coverage Rate of Rural Population with Sanitary Toilet　(%)	66.64	69.17

8-9 主要地区平均风速(2017年)
Average Wind Speed of Major Districts (2017)

单位：米/秒 (m/second)

月 份 Month	地 区 Region	西 宁 Xining	海 东 Haidong	海 北 HaiBei	黄 南 Huangnan	海 南 Hainan	果 洛 Golog	玉 树 Yushu	海 西 Haixi	格尔木 Geer Mu
年平均	**Annual Average**	**1.1**	**1.7**	**2.6**	**2.1**	**1.5**	**1.9**	**1.5**	**1.7**	**2.0**
一 月	Jan.	0.8	2.0	2.2	1.7	1.0	1.8	1.7	1.1	1.7
二 月	Feb.	1.1	1.8	2.7	2.2	1.4	1.9	1.8	1.4	1.9
三 月	Mar.	1.4	1.7	3.4	2.1	2.0	2.2	1.9	1.8	2.1
四 月	Apr.	1.5	1.8	3.1	2.7	2.1	2.1	2.0	2.3	2.6
五 月	May.	1.4	2.0	2.7	2.2	2.0	2.0	1.7	2.4	2.6
六 月	June.	1.1	1.8	2.5	2.2	1.5	1.8	1.3	2.4	2.5
七 月	July.	1.3	2.0	2.3	3.0	1.7	1.9	1.2	1.9	2.4
八 月	Aug.	0.9	1.6	2.3	2.0	1.4	1.7	1.1	2.0	2.2
九 月	Sept.	0.8	1.5	2.1	1.8	1.1	1.5	1.2	1.4	1.7
十 月	Oct.	0.9	1.4	2.4	1.8	1.2	1.8	1.2	1.4	1.7
十一月	Nov.	0.8	1.6	2.7	2.1	1.4	1.8	1.3	1.1	1.4
十二月	Dec.	0.7	1.7	2.5	1.9	1.0	1.9	1.4	1.3	1.4

注：本表数据来源于青海省气象局，以下表同。
a)The data in this table are from the Meteorological Bureau of Qinghai province,the same below.

8-10 主要地区平均气温(2017年)
Average Temperature of Major Districts (2017)

单位：摄氏度 (°C)

月 份 Month	地 区 Region	西 宁 Xining	海 东 Haidong	海 北 HaiBei	黄 南 Huangnan	海 南 Hainan	果 洛 Golog	玉 树 Yushu	海 西 Haixi	格尔木 Geer Mu
年平均	**Annual Average**	**6.3**	**8.2**	**1.9**	**7.2**	**5.4**	**1.5**	**4.0**	**5.1**	**6.7**
一 月	Jan.	-6.7	-4.4	-11.2	-4.4	-7.2	-9.5	-6.3	-7.9	-6.6
二 月	Feb.	-2.4	-0.2	-6.7	-0.6	-2.5	-6.5	-2.7	-3.6	-1.9
三 月	Mar.	1.1	2.6	-3.7	1.8	0.4	-3.6	-1.1	-0.2	1.5
四 月	Apr.	7.6	9.4	3.1	8.1	6.9	2.1	4.7	7.2	8.6
五 月	May.	11.8	13.7	6.8	12.0	10.2	4.5	7.8	11.2	12.8
六 月	June.	15.3	17.1	10.5	15.0	13.6	7.8	10.1	13.4	16.2
七 月	July.	20.2	22.1	14.7	20.5	18.6	11.9	13.7	18.8	20.3
八 月	Aug.	16.6	18.1	12.4	16.4	15.4	11.4	13.4	16.3	17.6
九 月	Sept.	12.4	14.6	8.7	13.0	11.5	7.8	10.2	11.4	13.3
十 月	Oct.	6.7	8.3	3.0	7.1	5.7	3.4	5.1	4.9	6.7
十一月	Nov.	-0.7	1.6	-5.0	1.2	-1.7	-4.2	-1.7	-3.6	-1.6
十二月	Dec.	-6.4	-4.4	-9.7	-4.2	-6.5	-7.1	-4.7	-7.1	-6.3

8-11 主要地区降水量(2017年)

Monthly Precipitation of Major Districts (2017)

单位：毫米 (millimeters)

月份 Month	地区 Region	西宁 Xining	海东 Haidong	海北 HaiBei	黄南 Huangnan	海南 Hainan	果洛 Golog	玉树 Yushu	海西 Haixi	格尔木 Geer Mu
全 年	**Annual Total**	**464.0**	**249.4**	**517.0**	**423.3**	**353.4**	**517.8**	**616.9**	**300.0**	**73.8**
一 月	Jan.				0.8		3.4	1.3	0.7	0.1
二 月	Feb.	2.4	1.3	0.1	8.7	4.2	6.0	5.1	14.8	3.4
三 月	Mar.	9.9	5.4	6.9	17.4	7.5	18.1	6.2	3.0	1.7
四 月	Apr.	29.0	8.3	25.5	26.1	12.5	24.3	25.6	2.5	1.2
五 月	May.	87.0	48.6	60.3	65.5	49.9	64.3	44.3	5.1	0.4
六 月	June.	40.6	28.6	50.9	38.1	55.1	93.6	155.4	78.6	22.5
七 月	July.	50.1	29.0	112.5	16.3	83.7	39.1	74.7	58.4	20.2
八 月	Aug.	120.8	59.9	154.7	124.0	72.9	137.0	119.3	86.3	20.3
九 月	Sept.	90.4	39.9	80.1	66.9	51.0	89.9	117.8	30.3	3.9
十 月	Oct.	33.0	27.9	26.0	50.1	14.2	41.2	63.2	19.9	
十一月	Nov.				6.4	0.2	0.7	2.6		
十二月	Dec.	0.8	0.5		3.0	2.2	0.2	1.4	0.4	0.1

8-12 主要地区平均日照时数(2017年)

Average Sunshine Hours of Major Districts(2017)

单位：小时 (hours)

月份 Month	地区 Region	西宁 Xining	海东 Haidong	海北 HaiBei	黄南 Huangnan	海南 Hainan	果洛 Golog	玉树 Yushu	海西 Haixi	格尔木 Geer Mu
全 年	Annual Total	**2555.9**	**2559.5**	**2632.3**	**2381.6**	**2770.0**	**2436.2**	**2292.1**	**2797.3**	**2796.6**
一 月	Jan.	223.2	207.0	235.3	206.0	230.3	205.7	176.2	223.5	205.5
二 月	Feb.	185.1	179.7	207.1	188.8	201.4	199.7	170.4	185.3	177.0
三 月	Mar.	223.5	230.5	243.8	227.4	232.6	234.2	183.3	239.4	244.2
四 月	Apr.	190.3	203.2	221.7	193.4	242.2	200.5	195.2	246.9	257.8
五 月	May.	249.2	262.4	236.0	231.0	260.0	221.2	227.3	278.4	292.1
六 月	June.	221.8	234.0	200.1	177.1	220.9	140.6	155.4	247.9	246.2
七 月	July.	264.0	278.4	246.9	279.1	296.5	258.1	232.2	258.3	256.0
八 月	Aug.	183.7	184.3	200.2	147.6	202.6	176.0	194.5	200.9	219.8
九 月	Sept.	188.1	185.4	168.0	148.2	185.3	144.0	166.7	223.5	206.9
十 月	Oct.	179.0	178.0	194.4	153.3	209.1	166.9	173.7	247.2	257.4
十一月	Nov.	233.1	221.6	240.8	212.2	244.3	248.9	195.1	240.1	232.0
十二月	Dec.	214.9	195.0	238.0	217.5	244.8	240.4	222.1	205.9	201.7

主要统计指标解释

能源生产总量 指一定时期内全国(地区)一次能源生产量的总和,是观察全国(地区)能源生产水平、规模、过程构成和发展速度的总量指标。一次能源生产量包括原煤、原油、天然气、水电、核电及其他动力能(如风能、地热能等)发电量。不包括低热值燃料生产量、太阳热能等的利用和由一次能源加工转换而成的二次能源产量。

能源消费总量 指一定地域内(国家或地区)国民经济各行业和居民家庭在一定时期消费的各种能源的总和。能源消费总量分为三部分,即终端能源消费量、能源加工转换损失量和损失量。

(1)**终端能源消费量**:指一定时期内全国(地区)各行业和居民生活消费的各种能源在扣除了用于加工转换二次能源消费量和损失量以后的数量。

(2)**能源加工转换损失量**:指一定时期内全国(地区)投入加工转换的各种能源数量之和与产出各种能源产品之和的差额。它是观察能源在加工转换过程中损失量变化的指标。

(3)**能源损失量**:指一定时期内能源在输送、分配、储存过程中发生的损失和由客观原因造成的各种损失量。不包括各种气体能源放空、放散量。

能源生产弹性系数 是能源生产量的增长与国民经济增长之间的比值。计算公式:

$$\text{能源生产弹性系数} = \frac{\text{能源生产总量年平均增长速度}}{\text{国民经济年平均增长速度}}$$

本资料采用国内生产总值指标计算国民经济年平均增长速度。

电力生产弹性系数 是电力生产量的增长与国民经济增长之间的比值。计算公式:

$$\text{电力生产弹性系数} = \frac{\text{电力生产量年平均增长速度}}{\text{国民经济年平均增长速度}}$$

能源消费弹性系数 是能源消费增长速度与国民经济增长速度之间的比值。计算公式:

$$\text{能源消费弹性系数} = \frac{\text{能源消费量年平均增长速度}}{\text{国民经济年平均增长速度}}$$

电力消费弹性系数 是电力消费增长速度与国民经济增长速度之间的比值。计算公式:

$$\text{电力消费弹性系数} = \frac{\text{电力消费量年平均增长速度}}{\text{国民经济年平均增长速度}}$$

Explanatory Notes on Main Statistical Indicators

Total Energy Production refers to the total production of primary energy by all energy producing enterprises in the country (region) in a given period of time. It is a comprehensive indicator to show the capacity, scale, composition and development of energy production of the country (region). The production of primary energy includes that of coal, crude oil, natural gas, hydro power and electricity generated by other means such as wind power and geothermal power. However, it excludes the production of fuels of low calorific value, solar energy and the secondary energy converted from primary energy.

Total Energy Consumption refers to the total consumption of energy of various kinds of national economy industries and residents in a certain area (country or region) in a given period of time. Total energy consumption can be divided into three parts:

(1) **Final Energy Consumption**: refers to the total consumption of energy by industry and residential in the country (region) in a given period of time, but excludes the consumption in conversion of the primary energy into the secondary energy and the loss in the process of energy transformation.

(2) **Loss During Energy transformation**: refers to the total input of various kinds of energy for transformation, minus the total output of various kinds of energy in the country in a given period of time. It is an indicator to show the loss that occurs during the process of energy transformation.

(3) **Loss**: refers to the total of the loss of energy during the course of energy transport, distribution and storage and the loss caused by any objective reason in a given period of time. The loss of various kinds of gas due to gas discharges and stocktaking is excluded.

Elasticity of Energy Production is an indicator to show the relationship between the growth rate of energy production and the growth rate of the national economy. The formula is:

$$\begin{array}{c}\text{Elasticity Ratio of}\\\text{Energy Production}\end{array}=\frac{\text{Average Annual Growth Rate of Energy Production}}{\text{Average Annual Growth Rate of National Economy}}$$

The Gross Domestic Product (GDP) is used to calculate the growth rate of national economy in this book.

Elasticity of Electricity Production is an indicator to show the relationship between the growth rate of electricity production and the growth rate of the national economy. The formula is:

$$\begin{array}{c}\text{Elasticity Ratio of}\\\text{Electricity Production}\end{array}=\frac{\text{Average Annual Growth Rate of Electricity Production}}{\text{Average Annual Growth Rate of National Economy}}$$

Elasticity of Energy Consumption is an indicator to show the relationship between the growth rate of energy consumption and the growth rate of the national economy. The formula is:

$$\begin{array}{c}\text{Elasticity Ratio of}\\\text{Energy Consumption}\end{array}=\frac{\text{Average Annual Growth Rate of Energy Consumption}}{\text{Average Annual Growth Rate of National Economy}}$$

Elasticity of Electricity Consumption is an indicator to show the relationship between the growth rate of electricity consumption and the growth rate of the national economy. The formula is:

$$\begin{array}{c}\text{Elasticity Ratio of}\\\text{Electricity Consumption}\end{array}=\frac{\text{Average Annual Growth Rate of Electricity Consumption}}{\text{Average Annual Growth Rate of National Economy}}$$

第 9 篇

CHAPTER 9

财　政

Government Finance

公共财政预算收入

（亿元）

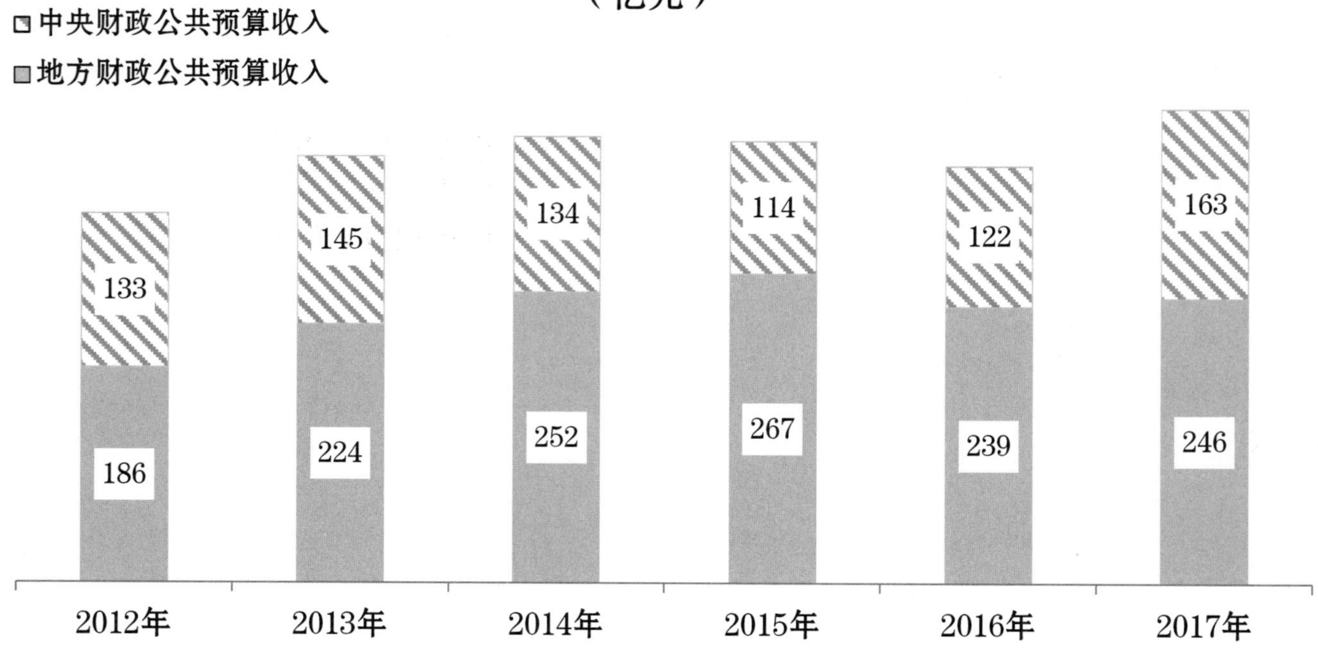

财政用于部分民生事业的支出

（亿元）

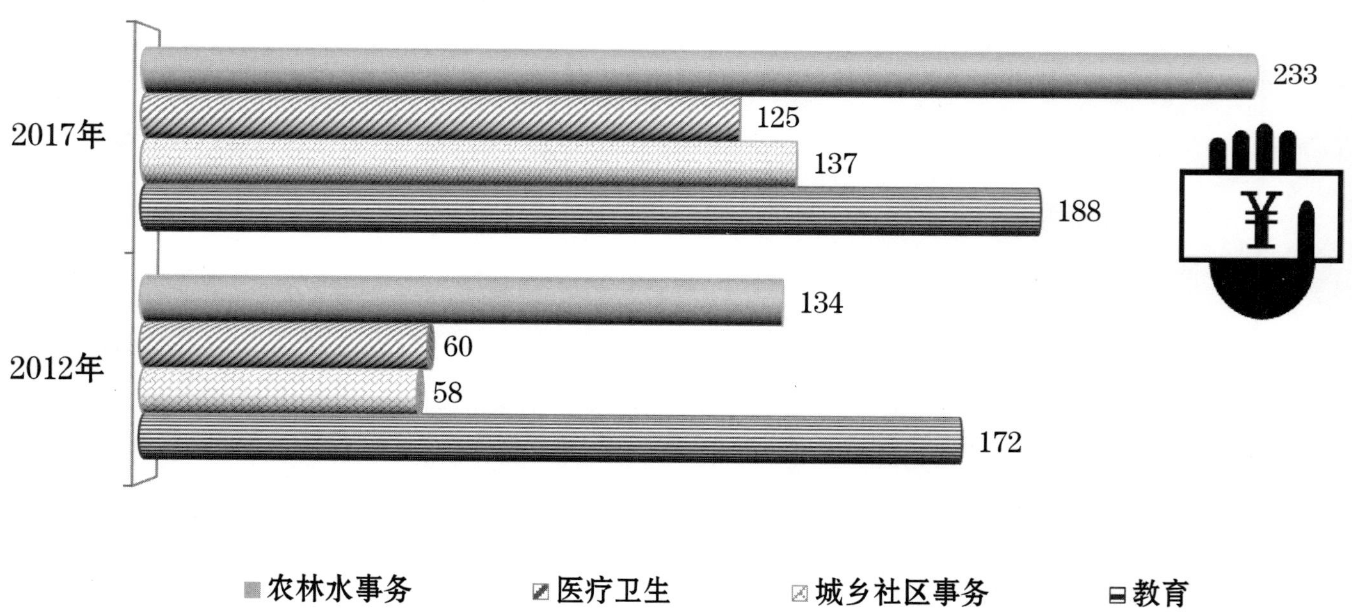

9-1 主要年份财政收支情况

Government Financial Revenue and Expenditure in Main Years

单位：万元、%　　　　(10 000 yuan，%)

年份 Year / 地区 Region	财政总收入 Total Government Revenue	国家财政补贴及其他收入 State Financial Subsidies and Other Revenue	公共财政预算收入 Public Budget Revenues	中央 Central Govern-ment	地方 Local Govern-ment	公共财政预算支出 Public Finance Budget Expenditures	地方公共财政预算收入 Public Budget Revenues of Local Governments: 占收入合计的比重 The Proportion of Total Revenue	占支出合计的比重 The Proportion of Total Expenditure
1957	16358	10187	6171		6171	16212	37.7	38.1
1965	17585	7008	10577		10577	18738	60.1	56.4
1970	26228	14254	11975		11975	27105	45.7	44.2
1975	47928	27450	20478		20478	45173	42.7	45.3
1978	70301	41261	29040		29040	68010	41.3	42.7
1980	63684	47191	16493		16493	58841	25.9	28.0
1990	169745	97375	72369		72369	171334	42.6	42.2
1995	276662	190686	170820	84844	85976	288021	31.1	29.9
1996	314159	218361	177073	81275	95798	327145	30.5	29.3
1997	353100	243900	198143	88943	109200	364713	30.9	29.9
1998	457668	329950	212742	85024	127718	440914	27.9	29.0
1999	667176	525440	230407	88671	141736	557191	21.2	25.4
2000	813082	647239	260944	95101	165843	682614	20.4	24.3
2001	1283790	1085549	325603	127362	198241	1012951	15.4	19.6
2002	1416571	1205606	381441	170476	210965	1187280	14.9	17.8
2003	1425380	1184969	436935	196524	240411	1220438	16.9	19.7
2004	1663816	1393856	512939	242979	269960	1373363	16.2	19.7
2005	2186018	1847796	633937	295715	338222	1697547	15.5	19.9
2006	2669398	2246961	830409	407972	422437	2146628	15.8	19.7
2007	3411001	2843918	1104683	537600	567083	2821993	16.6	20.1
2008	4466049	3750357	1365148	649456	715692	3635950	16.0	19.7
2009	5974197	5096816	1664598	787217	877381	4867457	14.7	18.0
2010	8622451	7520298	2049689	947536	1102153	7434033	12.8	14.8
2011	11174804	9656694	2703958	1185848	1518110	9674710	13.6	15.7
2012	13068261	11204096	3196862	1332697	1864165	11590499	14.3	16.1
2013	13677527	11438941	3685612	1447026	2238586	12278884	16.4	18.2
2014	15294734	12777975	3854678	1337919	2516759	13474303	16.5	18.7
2015	18268915	15597587	3811391	1140063	2671328	15151581	14.6	17.6
2016	19055430	16670367	3600450	1215387	2385063	15247999	12.5	15.6
2017	19003456	16541495	4087028	1625067	2461961	15304375	13.0	16.1
西宁市 Xining City	3231760	2440136	791624		791624	2883747	24.5	27.5
海东市 Haidong City	2290523	2122178	168345		168345	1979181	7.3	8.5
海北州 Haibei Zang A.P	906081	858321	47760		47760	860934	5.3	5.5
黄南州 Huangnan Zang A.P	748462	713361	35101		35101	734929	4.7	4.8
海南州 Hainan Zang A.P	994898	891789	103109		103109	967842	10.4	10.7
果洛州 Golog Zang A.P	725335	700335	25000		25000	717931	3.4	3.5
玉树州 Yushu Zang A.P	991220	972281	18939		18939	985044	1.9	1.9
海西州 Haixi Mongolian & Zang A.P	1619027	1117818	501209		501209	1258264	31.0	39.8

注：1.本章数据来源于青海省财政厅。
2.1994年以后数据按照财税体制改革口径计算。
a)The data source of this chapter is the Finance Department of Qinghai.
b) Data since 1994 calculated by new caliber after the taxation system reform.

9−2 主要年份财政收入占地区生产总值的比重
Percentage of Financial Revenue on GDP in Main Years

单位：万元、%　　(10 000 yuan，%)

年份 地区	Year Region	财政收入合计 Total Financial Revenues	地方公共财政预算收入 Public Budget Revenues of Local Governments	财政收入合计占生产总值的比重 Percentage of Financial Revenue on GDP	地方公共财政预算收入占生产总值的比重 Percentage of Public Budget Revenues of Local Governments on GDP
1957		16358	6171	41.4	15.6
1965		17585	10577	28.6	17.2
1970		26228	11975	32.2	14.7
1975		47928	20478	38.6	16.5
1978		70301	29040	45.2	18.7
1980		63684	16493	35.8	9.3
1985		105053	23971	31.8	7.3
1990		169745	72369	24.3	10.3
1995		276662	85976	16.5	5.1
1996		314159	95798	17.1	5.2
1997		353100	109200	17.4	5.4
1998		457668	127718	20.7	5.8
1999		667176	141736	27.9	5.9
2000		813082	165843	30.8	6.3
2001		1283790	198241	42.8	6.6
2002		1416571	210965	41.6	6.2
2003		1425380	240411	36.5	6.2
2004		1663816	269960	35.7	5.8
2005		2186018	338222	40.2	6.2
2006		2669398	422437	41.2	6.5
2007		3411001	567083	42.8	7.1
2008		4466049	715692	43.8	7.0
2009		5974197	877381	55.3	8.1
2010		8622451	1102153	63.8	8.2
2011		11174804	1518110	66.9	9.1
2012		13068261	1864165	69.0	9.8
2013		13677527	2238586	64.5	10.5
2014		15294734	2516759	66.4	10.9
2015		18268915	2671328	75.6	11.1
2016		19055430	2385063	74.1	9.3
2017		19003456	2461961	72.4	9.4
西宁市	Xining City	3231760	791624	25.2	6.2
海东市	Haidong City	2290523	168345	52.5	3.9
海北州	Haibei Zang A.P	906081	47760	109.3	5.8
黄南州	Huangnan Zang A.P	748462	35101	94.7	4.4
海南州	Hainan Zang A.P	994898	103109	68.2	7.1
果洛州	Golog Zang A.P	725335	25000	194.6	6.7
玉树州	Yushu Zang A.P	991220	18939	154.0	2.9
海西州	Haixi Mongolian & Zang A.P	1619027	501209	30.8	9.5

9-3　2013-2017年财政收支情况

Financial Revenue and Expenditure(2013-2017)

单位：万元　　　　(10 000 yuan)

收　入	Revenue	2013	2014	2015	2016	2017
税收收入	**Taxes Revenue**	**1750516**	**1993917**	**2058050**	**1764775**	**1839621**
增值税	Value Added Tax	284051	309253	229512	468213	893554
营业税	Business Tax	704413	778486	896136	503032	
企业所得税	Corporate Income Tax	216798	198226	202302	170720	232450
企业所得税退税	Tax Rebate for Corporate Income Tax	-131				
个人所得税	Individual Income Tax	47165	62826	57015	64075	89597
资源税	Resource Tax	183680	231518	219214	148438	185721
城市维护建设税	City Maintenance and Construction Tax	112440	120285	118340	115913	121915
房产税	House Property Tax	37898	53737	55214	56738	65281
印花税	Stamp Tax	24623	30151	27264	29668	35687
城镇土地使用税	Urban Land Use Tax	28884	37481	41897	56981	45782
土地增值税	Land Appreciation Tax	17171	31402	35288	32569	46047
车船税	Tax on Vehicles and Boat Operation	15516	18782	22615	25239	27301
耕地占用税	Farm Land Occupation Tax	35430	45195	92444	56363	50335
契税	Deed Tax	42578	76575	60676	36821	45951
烟叶税	Tobacco Leaf Tax					
其他税收收入	Other Tax Revenue			133	5	
非税收入	**Total Non-tax Revenue**	**488070**	**522842**	**613278**	**620288**	**622340**
专项收入	Special Program Receipts	197605	192589	261526	199195	155764
行政事业性收费收入	Charge of Administrative and Institutional Units	80650	90915	93187	85313	92348
罚没收入	Penalty Receipts	39070	45692	68805	51729	64072
国有资本经营收入	State-owned Capital Operating Revenue	8056	8113	3882	2285	7250
国有资源(资产)有偿使用收入	Revenue Paid Use of State-owned Resources (Assets)	89159	132963	143361	227911	251495
其他收入	Other Revenues	73530	52570	42517	53855	51411
本年收入合计	**Total Revenue of This Year**	**2238586**	**2516759**	**2671328**	**2385063**	**2461961**

9–3 续表 continued

单位：万元 (10 000 yuan)

支 出	Expenditure	2013	2014	2015	2016	2017
一般公共服务	Expenditure for General Public Services	974987	1005744	1173292	1214177	1238534
外交	Expenditure for Foreign Affairs					
国防	Expenditure for National Defense	9230	7095	9959	8807	9877
公共安全	Expenditure for Public Security	467898	556325	590172	709793	900438
教育	Expenditure for Education	1215055	1563054	1631899	1713643	1875109
科学技术	Expenditure for Science and Technology	83890	103886	112165	109010	119353
文化体育与传媒	Expenditure for Culture, Sport and Media	258371	341602	335954	333145	375783
社会保障和就业	Expenditure for Social Safety Net and Employment Effort	1620084	1480129	1893447	1961752	2095742
医疗卫生	Expenditure for Medical and Health Care	686375	801340	994260	1030629	1252128
节能环保	Energy Saving and Environmental Protection	667797	567286	873588	734098	609256
城乡社区事务	Expenditure for Urban and Rural Community Affairs	866244	950361	1284534	1197362	1370008
农林水事务	Expenditure for Agriculture, Forestry and Water Conservancy	1596910	1900408	2044144	2323489	2331198
交通运输	Expenditure for Transportation	1979481	2047049	2054930	1787185	953840
资源勘探电力信息等事务	Expenditure for Affairs of Exploration, Power and Information	482769	563088	554697	495782	363478
商业服务业等事务	Expenditure for Affairs of Commerce and Services	121641	130316	190590	145958	176955
金融监管等事务	Expenditure for Affairs of Financial Supervision and Reconstruction	18244	129267	60020	69212	28758
援助其他地区支出	Expenditure for Other Regional Assistance	320	421	866	490	
国土资源气象等事务	Expenditure for Affairs of Land and Weather	204525	218139	165205	168857	391029
住房保障	Expenditure for Affairs of Housing Security	627494	677288	652487	699296	673207
粮油物资储备事务	Expenditure for Affairs of Management of Grain & Oil Reserves	43796	45840	75546	56047	54136
预备费	Reserve Funds					
国债还本付息	Expenditure for the Principal and Interest of National Debts	272658	228637	262807	415758	431770
其他	Others	80843	157028	191019	73509	53776
本年支出合计	**Total Government Expenditure of This Year**	**12278884**	**13474303**	**15151581**	**15247999**	**15304375**

9-4 各时期地方财政收入主要项目

Main Items of Local Financial Revenue in Different Periods

单位：万元 (10 000 yuan)

时期(年份) Period(Year)	地方财政收入合计 Total Revenue of Local Covernments	企业收入 Revenue of Enterprises	国企所得税调节税 Regulation Tax of State-owned Enterprises Income Tax	税收收入 Tax Revenue	工商税收 Industrial and Commercial Taxes	农牧业税 Agricultural and Livestock Taxes	其他 Others
"五五"时期	106032	18866		80348	72906	7442	6818
1978	29040	9361		17322	15734	1588	393
1980	16493	-1803		16679	15384	1295	471
"六五"时期	79583	-31663	27226	103440	96503	6937	7806
1985	23971	-6666	11051	29561	28031	1530	1076
"七五"时期	262159	-23221	54199	258095	246002	12093	27285
1986	32112	-3267	9877	33798	32110	1688	1581
1990	72369	-6336	9603	67833	64553	3280	10872
"八五"时期	439198	-20180	39339	398643	369399	29244	60735
1991	87908	-2981	10804	71741	68419	3322	19148
1995	85976	-1379	7007	73313	64477	8836	14042
"九五"时期	640295	41413	62402	491057	430528	60529	107825
1996	95798	-2381	5991	80826	69519	11307	17353
1997	109200	3659	8824	89154	76885	12269	16387
1998	127718	5677	11939	97514	84146	13368	24503
1999	141736	12121	13402	106629	95565	11064	22986
2000	165843	22337	22246	116934	104413	12521	26572
"十五"时期	1257799	117763	96853	928300	863340	64960	211736
2001	198241	32562	28928	132185	123665	8520	33494
2002	210965	19340	13412	158181	141381	16800	33444
2003	240411	17021	12177	184095	166374	17721	39295
2004	269960	20197	16940	205194	191791	13403	44569
2005	338222	28643	25396	248645	240129	8516	60934
"十一五"时期	3684746	356857	353318	2560821	2491743	69078	767068
2006	422437	39652	36066	295126	285903	9223	87659
2007	567083	47479	47526	385376	375157	10219	134228
2008	715692	71292	71292	487674	474437	13237	156726
2009	877381	88601	88601	613052	595873	17179	175728
2010	1102153	109833	109833	779593	760373	19220	212727
"十二五"时期	10808948	924115	924115	7543704	6630858	424776	2341129
2011	1518110	146159	146159	1052317	1020736	31581	319634
2012	1864165	160761	160761	1306099	1265802	40297	397305
2013	2238586	216667	216667	1533849	967771	78008	488070
2014	2516759	198226	198226	1795691	1673921	121770	522842
2015	2671328	202302	202302	1855748	1702628	153120	613278
"十三五"时期	4847024	403170	403170	3201226	3011756	189470	1242628
2016	2385063	170720	170720	1594055	1500871	93184	620288
2017	2461961	232450	232450	1607171	1510885	96286	622340

注：1. 企业收入系企业所得税、国有企业上缴利润、国有企业计划亏损补贴及所得税退税之和。
2. 各项税收按1988年口径整理，工商税收中包括盐税、建筑税等。农牧业税中包括耕地占用税和契税。
3. 国家从1994年起取消调节税。

a)Revenue of enterprises, is the sum of enterprise income tax, profit delivery, plan subsidies to loss-making and the tax rebate of state-owned enterprises.

b) Revenues are arranged according to the caliber in 1988. Industrial and commercial tax include Salt tax, construction tax,and so on. Agriculture and livestock tax include farm land occupation tax and deed tax.

c) The regulation tax has been abolished since 1994.

主要统计指标解释

财政收入　指国家财政参与社会产品分配所取得的收入，是实现国家职能的财力保证。主要包括：

（1）**各项税收**：包括国内增值税、国内消费税、进口货物增值税和消费税、出口货物退增值税和消费税、营业税、企业所得税、个人所得税、资源税、城市维护建设税、房产税、印花税、城镇土地使用税、土地增值税、车船税、船舶吨税、车辆购置税、关税、耕地占用税、契税、烟叶税等。

（2）**非税收入**：包括专项收入、行政事业性收费、罚没收入和其他收入。

财政支出　指国家财政将筹集起来的资金进行分配使用，以满足经济建设和各项事业的需要。主要包括：

（1）**一般公共服务**：指政府提供基本公共管理与服务的支出，包括人大事务、政协事务、政府办公厅（室）及相关机构事务、发展与改革事务、统计信息事务、财政事务、税收事务、审计事务、海关事务、人力资源事务、纪检监察事务、人口与计划生育事务、商贸事务、知识产权事务、工商行政管理事务、国土资源事务、海洋管理事务、测绘事务、地震事务、气象事务、民族事务、宗教事务、港澳台侨事务、档案事务、共产党事务、民主党派事务及工商联事务、群众团体事务、彩票事务等。

（2）**外交**：指政府外交事务支出，包括外交行政管理、驻外机构、对外援助、国际组织、对外合作与交流、边界勘界联检等方面的支出。

（3）**国防**：指政府用于国防方面的支出，包括用于现役部队、预备役部队、民兵、国防科研事业、专项工程、国防动员等方面的支出。

（4）**公共安全**：指政府维护社会公共安全方面的支出，包括武装警察、公安、国家安全、检察、法院、司法行政、监狱、劳教、国家保密、缉私警察等。

（5）**教育**：指政府教育事务支出，包括教育行政管理、学前教育、小学教育、初中教育、普通高中教育、普通高等教育、初等职业教育、中专教育、技校教育、职业高中教育、高等职业教育、广播电视教育、留学生教育、特殊教育、干部继续教育、教育机关服务等。

（6）**科学技术**：指用于科学技术方面的支出，包括科学技术管理事务、基础研究、应用研究、技术研究与开发、科技条件与服务、社会科学、科学技术普及、科技交流与合作等。

（7）**文化教育与传媒**：指政府在文化、文物、体育、广播影视、新闻出版等方面的支出。

（8）**社会保障和就业**：指政府在社会保障与就业方面的支出，包括社会保障和就业管理事务、民政管理事务、财政对社会保险基金的补助、补充全国社会保障基金、行政事业单位离退休、企业改革补助、就业补助、抚恤、退役安置、社会福利、残疾人事业、城市居民最低生活保障、其他城镇社会救济、农村社会救济、自然灾害生活救助、红十字事务等。

（9）**医疗卫生**：指政府医疗卫生方面的支出，包括医疗卫生管理事务支出、医疗服务支出、医疗保障支出、疾病预防控制支出、卫生监督支出、妇幼保健支出、农村卫生支出等。

（10）**环境保护**：指政府环境保护支出，包括环境保护管理事务支出、环境监测与监察支出、污染治理支出、自然生态保护支出、天然林保护工程支出、退耕还林支出、风沙荒漠治理支出、退牧还草支出、已垦草原退耕还草、能源节约利用、污染减排、可再生能源和资源综合利用等支出。

（11）**城乡社区事务**：指政府城乡社区事务支出，包括城乡社区管理事务支出、城乡社区规划与管理支出、城乡社区公共设施支出、城乡社区住宅支出、城乡社区环境卫生支出、建设市场管理与监督支出等。

（12）**农林水事务**：指政府农林水事务支出，包括农业支出、林业支出、水利支出、扶贫支出、农业综合开发支出等。

（13）**交通运输**：指政府交通运输和邮政业方面的支出，包括公路运输支出、水路运输支出、铁路运输支出、民用航空运输支出、邮政业支出等。

（14）**工业商业金融等事务**：指政府对工业、商业及金融等方面的支出，包括采掘业支出、制造业支出、建筑业支出、工业和信息产业监管支出、国有资产监管支出、商业流通事务支出、金融业监管支出、旅游业管理与服务支出等。

地方财政收入　指按现行分税制财政体制划分的地方本级收入。包括营业税（不含铁道部门、各银行总行、各保险公司总公司集中交纳的营业税），地方企业上交利润，城市维护建设税（不含铁道部门、各银行总行、各保险公司总公司集中交纳的部分），房产税，城镇土地使用税，土地增值税，车船税，耕地占用税，契税，烟叶税，印花税，增值税25%部分，纳入共享范围的企业所得税40%部分，个人所得税40%部分，证券交易印花税3%部分，海洋石油资源税以外的其他资源税，地方非税收入等。

Explanatory Notes on Main Statistical Indicators

Government Revenue refers to income for the government finance through participating in the distribution of social products. It is the financial guarantee to ensure government functioning. The contents of government revenue include the following main items:

(1) **Various tax revenues**, including domestic value added tax (VAT), domestic consumption tax, VAT and consumption tax from imports, VAT and consumption tax rebate for exports, business tax, corporate income tax, individual income tax, resource tax, city maintenance and construct tax, house property tax, stamp tax, urban land use tax, land appreciation tax, tax on vehicles and boat operation, ship tonnage tax, vehicle purchase tax, tariffs, farm land occupation tax, deed tax, and tobacco leaf tax, etc.

(2) **Non - tax revenue**, including special program receipts, charge of administrative and institutional units, penalty receipts and others non - tax receipts.

Government Expenditure refers to the distribution and use of the funds which the government finance has raised, so as to meet the needs of economic construction and various causes. It includes the following main items:

(1) **Expenditure for general public services**: It refers to the spending on the basic public management and services which provided by governments, including the expense on affairs of People's Congress, affairs of People's Political Consultative Conference, affairs of government general office and relative institutions, affairs of development and reform, affairs of statistics, affairs of finance, affairs of taxation, affairs of audit, affairs of customs, affairs of human resources and social security, affairs of discipline inspection and supervision, affairs of population and family planning, affairs of commerce and trade, affairs of intellectual property, affairs of administration for industry and commerce, affairs of land and resources, affairs of oceanic administration, affairs of surveying and mapping, affairs of earthquake, ethnic affairs, religious affairs, affairs of Hong Kong, Macao, Taiwan, and Overseas Chinese, affairs of archives administration, affairs of Chinese Communist Party, affairs of democratic parties and federation of industry and commerce, affairs of mass organization, and affairs of lottery, etc.

(2) **Expenditure for foreign affairs**: It refers to the spending of government on foreign affairs, including the expense on administration of foreign affairs, missions overseas, external assistance, international organizations, foreign cooperation and communication, surveying and joint inspection on borderline, etc.

(3) **Expenditure for national defence**: It refers to the spending of government on national defence, including the expense on active force, reserve force, militia, scientific research on national defence, special projects, mobilization of national defence, etc.

(4) **Expenditure for public security**: It refers to the spending of government on maintaining social and public security, including the expense on armed police force, public security, state security, prosecution, courts, justice, prison, labour education and rehabilitation, protection of state secrecy, anti - smuggling police, etc.

(5) **Expenditure for education**: It refers to the spending of government on education, including the expense on the administration of education, pre - primary education, primary education, secondary education, high school education, regular higher education, primary vocational education, secondary vocational education, technical school education, vocational high school education and higher vocational education, radio and television education, student abroad education, special education, on the job training of cadres, education authorities services, etc.

(6) **Expenditure for science and technology**: It refers to the spending of government on science and technology (S&T), including the expense on the administration of S&T, basic research, applied research, research and development, conditions and services of S&T, popularization of social science, science and technology, exchanges and cooperation of S&T, etc.

(7) **Expenditure for culture, sport and media**: It refers to the spending of government on culture, cultural heritage, sports, radio, film, television, press and publication, etc.

(8) **Expenditure for social safety net and employment effort**: It refers to the spending of government on social safety net and employment, including the expense on administration of social safety net and employment, civil affairs, budgetary subsidy on the social insurance funds, subsidy on National Social Security Fund, retirees of administrative units and institutions, subsidy on enterprise reform, subsidy on employment effort, pension, placement of ex - serviceman, social welfare, the handicapped undertakings, the system of cost of living allowances for urban residents, other urban social relief, rural social relief, living relief of natural disasters, affairs of Red Cross Society, etc.

(9) **Expenditure for medical and health care**: It refers to the spending of government on medical and health care, including the expense on administration of medical and health care, medical services, health care, disease prevention and control, health inspection and supervision, women and children's health, rural health care, etc.

(10) **Expenditure for environment protection**: It refers to the spending of government on environment protection, inclu-

ding the expense on administration of environment protection, environment monitoring and supervision, pollution control, natural ecology protection, project of virgin forests protection, reforesting farmland, controlling the sources of dust storms, returning pastureland to grassland, returning pastureland to grassland, returning cultivated land to grassland, energy conservation, emissions reduction, comprehensive utilization of renewable energy and resources, etc.

(11) **Expenditure for urban and rural community affairs**: It refers to the spending of government on urban and rural community affairs, including the expense on administration of urban and rural community, planning and management of urban and rural community, public facilities of urban and rural community, housing of urban and rural community, sanitation of urban and rural community, management and supervision on the construction market, etc.

(12) **Expenditure for agriculture, forestry and water conservancy**: It refers to the spending of government on agriculture, forestry and water conservancy, including the expense on agriculture, forestry, water conservancy, poverty alleviation, comprehensive agricultural development, etc.

(13) **Expenditure for transportation**: It refers to the spending of government on transportation and postal services, including the expense on road transportation, waterway transportation, railway transportation, civil aviation transportation, and postal services.

(14) **Expenditure for industry, commerce and banking**: It refers to the spending of government on industry, commerce and banking, including the expense on mining, manufacturing, construction, industry and information technology supervision and administration, State – owned assets supervision and administration, commerce and circulation affairs, financial intermediation supervision and administration, tourism administration and service, etc.

Revenue of the Local Governments refers to the revenue collected that by the local governments as defined by the decentralized taxation system. The revenue of the local governments includes business tax (excluding the part of the Ministry of Railways, head offices of banks, head offices of insurance company, which are handed over to the government in a centralized way), profit handed in by the local enterprises, city maintenance and construct tax (excluding the part of the Ministry of Railways, head offices of banks, head offices of insurance company, which are handed over to the government in a centralized way), house property tax, urban land use tax, land appreciation tax, tax on vehicles and boat operation, farm land occupation tax, deed tax, and tobacco leaf tax, stamp tax, 25% of the value added tax, 40% the share part of the corporate income tax, 40% of individual income tax, 3% of stamp tax on securities transactions, resource tax other than the tax on offshore petroleum resources, local non – tax revenue, etc.

第 10 篇
CHAPTER 10

价格指数
Prices

商品零售价格指数

(以上年为100)

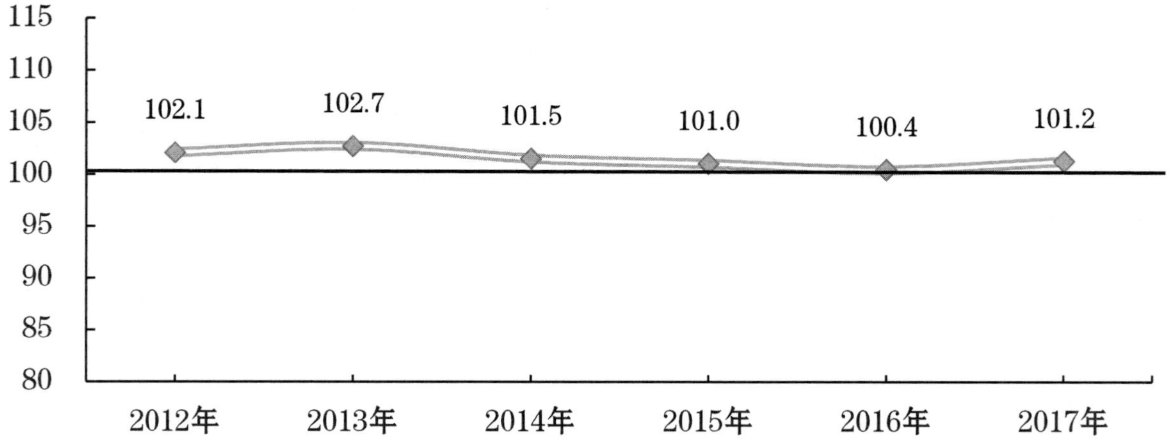

居民消费价格指数

(以上年为100)

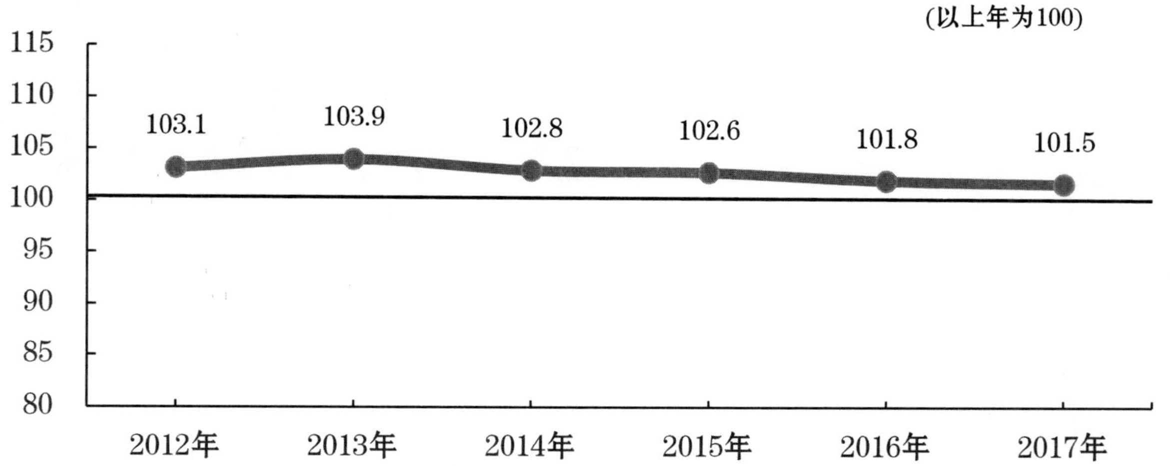

工业生产者价格指数

(以上年为100)

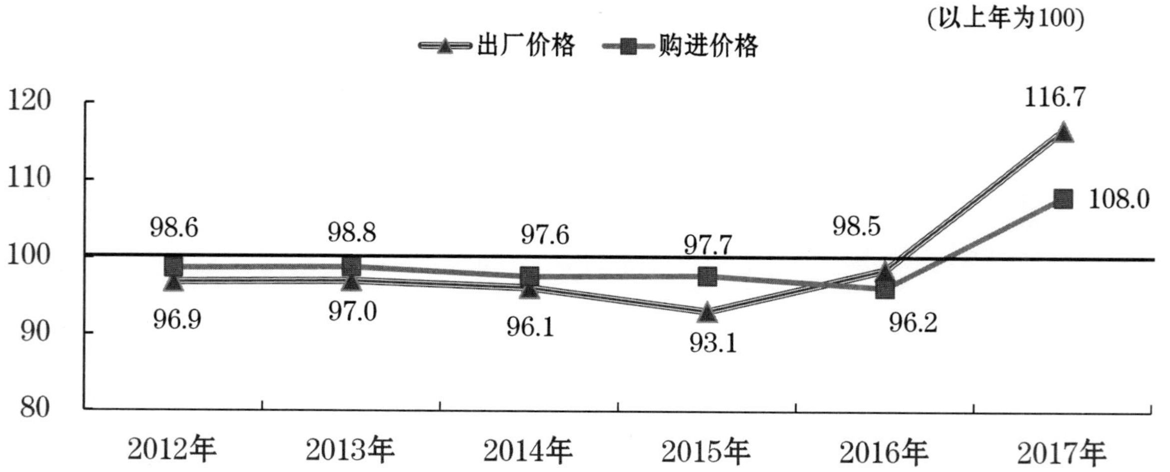

10-1　1978-2017年各种价格指数
Price Indices (1978-2017)

上年=100　　(preceding year=100)

年　份 Year	商品零售价格指数 Retail Price Index	居民消费价格指数 Consumer Price Index	城市居民消费价格指数 Urban Household	农村居民消费价格指数 Rural Household	服务项目价格指数 Service Price Index	农业生产资料价格指数 Price Index for Means of Agricultural Production
1978	100.22	100.35	100.23	100.50	100.00	100.04
1979	102.22	102.15	103.38	100.31	100.11	99.16
1980	104.08	105.59	105.59	101.30	100.44	99.23
1981	101.37	101.30	101.30	100.67	100.00	100.52
1982	101.80	101.77	102.07	100.88	100.20	100.88
1983	100.65	100.74	100.62	101.40	104.73	100.36
1984	103.40	103.10	103.10	102.40	103.86	107.90
1985	110.70	110.70	111.80	106.20	105.80	103.70
1986	106.10	106.20	106.40	105.70	107.80	102.60
1987	107.30	107.20	107.80	105.20	104.80	104.10
1988	118.30	118.00	118.60	116.20	112.20	111.00
1989	117.70	117.50	117.30	118.00	115.30	116.40
1990	104.50	105.10	104.70	107.60	114.10	108.70
1991	106.30	107.60	108.70	105.20	117.50	104.10
1992	106.40	108.00	108.60	106.60	119.30	103.80
1993	112.50	113.20	114.00	110.50	121.00	117.60
1994	123.30	121.80	123.20	120.70	118.50	124.10
1995	116.30	118.00	119.70	115.70	116.80	123.90
1996	107.80	110.80	111.40	108.80	129.90	112.60
1997	103.00	104.80	105.10	104.20	116.00	105.00
1998	99.60	100.70	100.60	101.00	112.30	100.30
1999	98.50	99.50	99.50	99.60	110.30	95.60
2000	99.00	99.50	99.60	99.40	103.80	100.70
2001	99.90	102.60	103.00	101.20	112.70	99.60
2002	99.30	102.30	102.10	102.90	112.20	98.00
2003	100.80	102.00	101.80	102.50	104.00	101.10
2004	102.60	103.20	102.10	105.50	104.80	109.20
2005	100.70	100.80	99.70	103.10	102.00	106.50
2006	102.00	101.60	101.80	101.10	101.30	102.10
2007	106.00	106.60	106.30	107.30	102.70	108.10
2008	110.60	110.10	108.90	112.30	103.20	124.20
2009	101.60	102.60	103.20	101.70	101.50	97.80
2010	104.30	105.40	105.10	105.80	105.30	103.50
2011	105.40	106.10	106.00	106.40	105.10	112.40
2012	102.10	103.10	103.00	103.10	103.00	108.70
2013	102.70	103.90	104.10	103.70	102.70	104.30
2014	101.50	102.80	102.90	102.60	103.40	99.80
2015	101.00	102.60	102.80	102.20	104.20	100.80
2016	100.40	101.80	101.80	101.80	103.20	101.50
2017	101.20	101.50	101.70	101.10	102.20	102.40

10−2 1978−2017年各种价格定基指数
Fixed-base Price Indices (1978-2017)

1978年=100　　(year of 1978=100)

年份 Year	商品零售价格指数 Retail Price Index	居民消费价格指数 Consumer Price Index	城市居民消费价格指数 Urban Household	农村居民消费价格指数 Rural Household	服务项目价格指数 Service Price Index	农业生产资料价格指数 Price Index for Means of Agricultural Production
1978	100.00	100.00	100.00	100.00	100.00	100.00
1979	102.22	102.15	103.38	100.31	100.11	99.16
1980	106.39	107.86	109.16	101.61	100.55	98.40
1981	107.85	109.26	110.58	102.29	100.55	98.91
1982	109.79	111.20	112.87	103.20	100.75	99.78
1983	110.50	112.02	113.57	104.64	105.52	100.14
1984	114.26	115.49	117.09	107.15	109.59	108.05
1985	126.49	127.85	130.90	113.79	115.95	112.05
1986	134.20	135.78	139.28	120.28	124.99	114.96
1987	144.00	145.55	150.15	126.54	130.99	119.67
1988	170.35	171.75	178.07	147.03	146.97	132.84
1989	200.50	201.81	208.88	173.50	169.46	154.62
1990	209.52	212.10	218.70	186.69	193.35	168.07
1991	222.72	228.22	237.30	196.39	227.19	174.97
1992	236.98	246.48	258.17	209.36	271.03	181.61
1993	266.60	279.01	294.31	231.34	327.95	213.58
1994	328.72	339.84	362.59	279.23	388.62	265.05
1995	381.99	401.01	434.02	323.06	453.91	328.40
1996	412.12	444.32	483.50	351.49	589.63	369.78
1997	424.48	465.65	508.16	366.25	683.97	388.27
1998	422.79	468.91	511.21	369.92	768.10	389.43
1999	416.44	466.57	508.65	368.44	847.21	372.29
2000	412.28	464.24	506.62	366.23	879.41	374.90
2001	411.87	476.31	521.82	370.62	991.09	373.40
2002	408.98	487.25	532.77	381.37	1112.00	365.93
2003	412.25	497.00	542.36	390.90	1156.48	369.96
2004	422.97	512.90	553.75	412.40	1211.99	404.00
2005	425.93	517.00	552.09	412.41	1236.23	430.26
2006	434.45	525.27	562.03	416.95	1252.30	439.30
2007	460.52	559.94	597.44	447.39	1286.11	474.88
2008	509.34	616.49	650.61	502.42	1327.27	589.80
2009	517.49	632.52	671.43	510.96	1347.18	576.82
2010	539.74	666.68	705.67	540.60	1418.58	597.01
2011	568.89	707.35	748.01	575.20	1490.93	671.04
2012	580.84	729.28	770.45	593.03	1535.66	729.42
2013	596.52	757.72	802.04	614.97	1577.12	760.78
2014	605.47	778.94	825.30	630.96	1630.74	759.26
2015	611.53	799.19	848.41	644.84	1699.23	765.34
2016	613.97	813.58	863.68	656.45	1753.61	776.82
2017	621.30	825.80	878.40	663.70	1792.20	795.50

10−3 居民消费价格分类指数(2017年)
Consumer Price Indices by Category (2017)

上年=100　　(preceding year=100)

项　目	Item	全　省 Province	城　市 Urban	农　村 Rural
居民消费价格总指数	**Consumer Price Index**	**101.5**	**101.7**	**101.1**
非食品烟酒价格指数	**Non-Food, Tobacco and Liquor Price Index**	**102.2**	**102.5**	**101.7**
食品(原口径)指数	**Food(Original diameter) Price Index**	**99.8**	**99.7**	**99.9**
非食品(原口径)指数	**Non-Food(Original diameter) Price Index**	**102.1**	**102.4**	**101.6**
服务价格指数	**Services Price Index**	**102.2**	**102.8**	**100.8**
工业品价格指数	**Industrial Products Price Index**	**102.2**	**102.1**	**102.4**
鲜活食品价格指数	**Fresh Food Price Index**	**98.3**	**98.1**	**98.6**
消费品价格指数	**Consumer P ricei Index**	**101.1**	**101.1**	**101.3**
能源价格指数	**Energy Price Index**	**103.5**	**103.1**	**104.4**
非食品价格指数	**Non-Food Index**	**102.0**	**102.2**	**101.5**
扣除食品和能源价格指数	**Out of Food and Energy Price Index**	**101.9**	**102.1**	**101.3**
扣除鲜菜鲜果价格指数	**Out of Fresh Vegetables and Fruits Price Index**	**101.7**	**101.9**	**101.4**
扣除自有住房价格指数	**Out of Private Housing Price Index**	**101.2**	**101.2**	**101.3**
居住(扣自有住房)价格指数	**Residence (Out of Private Housing)Price Index**	**101.4**	**101.7**	**100.8**
食品烟酒	**Food, Tobacco and Liquor**	**99.9**	**99.9**	**99.9**
食品	Food	99.5	99.5	99.6
粮食	Grain	102.0	102.4	101.3
薯类	Tubers	99.9	101.6	98.4
豆类	Beans	102.8	103.8	100.1
食用油	Oil	100.3	100.5	100.0
菜	Vegetables	93.5	93.9	92.5
畜肉类	Meat	99.7	99.1	100.8
禽肉类	Poultry	100.6	100.5	100.8
水产品	Aquatic Products	103.8	104.3	101.5
蛋类	Eggs	96.8	96.4	97.8
奶类	Dairies	99.3	98.9	100.4
干鲜瓜果类	Dried and Fresh Melons and Fruits	100.8	101.3	99.8
糖果糕点类	Candy and Pastries	100.3	100.0	101.0
调味品	Flavorings	104.3	104.4	104.1
其他食品类	Others	102.6	103.0	101.8
茶及饮料	Tea and Beverages	100.6	100.5	100.7
烟酒	Tobacco and Liquor	100.6	100.9	100.0
在外餐饮	Dining Out	100.5	100.4	101.2
衣着	**Clothing**	**100.9**	**101.1**	**100.3**
服装	Garments	101.1	101.3	100.7
服装材料	Garments Material	105.4	109.6	100.6
其他衣着及配件	Other parts of Clothing Material	101.1	101.9	99.7
衣着加工服务费	Clothing Manufacturing Service	106.5	106.4	106.9
鞋类	Footwear	99.6	99.9	98.9
居住	**Residence**	**102.9**	**104.3**	**99.9**
租赁房房租	Renting	100.7	101.5	98.6
住房保养维修及管理	Housing maintenance and Manages	103.3	104.5	101.5
水电燃料	Water,Electricity andFuels	100.4	100.2	100.9
自有住房	Private Housing	105.4	108.4	98.3
生活用品及服务	**Articles for daily use and Sercices**	**100.7**	**100.7**	**100.6**
家具及室内装饰品	Furniture and Interior Decorations	100.5	100.2	100.8
家用器具	Household Appliances	100.2	100.0	100.7
家用纺织品	Household Textiles	100.8	100.8	100.7
家庭日用杂品	Daily Use Household Articles	100.2	100.0	100.6
个人护理用品	Personal care products	101.2	101.6	100.1
家庭服务	Household Sercices	102.4	103.0	100.9
交通和通信	**Transportation and Communication**	**101.0**	**100.8**	**101.5**
交通	Transportation	103.0	103.2	102.8
通信	Communication	97.1	96.8	97.9
教育文化和娱乐	**Education ,Cultural and Recreational Articles**	**100.8**	**100.2**	**102.3**
教育	Education	102.1	101.4	103.5
文化娱乐	Cultural and Recreational Articles	98.9	98.6	99.7
医疗保健	**Health Care**	**105.9**	**105.8**	**106.2**
药品及医疗器具	Drugs and Medical Appliances	111.9	110.4	115.4
医疗服务	Health Services	102.0	102.5	101.1
其他用品和服务	**Other Articlrs and Services**	**101.7**	**102.2**	**100.6**
其他用品类	Other Articlrs	102.5	103.8	100.2
其他服务类	Other Services	100.8	100.7	101.1

10−4 2017年分调查市县居民消费价格分类指数

Consumer Price Indices by Category of Survey Cities and Counties(2017)

(上年=100) (preceding year=100)

项 目	Item	总指数 General Index	食品烟酒 Food, Tobacco and Liquor	衣着 Clothing	居住 Residence	生活用品及服务 Articles for daily use and Sercices	交通和通信 Transportation and Communication	教育文化和娱乐 Education , Cultural and Recreational Articles	医疗保健 Health Care	其他用品和服务 Other Articlrs and Services
2017		101.5	99.9	100.9	102.9	100.7	101.0	100.8	105.9	101.7
西宁市	Xining City	101.8	99.9	101.4	104.8	100.7	101.1	100.1	105.6	102.2
大通县	Datong County	100.4	99.0	98.9	99.0	101.1	99.2	102.5	106.3	99.7
乐都区	Ledu District	101.4	99.8	100.1	101.6	100.5	101.8	101.8	106.8	100.7
平安区	Pingan District	101.1	99.5	101.1	101.5	100.7	102.3	99.2	105.2	103.2
海晏县	Haiyan County	101.9	101.0	101.9	100.8	100.6	103.6	102.7	103.9	102.1
同仁县	Tongren County	100.7	100.0	100.8	99.5	100.5	101.9	100.0	105.2	98.2
共和县	Gonghe County	101.8	99.6	103.9	100.9	100.2	102.2	104.9	105.1	101.5
玛沁县	Maqin County	101.3	102.0	101.3	95.8	100.4	101.4	101.4	106.4	102.3
玉树市	YuShu City	100.3	97.9	100.3	100.6	99.8	101.0	100.7	104.9	103.3
格尔木市	Geermu City	101.1	99.7	100.1	101.1	101.8	99.7	101.7	106.7	102.4
德令哈市	Delingha City	101.3	100.2	101.4	101.4	100.6	101.5	100.9	104.8	101.1

10−5　2016−2017年食品类价格指数
Food PriceIndices(2016-2017)

(上年=100)　　(precedingyear=100)

分类名称	Item	2016	2017
食品类价格指数	**Food PriceIndex**	**102.4**	**99.5**
粮食	**Grain**	**101.2**	**102.0**
大米	Rice	99.9	101.7
面粉	Flour	100.6	103.1
薯类	**Tubers**	**107.5**	**99.9**
豆类	**Beans**	**101.2**	**102.8**
食用油	**Oil**	**100.7**	**100.3**
食用植物油	Edible Vegetable Oil	100.1	100.4
食用动物油	Edible Animal Oil	142.6	92.9
菜	**Vegetables**	**109.0**	**93.5**
鲜菜	Fresh Vegetables	109.3	93.0
畜肉类	**Meat**	**103.9**	**99.7**
猪肉	Pork	114.8	91.5
牛肉	Beef	98.1	100.3
羊肉	Mutton	96.4	108.5
畜肉副产品	Meatby-products	110.8	99.7
其他畜肉及制品	Other Meatand meat products	101.9	102.4
禽肉类	**Poultry**	**97.9**	**100.6**
鸡	Chicken	96.4	100.4
水产品	**Aquatic Products**	**101.5**	**103.8**
蛋类	**Eggs**	**96.4**	**96.8**
鸡蛋	Egg	95.5	95.6
奶类	**Dairies**	**99.8**	**99.3**
鲜奶	Milk	99.9	99.2
酸奶	Leben	99.7	97.5
干鲜瓜果类	**Driedand Fresh Melonsand Fruits**	**97.7**	**100.8**
鲜瓜果	Fresh Fruits	97.3	102.7
糖果糕点类	**Candy and Pastries**	**101.1**	**100.3**
调味品	**Flavorings**	**102.2**	**104.3**
其他食品类	**Others**	**100.1**	**102.6**

10-6 全省及调查市、县居民消费价格指数(2017年)

(上年=100)

项　目	Item	全　省 Province	西宁市 Xining City	大通县 Datong County
居民消费价格总指数	**Consumer Price Index**	**101.5**	**101.8**	**100.4**
非食品烟酒价格指数	**Non-Food, Tobacco and Liquor Price Index**	**102.2**	**102.7**	**100.9**
食品(原口径)指数	**Food(Original diameter) Price Index**	**99.8**	**99.8**	**98.8**
非食品(原口径)指数	**Non-Food(Original diameter) Price Index**	**102.1**	**102.6**	**100.9**
服务价格指数	**Services Price Index**	**102.2**	**103.2**	**99.9**
工业品价格指数	**Industrial Products Price Index**	**102.2**	**102.2**	**101.8**
鲜活食品价格指数	**Fresh Food Price Index**	**98.3**	**98.3**	**96.3**
消费品价格指数	**Consumer P ricei Index**	**101.1**	**101.1**	**100.6**
能源价格指数	**Energy Price Index**	**103.5**	**102.7**	**102.3**
非食品价格指数	**Non-Food Index**	**102.0**	**102.4**	**100.8**
扣除食品和能源价格指数	**Out of Food and Energy Price Index**	**101.9**	**102.3**	**100.8**
扣除鲜菜鲜果价格指数	**Out of Fresh Vegetables and Fruits Price Index**	**101.7**	**102.1**	**100.6**
扣除自有住房价格指数	**Out of Private Housing Price Index**	**101.2**	**101.3**	**100.6**
居住(扣自有住房)价格指数	**Residence (Out of Private Housing)Price Index**	**101.4**	**102.0**	**100.2**
食品烟酒	**Food, Tobacco and Liquor**	**99.9**	**99.9**	**99.0**
食品	Food	99.5	99.7	98.5
粮食	Grain	102.0	102.1	101.8
薯类	Tubers	99.9	104.5	98.9
豆类	Beans	102.8	104.7	97.2
食用油	Oil	100.3	100.5	99.5
菜	Vegetables	93.5	94.8	89.7
畜肉类	Meat	99.7	99.1	98.5
禽肉类	Poultry	100.6	101.0	98.4
水产品	Aquatic Products	103.8	104.5	103.0
蛋类	Eggs	96.8	96.2	95.9
奶类	Dairies	99.3	99.0	100.0
干鲜瓜果类	Dried and Fresh Melons and Fruits	100.8	100.8	99.3
糖果糕点类	Candy and Pastries	100.3	100.2	101.6
调味品	Flavorings	104.3	105.8	103.4
其他食品类	Others	102.6	103.7	103.2
茶及饮料	Tea and Beverages	100.6	100.9	101.9
烟酒	Tobacco and Liquor	100.6	101.1	100.3
在外餐饮	Dining Out	100.5	100.1	99.9
衣着	**Clothing**	**100.9**	**101.4**	**98.9**
服装	Garments	101.1	101.6	100.1
服装材料	Garments Material	105.4	113.0	100.0
其他衣着及配件	Other parts of Clothing Material	101.1	102.2	99.0
衣着加工服务费	Clothing Manufacturing Service	106.5	108.0	103.8
鞋类	Footwear	99.6	99.9	94.2
居住	**Residence**	**102.9**	**104.8**	**99.0**
租赁房房租	Renting	100.7	102.3	97.2
住房保养维修及管理	Housing maintenance and Manages	103.3	104.7	101.0
水电燃料	Water,Electricity andFuels	100.4	99.9	100.3
自有住房	Private Housing	105.4	109.2	97.1
生活用品及服务	**Articles for daily use and Sercices**	**100.7**	**100.7**	**101.1**
家具及室内装饰品	Furniture and Interior Decorations	100.5	99.2	98.8
家用器具	Household Appliances	100.2	99.7	102.6
家用纺织品	Household Textiles	100.8	101.0	100.1
家庭日用杂品	Daily Use Household Articles	100.2	99.9	102.3
个人护理用品	Personal care products	101.2	102.1	100.4
家庭服务	Household Sercices	102.4	104.3	102.4
交通和通信	**Transportation and Communication**	**101.0**	**101.1**	**99.2**
交通	Transportation	103.0	103.6	100.0
通信	Communication	97.1	97.2	96.9
教育文化和娱乐	**Education ,Cultural and Recreational Articles**	**100.8**	**100.1**	**102.5**
教育	Education	102.1	101.7	103.9
文化娱乐	Cultural and Recreational Articles	98.9	98.2	99.2
医疗保健	**Health Care**	**105.9**	**105.6**	**106.3**
药品及医疗器具	Drugs and Medical Appliances	111.9	110.1	119.5
医疗服务	Health Services	102.0	102.2	99.2
其他用品和服务	**Other Articlrs and Services**	**101.7**	**102.2**	**99.7**
其他用品类	Other Articlrs	102.5	103.9	99.6
其他服务类	Other Services	100.8	100.0	99.9

Consumer Price Indices of Pronvince, Surveyed Cities and Counties(2017)

(preceding Year=100)

乐都区 Ledu District	平安区 Pingan District	海晏县 Haiyan County	同仁县 Tongren County	共和县 Gonghe County	玛沁县 Maqin County	玉树市 YuShu City	格尔木市 Geermu City	德令哈市 Delingha City
101.4	**101.1**	**101.9**	**100.7**	**101.8**	**101.3**	**100.3**	**101.1**	**101.3**
102.1	**101.8**	**102.3**	**101.0**	**102.7**	**101.0**	**101.4**	**101.8**	**101.8**
99.8	**99.4**	**101.1**	**100.0**	**99.6**	**102.3**	**97.7**	**99.6**	**100.3**
102.0	**101.7**	**102.2**	**101.0**	**102.6**	**100.9**	**101.3**	**101.8**	**101.7**
101.5	**100.2**	**103.1**	**99.0**	**103.1**	**98.6**	**100.9**	**101.8**	**100.5**
102.7	**103.2**	**101.6**	**102.5**	**102.5**	**103.0**	**101.7**	**101.9**	**102.9**
97.6	**96.8**	**97.9**	**98.6**	**98.0**	**102.4**	**93.0**	**97.7**	**98.8**
101.4	**101.5**	**101.3**	**101.4**	**101.2**	**102.6**	**100.1**	**100.9**	**101.7**
105.1	**105.2**	**105.7**	**105.0**	**107.1**	**103.9**	**103.1**	**103.2**	**104.4**
102.0	**101.7**	**102.4**	**100.9**	**102.6**	**101.1**	**101.3**	**101.8**	**101.7**
101.8	**101.4**	**102.2**	**100.6**	**102.2**	**100.9**	**101.2**	**101.7**	**101.4**
101.5	**101.5**	**102.3**	**101.0**	**102.1**	**101.3**	**100.6**	**101.4**	**101.6**
101.5	**101.2**	**102.0**	**101.1**	**101.9**	**101.4**	**100.3**	**101.2**	**101.3**
102.3	**102.1**	**101.3**	**102.5**	**101.4**	**93.8**	**100.7**	**101.3**	**101.2**
99.8	**99.5**	**101.0**	**100.0**	**99.6**	**102.0**	**97.9**	**99.7**	**100.2**
99.1	98.9	100.2	100.0	99.2	102.1	96.5	98.7	99.9
102.0	100.6	102.7	102.7	100.0	101.5	102.9	100.3	103.5
92.6	95.8	105.3	103.4	101.8	108.8	89.2	95.7	95.4
102.7	108.0	102.5	100.1	99.7	100.2	100.1	100.3	100.2
98.4	105.8	100.2	99.8	100.8	97.6	100.3	100.7	99.1
96.0	91.0	93.7	91.3	93.2	98.6	84.9	93.1	92.8
97.3	98.5	99.4	102.3	100.2	102.3	95.4	98.8	100.8
101.5	108.0	111.2	95.7	100.0	100.5	99.6	97.0	101.7
98.6	103.6	101.7	99.3	101.4	101.7	99.9	104.6	108.9
100.2	95.8	99.8	97.7	97.6	98.9	80.9	102.9	94.1
100.4	99.0	104.5	100.3	98.1	105.7	94.8	97.6	100.4
102.9	97.0	97.2	98.1	98.3	106.6	106.7	102.2	101.1
100.0	101.9	103.3	105.7	100.3	100.4	100.1	101.5	100.6
103.6	108.1	103.2	98.7	105.4	108.6	100.1	98.1	107.1
100.3	100.3	100.8	98.2	104.4	100.0	99.9	100.0	100.0
100.4	101.1	99.9	97.2	100.8	100.2	99.9	98.4	100.7
99.7	100.1	100.0	99.6	100.0	100.0	99.9	100.6	100.0
102.2	101.4	106.3	100.6	101.8	104.0	101.2	101.8	101.3
100.1	**101.1**	**101.9**	**100.8**	**103.9**	**101.3**	**100.3**	**100.1**	**101.4**
100.0	101.1	101.7	101.0	103.7	100.9	100.3	100.3	101.6
100.4	100.0	100.0	99.0	103.4	100.0	100.0	95.5	100.0
100.0	101.8	100.0	96.9	99.2	100.0	98.5	100.8	100.1
110.6	100.1	117.3	108.5	104.7	100.0	103.9	103.0	100.0
99.8	101.0	100.0	100.2	104.8	103.5	100.5	99.3	101.4
101.6	**101.5**	**100.8**	**99.5**	**100.9**	**95.8**	**100.6**	**101.1**	**101.4**
100.0	100.0	100.0	98.8	100.0	92.6	100.0	100.0	103.7
101.4	102.5	102.4	104.2	99.8	104.8	99.7	102.4	101.4
103.6	102.7	100.7	101.7	103.3	88.6	101.2	101.1	100.6
100.0	100.0	100.0	94.4	100.0	99.9	100.0	100.0	102.0
100.5	**100.7**	**100.6**	**100.5**	**100.2**	**100.4**	**99.8**	**101.8**	**100.6**
100.5	102.0	101.7	106.1	102.5	101.1	98.5	107.5	100.1
100.8	100.1	95.1	99.7	98.0	100.3	100.2	100.1	100.7
101.2	100.8	107.5	98.8	99.6	100.0	100.0	100.5	99.9
100.1	100.2	101.5	99.4	99.2	100.1	99.8	99.6	101.7
99.9	100.2	99.6	99.9	99.8	100.0	100.1	100.7	99.7
100.0	100.0	100.0	100.0	101.5	100.3	100.7	102.5	100.0
101.8	**102.3**	**103.6**	**101.9**	**102.2**	**101.4**	**101.0**	**99.7**	**101.5**
103.4	102.7	104.8	102.5	105.2	102.0	102.2	100.8	103.4
98.2	101.3	99.2	100.1	95.2	99.9	98.9	97.6	98.3
101.8	**99.2**	**102.7**	**100.0**	**104.9**	**101.4**	**100.7**	**101.7**	**100.9**
102.6	98.3	101.1	99.8	109.7	101.4	101.1	102.1	101.6
99.7	100.7	106.6	100.3	98.1	101.4	100.0	101.0	99.7
106.8	**105.2**	**103.9**	**105.2**	**105.1**	**106.4**	**104.9**	**106.7**	**104.8**
113.6	112.4	103.5	112.7	110.7	113.2	109.8	111.3	112.7
102.9	101.6	104.0	100.8	102.7	102.1	101.9	104.0	100.4
100.7	**103.2**	**102.1**	**98.2**	**101.5**	**102.3**	**103.3**	**102.4**	**101.1**
100.5	104.4	100.6	98.0	100.4	101.9	104.8	101.2	101.6
100.9	102.4	103.4	98.7	103.9	102.8	101.7	103.3	100.7

10-7 全省及调查市、县商品零售价格指数(2017年)

(上年=100)

项 目	Ietm	全 省 Province	西宁市 Xining City	大通县 Datong County
商品零售价格总指数	**Retail Price Index**	**101.2**	**101.4**	**101.0**
食品	Food	100.0	100.2	98.5
饮料、烟酒	Beverages, Tobacco and Liquor	100.9	101.2	100.7
服装、鞋帽	Garments, Shoes and Hats	101.2	101.3	98.9
纺织品	Textiles	101.7	102.2	100.1
家用电器及音像器材	Household Appliances, Music and Video Equipment	99.0	99.5	100.0
家庭设备	Household Equipment	100.4	100.5	103.1
文娱用耐用消费品	Durable Consumer Goods for Culture and Entertainment	97.1	97.5	96.0
专业音像器材	Professional Video Equipment	99.6	99.7	100.0
文化办公用品	Cultural and Office Appliances	100.7	100.2	102.5
日用品	Articles for Daily Use	100.6	100.9	100.4
日用百货	General Merchandise for Daily Use	98.8	98.6	99.9
厨具餐具茶具	Kitchenware, Tableware and Tea Set	101.0	101.4	100.0
清洗用品	Cleaning Supplies	100.9	101.8	99.6
体育娱乐用品	Sports and Recreation Articles	99.1	98.5	101.8
交通、通信用品	Transportation and Communication Appliances	95.4	96.2	96.7
交通运输机械	Transportation Machinery	99.1	99.2	99.3
通信器材	Communication Equipment	93.4	92.1	95.6
家具	Furniture	100.9	99.3	98.2
化妆品	Cosmetics	101.8	102.6	100.2
金银饰品	Gold and Silver Ornaments	103.2	103.5	98.9
中西药品及医疗保健用品	Traditional Chinese and Western Medicines, and Health Care Articles	109.0	109.2	114.6
书报杂志及电子出版物	Books, Newspapers, Magazines and Publications	102.4	102.1	104.8
教材及参考书	Textbooks and Reference Books	105.1	104.9	105.5
书报杂志	Newspapers and Magazines	100.5	100.0	105.2
计算机办公软件	Computer Office Software	99.4	99.4	99.4
燃料	Fuels	106.1	106.0	103.0
煤炭及制品	Coal and Coal Products	101.8	100.0	100.0
石油及制品	Petroleum and Petroleum Products	107.8	107.1	108.9
建筑材料及五金电料	Building Materials and Hardware	103.1	103.3	103.8
建筑装潢材料	Building Decoration Materials	103.5	103.9	101.2
五金水暖	Hardware and Plumbing	102.0	101.0	110.9

Retail Price Indices of Province, Surveyed Cities and Counties(2017)

(preceding Year=100)

乐都区 Ledu District	平安区 Pingan District	海晏县 Haiyan County	同仁县 Tongren County	共和县 Gonghe County	玛沁县 Maqin County	玉树市 YuShu City	格尔木市 Geermu City	德令哈市 Delingha City
101.2	**102.2**	**101.7**	**101.6**	**100.8**	**102.8**	**100.0**	**101.0**	**102.1**
99.5	100.0	102.9	99.5	100.0	102.3	96.5	99.1	100.2
100.5	100.7	100.0	99.8	100.1	100.0	99.7	100.0	100.3
100.0	101.0	101.0	100.5	103.3	101.5	100.0	100.2	101.7
100.9	100.4	108.1	99.9	101.0	100.0	100.0	99.4	99.8
99.3	100.5	100.1	99.2	97.7	100.4	99.6	96.8	100.4
99.7	100.2	99.2	99.9	98.7	100.3	100.3	100.1	101.7
99.0	100.8	100.9	98.4	96.5	100.6	98.3	92.8	98.8
99.8	99.7	100.0	99.6	99.7	99.6	100.0	100.0	99.5
101.8	100.0	105.9	102.2	100.8	101.5	101.3	103.6	101.5
100.7	100.2	101.8	99.2	98.2	99.9	100.8	98.4	101.6
101.0	100.1	100.3	100.8	100.0	100.0	97.0	98.9	100.6
100.0	99.8	100.0	95.6	101.0	100.3	99.0	99.0	100.6
101.3	98.3	104.9	100.0	92.9	100.0	103.8	97.0	103.4
98.6	100.5	100.0	100.9	100.0	102.3	100.0	101.8	99.0
97.0	102.7	95.3	99.9	93.9	99.8	98.0	96.3	98.4
103.2	99.2	99.3	99.0	103.6	99.2	99.3	98.0	101.0
96.4	103.0	95.0	100.0	91.4	99.8	98.0	94.9	96.4
100.6	100.6	101.7	107.1	102.9	101.3	98.3	109.6	100.0
99.3	100.1	99.5	99.9	99.7	100.0	100.2	99.8	99.2
100.7	107.4	101.7	96.5	99.9	105.9	109.6	102.4	103.5
110.4	109.2	104.3	108.9	108.2	109.6	106.0	108.7	110.6
104.0	105.7	102.8	100.6	102.6	102.5	99.6	97.9	102.4
107.2	107.3	105.6	99.4	105.6	106.7	99.2	95.0	105.7
101.5	105.3	100.0	102.2	100.0	100.0	99.8	100.9	100.0
99.4	99.4	100.0	99.4	99.4	93.5	100.0	99.4	99.4
106.9	107.3	104.8	108.7	107.9	108.5	107.7	107.6	109.7
104.6	104.8	100.4	105.4	106.7	101.8	103.8	106.3	112.4
108.5	108.8	109.8	109.8	108.0	109.8	110.0	107.8	107.9
101.5	102.9	102.5	103.1	98.8	104.3	99.9	104.9	102.6
102.1	103.0	102.2	104.1	98.3	105.3	99.5	104.1	103.1
99.3	102.4	103.5	99.5	100.6	100.7	101.1	107.3	101.0

10-8 商品零售价格分类指数(2017年)
Retail Price Indices by Category (2017)

(上年=100) (preceding year=100)

项 目	Item	全 省 Province	城 市 Urban	农 村 Rural
商品零售价格总指数	**Retail Price Index**	**101.2**	**101.2**	**101.4**
食品	Food	100.0	100.0	99.7
饮料、烟酒	Beverages, Tobacco and Liquor	100.9	101.0	100.5
服装、鞋帽	Garments, Shoes and Hats	101.2	101.3	100.6
纺织品	Textiles	101.7	101.9	100.6
家用电器及音像器材	Household Appliances, Music and Video Equipment	99.0	99.0	99.5
家庭设备	Household Equipment	100.4	100.4	100.7
文娱用耐用消费品	Durable Consumer Goods for Culture and Entertainment	97.1	96.9	98.1
专业音像器材	Professional Video Equipment	99.6	99.6	99.9
文化办公用品	Cultural and Office Appliances	100.7	100.7	101.5
日用品	Articles for Daily Use	100.6	100.7	100.0
日用百货	General Merchandise for Daily Use	98.8	98.6	100.3
厨具餐具茶具	Kitchenware, Tableware and Tea Set	101.0	101.1	99.9
清洗用品	Cleaning Supplies	100.9	101.2	98.8
体育娱乐用品	Sports and Recreation Articles	99.1	98.9	100.4
交通、通信用品	Transportation and Communication Appliances	95.4	95.1	97.5
交通运输机械	Transportation Machinery	99.1	99.1	100.8
通信器材	Communications Equipment	93.4	92.6	97.0
家具	Furniture	100.9	100.9	100.6
化妆品	Cosmetics	101.8	102.1	99.9
金银饰品	Gold and Silver Ornaments	103.2	103.6	101.3
中西药品及医疗保健用品	Traditional Chinese and Western Medicine, and Health Care Articles	109.0	108.7	110.9
书报杂志及电子出版物	Newspapers, Magazines and Electronic Publications	102.4	102.1	104.3
教材及参考书	Textbooks and Reference Books	105.1	104.9	106.1
书报杂志	Newspapers and Magazines	100.5	100.1	103.3
计算机办公软件	Computer Office Software	99.4	99.4	99.4
燃料	Fuels	106.1	106.0	106.8
煤炭及制品	Coal and Coal Products	101.8	101.7	102.3
石油及制品	Petroleum and Petroleum Products	107.8	107.6	109.2
建筑材料及五金电料	Building Materials and Hardware	103.1	103.3	102.0
建筑装潢材料	Building Decoration Materials	103.5	103.8	101.4
五金水暖	Hardware and Plumbing	102.0	101.6	104.0

10-9 全省及调查县农业生产资料价格指数(2017年)

Price Indices for Means of Agricultural Production in the Province and Counties Surveyed(2017)

(上年=100) (preceding year=100)

项　目	Item	全　省 Province Total	大通县 Datong County	乐都区 Ledu District	平安区 Pingan District	海晏县 Haiyan County	同仁县 Tongren County	共和县 Gonghe County
农业生产资料价格指数	**Price Index for Means of Production**	**102.4**	**103.3**	**105.1**	**98.9**	**105.5**	**97.1**	**101.1**
农用手工工具	Farm Handtools	100.2	100.0	100.0	102.0	100.0	99.3	102.5
饲料	Forage	101.3	104.5	107.6	88.5	96.4	98.7	100.0
混合饲料	Mixed Forage	99.2	99.7	105.2	89.2	95.2	100.0	100.0
仔畜幼禽及产品畜	Newborn Animal, Poult and Commodity Animals	105.7	104.6	104.6	103.1	118.6	100.0	104.8
产品畜	Commodity Animals	95.8	91.7	106.2	100.0	88.5	100.0	101.4
半机械化农具	Semi-mechanized Farm Tools	100.0	100.0	100.0	100.0	100.0	100.0	100.0
机械化农具	Mechanized Farm Machinery	101.4	100.5	104.8	100.0	100.0	100.0	101.4
化学肥料	Chemical Fertilizer	100.8	103.1	105.0	98.5	99.5	95.5	96.7
氮肥	Nitrogen Fertilizer	103.6	112.3	108.1	101.5	103.3	100.0	95.1
磷肥	Phosphate Fertilizer	100.5	99.2	121.5	97.2	97.4	103.0	97.7
钾肥	Potassium Fertilizer	103.8	104.1	111.5	100.0	100.0	100.0	100.0
复合肥料	Compound Fertilizer	98.1	92.5	101.2	97.3	100.0	93.5	102.8
农药及农药器械	Pesticide and Its Appliances	100.6	100.0	101.0	101.0	101.3	100.9	101.0
化学农药	Chemical Pesticides	100.6	100.0	101.0	100.9	101.2	100.9	101.1
农药器械	Pesticide Equipment	99.7	100.0	94.7	105.8	105.4	100.0	100.0
农用机油	Oil for Farm Machinery	111.1	112.2	110.7	109.8	112.4	109.8	110.4
其他农业生产资料	Other Means of Agricultural Production	99.7	101.0	102.0	100.1	100.0	88.0	101.1
农用种子	Farm Seeds	98.6	99.9	102.2	100.0	100.0	86.4	100.0
农业生产服务	Service for Agricultural Production	101.7	100.0	105.1	100.0	116.7	97.7	100.0
排灌费	Irrigation and Drainage	100.0	100.0	100.0	100.0	100.0	100.0	100.0
机械作业费	Mechanical Handling	101.7	100.0	100.0	100.0	125.0	103.2	100.0
农业用电	Agricultural Electricity	100.0	100.0	100.0	100.0	100.0	100.0	100.0
农业用工	Agricultural Employment	102.9	100.0	106.3	100.0	130.0	90.7	100.0

10-10 城乡居民消费价格定基指数(2017年)
Fixed-base Consumer Price Indices in Urban and Rural Areas(2017)

(2015年=100) (year of 2015=100)

项 目	Item	全 省 Province	城 市 Urban	农 村 Rural
居民消费价格总指数	**Consumer Price Index**	**104.5**	**104.7**	**104.2**
非食品烟酒价格指数	**Non-Food, Tobacco and Liquor Price Index**	**105.0**	**105.2**	**104.7**
食品(原口径)指数	**Food(Original diameter) Price Index**	**103.6**	**103.5**	**103.6**
非食品(原口径)指数	**Non-Food(Original diameter) Price Index**	**104.9**	**105.1**	**104.5**
服务价格指数	**Services Price Index**	**106.4**	**107.4**	**104.2**
工业品价格指数	**Industrial Products Price Index**	**103.8**	**103.3**	**105.0**
鲜活食品价格指数	**Fresh Food Price Index**	**105.0**	**105.1**	**104.7**
消费品价格指数	**Consumer P ricei Index**	**103.6**	**103.4**	**104.3**
能源价格指数	**Energy Price Index**	**104.6**	**104.1**	**105.7**
非食品价格指数	**Non-Food Index**	**104.8**	**104.9**	**104.4**
扣除食品和能源价格指数	**Out of Food and Energy Price Index**	**104.8**	**105.0**	**104.3**
扣除鲜菜鲜果价格指数	**Out of Fresh Vegetables and Fruits Price Index**	**104.6**	**104.8**	**104.4**
扣除自有住房价格指数	**Out of Private Housing Price Index**	**103.6**	**103.4**	**104.0**
居住(扣自有住房)价格指数	**Residence (Out of Private Housing)Price Index**	**104.3**	**104.8**	**103.2**
食品烟酒	**Food, Tobacco and Liquor**	**103.4**	**103.4**	**103.3**
食品	Food	103.7	103.8	103.5
粮食	Grain	103.5	102.9	104.3
薯类	Tubers	94.9	91.1	98.3
豆类	Beans	107.8	110.1	101.7
食用油	Oil	100.5	101.4	99.3
菜	Vegetables	104.3	104.3	104.1
畜肉类	Meat	107.6	107.7	107.5
禽肉类	Poultry	101.5	99.5	104.7
水产品	Aquatic Products	102.1	102.1	102.3
蛋类	Eggs	105.3	107.6	100.8
奶类	Dairies	100.2	100.8	98.6
干鲜瓜果类	Dried and Fresh Melons and Fruits	97.9	99.4	94.6
糖果糕点类	Candy and Pastries	101.8	101.4	103.0
调味品	Flavorings	108.3	108.0	108.7
其他食品类	Others	103.9	103.4	104.9
茶及饮料	Tea and Beverages	102.9	102.7	103.2
烟酒	Tobacco and Liquor	101.9	102.3	101.2
在外餐饮	Dining Out	103.2	103.0	104.1
衣着	**Clothing**	**102.2**	**101.4**	**104.0**
服装	Garments	103.2	102.7	104.1
服装材料	Garments Material	108.1	113.6	101.7
其他衣着及配件	Other parts of Clothing Material	103.3	105.1	100.3
衣着加工服务费	Clothing Manufacturing Service	118.8	115.1	129.0
鞋类	Footwear	98.2	95.7	103.4
居住	**Residence**	**109.9**	**112.2**	**105.2**
租赁房房租	Renting	106.2	106.5	105.3
住房保养维修及管理	Housing maintenance and Manages	108.1	111.1	103.4
水电燃料	Water,Electricity andFuels	101.4	100.9	102.6
自有住房	Private Housing	120.1	125.0	109.0
生活用品及服务	**Articles for daily use and Sercices**	**101.7**	**101.1**	**103.0**
家具及室内装饰品	Furniture and Interior Decorations	96.8	90.6	105.7
家用器具	Household Appliances	100.5	99.6	102.4
家用纺织品	Household Textiles	106.7	108.1	104.2
家庭日用杂品	Daily Use Household Articles	101.8	101.7	101.9
个人护理用品	Personal care products	103.5	104.4	100.2
家庭服务	Household Sercices	105.6	107.2	102.2
交通和通信	**Transportation and Communication**	**99.3**	**98.3**	**101.6**
交通	Transportation	102.3	101.6	103.4
通信	Communication	93.5	92.4	96.4
教育文化和娱乐	**Education ,Cultural and Recreational Articles**	**103.0**	**102.9**	**103.4**
教育	Education	106.7	106.9	106.4
文化娱乐	Cultural and Recreational Articles	97.6	97.7	97.3
医疗保健	**Health Care**	**110.7**	**111.1**	**110.0**
药品及医疗器具	Drugs and Medical Appliances	122.4	121.1	125.6
医疗服务	Health Services	103.3	104.2	101.7
其他用品和服务	**Other Articlrs and Services**	**103.4**	**102.8**	**104.7**
其他用品类	Other Articlrs	108.0	110.0	104.7
其他服务类	Other Services	99.1	96.7	104.6

10－11 城乡商品零售价格定基指数(2017年)

Fixed-base Retail Price Indices in Urban and Rural Areas(2017)

(2015年=100) (year of 2015=100)

项 目	Item	全 省 Province	城 市 Urban	农 村 Rural
商品零售价格总指数	**Retail Price Index**	**102.8**	**102.5**	**104.2**
食品	Food	103.3	103.2	103.6
饮料、烟酒	Beverages, Tobacco and Liquor	102.2	102.2	102.3
服装、鞋帽	Garments, Shoes and Hats	101.7	101.4	104.0
纺织品	Textiles	109.5	110.1	104.6
家用电器及音像器材	Household Appliances, Music and Video Equipment	96.9	96.6	99.1
家庭设备	Household Equipment	100.5	100.3	101.9
文娱用耐用消费品	Durable Consumer Goods for Culture and Entertainment	91.9	91.1	96.1
专业音像器材	Professional Video Equipment	98.8	98.7	99.6
文化办公用品	Cultural and Office Appliances	103.7	103.8	102.7
日用品	Articles for Daily Use	102.5	102.7	100.6
日用百货	General Merchandise for Daily Use	102.3	102.4	101.1
厨具餐具茶具	Kitchenware, Tableware and Tea Set	102.6	102.8	101.0
清洗用品	Cleaning Supplies	100.7	100.9	98.8
体育娱乐用品	Sports and Recreation Articles	98.6	98.2	102.1
交通、通信用品	Transportation and Communication Appliances	88.1	87.0	95.9
交通运输机械	Transportation Machinery	97.5	97.4	99.9
通信器材	Communications Equipment	83.3	80.9	95.3
家具	Furniture	91.8	89.3	106.9
化妆品	Cosmetics	102.6	103.0	99.9
金银饰品	Gold and Silver Ornaments	111.4	111.7	109.5
中西药品及医疗保健用品	Traditional Chinese and Western Medicines, and Health Care Articles	118.7	118.7	119.0
书报杂志及电子出版物	Books, Newspapers, Magazines and Publications	103.6	102.9	107.8
教材及参考书	Textbooks and Reference Books	108.9	108.2	113.0
书报杂志	Newspapers and Magazines	100.7	100.0	105.0
计算机办公软件	Computer Office Software	95.7	95.7	95.6
燃料	Fuels	108.6	108.6	109.2
煤炭及制品	Coal and Coal Products	103.6	103.4	105.0
石油及制品	Petroleum and Petroleum Products	110.5	110.4	111.4
建筑材料及五金电料	Building Materials and Hardware	107.8	108.5	103.8
建筑装潢材料	Building Decoration Materials	108.9	110.3	101.5
五金水暖	Hardware and Plumbing	104.0	102.7	111.4

10-12 全省及调查市县居民消费价格定基指数(2017年)

(2015年=100)

项　目	Item	全　省 Province	西宁市 Xining City	大通县 Datong County
居民消费价格总指数	**Consumer Price Index**	**104.5**	**105.3**	**103.8**
非食品烟酒价格指数	**Non-Food, Tobacco and Liquor Price Index**	**105.0**	**106.1**	**104.4**
食品(原口径)指数	**Food(Original diameter) Price Index**	**103.6**	**103.5**	**102.4**
非食品(原口径)指数	**Non-Food(Original diameter) Price Index**	**104.9**	**105.9**	**104.3**
服务价格指数	**Services Price Index**	**106.4**	**108.7**	**105.1**
工业品价格指数	**Industrial Products Price Index**	**103.8**	**103.5**	**103.9**
鲜活食品价格指数	**Fresh Food Price Index**	**105.0**	**105.3**	**101.8**
消费品价格指数	**Consumer P ricei Index**	**103.6**	**103.5**	**103.2**
能源价格指数	**Energy Price Index**	**104.6**	**103.4**	**102.7**
非食品价格指数	**Non-Food Index**	**104.8**	**105.6**	**104.2**
扣除食品和能源价格指数	**Out of Food and Energy Price Index**	**104.8**	**105.7**	**104.3**
扣除鲜菜鲜果价格指数	**Out of Fresh Vegetables and Fruits Price Index**	**104.6**	**105.3**	**104.1**
扣除自有住房价格指数	**Out of Private Housing Price Index**	**103.6**	**103.8**	**102.7**
居住(扣自有住房)价格指数	**Residence (Out of Private Housing)Price Index**	**104.3**	**105.6**	**102.5**
食品烟酒	**Food, Tobacco and Liquor**	**103.4**	**103.5**	**102.4**
食品	Food	103.7	104.1	102.2
粮食	Grain	103.5	103.3	104.3
薯类	Tubers	94.9	90.2	105.8
豆类	Beans	107.8	112.6	98.1
食用油	Oil	100.5	101.8	97.9
菜	Vegetables	104.3	105.7	99.7
畜肉类	Meat	107.6	107.8	105.8
禽肉类	Poultry	101.5	99.6	105.3
水产品	Aquatic Products	102.1	101.8	104.7
蛋类	Eggs	105.3	107.8	94.9
奶类	Dairies	100.2	101.6	96.0
干鲜瓜果类	Dried and Fresh Melons and Fruits	97.9	99.4	90.9
糖果糕点类	Candy and Pastries	101.8	101.1	105.5
调味品	Flavorings	108.3	109.4	106.6
其他食品类	Others	103.9	103.4	109.6
茶及饮料	Tea and Beverages	102.9	103.4	103.9
烟酒	Tobacco and Liquor	101.9	102.7	101.9
在外餐饮	Dining Out	103.2	102.1	103.3
衣着	**Clothing**	**102.2**	**101.5**	**102.1**
服装	Garments	103.2	102.9	102.4
服装材料	Garments Material	108.1	118.3	100.4
其他衣着及配件	Other parts of Clothing Material	103.3	105.5	99.3
衣着加工服务费	Clothing Manufacturing Service	118.8	119.1	145.9
鞋类	Footwear	98.2	95.2	98.9
居住	**Residence**	**109.9**	**113.7**	**109.1**
租赁房房租	Renting	106.2	110.1	121.5
住房保养维修及管理	Housing maintenance and Manages	108.1	112.4	99.8
水电燃料	Water,Electricity andFuels	101.4	99.4	101.1
自有住房	Private Housing	120.1	127.4	121.7
生活用品及服务	**Articles for daily use and Sercices**	**101.7**	**100.9**	**103.0**
家具及室内装饰品	Furniture and Interior Decorations	96.8	85.3	100.2
家用器具	Household Appliances	100.5	99.3	105.0
家用纺织品	Household Textiles	106.7	110.2	105.4
家庭日用杂品	Daily Use Household Articles	101.8	102.2	102.6
个人护理用品	Personal care products	103.5	106.2	100.6
家庭服务	Household Sercices	105.6	110.5	105.8
交通和通信	**Transportation and Communication**	**99.3**	**98.0**	**98.6**
交通	Transportation	102.3	100.6	100.2
通信	Communication	93.5	93.6	94.0
教育文化和娱乐	**Education ,Cultural and Recreational Articles**	**103.0**	**105.1**	**101.4**
教育	Education	106.7	111.7	103.8
文化娱乐	Cultural and Recreational Articles	97.6	97.8	96.1
医疗保健	**Health Care**	**110.7**	**111.2**	**109.8**
药品及医疗器具	Drugs and Medical Appliances	122.4	122.5	130.5
医疗服务	Health Services	103.3	103.3	99.2
其他用品和服务	**Other Articlrs and Services**	**103.4**	**102.9**	**102.4**
其他用品类	Other Articlrs	108.0	109.6	104.4
其他服务类	Other Services	99.1	95.1	100.0

Fixed-base Consumer Price Indices of Surveyed Cities and Counties (2017)

(year of 2015=100)

乐都区 Ledu District	平安区 Pingan District	海晏县 Haiyan County	同仁县 Tongren County	共和县 Gonghe County	玛沁县 Maqin County	玉树市 YuShu City	格尔木市 Geermu City	德令哈市 Delingha City
104.6	**104.2**	**105.0**	**102.9**	**104.6**	**102.6**	**102.6**	**104.0**	**104.4**
105.2	**104.5**	**104.7**	**102.8**	**105.5**	**101.5**	**103.3**	**104.0**	**104.5**
103.8	**103.7**	**106.0**	**103.5**	**102.7**	**105.4**	**100.9**	**104.2**	**104.5**
104.9	**104.3**	**104.6**	**102.7**	**105.3**	**101.6**	**103.2**	**103.9**	**104.3**
104.3	**101.6**	**104.9**	**98.2**	**106.6**	**98.8**	**101.4**	**104.6**	**102.7**
105.9	**107.0**	**104.6**	**106.2**	**104.7**	**103.9**	**104.7**	**103.6**	**106.0**
105.3	**104.4**	**105.6**	**103.2**	**103.3**	**108.0**	**100.8**	**105.0**	**102.8**
104.7	**105.4**	**105.0**	**105.0**	**103.8**	**104.4**	**103.0**	**103.8**	**105.2**
106.7	**107.8**	**106.7**	**105.2**	**110.7**	**105.0**	**104.8**	**105.0**	**105.2**
104.9	**104.3**	**105.1**	**102.7**	**105.2**	**101.8**	**103.1**	**104.4**	**104.7**
104.7	**104.1**	**105.0**	**102.5**	**104.7**	**101.6**	**102.9**	**104.4**	**104.7**
104.4	**104.4**	**105.1**	**103.3**	**104.8**	**102.2**	**102.6**	**104.2**	**104.8**
104.8	**104.4**	**105.2**	**103.5**	**104.6**	**102.7**	**102.6**	**104.1**	**104.4**
104.4	**103.7**	**102.6**	**103.4**	**108.9**	**93.0**	**103.7**	**105.0**	**100.8**
103.3	**103.4**	**105.5**	**103.3**	**102.5**	**105.0**	**100.9**	**104.0**	**104.2**
103.5	103.6	104.5	103.7	102.8	105.3	100.6	102.5	103.1
105.7	103.6	103.9	106.5	102.0	102.5	102.0	96.6	105.5
85.4	92.2	93.2	95.9	103.9	109.5	96.1	89.7	101.8
99.8	124.4	105.1	103.2	101.0	98.0	101.9	99.5	100.4
98.5	108.9	100.0	95.9	100.9	90.9	99.2	101.1	99.1
105.7	109.5	109.8	101.1	108.1	112.0	97.6	101.0	97.5
103.0	107.3	105.6	111.1	105.1	104.8	101.9	108.3	109.9
104.9	111.0	115.9	95.6	102.4	106.0	94.1	103.3	102.9
97.3	109.5	102.1	97.0	110.4	102.5	103.1	105.1	105.5
105.9	105.0	105.7	99.9	107.9	107.0	84.5	122.2	105.6
99.7	96.0	102.8	101.1	96.4	108.2	95.0	97.5	100.6
109.5	80.0	95.3	85.9	90.6	111.8	108.7	95.7	94.4
99.5	104.4	106.4	114.6	100.0	101.2	100.9	106.9	102.7
109.3	117.7	106.0	100.6	110.6	112.9	100.2	104.3	112.1
101.8	99.1	105.7	96.9	108.3	101.9	100.4	102.3	102.2
103.2	106.1	100.0	98.6	103.7	100.2	99.5	100.8	101.8
100.0	101.4	101.3	101.5	101.1	101.9	100.5	101.5	101.6
105.0	104.0	115.2	103.5	101.7	106.7	102.2	109.0	109.1
103.8	**103.6**	**110.2**	**109.7**	**107.6**	**102.6**	**105.3**	**101.4**	**105.2**
105.1	104.0	110.0	107.6	106.9	101.5	106.2	102.7	106.1
105.3	100.0	100.0	107.8	103.9	100.0	100.0	95.6	100.0
100.0	107.2	100.0	96.3	98.2	100.0	96.5	108.4	100.0
118.8	105.7	135.0	119.8	115.7	104.5	101.6	110.9	104.4
99.5	101.8	112.5	117.8	110.2	108.7	103.9	96.1	103.2
103.2	**102.5**	**101.7**	**100.1**	**107.2**	**95.3**	**103.0**	**104.5**	**101.6**
100.7	100.0	100.0	98.8	102.3	84.8	100.0	102.4	107.4
104.8	103.7	106.7	107.1	105.5	106.7	98.4	102.1	98.4
105.1	105.0	100.1	101.2	113.2	87.4	106.3	107.4	100.5
100.7	100.0	100.0	94.4	104.3	100.2	100.0	102.6	103.2
103.3	**106.4**	**103.6**	**103.8**	**100.7**	**102.1**	**100.0**	**103.9**	**101.4**
107.4	113.5	106.4	123.2	105.3	105.6	97.8	120.2	102.1
103.9	99.4	99.9	100.7	95.8	101.0	99.9	98.3	102.3
102.7	109.8	110.3	100.5	100.1	100.4	100.0	102.7	100.8
101.0	107.1	103.7	100.7	99.4	100.5	99.7	99.3	101.5
99.8	101.2	99.1	100.2	99.8	100.0	100.1	101.4	100.1
100.4	100.5	100.0	100.0	102.0	102.5	105.6	103.3	100.2
102.1	**105.1**	**104.6**	**101.4**	**102.0**	**100.3**	**102.3**	**97.2**	**101.5**
103.8	106.6	106.4	101.6	106.6	101.0	102.0	100.4	104.1
98.2	101.5	97.7	100.8	91.6	98.3	102.9	91.5	96.9
106.1	**101.0**	**104.7**	**96.6**	**105.1**	**103.3**	**101.4**	**103.7**	**103.8**
110.2	102.8	103.3	95.8	111.6	104.7	102.7	107.0	106.7
96.3	98.1	108.3	97.9	96.1	100.8	99.6	99.0	98.7
112.1	**110.1**	**104.9**	**107.2**	**106.9**	**108.9**	**106.9**	**113.3**	**113.7**
128.3	120.4	105.2	117.9	115.6	119.3	114.4	119.2	126.0
103.6	104.9	104.8	101.1	103.3	102.5	102.3	109.8	106.9
106.3	**106.0**	**102.6**	**104.5**	**110.3**	**100.2**	**104.0**	**105.1**	**103.7**
102.6	109.8	103.3	104.7	108.3	99.7	108.7	104.8	108.9
110.0	103.8	102.0	103.9	114.7	100.8	99.5	105.4	99.5

10-13 全省及调查市、县商品零售价格定基指数(2017年)

(2015年=100)

项　目	Item	全　省 Province	西宁市 Xining City	大通县 Datong County
商品零售价格总指数	**Retail Price Index**	**102.8**	**103.1**	**103.3**
食品	Food	103.3	103.4	102.3
饮料、烟酒	Beverages, Tobacco and Liquor	102.2	102.6	102.2
服装、鞋帽	Garments, Shoes and Hats	101.7	101.1	102.1
纺织品	Textiles	109.5	112.1	106.2
家用电器及音像器材	Household Appliances, Music and Video Equipment	96.9	97.3	100.1
家庭设备	Household Equipment	100.5	100.5	106.3
文娱用耐用消费品	Durable Consumer Goods for Culture and Entertainment	91.9	91.0	92.4
专业音像器材	Professional Video Equipment	98.8	98.9	100.0
文化办公用品	Cultural and Office Appliances	103.7	103.6	106.5
日用品	Articles for Daily Use	102.5	103.9	100.5
日用百货	General Merchandise for Daily Use	102.3	102.7	100.3
厨具餐具茶具	Kitchenware, Tableware and Tea Set	102.6	103.2	100.0
清洗用品	Cleaning Supplies	100.7	103.0	99.4
体育娱乐用品	Sports and Recreation Articles	98.6	97.9	107.3
交通、通信用品	Transportation and Communication Appliances	88.1	89.6	92.9
交通运输机械	Transportation Machinery	97.5	97.5	97.8
通信器材	Communications Equipment	83.3	79.6	90.9
家具	Furniture	91.8	82.9	99.8
化妆品	Cosmetics	102.6	103.7	101.3
金银饰品	Gold and Silver Ornaments	111.4	111.5	107.7
中西药品及医疗保健用品	Traditional Chinese and Western Medicines, and Health Care Articles	118.7	120.0	122.8
书报杂志及电子出版物	Books, Newspapers, Magazines and Publications	103.6	102.0	106.6
教材及参考书	Textbooks and Reference Books	108.9	106.2	109.3
书报杂志	Newspapers and Magazines	100.7	100.0	106.3
计算机办公软件	Computer Office Software	95.7	95.6	95.6
燃料	Fuels	108.6	108.5	103.7
煤炭及制品	Coal and Coal Products	103.6	100.0	100.0
石油及制品	Petroleum and Petroleum Products	110.5	110.0	110.6
建筑材料及五金电料	Building Materials and Hardware	107.8	109.4	105.0
建筑装潢材料	Building Decoration Materials	108.9	111.5	99.5
五金水暖	Hardware and Plumbing	104.0	102.5	120.6

Fixed-base Retail Price Indices of Cities and Counties Surveyed (2017)

(year of 2015=100)

乐都区 Ledu District	平安区 Pingan District	海晏县 haiyan County	同仁县 tongren County	共和县 Gonghe County	玛沁县 Maqin County	玉树市 Yushu City	格尔木市 Geermu City	德令哈市 Delingha City
104.5	**106.0**	**104.5**	**105.2**	**102.3**	**104.6**	**102.8**	**102.5**	**104.9**
103.4	104.9	108.2	102.2	103.6	105.4	99.5	103.2	103.7
102.4	102.7	100.7	102.3	101.6	101.1	99.5	101.0	101.5
103.8	103.7	109.2	108.4	106.4	103.0	104.7	102.4	105.1
102.9	106.8	111.1	104.3	101.1	100.1	100.0	100.6	100.3
99.1	100.0	100.3	97.9	96.4	99.9	99.4	94.5	101.5
101.9	100.0	102.7	100.3	96.8	101.0	100.3	98.4	102.9
97.1	100.0	98.1	95.6	95.9	98.6	98.0	89.9	99.9
99.4	99.1	100.0	98.8	99.1	98.7	100.0	100.0	98.5
101.2	100.0	109.2	103.0	101.8	104.6	104.5	103.7	105.2
100.6	102.6	104.3	100.6	98.5	100.1	101.4	95.6	101.8
103.0	100.4	100.8	104.3	100.0	100.1	95.0	99.1	100.5
101.6	102.6	100.0	97.8	101.2	101.0	96.8	100.2	102.5
97.9	102.7	111.9	100.0	93.2	100.0	107.3	89.4	100.9
97.2	101.1	100.0	107.0	100.3	103.5	100.0	98.4	97.6
98.1	104.9	88.9	103.4	88.5	97.2	106.1	89.0	99.0
103.4	101.0	97.5	96.4	103.0	97.3	97.4	96.5	100.2
97.5	105.1	88.0	103.9	84.7	97.2	106.4	83.0	98.0
108.8	111.8	107.0	125.9	106.1	106.9	97.4	126.2	101.4
97.9	100.3	98.8	99.7	99.6	100.0	100.5	99.7	99.3
104.0	116.2	107.0	110.2	112.4	103.3	120.1	109.9	112.9
123.9	115.2	106.4	113.1	112.7	114.7	110.2	116.9	123.2
109.2	111.1	106.6	98.4	105.4	109.7	98.7	99.8	106.1
117.6	116.1	115.0	94.4	112.7	122.0	98.6	101.1	113.9
103.1	109.4	100.0	103.8	100.0	100.0	99.5	100.0	100.3
95.6	95.6	93.5	95.6	95.6	93.5	95.6	95.6	100.0
109.3	111.7	106.5	111.0	110.4	112.1	110.1	110.4	111.3
108.1	111.6	100.1	107.2	118.5	107.0	107.1	116.7	113.8
110.1	111.8	113.5	112.1	109.7	113.0	111.9	109.3	109.6
102.7	107.0	109.8	106.2	99.0	105.8	98.4	103.6	100.1
102.7	103.5	109.2	107.7	98.4	107.1	97.4	102.8	99.8
102.9	120.6	111.8	101.0	100.9	101.3	101.9	106.1	101.1

10-14 全省及调查县(区)农业生产资料价格定基指数(2017年)

Fixed-base Price Indices for Means of Agricultural Production in the Province and Counties(District) Surveyed(2017)

(2015年=100) (year of 2015=100)

项 目	Item	全 省 Province Total	大通县 Datong County	乐都区 Ledu District	平安区 Pingan District	海晏县 Haiyan County	同仁县 Tongren County	共和县 Gonghe County
农业生产资料价格指数	**Price Index for Means of Agricultural Production**	**104.5**	**107.9**	**105.2**	**100.6**	**112.0**	**97.3**	**101.0**
农用手工工具	Farm Handtools	100.4	100.0	100.1	102.2	100.0	97.4	113.9
饲料	Forage	96.2	93.8	100.1	85.9	95.2	98.3	100.0
混合饲料	Mixed Forage	96.2	95.7	98.2	88.7	93.7	100.0	100.0
仔畜幼禽及产品畜	Newborn Animal, Poult and Commodity Animals	127.5	141.5	106.8	122.3	165.2	100.0	118.6
产品畜	Commodity Animals	101.5	98.0	117.3	100.0	73.4	100.0	103.3
半机械化农具	Semi-mechanized Farm Tools	100.0	100.0	100.0	100.0	100.0	100.0	100.0
机械化农具	Mechanized Farm Machinery	102.4	101.6	107.2	100.0	100.0	100.0	101.6
化学肥料	Chemical Fertilizer	100.0	104.4	101.9	98.4	97.8	100.1	91.7
氮肥	Nitrogen Fertilizer	101.5	117.8	99.2	101.9	100.5	100.0	89.0
磷肥	Phosphate Fertilizer	98.0	96.5	112.6	97.4	95.7	113.0	93.9
钾肥	Potassium Fertilizer	102.4	101.0	109.1	100.0	100.0	100.0	100.0
复合肥料	Compound Fertilizer	99.8	97.8	100.8	96.6	100.0	100.0	103.1
农药及农药器械	Pesticide and Its Appliances	101.3	100.0	103.4	101.1	101.8	103.7	101.4
化学农药	Chemical Pesticides	101.4	100.0	103.6	101.0	101.6	103.9	101.5
农药器械	Pesticide Equipment	100.9	105.9	90.9	107.7	107.1	100.0	101.2
农用机油	Oil for Farm Machinery	113.7	115.2	112.7	112.1	116.1	112.1	112.7
其他农业生产资料	Other Means of Agricultural Production	100.8	102.6	104.7	100.5	100.0	85.3	102.9
农用种子	Farm Seeds	99.6	101.6	104.1	100.6	100.0	82.9	104.2
农业生产服务	Service for Agricultural Production	102.5	102.9	113.2	100.0	127.3	91.4	91.7
排灌费	Irrigation and Drainage	100.4	100.0	100.0	100.0	100.0	101.1	100.0
机械作业费	Mechanical Handling	95.2	99.4	100.0	100.0	133.3	80.6	83.1
农业用电	Agricultural Electricity	100.0	100.0	100.0	100.0	100.0	100.0	100.0
农业用工	Agricultural Employment	109.0	105.9	116.7	100.0	160.0	77.8	100.0

10-15 1991-2017年固定资产投资价格指数

Price Indices for Investment in Fixed Assets (1991-2017)

(上年=100) (preceding year=100)

年 份 Year	固定资产投资价格总指数 Price Index for Investment in Fixed Assets	建筑安装、装饰工程 Construction and Installation	设备、工器具购置 Purchase of Equipment and Instruments	其他费用 Other Expenses
1991	119.5	123.5	109.5	114.2
1992	115.1	114.5	111.2	124.8
1993	125.9	129.6	120.2	112.5
1994	108.4	107.6	111.2	107.9
1995	105.3	104.3	106.7	108.7
1996	103.5	104.4	99.6	102.1
1997	103.0	104.5	97.9	100.6
1998	98.5	99.0	95.9	98.7
1999	100.1	101.0	96.2	100.0
2000	101.6	102.7	97.9	100.3
2001	100.3	101.0	97.3	100.0
2002	103.2	104.7	97.3	101.5
2003	102.0	102.9	97.8	101.9
2004	102.8	103.2	100.1	104.4
2005	102.1	102.1	100.7	104.2
2006	102.4	102.6	101.8	102.0
2007	104.2	104.6	102.9	102.6
2008	110.5	113.3	101.5	104.1
2009	100.9	101.1	99.4	102.1
2010	103.8	104.5	101.5	102.3
2011	106.5	107.9	101.5	102.6
2012	102.2	102.7	99.2	103.0
2013	101.5	102.0	99.0	101.6
2014	100.9	101.1	99.4	102.2
2015	98.2	97.7	99.5	100.9
2016	99.6	99.6	99.1	101.0
2017	106.1	107.4	100.6	102.7

10-16 1991-2017年固定资产投资价格定基指数
Fixed-base Price Indices for Investment in Fixed Assets(1991-2017)

(1990年=100) (year of 1990=100)

年 份 Year	固定资产投资价格总指数 Price Index for Investment in Fixed Assets	建筑安装、装饰工程 Construction and Installation	设备、工器具购置 Purchase of Equipment and Instruments	其他费用 Other Experses
1991	119.5	123.5	109.5	114.2
1992	137.5	141.4	121.8	142.5
1993	173.2	183.3	146.4	160.3
1994	187.7	197.2	162.8	173.0
1995	197.7	205.7	173.7	188.1
1996	204.6	214.7	172.9	192.0
1997	210.7	224.4	169.3	193.2
1998	207.6	222.1	162.4	190.6
1999	207.8	224.4	156.2	190.6
2000	211.1	230.4	152.9	191.2
2001	211.7	232.7	148.8	191.2
2002	218.5	243.6	144.8	194.1
2003	222.9	250.7	141.6	197.8
2004	229.1	258.7	141.7	206.5
2005	233.9	264.1	142.7	215.2
2006	239.5	271.0	145.3	219.5
2007	249.6	283.5	149.5	225.2
2008	275.8	321.2	151.7	234.4
2009	278.3	324.7	150.8	239.3
2010	288.9	339.3	153.1	244.8
2011	307.7	366.1	155.4	251.2
2012	314.5	376.0	154.2	258.7
2013	319.2	383.5	152.7	262.8
2014	322.1	387.7	151.8	268.6
2015	316.3	378.8	151.0	271.0
2016	315.0	377.3	149.6	273.7
2017	334.2	405.2	150.5	281.1

10-17 1997-2017年西宁市区房地产价格指数
Price Indices for Real Estate in Xining(1997-2017)

(上年=100) (preceding year=100)

年 份 Year	新建商品住宅价格指数 Price Index for New Commercial Residential Buildings	二手住宅价格指数 Price Index for Second-hand Residential Buildings	住宅租赁价格指数 Price Index for Residential Leasing	物业服务价格指数 Price Index for Property Services	土地交易价格指数 Price Index for Land Transactions
1997	100.6	100.0	197.6		100.8
1998	100.9	100.9	146.2		99.4
1999	99.0	100.7	100.0		94.4
2000	99.9	98.8	133.4		100.4
2001	100.4	102.5	126.4		99.7
2002	102.3	111.2	117.4		102.7
2003	104.6	106.1	106.5		106.2
2004	107.9	113.9	100.0		106.1
2005	102.8	104.3	100.9	100.0	102.9
2006	103.0	103.4	100.7	100.0	102.5
2007	104.9	103.3	104.6	100.9	103.2
2008	109.0	108.5	101.4	102.6	103.2
2009	104.9	104.8	100.7	101.0	104.0
2010	108.0	106.3	107.6	101.8	104.4
2011	106.5	105.8	104.4	100.2	104.1
2012	101.5	101.1	106.7	102.4	102.7
2013	106.8	103.2	101.7	101.3	101.0
2014	104.8	101.6			
2015	94.9	98.2			
2016	99.8	99.5			
2017	103.5	100.7			

10-18 1990-2017年按用途分工业生产者出厂价格指数

(上年=100)

年 份 Year	总指数 General Index	轻工业 Light Industry	重工业 Heavy Industry	生产资料 Means of Production	采掘工业 Mining & Quarrying Industry	原料工业 Raw Materials Industry	加工工业 Processing Industry
1990	109.5	114.9	107.8	107.8	105.9	108.5	107.5
1991	108.7	109.0	109.2	109.1	124.9	109.6	101.3
1992	103.6	107.7	101.9	102.0	104.2	100.2	104.2
1993	124.4	112.9	127.9	127.6	122.2	128.6	128.1
1994	124.9	121.3	126.0	125.5	143.7	126.0	115.6
1995	114.6	119.8	112.2	112.6	123.5	108.7	110.8
1996	106.7	107.2	106.1	106.7	103.3	107.9	107.7
1997	103.5	102.1	103.8	103.8	102.2	104.7	102.0
1998	100.7	97.3	101.3	101.3	99.3	102.1	100.2
1999	102.8	98.7	104.1	104.0	111.3	101.1	102.0
2000	108.1	92.2	111.1	110.9	137.9	102.1	95.0
2001	93.7	95.0	93.5	93.6	94.3	93.0	96.4
2002	97.6	100.9	97.2	97.3	97.1	96.2	102.2
2003	105.5	100.0	106.2	105.8	114.1	101.7	102.0
2004	111.2	103.0	112.5	111.8	117.0	106.5	113.6
2005	110.2	101.0	111.7	111.1	130.7	100.3	102.8
2006	109.5	100.0	110.4	109.9	118.9	110.4	100.2
2007	104.2	104.2	104.2	104.1	106.4	102.9	104.7
2008	107.6	111.6	107.2	107.5	107.3	97.9	124.0
2009	91.3	102.4	90.2	90.9	89.0	89.4	94.6
2010	109.4	104.0	110.1	109.7	122.4	111.0	102.2
2011	107.4	108.7	107.3	107.4	112.3	105.6	107.4
2012	96.9	106.3	96.2	96.2	101.8	95.7	94.0
2013	97.0	104.9	96.4	96.4	96.1	95.6	97.4
2014	96.1	101.9	95.7	95.7	95.1	96.1	95.5
2015	93.1	100.4	92.6	92.5	82.4	94.5	95.0
2016	98.5	100.9	98.2	98.2	85.4	101.8	98.6
2017	116.7	102.8	118.6	118.8	134.4	115.9	117.7

Producer Price Indices for Industrial Products by Sector and Category (1990-2017)

(preceding year=100)

生活资料 Consumer Goods	食品类 Food	衣着类 Clothing	一般日用品 Articles for Daily Use	耐用消费品 Durable Consumer Goods
115.0	116.6	116.5	100.8	
109.3	108.1	112.1	103.9	
107.7	114.9	102.4	103.4	
113.3	122.1	104.2	110.4	
122.4	123.3	126.5	114.9	
119.4	122.7	118.0	114.6	
106.5	112.5	101.0	104.3	
102.1	104.5	99.5	97.3	
97.1	97.2	97.6	97.5	
98.7	99.1	99.7	97.6	
91.7	88.3	100.0	97.2	94.5
94.5	92.9	92.9	101.0	93.9
100.7	99.2	103.7	101.8	98.1
100.7	100.1	95.3	105.4	100.0
104.8	104.6	101.5	108.4	101.2
101.8	102.1	98.5	103.9	105.8
101.5	101.0	100.0	103.9	98.4
106.5	111.1	99.8	101.5	99.9
110.4	113.2	102.6	110.8	103.6
101.2	98.4	104.0	102.9	116.4
104.2	104.2	101.6	107.0	100.5
107.3	105.2	108.8	113.9	103.3
105.9	104.9	119.6	102.8	101.1
104.7	104.8	111.2	102.0	100.0
101.6	101.9	104.0	99.6	100.0
100.5	100.8	101.9	99.2	100.0
100.5	100.7	100.8	100.0	100.5
102.4	103.2	100.1	100.6	106.7

10−19 1990−2017年按34个行业大类分工业生产者出厂价格指数

(上年=100)

年 份 Year	煤炭开采和洗选业 Mining and Washing of Coal	石油和天然气开采业 Extraction of Petroleum and Natural Gas	黑色金属矿采选业 Mining and Processing of Ferrous Metal Ores	有色金属矿采选业 Mining and Processing of Non-Ferrous Metal Ores	非金属矿采选业 Mining and Processing of Nonmetal Ores	农副食品加工业 Processing of Food from Agricultural Products	食品制造业 Processing of Foodstuff	酒、饮料和精制茶制造业 Manufacture of Liquor, Beverages and Refined Tea	纺织业 Manufacture of Textile
1990	103.6	119.8			96.6		107.6		112.9
1991	121.3	122.8			122.8		110.6		112.2
1992	106.4	105.9		114.8	102.8		115.6		100.0
1993	108.7	135.1		121.7	109.0		127.7		125.2
1994	144.2	173.8		106.5	101.7		131.0		128.5
1995	124.6	133.1		133.3	99.0		128.9		112.3
1996	109.9	95.7		96.3	85.6		124.9		96.0
1997	113.7	97.7		98.9	101.7		101.6	101.0	99.4
1998	105.9	100.3		89.5	99.8		93.9	102.2	95.6
1999	102.4	121.6		93.8	93.2		97.3	104.8	98.9
2000	103.0	171.8		108.4	96.5		85.0	96.2	102.9
2001	112.1	79.8		109.6	98.4	90.1	91.3	99.3	89.7
2002	101.8	91.7	101.7	102.3	100.9	101.5	100.1	96.8	106.6
2003	102.5	116.7	99.8	106.5	102.4	104.4	98.0	95.1	100.4
2004	103.8	113.8	118.3	150.1	101.1	107.1	96.6	103.0	96.0
2005	120.7	133.9	119.1	121.1	106.5	100.6	99.3	106.8	99.9
2006	114.3	117.9	97.5	134.1	102.2	98.6	102.1	102.0	101.2
2007	104.0	105.5	101.0	114.7	100.5	125.5	103.6	105.0	98.4
2008	118.2	115.5	122.0	68.6	106.0	130.4	104.3	102.5	104.0
2009	115.0	76.8	77.3	94.2	104.9	95.0	102.0	100.3	102.3
2010	105.5	130.9	108.8	130.8	98.7	106.3	109.4	102.0	108.3
2011	111.5	122.2	120.0	103.6	96.2	118.1	106.6	99.4	111.0
2012	105.5	97.5	85.9	94.6	103.6	110.6	104.4	102.0	105.0
2013	90.4	96.8	98.7	96.7	102.0	109.6	103.5	104.4	103.4
2014	86.6	96.9	94.3	100.1	101.4	99.3	107.2	102.6	100.4
2015	92.8	71.9	86.1	91.0	98.3	99.5	100.9	102.6	97.8
2016	109.8	70.9	96.1	99.3	98.1	100.9	100.4	100.5	99.5
2017	152.5	122.3	105.9	141.5	102.9	103.6	98.7	103.9	104.1

Producer Price Indices for the 34 categories of Industrial Products by Sector(1990-2017)

(preceding year=100)

纺织服装服饰业 Manufacture of Textile, Wearing Apparel and Accessories	皮革、毛皮羽毛及其制品和制鞋业 Manufacture of Leather, Fur, Feather and Related Products	家具制造业 Manufacture of Furniture	造纸和纸制品业 Manufacture of Paper and Paper Products	印刷和记录媒介复制业 Printing, Reproduction of Recording Media	文教、工美体育和娱乐用品制造业 Manufacture of Articles for Culture, Education and Sport Activities	石油加工炼焦和核燃料加工业 Processing of Petroleum, Coking, Processing of Nuclear Fuel	化学原料和化学制品制造业 Manufacture of Raw Chemical Materials and Chemical Products
106.6	100.6	103.0	109.4			137.3	102.5
104.6	109.9	115.2	103.8			117.8	100.6
105.3	108.9	115.1	115.1			123.8	102.3
104.8	107.0	118.2	100.7			134.1	114.3
123.7	106.7	119.3	108.0			146.0	116.5
133.3	125.3	105.5	127.8			132.2	120.6
105.1	139.5	109.2	124.4			96.3	113.1
	102.1	101.4	93.7			107.0	99.6
	100.7	102.8				94.7	100.7
	100.0	101.2				96.1	98.5
93.9	101.9	93.8	100.0			146.2	96.6
92.5	103.9	93.9	100.0	100.0		105.4	94.6
99.9	106.5	98.1	98.1	100.0		92.3	101.7
92.4	105.4	100.0	100.0	94.3		118.1	99.9
98.7	105.5	101.2	100.0	99.4		112.7	104.9
95.1	105.4	105.8	100.1	104.0		119.7	111.7
100.0	102.0	98.4	101.7	100.1		121.8	106.3
100.0	100.3	99.9	101.1	94.4		103.8	102.8
103.6	102.2	101.1	106.8	107.5		115.8	126.5
103.7	98.3	118.6	101.2	103.8		96.2	96.0
100.5	99.2	100.6	100.0	115.3		125.7	94.8
106.4	99.9	100.0	104.5	101.8	121.3	100.7	111.6
119.3	107.0	101.9	115.6	108.8	98.3	88.9	93.4
111.7	139.0	100.0	102.0	108.2	97.0	83.3	94.9
105.8	108.1	100.0	100.8	103.4	98.2	91.1	93.6
103.1	100.1	100.0	100.3	101.0	99.2	84.6	98.6
100.8	99.7	100.3	100.3	100.2	103.8	88.0	95.8
100.1	101.9	100.0	124.9	100.5	102.2	139.2	108.2

10-19 续表1

(上年=100)

年 份 Year	医药制造业 Manufacture of Medicines	橡胶和塑料制品业 Manufacture of Rubber and Plastics Products	非金属矿物制品业 Manufacture of Non-metallic Mineral Products	黑色金属冶炼和压延加工业 Smelting and Pressing of Ferrous Metals	有色金属冶炼和压延加工业 Smelting and Pressing of Non-ferrous Metals	金属制品业 Manufacture of Metal Products	通用设备制造业 Manufacture of General Purpose Machinery	专用设备制造业 Manufacture of Special Purpose Machinery
1990	102.1		114.8	104.2		102.8		
1991	93.7		107.4	111.0		99.8		
1992	106.7		100.4	103.3	89.8	104.2		
1993	119.0		127.8	148.4	148.8	114.3		
1994	124.6		125.0	135.8	129.8	107.8		
1995	129.8		119.6	100.3	129.1	114.4		
1996	94.8		104.9	97.3	85.5	115.8		
1997	106.9		103.4	99.8	96.4	102.7		
1998	105.2		98.9	96.3	94.0	94.5		
1999	99.8		109.5	96.4	107.6	99.0		
2000	98.4		90.1	94.6	110.1	99.3		
2001	104.7		105.3	94.5	89.6	95.1	97.2	98.4
2002	102.7		99.2	99.0	92.8	99.3	101.7	97.4
2003	99.9		99.2	103.7	102.9	98.3	100.2	101.3
2004	100.0		99.8	125.6	111.1	112.5	101.7	101.3
2005	100.0		98.5	99.9	102.0	109.4	104.2	101.9
2006	100.0		97.3	93.9	121.0	104.0	109.8	94.6
2007	100.0		103.5	104.9	104.7	101.2	114.9	135.1
2008	104.3		117.8	126.1	89.4	110.2	106.0	109.7
2009	99.6		104.5	85.6	81.6	102.3	109.7	116.0
2010	97.9		105.0	112.6	111.9	102.0	114.8	99.6
2011	100.8	115.2	103.7	111.3	103.0	100.0	101.7	115.4
2012	101.2	90.0	92.1	89.1	93.9	98.5	100.0	103.7
2013	101.7	104.2	102.4	95.2	96.7	98.0	99.8	102.6
2014	100.4	95.8	100.9	97.0	93.7	97.3	99.4	101.8
2015	99.7	90.1	93.3	88.5	93.3	100.6	99.9	98.2
2016	100.1	98.2	92.4	96.1	107.1	98.8	100.0	100.6
2017	103.5	100.9	122.1	134.4	120.7	104.6	99.3	101.5

注：其他制造业类在2011—2015年为金属制品、机械和设备修理业类。

Continued

(preceding year=100)

汽车制造业 Manufacture of Automobiles	铁路、船舶航空航天和其他运输设备制造业 Manufacture of Railway, Ship, Aerospace and Other Transport Equipments	电气机械和器材制造业 Manufacture of Electrical Machinery and Apparatus	计算机通信和其他电子设备制造业 Manufacture of Computers, Communication and Other Electronic Equipment	仪器仪表制造业 Manufacture of Measuring Instruments and Machinery	其他制造业 Others	电力、热力生产和供应业 Production and Supply of Electric Power and Heat Power	燃气生产和供应业 Production and Supply of Gas	水的生产和供应业 Production and Supply of Water
		103.6						
		119.8						
		96.5						
		108.7						
		105.0						
		100.1						
		107.5						
		92.8				125.9		
		97.5				121.7		
		92.3				101.4		
		95.3				95.2		
		96.3				94.2		111.4
						98.6		114.3
		100.5		100.7		99.5		103.9
		111.1		93.3		99.9		105.6
		108.4		109.6		97.4		105.7
		117.7		99.3		97.1		111.4
		107.5		100.7		100.8	100.0	104.0
		99.2		100.4		100.5	112.6	101.5
		82.4		100.0		99.5	107.0	100.2
		108.5	100.9	100.1		100.7	102.5	100.1
108.1	100.0	107.1	100.1	104.9	95.5	103.7	103.4	87.8
101.6	103.0	98.7	96.2	100.9	100.0	104.7	100.0	112.8
99.5	106.4	96.9	89.5	100.0	98.8	101.8	100.0	110.9
99.5	101.3	99.0	100.0	100.0	98.9	101.3	100.0	100.2
100.2	100.0	98.9	100.2	100.0	99.3	99.7	100.0	100.0
99.0	100.3	100.2	99.6	100.3	99.8	100.1	90.8	100.3
99.8	102.4	102.3	101.1	103.7	99.4	99.4	101.3	101.4

a) Other manufacture referred to repair service of metal products, machinery and equipment in 2011 to 2015.

10-20 2011-2017年按工业产品生产阶段及工业门类分工业生产者出厂价格指数

Producer Price Indices for Industrial Products by Production Stage of Industrial Products and Industrial Department (2011-2017)

上年＝100 (preceding year=100)

指　标	Item	2011	2012	2013	2014	2015	2016	2017
核心指数	**Core Index**	**106.8**	**94.0**	**97.0**	**95.8**	**94.3**	**101.1**	**118.2**
高技术	**High Technology**	**100.9**	**100.6**	**100.3**	**100.3**	**99.7**	**99.1**	**101.4**
能源	**Energy**	**108.9**	**100.8**	**95.8**	**96.0**	**89.9**	**92.2**	**117.2**
初级产品	**Primary Products**	**112.4**	**101.7**	**96.1**	**95.1**	**82.3**	**85.4**	**134.4**
中间产品	**Intermediate Products**	**106.6**	**95.5**	**96.9**	**96.1**	**95.0**	**100.3**	**115.4**
最终产品	**Final Products**	**106.0**	**102.3**	**99.9**	**98.3**	**99.3**	**98.0**	**101.8**
冶金工业	Metallurgical Industry	105.4	92.6	96.4	95.1	91.9	104.1	124.3
电力工业	Electric Power Industry	103.7	104.7	101.8	101.3	99.7	100.1	99.4
煤炭及炼焦工业	Coal and Coke Industries	106.0	97.9	87.2	87.8	90.0	100.2	167.6
石油工业	Oil Industry	121.6	98.1	97.1	97.0	72.7	77.1	118.3
化学工业	Chemical Industry	110.6	94.0	95.6	94.3	98.6	96.6	107.4
机械工业	Machinery Industry	104.2	100.0	98.9	99.5	99.6	99.8	100.8
建筑材料工业	Building Materials Industry	101.3	95.1	102.8	101.5	93.7	92.3	120.9
森林工业	Forest Industry	100.0	101.9	100.0	100.0	100.0	100.3	100
食品工业	Food Industry	108.2	105.9	106.0	102.8	101.0	100.7	102.9
纺织工业	Textile Industry	109.5	97.3	102.3	100.6	96.9	99.5	104.1
缝纫工业	Sewing Industry	109.5	120.5	109.0	103.6	102.0	100.8	100.1
皮革工业	Leather Industry	99.9	107.0	139.0	108.1	100.1		
造纸工业	Paper Industry	104.5	115.6	102.0	100.8	100.3	100.3	124.9
文教艺术用品工业	Cultural, Educational and Art Supplies Industry	101.8	108.8	108.2	103.4	101.0	100.2	100.5
其他工业	Others	113.6	98.9	100.2	98.0	99.2	99.9	108.9

10-21 1990-2017年工业生产者购进价格指数

Purchasing Price Indices for Industrial Producers (1990-2017)

上年=100 (preceding year=100)

年份 Year	总指数 General Index	燃料、动力类 Fuel and Power	黑色金属材料类 Black Metals	有色金属材料类 Non-Ferrous Metals	化工原料类 Raw Chemical Materials	木材及纸浆类 Timber and Paper-Pulp	建材及非金属矿类 Building materials and non-metallic Mineral	其它工业原材料及半成品类 Other Industrial Raw Materials and Semi-finished Products	农副产品类 Agricultural Products	纺织原料类 Textile Materials	初级产品 Primary Products	中间产品 Intermediate Products
1990	113.9	119.4	107.4		96.5	106.7						
1991	112.8	113.9	115.7		95.2	105.5						
1992	108.4	134.6	109.1	116.8	90.4	99.9			102.8	98.6		
1993	138.9	129.4	164.8	121.7	135.7	132.0			120.3	99.3		
1994	112.3	115.7	102.8	112.7	108.1	113.7			121.7	102.3		
1995	110.2	112.8	98.6	126.6	124.5	109.1			129.0	145.7		
1996	108.8	112.6	97.5	96.1	111.4	108.3			111.8	104.5		
1997	110.9	121.2	100.7	101.9	103.2	104.3	104.9	106.5	97.1	90.3		
1998	101.3	105.1	95.5	101.3	104.6	102.4	96.5	99.9	89.5	98.5		
1999	99.1	100.5	96.5	95.6	95.0	98.5	99.7	98.5	96.8	100.0		
2000	98.9	100.3	101.1	129.4	105.6	99.3	100.2	100.9	90.3	103.5		
2001	99.1	102.7	97.9	85.6	99.7	102.2	107.0	105.1	88.7	100.0		
2002	102.8	102.1	100.6	92.5	96.6	112.7	95.9	99.2	106.4	99.6		
2003	101.8	101.6	107.6	111.5	98.8	107.8	96.0	97.3	98.0	94.2		
2004	108.5	104.4	128.6	138.2	101.8	100.5	112.8	99.8	110.4	99.6		
2005	105.3	104.6	104.1	101.0	106.0	110.7	105.0	100.0	108.3	100.0		
2006	102.8	102.3	94.5	112.3	102.4	102.4	143.8	100.1	97.5	100.0		
2007	104.4	104.1	102.1	97.1	109.7	109.2	101.4	104.7	108.8	96.6		
2008	110.4	108.4	119.6	97.7	107.5	115.9	111.3	113.4	132.6	99.4		
2009	99.8	101.3	92.0	81.2	102.0	101.2	105.9	101.6	97.5	97.7		
2010	108.6	105.8	110.3	120.5	101.5	99.7	110.2	104.4	108.4	117.6		
2011	107.0	103.3	108.2	108.8	103.8	107.8	105.5	109.4	115.8	106.3	113.4	106.1
2012	98.6	102.3	99.0	95.9	95.3	123.2	96.2	106.6	99.8	100.3	99.2	98.5
2013	98.8	100.3	98.8	95.4	98.5	102.2	95.5	102.6	109.1	104.6	99.6	98.7
2014	97.6	100.0	99.3	93.0	99.7	99.7	97.0	101.2	99.2	103.8	98.3	97.5
2015	97.7	97.8	98.6	96.4	97.4	99.8	97.0	100.1	101.7	95.2	99.6	97.5
2016	96.2	95.0	101.5	95.4	97.4	99.2	97.1	95.5	102.3	98.8	93.4	96.8
2017	108.0	105.7	111.6	116.9	106.0	105.9	110.1	99.7	102.1	100.7	112.0	107.1

10−22 主要年份农产品生产价格总指数

Producer's Prices Indices for Farm Products in Main Years

年 份	农产品生产价格指数 Producer's Price Index for Farm Products	
	环比指数(上年=100) Linked Index(preceding year=100)	定基指数(1952=100) Fixed-base Index(1952=100)
1990	100.7	345.3
1991	103.3	356.7
1992	109.4	390.2
1993	123.1	480.3
1994	148.6	713.7
1995	115.4	823.7
1996	95.4	785.8
1997	91.9	722.1
1998	93.7	676.6
1999	94.6	640.1
2000	100.7	644.6
2001	103.2	665.2
2002	101.2	672.9
2003	105.8	711.6
2004	108.8	773.9
2005	103.3	799.2
2006	104.5	835.5
2007	119.0	993.9
2008	114.9	1142.2
2009	94.6	1080.7
2010	124.3	1343.1
2011	117.3	1574.7
2012	108.2	1703.1
2013	110.4	1879.9
2014	100.0	1879.7
2015	96.1	1805.6
2016	104.5	1887.0
2017	101.0	1905.3

注：2001年以前数据为农产品收购价格指数。

a)Data Before 2001 was Sprocurement Price Index for Farm Product.

10−23 2008−2017年主要农产品生产价格指数
Producer's Prices Indices for Major Farm Products(2008-2017)

(上年=100) (preceding year=100)

指 标	Item	2008	2009	2010	2011	2012	2013	2014	2015	2016	2017
总指数	**General Index**	**114.9**	**94.6**	**124.3**	**117.3**	**108.2**	**110.4**	**100.0**	**96.1**	**104.5**	**101.0**
种植业产品	**Planting Products**	**109.8**	**97.8**	**130.8**	**109.5**	**104.4**	**108.3**	**99.2**	**92.7**	**99.9**	**101.6**
谷物（原粮）	Cereal	111.4	105.7	117.2	116.2	106.0	104.3	103.1	100.6	97.7	98.6
小麦	Wheat	109.6	103.3	114.2	110.1	105.8	106.3	104.8	93.4	94.0	96.8
杂粮	Coarse Cereals	114.5	109.5	123.0	124.5	106.3	101.6	100.8	101.9	98.4	98.9
薯类	Tubers	109.7	101.4	194.1	86.4	100.0	136.2	104.2	97.5	110.4	105.6
豆类	Soybeans	113.2	103.6	138.9	106.5	84.0	98.7	102.8	104.0	93.2	90.3
油料	Oil-bearing Crops	111.8	87.2	121.2	110.9	104.2	106.7	98.7	92.1	94.0	102.3
蔬菜	Vegetables	114.6	119.5	133.2	99.2	118.7	104.3	103.5	104.5	101.2	97.4
中药材	Chinese Medicines Materials	99.0	65.6	140.4	117.3	113.2	111.8	86.1	85.3	105.7	97.6
畜牧业产品	**Animal Husbandry Products**	**118.8**	**92.2**	**119.4**	**124.4**	**111.6**	**112.3**	**100.7**	**101.4**	**106.7**	**100.2**
牛 （毛重）	Cattle and Buffaloes (gross weight)	131.6	100.0	105.9	116.1	115.0	128.9	102.0	92.0	96.0	104.4
羊 （毛重）	Sheep and Goats (gross weight)	129.7	98.8	112.2	125.9	113.7	112.1	98.3	87.5	97.0	107.2
奶类	Milk	118.7	104.5	115.2	113.9	110.8	112.0	116.6	94.3	95.2	101.8
毛绒类	Cashmere	89.0	81.9	143.7	115.5	104.0	94.8	104.6	100.0	127.8	113.8
猪 （毛重）	Pig (gross weight)	137.2	75.0	102.3	140.6	103.4	100.5	94.0	105.0	115.5	94.7
家禽（毛重）	Poultry (gross weight)	112.7	103.7	109.8	107.6	116.5	105.5	105.5	99.3	94.5	100.1

主要统计指标解释

定基价格指数 在一个价格指数数列中，每个指数都以同一时期为基期计算的价格指数。通常以某一年为基期来计算。其特点是无论计算期如何变动，其基期固定不变（通常每5年更换一次基期）。从2001年起，我国改用国际通用方法计算定基价格指数，首轮固定对比基期选为2000年，即以2000年平均价格作基数。编制定基价格指数的目的在于观察物价变动的长期趋势和变动程度及其规律。

同比价格指数 同比指数是根据报告期的定基指数除以上年同期的定基指数取得的。

居民消费价格指数 是反映一定时期内城乡居民所购买的生活消费品价格和服务项目价格变动趋势和程度的相对数，是对城市居民消费价格指数和农村居民消费价格指数进行综合汇总计算的结果。该指数可以观察和分析消费品的零售价格和服务项目价格变动对城乡居民实际生活费支出的影响程度。

城市居民消费价格指数 是反映一定时期内城市居民家庭所购买的生活消费品价格和服务项目价格变动趋势和程度的相对数。该指数可以观察和分析消费品的零售价格和服务项目价格变动对城镇职工货币工资的影响，作为研究职工生活和确定工资政策的依据。

农村居民消费价格指数 是反映一定时期内农村居民家庭所购买的生活消费品价格和服务项目价格变动趋势和程度的相对数。该指数可以观察农村消费品的零售价格和服务项目价格变动对农村居民生活消费支出的影响，直接反映农村居民生活水平的实际变化情况，为分析和研究农村居民生活问题提供依据。

商品零售价格指数 是反映一定时期内城乡商品零售价格变动趋势和程度的相对数。商品零售价格的变动直接影响到城乡居民的生活支出和国家的财政收入，影响居民购买力和市场供需的平衡，影响到消费与积累的比例关系。因此，该指数可以从一个侧面对上述经济活动进行观察和分析。

农业生产资料价格指数 指反映一定时期内农业生产资料价格变动趋势和程度的相对数。其编制目的是了解农业生产中物质资料投入价格的变动状况，服务于国民经济核算。1994年以前，农业生产资料价格指数仅仅是商品零售价格指数的一个类别，此后，从商品零售价格指数中分离出来，单独编制。

农产品生产价格指数 是反映一定时期内，农产品生产者出售农产品价格水平变动趋势及幅度的相对数。该指数可以客观反映全国农产品生产价格水平和结构变动情况，满足农业与国民经济核算需要。其中某代表品生产价格指数是通过对全部有出售该产品行为的调查单位的个体指数进行几何平均求得的，类价格指数是通过对其所属的类（或代表品）的价格指数进行加权平均求得的。季度累计价格指数的计算方法与分季指数的计算方法相同。

工业生产者出厂价格指数 是反映一定时期内全部工业产品出厂价格总水平的变动趋势和程度的相对数，包括工业企业售给本企业以外所有单位的各种产品和直接售给居民用于生活消费的产品。该指数可以观察出厂价格变动对工业总产值及增加值的影响。

工业生产者购进价格指数 是反映工业企业作为生产投入，而从物资交易市场和能源、原材料生产企业购买原材料、燃料和动力产品时，所支付的价格水平变动趋势和程度的统计指标，是扣除工业企业物质消耗成本中的价格变动影响的重要依据。

目前，我国编制的工业生产者购进价格指数所调查的产品包括燃料动力、黑色金属、有色金属、化工、建材等九大类。

固定资产投资价格指数 是反映一定时期内固定资产投资品及取费项目的价格变动趋势和程度的相对数。固定资产投资额是由建筑安装工程投资完成额、设备工器具购置投资完成额和其他费用投资完成额三部分组成的。编制固定资产投资价格指数应首先分别编制上述三部分投资的价格指数，然后采用加权算术平均法求出固定资产投资价格总指数。

该指数可以准确地反映固定资产投资中涉及的各类投资品和取费项目价格变动趋势和变动幅度，消除按现价计算的固定资产投资指标中的价格变动因素，真实地反映固定资产投资的规模、速度、结构和效益，为国家科学地制定、检查固定资产投资计划并提高宏观调控水平，为完善国民经济核算体系提供科学的、可靠的依据。

房地产价格指数 是反映一定时期内房地产价格变动趋势和程度的相对数，包括房屋销售价格指数、房屋租赁价格指数、土地交易价格指数和物业管理价格指数。这四套指数的计算方法相似，均采用由下到上逐级汇总的方法。

住宅销售价格指数 包括新建住宅销售价格指数和二手住宅销售价格指数。新建住宅销售价格、面积、金额等资料直接采用当地房地产管理部门的网签数据。二手住宅销售价格调查为非全面调查，采用重点调查和典型调查相结合的方法，按照房地产经纪机构上报、房地产管理部门提供与调查员实地采价相结合的方式收集基础数据。新建住宅含保障性住房；新建商品住宅不含保障性住房。

Explanatory Notes on Main Statistical Indicators

Fixed Base Price Indices in a series of price indices, each index during the same period are calculated as the base year price index. Usually there is a particular year to calculate the base period. It features no matter how change in period, the base period is fixed (usually once every 5 years to replace the base period). Since 2001, China has used international general method to calculate a fixed base price indices, fixed the first round of comparison in 2000 as the base period, that is, the average price in 2000 for the base. The preparation of fixed base price indices for the purpose is observation of long – term trends in price changes and changes in the extent and regularity.

Price Indices for the Same Period Last Year year – on – year indices is based on the reporting period divided by the fixed base indices of the fixed base year – on – year indices achieved.

Consumer Price Indices reflect the trend and degree of changes in prices of consumer goods and services purchased by urban and rural households during a given period. They are obtained by combining Consumer Price Indices of Urban Household and Consumer Price Indices of Rural Household. The Indices enable the observation and analysis of the degree of impact of the changes in the prices of retailed goods and services on the actual living expenses of urban and rural residents.

Consumer Price Indices of Urban Household reflects the trend and degree of changes in prices of consumer goods and services purchased by urban households during a given period. It can be used to observe and analyze the impact of price changes in consumer goods and services on wages (in monetary terms) of urban staff and workers, and provide a basis for research on the livelihood of staff and workers and policy – making concerning wages.

Consumer Price Indices of Rural Household reflects the trend and degree of changes in prices of consumer goods and services purchased by rural households during a given period. It can be used to observe the impact of change in retail prices of consumer goods and service prices in rural areas on living expenditure of rural households, and to show the changes in the living standard of rural households. It provides a basis for analysis and research on the condition of life in rural areas.

Retail Price Indices reflect the trend and degree of change in retail prices of commodities during a given period. The change in retail prices of commodities directly affect the living expenses of urban and rural residents, government revenue, purchasing power of residents and the equilibrium of market supply and demand, and the ratio of consumption to accumulation. Therefore, the retail price indices are useful from an oblique perspective for observing and analyzing the changes of the above economic activities.

Price Indices for Means of Agricultural Production reflects the trend and degree of changes in the prices of the means of agricultural production during a given period. Compilation of these indices helps to understand the changes in prices of input into agricultural production and facilitate the compilation of national accounts statistics. Before 1994, price indices for means of agricultural production were a sub – category in the retail price indices for commodities, and it has been compiled separately since 1994.

Producer Prices Indices for Farm Products reflect the trend and degree of changes in producers´ prices received by farmers when they sell farm products during a given period. These indices depict the change in the level and structure of producer prices for farm products of the country and meet the needs of agricultural statistics and national accounts statistics. The producer price index for a given product is calculated as the geometrical mean of individual indices for all surveyed units which sell such product, and the indices for a product category is obtained as the weighted mean of price indices for all products in the category. Method for calculating accumulative quarterly indices is the same as for calculating the individual quarterly indices.

Producer Price Indices for Industrial Products reflect the trend and degree of changes in general ex – factory prices of all manufactured goods during a given period, including sales of manufactured goods by an industrial enterprise to all units outside the enterprise, as well as sales of consumer goods to residents. It can be used to analyze the impact of ex – factory prices on gross output value and value – added of the industrial sector.

Purchasing Price Indices for Industrial Producers reflect changes in the level and degree of prices paid by industrial enterprises when they purchase production input such as raw materials, fuels and power from the market or from other energy or raw materials producing enterprises. These indices provide an important basis for measuring the material consumption of industrial enterprises after removing the influence of price changes.

At present, products in 9 categories, including fuels and power, ferrous metals, non – ferrous metals, chemicals, building materials, are covered in China for the survey to produce indices for purchasing´prices for industrial producers.

Price Indices for Investment in Fixed Assets reflect the trend and degree of changes in prices of investment goods and projects in fixed assets during a given period. The investment in fixed assets consists of three components, namely the investment in construction and installation, the investment in purchases of equipment and instrument, and the investment in other items. Price indices for investment in fixed assets are calculated as the weighted arithmetic mean of the price indices for the three components of investment in fixed assets.

Removing the factor of price change in the aggregates of investment at current prices, this indicator shows the changes in the prices of commodities and fees involved in the investment of fixed assets, and can be used to observe the actual size, growth, structure, and efficiency of investment in fixed assets and provides reliable and scientific data for government planning, management, decision – making, and further improving the current national accounting system.

Price Indices for Real Estate reflect the trend and degree of changes in prices of real estate during a given period, including sale price indices for houses, price indices for renting houses, price indices for land transactions and price indices for management of properties. The methods for the compilation of these four sets of indices are similar in that they all use the bottom – up approach under which data are reported from lower level to higher level.

Residential Buildings Sales Price Indices includes new residential buildings sales price index and second – hand residential buildings sales price index. The price, size, amount and other information of new residential buildings sales are directly from the data network to sign the local real estate management. Second – hand residential buildings sales price survey is non – comprehensive survey, using the method of combining typical survey and key investigation, according to a combination of real estate agencies reporting, real estate management providing and investigators collected price field to collet infrastructure data. New residential buildings include new residential affordable housing. New commercial residential buildings don't include affordable housing.

第 11 篇
CHAPTER 11

人民生活
People's Living Conditions

全体居民人均收支情况

2017年

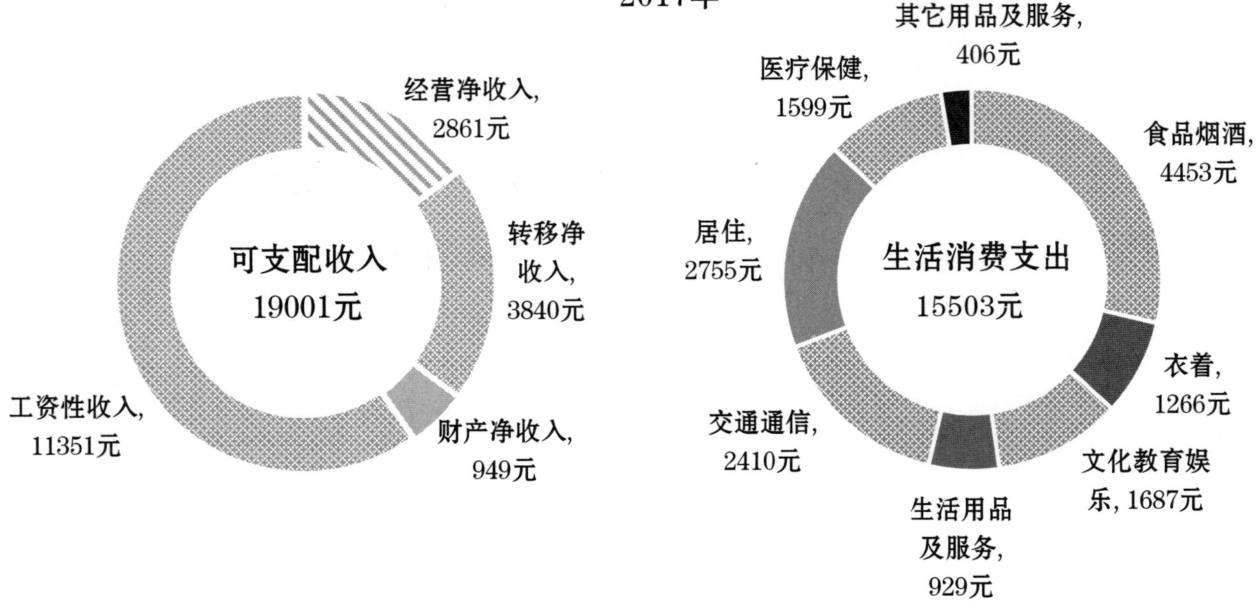

城镇住户家庭每百户耐用消费品拥有量

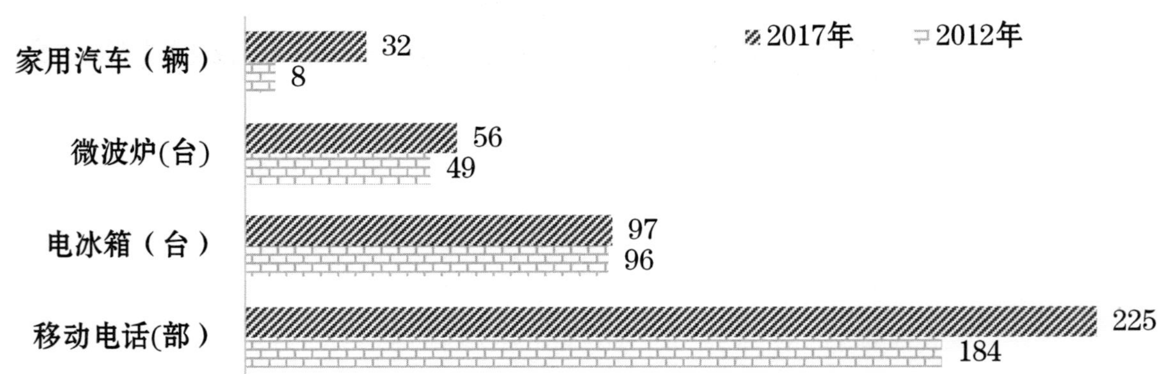

农村住户家庭每百户耐用消费品拥有量

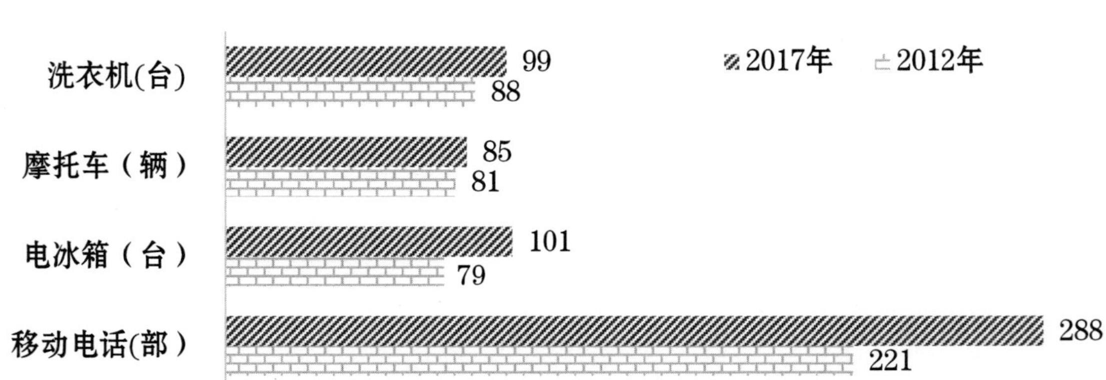

11-1 一体化住户调查主要指标
Main Indicators of Integrated Household Survey

指 标	Item	2014	2015	2016	2017
全体居民人均可支配收入（元）	**Per Capita Disposable Income of All Households (yuan)**	**14374**	**15813**	**17302**	**19001**
城镇	Urban Households	22307	24542	26757	29169
农村	Rural Households	7283	7933	8664	9462
全体居民人均可支配收入名义增长速度 (%)	**Nominal Growth Rate of Per Capita Disposable Income of Households (%)**	**11.0**	**10.0**	**9.4**	**9.8**
城镇	Urban Households	9.6	10.0	9.0	9.0
农村	Rural Households	12.7	8.9	9.2	9.2
全体居民人均可支配收入实际增长速度 (%)	**Actual Growth Rate of Per Capita Disposable Income of All Households (%)**	**8.0**	**7.2**	**7.5**	**9.7**
城镇	Urban Households	6.5	7.0	7.1	8.5
农村	Rural Households	9.9	6.6	7.3	9.1
全体居民人均可支配收入中位数 （元）	**Median of Per Capita Disposable Income of All Households (yuan)**	**11870**	**13325**	**14194**	**15651**
城镇	Urban Households	21572	23416	24651	27070
农村	Rural Households	6896	7204	7501	7944
全体居民人均消费支出 （元）	**Per Capita Consumption Expenditure of All Households (yuan)**	**12605**	**13611**	**14775**	**15503**
城镇	Urban Households	17493	19201	20853	21473
农村	Rural Households	8235	8566	9222	9903
全体居民人均消费支出增长速度 (%)	**Growth Rate of Per CapitaConsumption Expenditure of All Households (%)**	**8.9**	**8.0**	**8.6**	**4.9**
城镇	Urban Households	7.8	9.8	8.6	3.0
农村	Rural Households	9.7	4.0	7.7	7.4
城乡居民收入比（以农村为1）	**Urban and Rural Households Income Ratio (Rural Income as 1)**	**3.06**	**3.09**	**3.09**	**3.08**

11-2 2010-2017年城乡居民人均收支情况

单位：元

指标	Item	2010	2011
全体居民人均可支配收入	**Per Capita Disposable Income of All Households**	**8661**	**10030**
工资性收入	Income of Wages and Salaries	5270	6147
经营净收入	Net Business Income	1521	1608
财产净收入	Net Income from Property	156	172
转移净收入	Net Income from Transfer	1712	2103
全体居民人均生活消费支出	**Per Capita Consumption Expenditure of All Households**	**7772**	**9035**
食品烟酒	Food,Tobacco and Liquor	2875	3254
衣着	Clothing	712	880
居住	Residence	1281	1481
生活用品及服务	Household Facilities, Articles and Services	475	580
交通通信	Transport and Communications	923	1098
文化教育娱乐	Education, Cultural and Recreation	755	871
医疗保健	Health Care and Medical Services	580	653
其它用品及服务	Miscellaneous Goods and Services	171	218
城镇居民人均可支配收入	**Per Capita Disposable Income of Urban Households**	**14462**	**16287**
工资性收入	Income of Wages and Salaries	10634	11871
经营净收入	Net Business Income	697	767
财产净收入	Net Income from Property	274	287
转移净收入	Net Income from Transfer	2856	3361
城镇居民人均生活消费支出	**Per Capita Consumption Expenditure of Urban Households**	**11519**	**13127**
食品烟酒	Food,Tobacco and Liquor	3932	4431
衣着	Clothing	1208	1422
居住	Residence	1875	2144
生活用品及服务	Household Facilities, Articles and Services	732	823
交通通信	Transport and Communications	1455	1687
文化教育娱乐	Education, Cultural and Recreation	1216	1298
医疗保健	Health Care and Medical Services	802	954
其它用品及服务	Miscellaneous Goods and Services	300	368
农村居民人均可支配收入	**Per Capita Disposable Income of Rural Households**	**4028**	**4806**
工资性收入	Income of Wages and Salaries	988	1368
经营净收入	Net Business Income	2180	2309
财产净收入	Net Income from Property	62	77
转移净收入	Net Income from Transfer	799	1052
农村居民人均生活消费支出	**Per Capita Consumption Expenditure of Rural Households**	**4779**	**5619**
食品烟酒	Food,Tobacco and Liquor	2030	2272
衣着	Clothing	316	428
居住	Residence	807	928
生活用品及服务	Household Facilities, Articles and Services	269	376
交通通信	Transport and Communications	499	606
文化教育娱乐	Education, Cultural and Recreation	387	515
医疗保健	Health Care and Medical Services	403	402
其它用品及服务	Miscellaneous Goods and Services	68	92

Per Capita Income and Consumption Expenditure of Urban and Rural Households (2010-2017)

(yuan)

2012	2013	2014	2015	2016	2017
11468	**12948**	**14374**	**15813**	**17302**	**19001**
6940	7607	8292	9192	10235	11351
1687	2050	2397	2445	2629	2861
199	562	699	803	863	949
2641	2729	2986	3374	3575	3840
10384	**11576**	**12605**	**13611**	**14775**	**15503**
3550	3628	3854	3958	4272	4453
975	1087	1153	1232	1270	1266
1703	2245	2375	2353	2595	2755
674	702	734	793	874	929
1422	1496	1790	2263	2287	2410
971	1047	1293	1383	1568	1687
829	1102	1071	1318	1504	1599
260	270	335	310	405	406
18336	**20352**	**22307**	**24542**	**26757**	**29169**
13320	14266	15283	16899	18741	20568
879	1207	1699	1765	2008	1899
345	1051	1160	1331	1451	1613
3792	3828	4164	4547	4558	5089
14794	**16223**	**17493**	**19201**	**20853**	**21473**
4829	4922	5228	5503	5976	6061
1534	1692	1754	1902	1964	1901
2491	3391	3446	3340	3809	3837
1046	1004	1009	1180	1322	1399
2011	1797	2235	3355	3064	3241
1463	1639	2056	2022	2353	2528
1007	1345	1213	1459	1750	1949
411	434	550	439	615	557
5594	**6462**	**7283**	**7933**	**8664**	**9462**
1484	1774	2041	2235	2464	2704
2379	2789	3021	3058	3197	3764
75	133	288	326	325	326
1656	1766	1932	2315	2678	2668
6613	**7506**	**8235**	**8566**	**9222**	**9903**
2457	2494	2626	2564	2715	2945
497	557	615	627	636	670
1028	1241	1416	1462	1487	1739
355	438	488	445	464	488
918	1232	1392	1278	1577	1629
549	528	611	807	851	897
677	889	944	1191	1279	1270
131	127	143	194	213	264

11−3 居民家庭基本情况
Basic Conditions of Households

指标	Item	2016 全体住户 All Households	2016 城镇住户 Urban Households	2016 农村住户 Rural Households	2017 全体住户 All Households	2017 城镇住户 Urban Households	2017 农村住户 Rural Households
一.调查样本住户数 （户）	**Number of Households Surveyed (household)**	**1860**	**900**	**960**	**1860**	**900**	**960**
二.期内住户常住成员数 （人）	**Number of Resident Households Members During Period (person)**	**6606**	**2733**	**3873**	**6547**	**2707**	**3840**
三.常住劳动力情况(16周岁及以上非在校学生)	**Conditions of Resident Labor Force (Non Students of Aged 16 and Over)**						
(一)劳动力人数 （人）	Number of Labor Force (person)	4236	1888	2348	4255	1896	2359
1.整劳动力人数	Number of Full Labor Force	2628	1130	1497	2522	1062	1460
2.半劳动力人数	Number of Semi Labor Force	1609	758	851	1734	834	899
(二)性别 （人）	Sex (person)	4236	1888	2348	4255	1896	2359
1.男性	Male	2115	926	1189	2130	936	1194
2.女性	Female	2121	962	1159	2126	961	1165
(三)年龄 （人）	Age (person)	4236	1888	2348	4255	1896	2359
1.16−19岁	Aged 16-19	75	18	57	72	17	55
2.20−24岁	Aged 20-24	268	91	178	230	70	160
3.25−29岁	Aged 25-29	392	156	236	396	160	236
4.30−34岁	Aged 30-34	328	131	197	303	116	187
5.35−40岁	Aged 35-40	582	279	303	559	248	311
6.41−50岁	Aged 41-50	1369	625	744	1362	636	726
7.51−60岁	Aged 51-60	803	359	444	877	395	482
8.61−65岁	Aged 61-65	218	98	120	232	102	130
9.66岁及以上	Aged 66 and Over	202	133	69	225	153	72
(四)受教育程度 （人）	Educational Attainment (person)	4236	1888	2348	4255	1896	2359
1.未上过学	No Schooling	525	117	408	502	109	393
2.小学	Primary School	1379	333	1046	1389	331	1058
3.初中	Junior Secondary School	1293	609	684	1303	616	687
4.高中	Senior Secondray School	508	374	134	520	378	142
5.大学专科	College Students	302	253	49	307	254	53
6.大学本科	University Undergraduate	225	198	27	231	205	26
7.研究生	Graduate Students	4	4		3	3	
四.常住从业人员情况 （人）	**Conditions of Resident Engaged Persons(person)**						
(一)常住成员从业人数	Number of Resident Engaged Persons	3347	1321	2025	3365	1304	2061
(二)年末就业类型	Type of Employment at Year-end	3347	1321	2025	3365	1304	2061
1.雇主	Employers	16	14	2	22	15	7
2.公职人员	Public Officials	71	67	4	71	67	4
3.事业单位人员	Business Unit Personnels	123	120	3	120	117	3
4.国有企业雇员	State-owned Enterprise Employees	144	139	5	142	139	3
5.其他雇员	Other Employees	1416	719	697	1380	720	659
6.农业自营	Agricultural Self-employed	1187	49	1138	1272	52	1220
7.非农自营	Non-agricultural Self-employed	391	214	176	359	194	165

11-3 续表1 Continued

指标	Item	2016 全体住户 All House-holds	2016 城镇住户 Urban House-holds	2016 农村住户 Rural House-holds	2017 全体住户 All House-holds	2017 城镇住户 Urban House-holds	2017 农村住户 Rural House-holds
(三)年末从事主要行业 (人)	Engaged Industry at Year-end (person)	3347	1321	2025	3365	1304	2061
1.第一产业	Primary Industry	1273	69	1204	1366	76	1290
2.第二产业	Secondary Industry	699	272	428	643	273	370
3.第三产业	Tertiary Industry	1375	981	393	1357	955	402
(四)单位离退休人员 (人)	Retired Personnels of Units (person)	319	303	16	346	331	15
五.住房情况	**Housing Conditions**						
(一)期末人均拥有房屋面积 (平方米)	Per Capita Floor Space of Houses at End of Period (sq.m)	33.4	34.1	32.9	34.2	34.6	33.9
1.自有现住房面积	Floor Space of Residential Building Now Owned	28.9	28.8	29.0	29.2	28.8	29.6
2.出租住房面积	Floor Space of Tenemental Houses	1.4	2.6	0.4	1.7	2.8	0.7
3.出租商用建筑物面积	Floor Space of Tenemental Commercial Buildings	0.2	0.4	0.0	0.2	0.3	0.1
4.偶尔居住房面积	Floor Space of Residential Building Occasionally Lived	0.7	1.1	0.4	0.7	1.1	0.4
5.空宅或其他用途房面积	Floor Space of Empty Building and Other Uses	2.2	1.2	3.1	2.3	1.5	3.1
(二)期末拥有房屋价值 (元/平方米)	Per Market Price Estimates of Houses at End of Period (yuan/sq.m)	1945	3128	824	1990	3216	816
1.自有现住房市场价估计值	Market Price Estimates of Residential Building Now Owned	1901	3105	807	1969	3252	799
2.出租住房市场价估计值	Market Price Estimates of Tenemental Houses	2267	2515	663	2163	2506	769
3.出租商用建筑物市场价估计值	Market Price Estimates of Tenemental Commercial Buildings	4935	5047	666	3778	5278	473
4.偶尔居住房市场价估计值	Market Price Estimates of Residential Building Occasionally Lived	3602	4016	2525	3615	4015	2503
5.空宅或其他用途房市场价估计值	Market Price Estimates of Empty Building and Other Uses	1520	3628	790	1427	2805	802
(三)期内新购住房情况	Conditions of Houses Newly Purchased During Period						
1.期内新购住房建筑面积 (平方米/人)	Floor Space of Residential Buildings Newly Purchased During Period (sq.m/person)	0.7	1.2	0.3	1.0	1.7	0.4
2.新购住房总金额 (元/平方米)	Total Amount of Residential Buildings Newly Purchased (yuan/sq.m)	3642	4131	1728	3578	3870	2408
(四)期内新建住房情况	Conditions of Houses Newly Built During Period						
1.期内新建住房竣工建筑面积(平方米/人)	Floor Space Completed of Residential Buildings Newly Built During Period (sq.m/person)	1.2	0.3	2.0	1.1	0.3	1.9
2.新建住房总费用 (元/平方米)	Total Cost of Residential Buildings Newly Built (yuan/sq.m)	688	611	698	841	1105	801

11-4 分地区全体居民人均可支配收入

Per Capita Disposable Income of All Households by Region

单位：元 (yuan)

地区	Region	2010	2011	2012	2013	2014	2015	2016	2017
西宁市	Xining City	11254	13004	14881	16523	18026	19842	21696	23792
海东市	Haidong City	6287	7593	9089	10654	11645	12805	13996	15336
海北州	Haibei Zang A.P	7709	9229	10782	12174	13396	14710	16081	17660
黄南州	Huangnan Zang A.P	6048	7186	8252	9360	10569	11608	12697	13938
海南州	Hainan Zang A.P	6992	8189	9441	10846	12289	13505	14784	16231
果洛州	Golog Zang A.P	5758	6435	7585	8614	9809	10739	11787	13036
玉树州	Yushu Zang A.P	8002	7606	8709	9889	11260	12315	13513	14962
海西州	Haixi Mongolian & Zang A.P	12260	14023	15844	17580	19508	21316	23263	25481

11-5 分地区全体居民人均生活消费支出

Per Capita Consumption Expenditure of All Households by Region

单位：元 (yuan)

地区	Region	2010	2011	2012	2013	2014	2015	2016	2017
西宁市	Xining City	8517	9785	11219	12542	14897	16240	17689	17163
海东市	Haidong City	5465	6671	7989	8953	9183	9819	10223	10778
海北州	Haibei Zang A.P	5283	6110	7858	8654	9547	10227	10970	11726
黄南州	Huangnan Zang A.P	5389	6108	7309	7896	7730	8398	9297	9944
海南州	Hainan Zang A.P	4960	6504	7509	8389	9418	9997	10701	11151
果洛州	Golog Zang A.P	4107	4522	4888	5603	6493	6991	7821	8665
玉树州	Yushu Zang A.P	3487	4343	5044	5631	7043	7544	8239	8008
海西州	Haixi Mongolian & Zang A.P	9741	11339	11594	12755	12786	13772	14577	15247

11-6 分地区城镇居民人均可支配收入

Per Capita Disposable Income of Urban Households by Region

单位：元 (yuan)

地区	Region	2010	2011	2012	2013	2014	2015	2016	2017
西宁市	Xining City	15151	17041	18969	20916	22903	25232	27539	30043
海东市	Haidong City	13712	15611	17700	19434	21219	23373	25492	27738
海北州	Haibei Zang A.P	14333	16420	18699	20626	22314	24606	26828	29267
黄南州	Huangnan Zang A.P	14284	16212	18235	20266	22151	24407	26567	28952
海南州	Hainan Zang A.P	13312	15537	17557	19783	21810	24025	26218	28545
果洛州	Golog Zang A.P	14916	16585	18868	21243	23457	25762	28133	30678
玉树州	Yushu Zang A.P	16342	17465	18935	21206	23398	25655	27978	30512
海西州	Haixi Mongolian & Zang A.P	15274	17323	19369	21326	23198	25419	27720	30233

11-7 分地区城镇居民人均生活消费支出

Per Capita Consumption Expenditure of Urban Households by Region

单位：元 (yuan)

地区	Region	2010	2011	2012	2013	2014	2015	2016	2017
西宁市	Xining City	10340	11581	13297	14935	18265	20112	21997	20627
海东市	Haidong City	9689	11023	12861	13960	13454	14731	15309	16515
海北州	Haibei Zang A.P	8311	9329	11604	12544	13532	14876	16040	17173
黄南州	Huangnan Zang A.P	12371	13288	14344	15273	14154	15626	16981	17101
海南州	Hainan Zang A.P	7607	9021	10239	11264	12582	13828	14810	15130
果洛州	Golog Zang A.P	10419	11427	12061	13974	16090	17613	19260	20898
玉树州	Yushu Zang A.P	7199	7859	8557	9234	12644	13823	14150	13875
海西州	Haixi Mongolian & Zang A.P	12060	13698	13515	14769	14369	15596	16432	17091

11-8 分地区农村居民人均可支配收入
Per Capita Disposable Income of Rural Households by Region

单位：元 (yuan)

地区	Region	2010	2011	2012	2013	2014	2015	2016	2017
西宁市	Xining City	4416	5360	6304	7275	8158	8865	9678	10548
海东市	Haidong City	4090	4948	5757	6656	7508	8196	8945	9723
海北州	Haibei Zang A.P	4478	5722	6919	8048	9049	9836	10735	11714
黄南州	Huangnan Zang A.P	3200	4058	4781	5550	6288	6819	7455	8164
海南州	Hainan Zang A.P	4476	5222	6109	7098	8026	8737	9550	10426
果洛州	Golog Zang A.P	2750	3101	3876	4457	5050	5465	6020	6625
玉树州	Yushu Zang A.P	4058	2943	3870	4531	5138	5565	6177	6839
海西州	Haixi Mongolian & Zang A.P	5215	6309	7597	8813	9880	10582	11539	12607

11-9 分地区农村居民人均生活消费支出
Per Capita Consumption Expenditure of Rural Households by Region

单位：元 (yuan)

地区	Region	2010	2011	2012	2013	2014	2015	2016	2017
西宁市	Xining City	5318	6384	6859	7504	8080	8354	8827	9825
海东市	Haidong City	4215	5236	6104	6673	7336	7677	7989	8182
海北州	Haibei Zang A.P	3806	4540	6031	6755	7605	7938	8448	8934
黄南州	Huangnan Zang A.P	2975	3620	4863	5319	5355	5694	6393	7192
海南州	Hainan Zang A.P	3906	5487	6389	7183	8001	8261	8821	9274
果洛州	Golog Zang A.P	2034	2254	2531	2848	3146	3263	3785	4219
玉树州	Yushu Zang A.P	1731	2679	3381	3926	4218	4367	5240	4943
海西州	Haixi Mongolian & Zang A.P	4324	5826	7102	8043	8657	9000	9696	10253

11-10 居民家庭主要耐用消费品每百户年末拥有量
Number of Durable Consumer Goods Owned Per 100 Households

指标	Item	2016			2017		
		全体住户 All Households	城镇住户 Urban Households	农村住户 Rural Households	全体住户 All Households	城镇住户 Urban Households	农村住户 Rural Households
家用汽车 (辆)	Automobile (unit)	30.5	30.3	30.7	34.1	32.1	35.7
摩托车 (辆)	Motorcycle (unit)	45.3	12.5	86.9	45.0	12.8	84.8
电动助力车 (台)	Electric Bicycle (set)	10.2	6.9	14.3	11.4	7.5	16.1
洗衣机 (台)	Washing Machine (set)	97.2	96.1	98.6	99.3	97.4	98.8
电冰箱(柜) (台)	Refrigerator (set)	97.4	94.7	100.8	100.1	97.1	101.2
微波炉 (台)	Microwave Oven (set)	32.4	53.8	5.3	35.7	56.4	8.3
彩色电视机 (台)	Color Television Set (set)	103.7	100.9	107.3	104.1	101.6	104.3
空调 (台)	Air Conditioner (set)	1.4	1.3	1.5	1.4	1.4	1.4
热水器 (台)	Water Heater (set)	40.4	49.9	28.2	44.4	53.8	31.1
排油烟机 (台)	Exhaust Fan (set)	48.6	75.2	14.8	51.5	77.3	17.1
固定电话 (部)	Telephone (unit)	35.8	48.0	20.4	33.2	44.6	17.7
移动电话 (部)	Mobile Telephone (unit)	247.1	220.3	281.2	255.8	225.0	288.0
计算机 (台)	Computer (set)	38.0	56.8	14.1	39.3	58.0	14.3
照相机 (台)	Camera (set)	12.1	19.8	2.3	11.7	18.4	2.8

11-11 2017年全体居民人均收支情况
Per Capita Income and Consumption Expenditure of All Households(2017)

指　　标	Item	绝对数 (元) Level(yuan)	增长率 (%) Growth Rate(%)	构成 (%) Composition(%)
可支配收入	**Disposable Income**	**19001**	**9.8**	**100.0**
工资性收入	Income of Wages and Salaries	11351	10.9	59.7
经营净收入	Net Business Income	2861	8.8	15.1
第一产业经营净收入	Net Business Income of Primary Industry	1353	12.9	7.1
第二产业经营净收入	Net Business Income of Secondary Industry	194	36.5	1.0
第三产业经营净收入	Net Business Income of Tertiary Industry	1314	2.0	6.9
财产净收入	Net Income from Property	949	10.0	5.0
转移净收入	Net Income from Transfer	3840	7.4	20.2
消费支出	**Consumption Expenditure**	**15503**	**4.9**	**100.0**
食品烟酒	Food,Tobacco and Liquor	4453	4.2	28.7
衣着	Clothing	1266	-0.3	8.2
居住	Residence	2755	6.1	17.8
生活用品及服务	Household Facilities, Articles and Services	929	6.3	6.0
交通通信	Transport and communications	2410	5.4	15.5
教育文化娱乐	Education,Cultural and Recreation	1687	7.5	10.9
医疗保健	Health Care and Medical Services	1599	6.3	10.3
其他用品和服务	Other Goods and Services	406	0.3	2.6

11-12 2017年城镇常住居民人均收支情况

Per Capita Income and Consumption Expenditure of Urban Households(2017)

指　标	Item	绝对数(元) Level(yuan)	增长率(%) Growth Rate(%)	构成(%) Composition(%)
可支配收入	**Disposable Income**	**29169**	**9.0**	**100.0**
工资性收入	Income of Wages and Salaries	20568	9.8	70.5
经营净收入	Net Business Income	1899	-5.4	6.5
第一产业经营净收入	Net Business Income of Primary Industry	119	8.0	0.4
第二产业经营净收入	Net Business Income of Secondary Industry	191	-20.3	0.7
第三产业经营净收入	Net Business Income of Tertiary Industry	1589	-4.1	5.4
财产净收入	Net Income from Property	1613	11.1	5.5
转移净收入	Net Income from Transfer	5089	11.7	17.4
消费支出	**Consumption Expenditure**	**21473**	**3.0**	**100.0**
食品烟酒	Food,Tobacco and Liquor	6061	1.4	28.2
衣着	Clothing	1901	-3.2	8.9
居住	Residence	3837	0.7	17.9
生活用品及服务	Household Facilities, Articles and Services	1399	5.8	6.5
交通通信	Transport and communications	3241	5.8	15.1
教育文化娱乐	Education,Cultural and Recreation	2528	7.5	11.8
医疗保健	Health Care and Medical Services	1949	11.3	9.1
其他用品和服务	Other Goods and Services	557	-9.4	2.6

11-13 2017年农村常住居民人均收支情况

Per Capita Income and Consumption Expenditure of Rural Households(2017)

指　　标	Item	绝对数(元) Level(yuan)	增长率(%) Growth Rate(%)	构成(%) Composition(%)
可支配收入	**Disposable Income**	**9462**	**9.2**	**100.0**
工资性收入	Income of Wages and Salaries	2704	9.7	28.6
经营净收入	Net Business Income	3764	17.7	39.8
第一产业经营净收入	Net Business Income of Primary Industry	2511	14.5	26.5
第二产业经营净收入	Net Business Income of Secondary Industry	196	272.2	2.1
第三产业经营净收入	Net Business Income of Tertiary Industry	1057	11.1	11.2
财产净收入	Net Income from Property	326	0.4	3.5
转移净收入	Net Income from Transfer	2668	-0.4	28.2
消费支出	**Food,Tobacco and Liquor**	**9903**	**7.4**	**100.0**
食品烟酒	Clothing	2945	8.4	29.7
衣着	Residence	670	5.4	6.8
居住	Household Facilities, Articles and Services	1739	17.0	17.6
生活用品及服务	Transport and communications	488	5.2	4.9
交通通信	Education,Cultural and Recreation	1629	3.3	16.5
教育文化娱乐	Health Care and Medical Services	897	5.4	9.1
医疗保健	Other Goods and Services	1270	-0.7	12.8
其他用品和服务	Other Goods and Services	264	23.9	2.7

11-14 居民家庭现金收入及支出

Cash Income and Consumption Expenditure of Households

单位：元 (yuan)

指标	Item	2016 全体居民 All House-holds	2016 城镇常住居民 Urban House-holds	2016 农村常住居民 Rural House-holds	2017 全体居民 All House-holds	2017 城镇常住居民 Urban House-holds	2017 农村常住居民 Rural House-holds
现金收入(未扣除生产费用)	**Cash Income(Not Deduct the Cost of Production)**	**19010**	**28947**	**9934**	**20980**	**31491**	**11120**
现金工资性收入	Cash Income of Wages and Salaries	10219	18709	2463	11334	20533	2703
现金经营性收入	Business Cash Income	3724	2767	4599	4103	2712	5407
现金财产性收入	Cash Income from Property	447	569	335	506	681	343
现金转移性收入	Cash Income from Transfer	4621	6903	2536	5038	7565	2667
现金支出	**Expenditure**	**19053**	**25072**	**13556**	**20807**	**27262**	**14750**
现金消费支出	Cash Consumption Expenditure	12889	18686	7594	13626	19145	8449
食品烟酒	Food, Tobacco and Liquor	3884	5935	2012	4176	6023	2444
衣着	Clothing	1270	1964	636	1266	1901	670
居住	Residence	1427	2059	850	1515	2010	1050
生活用品及服务	Household Facilities, Articles and Services	871	1321	461	927	1396	486
交通通信	Transport and Communications	2286	3063	1577	2409	3240	1629
教育文化娱乐	Education,Cultural and Recreation	1568	2353	851	1687	2528	897
医疗保健	Health Care and Medical Services	1178	1378	996	1242	1491	1009
其他用品和服务	Other Goods and Services	405	615	213	405	556	264
生产经营现金费用支出	Production and Business Cash Expenditure	1089	434	1688	1236	556	1873
第一产业	Primary Industry	815	52	1511	913	73	1702
第二产业	Secondary Industry	5	0	10	6	5	7
第三产业	Tertiary Industry	270	382	167	316	478	165
现金财产性支出	Cash Expenditure on Property	37	65	10	41	67	16
现金转移性支出	Cash Expenditure on Transfer	1427	2722	244	1561	2940	267
部分商业保险支出	Expenditure on Some Commercial Insurance	58	93	26	47	75	21
购置资产及非经常性转移支出	Expenditure on Accumulation of Assets and Non Recurring Transfer	2824	2370	3240	3441	3667	3230
借贷性支出	Expenditure on Loan	729	702	753	854	811	895

11-15 居民家庭主要食品人均消费量

Per Capita Consumption of Major Foods by Households

单位：公斤 (kg)

指标	Item	2016			2017		
		全体居民 All House-holds	城镇常住居民 Urban House-holds	农村常住居民 Rural House-holds	全体居民 All House-holds	城镇常住居民 Urban House-holds	农村常住居民 Rural House-holds
粮食消费量	**Grain**	**123.8**	**100.9**	**144.8**	**116.8**	**95.4**	**136.9**
谷物消费量	Cereal	114.6	93.9	133.5	108.2	88.5	126.7
薯类消费量	Potato	7.1	3.5	10.3	6.0	3.7	8.2
豆类消费量	Beans	2.2	3.5	1.0	2.6	3.2	2.0
油脂类消费量	**Oil**	**9.3**	**9.0**	**9.6**	**9.4**	**9.3**	**9.5**
植物油	Vegetable Oil	8.9	8.9	8.9	9.2	9.2	9.1
动物油	Animal Oil	0.4	0.1	0.7	0.2	0.1	0.4
蔬菜及菜制品消费量	**Vegetable and Products**	**65.3**	**84.4**	**47.7**	**61.8**	**79.6**	**45.1**
鲜菜	Fresh Vegetable	63.7	82.4	46.6	60.2	77.6	43.9
肉类	**Meat**	**26.6**	**26.5**	**26.7**	**25.1**	**25.4**	**24.9**
猪肉	Pork	12.3	11.4	13.2	11.4	11.6	11.2
牛肉	Beef	5.0	5.4	4.6	5.3	5.4	5.2
羊肉	Mutton	8.0	7.7	8.3	7.1	6.4	7.8
其他肉类及制品	Other Meat and Processed Products	1.3	2.0	0.7	1.4	2.1	0.7
禽类	**Poultry**	**3.2**	**4.1**	**2.5**	**3.5**	**4.2**	**2.8**
水产品	**Aquatic Products**	**2.0**	**3.4**	**0.7**	**2.0**	**3.3**	**0.8**
鱼类	Fish	1.5	2.5	0.5	1.4	2.4	0.6
蛋类及蛋制品	**Eggs and Processed Products**	**4.6**	**6.8**	**2.6**	**4.8**	**6.7**	**2.9**
奶和奶制品	**Milk and Processed Products**	**18.2**	**23.1**	**13.8**	**17.9**	**24.8**	**11.4**
干鲜瓜果类	**Dry and Fresh Melons and Fruits**	**30.9**	**44.3**	**18.8**	**30.0**	**42.5**	**18.2**
糖果糕点类	**Candy Cakes**	**3.5**	**4.5**	**2.6**	**3.5**	**4.4**	**2.7**
食糖	Sugar	1.3	1.1	1.5	1.3	1.1	1.5
茶叶	**Tea**	**0.4**	**0.2**	**0.5**	**0.4**	**0.3**	**0.4**
烟草消费量(盒)	**Tobacco(box)**	**22.4**	**20.0**	**24.6**	**22.1**	**19.9**	**24.3**
酒	**Liquor**	**4.0**	**3.8**	**4.3**	**4.1**	**4.2**	**4.0**
白酒	White Liquor	2.1	1.9	2.2	2.3	2.3	2.3
啤酒	Beer	1.9	1.7	2.1	1.7	1.8	1.7
果酒	Fruit Wine	0.1	0.2	0.1	0.1	0.2	0.1

主要统计指标解释

住户收支与生活状况调查简介 住户收支与生活状况调查过去一直按照城镇和农村分别组织实施，城镇统计居民可支配收入，农村统计农民纯收入。从2012年起，国家统计局分别对城乡住户调查实施了一体化改革，统一了城乡居民收入指标名称、分类和统计标准，建立了城乡统一的一体化住户调查。青海省从2014年开始发布新口径全省住户收支调查数据，各州县新口径住户收支调查数据从2015年开始发布。本章中未标明“老口径”数据均为一体化改革后住户收支调查新口径数据。

可支配收入 指调查户在调查期内获得的、可用于最终消费支出和储蓄的总和，即调查户可以用来自由支配的收入。可支配收入既包括现金，也包括实物收入。计算方法：可支配收入=工资性收入+经营净收入+财产净收入+转移净收入。

经营净收入 指住户或住户成员从事生产经营活动所获得的净收入，是全部经营收入中扣除经营费用、生产性固定资产折旧和生产税之后得到的净收入。

财产净收入 指住户或住户成员将其所拥有的金融资产、住房等非金融资产和自然资源交由其他机构单位、住户或个人支配而获得的回报并扣除相关的费用之后得到的净收入。

转移净收入 计算公式为：

转移净收入=转移性收入-转移性支出

转移性收入 指国家、单位、社会团体对住户的各种经常性转移支付和住户之间的经常性收入转移。包括政府、非行政事业单位、社会团体对居民转移的养老金或退休金、社会救济和补助、惠农补贴、政策性生活补贴、救灾款、经常性捐赠和赔偿以及报销医疗费等；住户之间的赡养收入、经常性捐赠和赔偿以及农村地区（村委会）在外（含国外）工作的本住户非常住成员寄回带回的收入等。转移性收入不包括住户之间的实物馈赠。

转移性支出 指调查户对国家、单位、住户或个人的经常性或义务性转移支付。包括缴纳的税款、各项社会保障支出、赡养支出、经常性捐赠和赔偿支出以及其他经常转移支出等。

消费支出 指住户用于满足家庭日常生活消费需要的全部支出，包括用于消费品的支出和用于服务性消费的支出。

现行一体化住户调查与老口径城镇及农村住户调查指标统计上的变化：

收入减少部分 以前计算收入现在不计算收入的项目主要包括：拆迁征地补偿所得、出售住房溢价所得、出售收藏品溢价所得、出售股票基金等金融衍生品的溢价所得、一次性抚恤金、一次性赔偿所得、遗产及一次性馈赠所得、压岁钱、婚丧嫁娶礼金所得、博彩所得等。

收入增加部分 以前不计算收入现在计算收入的项目主要包括：报销医疗费、实物福利、单位出资缴纳的各种社会保障费（如：养老金、住房公积金、失业保险金）等。

住户常住成员：满足下列三种情况之一，即可判定为常住成员：

（1）过去三个月或未来三个月居住时间超过一个半月的人。

（2）包括在外居住在工棚、集体宿舍、工作场所、帐篷船屋等且每月都回本住宅居住的人。

（3）由本住户供养的在校学生。

外出从业人员收入统计方法

首先判断外出从业人员是否本户常住成员，若是，则其所对应的收支均计算为本户的收支；否则，只有当外出从业人员有寄带回收入行为的方可计算为本户收入，同时其产生的消费支出不计入本户消费支出。

Explanatory Notes on Main Statistical Indicators

Income and Expenditure of Households and Living Conditions Survey In the past, income and expenditure of households and living conditions Survey have been in accordance with the urban and rural areas: urban statistics disposable income and the rural statistics net income. The NBS conducted survey of urban and rural households in implementation of the reform and integration since 2012, unified the name, classification and statistical standards of urban and rural residents income indicator, established a unified urban and rural integrated household survey. Qinghai Province began issuing new caliber household income and expenditure survey data since 2014. State and county began issuing new caliber household income and expenditure survey data since 2015. Data non – indicated the "old caliber" in this chapter are new caliber data from integrated reform of household income and expenditure survey.

Disposable Income Refers to the sum total of the households in the survey period, which can be used for final consumption and savings, namely, the income of the household can be used for free. Disposable income includes both cash and in kind. Calculation method: Disposable Income = Wage Income + Net Business Income + Net Income from Property + Net Income from Transfer.

Net Business Income refers to the members of the households or households get net income from production and business activities, equal to the total operating income deduct operating expenses, obtained after the production of fixed assets depreciation and tax.

Net Income from Property refers to the income received as returns by the members of the households or households of financial assets or tangible non – productive assets by providing capitals or tangible non – productive assets to other institutional units, households and personal, deducting the relevant expenses.

Net Income from Transfer The calculation formula is as follows: Net Income from Transfer = Income from Transfers – Transfer Expenditure.

Income from Transfers refers to the regular current transfers of the country, unit and social group to the households and the transfer of the regular income between households. It includes pension or retirement benefits, social benefits and subsidies, subsidies benefit farmers, policy subsidy, relief funds, regular donation, regular compensation and reimbursement of medical expenses that the government, the non – administrative institutions and social groups transfer to households. It also includes alimony income, regular donations and compensation between households and income send back by non – resident members of households work outside (including foreign) in rural areas (village). It does not include the physical gifts between households.

Transfer Expenditure refers to regular or voluntary transfer payment of survey households to the country, unit, household or individual. It includes the payment of taxes, social security expenses, maintenance expenses, regular donations and compensation expenses, and other expenses, etc..

Consumption Expenditure refers to the all the expenditures of households for consumption in daily life. It includes the expenses for the consumer goods and the expenses for the service.

The changes of survey indicators between the current integrated household survey and the old caliber survey of urban and rural household:

Reduced Income previously calculated income now does not calculate the income of the project mainly includes: land acquisition compensation income, the sale of housing premium income, sell collection of premium income, the sale of stock funds and other financial derivatives of premium income, lump sum pension, one – time compensation income, the gift of heritage and disposable income, lucky money, weddings and funerals gifts income, gaming income, etc..

Increased Income refers to income calculated now and does not calculated previously that mainly includes: reimbursement of medical expenses, physical benefits, various social security (pension, housing provident fund, unemployment insurance), etc..

Resident Permanent Members refers to the persons which meet one of the following three cases:

(1) living more than a month and a half over the past three months or three months in the future.

(2) living in the barracks, dormitories, workplaces, tents and boat house ,and back to the residence every month.

(3) the students in the school who are supported by the household.

Income Statistics Method for Employees Work Outside

Firstly judging whether employees work outside are the resident members, if so, the corresponding income and expenditure were calculated for the household income and expenditure; otherwise, only when out practitioners sent back to income behavior can be calculated as the household income, while its consumer spending not included in the household consumption expenditure.

第 12 篇

CHAPTER 12

农　业

Agriculture

农作物总播种面积及种植结构

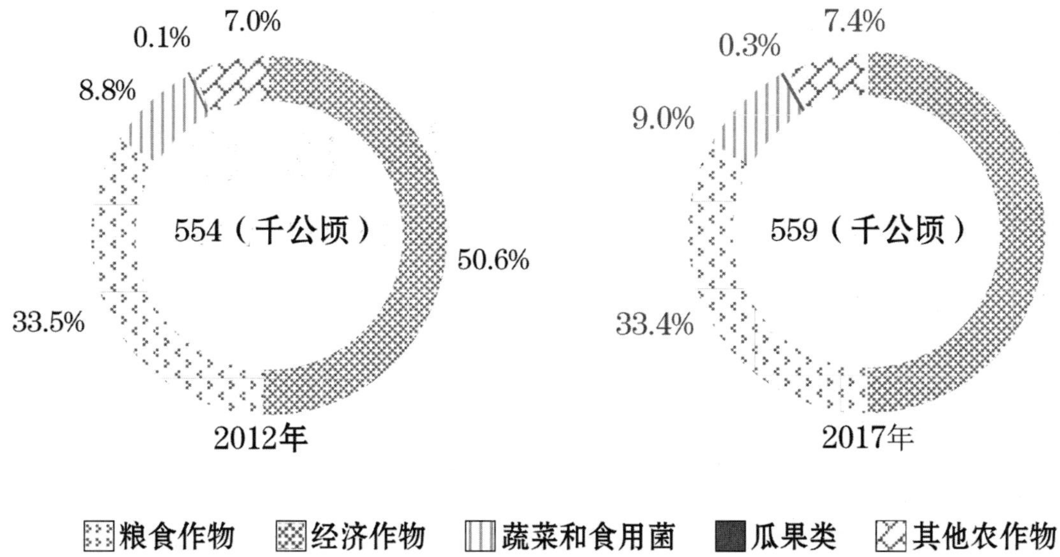

特色农牧产品产量

（万吨）

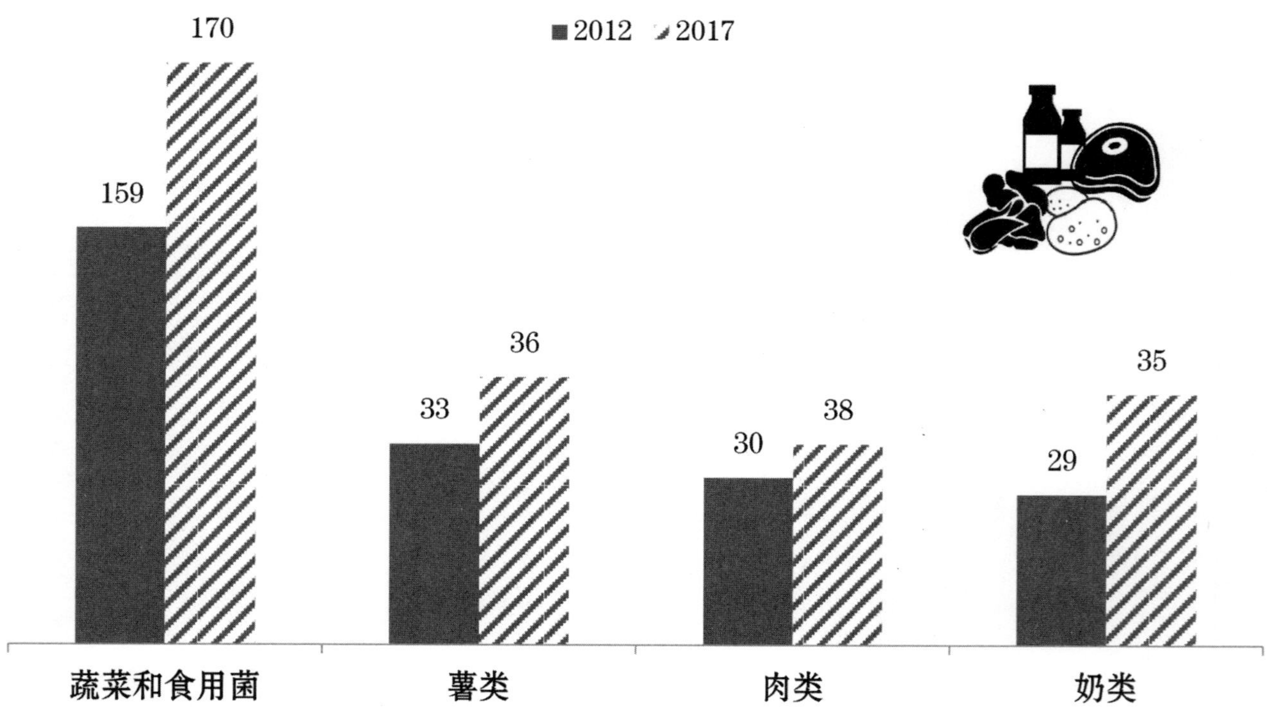

12-1 2012-2017年农村基本情况及乡村从业人员
Basic Statistics of Rural Area and Employed Persons(2012-2017)

指 标	Item	2012	2013	2014	2015	2016	2017
农村基层组织情况 （个）	**Basic Conditions of Rural Grass-root Units (unit)**						
乡镇数	Number of Township and Town Governments	366	365	365	365	365	366
镇数	Number of Town Governments	138	137	140	140	140	143
村民委员会	Number of Villagers' Committees	4163	4170	4167	4166	4143	4146
户数及人口情况	**Number of Households and Situation of Population**						
乡村户数 （万户）	Number of Rural Households (10 000 households)	91.8	92.5	94.9	96.1	97.4	98.4
乡村人口数 （万人）	Number of Rural Population (10 000 persons)	385.2	385.9	393.7	396.6	396.3	398.0
乡村从业人员 （万人）	**Number of Rural Employed Persons(10 000 persons)**						
乡村劳动力资源数	Number of Rural Labor Resources	228.8	230.0	234.7	240.2	242.8	245.7
乡村从业人员	Number of Rural Employed Persons	203.1	202.8	206.8	208.1	208.0	210.4
按性别分	By Sex						
男	Male	108.1	108.0	109.9	110.6	110.7	111.8
女	Female	95.1	94.8	96.9	97.5	97.3	98.6
按国民经济行业分	By National Economic Sector						
农林牧渔业	Agriculture, Forestry, Animal Husbandry & Fishery	114.9	115.2	115.7	116.4	115.5	116.7
工 业	Industry	13.8	13.7	14.5	14.1	14.3	14.4
建筑业	Construction	26.6	27.1	28.2	29.6	30.0	29.9
交通运输、仓储及邮政业	Transport, Storage and Post	9.5	9.4	9.5	9.4	9.3	9.6
信息传输、计算机服务和软件业	Information Transmission, Computer Services and Software	0.5	0.7	0.8	0.7	0.7	0.8
批发与零售业	Wholesale and Retail Trades	9.7	10.3	10.4	10.3	10.5	10.6
住宿和餐饮业	Hotels and Catering Services	11.7	11.6	11.4	11.8	12.1	12.5
其他行业	Others	16.4	14.8	16.3	15.8	15.6	15.9

12−2 主要年份农村基层组织及从业人员

Basic Conditions of Rural Grass-roots Units and Employed Persons in Main Years

年份 Year / 地区 Region	乡镇数（个）Number of Township and Town Governments (unit)	乡 Town -ship	镇 Town	村民委员会（个）Number of Villagers' Committees (unit)	乡村户数（万户）Number of Rural Households (10 000 units)	乡村人口数（万人）Number of Rural Population (10 000 persons)	乡村从业人员（万人）Number of Rural Employed Persons (10 000 persons)	按性别分 By Sex 男 Male	女 Female
1985	428	403	25	3933	50.72	286.17	120.17	61.31	58.86
1990	430	403	27	4021	57.35	304.13	135.88	69.00	66.88
1991	430	403	27	4027	58.70	308.38	139.80	71.34	68.46
1992	430	403	27	4039	59.93	314.60	143.74	73.38	70.36
1993	431	404	27	4002	61.01	316.15	146.02	74.55	71.47
1994	431	404	27	4002	62.19	319.65	150.02	76.56	73.46
1995	432	404	28	4008	63.34	322.86	152.65	78.01	74.64
1996	432	404	28	4008	64.80	325.99	158.33	81.21	77.12
1997	432	404	28	4046	65.73	328.30	161.40	82.93	78.47
1998	432	402	30	4054	67.08	331.11	162.38	83.33	79.05
1999	430	390	40	4056	68.48	334.06	173.25	88.60	84.65
2000	430	390	40	4120	69.90	336.59	171.97	88.68	83.29
2001	422	349	73	4123	71.16	339.48	174.01	89.75	84.26
2002	392	285	107	4129	72.50	342.89	177.32	91.66	85.66
2003	392	285	107	4133	73.82	347.28	180.55	94.60	85.95
2004	392	285	107	4158	75.88	354.10	184.55	97.52	87.03
2005	392	283	109	4161	77.60	357.33	186.04	98.24	87.80
2006	369	241	128	4162	77.82	353.30	185.34	98.76	86.58
2007	367	238	129	4173	80.19	359.48	189.35	100.96	88.39
2008	366	234	132	4161	82.85	367.01	193.74	103.64	90.10
2009	366	234	132	4163	85.06	372.02	197.30	105.34	91.96
2010	365	232	133	4163	87.49	378.20	198.34	106.70	91.64
2011	365	232	133	4164	89.97	381.00	203.01	107.62	95.39
2012	366	228	138	4163	91.75	385.17	203.14	108.08	95.06
2013	365	228	137	4170	92.53	385.91	202.75	107.96	94.79
2014	365	225	140	4167	94.95	393.66	206.78	109.86	96.92
2015	365	225	140	4166	96.12	396.65	208.06	110.54	97.52
2016	365	225	140	4143	97.39	396.25	208.04	110.70	97.34
2017	366	223	143	4146	98.37	397.98	210.41	111.79	98.62
西宁市 Xining City	50	23	27	917	26.52	108.14	62.43	33.37	29.06
海东市 Haidong City	94	59	35	1587	32.38	134.26	70.41	37.15	33.26
海北州 Haibei Zang A.P	30	19	11	214	5.90	23.75	12.37	6.68	5.69
黄南州 Huangnan Zang A.P	33	22	11	261	5.14	22.09	11.39	5.64	5.75
海南州 Hainan Zang A.P	36	17	19	426	9.26	36.09	17.35	9.19	8.16
果洛州 Golog Zang A.P	44	36	8	188	4.25	15.69	7.39	3.73	3.66
玉树州 Yushu Zang A.P	44	33	11	258	9.54	37.38	17.92	9.84	8.08
海西州 Haixi Mongolian & Zang A.P	35	14	21	295	5.38	20.58	11.15	6.20	4.95

12-2 续表 Continued

单位：万人 (10 000 persons)

年 份 Year 地 区 Region	按行业分 By Sector 农林牧渔业 Agriculture, Forestry, Animal Husbandry & Fishery	工业 Industry	建筑业 Construction	交通运输，仓储及邮政业 Transport, Storage and Post	信息传输、计算机服务和软件业 Information Transmission, Computer Services and Software	批发，零售贸易业 Wholesale and Retail Trades	住宿和餐饮业 Hotels and Catering Services	其他行业 Others
1985	107.09	3.48	2.77	1.83		1.10		2.34
1990	119.65	3.94	2.47	2.92		1.69		3.64
1991	123.10	3.98	2.78	2.97		1.87		3.54
1992	126.59	4.03	2.79	3.15		1.92		3.70
1993	127.01	4.66	3.21	3.34		2.43		5.35
1994	130.18	5.11	3.02	3.68		2.60		5.43
1995	131.83	5.62	3.39	3.82		2.81		5.18
1996	137.09	5.67	3.07	3.52		2.82		6.16
1997	138.20	6.04	3.38	3.84		3.00		6.94
1998	138.16	6.09	3.65	3.85		3.01		7.62
1999	144.03	6.09	4.43	4.45		3.61		10.64
2000	142.25	6.14	5.01	3.93		3.63		11.01
2001	141.57	6.27	5.33	4.31		4.07		12.46
2002	136.50	6.94	6.86	5.11		4.99		16.92
2003	134.80	8.87	9.98	5.14		5.64		16.12
2004	131.85	9.74	13.29	5.62		5.32	4.17	14.56
2005	128.73	10.09	15.17	5.73		5.89	5.34	15.09
2006	124.03	11.35	17.69	6.21		6.82	5.73	13.50
2007	119.82	11.92	21.13	6.46	0.25	7.21	7.96	14.60
2008	120.61	12.04	23.17	6.72	0.20	7.50	8.88	14.62
2009	121.46	12.37	24.56	7.05	0.32	7.59	8.76	15.18
2010	120.99	12.98	25.17	7.06	0.35	7.92	9.40	14.49
2011	118.11	13.83	26.53	8.72	0.45	9.27	9.82	16.28
2012	114.94	13.75	26.62	9.50	0.54	9.68	11.70	16.41
2013	115.19	13.70	27.14	9.38	0.71	10.26	11.57	14.80
2014	115.70	14.48	28.16	9.54	0.77	10.43	11.38	16.32
2015	116.41	14.14	29.60	9.40	0.70	10.26	11.75	15.80
2016	115.50	14.29	29.96	9.26	0.75	10.48	12.15	15.65
2017	116.72	14.36	29.89	9.63	0.82	10.66	12.46	15.87
西宁市 Xining City	23.90	7.16	12.01	4.31	0.03	4.79	4.39	5.84
海东市 Haidong City	32.90	5.02	12.61	3.22	0.58	3.66	6.00	6.42
海北州 Haibei Zang A.P	7.11	1.25	1.77	0.38	0.14	0.52	0.54	0.66
黄南州 Huangnan Zang A.P	9.07	0.19	0.60	0.34	0.02	0.34	0.41	0.42
海南州 Hainan Zang A.P	12.37	0.22	1.46	0.45	0.05	0.57	0.76	1.47
果洛州 Golog Zang A.P	7.04	..		0.07		0.12	0.04	0.12
玉树州 Yushu Zang A.P	16.70	0.02	0.24	0.14		0.13	0.10	0.59
海西州 Haixi Mongolian & Zang A.P	7.63	0.49	1.21	0.71		0.53	0.23	0.35

注：1. 工业劳动力中包括村及村以下办的工业的劳动力。
2. 本表分行业劳动力是按从事的主行业划分的，如以农业为主、兼营商业的，仍作为农林牧渔业劳动力。
3. 2004年新增加了两个行业，把"住宿、餐饮业"从"批发零售贸易餐饮业"中分出，把"信息传输计算机服务和软件业"从"交通运输仓储和邮电业"中分出，与历史资料的口径有所不同。

a) Industrial labor force include industrial workforce run by village and below.
b) Laborers Grouped by sector in this table is based on the division of the main industries, such as agricultural, run concurrently commercial , is still as agriculture, forestry, animal husbandry and fishery workers.
c) Two new industry were increased in 2004, "hotels and catering services" separated from the "wholesale and retail trades" , "information transmission, computer services and software" separated from the "transport, storage and post". There is a different caliber from the historical data.

12-3　2012-2017年农业机械年末拥有量

Number of Agricultural Machinery at Year-end(2012-2017)

指　标		Item		2012	2013	2014	2015	2016	2017
农业机械总动力	**（万千瓦）**	**Total Agricultural Machinery Power**	**(10 000 KW)**	**435.3**	**436.3**	**448.4**	**453.5**	**458.7**	**470.6**
柴油发动机动力		Diesel Engine		369.9	370.2	379.8	389.1	391.7	399.4
汽油发动机动力		Gasoline Engine		28.4	28.1	30.1	27.9	29.1	29.8
电动机动力		Motor Power		34.5	35.5	36.1	34.2	35.7	39.1
其他机械动力		Other Machinery Power		2.4	2.5	2.4	2.3	2.2	2.3
主要农业机械与设备		**Major Agricultural Machinery and Equipment**							
大中型拖拉机	（台）	Number of Large and Medium-sized Tractors	(unit)	9121	10236	11855	12779	13664	13814
	（万千瓦）		(10 000 KW)	25.0	26.4	30.8	34.2	37.7	40.0
小型拖拉机	（万台）	Number of Small Tractors	(10 000 unit)	26.8	25.3	25.7	25.6	25.2	24.9
	（万千瓦）		(10 000 KW)	254.8	243.8	249.2	249.8	248.9	245.9
大中型拖拉机配套农具	（台）	Number of Large and Medium-sized Tractor Towing Farm Machinery	(unit)	6833	8283	13528	15706	21192	19257
小型拖拉机配套农具	（万台）	Small Tractor Towing Farm Machinery	(10 000 unit)	24.4	25.1	28.3	27.8	30.0	31.9
农用排灌动力	（台）	Agricultural Irrigation and Drainage Power	(unit)	2703	2912	2882	2868	2873	3297
	（万千瓦）		(10 000 KW)	9.3	9.9	9.9	9.8	9.9	10.7
联合收割机	（台）	Combine Harvesters	(unit)	1446	1715	1879	2298	2396	2608
	（万千瓦）		(10 000 KW)	9.0	10.3	11.9	13.5	14.1	14.4
机动脱粒机	（台）	Motorized Threshing Machines	(unit)	29264	31747	34274	34641	41326	41808
农用运输车	（辆）	Trucks for Agricultural Use	(unit)	31614	30780	33377	35857	30461	32039
渔用机动船	（艘）	Number of Motorized Fishing Boats	(unit)	210	192	213	224	225	394
	（千瓦）		(KW)	2430	2336	2570	2543	2553	3963
农用排灌设施		Machinery for Agricultural Drainage and Irrigation							
机电井	（眼）	Motor-pumped Set	(unit)	793	818	916	828	852	939
农用水泵	（台）	Agricultural Pumps	(unit)	6495	5435	4928	4929	5022	4880

12-4 主要年份农业机械年末拥有量
Number of Agricultural Machinery at Year-end in Main Years

年 份 Year / 地 区 Region		农机总动力（万千瓦）Total Power of Agricultural Machinery (10 000 KW)	大中型拖拉机 Large and Medium-sized Agricultural Tractors（混合台）(mixed unit)	（万千瓦）(10 000 KW)	小型和手扶拖拉机 Small and Walking Tractor（台）(unit)	（万千瓦）(10 000 KW)	排灌动力机械 Machinery for Agricultural Drainage and Irrigation（台）(unit)	（万千瓦）(10 000 KW)	联合收割机（台）Combine Harvesters (unit)	农用运输车（辆）Trucks for Agricultural Use (unit)
1965			775	2.66	6	0.01	127	0.50	100	
1970			1296	3.02	749	1.12	263	1.40	98	
1975		30.47	3434	12.02	5776	4.26	1716	4.41	113	
1980		69.62	6364	23.07	13933	12.48	4552	8.46	363	
1985		88.03	5018	17.91	28589	25.21	3117	7.77	439	
1990		126.86	4232	15.44	63143	56.91	2919	7.01	479	
1995		188.47	3149	11.89	112907	100.67	2963	8.53	533	
1996		199.21	2980	11.25	124629	111.12	3081	8.87	541	
1997		207.85	2772	10.92	127796	111.45	4922	9.05	549	
1998		219.43	2750	11.06	138187	122.01	5074	9.38	626	
1999		241.94	2548	11.02	158867	135.97	2974	8.71	650	
2000		256.18	2409	10.46	167830	150.66	2725	8.65	670	8906
2001		264.66	2469	10.69	178638	160.66	2858	8.89	676	13433
2002		281.39	2787	11.04	190581	174.77	3080	9.06	651	16320
2003		292.43	2808	10.53	200714	177.24	2874	8.80	665	21192
2004		328.77	2861	10.94	230496	196.65	3066	10.03	632	25862
2005		327.34	2745	10.35	221664	204.41	2876	9.81	657	27762
2006		335.07	3063	10.85	230866	215.42	2965	9.92	667	27724
2007		348.57	3002	10.44	245443	228.63	3018	10.12	736	27996
2008		362.41	3417	12.95	251531	232.32	2975	10.08	886	27330
2009		400.73	3875	16.83	263728	248.71	2405	9.57	856	29970
2010		421.31	4747	18.56	276168	261.03	2529	9.54	1113	31661
2011		432.34	9060	25.18	279616	265.24	2757	9.71	1231	32977
2012		435.26	9121	24.96	268005	254.80	2703	9.34	1446	31614
2013		436.32	10236	26.44	253428	243.78	2912	9.93	1715	30780
2014		448.37	11855	30.82	257160	249.18	2882	9.88	1879	33377
2015		453.51	12779	34.24	255994	249.82	2868	9.81	2298	35857
2016		458.72	13664	37.73	252320	248.93	2873	9.90	2396	30461
2017		470.63	13814	40.03	248818	245.94	3297	10.68	2608	32039
西宁市	Xining City	142.14	2697	9.55	87942	87.22	318	0.93	1114	10456
海东市	Haidong City	150.41	1721	4.34	90684	85.47	1332	5.41	261	10004
海北州	Haibei Zang A.P	48.48	1829	7.59	17203	17.29	259	0.43	583	65
黄南州	Huangnan Zang A.P	17.88	87	0.41	8599	10.73	124	0.94	20	3820
海南州	Hainan Zang A.P	52.03	1603	5.80	21712	22.87	1003	2.45	417	4252
果洛州	Golog Zang A.P	4.84			1642	1.62				544
玉树州	Yushu Zang A.P	12.12	3524	5.37	3470	2.94	20	0.11	13	849
海西州	Haixi Mongolian & Zang A.P	42.73	2353	6.97	17566	17.80	241	0.41	200	2049

12-5 2012-2017年农村电力、农田水利建设和物资消耗
Rural Electric Power, Construction of Farmland Irrigation and Water Conservancy, Material Consumption(2012-2017)

指 标	Item	2012	2013	2014	2015	2016	2017
农村电力	**Rural Electric Power**						
乡村办水电站 (个)	Hydropower Station in Rural Areas (unit)	35	34	35	33	33	30
发电能力 (万千瓦)	Generating Capacity (10 000 kw)	1.24	1.19	1.30	1.28	1.29	1.22
发电量 (万千瓦时)	Amount of Electric Power Generation (10 000 kwh)	6458	6256	6391	6030	6052	5612
农村用电量 (万千瓦时)	Electricity Consumed in Rural Areas (10 000 kwh)	44595	45027	49557	59078	61545	64153
农田水利建设情况 (千公顷)	**Construction of Farmland Irrigation and** Water Conservancy (1000 hectares)						
旱涝保收面积	Farmland with Stable Yields Despite of Drought or Waterlogging	72.9	54.8	52.9	49.6	42.8	49.5
机电排灌面积	Pumping Irrigation and Drainage Area	24.9	24.7	25.5	26.9	28.5	34.6
农用化肥施用量 (折纯) (万吨)	**Consumption of Chemical Fertilizer (100% Purity)** (10 000 tons)	**9.30**	**9.80**	**9.74**	**10.13**	**8.76**	**8.67**
氮肥 (实物量)	Nitrogenous Fertilizer (Physical Volume)	8.23	8.33	8.65	8.74	8.69	8.49
折纯量	(100% Purity)	3.77	3.86	3.98	4.08	3.62	3.54
磷肥 (实物量)	Phosphate Fertilizer (Physical Volume)	7.01	8.12	8.24	8.44	6.57	6.48
折纯量	(100% Purity)	1.26	1.53	1.70	1.77	1.50	1.46
钾肥 (实物量)	Potash Fertilizer (Physical Volume)	0.81	0.67	0.68	0.66	0.51	0.53
折纯量	(100% Purity)	0.37	0.26	0.27	0.27	0.18	0.19
复合肥 (实物量)	Compound Fertilizer (Physical Volume)	8.06	8.60	7.88	8.30	8.34	8.30
折纯量	(100% Purity)	3.90	4.15	3.79	4.01	3.46	3.48
农用塑料薄膜使用量(吨)	**Consumption of Agricultural Plastic Film (ton)**	**5329.17**	**6472.24**	**7045.86**	**7377.47**	**7943.90**	**8415.78**
地膜使用量 (吨)	Consumption of Plastic Mulching (ton)	4308.09	5415.30	5734.14	6005.99	6409.77	6698.66
地膜覆盖面积 (公顷)	Area of Plastic Mulching (hectare)	51307	59912	66124	70860	72981	76380
农用柴油使用量 (万吨)	**Consumption of Agricultural Diesel Oil(10 000 tons)**	**6.39**	**6.52**	**6.56**	**6.54**	**6.39**	**6.41**
农药使用量 (吨)	**Consumption of Pesticide (ton)**	**1805.38**	**1996.96**	**1886.40**	**1956.18**	**1939.34**	**1875.00**

12-6 主要年份农村电力、化肥施用量
Rural Electric Power, Consumption of Chemical Fertilizers in Main Years

年 份 Year / 地 区 Region		乡村办水电站 Hydropower Station in Rural Areas		农村用电量（万千瓦时） Electricity Consumed in Rural Areas (10 000 kwh)	化肥施用量（实物吨） Consumption of Chemical Fertilizer (physical ton)
		个 数 Number	装机容量（万千瓦） Installed Capacity (10 000 kw)		
1978		128	0.55	7442	158394
1980		138	0.77	8664	159014
1985		93	1.18	8292	117845
1990		67	0.76	14758	158840
1991		52	0.59	14856	160662
1992		43	0.48	15730	165501
1993		40	0.56	18647	171517
1994		41	0.69	21563	167100
1995		46	0.73	20377	179250
1996				20952	175006
1997		47	1.21	21446	181104
1998		48	1.26	21144	179885
1999		49	1.28	21420	185318
2000		57	1.64	23005	182439
2001		56	1.84	24427	182397
2002		54	2.73	22468	176458
2003		52	4.23	28789	171386
2004		49	4.07	29486	170655
2005		50	4.26	29923	176088
2006		51	4.28	31838	195053
2007		46	2.70	34533	197809
2008		43	2.65	36939	200804
2009		43	2.40	37782	210686
2010		42	1.44	38342	217853
2011		40	1.39	40709	225080
2012		35	1.24	44595	241106
2013		34	1.19	45027	257138
2014		35	1.30	49557	254482
2015		33	1.28	59078	261358
2016		33	1.29	61545	241128
2017		30	1.22	64153	237914
西宁市	Xining City	8	1.00	25593	58801
海东市	Haidong City			19228	88711
海北州	Haibei Zang A.P	1	…	2465	17477
黄南州	Huangnan Zang A.P			1605	2923
海南州	Hainan Zang A.P	10	0.12	11313	31903
果洛州	Golog Zang A.P			147	2
玉树州	Yushu Zang A.P	7	0.02	765	879
海西州	Haixi Mongolian & Zang A.P	4	0.08	3037	37218

12-7 主要年份各地区耕地面积
Area of Cultivated Land by Region in Main Years

单位：公顷 (hectare)

地　区	Region	耕地面积总资源 Cultivated Land (Total Area)						
		2008	2011	2012	2013	2014	2015	2016
全省	**Total**	**542719.26**	**588323.87**	**588527.67**	**588211.91**	**585707.95**	**588419.02**	**589427.58**
西宁市	Xining City	145786.12	149394.26	148147.14	147006.27	145486.92	145284.00	144852.89
海东市	Haidong City	201316.49	225688.15	224744.76	223210.80	222390.17	222138.23	221623.65
海北州	Haibei Zang A.P	49053.35	54345.64	56606.35	56494.63	56313.06	56347.32	56712.46
黄南州	Huangnan Zang A.P	19628.95	20037.45	20021.34	19942.57	19847.44	19859.47	19889.96
海南州	Hainan Zang A.P	77317.58	83327.18	83273.86	83513.74	83463.63	83617.74	84123.47
果洛州	Golog Zang A.P	991.80	1294.43	1293.97	1286.12	1282.54	1278.09	1276.00
玉树州	Yushu Zang A.P	13728.10	13546.67	13456.18	13429.54	13386.59	13369.30	13237.41
海西州	Haixi Mongolian & Zang A.P	34896.86	40690.09	40984.07	43328.24	43537.60	46524.87	47711.74

注：本表数据来源于青海省国土资源厅，下表同。
a)Data in this table are from Department of Land and Resources of Qinghai Province

12-8 主要年份耕地面积增减变动情况
Changing Situation of Increased and Decreased Cultivated Land in Main Years

单位：千公顷 (1 000 hectares)

指　标	Item	2008	2011	2012	2013	2014	2015	2016
年初耕地总资源	**Total Area of Cultivated Land at Year-begin**	**542.2**		**588.3**	**588.5**	**588.2**	**585.7**	**588.4**
年内新增加	Increased During the Year	1.3		2.8	3.0	0.5	3.8	2.6
年内减少	Decreased During the Year	0.8		2.6	3.3	3.0	1.1	1.6
年末耕地总资源	**Total Area of Cultivated Land at Year-end**	**542.7**	**588.3**	**588.5**	**588.2**	**585.7**	**588.4**	**589.4**
水浇地	Irrigated Land	177.2	186.7	187.2	187.3	185.2	186.4	188.6
旱地	Dry Land		401.6	401.3	400.9	400.5	402.0	400.8

12—9 主要年份农业机械化与草原建设
Agricultural Mechanization and Grassland Construction in Main Years

单位：千公顷 (1 000 hectares)

指　标	Item	2012	2013	2014	2015	2016	2017
农业机械化情况	**Agricultural Mechanization**						
当年实际机耕面积	Mechanical Tillage Area	331	367	377	397	397	397
当年机械播种面积	Mechanical Sowing Area	264	268	283	295	300	297
当年机械收割面积	Mechanical Harvesting Area	174	200	207	232	242	251
草原建设情况	**Grassland Construction**						
围栏草场面积	Area of Fenced Grassland	6303	10777	10777	11306	11679	12272
当年新围面积	New Fenced in This Year	610	1300		529	373	593
人工种草保留面积	Artificial Grass to Retain the Area	340	446	474	519	516	517
当年新种面积	New Sown in This Year	174	262	28	227	230	231
年内鼠害危害发生面积	Damage Occurrence Area by Rats in This Year	8628	8719	7665	5929	5694	5933
年内鼠害防治面积	Damage Prevention Area by Rats in This Year	1046	1124	1452	2291	906	1597
年内虫害危害面积	Damage Occurrence Area by Pests in This Year	1996	1654	2060	1029	1029	879
年内虫害防治面积	Damage Prevention Area by Pests in This Year	316	443	314	552	637	241

注：草原建设数据来源于青海省农牧厅。

a) Grassland Construction have been from Agriculture and Animal Husbandry Department.

12-10 主要年份水果、渔业生产情况

Production of Fruit and Fishery in Main Years

指　标	Item	2012	2013	2014	2015	2016	2017
水果	**Fruit**						
水果产量合计　(吨)	Total Output of Fruit　(ton)	14090	13519	13249	15011	12893	12878
苹果	Apples	5880	5382	4765	4846	4369	3912
梨	Pears	4708	4147	4041	4097	4059	4232
葡萄	Grapes	103	99	205	206	120	170
年末实有果园面积(公顷)	Orchard Area at Year-end　(hectare)	6842	6845	7680	8566	7591	7607
苹果园	Apple Orchard	1658	1639	1594	1176	1176	1174
梨园	Pear Orchard	884	880	837	853	859	816
葡萄园	Grapery	53	52	58	59	57	57
年末实有零星果树(万株)	Sporadic Fruit Trees at Year-end(10 000 trees)	389	415	344	365	364	399
苹果树	Apple Trees	189	207	178	174	172	173
梨树	Pear Trees	143	152	118	139	142	172
渔业	**Fishery**						
水产品总产量　(吨)	Total Aquatic Products　(ton)	4520	6000	9037	10578	12050	16088
养殖产量	Aquaculture Output	4520	6000	9037	10578	12050	16088
养殖面积　(千公顷)	Aquaculture Area　(1 000 hectares)	44	44	42	42	42	42

注:2012年起渔业产量和2014年起渔业养殖面积数据来源青海省农牧厅渔业局。

a)Data of fishery output since 2012 and fishery aquaculture area since 2014 have been from Fisheries Administrator of Provice Agriculture and Animal Husbandry Bureau

12-11 农作物播种面积及种植结构

Total Sown Area of Farm Crops and Its Planting Structure

单位：千公顷、%　　(1 000 hectares，%)

指　标	Item	播种面积 Sown Areas					种植结构 Planting Structure				
		2013	2014	2015	2016	2017	2013	2014	2015	2016	2017
农作物总播种面积	**Total Sown Area**	**555.77**	**553.70**	**558.39**	**561.33**	**558.58**	**100.00**	**100.00**	**100.00**	**100.00**	**100.00**
粮食作物	**Grain Crops**	**279.97**	**280.10**	**277.06**	**281.05**	**278.61**	**50.38**	**50.59**	**49.62**	**50.07**	**49.88**
谷物	Cereal	159.15	160.17	160.14	159.44	157.50	56.85	57.18	57.80	56.73	56.53
小麦	Wheat	95.42	88.58	88.21	86.27	85.92	59.96	55.30	55.08	54.11	54.55
青稞	Highland Barley	39.33	43.48	43.20	45.43	45.32	24.71	27.15	26.98	28.49	28.77
玉米	Corn	23.29	27.00	27.50	26.62	25.06	14.63	16.86	17.17	16.70	15.91
其它	Others	1.11	1.11	1.23	1.12	1.20	0.70	0.69	0.77	0.70	0.76
豆类	Beans	27.14	27.03	26.80	28.50	27.74	9.69	9.65	9.67	10.14	9.96
蚕豆	Broad Bean	20.21	20.27	20.07	21.78	21.26	74.47	75.00	74.89	76.42	76.64
豌豆	Pea	6.93	6.76	6.73	6.72	6.48	25.53	25.00	25.11	23.58	23.36
薯类	Tubers	93.68	92.90	90.12	93.11	93.37	33.46	33.17	32.53	33.13	33.51
经济作物	**Economic Crops**	**181.42**	**174.97**	**177.02**	**177.40**	**186.78**	**32.64**	**31.60**	**31.70**	**31.60**	**33.44**
油料	Oil-bearing Crops	158.36	150.88	144.87	142.61	148.84	87.29	86.23	81.84	80.39	79.69
油菜籽	Rapeseeds	154.23	148.15	142.08	140.06	146.33	97.39	98.19	98.07	98.21	98.31
胡麻	Flax	4.13	2.73	2.79	2.55	2.51	2.61	1.81	1.93	1.79	1.69
其它	Others	23.06	24.09	32.15	34.79	37.94	12.71	13.77	18.16	19.61	20.31
枸杞	Wolfberry	21.70	22.57	29.59	31.90	33.53	94.10	93.69	92.04	91.69	88.37
蔬菜和食用菌	**Vegetables and Edible Fungus**	**50.55**	**48.10**	**49.65**	**50.36**	**50.24**	**9.10**	**8.69**	**8.89**	**8.97**	**8.99**
瓜果类	**Melon**	**0.40**	**0.35**	**1.43**	**1.63**	**1.62**	**0.07**	**0.06**	**0.26**	**0.29**	**0.29**
其他农作物	**Other Farm Crops**	**43.43**	**50.18**	**53.23**	**50.89**	**41.33**	**7.81**	**9.06**	**9.53**	**9.07**	**7.40**
青饲料	Succulence	40.39	42.92	46.35	46.35	37.97	93.00	85.53	87.07	91.08	91.87
果园面积	Area of Orchards	6.84	7.68	8.57	7.59	7.61	—	—	—	—	—

12-12 主要年份农作物总播种面积
Total Sown Area of Farm Crops in Main Years

单位：千公顷 (1 000 hectares)

年份 Year / 地区 Region	总播种面积 Total Sown Area	粮食作物 Grain Crops	小麦 Wheat	杂粮 Cereal Crops	薯类 Tubers	经济作物 Economic Crops	油料 Oil-bearing Crops	蔬菜和食用菌 Vegetables and Edible Fungus
1978	514.58	434.76	207.03	190.39	37.00	62.11	61.18	7.19
1980	508.73	411.96	201.14	174.47	36.35	78.89	78.77	5.58
1985	500.46	386.57	200.69	154.87	31.01	95.19	94.89	4.49
1990	544.71	400.33	213.46	152.51	34.36	114.39	113.91	6.89
1991	543.46	401.95	217.62	149.01	35.33	117.38	117.01	7.36
1992	546.55	401.26	220.74	143.21	37.31	118.05	117.75	8.19
1993	548.17	389.83	209.92	143.23	36.68	129.20	129.02	10.18
1994	562.10	386.85	204.99	143.55	38.31	144.67	144.60	10.11
1995	568.81	384.25	205.98	140.56	37.71	149.88	149.77	12.44
1996	564.37	394.79	210.58	146.29	37.92	136.04	135.93	11.61
1997	567.96	394.72	213.46	144.00	37.26	137.89	137.76	12.61
1998	566.93	384.85	211.91	135.44	37.50	147.95	147.78	12.48
1999	571.02	344.83	182.89	117.81	44.13	192.45	192.36	13.94
2000	553.68	322.72	165.54	110.91	46.27	192.23	191.58	15.78
2001	526.72	309.87	149.75	100.94	59.18	154.67	168.74	17.81
2002	494.36	284.74	142.50	81.54	60.70	159.35	152.93	20.61
2003	466.80	248.00	107.00	75.30	65.70	155.90	152.10	24.11
2004	473.70	244.70	102.20	74.70	67.80	164.95	159.80	25.05
2005	476.73	245.57	96.80	73.44	75.33	165.68	161.86	25.83
2006	517.20	278.81	104.87	88.30	85.64	170.23	168.42	27.71
2007	516.70	274.93	105.00	83.83	86.10	174.57	172.40	30.12
2008	513.63	271.99	104.40	81.99	85.60	177.16	172.73	34.16
2009	514.06	275.73	104.13	84.93	86.65	173.08	172.41	35.24
2010	526.75	274.51	100.96	86.85	86.71	185.97	175.05	40.08
2011	540.05	279.41	94.03	97.33	88.05	198.06	184.21	42.04
2012	554.21	280.18	94.20	102.30	83.70	185.65	164.40	48.78
2013	555.77	279.97	95.42	90.87	93.68	181.42	158.36	50.55
2014	553.70	280.10	88.58	98.62	92.90	174.97	150.88	48.10
2015	558.39	277.06	88.21	98.73	90.12	177.02	144.87	49.65
2016	561.33	281.05	86.27	101.67	93.11	177.40	142.61	50.36
2017	558.58	278.61	85.92	99.32	93.37	186.78	148.84	50.24
西宁市 Xining City	124.03	56.93	29.19	10.70	17.04	34.09	31.53	21.09
海东市 Haidong City	209.48	124.78	31.21	43.58	49.99	55.47	54.32	22.21
海北州 Haibei Zang A.P	54.19	18.38	1.11	15.92	1.35	30.70	30.57	0.68
黄南州 Huangnan Zang A.P	16.80	8.55	4.20	3.20	1.15	4.29	3.98	0.54
海南州 Hainan Zang A.P	95.82	55.51	10.35	43.58	1.58	26.47	24.99	3.26
果洛州 Golog Zang A.P	0.39	0.37	0.01	0.32	0.04	…	…	0.01
玉树州 Yushu Zang A.P	11.92	8.05	0.08	7.27	0.70	0.43	0.43	0.35
海西州 Haixi Mongolian & Zang A.P	55.14	15.22	5.92	8.18	1.12	35.33	3.02	2.10

注：1.2006年数据根据农业普查结果已作了修正。
2.2010年以后播种面积包括枸杞面积。
a) Data in 2006 has been amended based on the results of the census of agriculture.
b)The sowm areas of wolfberry have been included in the total sown areas since 2010.

12-13 2012-2017年主要农作物产品产量
Output of Major Farm Products (2012-2017)

指 标	Item	2012	2013	2014	2015	2016	2017
粮食 （万吨）	**Grain (10 000 tons)**	**101.50**	**102.37**	**104.81**	**102.72**	**103.45**	**100.71**
谷物	Cereal	61.90	60.82	63.18	62.35	61.09	58.53
小麦	Wheat	35.20	35.96	34.86	34.12	33.06	32.35
青稞	Highland Barley	9.70	8.20	9.44	9.35	9.73	9.7
玉米	Corn	17.00	16.43	18.65	18.63	18.07	16.24
其它	Others	…	0.23	0.23	0.25	0.23	0.24
豆类	Beans	7.10	5.65	5.68	5.61	6.02	5.86
蚕豆	Broad Bean	6.05	4.67	4.70	4.65	4.95	4.77
豌豆	Pea	1.05	0.98	0.98	0.96	1.07	1.09
薯类	Tubers	32.50	35.90	35.95	34.76	36.34	36.32
油料 （万吨）	**Oil-bearing Crops (10 000 tons)**	**35.22**	**32.57**	**31.51**	**30.48**	**30.04**	**29.48**
油菜籽	Rapeseeds	34.53	31.93	31.04	30.06	29.62	29.12
胡麻	Flax	0.69	0.64	0.47	0.42	0.42	0.36
麻类 （吨）	**Fiber Crops (ton)**						
甜菜 （吨）	**Beetroots (ton)**	**35**	**150**	**980**	**300**	**561**	**283**
烟叶 （吨）	**Tobacco (ton)**	**1310**	**530**	**150**			
枸杞 （吨）	**Wolfberry (ton)**	**26411**	**40373**	**53070**	**58701**	**65586**	**78885**
蔬菜和食用菌（吨）	**Vegetables and Edible Fungus(ton)**	**1587488**	**1589446**	**1585846**	**1664039**	**1700159**	**1700135**
瓜果 （吨）	**Melons (ton)**	**22705**	**16125**	**12500**	**21155**	**27356**	**25253**
水果 （吨）	**Fruits (ton)**	**14090**	**13519**	**13249**	**15011**	**12893**	**12878**

12-14 主要年份主要农产品产量

年 份 Year 地 区 Region		粮 食 (万吨) Grain (10 000 tons)	小 麦 Wheat	杂 粮 Cereal Crops	薯 类 Tubers
1978		90.30	53.30	28.77	8.24
1980		95.60	56.31	31.67	7.62
1985		100.32	62.96	28.96	8.40
1990		114.56	74.18	29.51	10.87
1991		114.63	76.92	29.41	8.30
1992		118.50	74.90	31.41	12.19
1993		118.63	73.92	32.69	12.02
1994		116.84	68.64	33.59	14.61
1995		114.19	69.49	29.92	14.78
1996		123.83	76.66	33.36	13.81
1997		127.55	78.29	35.24	14.02
1998		128.20	79.94	33.41	14.85
1999		103.61	59.37	29.46	14.78
2000		82.70	47.58	20.23	14.89
2001		103.20	52.70	23.89	26.61
2002		91.28	45.20	21.68	24.40
2003		86.80	36.80	21.80	28.20
2004		88.47	37.11	22.33	29.03
2005		93.26	39.32	21.49	32.45
2006		95.17	41.06	21.10	33.01
2007		99.02	41.76	23.10	34.16
2008		101.80	42.03	23.59	36.18
2009		102.70	39.04	25.35	38.30
2010		102.03	37.28	28.20	36.55
2011		103.36	35.36	31.12	36.88
2012		101.50	35.20	33.80	32.50
2013		102.37	35.96	30.51	35.90
2014		104.81	34.86	34.00	35.95
2015		102.72	34.12	33.84	34.76
2016		103.45	33.06	34.05	36.34
2017		100.71	32.35	32.04	36.32
西宁市	Xining City	21.35	9.63	3.02	8.70
海东市	Haidong City	52.49	11.69	20.37	20.43
海北州	Haibei Zang A.P	5.92	0.49	4.81	0.62
黄南州	Huangnan Zang A.P	2.70	1.65	0.61	0.44
海南州	Hainan Zang A.P	14.38	4.66	9.15	0.57
果洛州	Golog Zang A.P	0.09	…	0.09	…
玉树州	Yushu Zang A.P	1.40	0.02	1.27	0.11
海西州	Haixi Mongolian & Zang A.P	6.82	2.99	3.30	0.53

注：1.全省粮食总产量为抽样调查数，故各州、市数相加不等于全省合计数。
2.2006年数据根据农业普查结果已作了修正。

Output of Major Farm Products in Main Years

油 料 (万吨) Oil-bearing Crops (10 000 tons)	油菜籽 Rapeseeds	蔬菜和食用菌 (万吨) Vegetables and Edible Fungus (10 000 tons)	水 果 (吨) Fruits (ton)	苹 果 Apples	梨 Pears	葡 萄 Grapes	水产品产量 (吨) Output of Aquatic Products (ton)
4.53	4.18	19.77					
7.07	6.81	14.33	7434	4281	3014	22	3245
9.92	9.57	16.15	19825	11552	6880	41	4350
12.04	11.74	22.85	22019	14431	6210	95	3356
13.21	12.92	23.34	21365	14471	5148	77	3943
14.03	13.68	28.59	26049	17388	6632	127	3994
15.21	14.69	30.45	27180	18677	6236	69	3886
18.44	18.05	34.00	25704	17444	6460	56	3602
16.21	15.82	38.31	26831	17446	7116	72	2444
17.09	16.56	39.26	29062	18935	7807	159	2213
18.36	17.80	42.37	27179	18884	5891	189	1752
21.04	20.42	46.26	24766	16138	6585	67	1416
28.50	27.85	56.63	24144	15897	5931	106	1488
19.40	19.08	60.28	22415	14144	5963	106	1166
23.00	22.60	63.72	17252	9661	5525	117	1989
23.40	22.66	67.63	16301	9078	5228	106	1796
26.20	25.70	77.11	14603	8246	4418	74	1253
28.89	28.26	78.44	14686	7198	5362	102	1058
31.85	31.57	84.46	14772	7316	5105	80	878
27.94	27.67	90.44	13308	5939	4912	114	1985
32.03	31.63	98.27	13846	5804	4894	112	1780
35.22	34.80	110.08	13241	5823	4680	106	2129
36.60	36.20	118.86	14575	5729	4835	109	827
36.91	36.44	134.43	14387	5738	4428	117	1600
36.07	35.60	143.64	13511	5773	4725	97	3293
35.22	34.53	158.75	14090	5880	4708	103	4520
32.57	31.93	158.94	13519	5382	4147	99	6000
31.51	31.04	158.58	13249	4765	4041	205	9037
30.48	30.06	166.40	15011	4846	4097	206	10578
30.04	29.62	170.02	12893	4369	4059	120	12050
29.48	29.12	170.01	12878	3912	4232	170	16088
7.81	7.80	78.20	1036	78	49	10	
12.10	11.86	74.16	6366	1799	2161	111	2536
5.11	5.11	1.03					
0.54	0.52	1.47	1499	541	614	41	2007
3.13	3.04	7.17	3567	1494	1408	8	11154
…	…	0.02					
0.10	0.10	0.49					
0.69	0.69	7.47	410				391

a) The grain production of total province are from sample survey, so the sum of regional data is not equal to provincial total.
b) Data in 2006 has been amended based on the results of the census of agriculture.

12-15 2012-2017年林业生产情况

Basic Statistics of Afforestation(2012-2017)

单位：千公顷 (1 000 hectares)

指 标	Item	2012	2013	2014	2015	2016	2017
营林情况	**Forest Management**						
造林面积	**Barren Waste Afforestation Area**	**135.6**	**152.8**	**132.0**	**112.6**	**202.6**	**198.8**
人工造林	Reforestation	33.4	44.4	28.4	53.0	16.1	56.6
#灌木林面积	Shrubbery Area	21.6	37.3	20.7	29.7	7.5	24.0
无林地和疏林地新封	Newly Closed Area of No Woodland and Open Forest Land	102.3	108.4	103.6	59.6	154.9	138.8
年末实有封山(沙)育林面积	**Area of Closing Hillsides to Facilitate Afforestation**	**989.8**	**1096.8**	**970.8**	**1152.9**	**1362.3**	**1451.0**
四旁(零星)植树 (万株)	**Fragmentary Planting (10 000 trees)**	**2048.9**	**1395.2**	**1386.3**	**1354.5**	**1354.4**	
育苗面积	**Actual Sapling Breeding Area**	**5.2**	**4.7**	**6.4**	**1.4**	**4.8**	**8.9**
本年新育面积	Newly Breeded Area This Year	1.1	1.2	1.1			
森林抚育	**Forest Tending**						
低产低效林改造面积	Transformation Area of Low-yielding and Inefficient Forest	13.1	0.5				
未成林抚育作业面积	Tending Area of Immature Forest	30.4	5.0				
中幼龄林抚育面积	Tending Area of Middle-aged and Young Forest	25.1	23.5	23.5	24.2	24.2	26.0
木材采伐量 (万立方米)	**Volume of Timber Harvesting** (10 000 cu.m)	**1.1**	**0.6**	**1.0**	**1.3**		

注：本表数据来源于青海省林业厅。

a)Data in this table are from the Provincial Forestry Department.

12-16 2012－2017年畜牧业生产情况及主要畜产品产量

Livestock and Its Major Products(2012-2017)

单位：万头只 (10 000 heads)

指 标	Item	2012	2013	2014	2015	2016	2017
牲畜年末头数	**Number of Animals at Year-end**						
草食畜合计	Total of Herbivorous Livestock	1905.3	1944.9	1941.8	1920.5	2004.8	1962.5
大牲畜	Large Animals	459.0	484.7	484.7	485.5	614.2	575.1
牛	Cattle and Buffaloes	425.2	452.2	452.9	455.3	585.4	546.6
羊	Sheep and Goats	1446.3	1460.2	1457.1	1435.0	1390.7	1387.4
绵羊	Sheep	1253.0	1268.5	1266.7	1243.6	1207.9	1207.4
猪	Hogs	116.7	120.8	120.6	118.4	123.6	108.8
肉用畜出栏数	**Slaughtered Fattened Animals**						
草食畜合计	Total of Herbivorous Livestock	718.9	732.1	750.2	776.2	806.0	862.1
大牲畜	Large Animals	104.3	109.3	114.9	119.7	129.8	136.0
牛	Cattle and Buffaloes	100.0	105.4	110.6	115.6	125.2	132.2
羊	Sheep and Goats	614.6	622.8	635.3	656.5	676.2	726.1
绵羊	Sheep	564.3	576.4	589.7	612.8	631.3	682.3
猪	Hogs	132.1	137.7	140.5	137.5	138.3	145.5
肉类产量(万吨)	**Output of Meat (10 000 tons)**	**30.5**	**32.0**	**33.4**	**34.8**	**36.0**	**38.3**
猪肉	Pork	9.4	9.9	10.5	10.3	10.5	11.4
牛肉	Beef	9.6	10.3	10.6	11.5	12.2	12.9
羊肉	Mutton	10.4	10.5	10.9	11.6	12.0	12.7
禽肉	Poultry	0.7	0.7	0.7	0.8	0.8	0.9
奶类 (万吨)	**Milk (10 000 tons)**	**29.4**	**28.7**	**31.3**	**32.7**	**34.2**	**34.6**
牛奶	Cow Milk	27.6	27.6	30.5	31.5	33.0	33.8
羊毛 (吨)	**Wool (ton)**	**19149**	**19308**	**18438**	**18675**	**18813**	**19089**
绵羊毛	Sheep Wool	18076	17928	17110	17365	17506	17834
山羊绒	Cashmere	398	425	397	422	435	411
禽蛋 (吨)	**Poultry Eggs (ton)**	**20054**	**22622**	**21800**	**22600**	**23900**	**24600**

注：2016年牛存栏数据根据农业普查结果已作了修正。

a)The data of cattle and buffaloes kept at end of 2016 were corrected according to the results of agricultural census.

12-17 主要年份牲畜饲养情况
Number of Livestock in Main Years

单位：万头(只) (10 000 heads)

年份 Year / 地区 Region	大牲畜年末存栏 Large Animals (year-end)	牛 Cattle and Buffaloes	马 Horses	羊年末存栏 Sheep and Goats (year-end)	绵羊 Sheep	猪年末存栏 Hogs (year-end)
1978	568.8	497.3	46.6	1645.0	1475.2	84.5
1980	553.9	486.8	41.9	1612.8	1447.0	68.3
1985	589.4	515.9	44.0	1328.2	1197.4	83.0
1990	612.3	538.6	44.8	1608.3	1404.7	96.5
1992	622.6	550.7	41.7	1648.1	1436.7	97.7
1993	575.1	509.1	38.2	1635.1	1421.7	102.6
1994	587.4	524.2	37.2	1677.1	1463.3	101.6
1995	559.0	500.9	34.6	1666.3	1466.2	108.9
1996	505.5	443.2	37.3	1569.5	1368.6	107.1
1997	481.3	421.7	37.4	1601.2	1372.9	108.9
1998	451.7	394.3	36.9	1638.9	1378.8	113.3
1999	431.4	378.2	35.1	1639.5	1372.5	109.2
2000	441.4	390.5	33.8	1642.0	1369.5	103.6
2001	454.3	400.7	28.9	1676.2	1396.7	103.2
2002	462.2	410.7	27.3	1732.9	1437.7	104.8
2003	455.9	405.6	26.8	1761.7	1446.0	101.0
2004	452.8	403.8	27.1	1763.7	1434.9	106.4
2005	453.5	406.2	24.5	1765.7	1435.2	105.1
2006	486.1	450.3	18.5	1501.8	1265.9	89.0
2007	487.9	447.1	22.2	1497.1	1266.4	88.8
2008	484.2	445.4	21.8	1496.9	1267.5	107.2
2009	480.7	444.6	21.4	1497.8	1270.2	109.8
2010	471.6	436.1	21.5	1505.2	1310.8	113.2
2011	478.8	442.4	22.3	1497.5	1303.9	115.2
2012	459.0	425.2	20.1	1446.3	1253.0	116.7
2013	484.7	452.2	19.4	1460.2	1268.5	120.8
2014	484.7	452.9	19.0	1457.1	1266.7	120.6
2015	485.5	455.3	19.5	1435.0	1243.6	118.4
2016	614.2	585.4	18.9	1390.7	1207.9	123.6
2017	575.1	546.6	19.1	1387.4	1207.4	108.8
西宁市 Xining City	40.6	38.1	1.5	88.6	85.4	26.5
海东市 Haidong City	33.2	27.1	0.6	139.1	115.5	66.1
海北州 Haibei Zang A.P	55.0	50.8	3.9	280.5	276.7	2.6
黄南州 Huangnan Zang A.P	58.0	54.9	2.4	118.1	114.5	0.2
海南州 Hainan Zang A.P	66.0	63.4	2.4	385.9	343.3	3.5
果洛州 Golog Zang A.P	94.5	92.4	2.1	33.8	33.7	
玉树州 Yushu Zang A.P	197.5	194.9	2.6	53.1	46.6	
海西州 Haixi Mongolian & Zang A.P	21.1	15.8	3.6	251.2	173.3	6.4

注：1.全省大牲畜、羊年末存栏数为抽样调查数，与各州、市相加数不等。
2.2016年全省牛存栏数据根据农业普查结果已作了修正。

a) The number of livestock of large animals, sheep and Goats of total province are from sample survey, it states that the sum of regional data is not equal to provincial total.

b) Data in 2016 has been amended based on the results of the census of agriculture.

12-18 主要年份主要牲畜出栏情况
Major Livestock Slaughtered in Main Years

单位：万头(只)　　(10 000 heads)

年份 Year 地区 Region		草食畜出栏数 Slaughtered Herbivorous Livestock		肉猪出栏头数 Slaughtered Fattened Hogs	家禽出栏数 Slaughtered Poultry
		大牲畜 Large Animals	羊 Sheep and Goats		
1978		33.12	184.94	37.62	
1980		36.48	248.14	35.67	
1985		47.98	294.61	42.39	
1990		61.87	326.35	61.59	
1991		63.51	349.93	62.64	
1992		76.44	366.79	63.56	
1993		71.31	351.40	66.27	
1994		61.29	385.29	73.10	
1995		82.68	397.20	80.65	
1996		81.41	399.46	85.17	
1997		87.81	393.84	89.04	
1998		90.06	397.33	95.03	
1999		73.37	400.10	98.53	
2000		75.57	417.01	99.72	
2001		89.01	448.97	101.36	100.71
2002		91.69	475.35	104.55	188.56
2003		95.91	508.58	105.35	248.82
2004		94.44	538.99	114.24	236.71
2005		96.79	559.08	121.75	264.68
2006		115.40	501.10	111.30	309.17
2007		95.96	542.59	105.25	302.59
2008		95.81	542.02	123.58	320.81
2009		96.47	552.91	134.78	322.20
2010		98.49	564.75	131.39	342.27
2011		99.03	588.73	130.17	372.36
2012		104.29	614.63	132.12	396.52
2013		109.33	622.77	137.69	404.19
2014		114.90	635.33	140.46	412.35
2015		119.69	656.49	137.51	429.65
2016		129.78	676.22	138.34	463.33
2017		136.04	726.06	145.54	520.39
西宁市	Xining City	26.80	78.43	40.24	123.43
海东市	Haidong City	12.92	86.73	96.66	229.98
海北州	Haibei Zang A.P	22.96	197.99	6.19	11.90
黄南州	Huangnan Zang A.P	25.03	88.17	0.65	0.20
海南州	Hainan Zang A.P	27.08	220.86	7.30	66.22
果洛州	Golog Zang A.P	21.67	19.12		
玉树州	Yushu Zang A.P	52.10	25.89	0.01	
海西州	Haixi Mongolian & Zang A.P	8.86	119.95	9.33	15.14

注：1.全省草食畜出栏数为抽样调查数，与各州、市相加数不等。
2.2006年数据根据农业普查结果已作了修订。
a) The number of slaughtered herbivorous livestock of total province are from sample survey, it states that the sum of regional data is not equal to provincial total.
b) Data in 2006 has been amended based on the results of the census of agriculture.

12-19 主要年份主要畜产品产量

单位：吨

年 份 Year / 地 区 Region		肉 类 总产量 Total Output of Meat Products	猪肉 Pork	牛肉 Beef	羊肉 Mutton	其他 Others
1980		84857	19635	24920	39696	606
1985		111602	27825	35790	45783	2204
1990		153442	43985	52088	55518	1851
1991		157360	45787	52611	56120	2842
1992		163405	45994	57173	57790	2448
1993		159082	46725	54768	54633	2956
1994		178407	51688	58186	64946	3587
1995		183743	56114	62922	61346	3361
1996		187226	57813	63378	63834	2201
1997		198382	64047	68514	63211	2610
1998		205296	68022	68735	64325	4214
1999		201493	69923	60529	66508	4533
2000		208323	69530	63529	70011	5253
2001		220692	70419	69973	76269	4031
2002		227885	71703	70293	80001	5888
2003		236651	74195	70932	84919	6605
2004		248077	80136	72893	88438	6610
2005		257522	85506	74356	91581	6079
2006		244100	79000	77000	83000	5100
2007		243316	75777	73201	86814	7524
2008		255445	87409	72767	86723	8546
2009		269078	91920	81000	88466	7692
2010		275300	91800	84600	90400	8500
2011		288432	91600	87000	99432	10400
2012		304700	94400	95600	103900	10800
2013		319800	99000	102800	105300	12700
2014		334100	105300	106100	109200	13500
2015		347500	103200	114900	115600	13800
2016		360400	105100	121800	119800	13700
2017		383300	114100	128500	126800	13900
西宁市	Xining City	79767	32219	30667	13072	3809
海东市	Haidong City	100872	65724	15234	14248	5666
海北州	Haibei Zang A.P	58516	4664	17477	35970	405
黄南州	Huangnan Zang A.P	42462	450	24309	17699	4
海南州	Hainan Zang A.P	65421	5476	20592	37824	1529
果洛州	Golog Zang A.P	23091		19721	3370	
玉树州	Yushu Zang A.P	46897	3	41662	5232	
海西州	Haixi Mongolian & Zang A.P	35046	6506	6940	20257	1343

注：1.部分数据为抽样调查数，与各州、市相加数不等。
2.2006年数据根据农业普查结果已作修订。

Output of Major Livestock Products in Main Years

(ton)

奶类 Milk	生牛奶 Cow Milk	羊毛 Sheep and Goat Wool	绵羊毛 Sheep Wool	山羊绒 Cashmere	牛毛绒 Cattle Cashmere	蜂蜜 Honey	禽蛋 Poultry Eggs
119179	115614	17040	16662	113	1742	203	
159108	154527	15293	14956	107	1874	119	9160
209610	201312	17575	17155	157	2048	73	10690
210296	203234	18237	17736	189	2125	19	11068
214454	208438	18515	17887	190	2287	70	11132
195945	188922	17578	17044	173	1950	80	11281
201233	193769	17974	17390	209	2236	60	12394
205951	200184	17907	17302	211	2263	97	12444
185641	181421	16481	15974	195	2098	109	11739
190638	186035	16398	15861	225	2041	103	13284
204596	198677	16463	15904	221	2087	94	13683
196435	190405	15593	14980	281	1890	96	13495
212852	206132	16333	15588	310	1897	51	13392
228289	216514	16566	15775	313	1836	48	12941
235277	220342	16740	15930	314	1868	480	13672
235113	221398	17349	16483	319	2090	484	14005
240950	227500	17734	16629	341	2243	746	14062
250233	236166	17652	16501	355	2097	548	13884
255545	238000	17661	16505	357	2058	546	14631
265054	249826	15378	14551	355	2040	561	13865
272283	252757	15369	14560	347	2076	1030	14913
267841	253142	15378	14573	345	2214	1043	15151
278043	262200	17749	16666	417	2356	1059	15600
285300	269600	19411	17537	414	3092	1044	17553
293500	275500	19149	18076	398	2311	1029	20054
287400	275500	19308	17928	425	2166	1531	22622
312584	305000	18438	17110	397	1883	1533	21800
327111	315000	18675	17365	422	1942	1536	22600
342230	330000	18813	17506	435	1876	1526	23900
345629	338000	19089	17834	411	1847	1529	24600
164530	164530	1276	1254	2	22		12645
49255	49255	2789	2581	48	15	13	13578
48201	48201	4236	4187	10	265	1500	685
51193	50710	1080	1024	6	320		200
47043	47043	5489	5165	105	388	16	2445
33288	33288	310	310		466		
46336	43899	877	859	8	318		
14545	9836	3032	2454	232	53		537

a) Some data are from sample survey, it states that the sum of regional data is not equal to provincial total.
b) Data in 2006 has been amended based on the results of the census of agriculture.

12-20 主要年份农林牧渔业总产值

Gross Output Value of Farming, Forestry, Animal Husbandry and Fishery in Main Years

单位：万元 (10 000 yuan)

年 份 Year 地 区 Region	按当年现行价格计算 Calculated at Current Prices					
	农林牧渔业总产值 Total Output	农 业 Farming	林 业 Forestry	牧 业 Animal Husbandry	渔 业 Fishery	农林牧渔服务业 Services for Farming,Forestry, Animal Husbandry and Fishery
1952	16071	6991	24	7958	16	
1978	59898	29069	545	29218	126	
1980	77772	47170	683	28725	109	
1981	72958	40265	685	30736	124	
1985	122515	61968	4709	50091	527	
1990	245270	114837	6944	109548	670	
1991	252406	115579	6787	116486	792	
1992	272619	120585	6839	129816	799	
1993	309975	151834	7463	149779	899	
1994	448723	218100	7699	221601	1323	
1995	550982	265469	8630	275705	1178	
1996	561574	299864	9099	251409	1220	
1997	590148	306163	9735	273363	887	
1998	607924	314152	9993	283127	652	
1999	590200	293093	13840	282361	906	
2000	569850	249055	15056	304939	800	
2001	632975	289023	18206	324693	1053	
2002	655019	285919	26555	341463	1082	
2003(旧)	681200	297347	27617	355361	875	
2003(新)	769492	297384	26377	407062	875	37795
2004	866478	342201	17980	464983	695	40618
2005	940416	364408	17521	516985	620	40881
2006	976369	386153	19919	540833	1043	28421
2007	1212521	491608	19608	670122	1105	30077
2008	1534004	587381	20477	891517	1439	33190
2009	1572984	613081	23051	900931	714	35207
2010	2013173	920725	37745	1014535	1236	38932
2011	2308188	1029100	41700	1193388	2000	42000
2012	2638613	1170875	45709	1370758	5583	45687
2013	3103020	1405389	56768	1579041	12628	49194
2014	3274916	1442060	66092	1691371	22172	53221
2015	3192654	1449985	74330	1583747	27755	56837
2016	3387977	1555179	82775	1657165	32526	60332
2017	3640974	1623826	90382	1829822	34402	62542
西宁市 Xining City	787284	371526	16081	392928		6749
海东市 Haidong City	962939	603042	19087	319302	5293	16215
海北州 Haibei Zang A.P	288010	75868	4042	201990		6110
黄南州 Huangnan Zang A.P	258547	48645	4089	192411	3207	10195
海南州 Hainan Zang A.P	501380	142936	17426	306711	25238	9069
果洛州 Golog Zang A.P	80589	14154	268	63836		2331
玉树州 Yushu Zang A.P	319761	80996	8485	225842		4438
海西州 Haixi Mongolian & Zang A.P	461964	274559	20904	158402	664	7435

注：2006年数据根据农业普查结果已作了修订。

a) Data in 2006 were amended based on the results of the census of agriculture.

12-21 主要年份农业总产值构成及环比指数(按可比价格计算)

Structure of Gross Output Value of Agriculture and Its Chain Indices in Main Years (Calculated at Constant Prices)

单位：% (%)

年 份 Year	农业总产值构成 Structure of Gross Output Value of Agriculture	农 业 Farming	林 业 Forestry	牧 业 Animal Husbandry	渔 业 Fishery	农林牧渔服务业 Services for Farming,Forestry, Animal Husbandry and Fishery
1952	100	43.50	0.15	49.52	0.10	
1978	100	48.53	0.91	48.78	0.21	
1980	100	50.29	0.90	47.23	0.16	
1985	100	47.96	4.26	42.75	0.17	
1990	100	48.22	3.35	43.02	0.15	
1995	100	48.25	2.61	48.84	0.30	
1996	100	51.92	2.64	45.17	0.27	
1997	100	52.08	2.57	45.20	0.15	
1998	100	51.53	2.51	45.83	0.13	
1999	100	50.15	3.48	46.24	0.13	
2000	100	46.66	3.70	49.48	0.16	
2001	100	47.15	3.53	49.08	0.24	
2002	100	44.91	4.97	49.89	0.23	
2003	100	38.65	3.43	52.90	0.11	4.91
2004	100	39.73	2.78	52.66	0.12	4.71
2005	100	38.75	1.86	54.97	0.07	4.35
2006	100	39.55	2.04	55.39	0.11	2.91
2007	100	40.54	1.62	55.27	0.09	2.48
2008	100	38.29	1.34	58.12	0.09	2.16
2009	100	38.98	1.46	57.27	0.05	2.24
2010	100	45.74	1.87	50.40	0.06	1.93
2011	100	44.58	1.81	51.70	0.09	1.82
2012	100	44.38	1.73	51.95	0.21	1.73
2013	100	45.29	1.83	50.89	0.41	1.58
2014	100	44.03	2.02	51.65	0.68	1.62
2015	100	45.42	2.33	49.60	0.87	1.78
2016	100	45.90	2.45	48.91	0.96	1.78
2017	100	44.60	2.48	50.26	0.94	1.72

注：2006年数据根据农业普查结果已作了修订。

a) Data in 2006 were amended based on the results of the census of agriculture.

12-21 续表 Continued

上年=100 (Preceding year=100)

年 份 Year	农业总产值环比指数 Chain Index of Gross Output Value of Agriculture	农 业 Farming	林 业 Forestry	牧 业 Animal Husbandry	渔 业 Fishery	农林牧渔服务业 Services for Farming,Forestry, Animal Husbandry and Fishery
1952	111.86	112.27	216.67	110.21	114.29	
1978	99.38	103.39	88.78	95.51	86.86	
1980	111.02	119.12	114.88	105.82	91.59	
1985	111.11	104.73	123.76	109.77	111.32	
1990	104.86	105.21	87.49	105.77	127.34	
1995	99.78	97.20	102.30	102.49	78.74	
1996	103.91	111.81	105.22	96.11	93.07	
1997	105.69	106.03	102.60	105.76	60.33	
1998	104.52	103.43	102.31	105.97	88.30	
1999	100.23	97.54	138.88	101.13	105.30	
2000	97.46	90.67	103.65	104.30	117.16	
2001	105.38	106.51	100.30	104.51	159.18	
2002	103.45	98.52	145.81	105.17	98.53	
2003	102.96	102.33	82.70	106.07	73.60	98.36
2004	103.70	104.32	71.76	105.58	77.32	106.02
2005	105.37	104.07	97.45	107.14	89.18	99.95
2006	100.36	97.88	113.68	104.11	168.14	68.29
2007	104.79	105.29	98.44	104.93	105.95	99.56
2008	104.51	108.90	104.43	101.40	130.28	101.33
2009	105.80	106.03	112.57	105.69	49.62	102.79
2010	106.65	109.40	129.04	104.09	173.04	105.01
2011	104.80	106.48	110.48	103.09	161.84	102.45
2012	105.44	105.65	109.61	104.81	279.17	105.61
2013	105.56	106.09	124.19	104.02	226.17	104.84
2014	105.44	106.62	116.43	103.51	175.58	104.73
2015	105.11	105.05	115.69	104.61	132.68	102.48
2016	105.44	105.54	111.38	104.93	118.86	104.00
2017	104.85	104.15	109.19	105.38	106.83	101.99

注：2006年数据根据农业普查结果已作了修订。

a) Data in 2006 were amended based on the results of the census of agriculture.

12−22 分项目农业总产值
Gross Output Value of Agriculture by Project

单位：万元 (10 000 yuan)

指 标	Item	按当年价格计算				
		2013	2014	2015	2016	2017
农林牧渔业总产值	**Total**	**3103020.3**	**3274916.4**	**3192653.8**	**3387977.1**	**3640973.6**
农业产值	**Farming**	**1405389.4**	**1442060.1**	**1449985.0**	**1555179.0**	**1623826.0**
谷物及其他作物	Cereal and Other Crops	706296.6	658662.2	620739.0	674468.3	696132.3
谷物	Cereal	164474.6	170049.5	177667.2	166573.3	160756.2
薯类	Tubers	242290.0	170320.8	160518.4	219412.6	244095.1
油料	Oil-bearing	169345.2	170320.8	141694.5	142005.6	139497.8
豆类	Beans	34170.5	31711.2	26600.6	26645.8	26815.3
棉花	Cotton					
麻类	Fiber Crops					
糖料	Sugar Crops	60.0	346.4	118.2	105.2	17.4
烟草	Tobacco	276.0	113.9			
其他农作物	Other Farm Crops	95680.3	115799.6	114140.1	119725.8	124950.5
蔬菜食用菌花卉园艺作物	Vegetables, Edible Fungi, Flowers and Plants, and Horticulture Crops	371250.4	406575.0	444766.5	437786.4	482466.6
蔬菜	Vegetables	362983.8	397231.3	434366.6	425114.7	468765.4
食用菌	Edible Fungi	4469.1	5621.6	6282.1	8153.1	7706.0
花卉	Flowers and Plants	2682.0	2325.0	2718.3	1863.8	2035.9
其他园艺作物	Other Horticulture Crops	1115.5	1397.1	1399.5	2654.8	3959.3
水果坚果香料原料	Fruits, Nuts, Spices Raw Materials	15314.2	17162.1	28791.0	53471.4	51661.7
中药材	Medicinal Meterials	312528.2	359660.8	355688.5	389452.9	393565.4
林业产值	**Forestry**	**56767.9**	**66092.2**	**74330.2**	**82775.1**	**90381.9**
林木的培育和种植	Forest of Cultivate and Raise					
育种育苗	Breeding of Seedlings	6133.2	5898.5	10280.9	5916.0	6256.0
造林	Afforestation	30511.1	37122.4	42589.6	56024.1	56719.5
抚育和管理	Tending and Management	12126.7	17167.5	16777.5	16297.6	23103.1
竹木采运	Wood Harvesting	1068.8	2091.4	1298.8	1584.2	1393.8
林产品	Forest Products	6927.9	3812.4	3383.4	2953.2	2909.5
牧业产值	**Animal Husbandry**	**1579041.2**	**1691371.3**	**1583746.6**	**1657165.1**	**1829822.0**
牲畜饲养	Number of Livestock	1321615.4	1440651.8	1354365.8	1400772.0	1544787.1
牛的饲养	Cattle and Buffaloes	504870.7	537477.5	404664.6	494658.5	526076.4
羊的饲养	Sheep and Goats	557111.6	604040.0	587637.3	549591.1	649823.7
其他牲畜饲养	Other Livestock	10182.0	12065.9	51030.7	72160.7	72160.7
奶产品	Milk Products	221193.2	257025.2	283838.7	257317.8	269908.2
毛绒产品	Down Products	28257.9	30043.2	27194.5	27043.9	26818.1
其他牲畜副产品	Other by-products					
猪的饲养	Hogs	212241.5	203034.9	180187.6	200593.0	224701.5
家禽饲养	Poultry	39674.4	43260.6	43332.5	49434.5	54070.2
狩猎和捕捉动物	Hunting Animal	387.3	740.1	968.6	970.1	785.8
其他畜牧业	Other Animal Husbandry	5122.6	3683.9	4892.1	5395.5	5477.4
渔业产值	**Fishery**	**12627.9**	**22171.7**	**27755.1**	**32526.2**	**34402.1**
农林牧渔服务业	**Services for Farming, Forestry, Animal Husbandry and Fishery**	**49193.9**	**53221.1**	**56836.9**	**60331.7**	**62541.6**

12-23 2012－2017年农业增加值(按当年价格计算)

Value-added of Agriculture (Calculated at Current Prices)(2012－2017)

单位：万元 (10 000 yuan)

指 标	Item	2012	2013	2014	2015	2016	2017
农业总产值	**Gross Output Value of Agriculture**	**2638613**	**3103020**	**3274916**	**3192654**	**3387977**	**3640974**
农业	Farming	1170875	1405389	1442060	1449985	1555179	1623826
林业	Forestry	45709	56768	66092	74330	82775	90382
牧业	Animal Husbandry	1370758	1579041	1691371	1583747	1657165	1829822
渔业	Fishery	5583	12628	22172	27755	32526	34402
农林牧渔服务业	Services for Farming, Forestry, Animal Husbandary and Fishery	45687	49194	53221	56837	60332	62542
中间消耗	**Between Consume**	**869557**	**1027134**	**1084575**	**1070457**	**1141093**	**1220579**
农业	Farming	475016	586935	589413	593804	637678	666007
林业	Forestry	16425	20730	24149	29213	32537	35528
牧业	Animal Husbandry	358001	396347	443678	417600	438599	485110
渔业	Fishery	1132	2636	5157	5929	6906	7648
农林牧渔服务业	Services for Farming, Forestry, Animal Husbandary and Fishery	18983	20486	22178	23911	25373	26286
增加值	**Value-added**	**1769056**	**2075886**	**2190341**	**2122197**	**2246884**	**2420395**
农业	Farming	695859	818454	852647	856181	917501	957819
林业	Forestry	29284	36038	41943	45117	50238	54854
牧业	Animal Husbandry	1012757	1182694	1247693	1166147	1218566	1344712
渔业	Fishery	4451	9992	17015	21826	25620	26754
农林牧渔服务业	Services for Farming, Forestry, Animal Husbandary and Fishery	26704	28708	31043	32926	34959	36256

12-24 主要年份农业经济效益主要指标
Major Indicators of Agriculture Economy Benefit in Main Years

年 份 Year	人均粮食产量(千克/人) Per Capita Output of Grain (kg/person)			人均油料产量(千克/人) Per Capita Output of Oil-bearing Corps (kg/person)			人均农业总产值(元/人) Per Capita Output of Gross Output Value of Agriculture (yuan/person)		
	按总人口 By Total Population	按乡村人口 By Rural Population	按农业从业人员 By Rural Employed Persons	按总人口 By Total Population	按乡村人口 By Rural Population	按农业从业人员 By Rural Employed Persons	按总人口 By Total Population	按乡村人口 By Rural Population	按农业从业人员 By Rural Employed Persons
1978	248	326	875	12	16	44	476	626	1663
1980	254	341	883	19	25	65	492	658	1701
1985	246	343	894	25	34	88	585	808	2109
1990	258	361	952	27	38	100	576	806	2127
1995	239	362	854	34	51	121	591	854	2111
1996	254	371	886	35	51	122	601	880	2099
1997	257	383	911	37	55	131	626	930	2214
1998	255	379	908	42	62	149	645	957	2295
1999	203	303	706	56	84	194	637	951	2212
2000	160	244	577	38	57	135	613	933	2210
2001	197	298	714	44	66	159	638	962	2309
2002	173	261	656	44	67	168	653	987	2478
2003	163	250	644	49	75	194	662	1017	2620
2004	164	250	671	54	82	219	680	1034	2777
2005	172	261	724	59	89	247	1731	2632	7305
2006	174	269	768	51	79	225	1783	2764	7874
2007	180	275	827	58	89	267	2198	3373	10121
2008	184	277	844	64	96	292	2767	4180	12719
2009	184	276	846	66	98	301	2823	4228	12951
2010	183	270	843	66	98	305	3592	5323	16638
2011	182	271	875	63	95	305	4062	6058	19543
2012	177	264	883	61	91	306	4604	6851	22956
2013	177	265	889	56	84	283	5370	8041	26936
2014	180	266	906	54	80	272	5613	8319	28305
2015	175	259	882	52	77	262	5426	8049	27426
2016	174	261	896	51	76	260	5709	8550	29333
2017	168	253	863	49	74	253	6085	9149	31195

注：人均产值2004年以前按1990年不变价格计算，2005年后按当年价格计算。

a) Per capita output of gross output value of agriculture had been calculated at 1990 constant prices before 2004, and calculated at the current price since 2005.

主要统计指标解释

农林牧渔业总产值　指以货币表现的农、林、牧、渔业全部产品和对农林牧渔业生产活动进行的各种支持性服务活动的价值总量，它反映一定时期内农林牧渔业生产总规模和总成果。1957 年以前的农林牧渔业总产值中包括了厩肥和农民自给性手工业（如农民自制衣服、鞋、袜，自己从事粮食初步加工等）。1958 年及以后，林业中增加了村及村以下竹木采伐产值；牧业中取消了厩肥产值；副业中取消了农民自给性手工业产值，增加了村及村以下办的工业产值；渔业中增加了海洋捕捞水产品产值。1980 年及以后，在副业中增加了农民家庭兼营工业商品部分的产值。从 1984 年起村及村以下工业产值划归工业。从 1993 年起取消副业，将野生动物的捕猎划入牧业，野生植物采集和农民家庭兼营商品性工业划归农业。从 2003 年起，执行新的国民经济行业分类标准，农林牧渔业总产值中包括了农林牧渔服务业产值。林业中增加了森林采运业产值。农业中取消了家庭兼营商品性工业产值，将野生林产品的采集划归林业。第一次农业普查以后，由于畜牧业产品年报数据与普查数据之间存在一定的差距，国家统计局农调总队对畜牧业年报数据与普查数据进行衔接，对畜牧业产值进行相应调整。

农林牧渔业总产值的计算方法通常是按农、林、牧、渔业产品及其副产品的产量分别乘以各自单位产品价格求得；少数生产周期较长，当年没有产品或产品产量不易统计的，则采用间接方法匡算其产值；然后将四业产品产值及农林牧渔服务业产值相加即为农林牧渔业总产值。

粮食产量　指全社会的产量。包括国有经济经营的、集体统一经营的和农民家庭经营的粮食产量，还包括工矿企业办的农场和其他生产单位的产量。粮食除包括稻谷、小麦、玉米、高粱、谷子及其他杂粮外，还包括薯类和豆类。其产量计算方法，豆类按去豆荚后的干豆计算；薯类（包括甘薯和马铃薯，不包括芋头和木薯）1963 年以前按每 4 公斤鲜薯折 1 公斤粮食计算，从 1964 年开始改为按 5 公斤鲜薯折 1 公斤粮食计算。城市郊区作为蔬菜的薯类（如马铃薯等）按鲜品计算，并且不作粮食统计。其他粮食一律按脱粒后的原粮计算。1989 年以前全国粮食产量数据主要靠全面报表取得，1989 年开始使用抽样调查数据。

油料产量　指全部油料作物的生产量。包括花生、油菜籽、芝麻、向日葵籽、胡麻籽（亚麻籽）和其他油料。不包括大豆、木本油料和野生油料。花生以带壳干花生计算。

猪、牛、羊肉产量　指当年出栏并已屠宰、除去头蹄下水后带骨肉（即胴体重）的重量。包括全社会范围内的产量。1996 年前为各级逐级上报数据。1996 年第一次农业普查以后，由于畜牧业产品年报数据与普查数据之间存在一定的差距，国家统计局农调总队对畜牧业年报数据与普查数据进行衔接。1999 年以后，国家统计局在部分地区开展了猪、牛、羊、禽等主要畜禽品种的抽样调查，并用抽样数据作为国家定案数据使用。未开展抽样调查的地区和品种，仍使用各级统计部门逐级上报数据。

期初（末）畜禽存栏头（只）数　指报告期初（末）农村各种合作经济组织和国营农场、农民个人、机关、团体、学校、工矿企业、部队等单位以及城镇居民饲养的大牲畜、猪、羊、家禽等畜禽的存栏数。数据上报方式及数据调整情况同猪、牛、羊肉产量。

农作物播种面积　指实际播种或移植有农作物的面积。凡是实际种植有农作物的面积，不论种植在耕地上还是种植在非耕地上，均包括在农作物播种面积中。在播种季节基本结束后，因遭灾而重新改种和补种的农作物面积，也包括在内。它是反映我国耕地面积利用情况的一个重要指标。目前，农作物播种面积主要包括粮食、棉花、油料、糖料、麻类、烟叶、蔬菜和瓜类、药材和其他农作物九大类。

有效灌溉面积　指具有一定的水源，地块比较平整，灌溉工程或设备已经配套，在一般年景下，当年能够进行正常灌溉的耕地面积。在一般情况下，有效灌溉面积应等于灌溉工程或设备已经配备，能够进行正常灌溉的水田和水浇地面积之和。它是反映我国耕地抗旱能力的一个重要指标。

农用化肥施用量　指本年内实际用于农业生产的化肥数量，包括氮肥、磷肥、钾肥和复合肥。化肥施用量要求按折纯量计算数量。折纯量是指把氮肥、磷肥、钾肥分别按含氮、含五氧化二磷、含氧化钾的百分之百成份进行折算后的数量。复合肥按其所含主要成分折算。公式为：

折纯量＝实物量×某种化肥有效成份含量的百分比

农业机械总动力　指主要用于农、林、牧、渔业的各种动力机械的动力总和。包括耕作机械、排灌机械、收获机械、农用运输机械、植物保护机械、牧业机械、林业机械、渔业机械和其他农业机械〔内燃机按引擎马力折成瓦（特）计算、电动机按功率折成瓦（特）计算〕。不包括专门用于乡、镇、村、组办工业、基本建设、非农业运输、科学试验和教学等非农业生产方面用的动力机械与作业机械。这个指标的统计数据主要来源于农机部门。

Explanatory Notes on Main Statistical Indicators

Gross Output Value of Agriculture, Forestry, Animal Husbandry and Fishery refers to the total value of products of agriculture, forestry, animal husbandry and fishery, and total value of services in support of agriculture, forestry, animal husbandry and fishery activities. It reflects the total scale and results of agricultural production during a given period. Prior to 1957, China's gross agricultural output value included barnyard manure and handicraft products for self – consumption (clothes, shoes, stockings, and initial grain processing undertaken by peasants). Since 1958, cutting and felling of bamboo and trees by villages and other cooperative organizations under villages have been included in forestry; value of barnyard manure has been excluded from animal husbandry; self consumed handicrafts have not been included from sideline occupations, while the output value of industries run by villages and cooperative organizations under village has been included in sideline occupations; and the output value of fish catches by motor fishing boats has been added to fishery. Since 1980, the value of handicraft products made for sale by individuals in households has been added to sideline occupations. Since 1984, industries run by villages and under villages have been included in the sector of industry. Since 1993, the subdivision of sideline occupations has been cancelled, and the hunting of wild animals has been classified into animal husbandry, and the gathering of wild plants and commodity industry run by rural household have been included in farming. A new industrial classification of economic activities was introduced in 2003. Under the new classification, value of services to agriculture, forestry, animal husbandry and fishery is included in the gross output value of agriculture, value of wood felling and transport is included in forestry, value of industrial output by rural households is not included in agriculture, and the collection of wild forest products is taken from agriculture and included in forestry. The First Agriculture Census of China revealed some discrepancy between the production of animal products from the annual reports and that from the census. Efforts were made by the Rural Survey of NBS to adjust the output value of animal husbandry to make the figures from the annual reports consistent with the census data.

Gross output value of agriculture is obtained by multiplying the output of each product or by – product by its price, resulting in the output value of each single item. For a small number of products, annual output of which is not available or difficult to get due to the long production (growing) process involved, the output value is estimated through an indirect approach. The sum of output values of all products of agriculture, forestry, animal husbandry and fishery and services in support to those industries is then equal to the gross output value of agriculture.

Grain Output refers to the total output in the whole country including grains produced by State farms, collective units, rural households, as well as by farms affiliated to industrial and mining enterprises and other production units. Grain includes rice, wheat, corn, sorghum, millet and other miscellaneous grains as well as tubers and beans. Output of beans refers to dry beans without pods. The output of tubers (sweet potatoes and potatoes, not including taros and cassava) are converted into that of grain at the ratio 4:1, i. e. 4 kilograms of fresh tubers were equivalent to 1 kilogram of grain up to 1963. Since 1964 the ratio for conversion has been 5:1. Tubers supplied as vegetables (such as potatoes) in cities and suburbs are calculated as fresh vegetables and their output is not included in the output of grain. Output of all other grains refers to husked grain. Data on grain production before 1989 were obtained through the Comprehensive Statistical Reporting System. Since 1989, data from sample surveys are used.

Output of Oil – bearing Crops refers to the total production of oil – bearing crops of various kinds, including peanuts (dry, in shell), rapeseeds, sesame, sunflower seeds, flax seeds, and other oil – bearing crops. Soybeans, oil – bearing woody plants, and wild oil – bearing crops are not included.

Output of Pork, Beef, and Mutton refers to the meat of slaughtered hogs, cattle, sheep and goats with head, feet, and offal taken away. Data refers to the production of the whole country. The First Agricultural Census of China in 1996 revealed some discrepancy between the production of animal products from the annual reports and that from the census. Efforts were made by the Rural Survey Organization of the NBS to adjust the output value of animal husbandry to make the figures from the annual reports consistent with the census data. Since 1999, the NBS conducted sample surveys for the major animal husbandry products, such as hogs, cattle, sheep and goats and fowls, and the data from sample surveys are used as national finalized data. Those products, which are not covered by the sample survey, are still reported by statistical agencies level by level.

Number of Livestock or Poultry in Stock at Beginning (or End) of Period refers to the total number of large animals, pigs, sheep, fowls, etc. raised by rural cooperative organizations, State farms, rural individuals, government agencies, schools, industrial and mining enterprises, army, and urban residents at the beginning (or end) of the reference period. Data reporting system and data adjustment are the same as that in the output of pork, beef and mutton.

Sown Area of Crops refers to area of land sown or transplanted with crops regardless of being in cultivated area or non – cultivated area. Area of land re – sown due to natural disasters is also included. This is an important indicator that can reflect the utilization condition of the cultivated land in China. At present, the sown area of crops mainly include the following 9 categories of crops: grain, cotton, oil – bearing crops, sugar crops, flax crops, tobacco, vegetables and melons, medicinal materials and other farm crops.

Irrigated Area refers to area of land that are effectively irrigated, i. e. relatively level land, where there are water sources or complete sets of irrigation facilities to lift and move adequate water for irrigation purpose under normal conditions. Under normal situations, irrigated area is the sum of watered fields and irrigated fields where irrigation systems or equipment have been installed for regular irrigation purpose. This important indicator reflects drought resistance capacity of the cultivated land in China.

Consumption of Chemical Fertilizers in Agriculture refers to the quantity of chemical fertilizers applied in agriculture in the year, including nitrogenous fertilizer, phosphate fertilizer, potash fertilizer, and compound fertilizer. The consumption of chemical fertilizers is calculated in terms of volume of effective components by means of converting the gross weight of the respective fertilizers into weight containing effective component (e. g. nitrogen content in nitrogenous fertilizer, phosphorous pentoxide contents in phosphate fertilizer, and potassium oxide contents in potash fertilizer). Compound fertilizer is converted in regard to its major components. The formula is:

Volume of effective component = physical quantity × effective component of certain chemical fertilizer (%)

Total Power of Agricultural Machinery refers to total mechanical power of machinery used in agriculture, forestry, animal husbandry and fishery, including machinery for ploughing, irrigation and drainage, harvesting, transport, plant protection, animal husbandry, forestry and fishery and other agricultural machineries. (For the power of internal combustion engines, it is converted from its horsepower into watts while for electric motors the output power is converted into watts.) Machinery employed for non – agricultural purposes, such as the machines used in township – run and village – run industry, construction, non – agricultural transport, scientific experiments and teaching, are not included. Data are mainly from agricultural machinery agencies.

第 13 篇

CHAPTER 13

工　业

Industry

规模以上工业增加值增速

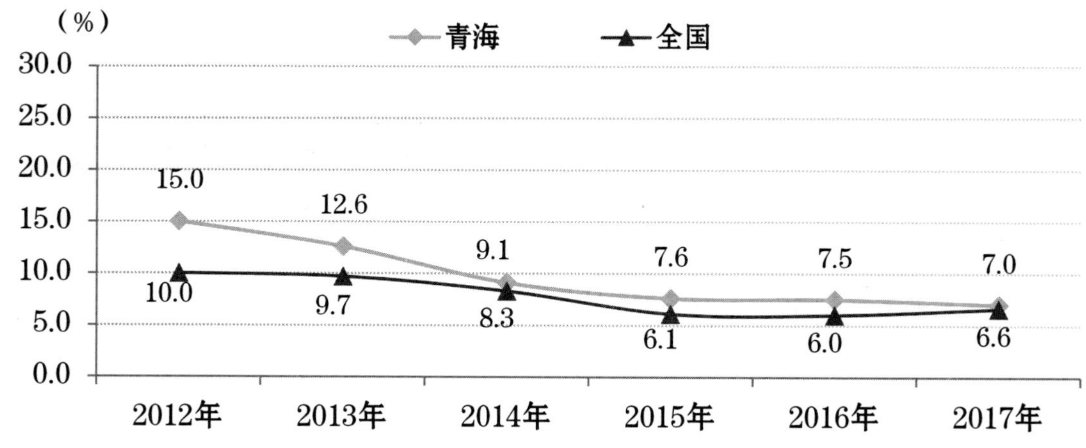

主要工业产品产量

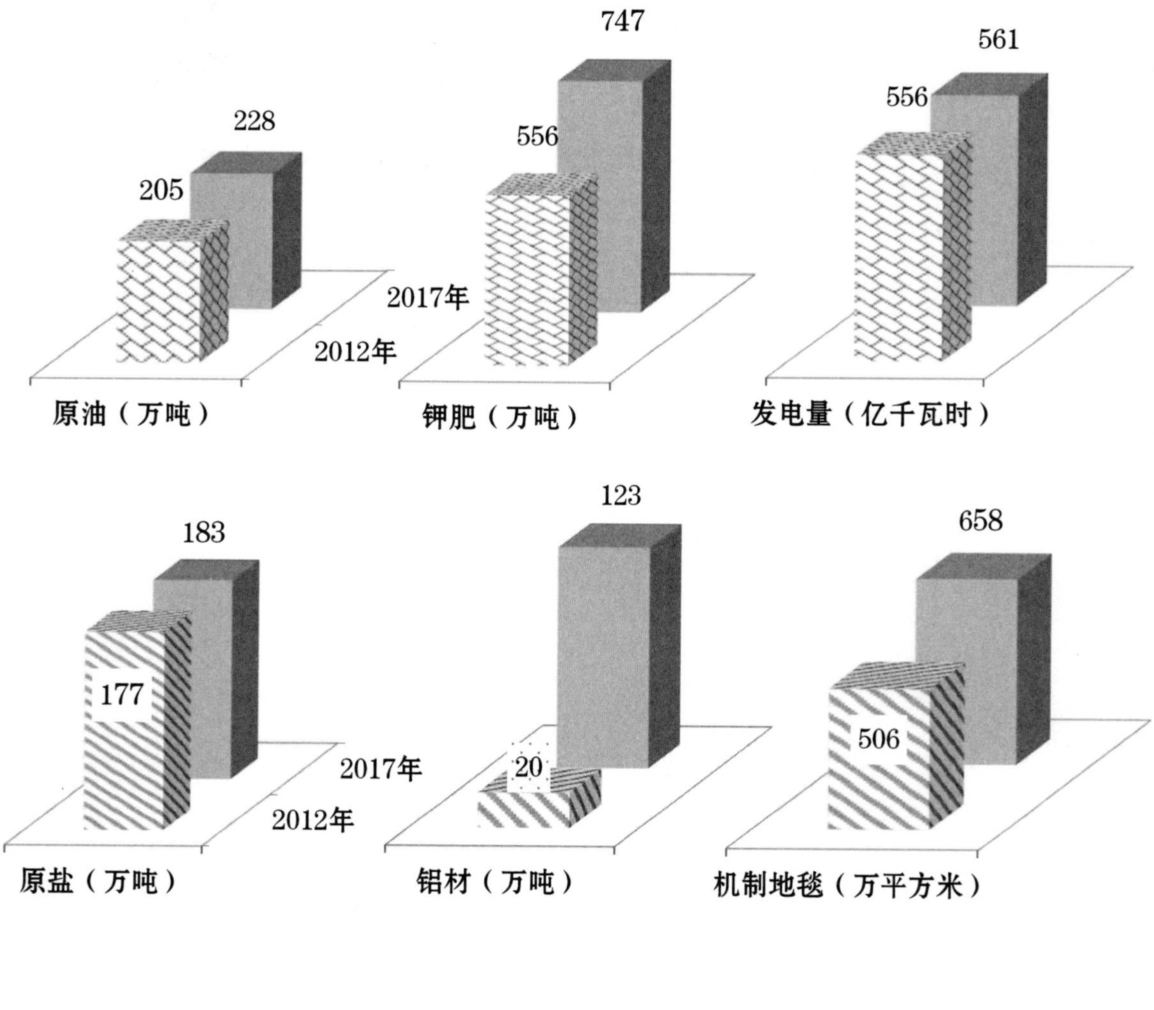

13−1 2016−2017年规模以上工业企业基本情况

Basic Condition of Industrial Enterprises above Designated Size (2016-2017)

指　标	Item	2016 企业单位数(个) Number of Enterprises (unit)	2016 工业总产值(万元) Gross Industrial Output Value (10 000 yuan)	2017 企业单位数(个) Number of Enterprises (unit)	2017 工业总产值(万元) Gross Industrial Output Value (10 000 yuan)
规模以上工业企业(下同)	**Industrial Enterprises above Designated Size**	**593**	**28355630**	**569**	**24942917**
按登记注册类型分	**By Status of Registration**				
内资企业	Domestic Funded	568	26999399	545	24125588
国有企业	State-owned Enterprises	8	2464446	6	2719521
中央企业	Central	1	2425084	1	2687301
地方企业	Local	7	39362	5	32220
集体企业	Collective-owned Enterprises	2	3852	1	6139
股份合作企业	Cooperative Enterprises	2	234548	2	102439
有限责任公司	Limited Liability Corporations	258	11126068	242	9147916
国有独资公司	State Sole funded Corporations	30	1319682	30	2148244
其他有限责任公司	Other Limited Liability Corporations	228	9806387	212	6999672
股份有限公司	Share-holding Corporations Limited	30	5565529	35	6116010
私营企业	Private Enterprises	267	7604957	258	6023386
私营独资企业	Private-funded Enterprises	4	29456	1	1876
私营合伙企业	Private Partnership Enterprises	1	84971	1	30796
私营有限责任公司	Private Limited Liability Corporations	248	6916804	244	5679970
私营股份有限公司	Private Share-holding Corporations Ltd.	14	573726	12	310744
其他企业	Other Eenterprises	1		1	10177
港、澳、台商投资企业	Enterprises with Funds from Hong Kong, Macao and Taiwan	10	781409	12	699703
合作经营企业(港或澳、台资)	Cooperative Enterprises				
合资经营企业（港或澳、台资）	Joint-ventures Enterprises	6	263810	6	120460
港澳台商独资经营企业	Enterprises with Sole Investment	4	517599	5	574905
港澳台商投资股份有限公司	Share-holding Corporations Ltd.			1	4338
外商投资企业	Foreign Funded Enterprises	15	574822	12	117627
中外合资经营企业	Joint-venture Enterprises	9	506851	7	84072
中外合作经营企业	Cooperation Enterprises	2	48140	1	7269
外资企业	Enterprises with Sole Funds	3	17137	3	23421
外商投资股份有限公司	Share-holding Corporations Ltd.	1	2695	1	2865
亏损企业	**Loss-making Enterprises**	**164**	**6142525**	**168**	**5597226**
国有控股企业	**State-holding Enterprises**	**138**	**13105143**	**138**	**13391075**
按轻重工业分	**Grouped by Light & Heavy Industries**				
轻工业	Light Industry	184	5261975	170	3552914
重工业	Heavy Industry	409	23093656	399	21390003
按企业规模分	**Grouped by Size of Enterprises**				
大型企业	Large Enterprises	23	10352783	22	11318133
中型企业	Medium-sized Enterprises	90	7150928	87	5508065
小型企业	Small Enterprises	480	10851919	460	8116719
微型企业	Micro Enterprises	69	595920	80	844696

注：1.规模以上工业企业是指主营业务收入在2000万元以上的工业企业(下同)。
2.工业总产值按当年价格计算。
a)Industrial enterprises above designated size are those with annual revenue from principal business over 20 million yuan.The same applies to the tables following.
b)Gross industrial output value is calculated at current prices.

13-2 2012-2017年规模以上工业企业增加值增速及比重

Growth Rate and Proportion of Value-added of Industry of Industrial Enterprises above Designated Size(2012-2017)

单位：% (%)

类 型	Type	2012	2013	2014	2015	2016	2017
工业增加值比上年增长	**Value-added of Industry Growth over the Previous Year**	**15.0**	**12.6**	**9.1**	**7.6**	**7.5**	**7.0**
在总计中：	Categories of the Total						
轻工业	Light Industry	32.2	19.5	30.0	18.0	13.6	22.8
重工业	Heavy Industry	13.8	11.9	5.9	6.3	6.2	4.5
在总计中：	Categories of the Total						
国有企业	State-owned Enterprises	7.6	9.4	-15.5	-6.9	9.6	5.4
集体企业	Collective-owned Enterprises	9.9	-21.7	-23.3	17.2	-9.3	107.3
股份合作企业	Cooperative Enterprises	-16.0	-3.3	42.6	41.6	20.2	181.1
股份制企业	Joint-stock Enterprises	17.8	13.5	9.7	7.7	7.4	7.7
外商及港澳台投资企业	Enterprises with Funds from Hong Kong,Macao	-10.2	5.8	19.9	23.3	5.7	-12.6
其他经济类型	Other Enterprises	0.1	17.3	-16.1	22.1	2.3	1.0
在总计中：	Categories of the Total						
国有控股企业	State-holding Enterprises	10.1	9.2	3.5	3.0	2.5	4.5
在总计中：	Categories of the Total						
非公有工业	Non-public-owned Industries	26.5	16.2	12.5	13.3	12.0	11.7
在总计中：	Categories of the Total						
大中型工业企业	Large and Medium-sized Industrial Enterprises	11.1	5.8	2.0	0.9	2.0	5.0
国有企业	State-owned Enterprises	6.2	7.9	-16.9	-9.5	-1.7	4.1
在总计中：	Categories of the Total						
私营企业	Private Enterprises	20.2	21.3	10.6	12.2	8.9	13.9
工业增加值占比	**Value-added of Industry Proportion**						
在总计中：	Categories of the Total						
轻工业	Light Industry	8.1	9.6	12.8	16.4	19.1	14.6
重工业	Heavy Industry	91.9	90.4	87.2	83.6	80.9	85.4
在总计中：	Categories of the Total						
国有企业	State-owned Enterprises	15.0	11.6	6.2	5.4	6.0	6.5
集体企业	Collective-owned Enterprises	0.1	0.1	…	…	…	…
股份合作企业	Cooperative Enterprises	0.6	0.5	0.5	0.9	1.1	0.3
股份制企业	Joint-stock Enterprises	81.3	82.5	88.6	87.7	87.1	89.6
外商及港澳台投资企业	Enterprises with Funds from Hong Kong,Macao	2.5	4.1	4.6	5.2	5.0	3.4
其他经济类型	Other Enterprises	0.5	1.2	0.1	0.7	0.8	0.2
在总计中：	Categories of the Total						
国有控股企业	State-holding Enterprises	51.3	45.6	44.3	42.2	41.3	51.3
在总计中：	Categories of the Total						
非公有工业	Non-public-owned Industries	39.1	44.2	46.2	48.5	48.8	40.8
在总计中：	Categories of the Total						
大中型工业企业	Large and Medium-sized Industrial Enterprises	65.6	62.4	59.5	56.6	55.6	61.3
国有企业	State-owned Enterprises	10.3	10.2	5.5	4.3	4.6	5.6
在总计中：	Categories of the Total						
私营企业	Private Enterprises	10.5	21.8	23.4	26.2	26.5	20.8

注：本表比上年增长数按不变价格计算。

a)The growthrate over the previous year in this table arecalculated at constant prices.

13-3 按行业分规模以上工业企业工业增加值增速及比重(2017年)
By industry sector that Growth rate and Proportion of Value -added of Industry of Industrial Enterprises above Designated Size(2017)

指　标	Item	比上年增长 (%) Growth over the Previous Year (%)	占总量比重 (%) Proportion of Total of Total (%)
合计	**Total**	**7.0**	**100.00**
煤炭开采和洗选业	Mining and Washing of Coal	-26.5	0.95
石油和天然气开采业	Extraction of Petroleum and Natural Gas	4.8	10.48
黑色金属矿采选业	Mining and Processing of Ferrous Metal Ores	-44.4	0.05
有色金属矿采选业	Mining and Processing of Non-Ferrous Metal Ores	-40.0	1.66
非金属矿采选业	Mining and Processing of Non-metal Ores	-75.0	0.36
其他采矿业	Mining of Other Ores		
开采辅助活动	Support Activities for Mining	36.7	0.46
农副食品加工业	Processing of Food from Agricultural Products	3.3	2.30
食品制造业	Manufacture of Foods	50.2	1.95
酒、饮料和精制茶制造业	Manufacture of Liquor, Beverages and Refined Tea	39.8	2.20
纺织业	Manufacture of Textile	29.9	0.47
纺织服装、服饰业	Manufacture of Textile, Wearing Apparel and Accessories	9.9	0.65
皮革、毛皮、羽毛及其制品和制鞋业	Manufacture of Leather, Fur, Feather and Related Products and Footwear	1.0	
木材加工和木、竹、藤、棕、草制品业	Processing of Timber, Manufacture of Wood, Bamboo, Rattan, Palm and Straw Products	73.4	0.05
家具制造业	Manufacture of Furniture	8.9	0.09
造纸和纸制品业	Manufacture of Paper and Paper Products	-8.0	0.02
印刷和记录媒介的复制业	Printing and Reproduction of Recording Media	43.5	0.34
文教、工美、体育和娱乐用品制造业	Manufacture of Articles for Culture, Education, Arts and Crafts, Sport and Entertainment Activities	-4.0	0.98
石油加工、炼焦和核燃料加工业	Processing of Petroleum, Coking and Processing of Nuclear Fuel	6.0	7.99
化学原料和化学制品制造业	Manufacture of Raw Chemical Materials and Chemical Products	7.2	12.75
医药制造业	Manufacture of Medicines	17.5	2.74
化学纤维制造业	Manufacture of Chemical Fibres	-100.0	
橡胶和塑料制品业	Manufacture of Rubber and Plastics Products	0.8	0.17
非金属矿物制品业	Manufacture of Non-metallic Mineral Products	7.8	4.23
黑色金属冶炼和压延加工业	Smelting and Pressing of Ferrous Metals	-1.0	5.86
有色金属冶炼和压延加工业	Smelting and Pressing of Non-ferrous Metals	6.7	16.63
金属制品业	Manufacture of Metal Products	43.3	0.37
通用设备制造业	Manufacture of General Purpose Machinery	28.2	0.82
专用设备制造业	Manufacture of Special Purpose Machinery	-59.6	0.16
汽车制造业	Manufacture of Automobiles	-33.6	0.16
铁路、船舶、航空航天和其他运输设备制造业	Manufacture of Railway, Ship, Aerospace and Other Transport Equipments	-0.9	0.13
电气机械和器材制造业	Manufacture of Electrical Machinery and Apparatus	20.2	4.68
计算机、通信和其他电子设备制造业	Manufacture of Computers, Communication and Other Electronic Equipment	43.8	0.08
仪器仪表制造业	Manufacture of Measuring Instruments and Machinery	8.4	0.17
其他制造业	Other Manufacture		
废弃资源综合利用业	Utilization of Waste Resources		
金属制品、机械和设备修理业	Repair Service of Metal Products, Machinery and Equipment	-92.2	…
电力、热力生产和供应业	Production and Supply of Electric Power and Heat Power	8.6	19.62
燃气生产和供应业	Production and Supply of Gas	-4.4	0.20
水的生产和供应业	Production and Supply of Water	2.0	0.21

注：1.本表为年快报数据，国民经济行业分类为GB/T4754—2011。
2.增长速度均按可比价格计算(价格缩减法)，根据当年企业增减变动后的行业数计算。
a)Data in this table are annual express report data. Classification of national economic industries is GB/T4754-2011.
b)Growth rate is calculated according to comparable prices (price reduction method), according to the number of sector after industrial enterprises changes increase or decrease in the same year.

13-4 工业循环经济重点行业总产值和增加值增速(2017年)
Gross Industrial Output Value and Value-added of Industry of Key Sectors of Industrial Circular Economy(2017)

指标名称	Item	工业总产值(万元) Gross Industrial Output Value (10 000yuan)	比上年增长(%) Growth Rate (%)	工业增加值 Value-added of Industry 增长(%) Growth Rate (%)	工业增加值 Value-added of Industry 占比(%) Value-added of I ndustry Proportion (%)
全省规模以上工业(快报)	**Industry above Designated Size (Express Report Forms)**	**2496.94**	**23.1**	**7.0**	**100.0**
十个循环经济重点行业	**Ten Key Sectors of Industrial Circular Economy**	**1422.55**	**20.2**	**7.9**	**71.2**
煤炭开采和洗选业	Mining and Washing of Coal	18.89	17.6	-26.5	0.9
石油和天然气开采业	Extraction of Petroleum and Natural Gas	109.61	22.1	4.8	10.5
黑色金属矿采选业	Mining and Processing of Ferrous Metal Ores	1.93	-34.7	-44.4	0.0
石油加工、炼焦和核燃料加工业	Processing of Petroleum, Coking and Processing of Nuclear Fuel	93.69	37.3	6.0	8.0
化学原料和化学制品制造业	Manufacture of Raw Chemical Materials and Chemical Products	350.88	21.4	7.2	12.8
非金属矿物制品业	Manufacture of Non-metallic Mineral Products	127.04	25.1	7.8	4.2
医药制造业	Manufacture of Medicines	56.30	24.5	17.5	2.7
黑色金属冶炼和压延加工业	Smelting and Pressing of Ferrous Metals	48.25	20.1	15.8	1.9
有色金属冶炼和压延加工业	Smelting and Pressing of Non-ferrous Metals	429.25	18.4	8.2	16.1
电力生产业	Production of Electric Power	186.71	11.0	8.9	14.1

注：1.黑色金属冶炼和压延加工业剔除铁合金冶炼，有色金属冶炼和压延加工业剔除铝冶炼，电力生产业剔除电力供应业。
2.增长率依据年度工业企业增减变动后的数据计算。

a)Smelting and pressing of ferrous metals excludes ferroalloy smelting, smelting and pressing of non-ferrous Metals excludes aluminum smelting, and production of electric power excludes supply of electric power.

b) Growth Rate is Calculated according to the data after the change of the industrial enterprises.

13-5 十大优势产业工业总产值和增加值增速(2017年)
The growth rate of the ten Superior industries output value and added value of Industry increased(2017)

单位：亿元、%　　(100 million yuan, %)

指标名称	Item	工业总产值 Gross Industrial Output Value		工业增加值 Value-added of Industry
		绝对量 Absolute Amount	比上年增长 Growth Over the Previous Year	比上年增长 Growth Over the Previous Year
全省规模以上工业企业	**Industrial Enterprises above Designated Size**	**2496.94**	**23.1**	**7.0**
十大优势产业	**Ten Superior Industries**			
新能源产业	New Energy Industrial	75.74	10.6	10.2
新材料产业	New Materials Industry	185.49	34.3	22.5
盐湖化工产业	Salt Lake Chemical	258.19	28.9	9.5
有色金属产业	Non-ferrous Metals	700.99	31.8	6.7
油气化工	Oil and Gas Chemical	73.54	16.6	4.2
煤化工	Coal Chemical	18.25	253.2	100.1
装备制造业	Equipment Manufacturing Industry	166.41	22.9	16.0
钢铁产业	Iron and Steel Industry	170.97	33.7	-1.0
轻工纺织业	Light Industry and Textile Industry	35.03	16.5	14.6
生物产业	Bio-industry	109.04	45.7	26.6

注：本表为快报数据，根据我省"十二五"规划界定。
a)Data in this table are from express report forms and defined according to the "12th Five-Year" plan of our province.

13-6 规模以上工业战略性新兴产业总产值及增加值占比(2017年)
Proportion of Industrial Strategic Emerging Industry above Designated Size(2017)

指标名称	Item	企业数(个) Number of Enterprises (unit)	工业总产值 Gross Industrial Output Value		工业增加值 Value-added of Industry	
			产值(亿元) Output Value (100 million yuan)	比重(%) Proportion (%)	增加值(亿元) Value-added (100 million) yuan)	比重(%) Proportion (%)
工业战略性新兴产业	**Industrial Strategic Emerging Industry**	**117**	**223.55**	**100.0**	**84.00**	**100.0**
节能环保产业	Energy-saving and Environmental Protection Industry	2	0.67	0.3	0.23	0.3
新一代信息技术产业	New Generation of Information-technology Industry	7	33.37	14.90	12.39	14.8
生物产业	Bio-industry	26	17.06	7.6	7.22	8.6
高端装备制造业	High-end Equipment Manufacturing Industry	3	12.01	5.4	2.84	3.4
新能源产业	New Energy Industry	75	107.95	48.3	51.12	60.8
新材料产业	New Materials Industry	3	37.03	16.6	3.39	4.0
新能源汽车	New Energy Vehicles	1	15.46	6.9	6.81	8.1

注：规模以上工业战略性新兴产业的界定依据《战略性新兴产业分类（2017）》
a)Definition of industrial strategic emerging industry above designated size is according to Classification of Industrial Strategic Emerging Industry(2017).

13－7 规模以上工业企业主要指标(2017年)

单位：万元

项　目	Item	企业单位数(个) Number of Enterprises (unit)	亏损企业 Lossmaking Enterprises
总计	**Total**	**569**	**168**
国有控股企业	State-holding Enterprises	138	30
轻工业	Light Industry	170	40
重工业	Heavy Industry	399	128
大型企业	Large Enterprises	22	5
中型企业	Medium-sized Enterprises	87	32
小型企业	Small Enterprises	460	131
微型企业	Micro Enterprises	80	20
按登记注册类型分	**By Status of Registration**		
国有企业	State-owned Enterprises	6	3
集体企业	Collective-owned Enterprises	1	
股份合作企业	Cooperative Enterprises	2	1
有限责任公司	Limited Liability Corporations	242	70
股份有限公司	Share-holding Corporations Limited	35	7
私营企业	Private Enterprises	258	81
其他企业	Other Enterprises	1	
港、澳、台商投资企业	Enterprises with Funds from Hong Kong, Macao and Taiwan	12	1
外商投资企业	Foreign Funded Enterprises	12	5
按工业行业分	**Grouped by Sector**		
采掘业	**Mining**		
煤炭开采和洗选业	Mining and Washing of Coal	12	4
石油和天然气开采业	Extraction of Petroleum and Natural Gas	1	
黑色金属矿采选业	Mining and Processing of Ferrous Metal Ores	3	2
有色金属矿采选业	Mining and Processing of Non-Ferrous Metal Ores	9	2
非金属矿采选业	Mining and Processing of Non-metal Ores	7	2
制造业	**Manufacturing**		
农副食品加工业	Processing of Food from Agricultural Products	52	10
食品制造业	Manufacture of Foods	27	5
酒、饮料和精制茶制造业	Manufacture of Liquor, Beverages and Refined Tea	14	4
纺织业	Manufacture of Textile	7	2
纺织服装、服饰业	Manufacture of Textile, Wearing Apparel and Accessories	7	2
木材加工和木、竹、藤、棕、草制品业	Processing of Timber.Manufacture of Wood, Bamboo,Rattan,Palm and Straw Products	1	
家具制造业	Manufacture of Furniture	1	
造纸和印刷	Manufacture of Paper and Printing	1	
印刷和记录媒介复制业	Printing and Reproduction of Recording Media	5	2
文教、工美、体育和娱乐用品制造业	Manufacture of Articles for Culture, Education, Arts and Crafts,Sport and Entertainment Activities	7	3
石油加工、炼焦和核燃料加工业	Processing of Petroleum, Coking and Processing of Nuclear Fuel	4	3
化学原料和化学制品制造业	Manufacture of Raw Chemical Materials and Chemical Products	68	27
医药制造业	Manufacture of Medicines	30	5
橡胶和塑料制品业	Manufacture of Rubber and Plastics Products	8	1
非金属矿物制品业	Manufacture of Non-metallic Mineral Products	71	24
黑色金属冶炼和压延加工业	Smelting and Pressing of Ferrous Metals	32	12
有色金属冶炼和压延加工业	Smelting and Pressing of Non-ferrous Metals	47	20
金属制品业	Manufacture of Metal Products	8	5
通用设备制造业	Manufacture of General Purpose Machinery	6	3
专用设备制造业	Manufacture of Special Purpose Machinery	4	
汽车制造业	Manufacture of Automobiles		
铁路、船舶、航空航天和其他运输设备制造业	Manufacture of Railway, Ship, Aerospace and Other Transport Equipments	1	
电气机械和器材制造业	Manufacture of Electrical Machinery and Apparatus	27	12
计算机、通信和其他电子设备制造业	Manufacture of Computers, Communication and Other Electronic Equipment	3	2
仪器仪表制造业	Manufacture of Measuring Instruments and Machinery	2	
其他制造业	Other Manufacture		
废弃资源综合利用业	Utilization of Waste Materials	1	
金属制品、机械和设备修理业	Repair Service of Metal Products, Machinery and Equipment		
电力、燃气及水的生产和供应业	**Power, Gas and Water Production and Supply**		
电力、热力生产和供应业	Production and Supply of Electric Power and Heat Power	95	15
燃气生产和供应业	Production and Supply of Gas	5	1
水的生产和供应业	Production and Supply of Water	3	

Main Indicators of Industrial Enterprises above Designated Size(2017)

(10 000 yuan)

工 业 总产值 GrossIndustrial Output Value	资产总计 Total Assets	流动资产 合 计 Total Working Capitals	固定资产 合 计 Total Fixed Assets	固定资产 原 价 Original Value of Fixed Assets	累计折旧 Accumulated Depreciation	本年折旧 Depreciation Charge for the Year
24942917	**64669200**	**18998559**	**30368117**	**48756469**	**17116072**	**2680587**
13391075	46888176	11307877	23780660	37841514	13020040	1844881
3552914	4106774	1933108	1622041	3115603	1497427	292127
21390003	60562426	17065451	28746077	45640867	15618645	2388461
11318133	34089595	7928135	18195269	29688844	10911278	1433710
5508065	13811496	5034832	5228152	8999819	3511369	656955
8116719	16768109	6035592	6944697	10067807	2693425	589923
844696	3921792	1053009	1494848	2110119	471490	133152
2719521	4354364	469854	3428738	5860054	2430787	359105
6139	2297	2297				
102439	123853	60057	29646	46208	16562	2998
9147916	28821317	8630576	13888090	21797725	6853227	1168111
6116010	20750808	5293333	8965849	14464359	5245342	596096
6023386	8562165	3864241	3556327	5840414	2323099	500015
10177	2978	2859	119	403	284	45
699703	1772435	600577	303384	437626	119347	33244
117627	278984	74766	195964	309681	127423	20973
243433	1479649	718443	238053	379357	108866	11377
1852545	4035608	898093	2812950	5552587	2545404	306572
22078	419800	131419	223511	258196	52239	5979
263572	688857	344817	171372	345546	105409	18465
63070	167526	95192	31397	96138	51324	4902
599599	737779	401169	264178	354633	116317	26659
719222	678720	253532	302746	342704	45665	27371
465990	489515	218324	76936	181584	42695	10581
118783	196886	103383	93042	264403	171227	27299
152125	190809	77518	104977	167795	63320	17730
2058	618	358	260	260		
28883	9858	2704	7154	37070	29916	4436
4168	1717	407	1110	1261	151	151
62014	25417	14319	11093	19497	6339	1314
139519	170546	84650	82255	267986	186577	27923
198483	422399	135586	219667	365954	131977	17775
3628263	15458719	4458389	6339685	8649816	2107610	484873
482908	555707	241873	239905	298110	49372	15831
32535	43468	30312	11660	19658	8267	1907
1245672	2980032	1139265	1576851	2301096	720901	101380
1684003	3755796	1268938	1418963	2193437	788341	80672
6552230	9271525	3505638	2462321	4828259	2220635	263724
116046	181722	124638	54583	66144	12022	3256
171252	424343	263433	133852	159648	47311	13064
136692	142116	88539	37473	44322	8292	1645
35245	11604	6013	5591	18632	13041	2217
1036350	1190377	643183	470239	1215117	748948	133557
79677	32875	11461	10378	8073	1079	975
37645	25615	18917	5441	14091	8649	828
14672	44381	31072	10085	13468	3382	442
4685966	20482195	3532836	12821163	20149388	6651844	1060198
43287	137321	57688	57208	59020	16909	2832
24934	215700	96454	72020	83221	52045	4655

13−7 续表1

单位：万元

项　目	Item	负债合计 Total Liabilities	流动负债合计 Total Working Liabilities
总计	**Total**	**43550791**	**25492721**
国有控股企业	State-holding Enterprises	32001778	17562388
轻工业	Light Industry	2195794	1585020
重工业	Heavy Industry	41354997	23907701
大型企业	Large Enterprises	22490186	11795507
中型企业	Medium-sized Enterprises	9608295	6952134
小型企业	Small Enterprises	11452311	6745080
微型企业	Micro Enterprises	2785531	894846
按登记注册类型分	**By Status of Registration**		
国有企业	State-owned Enterprises	1842239	1574380
集体企业	Collective-owned Enterprises	1218	1218
股份合作企业	Cooperative Enterprises	58535	49185
有限责任公司	Limited Liability Corporations	20342324	11002968
股份有限公司	Share-holding Corporations Limited	14135104	7970842
私营企业	Private Enterprises	5415900	3902245
其他企业	Other Enterprises	2492	2389
港、澳、台商投资企业	Enterprises with Funds from Hong Kong, Macao and Taiwan	1585964	875945
外商投资企业	Foreign Funded Enterprises	167017	113550
按工业行业分	**Grouped by Sector**		
采掘业	**Mining**		
煤炭开采和洗选业	Mining and Washing of Coal	695989	601401
石油和天然气开采业	Extraction of Petroleum and Natural Gas	1802858	783064
黑色金属矿采选业	Mining and Processing of Ferrous Metal Ores	320663	281525
有色金属矿采选业	Mining and Processing of Non-Ferrous Metal Ores	288986	194459
非金属矿采选业	Mining and Processing of Non-metal Ores	112285	107166
制造业	**Manufacturing**		
农副食品加工业	Processing of Food from Agricultural Products	370132	255950
食品制造业	Manufacture of Foods	340552	202108
酒、饮料和精制茶制造业	Manufacture of Liquor, Beverages and Refined Tea	294781	261026
纺织业	Manufacture of Textile	109047	92127
纺织服装、服饰业	Manufacture of Textile, Wearing Apparel and Accessories	73851	49096
木材加工和木、竹、藤、棕、草制品业	Processing of Timber.Manufacture of Wood, Bamboo,Rattan,Palm and Straw Products	25	
家具制造业	Manufacture of Furniture	6932	2935
造纸和纸制品业	Manufacture of Paper and Paper Products	1017	1017
印刷和记录媒介复制业	Printing and Reproduction of Recording Media	14999	14894
文教、工美、体育和娱乐用品制造业	Manufacture of Articles for Culture, Education, Arts and Crafts,Sport and Entertainment Activities	100883	52541
石油加工、炼焦和核燃料加工业	Processing of Petroleum, Coking and Processing of Nuclear Fuel	310177	200309
化学原料和化学制品制造业	Manufacture of Raw Chemical Materials and Chemical Products	11110636	6585847
医药制造业	Manufacture of Medicines	230166	178360
橡胶和塑料制品业	Manufacture of Rubber and Plastics Products	32901	31521
非金属矿物制品业	Manufacture of Non-metallic Mineral Products	2362931	1697604
黑色金属冶炼和压延加工业	Smelting and Pressing of Ferrous Metals	3097074	2333728
有色金属冶炼和压延加工业	Smelting and Pressing of Non-ferrous Metals	7108041	5006617
金属制品业	Manufacture of Metal Products	139709	88520
通用设备制造业	Manufacture of General Purpose Machinery	232541	227154
专用设备制造业	Manufacture of Special Purpose Machinery	120173	70365
汽车制造业	Manufacture of Automobiles		
铁路、船舶、航空航天和其他运输设备制造业	Manufacture of Railway, Ship, Aerospace and Other Transport Equipments	1760	1003
电气机械和器材制造业	Manufacture of Electrical Machinery and Apparatus	824848	631672
计算机、通信和其他电子设备制造业	Manufacture of Computers, Communication and Other Electronic Equipment	13254	8381
仪器仪表制造业	Manufacture of Measuring Instruments and Machinery	4763	4561
其他制造业	Other Manufacture		
废弃资源综合利用业	Utilization of Waste Materials	23865	18965
金属制品、机械和设备修理业	Repair Service of Metal Products, Machinery and Equipment		
电力、燃气及水的生产和供应业	**Power, Gas and Water Production and Supply**		
电力、热力生产和供应业	Production and Supply of Electric Power and Heat Power	13252515	5420445
燃气生产和供应业	Production and Supply of Gas	66653	56908
水的生产和供应业	Production and Supply of Water	85784	31454

Continued

(10 000 yuan)

非流动负债合计 Total Non-current Liabilities	所有者权益合计 Total Owners' Equity	实收资本 Paid-up Capital	营业收入 Revenue of Operating	主营业务收入 Revenue from Principal Business	营业成本 Cost of Business	主营业务成本 Cost of Principal Business	税金及附加 Taxes and Other Charges	主营业务税金及附加 Tax and Extra Charges from Principal Business	其他业务利润 Other Operating Profit
16559977	**21067225**	**11127839**	**21854297**	**20805941**	**17794691**	**16876756**	**574357**	**491192**	**-31512**
13557645	14835221	7626095	13589379	12695249	10888180	10100589	481238	405047	-37424
434839	1910977	724862	2185397	2166763	1806346	1784724	26775	26359	1464
16125138	19156248	10402976	19668899	18639178	15988346	15092032	547582	464834	-32976
10688599	11599409	4826376	11491108	10702646	9229918	8526955	475329	402050	-41501
2402186	4203202	2985243	4585009	4460929	3856346	3771353	51038	49384	6858
3469192	5264615	3316220	5778180	5642366	4708427	4578449	47990	39759	3130
1173213	1085085	800121	518360	512024	334444	329176	8138	7809	-162
267860	2512124	1514106	2783615	2781758	2766436	2765726	6375	6002	
	1079	1000	6633	6633	5884	5884	1	1	
9350	65318	5706	38368	38368	34088	34088	776	775	
8413665	8454835	5978775	8234129	7997655	6519887	6322410	100434	96054	14464
6153835	6615704	1484164	5755308	4982788	4085353	3390636	433671	355643	-50609
1114046	3146261	1842656	4194531	4163391	3623885	3602268	29106	28795	4573
103	486	52	9698	9698	10053	10053	81	81	
553819	159449	222988	744854	740466	673903	672781	2643	2643	10
47299	111967	78393	87161	85184	75202	72909	1270	1199	50
93199	783660	170657	294097	276717	181563	165408	18976	18775	1532
1019794	2232750		1589793	1513429	850014	698176	317056	312703	-76439
39138	99137	85492	48923	48566	34971	34837	742	742	227
76728	372849	46374	263352	261934	98159	97006	11711	11711	
5119	55241	52970	58026	54353	36664	35173	2596	2596	2182
100229	367648	158634	470448	469655	421725	420725	307	307	578
49146	338167	74571	292026	291724	229176	228445	843	779	1
31556	194734	100865	186804	184090	121699	119142	20688	20688	522
15783	87839	27300	118321	118261	112277	112277	150	150	
18855	116957	37780	79408	78778	64469	61448	549	343	406
	593		2058	2058	1607	1607	0	0	
3997	2926	1770	28615	28615	25510	25510	83	83	
	700	100	2456	2456	2158	2158	4	4	
	10418	1456	58444	58438	55070	54567	137	64	
48343	69662	31051	150032	150032	142245	142245	625	625	
109130	112223	114573	182860	182039	141570	141048	1367	1305	266
3994202	4348083	1811458	3398793	2853004	2277512	1863715	129123	55185	5109
16240	325541	129689	225396	224967	134328	133982	1721	1721	-39
1380	10567	10814	32978	32891	28908	28508	518	518	87
613350	617100	575458	1010095	992873	817976	804379	6260	6207	694
749965	658721	575657	1718203	1684191	1565732	1535635	12909	12657	434
1777385	2163484	2129995	5771572	5457849	5511398	5252194	16980	14498	29053
51189	42013	34710	71997	69859	64433	62888	274	274	
5386	191803	56855	115375	115142	85284	85225	1483	1483	129
13501	21942	7989	38304	38304	33476	33476	12	11	
758	9844	2000	6036	6036	4956	4956	20	20	
164984	365529	188854	780134	763789	678727	662950	2096	1881	-3
4873	19621	17848	15258	15258	15561	15561	92	92	
202	20852	2500	12954	12953	10143	10143	182	182	1
4900	20517	6468	14672	14530	8389	8389	185	185	
7488632	7205524	4630843	4718200	4705494	3979258	3975798	26060	24871	3705
7684	70668	18680	70709	70444	46550	46361	283	283	46
54331	129916	24425	27960	27211	13184	12826	324	250	

13-7 续表2

单位：万元

项 目	Item	销售费用 Cost of Sales	管理费用 Management Expenses
总计	**Total**	**544311**	**974167**
国有控股企业	State-holding Enterprises	218168	634136
轻工业	Light Industry	107910	141043
重工业	Heavy Industry	436401	833124
大型企业	Large Enterprises	218209	527851
中型企业	Medium-sized Enterprises	155707	217527
小型企业	Small Enterprises	170395	228789
微型企业	Micro Enterprises	21831	17977
按登记注册类型分	**By Status of Registration**		
国有企业	State-owned Enterprises	231	16984
集体企业	Collective-owned Enterprises	443	196
股份合作企业	Cooperative Enterprises	411	2869
有限责任公司	Limited Liability Corporations	256761	291643
股份有限公司	Share-holding Corporations Limited	140740	460031
私营企业	Private Enterprises	126801	182106
其他企业	Other Enterprises		533
港、澳、台商投资企业	Enterprises with Funds from Hong Kong, Macao and Taiwan	15281	14942
外商投资企业	Foreign Funded Enterprises	3643	4863
按工业行业分	**Grouped by Sector**		
采掘业	**Mining**		
煤炭开采和洗选业	Mining and Washing of Coal	12561	21058
石油和天然气开采业	Extraction of Petroleum and Natural Gas	3971	176284
黑色金属矿采选业	Mining and Processing of Ferrous Metal Ores	6130	7653
有色金属矿采选业	Mining and Processing of Non-Ferrous Metal Ores	3519	19738
非金属矿采选业	Mining and Processing of Non-metal Ores	5223	11981
制造业	**Manufacturing**		
农副食品加工业	Processing of Food from Agricultural Products	11741	17939
食品制造业	Manufacture of Foods	15932	25692
酒、饮料和精制茶制造业	Manufacture of Liquor, Beverages and Refined Tea	23105	18732
纺织业	Manufacture of Textile	774	2052
纺织服装、服饰业	Manufacture of Textile, Wearing Apparel and Accessories	862	7304
木材加工和木、竹、藤、棕、草制品业	Processing of Timber.Manufacture of Wood, Bamboo,Rattan,Palm and Straw Products	201	140
家具制造业	Manufacture of Furniture	1096	1029
造纸和纸制品业	Manufacture of Paper and Paper Products	25	56
印刷和记录媒介复制业	Printing and Reproduction of Recording Media	451	2885
文教、工美、体育和娱乐用品制造业	Manufacture of Articles for Culture, Education, Arts and Crafts,Sport and Entertainment Activities	1248	4692
石油加工、炼焦和核燃料加工业	Processing of Petroleum, Coking and Processing of Nuclear Fuel	25308	15161
化学原料和化学制品制造业	Manufacture of Raw Chemical Materials and Chemical Products	195957	288425
医药制造业	Manufacture of Medicines	46933	23996
橡胶和塑料制品业	Manufacture of Rubber and Plastics Products	1443	1134
非金属矿物制品业	Manufacture of Non-metallic Mineral Products	60863	48654
黑色金属冶炼和压延加工业	Smelting and Pressing of Ferrous Metals	45478	56160
有色金属冶炼和压延加工业	Smelting and Pressing of Non-ferrous Metals	54920	107634
金属制品业	Manufacture of Metal Products	1651	4287
通用设备制造业	Manufacture of General Purpose Machinery	8010	17265
专用设备制造业	Manufacture of Special Purpose Machinery	139	2294
汽车制造业	Manufacture of Automobiles		
铁路、航舶、航空航天和其他运输设备制造业	Manufacture of Railway, Ship, Aerospace and Other Transport Equipments	411	461
电气机械和器材制造业	Manufacture of Electrical Machinery and Apparatus	6794	35674
计算机、通信和其他电子设备制造业	Manufacture of Computers, Communication and Other Electronic Equipment	472	1242
仪器仪表制造业	Manufacture of Measuring Instruments and Machinery	744	1656
其他制造业	Other Manufacture		
废弃资源综合利用业	Utilization of Waste Materials	292	1708
金属制品、机械和设备修理业	Repair Service of Metal Products, Machinery and Equipment		
电力、燃气及水的生产和供应业	**Power, Gas and Water Production and Supply**		
电力、热力生产和供应业	Production and Supply of Electric Power and Heat Power	3709	35946
燃气生产和供应业	Production and Supply of Gas	2800	6075
水的生产和供应业	Production and Supply of Water	1550	9165

Continued

(10 000 yuan)

财务费用 Financial Expenses	营业利润 Operating Profit	利润总额 Total Profits	所得税费用 Income Tax Expense	亏损企业亏损总额 The Total Loss of Loss-making Enterprises	利税总额 Total Profits and Taxes	本年应交增值税 Value Added Tax Payable
1135788	**843935**	**1011124**	**269354**	**451705**	**2179622**	**594141**
866754	496509	592567	214241	255047	1526463	452659
37673	83076	128594	2270	30348	193508	38138
1098115	760859	882530	267084	421357	1986114	556002
612325	421135	482599	214512	130006	1433555	475627
199840	134691	196986	20373	179808	366042	118018
323622	288110	331540	34469	141890	380025	496
95381	40332	40679	3544	16461	24746	-24070
19180	-23485	2990	5611	1537	8845	-519
1	107	106	27		108	
2514	-1621	-1612		2061	-141	695
664762	408174	457538	79338	244403	744604	186632
283711	347309	390822	167970	73046	1149354	324862
141711	98207	142708	14600	125591	237110	65296
26	-994	100			1330	1149
19492	18478	20025	1725	238	36230	13563
4390	-2241	-1551	83	4829	2181	2463
4885	57648	57557	8875	2735	107619	31086
20368	220623	251936			730168	161176
2547	-3122	-3430		5641	-735	1953
3329	124288	123412	1549	4232	163974	28850
580	6196	8846	-5019	1171	16180	4738
10617	8201	17602	382	2968	19665	1755
3920	16240	20876	730	4543	26719	4999
654	7826	7574	-2204	6501	35838	7576
2666	1131	1290		1421	1441	
769	4864	4944		1963	7257	1764
0	110	110			110	
399	498	498			582	1
1	211	211			240	25
223	72	564	19	703	1361	660
3268	-1900	104		563	1578	850
8175	-8745	-9145	255	10177	-7778	
281257	213608	229443	219810	132984	558933	200367
2862	15665	18131	1110	2844	33696	13843
666	309	353	112	125	2190	1319
71945	8638	29780	7557	64405	78108	42068
78916	-44578	-41102	3703	64319	-73	28120
119977	-29286	-20536	8048	73710	49094	52651
2726	-2052	-1654	-232	3468	613	1992
3398	-413	6534	287	1308	11255	3239
320	1914	2054	183		3082	1016
129	56	56			113	37
16792	51183	73456	3621	8620	83469	7918
137	-2245	-1066	5	1098	-448	525
26	204	281	26		1396	932
1260	2253	2365	214		4240	1691
493497	175578	203997	17791	56185	221281	-8776
503	14498	14728	1654	20	15740	729
-1025	4462	11356	879		12716	1037

13-8 地方规模以上工业企业主要指标(2017年)

单位：万元

项　目	Item	企业单位数(个) Number of Enterprises (unit)	亏损企业 Loss-making Enterprises
总计	**Total**	**543**	**163**
国有控股企业	State-holding Enterprises	112	25
轻工业	Light Industry	170	40
重工业	Heavy Industry	373	123
大型企业	Large Enterprises	17	4
中型企业	Medium-sized Enterprises	83	29
小型企业	Small Enterprises	443	130
微型企业	Micro Enterprises	75	19
按登记注册类型分	**By Status of Registration**		
国有企业	State-owned Enterprises	5	3
集体企业	Collective-owned Enterprises	1	
股份合作企业	Cooperative Enterprises	2	1
有限责任公司	Limited Liability Corporations	220	66
股份有限公司	Share-holding Corporations Limited	33	6
私营企业	Private Enterprises	258	81
其他企业	Other Enterprises	1	
港、澳、台商投资企业	Enterprises with Funds from Hong Kong, Macao and Taiwan	11	1
外商投资企业	Foreign Funded Enterprises	12	5
按工业行业分	**Grouped by Sector**		
采掘业	**Mining**		
煤炭开采和洗选业	Mining and Washing of Coal	12	4
黑色金属矿采选业	Mining and Processing of Ferrous Metal Ores	3	2
有色金属矿采选业	Mining and Processing of Non-Ferrous Metal Ores	9	2
非金属矿采选业	Mining and Processing of Non-metal Ores	7	2
制造业	**Manufacturing**		
农副食品加工业	Processing of Food from Agricultural Products	52	10
食品制造业	Manufacture of Foods	27	5
酒、饮料和精制茶制造业	Manufacture of Liquor, Beverages and Refined Tea	14	4
纺织业	Manufacture of Textile	7	2
纺织服装、服饰业	Manufacture of Textile, Wearing Apparel and Accessories	7	2
木材加工和木、竹、藤、棕、草制品业	Processing of Timber.Manufacture of Wood, Bamboo,Rattan,Palm and Straw Products	1	
家具制造业	Manufacture of Furniture	1	
造纸和纸制品业	Manufacture of Paper and Paper Products	1	
印刷和记录媒介复制业	Printing and Reproduction of Recording Media	5	2
文教、工美、体育和娱乐用品制造业	Manufacture of Articles for Culture, Education, Arts and Crafts, Sport and Entertainment Activities	7	3
石油加工、炼焦和核燃料加工业	Processing of Petroleum, Coking and Processing of Nuclear Fuel	4	3
化学原料和化学制品制造业	Manufacture of Raw Chemical Materials and Chemical Products	67	26
医药制造业	Manufacture of Medicines	30	5
橡胶和塑料制品业	Manufacture of Rubber and Plastics Products	8	1
非金属矿物制品业	Manufacture of Non-metallic Mineral Products	70	24
黑色金属冶炼和压延加工业	Smelting and Pressing of Ferrous Metals	31	12
有色金属冶炼和压延加工业	Smelting and Pressing of Non-ferrous Metals	44	19
金属制品业	Manufacture of Metal Products	8	5
通用设备制造业	Manufacture of Metal Products	6	3
专用设备制造业	Manufacture of Special Purpose Machinery	4	
汽车制造业	Manufacture of Automobiles		
铁路、船舶、航空航天和其他运输设备制造业	Manufacture of Railway, Ship, Aerospace and Other Transport Equipments	1	
电气机械和器材制造业	Manufacture of Electrical Machinery and Apparatus	27	12
计算机、通信和其他电子设备制造业	Manufacture of Computers, Communication and Other Electronic Equipment	3	2
仪器仪表制造业	Manufacture of Measuring Instruments and Machinery	2	
其他制造业	Other Manufacture		
废弃资源综合利用业	Utilization of Waste Materials	1	
金属制品、机械和设备修理业	Repair Service of Metal Products, Machinery and Equipment		
电力、燃气及水的生产和供应业	**Power, Gas and Water Production and Supply**		
电力、热力生产和供应业	Production and Supply of Electric Power and Heat Power	77	12
燃气生产和供应业	Production and Supply of Gas	4	1
水的生产和供应业	Production and Supply of Water	3	

Main Indicators of Local Industrial Enterprises above Designated Size (2017)

(10 000 yuan)

工业总产值 Gross Industrial Output Value	资产总计 Total Assets	流动资产合计 Total Working Capitals	固定资产合计 Total Fixed Assets	固定资产原价 Original Value of Fixed Assets	累计折旧 Accumulated Depreciation	本年折旧 Depreciation Charge for the Year
17485547	**44764460**	**15474764**	**16755079**	**25392465**	**7946477**	**1446582**
5933704	26983436	7784082	10167622	14477510	3850444	610876
3552914	4106774	1933108	1622041	3115603	1497427	292127
13932632	40657686	13541656	15133038	22276862	6449050	1154456
4684547	17625323	5162767	6770081	9693797	2532736	364200
5228199	12907133	4837363	4535757	7980810	3203186	612019
7572800	14232005	5474634	5449241	7717858	2210554	470364
823969	3761326	1008261	1394251	1970237	446368	127479
32220	207303	48304	154165	199522	44830	8229
6139	2297	2297				
102439	123853	60057	29646	46208	16562	2998
6742419	17438664	6543604	6574901	10264988	3024022	599138
3761207	16415795	4293464	5957383	8315763	2296238	282648
6023386	8562165	3864241	3556327	5840414	2323099	500015
10177	2978	2859	119	403	284	45
689934	1732422	585172	286574	415486	114018	32537
117627	278984	74766	195964	309681	127423	20973
243433	1479649	718443	238053	379357	108866	11377
22078	419800	131419	223511	258196	52239	5979
263572	688857	344817	171372	345546	105409	18465
63070	167526	95192	31397	96138	51324	4902
599599	737779	401169	264178	354633	116317	26659
719222	678720	253532	302746	342704	45665	27371
465990	489515	218324	76936	181584	42695	10581
118783	196886	103383	93042	264403	171227	27299
152125	190809	77518	104977	167795	63320	17730
2058	618	358	260	260		
28883	9858	2704	7154	37070	29916	4436
4168	1717	407	1110	1261	151	151
62014	25417	14319	11093	19497	6339	1314
139519	170546	84650	82255	267986	186577	27923
198483	422399	135586	219667	365954	131977	17775
3588316	15272293	4397086	6214561	8385711	2029930	478135
482908	555707	241873	239905	298110	49372	15831
32535	43468	30312	11660	19658	8267	1907
1177821	2870667	1125434	1484939	2170487	676029	95861
1612262	3657243	1228818	1384491	2105695	735070	70395
5250098	8538192	3259137	1988681	3677119	1539930	228566
116046	181722	124638	54583	66144	12022	3256
171252	424343	263433	133852	159648	47311	13064
136692	142116	88539	37473	44322	8292	1645
35245	11604	6013	5591	18632	13041	2217
1036350	1190377	643183	470239	1215117	748948	133557
79677	32875	11461	10378	8073	1079	975
37645	25615	18917	5441	14091	8649	828
14672	44381	31072	10085	13468	3382	442
572580	5780753	1284292	2763031	3993707	889510	191163
33518	97308	42284	40397	36880	11580	2126
24934	215700	96454	72020	83221	52045	4655

13-8 续表1

单位：万元

项 目	Item	负债合计 Total Liabilities	流动负债合 计 Total Working Liabilities
总计	**Total**	**31489746**	**19972857**
国有控股企业	State-holding Enterprises	19940732	12042524
轻工业	Light Industry	2195794	1585020
重工业	Heavy Industry	29293951	18387837
大型企业	Large Enterprises	13034575	8168742
中型企业	Medium-sized Enterprises	8826712	6528890
小型企业	Small Enterprises	9628459	5275225
微型企业	Micro Enterprises	2678451	876132
按登记注册类型分	**By Status of Registration**		
国有企业	State-owned Enterprises	71097	27971
集体企业	Collective-owned Enterprises	1218	1218
股份合作企业	Cooperative Enterprises	58535	49185
有限责任公司	Limited Liability Corporations	12090929	7867955
股份有限公司	Share-holding Corporations Limited	12109390	7145195
私营企业	Private Enterprises	5415900	3902245
其他企业	Other Enterprises	2492	2389
港、澳、台商投资企业	Enterprises with Funds from Hong Kong, Macao and Taiwan	1573169	863149
外商投资企业	Foreign Funded Enterprises	167017	113550
按工业行业分	**Grouped by Sector**		
采掘业	**Mining**		
煤炭开采和洗选业	Mining and Washing of Coal	695989	601401
黑色金属矿采选业	Mining and Processing of Ferrous Metal Ores	320663	281525
有色金属矿采选业	Mining and Processing of Non-Ferrous Metal Ores	288986	194459
非金属矿采选业	Mining and Processing of Non-metal Ores	112285	107166
制造业	**Manufacturing**		
农副食品加工业	Processing of Food from Agricultural Products	370132	255950
食品制造业	Manufacture of Foods	340552	202108
酒、饮料和精制茶制造业	Manufacture of Liquor, Beverages and Refined Tea	294781	261026
纺织业	Manufacture of Textile	109047	92127
纺织服装、服饰业	Manufacture of Textile, Wearing Apparel and Accessories	73851	49096
木材加工和木、竹、藤、棕、草制品业	Processing of Timber.Manufacture of Wood, Bamboo,Rattan,Palm and Straw Products	25	
家具制造业	Manufacture of Furniture	6932	2935
造纸和纸制品业	Manufacture of Paper and Paper Products	1017	1017
印刷和记录媒介复制业	Printing and Reproduction of Recording Media	14999	14894
文教、工美、体育和娱乐用品制造业	Manufacture of Articles for Culture, Education, Arts and Crafts,Sport and Entertainment Activities	100883	52541
石油加工、炼焦和核燃料加工业	Processing of Petroleum, Coking and Processing of Nuclear Fuel	310177	200309
化学原料和化学制品制造业	Manufacture of Raw Chemical Materials and Chemical Products	10924380	6401364
医药制造业	Manufacture of Medicines	230166	178360
橡胶和塑料制品业	Manufacture of Rubber and Plastics Products	32901	31521
非金属矿物制品业	Manufacture of Non-metallic Mineral Products	2314681	1683773
黑色金属冶炼和压延加工业	Smelting and Pressing of Ferrous Metals	3009096	2283593
有色金属冶炼和压延加工业	Smelting and Pressing of Non-ferrous Metals	6339339	4677515
金属制品业	Manufacture of Metal Products	139709	88520
通用设备制造业	Manufacture of General Purpose Machinery	232541	227154
专用设备制造业	Manufacture of Special Purpose Machinery	120173	70365
汽车制造业	Manufacture of Automobiles		
铁路、航舶、航空航天和其他运输设备制造业	Manufacture of Railway, Ship, Aerospace and Other Transport Equipments	1760	1003
电气机械和器材制造业	Manufacture of Electrical Machinery and Apparatus	824848	631672
计算机、通信和其他电子设备制造业	Manufacture of Computers, Communication and Other Electronic Equipment	13254	8381
仪器仪表制造业	Manufacture of Measuring Instruments and Machinery	4763	4561
其他制造业	Other Manufacture		
废弃资源综合利用业	Utilization of Waste Materials	23865	18965
金属制品、机械和设备修理业	Repair Service of Metal Products, Machinery and Equipment		
电力、燃气及水的生产和供应业	**Power, Gas and Water Production and Supply**		
电力、热力生产和供应业	Production and Supply of Electric Power and Heat Power	4098309	1273991
燃气生产和供应业	Production and Supply of Gas	53858	44113
水的生产和供应业	Production and Supply of Water	85784	31454

Continued

(10 000 yuan)

非流动负债合计 Total Non-current Liabilities	所有者权益合计 Total Owners' Equity	实收资本 Paid-up Capital	营业收入 Revenue of Operating	主营业务收入 Revenue from Principal Business	营业成本 Cost of Business	主营业务成本 Cost of Principal Business	税金及附加 Taxes and Other Charges	主营业务税金及附加 Tax and Extra Charges from Principal Business	其他业务利润 Other Operating Profit
10037648	**13223531**	**7368304**	**14553022**	**13633733**	**11822688**	**11098210**	**229210**	**150960**	**36722**
7035316	6991527	3866560	6288105	5523041	4916176	4322043	136091	64815	30811
434839	1910977	724862	2185397	2166763	1806346	1784724	26775	26359	1464
9602810	11312554	6643442	12367625	11466970	10016342	9313486	202435	124602	35258
4859752	4590748	1653323	5027188	4352989	3884822	3362245	134527	65974	26734
2052975	4080421	2839870	4285444	4161587	3571800	3486875	48933	47279	6858
3124922	4552362	2875112	5240391	5119157	4366066	4249090	45751	37708	3130
1084847	1031699	771451	499699	493363	325203	319935	7945	7616	-162
43127	136206	84721	19640	19639	11427	11426	142	142	
	1079	1000	6633	6633	5884	5884	1	1	
9350	65318	5706	38368	38368	34088	34088	776	775	
3316135	5323577	3729175	5808654	5619661	4649958	4490937	81212	77020	7158
4953769	4306405	1407614	3661220	2968399	2748152	2207710	114054	40379	24932
1114046	3146261	1842656	4194531	4163391	3623885	3602268	29106	28795	4573
103	486	52	9698	9698	10053	10053	81	81	
553819	132232	218988	727117	722760	664039	662934	2568	2568	10
47299	111967	78393	87161	85184	75202	72909	1270	1199	50
93199	783660	170657	294097	276717	181563	165408	18976	18775	1532
39138	99137	85492	48923	48566	34971	34837	742	742	227
76728	372849	46374	263352	261934	98159	97006	11711	11711	
5119	55241	52970	58026	54353	36664	35173	2596	2596	2182
100229	367648	158634	470448	469655	421725	420725	307	307	578
49146	338167	74571	292026	291724	229176	228445	843	779	1
31556	194734	100865	186804	184090	121699	119142	20688	20688	522
15783	87839	27300	118321	118261	112277	112277	150	150	
18855	116957	37780	79408	78778	64469	61448	549	343	406
	593		2058	2058	1607	1607	0	0	
3997	2926	1770	28615	28615	25510	25510	83	83	
	700	100	2456	2456	2158	2158	4	4	
	10418	1456	58444	58438	55070	54567	137	64	
48343	69662	31051	150032	150032	142245	142245	625	625	
109130	112223	114573	182860	182039	141570	141048	1367	1305	266
3992430	4347912	1811458	3358846	2813081	2233915	1820166	128587	54649	5109
16240	325541	129689	225396	224967	134328	133982	1721	1721	-39
1380	10567	10814	32978	32891	28908	28508	518	518	87
588058	555984	542058	927761	910741	762099	748523	5885	5832	694
712122	648148	573077	1646256	1625228	1498758	1481645	12704	12640	434
1337785	2198852	1763373	4453624	4170741	4257407	4024123	10919	8436	24133
51189	42013	34710	71997	69859	64433	62888	274	274	
5386	191803	56855	115375	115142	85284	85225	1483	1483	129
13501	21942	7989	38304	38304	33476	33476	12	11	
758	9844	2000	6036	6036	4956	4956	20	20	
164984	365529	188854	780134	763789	678727	662950	2096	1881	-3
4873	19621	17848	15258	15258	15561	15561	92	92	
202	20852	2500	12954	12953	10143	10143	182	182	1
4900	20517	6468	14672	14530	8389	8389	185	185	
2490605	1658288	1277911	536630	532547	287571	286742	5221	4405	421
7684	43450	14680	52972	52738	36686	36513	208	208	46
54331	129916	24425	27960	27211	13184	12826	324	250	

13-8 续表2

单位：万元

项 目	Item	销售费用 Cost of Sales	管理费用 Management Expenses
总计	**Total**	**518517**	**761868**
国有控股企业	State-holding Enterprises	192374	421836
轻工业	Light Industry	107910	141043
重工业	Heavy Industry	410607	620825
大型企业	Large Enterprises	200899	328151
中型企业	Medium-sized Enterprises	152825	209215
小型企业	Small Enterprises	164793	224502
微型企业	Micro Enterprises	21831	17798
按登记注册类型分	**By Status of Registration**		
国有企业	State-owned Enterprises	231	5166
集体企业	Collective-owned Enterprises	443	196
股份合作企业	Cooperative Enterprises	411	2869
有限责任公司	Limited Liability Corporations	241683	275622
股份有限公司	Share-holding Corporations Limited	131512	277141
私营企业	Private Enterprises	126801	182106
其他企业	Other Enterprises		533
港、澳、台商投资企业	Enterprises with Funds from Hong Kong, Macao and Taiwan	13793	13371
外商投资企业	Foreign Funded Enterprises	3643	4863
按工业行业分	**Grouped by Sector**		
采掘业	**Mining**		
煤炭开采和洗选业	Mining and Washing of Coal	12561	21058
黑色金属矿采选业	Mining and Processing of Ferrous Metal Ores	6130	7653
有色金属矿采选业	Mining and Processing of Non-Ferrous Metal Ores	3519	19738
非金属矿采选业	Mining and Processing of Non-metal Ores	5223	11981
制造业	**Manufacturing**		
农副食品加工业	Processing of Food from Agricultural Products	11741	17939
食品制造业	Manufacture of Foods	15932	25692
酒、饮料和精制茶制造业	Manufacture of Liquor, Beverages and Refined Tea	23105	18732
纺织业	Manufacture of Textile	774	2052
纺织服装、服饰业	Manufacture of Textile, Wearing Apparel and Accessories	862	7304
木材加工和木、竹、藤、棕、草制品业	Processing of Timber.Manufacture of Wood, Bamboo,Rattan,Palm and Straw Products	201	140
家具制造业	Manufacture of Furniture	1096	1029
造纸和纸制品业	Manufacture of Paper and Paper Products	25	56
印刷和记录媒介复制业	Printing and Reproduction of Recording Media	451	2885
文教、工美、体育和娱乐用品制造业	Manufacture of Articles for Culture, Education, Arts and Crafts,Sport and Entertainment Activities	1248	4692
石油加工、炼焦和核燃料加工业	Processing of Petroleum, Coking and Processing of Nuclear Fuel	25308	15161
化学原料和化学制品制造业	Manufacture of Raw Chemical Materials and Chemical Products	195746	286583
医药制造业	Manufacture of Medicines	46933	23996
橡胶和塑料制品业	Manufacture of Rubber and Plastics Products	1443	1134
非金属矿物制品业	Manufacture of Non-metallic Mineral Products	58192	42184
黑色金属冶炼和压延加工业	Smelting and Pressing of Ferrous Metals	43988	54975
有色金属冶炼和压延加工业	Smelting and Pressing of Non-ferrous Metals	38956	95904
金属制品业	Manufacture of Metal Products	1651	4287
通用设备制造业	Manufacture of General Purpose Machinery	8010	17265
专用设备制造业	Manufacture of Special Purpose Machinery	139	2294
汽车制造业	Manufacture of Automobiles		
铁路、船舶、航空航天和其他运输设备制造业	Manufacture of Railway, Ship, Aerospace and Other Transport Equipments	411	461
电气机械和器材制造业	Manufacture of Electrical Machinery and Apparatus	6794	35674
计算机、通信和其他电子设备制造业	Manufacture of Computers, Communication and Other Electronic Equipment	472	1242
仪器仪表制造业	Manufacture of Measuring Instruments and Machinery	744	1656
其他制造业	Other Manufacture		
废弃资源综合利用业	Utilization of Waste Materials	292	1708
金属制品、机械和设备修理业	Repair Service of Metal Products, Machinery and Equipment		
电力、燃气及水的生产和供应业	**Power, Gas and Water Production and Supply**		
电力、热力生产和供应业	Production and Supply of Electric Power and Heat Power	3709	22729
燃气生产和供应业	Production and Supply of Gas	1312	4503
水的生产和供应业	Production and Supply of Water	1550	9165

Continued

(10 000 yuan)

财务费用 Financial Expenses	营业利润 Operating Profit	利润总额 Total Profits	所得税费用 Income Tax Expense	亏损企业亏损总额 The Total Loss of Loss-making Enterprises	利税总额 Total Profits and Taxes	本年应交增值税 Value Added Tax Payable
723229	**500475**	**608676**	**257723**	**422060**	**1204758**	**366873**
454195	153049	190118	202610	225403	551600	225391
37673	83076	128594	2270	30348	193508	38138
685556	417399	480081	255453	391712	1011250	328735
305314	162373	170694	204918	127293	532823	227603
180350	147962	206590	20254	153309	361826	106303
237565	190140	231392	32552	141458	310109	32967
90823	35748	36144	3262	16029	20655	-23434
1662	1256	1404	331	1537	66	-1480
1	107	106	27		108	
2514	-1621	-1612		2061	-141	695
292058	264378	310778	73663	217472	522179	130189
261475	127543	141599	167970	70332	410833	155180
141711	98207	142708	14600	125591	237110	65296
26	-994	100			1330	1149
19392	13840	15144	1048	238	31093	13381
4390	-2241	-1551	83	4829	2181	2463
4885	57648	57557	8875	2735	107619	31086
2547	-3122	-3430		5641	-735	1953
3329	124288	123412	1549	4232	163974	28850
580	6196	8846	-5019	1171	16180	4738
10617	8201	17602	382	2968	19665	1755
3920	16240	20876	730	4543	26719	4999
654	7826	7574	-2204	6501	35838	7576
2666	1131	1290		1421	1441	
769	4864	4944		1963	7257	1764
0	110	110			110	
399	498	498			582	1
1	211	211			240	25
223	72	564	19	703	1361	660
3268	-1900	104		563	1578	850
8175	-8745	-9145	255	10177	-7778	
281261	219770	233924	219810	128504	560743	198232
2862	15665	18131	1110	2844	33696	13843
666	309	353	112	125	2190	1319
69742	-6270	12885	7557	64405	55078	36309
77401	-45064	-41611	3703	64319	-842	28065
95400	-34107	-23521	8048	70996	29218	41820
2726	-2052	-1654	-232	3468	613	1992
3398	-413	6534	287	1308	11255	3239
320	1914	2054	183		3082	1016
129	56	56			113	37
16792	51183	73456	3621	8620	83469	7918
137	-2245	-1066	5	1098	-448	525
26	204	281	26		1396	932
1260	2253	2365	214		4240	1691
129697	71432	74273	6837	33735	23588	-55906
403	9859	9847	977	20	10602	547
-1025	4462	11356	879		12716	1037

13-9 规模以上国有及国有控股工业企业主要经济指标(2017年)

单位：万元

项目	Item	企业单位数(个) Number of Enterprises (unit)	亏损企业 Loss-making Enterprises
总计	**Total**	**138**	**30**
国有控股企业	State-holding Enterprises	138	30
轻工业	Light Industry	17	6
重工业	Heavy Industry	121	24
大型企业	Large Enterprises	14	4
中型企业	Medium-sized Enterprises	39	11
小型企业	Small Enterprises	85	15
微型企业	Micro Enterprises	26	3
按登记注册类型分	**By Status of Registration**		
国有企业	State-owned Enterprises	6	3
有限责任公司	Limited Liability Corporations	115	24
股份有限公司	Share-holding Corporations Limited	15	3
港、澳、台商投资企业	Enterprises with Funds from Hong Kong, Macao and Taiwan	2	
外商投资企业	Foreign Funded Enterprises		
按工业行业分	**Grouped by Sector**		
采掘业	**Mining**		
煤炭开采和洗选业	Mining and Washing of Coal	5	1
石油和天然气开采业	Extraction of Petroleum and Natural Gas	1	
黑色金属矿采选业	Mining and Processing of Ferrous Metal Ores		
有色金属矿采选业	Mining and Processing of Non-Ferrous Metal Ores	3	
非金属矿采选业	Mining and Processing of Non-metal Ores	2	
制造业	**Manufacturing**		
农副食品加工业	Processing of Food from Agricultural Products		
食品制造业	Manufacture of Foods	2	
纺织服装、服饰业	Manufacture of Textile, Wearing Apparel and Accessories	3	1
印刷和记录媒介复制业	Printing and Reproduction of Recording Media	2	1
石油加工、炼焦和核燃料加工业	Processing of Petroleum, Coking and Processing of Nuclear Fuel		
化学原料和化学制品制造业	Manufacture of Raw Chemical Materials and Chemical Products	21	9
医药制造业	Manufacture of Medicines	3	2
非金属矿物制品业	Manufacture of Non-metallic Mineral Products	7	2
黑色金属冶炼和压延加工业	Smelting and Pressing of Ferrous Metals	4	1
有色金属冶炼和压延加工业	Smelting and Pressing of Non-ferrous Metals	20	4
金属制品业	Manufacture of Metal Products	2	2
通用设备制造业	Manufacture of General Purpose Machinery		
专用设备制造业	Manufacture of Special Purpose Machinery	1	
电气机械和器材制造业	Manufacture of Electrical Machinery and Apparatus	5	2
其他制造业	Other Manufacture		
电力、燃气及水的生产和供应业	**Power, Gas and Water Production and Supply**		
电力、热力生产和供应业	Production and Supply of Electric Power and Heat Power	53	5
燃气生产和供应业	Production and Supply of Gas	1	
水的生产和供应业	Production and Supply of Water	3	

Main Indicators of State-holding andState-owned Industrial Enterprises above Designated Size(2017)

(10 000 yuan)

工 业 总产值 Gross Industrial Output Value	资产总计 Total Assets	流动资产合计 Total Working Capitals	固定资产合计 Total Fixed Assets	固定资产原价 Original Value of Fixed Assets	累计折旧 Accumulated Depreciation	本年折旧 Depreciation Charge for the Year
13391075	**46888176**	**11307877**	**23780660**	**37841514**	**13020040**	**1844881**
13391075	46888176	11307877	23780660	37841514	13020040	1844881
306527	591072	244034	258583	341303	125487	31323
13084548	46297104	11063843	23522078	37500211	12894553	1813558
9823782	30781180	6551427	17462638	28062568	10357162	1329468
2174824	9130149	2945190	3174995	5149288	1624932	257734
1392470	6976847	1811260	3143027	4629659	1037947	257678
220022	2172847	545701	594171	865126	144991	52126
2719521	4354364	469854	3428738	5860054	2430787	359105
5732213	23498324	6268471	11897150	18520965	5821146	969931
4923874	18950654	4551494	8437962	13438356	4762777	515138
15467	84834	18058	16811	22140	5329	707
131718	1257122	606541	223494	354037	97914	9588
1852545	4035608	898093	2812950	5552587	2545404	306572
222194	402482	173638	102046	239519	67482	12560
30362	105994	49153	17543	75862	41965	3715
51496	36645	4671	29869	37003	7134	3929
15728	37532	29232	6118	12741	7126	1432
8024	13717	8669	5045	10336	5291	610
2427652	12157246	3076184	5249440	6600793	1411238	288065
21993	94499	38729	45235	55379	9994	5774
148115	1246256	195593	1036626	1391883	364864	32800
659587	3153387	971412	1181316	1779673	589529	57504
3114923	6251502	2211074	1619318	3357631	1561740	144580
19425	11721	8463	3247	4285	1498	40
30881	54061	36882	1614	1891	666	666
201420	217110	76506	114201	157721	45091	16117
4420309	17557582	2811180	11243769	18104812	6205732	955569
9769	40013	15404	16811	22140	5329	707
24934	215700	96454	72020	83221	52045	4655

13-9 续表1

单位：万元

项 目	Item	负债合计 Total Liabilities	流动负债合计 Total Working Liabilities
总计	**Total**	**32001778**	**17562388**
国有控股企业	State-holding Enterprises	32001778	17562388
轻工业	Light Industry	356393	239546
重工业	Heavy Industry	31645385	17322842
大型企业	Large Enterprises	20387688	10311040
中型企业	Medium-sized Enterprises	6496841	4337496
小型企业	Small Enterprises	5117249	2913853
微型企业	Micro Enterprises	1684375	431038
按登记注册类型分	**By Status of Registration**		
国有企业	State-owned Enterprises	1842239	1574380
有限责任公司	Limited Liability Corporations	17133348	8701535
股份有限公司	Share-holding Corporations Limited	12995596	7273679
港、澳、台商投资企业	Enterprises with Funds from Hong Kong, Macao and Taiwan	30595	12795
外商投资企业	Foreign Funded Enterprises		
按工业行业分	**Grouped by Sector**		
采掘业	**Mining**		
煤炭开采和洗选业	Mining and Washing of Coal	560790	510455
石油和天然气开采业	Extraction of Petroleum and Natural Gas	1802858	783064
黑色金属矿采选业	Mining and Processing of Ferrous Metal Ores		
有色金属矿采选业	Mining and Processing of Non-Ferrous Metal Ores	114820	34292
非金属矿采选业	Mining and Processing of Non-metal Ores	76787	71668
制造业	**Manufacturing**		
农副食品加工业	Processing of Food from Agricultural Products		
食品制造业	Manufacture of Foods	9158	8293
纺织服装、服饰业	Manufacture of Textile, Wearing Apparel and Accessories	10821	10359
印刷和记录媒介复制业	Printing and Reproduction of Recording Media	10595	10595
石油加工、炼焦和核燃料加工业	Processing of Petroleum, Coking and Processing of Nuclear Fuel		
化学原料和化学制品制造业	Manufacture of Raw Chemical Materials and Chemical Products	9280308	5003359
医药制造业	Manufacture of Medicines	48129	39521
非金属矿物制品业	Manufacture of Non-metallic Mineral Products	1054384	694933
黑色金属冶炼和压延加工业	Smelting and Pressing of Ferrous Metals	2612121	1904140
有色金属冶炼和压延加工业	Smelting and Pressing of Non-ferrous Metals	4893195	3507544
金属制品业	Manufacture of Metal Products	5651	5100
通用设备制造业	Manufacture of General Purpose Machinery		
专用设备制造业	Manufacture of Special Purpose Machinery	40140	3772
电气机械和器材制造业	Manufacture of Electrical Machinery and Apparatus	200719	148139
其他制造业	Other Manufacture		
电力、燃气及水的生产和供应业	**Power, Gas and Water Production and Supply**		
电力、热力生产和供应业	Production and Supply of Electric Power and Heat Power	11182725	4782908
燃气生产和供应业	Production and Supply of Gas	12795	12795
水的生产和供应业	Production and Supply of Water	85784	31454

Continued

(10 000 yuan)

非流动负债合计 Total Non-current Liabilities	所有者权益合计 Total Owners' Equity	实收资本 Paid-up Capital	营业收入 Revenue of Operating	主营业务收入 Revenue from Principal Business	营业成本 Cost of Business	主营业务成本 Cost of Principal Business	税金及附加 Taxes and Other Charges	主营业务税金及附加 Tax and Extra Charges from Principal Business	其他业务利润 Other Operating Profit
13557645	**14835221**	**7626095**	**13589379**	**12695249**	**10888180**	**10100589**	**481238**	**405047**	**-37424**
13557645	14835221	7626095	13589379	12695249	10888180	10100589	481238	405047	-37424
116613	234678	75417	211049	206872	176698	168525	1560	1280	723
13441031	14600542	7550678	13378330	12488376	10711481	9932064	479678	403767	-38146
10070569	10393492	4296927	10033874	9257933	8192654	7494993	424339	351122	-44535
1952797	2633308	2111793	2320650	2226796	1884805	1819657	42004	40485	5921
1534279	1808421	1217374	1234855	1210520	810720	785940	14896	13440	1190
643139	437295	308638	203908	199630	96188	91650	6839	6523	
267860	2512124	1514106	2783615	2781758	2766436	2765726	6375	6002	
7573939	6340821	4870481	5754649	5631477	4542076	4449027	70015	65720	13870
5715846	5955058	1237508	5029591	4260778	3567920	2874378	404605	333082	-51294
	27218	4000	21525	21236	11747	11459	244	244	
48947	696332	122497	176789	169714	94410	87511	13268	13069	809
1019794	2232750		1589793	1513429	850014	698176	317056	312703	-76439
62728	260641	12000	204701	203283	54641	53488	10167	10167	
5119	29207	30000	37731	34058	19863	18372	1789	1789	2182
865	27487	8000	24906	24634	19199	19199	236	236	
463	26711	13400	15560	14930	8657	6037	358	152	406
	3122	736	7084	7083	5130	5129	48	48	
3757113	2876938	1107055	2317931	1784090	1577299	1169428	89384	22045	2662
8375	46370	24916	11265	11035	8231	8119	173	173	
350324	191872	317693	165225	159639	121725	116866	2359	2359	-132
701911	541266	402000	982575	954547	891252	866109	7503	7315	
1189609	1358307	1642469	3367939	3145501	3193720	3016807	14194	11719	29311
551	6070	6638	5465	5465	5261	5261	18	18	
61	13921	971	27111	27111	24021	24021	5	4	
52581	16390	3940	140745	137907	135773	130580	599	421	317
6304876	6350703	3905354	4468864	4457906	3855935	3852813	23684	22506	3461
	27218	4000	17737	17706	9864	9847	75	75	
54331	129916	24425	27960	27211	13184	12826	324	250	

13-9 续表2

单位：万元

项 目	Item	销售费用 Cost of Sales	管理费用 Management Expenses
总计	**Total**	**218168**	**634136**
国有控股企业	State-holding Enterprises	218168	634136
轻工业	Light Industry	4363	24805
重工业	Heavy Industry	213805	609331
大型企业	Large Enterprises	129426	465182
中型企业	Medium-sized Enterprises	59577	118439
小型企业	Small Enterprises	29165	50515
微型企业	Micro Enterprises	15444	8248
按登记注册类型分	**By Status of Registration**		
国有企业	State-owned Enterprises	231	16984
有限责任公司	Limited Liability Corporations	139418	196052
股份有限公司	Share-holding Corporations Limited	76941	419084
港、澳、台商投资企业	Enterprises with Funds from Hong Kong, Macao and Taiwan	1577	2016
外商投资企业	Foreign Funded Enterprises		
按工业行业分	**Grouped by Sector**		
采掘业	**Mining**		
煤炭开采和洗选业	Mining and Washing of Coal	4026	15108
石油和天然气开采业	Extraction of Petroleum and Natural Gas	3971	176284
黑色金属矿采选业	Mining and Processing of Ferrous Metal Ores		
有色金属矿采选业	Mining and Processing of Non-Ferrous Metal Ores	3278	11374
非金属矿采选业	Mining and Processing of Non-metal Ores	4364	10049
制造业	**Manufacturing**		
农副食品加工业	Processing of Food from Agricultural Products		
食品制造业	Manufacture of Foods	827	2966
纺织服装、服饰业	Manufacture of Textile, Wearing Apparel and Accessories	221	5750
印刷和记录媒介复制业	Printing and Reproduction of Recording Media		2044
石油加工、炼焦和核燃料加工业	Processing of Petroleum, Coking and Processing of Nuclear Fuel		
化学原料和化学制品制造业	Manufacture of Raw Chemical Materials and Chemical Products	125199	235903
医药制造业	Manufacture of Medicines	749	2656
非金属矿物制品业	Manufacture of Non-metallic Mineral Products	8693	15209
黑色金属冶炼和压延加工业	Smelting and Pressing of Ferrous Metals	25899	39347
有色金属冶炼和压延加工业	Smelting and Pressing of Non-ferrous Metals	36192	72076
金属制品业	Manufacture of Metal Products	79	857
通用设备制造业	Manufacture of General Purpose Machinery		
专用设备制造业	Manufacture of Special Purpose Machinery	112	1928
电气机械和器材制造业	Manufacture of Electrical Machinery and Apparatus	1522	3817
其他制品业	Other Manufacture		
电力、燃气及水的生产和供应业	**Power, Gas and Water Production and Supply**		
电力、热力生产和供应业	Production and Supply of Electric Power and Heat Power		28031
燃气生产和供应业	Production and Supply of Gas	1488	1571
水的生产和供应业	Production and Supply of Water	1550	9165

Continued

(10 000 yuan)

财务费用 Financial Expenses	营业利润 Operating Profit	利润总额 Total Profits	所得税费用 Income Tax Expense	亏损企业亏损总额 The Total Loss of Loss-making Enterprises	利税总额 Total Profits and Taxes	本年应交增值税 Value Added Tax Payable
866754	**496509**	**592567**	**214241**	**255047**	**1526463**	**452659**
866754	496509	592567	214241	255047	1526463	452659
6158	-721	9824	1558	9888	15776	4392
860596	497231	582743	212683	245160	1510688	448267
575704	232347	287347	192171	124470	1126344	414658
118701	110063	136404	12086	102194	261677	83270
172349	154100	168816	9984	28383	138443	-45269
52726	23424	24978	1606	2698	21475	-10343
19180	-23485	2990	5611	1537	8845	-519
590040	223342	261686	46522	190916	488439	156738
257328	291926	322923	161431	62594	1023388	295861
206	4726	4968	677		5791	579
3609	48814	48678	6702	1790	85281	23336
20368	220623	251936			730168	161176
509	122050	121553	847		158795	27076
584	6296	8990	-5046		14063	3284
-1	1680	2310	150		2686	140
-153	136	299		1929	2392	1736
-6	-128	35	15	21	502	418
242751	32620	40669	186691	80756	277835	147782
1599	-2130	-1615		1803	-917	526
31935	-28121	-17881	481	38081	811	16333
67837	-52917	-50507	2884	56355	-27802	15202
77162	-17290	-14052	4796	43508	35851	35710
99	-882	-818	-193	818	-806	-6
133	763	778	11		1696	914
6055	-4327	-2142	514	6134	-169	1375
415196	160221	188100	14832	23852	228224	16439
100	4638	4881	677		5138	182
-1025	4462	11356	879		12716	1037

13-10 规模以上集体工业企业主要经济指标(2017年)

单位：万元

项 目	Item	企 业 单位数 (个) Number of Enterprises (unit)	工 业 总产值 Gross Industrial Output Value	资产总计 Total Assets
总计	**Total**	**1**	**6139**	**2297**
重工业	Heavy Industry	1	6139	2297
小型企业	Small Enterprises	1	6139	2297
按登记注册类型分	**By Status of Registration**			
集体企业	Collective-owned Enterprises	1	6139	2297
制造业	**Manufacture**			
化学原料和化学制品制造业	Manufacture of Raw Chemical Materials and Chemical Products	1	6139	2297

Main Indicators of Collective-owned Industrial Enterprises above Designated Size(2017)

(10 000 yuan)

流动资产合计 Total Working Capitals	负债合计 Total Liabilities	流动负债合计 Total Working Liabilities	所有者权益合计 Total Owners' Equity	实收资本 Paid-up Capital	营业收入 Revenue of Operating	主营业务收入 Revenue from Principal Business	营业成本 Cost of Business
2297	**1218**	**1218**	**1079**	**1000**	**6633**	**6633**	**5884.2**
2297	1218	1218	1079	1000	6633	6633	5884.2
2297	1218	1218	1079	1000	6633	6633	5884.2
2297	1218	1218	1079	1000	6633	6633	5884.2
2297	1218	1218	1079	1000	6633	6633	5884.2

13-10 续表1

单位：万元

项　目	Item	负债合计 Total Liabilities	流动负债合　计 Total Working Liabilities
总计	**Total**	**1218**	**1218**
重工业	Heavy Industry	1218	1218
小型企业	Small Enterprises	1218	1218
按登记注册类型分	**By Status of Registration**		
集体企业	Collective-owned Enterprises	1218	1218
制造业	**Manufacture**		
化学原料和化学制品制造业	Manufacture of Raw Chemical Materials and Chemical Products	1218	1218

Continued

(10 000 yuan)

所有者权益合计 Total Owners' Equity	实收资本 Paid-up Capital	营业收入 Revenue of Operating	主营业务收入 Revenue from Principal Business	营业成本 Cost of Business	主营业务成本 Cost of Principal Business	税金及附加 Taxes and Other Charges	主营业务税金及附加 Tax and Extra Charges from Principal Business
1079	**1000**	**6633**	**6633**	**5884**	**5884**	**1**	**1**
1079	1000	6633	6633	5884	5884	1	1
1079	1000	6633	6633	5884	5884	1	1
1079	1000	6633	6633	5884	5884	1	1
1079	1000	6633	6633	5884	5884	1	1

13-11 大中型工业企业主要经济指标(2017年)

单位：万元

项 目	Item	企业单位数(个) Number of Enterprises (unit)	亏损企业 Loss-making Enterprises
总计	**Total**	**109**	**37**
国有控股企业	State-holding Enterprises	53	15
轻工业	Light Industry	26	7
重工业	Heavy Industry	83	30
大型企业	Large Enterprises	22	5
中型企业	Medium-sized Enterprises	87	32
按工业行业分	**Grouped by Sector**		
采掘业	**Mining**		
煤炭开采和洗选业	Mining and Washing of Coal	4	
石油和天然气开采业	Extraction of Petroleum and Natural Gas	1	
黑色金属矿采选业	Mining and Processing of Ferrous Metal Ores	1	1
有色金属矿采选业	Mining and Processing of Non-Ferrous Metal Ores	3	1
非金属矿采选业	Mining and Processing of Non-metal Ores	2	
制造业	**Manufacturing**		
农副食品加工业	Processing of Food from Agricultural Products	2	
食品制造业	Manufacture of Foods	3	
酒、饮料和精制茶制造业	Manufacture of Liquor, Beverages and Refined Tea	4	1
纺织业	Manufacture of Textile	3	1
纺织服装、服饰业	Manufacture of Textile, Wearing Apparel and Accessories	5	2
印刷业和记录媒介的复制业	Printing and Reproduction of Recording Media	1	1
文教、工美、体育和娱乐用品制造业	Manufacture of Articles for Culture, Education, Arts and Crafts,Sport and Entertainment Activities	2	1
石油加工、炼焦和核燃料加工业	Processing of Petroleum, Coking and Processing of Nuclear Fuel	1	1
化学原料及化学制品制造业	Manufacture of Raw Chemical Materials and Chemical Products	16	7
医药制造业	Manufacture of Medicines	2	
非金属矿物制品业	Manufacture of Non-metallic Mineral Products	10	6
黑色金属冶炼及压延加工业	Smelting and Pressing of Ferrous Metals	11	4
有色金属冶炼及压延加工业	Smelting and Pressing of Non-ferrous Metals	22	5
金属制品业	Manufacture of Metal Products	1	1
通用设备制造业	Manufacture of General Purpose Machinery	2	1
汽车制造业	Manufacture of Automobiles		
电气机械及器材制造业	Manufacture of Electrical Machinery and Apparatus	5	1
仪器仪表制造业	Manufacture of Measuring Instruments and Machinery	1	
电力、燃气及水的生产和供应业	**Power, Gas and Water Production and Supply**		
电力、热力的生产和供应业	Production and Supply of Electric Power and Heat Power	6	3
水的生产和供应业	Production and Supply of Water	1	

Main Indicators of Large and Medium-sized Industrial Enterprises(2017)

(10 000 yuan)

工业总产值 Gross Industrial Output Value	资产总计 Total Assets	流动资产合计 Total Working Capitals	固定资产合计 Total Fixed Assets	固定资产原价 Original Value of Fixed Assets	累计折旧 Accumulated Depreciation	本年折旧 Depreciation Charge for the Year
16826198	**47901091**	**12962968**	**23423421**	**38688663**	**14422647**	**2090665**
11998605	39911329	9496617	20637633	33211856	11982094	1587202
1311778	1687511	834758	680433	1730377	1034045	180888
15514420	46213580	12128210	22742988	36958286	13388602	1909777
11318133	34089595	7928135	18195269	29688844	10911278	1433710
5508065	13811496	5034832	5228152	8999819	3511369	656955
128323	1132592	596072	208021	329608	92332	9412
1852545	4035608	898093	2812950	5552587	2545404	306572
3301	325658	77953	218052	218052	40529	4357
235366	532573	288302	124309	273512	79211	14413
30362	105994	49153	17543	75862	41965	3715
93476	59684	37977	21480	19285	7667	2264
41528	78499	23132	53263	62611	9348	5379
339342	309458	146004	34873	117881	16765	6799
74413	98473	57818	40196	156558	116179	17456
104532	165446	66068	91295	113267	22473	12074
4707	6348	1320	5028	5710	682	682
82092	110578	46856	63722	189507	125785	18706
182502	289644	70171	211727	329916	118189	15606
2857314	12578056	3173929	5409269	7575313	1726837	410850
51248	69977	48627	21350	30610	9391	2665
365619	1877221	503786	1259518	1731358	496877	58190
1097824	3450883	1127562	1316991	2011020	701814	65672
4732347	8394976	3085516	2173246	4412455	2049629	237002
23616	33107	18808	12745	16238	3493	634
116713	321987	232519	87130	105423	39076	7332
559966	770441	366137	374384	1066533	692518	115828
12938	22976	16430	5291	13816	8525	803
3817759	12988000	1957295	8807010	14227512	5437924	770676
18366	142912	73441	54029	54029	40032	3578

13-11 续表1

单位：万元

项 目	Item	负债合计 Total Liabilities	流动负债合 计 Total Working Liabilities
总计	**Total**	**32098481**	**18747641**
国有控股企业	State-holding Enterprises	26884529	14648535
轻工业	Light Industry	858181	671318
重工业	Heavy Industry	31240299	18076323
大型企业	Large Enterprises	22490186	11795507
中型企业	Medium-sized Enterprises	9608295	6952134
按工业行业分	**Grouped by Sector**		
采掘业	**Mining**		
煤炭开采和洗选业	Mining and Washing of Coal	491930	448159
石油和天然气开采业	Extraction of Petroleum and Natural Gas	1802858	783064
黑色金属矿采选业	Mining and Processing of Ferrous Metal Ores	222382	183259
有色金属矿采选业	Mining and Processing of Non-Ferrous Metal Ores	206983	142255
非金属矿采选业	Mining and Processing of Non-metal Ores	76787	71668
制造业	**Manufacturing**		
农副食品加工业	Processing of Food from Agricultural Products	36237	22634
食品制造业	Manufacture of Foods	30010	29145
酒、饮料和精制茶制造业	Manufacture of Liquor, Beverages and Refined Tea	60371	46228
纺织业	Manufacture of Textile	76386	70757
纺织服装、服饰业	Manufacture of Textile, Wearing Apparel and Accessories	66786	42775
印刷业和记录媒介的复制业	Printing and Reproduction of Recording Media	3820	3820
文教、工美、体育和娱乐用品制造业	Manufacture of Articles for Culture, Education, Arts and Crafts,Sport and Entertainment Activities	61619	33914
石油加工、炼焦和核燃料加工业	Processing of Petroleum, Coking and Processing of Nuclear Fuel	223058	141728
化学原料及化学制品制造业	Manufacture of Raw Chemical Materials and Chemical Products	9184336	5404533
医药制造业	Manufacture of Medicines	31490	31092
非金属矿物制品业	Manufacture of Non-metallic Mineral Products	1602596	1088124
黑色金属冶炼及压延加工业	Smelting and Pressing of Ferrous Metals	2832842	2123723
有色金属冶炼及压延加工业	Smelting and Pressing of Non-ferrous Metals	6434087	4516767
金属制品业	Manufacture of Metal Products	25020	20020
通用设备制造业	Manufacture of General Purpose Machinery	184057	178713
汽车制造业	Manufacture of Automobiles		
电气机械及器材制造业	Manufacture of Electrical Machinery and Apparatus	520089	419240
仪器仪表制造业	Manufacture of Measuring Instruments and Machinery	2873	2873
电力、燃气及水的生产和供应业	**Power, Gas and Water Production and Supply**		
电力、热力的生产和供应业	Production and Supply of Electric Power and Heat Power	7869599	2920055
水的生产和供应业	Production and Supply of Water	52265	23095

Continued

(10 000 yuan)

非流动负债合计 Total Non-current Liabilities	所有者权益合计 Total Owners' Equity	实收资本 Paid-up Capital	营业收入 Revenue of Operating	主营业务收入 Revenue from Principal Business	营业成本 Cost of Business	主营业务成本 Cost of Principal Business	税金及附加 Taxes and Other Charges	主营业务税金及附加 Tax and Extra Charges from Principal Business	其他业务利润 Other Operating Profit
13090785	**15802610**	**7811619**	**16076117**	**15163575**	**13086264**	**12298307**	**526367**	**451434**	**-34643**
12023365	13026800	6408720	12354524	11484729	10077459	9314650	466342	391607	-38613
174989	829330	259853	989785	975724	817598	804993	22820	22544	1185
12915796	14973281	7551767	15086332	14187850	12268667	11493315	503547	428890	-35827
10688599	11599409	4826376	11491108	10702646	9229918	8526955	475329	402050	-41501
2402186	4203202	2985243	4585009	4460929	3856346	3771353	51038	49384	6858
42383	640662	111322	176577	169502	94010	87111	13261	13062	809
1019794	2232750		1589793	1513429	850014	698176	317056	312703	-76439
39123	103276	83333	33138	32781	24172	24038	546	546	223
64728	325590	19200	217057	215897	64815	63934	10550	10550	
5119	29207	30000	37731	34058	19863	18372	1789	1789	2182
7640	23447	20000	85051	85051	81340	81340	0	0	
865	48490	5000	47220	46920	35003	34974	355	355	
14144	249087	47300	113743	111617	73665	71614	19677	19677	462
5629	22088	14800	73645	73645	71937	71937	28	28	
18111	98660	31280	48178	47549	36512	33491	500	294	406
	2528		3201	3201	3160	3160	70		
27704	48959	12137	80924	80924	76804	76804	47	47	
81330	66586	87500	160463	160179	122740	122581	1284	1221	125
3779802	3393720	1183812	2731824	2192670	1771346	1363245	106733	39394	4161
398	38486	18800	55295	55261	22365	22331	892	892	
499592	274625	362715	370668	363365	264510	258164	3833	3833	338
697550	618041	512621	1332890	1311979	1206738	1190675	12104	12040	374
1696979	1960889	1985260	4367659	4135346	4137104	3956463	15037	13138	28986
5000	8087	9805	21089	20614	21364	21362	121	121	
5343	137930	45555	90634	90447	66708	66650	1350	1350	129
100839	250352	110111	508866	497686	436463	428972	1239	1062	317
	20102	1500	10951	10950	8720	8720	168	168	1
4949544	5118402	3099814	3900092	3891410	3588112	3585484	19508	18944	3284
29169	90648	19755	19430	19096	8801	8710	221	221	

13-11 续表2

单位：万元

项 目	Item	销售费用 Cost of Sales	管理费用 Management Expenses
总计	**Total**	**373916**	**745378**
国有控股企业	State-holding Enterprises	189003	583621
轻工业	Light Industry	36037	61500
重工业	Heavy Industry	337879	683878
大型企业	Large Enterprises	218209	527851
中型企业	Medium-sized Enterprises	155707	217527
按工业行业分	**Grouped by Sector**		
采掘业	**Mining**		
煤炭开采和洗选业	Mining and Washing of Coal	3971	12961
石油和天然气开采业	Extraction of Petroleum and Natural Gas	3971	176284
黑色金属矿采选业	Mining and Processing of Ferrous Metal Ores	5352	5775
有色金属矿采选业	Mining and Processing of Non-Ferrous Metal Ores	3314	14566
非金属矿采选业	Mining and Processing of Non-metal Ores	4364	10049
制造业	**Manufacturing**		
农副食品加工业	Processing of Food from Agricultural Products	545	743
食品制造业	Manufacture of Foods	5103	4622
酒、饮料和精制茶制造业	Manufacture of Liquor, Beverages and Refined Tea	4100	12350
纺织业	Manufacture of Textile	220	1085
纺织服装、服饰业	Manufacture of Textile, Wearing Apparel and Accessories	636	7103
印刷业和记录媒介的复制业	Printing and Reproduction of Recording Media	272	658
文教、工美、体育和娱乐用品制造业	Manufacture of Articles for Culture, Education, Arts and Crafts,Sport and Entertainment Activities	637	2684
石油加工、炼焦和核燃料加工业	Processing of Petroleum, Coking and Processing of Nuclear Fuel	23529	12345
化学原料及化学制品制造业	Manufacture of Raw Chemical Materials and Chemical Products	161985	251281
医药制造业	Manufacture of Medicines	20823	5672
非金属矿物制品业	Manufacture of Non-metallic Mineral Products	40564	26004
黑色金属冶炼及压延加工业	Smelting and Pressing of Ferrous Metals	37052	47964
有色金属冶炼及压延加工业	Smelting and Pressing of Non-ferrous Metals	45041	88011
金属制品业	Manufacture of Metal Products	1136	672
通用设备制造业	Manufacture of General Purpose Machinery	6380	14996
汽车制造业	Manufacture of Automobiles		
电气机械及器材制造业	Manufacture of Electrical Machinery and Apparatus	3814	25143
仪器仪表制造业	Manufacture of Measuring Instruments and Machinery	412	1444
电力、燃气及水的生产和供应业	**Power, Gas and Water Production and Supply**		
电力、热力的生产和供应业	Production and Supply of Electric Power and Heat Power		16680
水的生产和供应业	Production and Supply of Water	695	6289

Continued

(10 000 yuan)

财务费用 Financial Expenses	营业利润 Operating Profit	利润总额 Total Profits	所得税费用 Income Tax Expense	亏损企业亏损总额 The Total Loss of Loss-making Enterprises	利税总额 Total Profits and Taxes	本年应交增值税 Value Added Tax Payable
812166	**555826**	**679585**	**234885**	**309815**	**1799597**	**593645**
694405	342410	423751	204257	226664	1388021	497928
13038	52726	74287	57	7991	117677	20570
799128	503100	605298	234828	301823	1681920	573075
612325	421135	482599	214512	130006	1433555	475627
199840	134691	196986	20373	179808	366042	118018
3561	50625	50468	6702		86869	23140
20368	220623	251936			730168	161176
2038	-4746	-4994		4994	-4448	
1714	120427	119294	847	2171	156522	26679
584	6296	8990	-5046		14063	3284
861	1561	1625	1		1625	
216	1920	2907	150		4076	814
432	9759	10016	-2240	1629	35582	5889
1235	-860	-827		1311	-799	
306	2531	2610		1963	4874	1764
41	-1009	-681		681	-611	
1841	-1087	370		116	582	166
6061	-5496	-5536	58	5536	-4252	
238672	182012	192611	207508	93740	472863	173519
268	5301	5886	592		13004	6226
59370	-18157	-282	2457	54107	31305	27754
75389	-49687	-47097	3702	60431	-10573	24421
105793	-13399	-6954	7571	55827	56588	48505
373	-2502	-2532	-39	2532	-1688	723
3228	-2309	4637		458	8416	2430
11636	39122	57135	2173	2291	64144	5770
-31	237	257	26		1239	815
279254	10495	35186	9714	22028	134485	79790
-1044	4167	4561	709		5562	780

13-12 规模以上非公有工业企业主要指标(2017年)

单位：万元

项　目	Item	企业单位数(个) Number of Enterprises (unit)	亏损企业 Lossmaking Enterprises
总计	**Total**	**421**	**135**
轻工业	Light Industry	152	34
重工业	Heavy Industry	269	101
大型企业	Large Enterprises	8	1
中型企业	Medium-sized Enterprises	43	19
小型企业	Small Enterprises	370	115
微型企业	Micro Enterprises	53	17
按登记注册类型分	**By Status of Registration**		
股份合作企业	Cooperative Enterprises	1	1
有限责任公司	Limited Liability Corporations	120	44
股份有限公司	Share-holding Corporations Limited	19	3
私营企业	Private Enterprises	258	81
其他企业	Other Enterprises	1	
港、澳、台商投资企业	Enterprises with Funds from Hong Kong, Macao and Taiwan	10	1
外商投资企业	Foreign Funded Enterprises	12	5
按工业行业分	**Grouped by Sector**		
采掘业	**Mining**		
煤炭开采和洗选业	Mining and Washing of Coal	7	3
黑色金属矿采选业	Mining and Processing of Ferrous Metal Ores	3	2
有色金属矿采选业	Mining and Processing of Non-Ferrous Metal Ores	6	2
非金属矿采选业	Mining and Processing of Non-metal Ores	5	2
制造业	**Manufacturing**		
农副食品加工业	Processing of Food from Agricultural Products	52	10
食品制造业	Manufacture of Foods	25	5
酒、饮料和精制茶制造业	Manufacture of Liquor, Beverages and Refined Tea	14	4
纺织业	Manufacture of Textile	7	2
纺织服装、服饰业	Manufacture of Textile, Wearing Apparel and Accessories	4	1
木材加工和木、竹、藤、棕、草制品业	Processing of Timber.Manufacture of Wood, Bamboo,Rattan,Palm and Straw Products	1	
家具制造业	Manufacture of Furniture	1	
造纸和纸制品业	Manufacture of Paper and Paper Products	1	
印刷和记录媒介复制业	Printing and Reproduction of Recording Media	3	1
文教、工美、体育和娱乐用品制造业	Manufacture of Articles for Culture, Education, Arts and Crafts, Sport and Entertainment Activities	7	3
石油加工、炼焦和核燃料加工业	Processing of Petroleum, Coking and Processing of Nuclear Fuel	4	3
化学原料和化学制品制造业	Manufacture of Raw Chemical Materials and Chemical Products	46	18
医药制造业	Manufacture of Medicines	26	3
橡胶和塑料制品业	Manufacture of Rubber and Plastics Products	8	1
非金属矿物制品业	Manufacture of Non-metallic Mineral Products	64	22
黑色金属冶炼和压延加工业	Smelting and Pressing of Ferrous Metals	28	11
有色金属冶炼和压延加工业	Smelting and Pressing of Non-ferrous Metals	25	15
金属制品业	Manufacture of Metal Products	5	2
通用设备制造业	Manufacture of General Purpose Machinery	4	2
专用设备制造业	Manufacture of Special Purpose Machinery	3	
汽车制造业	Manufacture of Automobiles		
铁路、航舶、航空航天和其他运输设备制造业	Manufacture of Railway, Ship, Aerospace and Other Transport Equipments	1	
电气机械和器材制造业	Manufacture of Electrical Machinery and Apparatus	22	10
计算机、通信和其他电子设备制造业	Manufacture of Computers, Communication and Other Electronic Equipment	3	2
仪器仪表制造业	Manufacture of Measuring Instruments and Machinery	1	
废弃资源综合利用业	Comprehensive Utilization of Waste Resources	1	
金属制品、机械和设备修理业	Repair Service of Metal Products, Machinery and Equipment		
电力、燃气及水的生产和供应业	**Power, Gas and Water Production and Supply**		
电力、热力生产和供应业	Production and Supply of Electric Power and Heat Power	40	10
燃气生产和供应业	Production and Supply of Gas	4	1

Main Indicators of Non-public Industrial Enterprises Above Designated Size (2017)

(10 000 yuan)

工业总产值 Gross Industrial Output Value	资产总计 Total Assets	流动资产合计 Total Working Capitals	固定资产合计 Total Fixed Assets	固定资产原价 Original Value of Fixed Assets	累计折旧 Accumulated Depreciation	本年折旧 Depreciation Charge for the Year
11358134	**17471387**	**7532184**	**6489306**	**10785162**	**4047887**	**831463**
3225467	3491053	1669798	1358085	2761834	1364717	260307
8132667	13980334	5862386	5131221	8023328	2683170	571156
1494352	3308415	1376709	732631	1626276	554116	104242
3169084	4494826	1983043	2008096	3774878	1855699	395189
6694699	9668146	4172432	3748580	5384008	1638073	332031
619473	1710786	496672	873498	1208916	317600	81026
2401	33612	19982	9194	18862	9668	1163
3334544	5154796	2261244	1930837	3175862	991139	195790
1185763	1751251	726574	510292	1024454	482255	80940
6023386	8562165	3864241	3556327	5840414	2323099	500015
10177	2978	2859	119	403	284	45
684236	1687601	582518	286574	415486	114018	32537
117627	278984	74766	195964	309681	127423	20973
111716	222527	111902	14558	25319	10952	1789
22078	419800	131419	223511	258196	52239	5979
41378	286375	171179	69325	106027	37928	5906
32708	61532	46039	13854	20276	9359	1187
599599	737779	401169	264178	354633	116317	26659
667726	642075	248861	272877	305701	38531	23442
465990	489515	218324	76936	181584	42695	10581
118783	196886	103383	93042	264403	171227	27299
136398	153277	48286	98860	155054	56194	16298
2058	618	358	260	260		
28883	9858	2704	7154	37070	29916	4436
4168	1717	407	1110	1261	151	151
53990	11701	5650	6048	9160	1047	704
139519	170546	84650	82255	267986	186577	27923
198483	422399	135586	219667	365954	131977	17775
1194472	3299177	1379908	1090245	2049024	696371	196808
439994	436559	183869	189297	230266	32156	9560
32535	43468	30312	11660	19658	8267	1907
1097556	1733776	943671	540225	909213	356038	68580
1024416	602409	297526	237647	413765	198812	23168
3330896	2880879	1239224	804956	1441732	651692	117290
73006	136894	97367	38591	45621	7031	2582
155108	384569	230871	130518	149636	40616	12608
105811	88055	51656	35859	42431	7626	979
35245	11604	6013	5591	18632	13041	2217
834930	973267	566677	356038	1057397	703857	117441
79677	32875	11461	10378	8073	1079	975
24706	2640	2487	151	275	124	25
14672	44381	31072	10085	13468	3382	442
258116	2876923	707870	1544033	1996209	431107	104628
33518	97308	42284	40397	36880	11580	2126

13-12 续表1

单位：万元

项 目	Item	负债合计 Total Liabilities	流动负债合 计 Total Working Liabilities
总计	**Total**	**11403589**	**7820693**
轻工业	Light Industry	1833285	1339755
重工业	Heavy Industry	9570304	6480938
大型企业	Large Enterprises	2102498	1484467
中型企业	Medium-sized Enterprises	3037692	2555845
小型企业	Small Enterprises	6263400	3780381
微型企业	Micro Enterprises	1080722	462375
按登记注册类型分	**By Status of Registration**		
股份合作企业	Cooperative Enterprises	24797	24797
有限责任公司	Limited Liability Corporations	3128930	2247822
股份有限公司	Share-holding Corporations Limited	1109084	666740
私营企业	Private Enterprises	5415900	3902245
其他企业	Other Enterprises	2492	2389
港、澳、台商投资企业	Enterprises with Funds from Hong Kong, Macao and Taiwan	1555369	863149
外商投资企业	Foreign Funded Enterprises	167017	113550
按工业行业分	**Grouped by Sector**		
采掘业	**Mining**		
煤炭开采和洗选业	Mining and Washing of Coal	135199	90947
黑色金属矿采选业	Mining and Processing of Ferrous Metal Ores	320663	281525
有色金属矿采选业	Mining and Processing of Non-Ferrous Metal Ores	174167	160167
非金属矿采选业	Mining and Processing of Non-metal Ores	35498	35498
制造业	**Manufacturing**		
农副食品加工业	Processing of Food from Agricultural Products	370132	255950
食品制造业	Manufacture of Foods	331394	193815
酒、饮料和精制茶制造业	Manufacture of Liquor, Beverages and Refined Tea	294781	261026
纺织业	Manufacture of Textile	109047	92127
纺织服装、服饰业	Manufacture of Textile, Wearing Apparel and Accessories	63030	38738
木材加工和木、竹、藤、棕、草制品业	Processing of Timber.Manufacture of Wood, Bamboo,Rattan,Palm and Straw Products	25	
家具制造业	Manufacture of Furniture	6932	2935
造纸和纸制品业	Manufacture of Paper and Paper Products	1017	1017
印刷和记录媒介复制业	Printing and Reproduction of Recording Media	4405	4300
文教、工美、体育和娱乐用品制造业	Manufacture of Articles for Culture, Education, Arts and Crafts,Sport and Entertainment Activities	100883	52541
石油加工、炼焦和核燃料加工业	Processing of Petroleum, Coking and Processing of Nuclear Fuel	310177	200309
化学原料和化学制品制造业	Manufacture of Raw Chemical Materials and Chemical Products	1829110	1581271
医药制造业	Manufacture of Medicines	175921	133121
橡胶和塑料制品业	Manufacture of Rubber and Plastics Products	32901	31521
非金属矿物制品业	Manufacture of Non-metallic Mineral Products	1308548	1002671
黑色金属冶炼和压延加工业	Smelting and Pressing of Ferrous Metals	484953	429589
有色金属冶炼和压延加工业	Smelting and Pressing of Non-ferrous Metals	2150686	1444262
金属制品业	Manufacture of Metal Products	109038	63400
通用设备制造业	Manufacture of General Purpose Machinery	212866	207743
专用设备制造业	Manufacture of Special Purpose Machinery	80034	66594
汽车制造业	Manufacture of Automobiles		
铁路、航舶、航空航天和其他运输设备制造业	Manufacture of Railway, Ship, Aerospace and Other Transport Equipments	1760	1003
电气机械和器材制造业	Manufacture of Electrical Machinery and Apparatus	624128	483533
计算机、通信和其他电子设备制造业	Manufacture of Computers, Communication and Other Electronic Equipment	13254	8381
仪器仪表制造业	Manufacture of Measuring Instruments and Machinery	1889	1687
废弃资源综合利用业	Utilization of Waste Materials	23865	18965
金属制品、机械和设备修理业	Repair Service of Metal Products, Machinery and Equipment		
电力、燃气及水的生产和供应业	**Power, Gas and Water Production and Supply**		
电力、热力生产和供应业	Production and Supply of Electric Power and Heat Power	2043430	631949
燃气生产和供应业	Production and Supply of Gas	53858	44113

Continued

(10 000 yuan)

非流动负债合计 Total Non-current Liabilities	所有者权益合计 Total Owners' Equity	实收资本 Paid-up Capital	营业收入 Revenue of Operating	主营业务收入 Revenue from Principal Business	营业成本 Cost of Business	主营业务成本 Cost of Principal Business	税金及附加 Taxes and Other Charges	主营业务税金及附加 Tax and Extra Charges from Principal Business	其他业务利润 Other Operating Profit
2987321	**6067791**	**3452989**	**8155185**	**8001675**	**6820398**	**6690113**	**91770**	**84798**	**5781**
317827	1657766	639445	1950831	1936374	1614980	1601531	24818	24681	742
2669494	4410025	2813543	6204354	6065301	5205418	5088582	66952	60116	5040
618031	1205917	529449	1457234	1444713	1037264	1031962	50991	50928	3033
434421	1457134	845475	2180887	2151323	1904385	1884600	7914	7780	807
1934869	3404740	2078064	4517064	4405639	3878749	3773552	32865	26090	1941
530074	630064	477002	310321	308263	236123	235392	1205	1193	-162
	8815	706	18890	18890	18443	18443	504	504	
834065	2025864	1067738	2399305	2286718	1916691	1812323	29344	29258	464
437989	642167	244456	722270	718564	513968	512794	29066	22561	685
1114046	3146261	1842656	4194531	4163391	3623885	3602268	29106	28795	4573
103	486	52	9698	9698	10053	10053	81	81	
553819	132232	218988	723330	719231	662156	661323	2399	2399	10
47299	111967	78393	87161	85184	75202	72909	1270	1199	50
44252	87328	48160	117308	107003	87154	77897	5709	5705	723
39138	99137	85492	48923	48566	34971	34837	742	742	227
14000	112208	34374	58651	58651	43518	43518	1545	1545	
	26034	22970	20295	20295	16801	16801	807	807	
100229	367648	158634	470448	469655	421725	420725	307	307	578
48281	310679	66571	267119	267090	209978	209246	607	543	1
31556	194734	100865	186804	184090	121699	119142	20688	20688	522
15783	87839	27300	118321	118261	112277	112277	150	150	
18392	90247	24380	63848	63848	55812	55412	191	191	
	593		2058	2058	1607	1607	0	0	
3997	2926	1770	28615	28615	25510	25510	83	83	
	700	100	2456	2456	2158	2158	4	4	
	7296	720	51359	51354	49940	49438	88	16	
48343	69662	31051	150032	150032	142245	142245	625	625	
109130	112223	114573	182860	182039	141570	141048	1367	1305	266
237089	1470066	703403	1074229	1062281	694329	688403	39738	33139	2447
7467	260638	94773	190614	190415	111429	111195	1152	1152	-39
1380	10567	10814	32978	32891	28908	28508	518	518	87
263026	425228	257765	844870	833235	696251	687513	3901	3848	826
48054	117456	173657	735628	729643	674480	669526	5406	5342	434
578426	730193	480327	2380709	2289424	2298568	2216277	2514	2508	-258
45638	27856	18267	45443	43781	37808	36265	135	135	
5123	171703	52885	97227	97227	72416	72416	1193	1193	
13440	8021	7018	11193	11193	9455	9455	7	7	
758	9844	2000	6036	6036	4956	4956	20	20	
112404	349138	184914	639390	625881	542954	532370	1497	1460	-320
4873	19621	17848	15258	15258	15561	15561	92	92	
202	750	1000	2004	2004	1423	1423	14	14	
4900	20517	6468	14672	14530	8389	8389	185	185	
1183756	833492	710208	242865	241124	119823	119485	2275	2265	244
7684	43450	14680	52972	52738	36686	36513	208	208	46

13−12 续表2

单位：万元

项　目	Item	销售费用 Cost of Sales	管理费用 Management Expenses
总计	**Total**	**321333**	**330742**
轻工业	Light Industry	102340	113227
重工业	Heavy Industry	218993	217515
大型企业	Large Enterprises	88783	62668
中型企业	Medium-sized Enterprises	92519	91091
小型企业	Small Enterprises	140031	176982
微型企业	Micro Enterprises	6387	9722
按登记注册类型分	**By Status of Registration**		
股份合作企业	Cooperative Enterprises	3	2009
有限责任公司	Limited Liability Corporations	113464	87615
股份有限公司	Share-holding Corporations Limited	63719	40689
私营企业	Private Enterprises	126801	182106
其他企业	Other Enterprises		533
港、澳、台商投资企业	Enterprises with Funds from Hong Kong, Macao and Taiwan	13703	12927
外商投资企业	Foreign Funded Enterprises	3643	4863
按工业行业分	**Grouped by Sector**		
采掘业	**Mining**		
煤炭开采和洗选业	Mining and Washing of Coal	8536	5950
黑色金属矿采选业	Mining and Processing of Ferrous Metal Ores	6130	7653
有色金属矿采选业	Mining and Processing of Non-Ferrous Metal Ores	241	8364
非金属矿采选业	Mining and Processing of Non-metal Ores	859	1932
制造业	**Manufacturing**		
农副食品加工业	Processing of Food from Agricultural Products	11741	17939
食品制造业	Manufacture of Foods	15105	22726
酒、饮料和精制茶制造业	Manufacture of Liquor, Beverages and Refined Tea	23105	18732
纺织业	Manufacture of Textile	774	2052
纺织服装、服饰业	Manufacture of Textile, Wearing Apparel and Accessories	641	1554
木材加工和木、竹、藤、棕、草制品业	Processing of Timber.Manufacture of Wood, Bamboo,Rattan,Palm and Straw Products	201	140
家具制造业	Manufacture of Furniture	1096	1029
造纸和纸制品业	Manufacture of Paper and Paper Products	25	56
印刷和记录媒介复制业	Printing and Reproduction of Recording Media	451	842
文教、工美、体育和娱乐用品制造业	Manufacture of Articles for Culture, Education, Arts and Crafts,Sport and Entertainment Activities	1248	4692
石油加工、炼焦和核燃料加工业	Processing of Petroleum, Coking and Processing of Nuclear Fuel	25308	15161
化学原料和化学制品制造业	Manufacture of Raw Chemical Materials and Chemical Products	70315	52325
医药制造业	Manufacture of Medicines	44977	18328
橡胶和塑料制品业	Manufacture of Rubber and Plastics Products	1443	1134
非金属矿物制品业	Manufacture of Non-metallic Mineral Products	52170	33445
黑色金属冶炼和压延加工业	Smelting and Pressing of Ferrous Metals	19580	16813
有色金属冶炼和压延加工业	Smelting and Pressing of Non-ferrous Metals	18240	34440
金属制品业	Manufacture of Metal Products	436	2758
通用设备制造业	Manufacture of General Purpose Machinery	6886	14989
专用设备制造业	Manufacture of Special Purpose Machinery	28	366
汽车制造业	Manufacture of Automobiles		
铁路、航舶、航空航天和其他运输设备制造业	Manufacture of Railway, Ship, Aerospace and Other Transport Equipments	411	461
电气机械和器材制造业	Manufacture of Electrical Machinery and Apparatus	5273	31857
计算机、通信和其他电子设备制造业	Manufacture of Computers, Communication and Other Electronic Equipment	472	1242
仪器仪表制造业	Manufacture of Measuring Instruments and Machinery	331	212
废弃资源综合利用业	Comprehensive Utilization of Waste Resources	292	1708
金属制品、机械和设备修理业	Repair Service of Metal Products, Machinery and Equipment		
电力、燃气及水的生产和供应业	**Power, Gas and Water Production and Supply**		
电力、热力生产和供应业	Production and Supply of Electric Power and Heat Power	3709	7341
燃气生产和供应业	Production and Supply of Gas	1312	4503

Continued

(10 000 yuan)

财务费用 Financial Expenses	营业利润 Operating Profit	利润总额 Total Profits	所得税费用 Income Tax Expense	亏损企业亏损总额 The Total Loss of Loss-making Enterprises	利税总额 Total Profits and Taxes	本年应交增值税 Value Added Tax Payable
264406	**343085**	**413435**	**54138**	**193140**	**640760**	**135555**
31514	79556	114467	121	20460	170907	31623
232893	263529	298969	54017	172680	469853	103932
36621	188788	195252	22341	5536	307211	60968
78282	23108	58563	7709	74625	96188	29711
149503	131189	159620	24089	112979	237361	44876
41467	16199	14991	1871	13763	2469	-13727
…	-2069	-2061		2061	-1557	
73082	180219	190756	31868	50497	244778	24678
25911	56211	68426	6539	9924	126478	28986
141711	98207	142708	14600	125591	237110	65296
26	-994	100			1330	1149
19287	13753	15057	1048	238	30440	12984
4390	-2241	-1551	83	4829	2181	2463
1276	8834	8879	2173	945	22338	7750
2547	-3122	-3430		5641	-735	1953
2820	2238	1860	702	4232	5179	1774
-4	-100	-145	27	1171	2117	1454
10617	8201	17602	382	2968	19665	1755
3922	14560	18567	580	4543	24033	4859
654	7826	7574	-2204	6501	35838	7576
2666	1131	1290		1421	1441	
922	4728	4645		34	4865	29
0	110	110			110	
399	498	498			582	1
1	211	211			240	25
229	200	529	5	681	859	242
3268	-1900	104		563	1578	850
8175	-8745	-9145	255	10177	-7778	
38505	180881	188668	33092	52229	280991	52585
1261	13553	15443	519	1041	27788	11193
666	309	353	112	125	2190	1319
40010	36759	47661	7075	26323	77297	25734
11078	8338	9406	819	7964	27729	12918
39828	-11615	-6405	3252	29674	12340	16231
2254	1331	1696		119	3107	1276
3289	-1940	4577		850	7523	1753
187	1152	1276	172		1386	103
129	56	56			113	37
10737	55510	75598	3107	2486	83638	6543
137	-2245	-1066	5	1098	-448	525
57	-34	25			157	118
1260	2253	2365	214		4240	1691
77114	14247	14789	2877	32334	-8222	-25286
403	9859	9847	977	20	10602	547

13-13 2016-2017年规模以上工业企业主要经济效益指标

指 标	Item	工业增加值率(%)收入法 Ratio of Value Added to Gross Industrial Output Value (%) By Production Approach 2016	2017年
总计	**Total**	**29.47**	**29.48**
国有控股企业	State-holding Enterprises	33.35	33.48
轻工业	Light Industry	28.97	27.41
重工业	Heavy Industry	29.58	29.76
大型企业	Large Enterprises	35.54	35.17
中型企业	Medium-sized Enterprises	24.43	22.27
小型企业	Small Enterprises	24.08	22.13
微型企业	Micro Enterprises		
按登记注册类型分	**By Status of Registration**		
集体企业	Collective-owned Enterprises	26.52	
股份合作企业	Cooperative Enterprises	2.55	5.26
有限责任公司	Limited Liability Corporations	26.68	27.24
股份有限公司	Share-holding Corporations Limited	43.37	41.85
私营企业	Private Enterprises	25.19	23.90
其他企业	Other Enterprises		
港、澳、台商投资企业	Enterprises with Funds from Hong Kong, Macao and Taiwan	25.01	20.08
外商投资企业	Foreign Funded Enterprises	35.87	41.37
按工业行业分	**Grouped by Sector**		
采掘业	**Mining**		
煤炭开采和洗选业	Mining and Washing of Coal	37.09	53.79
石油和天然气开采业	Extraction of Petroleum and Natural Gas	75.57	76.50
黑色金属矿采选业	Mining and Processing of Ferrous Metal Ores	13.02	55.52
有色金属矿采选业	Mining and Processing of Non-Ferrous Metal Ores	36.06	84.08
非金属矿采选业	Mining and Processing of Non-metal Ores	51.60	57.11
制造业	**Manufacturing**		
农副食品加工业	Processing of Food from Agricultural Products	23.02	17.86
食品制造业	Manufacture of Foods	23.67	30.82
酒、饮料和精制茶制造业	Manufacture of Liquor, Beverages and Refined Tea	27.68	13.49
纺织业	Manufacture of Textile	30.85	33.59
纺织服装、服饰业	Manufacture of Textile, Wearing Apparel and Accessories	29.82	38.74
木材加工和木、竹、藤、棕、草制品业	Processing of Timber.Manufacture of Wood, Bamboo,Rattan,Palm and Straw Products		
家具制造业	Manufacture of Furniture	23.46	19.59
造纸和纸制品业	Manufacture of Paper and Paper Products	42.04	39.39
印刷和记录媒介复制业	Printing and Reproduction of Recording Media	37.95	13.99
文教、工美、体育和娱乐用品制造业	Manufacture of Articles for Culture, Education, Arts and Crafts,Sport and Entertainment Activities	31.22	26.43
石油加工、炼焦和核燃料加工业	Processing of Petroleum, Coking and Processing of Nuclear Fuel	3.18	27.77
化学原料和化学制品制造业	Manufacture of Raw Chemical Materials and Chemical Products	28.55	36.41
医药制造业	Manufacture of Medicines	38.48	46.14
橡胶和塑料制品业	Manufacture of Rubber and Plastics Products	20.88	26.84
非金属矿物制品业	Manufacture of Non-metallic Mineral Products	22.72	22.40
黑色金属冶炼和压延加工业	Smelting and Pressing of Ferrous Metals	27.83	18.52
有色金属冶炼和压延加工业	Smelting and Pressing of Non-ferrous Metals	17.49	10.77
金属制品业	Manufacture of Metal Products	20.81	13.81
通用设备制造业	Manufacture of General Purpose Machinery	36.95	37.60
专用设备制造业	Manufacture of Special Purpose Machinery	16.62	17.05
汽车制造业	Manufacture of Automobiles	31.75	
铁路、船舶、航空航天和其他运输设备制造业	Manufacture of Railway, Ship, Aerospace and Other Transport Equipments	27.10	23.27
电气机械和器材制造业	Manufacture of Electrical Machinery and Apparatus	30.96	31.91
计算机、通信和其他电子设备制造业	Manufacture of Computers, Communication and Other Electronic Equipment		0.13
仪器仪表制造业	Manufacture of Measuring Instruments and Machinery	34.85	16.81
其他制造业	Other Manufacture	64.75	
金属制品、机械和设备修理业	Repair Service of Metal Products, Machinery and Equipment	27.12	
电力、燃气及水的生产和供应业	**Power, Gas and Water Production and Supply**		
电力、热力生产和供应业	Production and Supply of Electric Power and Heat Power	31.35	31.05
燃气的生产和供应业	Production and Supply of Gas	60.05	58.28
水的生产和供应业	Production and Supply of Water	63.22	87.22

注：工业增加值率是采用企业成本费用调查年报资料。下表同。

Main Economic Indicators of Industria Enterprises above Designated Size(2016-2017)

总资产贡献率 (%) Ratio of Total Assets to Industrial Output Value (%)		资产负债率 (%) Assets-Liability Ratio (%)		流动资产周转率 (次/年) Number of Times of Annual of Turnover Working Capitals (times/year)		成本费用利润率 (%) Ratio of Profits to Industrial Cost (%)		产品销售率 (%) Proportion of Products Sold (%)	
2016	2017	2016	2017	2016	2017	2016	2017	2016	2017
4.44	**4.96**	**68.41**	**67.34**	**1.40**	**1.15**	**3.66**	**4.94**	**93.93**	**96.72**
4.65	5.01	70.87	68.25	1.31	1.20	4.53	4.70	95.64	97.76
5.47	5.43	47.75	53.47	1.83	1.13	4.98	6.14	89.71	92.46
4.35	4.93	70.25	68.28	1.34	1.15	3.42	4.81	94.89	97.43
5.39	5.96	67.97	65.97	1.50	1.45	4.09	4.56	95.40	99.06
3.06	3.91	73.17	69.57	1.25	0.91	0.84	4.45	91.01	93.47
3.49	3.82	66.09	68.30	1.37	0.96	5.03	6.10	94.45	95.66
1.74	2.46	72.39	71.03	0.44	0.49	16.19	8.66	97.97	92.33
-5.46	4.68	95.71	53.01	3.78	2.89	-1.98	1.63	100.59	98.69
5.10	1.91	46.16	47.26	6.10	0.64	0.54	-4.04	100.43	100.00
4.25	4.72	75.50	70.58	1.16	0.95	4.04	5.92	93.07	96.62
6.21	6.83	65.42	68.12	1.16	1.09	7.88	7.86	93.91	97.52
2.49	4.07	63.93	63.25	1.56	1.09	0.86	3.50	92.16	93.95
13.56	45.49	80.25	83.68	5.10	3.39	2.12	0.94		95.29
3.91	2.91	92.62	89.48	1.85	1.24	2.26	2.77	101.03	102.16
5.82	1.88	39.63	59.87	1.76	1.17	7.53	-1.76	96.38	95.91
4.90	7.55	58.40	47.04	0.96	0.41	0.62	26.15	84.43	108.49
15.45	18.60	45.87	44.67	1.56	1.77	16.68	23.98	96.50	100.03
-3.01	-0.66	89.08	76.38	0.36	0.37	-31.64	-6.69	84.83	94.86
16.80	23.96	47.37	41.95	2.05	0.76	20.62	98.93	85.61	93.55
4.55	10.02	69.08	67.03	0.77	0.61	1.72	16.25	85.72	88.38
2.63	3.90	49.64	50.17	1.62	1.17	2.80	3.81	97.75	97.26
4.87	4.30	38.90	50.18	1.69	1.15	6.03	7.60	70.26	84.75
14.15	7.21	46.32	60.22	1.59	0.86	15.76	4.61	67.67	91.25
2.62	2.06	49.40	55.39	3.51	1.14	1.29	1.10	100.74	98.30
7.07	4.19	43.20	38.70	3.73	1.02	3.71	6.73	99.98	97.54
9.25	17.79	8.53	4.04	4.78	5.75	4.24	5.64		100.00
15.56	9.95	43.27	70.32	17.01	10.58	1.48	1.78	99.26	99.07
31.12	13.99	68.11	59.22	8.59	6.03	6.59	9.42	90.62	90.76
3.40	5.37	43.70	59.01	2.30	4.08	1.62	0.96	93.37	95.11
4.41	2.01	60.36	59.15	4.23	1.77	1.22	0.07	98.72	99.09
-5.59	0.10	79.95	73.43	1.36	1.35	-14.54	-4.81	78.56	94.40
4.16	5.26	70.40	71.87	0.78	0.76	5.98	7.54	89.21	94.87
5.68	6.34	31.94	41.42	1.11	0.93	8.05	8.71	92.07	93.42
5.64	6.05	74.05	75.69	1.22	1.09	3.18	1.10	91.37	99.90
3.41	4.80	76.92	79.29	1.05	0.89	1.25	2.98	90.54	98.47
2.12	1.91	79.91	82.46	1.31	1.35	0.30	-2.35	94.61	92.35
2.41	1.79	79.64	76.67	2.23	1.65	0.46	-0.35	97.67	97.86
1.93	1.93	33.92	76.88	0.95	0.58	2.10	-2.26	91.21	88.02
5.71	3.11	57.00	54.80	0.72	0.44	9.37	5.73	98.68	84.00
4.32	2.29	64.04	84.56	0.72	0.43	4.03	5.67	99.24	99.52
0.27		64.03		0.07		-8.72		98.33	
4.09	2.08	14.06	15.17	1.18	1.00	1.62	0.93	97.25	97.25
4.02	8.32	67.65	69.29	1.79	1.21	4.50	9.95	97.97	92.91
5.10	-1.10	40.60	40.32	1.23	1.33	1.54	-6.12	99.90	100.00
4.59	5.66	11.72	18.59	0.55	0.68	4.43	2.24	91.71	95.27
3.02		38.82		1.45		-1.36		100.00	
1.80		24.56		24.78		0.12		99.18	
3.46	3.28	70.06	64.70	1.48	1.34	4.65	4.52	99.49	99.81
14.00	11.56	45.68	48.54	1.54	1.23	28.99	26.33	125.07	120.03
2.75	5.43	52.93	39.77	0.22	0.29	22.80	49.65	98.41	98.33

a) Ratio of value added to gross industrial output value are based on business costs surveyed. The same applies to the tables following.

13-14 2016-2017年地方规模以上工业企业经济效益指标

指 标	Item	工业增加值率 (%) Ratio of Value Added to Gross Industrial Output Value (%) 2016	2017
总计	**Total**	**27.86**	**29.75**
国有控股企业	State-holding Enterprises	32.73	33.48
轻工业	Light Industry	28.97	27.41
重工业	Heavy Industry	27.53	29.76
大型企业	Large Enterprises	35.90	35.17
中型企业	Medium-sized Enterprises	24.49	22.27
小型企业	Small Enterprises	23.38	22.13
微型企业	Micro Enterprises		
按工业行业分	**Grouped by Sector**		
采掘业	**Mining**		
煤炭开采和洗选业	Mining and Washing of Coal	37.09	53.79
黑色金属矿采选业	Mining and Processing of Ferrous Metal Ores	13.02	55.52
有色金属矿采选业	Mining and Processing of Non-Ferrous Metal Ores	36.06	84.08
非金属矿采选业	Mining and Processing of Non-metal Ores	51.60	57.11
制造业	**Manufacturing**		
农副食品加工业	Processing of Food from Agricultural Products	23.02	17.86
食品制造业	Manufacture of Foods	23.67	30.82
酒、饮料和精制茶制造业	Manufacture of Liquor, Beverages and Refined Tea	27.68	13.49
纺织业	Manufacture of Textile	30.85	33.59
纺织服装、服饰业	Manufacture of Textile, Wearing Apparel and Accessories	29.82	38.74
木材加工和木、竹、藤、棕、草制品业	Processing of Timber.Manufacture of Wood, Bamboo,Rattan,Palm and Straw Products		9.72
家具制造业	Manufacture of Furniture	23.46	19.59
造纸和纸制品业	Manufacture of Paper and Paper Products	42.04	39.39
印刷和记录媒介复制业	Printing and Reproduction of Recording Media	37.95	13.99
文教、工美、体育和娱乐用品制造业	Manufacture of Articles for Culture, Education, Arts and Crafts,Sport and Entertainment Activities	31.22	26.43
石油加工、炼焦和核燃料加工业	Processing of Petroleum, Coking and Processing of Nuclear Fuel	3.18	3.18
化学原料和化学制品制造业	Manufacture of Raw Chemical Materials and Chemical Products	28.84	36.59
医药制造业	Manufacture of Medicines	38.48	46.14
橡胶和塑料制品业	Manufacture of Rubber and Plastics Products	20.88	26.84
非金属矿物制品业	Manufacture of Non-metallic Mineral Products	22.55	20.74
黑色金属冶炼和压延加工业	Smelting and Pressing of Ferrous Metals	27.85	18.24
有色金属冶炼和压延加工业	Smelting and Pressing of Non-ferrous Metals	20.04	11.61
金属制品业	Manufacture of Metal Products	20.81	13.81
通用设备制造业	Manufacture of General Purpose Machinery	36.95	37.60
专用设备制造业	Manufacture of Special Purpose Machinery	16.62	17.05
汽车制造业	Manufacture of Automobiles	31.75	
铁路、航舶、航空航天和其他运输设备制造业	Manufacture of Railway, Ship, Aerospace and Other Transport Equipments	27.10	23.27
电气机械和器材制造业	Manufacture of Electrical Machinery and Apparatus	30.96	31.91
计算机、通信和其他电子设备制造业	Manufacture of Computers, Communication and Other Electronic Equipment		
仪器仪表制造业	Manufacture of Measuring Instruments and Machinery	34.85	16.81
其他制造业	Other Manufacture	64.75	
金属制品、机械和设备修理业	Repair Service of Metal Products, Machinery and Equipment	27.12	
电力、燃气及水的生产和供应业	**Power, Gas and Water Production and Supply**		
电力、热力生产和供应业	Production and Supply of Electric Power and Heat Power	56.72	44.29
燃气的生产和供应业	Production and Supply of Gas	60.05	45.42
水的生产和供应业	Production and Supply of Water	63.22	87.22

Main Indicators on Ecocomic Benefit of Local Industrial Enterprises above Designated Size(2016-2017)

总资产贡献率 (%) Ratio of Total Assets to Industrial Output Value (%)		资产负债率 (%) Assets-Liability Ratio (%)		流动资产周转率 (次/年) Number of Times of Annual of Turnover Working Capitals (times/year)		成本费用利润率 (%) Ratio of Profits to Industrial Cost (%)		产品销售率 (%) Proportion of Products Sold (%)	
2016	2017	2016	2017	2016	2017	2016	2017	2016	2017
3.78	**4.09**	**70.92**	**70.35**	**1.22**	**0.94**	**3.28**	**4.40**	**92.56**	**92.25**
3.67	3.59	75.81	73.90	0.92	0.92	4.25	3.18	92.77	94.72
5.47	5.43	47.75	53.47	1.83	1.83	4.98	6.14	89.71	92.46
3.58	3.95	73.53	72.05	1.12	1.12	2.84	4.09	93.44	95.96
4.37	4.70	74.22	73.95	1.02	1.02	4.15	3.62	92.12	97.49
3.21	4.00	72.07	68.39	1.28	1.28	0.97	5.02	90.79	93.18
3.18	3.41	64.37	67.65	1.37	1.37	4.29	4.63	94.02	95.30
1.68	2.36	72.36	71.21	0.44	0.44	15.26	7.93	97.92	92.14
4.90	7.55	58.40	47.04	0.96	0.41	0.62	26.15	84.43	108.49
-3.01	-0.66	89.08	76.38	0.36	0.37	-31.64	-6.69	84.83	94.86
16.80	23.96	47.37	41.95	2.05	0.76	20.62	98.93	85.61	93.55
4.43	10.02	64.51	67.03	0.76	0.61	1.67	16.25	85.53	88.38
2.63	3.90	49.64	50.17	1.62	1.17	2.80	3.81	97.75	97.26
4.87	4.30	38.90	50.18	1.69	1.15	6.03	7.60	70.26	84.75
14.15	7.21	46.32	60.22	1.59	0.86	15.76	4.61	67.67	91.25
2.62	2.06	49.40	55.39	3.51	1.14	1.29	1.10	100.74	98.30
7.07	4.19	43.20	38.70	3.73	1.02	3.71	6.73	99.98	97.54
9.25	17.79	8.53	4.04	4.78	5.75	4.24	5.64		100.00
15.56	9.95	43.27	70.32	17.01	10.58	1.48	1.78	99.26	99.07
31.12	13.99	68.11	59.22	8.59	6.03	6.59	9.42	90.62	90.76
3.40	5.37	43.70	59.01	2.30	4.08	1.62	0.96	93.37	95.11
4.41	2.01	60.36	59.15	4.23	1.77	1.22	0.07	98.72	99.09
-5.59	0.10	79.95	73.43	1.36	1.35	-14.54	-4.81	78.56	94.40
4.40	5.34	69.82	71.53	0.80	0.76	6.44	7.80	89.10	94.81
5.68	6.34	31.94	41.42	1.11	0.93	8.05	8.71	92.07	93.42
5.64	6.05	74.05	75.69	1.22	1.09	3.18	1.10	91.37	99.90
3.06	4.11	77.58	80.63	1.01	0.82	0.75	1.38	90.36	98.62
2.14	1.90	80.14	82.28	1.20	1.34	0.33	-2.48	93.94	92.13
1.99	1.44	76.97	74.25	1.94	1.37	0.38	-0.52	97.17	97.12
1.93	1.93	33.92	76.88	0.95	0.58	2.10	-2.26	91.21	88.02
5.71	3.11	57.00	54.80	0.72	0.44	9.37	5.73	98.68	84.00
4.32	2.29	64.04	84.56	0.72	0.43	4.03	5.67	99.24	99.52
0.27		64.03		0.07		-8.72		98.33	
4.09	2.08	14.06	15.17	1.18	1.00	1.62	0.93	97.25	97.25
4.02	8.32	67.65	69.29	1.79	1.21	4.50	9.95	97.97	92.91
5.10	-1.10	40.60	40.32	1.23	1.33	1.54	-6.12	99.90	100.00
4.59	5.66	11.72	18.59	0.55	0.68	4.43	2.24	91.71	95.27
3.02		38.82		1.45		-1.36		100.00	
1.80		24.56		24.78		0.12		99.18	
3.72	1.99	77.09	70.90	0.74	0.42	7.70	16.74	98.52	98.69
14.00	10.93	45.68	55.35	1.54	1.25	28.99	22.95	125.07	103.47
2.75	5.43	52.93	39.77	0.22	0.29	22.80	49.65	98.41	98.33

13-15 2016-2017年规模以上国有及国有控股工业企业主要经济效益指标

指 标	Item	工业增加值率 (%) Ratio of Value Added to Gross Industrial Output Value (%) 2016	2017
总计	**Total**	**33.16**	**33.16**
国有控股企业	State-holding Enterprises	33.35	33.35
轻工业	Light Industry	19.88	19.88
重工业	Heavy Industry	33.70	33.70
大型企业	Large Enterprises	36.49	36.49
中型企业	Medium-sized Enterprises	24.75	24.75
小型企业	Small Enterprises	26.55	26.55
微型企业	Micro Enterprises		
按工业行业分	**Grouped by Sector**		
采掘业	**Mining**		
煤炭开采和洗选业	Mining and Washing of Coal	44.46	53.79
石油和天然气开采业	Extraction of Petroleum and Natural Gas	75.57	76.50
黑色金属矿采选业	Mining and Processing of Ferrous Metal Ores	-23.90	55.52
有色金属矿采选业	Mining and Processing of Non-Ferrous Metal Ores	66.94	84.08
非金属矿采选业	Mining and Processing of Non-metal Ores	67.39	57.11
制造业	**Manufacturing**		
农副食品加工业	Processing of Food from Agricultural Products	5.69	17.86
食品制造业	Manufacture of Foods	48.07	30.82
纺织服装、服饰业	Manufacture of Textile, Wearing Apparel and Accessories	73.93	38.74
印刷和记录媒介复制业	Printing and Reproduction of Recording Media		13.99
石油加工、炼焦和核燃料加工业	Processing of Petroleum, Coking and Processing of Nuclear Fuel		27.77
化学原料和化学制品制造业	Manufacture of Raw Chemical Materials and Chemical Products	27.97	36.41
医药制造业	Manufacture of Medicines	26.07	46.14
非金属矿物制品业	Manufacture of Non-metallic Mineral Products	26.91	22.40
黑色金属冶炼和压延加工业	Smelting and Pressing of Ferrous Metals	41.49	18.52
有色金属冶炼和压延加工业	Smelting and Pressing of Non-ferrous Metals	14.45	10.77
金属制品业	Manufacture of Metal Products	17.74	13.81
通用设备制造业	Manufacture of General Purpose Machinery	34.74	37.60
专用设备制造业	Manufacture of Special Purpose Machinery	12.26	17.05
电气机械和器材制造业	Manufacture of Electrical Machinery and Apparatus	21.08	31.91
其他制造业	Other Manufacture	64.75	
金属制品、机械和设备修理业	Repair Service of Metal Products, Machinery and Equipment		
电力、燃气及水的生产和供应业	**Power, Gas and Water Production and Supply**		
电力、热力的生产和供应业	Production and Supply of Electric Power and Heat Power	31.29	31.05
水的生产和供应业	Production and Supply of Water	63.22	58.28

Main Indicators on Ecocomic Benefit of State-owned and State-holding Industrial Enterprises Above Designated Size(2016-2017)

总资产贡献率 (%) Ratio of Total Assets to Industrial Output Value (%)		资产负债率 (%) Assets-Liability Ratio (%)		流动资产周转率 (次/年) Number of Times of Annual of Turnover Working Capitals (times/year)		成本费用利润率 (%) Ratio of Profits to Industrial Cost (%)		产品销售率 (%) Proportion of Products Sold (%)	
2016	2017	2016	2017	2016	2017	2016	2017	2016	2017
4.65	**5.01**	**70.87**	**68.25**	**1.31**	**1.20**	**4.53**	**4.70**	**95.64**	**97.76**
4.65	5.01	70.87	68.25	1.31	1.20	4.53	4.70	95.64	97.76
1.39	3.58	58.03	60.30	1.08	0.86	1.44	4.63	97.30	96.76
4.70	5.03	71.09	68.35	1.32	1.21	4.61	4.70	95.59	97.78
5.06	5.48	68.75	66.23	1.54	1.53	3.28	3.07	96.73	99.49
2.87	4.06	77.19	71.16	0.89	0.79	2.10	6.25	90.01	90.21
4.57	4.22	74.26	73.35	1.05	0.68	15.11	15.88	97.89	97.34
3.20	3.08	70.70	77.52	0.60	0.37	35.03	14.47	97.95	98.19
5.76	7.04	79.87	44.61	1.79	0.29	15.58	41.55	103.81	116.41
15.45	18.60	45.87	44.67	1.56	1.77	16.68	23.98	96.50	100.03
-5.77		105.91		0.89		-43.18		100.00	
28.32	39.34	31.73	28.53	2.17	1.18	76.10	174.14	85.77	92.56
7.34	13.81	71.86	72.44	0.48	0.77	10.29	25.79	92.61	109.80
0.56		44.03		2.06		1.32		97.71	
12.03	7.34	28.39	24.99	1.24	5.33	12.11	10.05	99.93	91.82
11.85	5.96	31.49	28.83	0.60	0.53	16.34	2.06	100.06	94.87
3.27	3.62	77.16	77.24	0.80	0.82	-0.67	0.49	84.75	86.11
3.46	4.11	73.31	76.34	0.70	0.75	4.02	1.86	86.74	91.89
4.43	0.42	36.14	50.93	1.97	0.29	4.47	-12.20	89.59	86.95
1.45	2.62	80.45	84.60	1.08	0.84	1.36	-10.07	100.28	98.90
2.25	1.18	79.76	82.84	0.99	1.01	1.94	-4.93	99.95	98.93
2.55	1.75	84.08	78.27	1.91	1.52	0.72	-0.42	95.41	97.50
1.63	-6.12	50.93	48.21	0.73	0.65	0.41	-12.99	100.00	27.95
6.27		62.55		0.64		9.12		103.83	
3.73	3.14	61.00	74.25	0.88	0.74	1.99	2.97	100.00	100.00
-3.25	2.48	83.30	92.45	2.43	1.84	-2.98	-1.46	98.27	99.02
3.02		38.82		1.45		-1.36		100.00	
3.80	3.59	70.06	63.69	1.78	1.59	3.78	4.38	99.63	99.83
2.75	5.43	52.93	39.77	0.22	0.29	22.80	49.65	98.41	98.33

13-16 2016-2017年规模以上集体工业企业经济效益指标

指　　标	Item	工业增加值率 (%) Ratio of Value Added to Gross Industrial Output Value (%) 2016	2017
总计	**Total**	**26.52**	
重工业	Heavy Industry	26.52	
中型企业	Medium-sized Enterprises	26.52	
小型企业	Small Enterprises		
按工业行业分	**Grouped by Sector**		
制造业	**Manufacturing**		
化学原料和化学制品制造业	Manufacture of Raw Chemical Materials and Chemical Products		
有色金属冶炼及压延加工业	Smelting and Pressing of Nonferrous Metals	26.52	

Main Indicators on Economic Benefit of Collective-owned Industrial Enterprises Above Designated Size(2016-2017)

总资产贡献率 (%) Ratio of Total Assets to Industrial Output Value (%)		资产负债率 (%) Assets-Liability Ratio (%)		流动资产周转率 (次/年) Number of Times of Annual of Turnover Working Capitals (times/year)		成本费用利润率 (%) Ratio of Profits to Industrial Cost (%)		产品销售率 (%) Proportion of Products Sold (%)	
2016	2017	2016	2017	2016	2017	2016	2017	2016	2017
-5.46	**4.68**	**95.71**	**53.01**	**3.78**	**2.89**	**-1.98**	**1.63**	**100.59**	**98.69**
-5.46	4.68	95.71	53.01	3.78	2.89	-1.98	1.63	100.59	98.69
-9.26		110.69		4.83		-2.58		100.95	
3.85	4.68	59.10	53.01	1.43	2.89	2.77	1.63	100.50	98.69
3.85	4.68	59.10	53.01	1.43	2.89	2.77	1.63	100.50	98.69
-9.26		110.69		4.83		-2.58		100.95	

13-17　2016-2017年大中型工业企业经济效益指标

指　标	Item	工业增加值率 (%) Ratio of Value Added to Gross Industrial Output Value (%)	
		2016	2017
总计	**Total**	**31.06**	**31.17**
国有控股企业	State-holding Enterprises	34.08	33.35
轻工业	Light Industry	29.78	28.00
重工业	Heavy Industry	31.25	31.45
大型企业	Large Enterprises	35.54	35.17
中型企业	Medium-sized Enterprises	24.43	22.27
按工业行业分	**Grouped by Sector**		
采掘业	**Mining**		
煤炭开采和洗选业	Mining and Washing of Coal	48.23	72.96
石油和天然气开采业	Extraction of Petroleum and Natural Gas	75.57	76.50
黑色金属矿采选业	Mining and Processing of Ferrous Metal Ores		
有色金属矿采选业	Mining and Processing of Non-Ferrous Metal Ores	66.94	86.00
非金属矿采选业	Mining and Processing of Non-metal Ores	69.80	82.17
制造业	**Manufacturing**		
农副食品加工业	Processing of Food from Agricultural Products	11.26	7.09
食品制造业	Manufacture of Foods	19.71	47.37
酒、饮料和精制茶制造业	Manufacture of Liquor, Beverages and Refined Tea	27.80	12.38
纺织业	Manufacture of Textile	30.30	31.32
纺织服装、服饰业	Manufacture of Textile, Wearing Apparel and Accessories	32.72	41.51
印刷业和记录媒介的复制	Printing and Reproduction of Recording Media	49.32	45.42
文教、工美、体育和娱乐用品制造业	Manufacture of Articles for Culture, Education, Arts and Crafts, Sport and Entertainment Activities	31.87	28.38
石油加工、炼焦和核燃料加工业	Processing of Petroleum, Coking and Processing of Nuclear Fuel	-0.48	
化学原料及化学制品制造业	Manufacture of Raw Chemical Materials and Chemical Products	28.11	36.14
医药制造业	Manufacture of Medicines	49.42	49.90
非金属矿物制品业	Manufacture of Non-metallic Mineral Products	22.95	24.89
黑色金属冶炼及压延加工业	Smelting and Pressing of Ferrous Metals	33.54	18.66
有色金属冶炼及压延加工业	Smelting and Pressing of Non-ferrous Metals	18.46	12.26
金属制品业	Manufacture of Metal Products	11.64	14.45
通用设备制造业	Manufacture of General Purpose Machinery	34.62	36.64
汽车制造业	Manufacture of Special Purpose Machinery	31.75	
电气机械和器材制造业	Manufacture of Electrical Machinery and Apparatus	34.94	33.59
仪器仪表制造业	Manufacture of Measuring Instruments and Machinery	42.28	36.95
电力、燃气及水的生产和供应业	**Power, Gas and Water Production and Supply**		
电力、热力的生产和供应业	Production and Supply of Electric Power and Heat Power	30.38	28.91
水的生产和供应业	Production and Supply of Water	62.21	87.15

Main Indicators on Economic Benefit of Large and Medium-sized Industrial Enterprises above Designated Size (2016-2017)

总资产贡献率 (%) Ratio of Total Assets to Industrial Output Value (%)		资产负债率 (%) Assets-Liability Ratio (%)		流动资产周转率 (次/年) Number of Times of Annual of Turnover Working Capitals (times/year)		成本费用利润率 (%) Ratio of Profits to Industrial Cost (%)		产品销售率 (%) Proportion of Products Sold (%)	
2016	2017	2016	2017	2016	2017	2016	2017	2016	2017
4.80	**5.37**	**69.29**	**67.01**	**1.41**	**1.24**	**2.97**	**4.53**	**93.61**	**97.23**
4.66	5.15	70.29	67.36	1.36	1.30	3.05	3.67	95.26	97.81
8.76	7.55	54.80	50.85	1.93	1.19	8.17	8.00	82.28	97.97
4.60	5.29	70.02	67.60	1.37	1.24	2.36	4.30	95.39	97.17
5.39	5.96	67.97	65.97	1.50	1.45	4.09	4.56	95.40	99.06
3.06	3.91	73.17	69.57	1.25	0.91	0.84	4.45	91.01	93.47
4.60	7.95	58.09	43.43	1.04	0.30	-0.34	44.08	102.98	116.85
15.45	18.60	45.87	44.67	1.56	1.77	16.68	23.98	96.50	100.03
	-1.99		68.29		0.43		-13.37		100.00
28.32	29.28	31.73	38.86	2.17	0.75	76.10	141.33	85.77	92.88
9.72	13.81	58.92	72.44	0.53	0.77	19.55	25.79	95.27	109.80
3.67	4.13	55.61	60.71	3.47	2.24	2.12	1.95	96.44	100.00
4.20	5.20	51.64	38.23	1.02	2.04	9.55	6.47	38.87	97.57
18.60	11.25	50.24	19.51	1.69	0.78	20.21	11.06	64.53	94.58
3.32	0.40	57.77	77.57	3.27	1.27	1.39	-1.11	101.41	98.03
8.08	3.11	42.79	40.37	3.35	0.73	4.69	5.86	100.94	96.73
3.06	-9.63	38.92	60.18	1.50	2.43	3.52	-16.50	90.00	99.38
3.59	1.30	55.07	55.72	3.36	1.73	1.83	0.45	99.28	98.58
-9.21	0.61	87.82	77.01	2.14	2.29	-19.11	-3.36	78.01	90.93
3.55	5.50	71.29	73.02	0.73	0.86	3.31	3.31	7.95	93.32
12.94	18.66	38.87	45.00	2.32	1.14	10.72	10.72	11.98	104.68
1.89	4.78	82.90	85.37	0.93	0.74	-4.96	-4.96	-0.07	98.63
2.37	1.69	80.01	82.09	1.00	1.18	1.13	1.13	-3.44	90.12
2.82	1.96	80.40	76.64	1.94	1.42	0.71	0.71	-0.16	98.15
1.77	-3.96	67.35	75.57	0.98	1.12	0.67	0.67	-10.75	104.48
5.89	3.18	61.19	57.16	0.63	0.39	8.14	8.14	5.08	78.66
0.27		64.03		0.07		-8.72	-8.72		
6.48	9.74	68.45	67.51	1.71	1.39	9.46	9.46	11.98	97.04
6.06	5.38	4.32	12.51	0.62	0.67	8.46	8.46	2.43	86.24
3.74	3.15	68.20	60.59	2.46	1.99	0.02	0.02	0.91	100.00
3.99	3.18	51.19	36.57	0.21	0.26	36.60	36.60	30.94	100.00

13-18 2016-2017年规模以上非公有工业企业经济效益指标

指　标	Item	工业增加值率 (%) Ratio of Value Added to Gross Industrial Output Value (%) 2016	2017
总计	**Total**	**25.16**	**22.70**
轻工业	Light Industry	29.55	27.07
重工业	Heavy Industry	22.83	20.89
大型企业	Large Enterprises	30.32	39.49
中型企业	Medium-sized Enterprises	24.91	19.22
小型企业	Small Enterprises	23.23	18.62
微型企业	Micro Enterprises		
按登记注册类型分	**By Status of Registration**		
股份合作企业	Cooperative Enterprises		
有限责任公司	Limited Liability Corporations	23.89	20.26
股份有限公司	Share-holding Corporations Limited	23.06	24.67
私营企业	Private Enterprises	25.19	23.90
其他企业	Other Enterprises		
港、澳、台商投资企业	Enterprises with Funds from Hong Kong, Macao and Taiwan	24.68	19.32
外商投资企业	Foreign Funded Enterprises	35.87	41.37
按工业行业分	**Grouped by Sector**		
采掘业	**Mining**		
煤炭开采和洗选业	Mining and Washing of Coal	29.69	33.23
黑色金属矿采选业	Mining and Processing of Ferrous Metal Ores	22.11	55.52
有色金属矿采选业	Mining and Processing of Non-Ferrous Metal Ores	15.35	19.79
非金属矿采选业	Mining and Processing of Non-metal Ores	14.77	23.22
制造业	**Manufacturing**		
农副食品加工业	Processing of Food from Agricultural Products	25.02	17.86
食品制造业	Manufacture of Foods	23.36	30.64
酒、饮料和精制茶制造业	Manufacture of Liquor, Beverages and Refined Tea	27.68	13.49
纺织业	Manufacture of Textile	31.41	33.59
纺织服装、服饰业	Manufacture of Textile, Wearing Apparel and Accessories	27.82	37.44
木材加工和木、竹、藤、棕、草制品业	Processing of Timber.Manufacture of Wood, Bamboo,Rattan,Palm and Straw Products		9.72
家具制造业	Manufacture of Furniture	23.46	19.59
造纸和纸制品业	Manufacture of Paper and Paper Products	42.04	39.39
印刷业和记录媒介的复制	Printing and Reproduction of Recording Media	37.95	13.99
文教、工美、体育和娱乐用品制造业	Manufacture of Articles for Culture, Education, Arts and Crafts, Sport and Entertainment Activities	31.22	26.43
石油加工、炼焦和核燃料加工业	Processing of Petroleum, Coking and Processing of Nuclear Fuel	3.18	27.77
化学原料及化学制品制造业	Manufacture of Raw Chemical Materials and Chemical Products	29.68	54.72
医药制造业	Manufacture of Medicines	40.71	42.99
橡胶和塑料制品业	Manufacture of Rubber and Plastics Products	20.88	26.84
非金属矿物制品业	Manufacture of Non-metallic Mineral Products	21.43	20.65
黑色金属冶炼及压延加工业	Smelting and Pressing of Ferrous Metals	15.85	18.69
有色金属冶炼及压延加工业	Smelting and Pressing of Non-ferrous Metals	22.27	9.81
金属制品业	Manufacture of Metal Products	23.98	18.22
通用设备制造业	Manufacture of General Purpose Machinery	43.73	36.90
专用设备制造业	Manufacture of Special Purpose Machinery	21.63	11.39
汽车制造业	Manufacture of Automobiles	31.75	
铁路、航舶、航空航天和其他运输设备制造业	Manufacture of Railway, Ship, Aerospace and Other Transport Equipments	27.10	23.27
电气机械和器材制造业	Manufacture of Electrical Machinery and Apparatus	35.59	37.40
计算机、通信和其他电子设备制造业	Manufacture of Computers, Communication and Other Electronic Equipment		0.13
仪器仪表制造业	Manufacture of Measuring Instruments and Machinery	30.88	0.13
金属制品、机械和设备修理业	Repair Service of Metal Products, Machinery and Equipment	27.12	
电力、燃气及水的生产和供应业	**Power, Gas and Water Production and Supply**		
电力、热力的生产和供应业	Production and Supply of Electric Power and Heat Power	42.14	53.01
燃气生产和供应业	Production and Supply of Gas	60.05	45.42

Main Indicators on Economic Benefit of Non-public Industrial Enterprises Above Designated Size(2016-2017)

总资产贡献率 (%) Ratio of Total Assets to Industrial Output Value (%)		资产负债率 (%) Assets-Liability Ratio (%)		流动资产周转率 (次/年) Number of Times of Annual of Turnover Working Capitals (times/year)		成本费用利润率 (%) Ratio of Profits to Industrial Cost (%)		产品销售率 (%) Proportion of Products Sold (%)	
2016	2017	2016	2017	2016	2017	2016	2017	2016	2017
3.90	**4.83**	**62.99**	**65.27**	**1.48**	**1.08**	**2.69**	**5.34**	**92.21**	**95.42**
6.01	5.58	46.15	52.51	1.96	1.17	5.23	6.15	88.77	91.89
3.25	4.65	68.13	68.46	1.33	1.06	1.60	5.09	93.86	96.82
8.45	10.43	60.78	63.55	1.30	1.06	8.87	15.93	88.13	96.24
3.13	3.53	68.43	67.58	1.63	1.10	-0.18	2.70	90.93	95.28
2.81	3.53	61.40	64.78	1.47	1.08	2.61	3.67	93.60	95.30
1.21	1.68	73.34	63.17	0.39	0.62	9.98	5.10	97.96	90.24
4.53	5.82	59.98	60.70	1.20	1.06	5.13	8.71	90.67	96.55
10.46	8.28	53.41	63.33	2.20	0.99	3.78	10.62	90.78	96.39
2.49	4.07	63.93	63.25	1.56	1.09	0.86	3.50	92.16	93.95
13.56	45.49	80.25	83.68	5.10	3.39	2.12	0.94		95.29
3.83	2.71	94.46	92.16	1.83	1.24	2.15	2.13	101.19	101.08
5.82	1.88	39.63	59.87	1.76	1.17	7.53	-1.76	96.38	95.91
4.23	10.46	41.73	60.76	0.83	1.05	-3.63	8.63	68.74	99.15
-2.13	-0.66	83.74	76.38	0.32	0.37	-28.25	-6.69	81.52	94.86
1.94	2.33	67.54	60.82	1.97	0.34	-4.27	3.39	85.53	98.87
0.13	3.49	64.70	57.69	1.07	0.44	-1.80	-0.74	83.36	68.50
2.69	3.90	49.80	50.17	1.62	1.17	2.82	3.81	97.75	97.26
4.86	4.13	38.97	51.61	1.70	1.07	6.20	7.38	69.71	84.21
14.15	7.21	46.32	60.22	1.59	0.86	15.76	4.61	67.67	91.25
1.60	2.06	49.33	55.39	3.72	1.14	0.81	1.10	99.16	98.30
6.27	3.75	45.17	41.12	5.05	1.32	3.13	7.88	99.97	97.84
9.25	17.79	8.53	4.04	4.78	5.75	4.24	5.64		100.00
15.56	9.95	43.27	70.32	17.01	10.58	1.48	1.78	99.26	99.07
31.12	13.99	68.11	59.22	8.59	6.03	6.59	9.42	90.62	90.76
3.42	7.43	38.56	37.65	2.98	9.09	1.92	1.03	94.37	96.44
4.41	2.01	60.36	59.15	4.23	1.77	1.22	0.07	98.72	99.09
-5.59	0.10	79.95	73.43	1.36	1.35	-14.54	-4.81	78.56	94.40
6.68	9.50	60.00	55.44	0.96	0.78	9.02	22.05	92.92	100.90
5.11	6.41	31.82	40.30	1.00	1.04	7.86	8.77	91.94	92.60
5.64	6.05	74.05	75.69	1.22	1.09	3.18	1.10	91.37	99.90
4.88	6.37	74.26	75.47	1.04	0.90	1.21	5.80	88.49	98.41
1.53	5.70	80.65	80.50	2.26	2.47	-1.78	1.30	91.43	88.11
2.09	1.84	74.45	74.65	2.48	1.92	0.10	-0.27	99.28	98.13
2.03	4.04	19.70	79.65	1.00	0.47	3.15	3.92	91.11	98.67
1.97	2.43	45.88	55.35	2.15	0.42	7.39	4.69	90.00	82.25
5.20	1.78	68.53	90.89	0.53	0.22	8.69	12.72	99.00	99.38
0.27		64.03		0.07		-8.72		98.33	
4.09	2.08	14.06	15.17	1.18	1.00	1.62	0.93	97.25	97.25
6.03	9.62	63.32	64.13	1.67	1.13	6.75	12.80	97.88	91.44
5.10	-1.10	40.60	40.32	1.23	1.33	1.54	-6.12	99.90	100.00
-7.37	8.06	71.76	71.58	0.18	0.81	-40.12	1.23	100.00	100.00
1.80		24.56		24.78		0.12		99.18	
1.35	1.41	70.27	71.03	0.36	0.34	23.26	7.11	96.85	99.51
14.00	10.93	45.68	55.35	1.54	1.25	28.99	22.95	125.07	103.47

13-19 分地区规模以上工业企业主要经济指标(2017年)

单位：万元

指 标	Item	企业单位数(个) Number of Enterprises (unit)	亏损企业 Loss-making Enterprises
西宁市	**Xining City**	**271**	**90**
国有控股企业	State-holding Enterprises	56	22
轻工业	Light Industry	126	30
重工业	Heavy Industry	145	60
国有企业	State-owned Enterprises	5	3
集体企业	Collective-owned Enterprises	1	
股份合作企业	Cooperative Enterprises	1	
有限责任公司	Limited Liability Corporations	103	35
股份有限公司	Share-holding Corporations Limited	14	4
私营企业	Private Enterprises	133	43
其他企业	Other Enterprises	1	
港、澳、台商投资企业	Enterprises with Funds from Hong Kong,Macao and Taiwan	5	1
外商投资企业	Foreign Funded Enterprises	8	4
海东市	**Haidong City**	**86**	**26**
国有控股企业	State-holding Enterprises	4	
轻工业	Light Industry	13	1
重工业	Heavy Industry	73	25
股份合作企业	Cooperative Enterprises	1	1
有限责任公司	Limited Liability Corporations	28	9
股份有限公司	Share-holding Corporations Limited	6	1
私营企业	Private Enterprises	49	14
港、澳、台商投资企业	Enterprises with Funds from Hong Kong,Macao and Taiwan	1	
外商投资企业	Foreign Funded Enterprises	1	1
海北州	**Haibei Zang A.P**	**25**	**9**
国有控股企业	State-holding Enterprises	9	2
轻工业	Light Industry	5	3
重工业	Heavy Industry	20	6
有限责任公司	Limited Liability Corporations	9	3
股份有限公司	Share-holding Corporations Limited	3	1
私营企业	Private Enterprises	13	5
黄南州	**Huangnan Zang A.P**	**9**	**1**
轻工业	Light Industry	5	1
重工业	Heavy Industry	4	
有限责任公司	Limited Liability Corporations	3	1
股份有限公司	Share-holding Corporations Limited	1	
私营企业	Private Enterprises	3	
港、澳、台商投资企业	Enterprises with Funds from Hong Kong,Macao and Taiwan	1	
外商投资企业	Foreign Funded Enterprises	1	
海南州	**Hainan Zang A.P**	**37**	**8**
国有控股企业	State-holding Enterprises	10	1
轻工业	Light Industry	9	2
重工业	Heavy Industry	28	6
有限责任公司	Limited Liability Corporations	21	5
股份有限公司	Share-holding Corporations Limited	1	
私营企业	Foreign Funded Enterprises	14	3
港、澳、台商投资企业	Enterprises with Funds from Hong Kong,Macao and Taiwan	1	
果洛州	**Golog Zang A.P**	**2**	
国有控股企业	State-holding Enterprises	1	
轻工业	Light Industry	1	
重工业	Heavy Industry	1	
有限责任公司	Limited Liability Corporations	2	
海西州	**Haixi Mongolian & Zang A.P**	**139**	**34**
国有控股企业	State-holding Enterprises	58	5
轻工业	Light Industry	11	3
重工业	Heavy Industry	128	31
国有企业	State-owned Enterprises	1	
有限责任公司	Limited Liability Corporations	76	17
股份有限公司	Share-holding Corporations Limited	10	1
私营企业	Private Enterprises	46	16
港、澳、台商投资企业	Enterprises with Funds from Hong Kong,Macao and Taiwan	4	
外商投资企业	Foreign Funded Enterprises	2	

Main Economic Indicators of Industrial Enterprises Above Designated Size by Region (2017)

(10 000 yuan)

工业总产值 Gross Industrial Output Value	资产总计 Total Assets	流动资产合计 Total Working Capitals	固定资产合计 Total Fixed Assets	固定资产原价 Original Value of Fixed Assets	累计折旧 Accumulated Depreciation	本年折旧 Depreciation Charge for the Year
15210808	**30790489**	**8893164**	**16299097**	**27261242**	**10832081**	**1544163**
7947375	23911950	5617116	13279355	21771419	8270116	1079695
2986774	3231778	1460982	1463874	2814512	1425551	277600
12224034	27558710	7378182	14835224	24446730	9406530	1266563
2711015	4269206	437582	3380683	5798977	2418294	356732
6139	2297	2297				
100037	90241	40075	20452	27346	6894	1836
5965750	16649950	4387763	8959584	14230516	5063008	721585
2209683	5460477	1958753	2033568	3647751	1643654	148606
4012179	4086018	1917449	1783490	3368178	1621743	298369
10177	2978	2859	119	403	284	45
105092	103380	37715	57867	80909	22467	4930
90736	125943	54672	63334	107163	55738	12061
2513997	**4803169**	**1774695**	**773405**	**1084559**	**270064**	**66386**
143427	1307155	149729	157568	176235	18671	3908
219758	377163	201797	39701	135244	22223	5712
2294239	4426006	1572898	733704	949315	247841	60674
2401	33612	19982	9194	18862	**9668**	1163
744425	604996	356806	144213	194113	69984	8277
258174	1839366	370081	147280	247492	22276	7896
988058	1146361	613651	351268	474701	138398	30664
512099	1176371	413868	119412	146516	27103	17550
8841	2463	306	2038	2875	2635	837
153541	**821203**	**213489**	**304468**	**482775**	**150179**	**17385**
104002	541049	93380	215273	371652	122791	9929
18702	29067	16620	9674	12898	3316	729
134840	792136	196869	294794	469877	146864	16656
97841	483986	86699	165037	313031	115014	11246
12613	163873	69203	60393	77406	17014	1015
43087	173345	57587	79038	92338	18152	5123
82111	**406653**	**114979**	**160488**	**233584**	**75175**	**6775**
52842	59518	35822	18867	21716	4924	1113
29269	347135	79157	141621	211868	70251	5662
35867	46675	26347	15524	24482	10557	1025
15006	4162	3426	509	509	450	68
6872	62136	11431	50671	58746	8104	20
12195	193201	67254				
12171	100479	6522	93783	149847	56063	5662
446520	**2823069**	**650707**	**1527656**	**2325458**	**406009**	**132441**
250600	1593077	331579	778093	1412661	239490	73024
63450	148197	82068	32647	45562	7912	1877
383071	2674872	568639	1495009	2279896	398097	130564
333713	2091238	478148	1152593	1891136	351476	120360
5437	5606	3836	1770	3315	1545	
101673	681404	166069	373294	431008	52987	12081
5698	44821	2654				
52707	**104385**	**21331**	**20139**	**102218**	**12087**	**8421**
47412	86632	13764	15105	96324	11228	7970
5295	17753	7567	5034	5894	860	451
47412	86632	13764	15105	96324	11228	7970
52707	104385	21331	20139	102218	12087	8421
6483232	**24920233**	**7384195**	**11282864**	**17266634**	**5370478**	**905017**
4898259	19448314	5102309	9335266	14013223	4357744	670356
206093	243298	128252	52244	79776	32642	4644
6277139	24676935	7255942	11230619	17186857	5337835	900373
8506	85158	32272	48055	61077	12494	2373
1917613	8840088	3273482	3430999	5042229	1231102	297198
3615099	13277325	2888035	6722330	10487886	3560403	438511
871517	2412901	1098055	918567	1415444	483714	153758
64620	254662	79086	126105	210202	69777	10764
5878	50099	13266	36809	49796	12988	2414

13-19 续表1

单位：万元

指 标	Item	负债合计 Total Liabilities	流动负债合 计 Total Working Liabilities
西宁市	**Xining City**	**20693930**	**12363118**
国有控股企业	State-holding Enterprises	16658216	9305164
轻工业	Light Industry	1651559	1149235
重工业	Heavy Industry	19042371	11213883
国有企业	State-owned Enterprises	1787739	1563006
集体企业	Collective-owned Enterprises	1218	1218
股份合作企业	Cooperative Enterprises	33737	24387
有限责任公司	Limited Liability Corporations	12205159	5759268
股份有限公司	Share-holding Corporations Limited	4184660	3214414
私营企业	Private Enterprises	2353277	1686690
其他企业	Other Enterprises	2492	2389
港、澳、台商投资企业	Enterprises with Funds from Hong Kong,Macao and Taiwan	45808	42569
外商投资企业	Foreign Funded Enterprises	79840	69177
海东市	**Haidong City**	**3784302**	**2392722**
国有控股企业	State-holding Enterprises	1081835	661642
轻工业	Light Industry	88285	80914
重工业	Heavy Industry	3696018	2311808
股份合作企业	Cooperative Enterprises	24797	24797
有限责任公司	Limited Liability Corporations	441021	374246
股份有限公司	Share-holding Corporations Limited	1411203	719077
私营企业	Private Enterprises	798452	634072
港、澳、台商投资企业	Enterprises with Funds from Hong Kong,Macao and Taiwan	1106295	637994
外商投资企业	Foreign Funded Enterprises	2535	2535
海北州	**Haibei Zang A.P**	**470683**	**348353**
国有控股企业	State-holding Enterprises	275113	238508
轻工业	Light Industry	17329	12842
重工业	Heavy Industry	453353	335511
有限责任公司	Limited Liability Corporations	230382	193567
股份有限公司	Share-holding Corporations Limited	130306	102506
私营企业	Private Enterprises	109994	52280
黄南州	**Huangnan Zang A.P**	**277456**	**79226**
轻工业	Light Industry	33523	8407
重工业	Heavy Industry	243933	70819
有限责任公司	Limited Liability Corporations	26852	8322
股份有限公司	Share-holding Corporations Limited	2963	2963
私营企业	Private Enterprises	53507	35147
港、澳、台商投资企业	Enterprises with Funds from Hong Kong,Macao and Taiwan	136340	
外商投资企业	Foreign Funded Enterprises	57794	32794
海南州	**Hainan Zang A.P**	**1910727**	**1302439**
国有控股企业	State-holding Enterprises	1049845	924342
轻工业	Light Industry	110863	81591
重工业	Heavy Industry	1799864	1220849
有限责任公司	Limited Liability Corporations	1426759	1089549
股份有限公司	Share-holding Corporations Limited	8422	8422
私营企业	Foreign Funded Enterprises	457746	204469
港、澳、台商投资企业	Enterprises with Funds from Hong Kong,Macao and Taiwan	17799	
果洛州	**Golog Zang A.P**	**18052**	**14662**
国有控股企业	State-holding Enterprises	8321	8321
轻工业	Light Industry	9730	6340
重工业	Heavy Industry	8321	8321
有限责任公司	Limited Liability Corporations	18052	14662
海西州	**Haixi Mongolian & Zang A.P**	**16395643**	**8992202**
国有控股企业	State-holding Enterprises	12928448	6424412
轻工业	Light Industry	284506	245691
重工业	Heavy Industry	16111137	8746511
国有企业	State-owned Enterprises	54500	11374
有限责任公司	Limited Liability Corporations	5994099	3563355
股份有限公司	Share-holding Corporations Limited	8397550	3923460
私营企业	Private Enterprises	1642924	1289587
港、澳、台商投资企业	Enterprises with Funds from Hong Kong,Macao and Taiwan	279722	195382
外商投资企业	Foreign Funded Enterprises	26849	9045

Continued

(10 000 yuan)

非流动负债合计 Total Non-current Liabilities	所有者权益合计 Total Owners' Equity	实收资本 Paid-up Capital	营业收入 Revenue from Business	主营业务收入 Revenue from Principal Business	营业成本 Cost of Business	主营业务成本 Cost of Principal Business	税金及附加 Taxes and Other Charges	主营业务税金及附加 Tax and Extra Charges from Principal Business	其他业务利润 Other Operating Profit
7990000	**10096557**	**6870595**	**13023352**	**12710292**	**11876781**	**11610823**	**62681**	**58036**	**35326**
7337611	7253733	5495857	8589837	8357252	7969915	7778951	44760	40257	33180
329412	1580218	487719	1831519	1814341	1556385	1535297	6317	5965	992
7660589	8516338	6382876	11191834	10895951	10320397	10075526	56364	52072	34334
224733	2481467	1489484	2776345	2774487	2763754	2763044	6287	5914	
	1079	1000	6633	6633	5884	5884	1	1	
9350	56504	5000	19478	19478	15645	15645	272	271	
6433635	4444790	3791853	5265346	5128293	4675244	4547470	30297	27606	9721
959820	1275817	754317	2217292	2070032	2011516	1894604	13619	12121	23000
356686	1732739	789310	2535133	2510419	2227249	2209075	10476	10464	2554
103	486	52	9698	9698	10053	10053	81	81	
1178	57571	16760	125717	125498	105918	105823	687	687	
4495	46103	22821	67711	65754	61518	59225	961	891	51
1355056	**1018865**	**654640**	**2311003**	**2234706**	**2118387**	**2049805**	**23283**	**23169**	**1790**
420193	225320	212285	235086	203892	211747	181593	549	549	67
7130	288878	87380	133374	132629	91089	90826	19048	19026	461
1347926	729987	567261	2177629	2102078	2027298	1958979	4235	4144	1330
	8815	706	18890	18890	18443	18443	504	504	
31214	163974	106764	592142	553612	545731	509396	765	760	459
692125	428164	246865	307248	275260	247168	216667	19376	19376	508
163416	347908	240570	847618	845230	780246	778758	2301	2193	825
468300	70077	59480	542873	539501	524595	524338	336	336	
	-72	257	2233	2213	2204	2204			-2
119156	**350520**	**114481**	**154365**	**153228**	**119644**	**119142**	**3639**	**3620**	**318**
35216	265936	73730	97116	96662	71572	71259	3515	3512	19
4089	11737	10992	18563	18563	17595	17595	4	4	
115068	338783	103489	135802	134665	102049	101548	3635	3616	318
35227	253603	69530	94558	93909	73612	73299	3578	3574	19
27800	33567	11000	15711	15382	9693	9505	3	3	141
56129	63350	33951	44096	43937	36338	36338	58	42	159
50117	**129197**	**117139**	**82240**	**82234**	**61886**	**61886**	**716**	**716**	
25117	25995	21060	52971	52971	42838	42838	99	99	
25000	103203	96079	29269	29264	19048	19048	617	617	
16757	19822	19160	26162	26157	16795	16795	25	25	
	1199	1000	12571	12571	12123	12123	0	0	
8360	8630	4700	19141	19141	16987	16987	156	156	
	56861	54279	12195	12195	7387	7387	254	254	
25000	42686	38000	12171	12171	8594	8594	281	281	
497219	**885320**	**601368**	**439133**	**437293**	**237741**	**237469**	**1896**	**1885**	
97978	516210	329797	244428	243593	120502	120230	853	853	
28846	37334	46790	59556	59545	46954	46954	117	117	
468373	847986	554578	379577	377748	190787	190515	1779	1768	
319141	664478	452397	328289	327712	166635	166635	1162	1152	
	-2816	1873	7453	7453	7140	7140	25	25	
178078	223658	147098	99603	98598	62082	62082	540	540	
			3788	3530	1883	1611	169	169	
3390	**86334**	**17700**	**48279**	**48141**	**30588**	**30558**	**2051**	**2051**	
	78311	12000	43392	43254	26816	26786	2051	2051	
3390	8023	5700	4887	4887	3773	3773			
	78311	12000	43392	43254	26816	26786	2051	2051	
3390	86334	17700	48279	48141	30588	30558	2051	2051	
6545039	**8500433**	**2751916**	**5795924**	**5140046**	**3349665**	**2767073**	**480091**	**401715**	**-68947**
5666646	6495711	1502426	4379521	3750597	2487628	1921771	429509	357825	-70690
36856	-41208	65222	84527	83827	47713	47442	1190	1148	11
6508183	8541641	2686693	5711397	5056219	3301952	2719631	478901	400568	-68958
43127	30658	24622	7270	7270	2682	2682	88	88	
1574300	2821834	1521372	1879352	1819831	1011282	978257	62557	60887	4265
4474090	4879775	469109	3195032	2602090	1797712	1250598	400647	324117	-74257
351378	769976	627028	648941	646066	500983	499028	15575	15400	1035
84340	-25060	92470	60283	59743	34120	33622	1197	1197	10
17804	23250	17315	5046	5046	2886	2886	27	27	

13-19 续表2

单位：万元

指　标	Item	销售费用 Cost of Sales	管理费用 Management Expenses
西宁市	**Xining City**	**215721**	**370163**
国有控股企业	State-holding Enterprises	86704	188511
轻工业	Light Industry	79334	108309
重工业	Heavy Industry	136386	261854
国有企业	State-owned Enterprises	231	16791
集体企业	Collective-owned Enterprises	443	196
股份合作企业	Cooperative Enterprises	409	860
有限责任公司	Limited Liability Corporations	82152	145464
股份有限公司	Share-holding Corporations Limited	60607	89875
私营企业	Private Enterprises	65890	105433
其他企业	Other Enterprises		533
港、澳、台商投资企业	Enterprises with Funds from Hong Kong,Macao and Taiwan	2345	6245
外商投资企业	Foreign Funded Enterprises	3643	4767
海东市	**Haidong City**	**37400**	**55812**
国有控股企业	State-holding Enterprises	5549	5663
轻工业	Light Industry	2171	12284
重工业	Heavy Industry	35229	43528
股份合作企业	Cooperative Enterprises	3	2009
有限责任公司	Limited Liability Corporations	16510	15514
股份有限公司	Share-holding Corporations Limited	6319	14155
私营企业	Private Enterprises	12109	19354
港、澳、台商投资企业	Enterprises with Funds from Hong Kong,Macao and Taiwan	2459	4780
外商投资企业	Foreign Funded Enterprises		
海北州	**Haibei Zang A.P**	**1512**	**17555**
国有控股企业	State-holding Enterprises	282	13164
轻工业	Light Industry	450	824
重工业	Heavy Industry	1062	16731
有限责任公司	Limited Liability Corporations	380	13851
股份有限公司	Share-holding Corporations Limited	290	1630
私营企业	Private Enterprises	842	2074
黄南州	**Huangnan Zang A.P**	**10226**	**3119**
轻工业	Light Industry	10219	2391
重工业	Heavy Industry	7	728
有限责任公司	Limited Liability Corporations	9372	2695
股份有限公司	Share-holding Corporations Limited	338	121
私营企业	Private Enterprises	516	225
港、澳、台商投资企业	Enterprises with Funds from Hong Kong,Macao and Taiwan		77
外商投资企业	Foreign Funded Enterprises		
海南州	**Hainan Zang A.P**	**9750**	**10640**
国有控股企业	State-holding Enterprises	429	2256
轻工业	Light Industry	4124	3296
重工业	Heavy Industry	5627	7344
有限责任公司	Limited Liability Corporations	6186	5975
股份有限公司	Share-holding Corporations Limited	126	179
私营企业	Foreign Funded Enterprises	3349	4043
港、澳、台商投资企业	Enterprises with Funds from Hong Kong,Macao and Taiwan	89	445
果洛州	**Golog Zang A.P**	**2363**	**4377**
国有控股企业	State-holding Enterprises	2174	4216
轻工业	Light Industry	189	161
重工业	Heavy Industry	2174	4216
有限责任公司	Limited Liability Corporations	2363	4377
海西州	**Haixi Mongolian & Zang A.P**	**267339**	**512501**
国有控股企业	State-holding Enterprises	123031	420325
轻工业	Light Industry	11424	13778
重工业	Heavy Industry	255915	498724
国有企业	State-owned Enterprises		193
有限责任公司	Limited Liability Corporations	139799	103766
股份有限公司	Share-holding Corporations Limited	73059	354073
私营企业	Private Enterprises	44094	50978
港、澳、台商投资企业	Enterprises with Funds from Hong Kong,Macao and Taiwan	10387	3396
外商投资企业	Foreign Funded Enterprises		96

Continued

财务费用 Financial Expenses	营业利润 Operating Profit	利润总额 Total Profits	所得税费用 Income Tax Payable	亏损企业亏损总额 The Total Loss of Loss-making Enterprises	利税总额 Total Profits and Taxes	本年应交增值税 Value Added Tax Payable
560043	**-46079**	**55169**	**35056**	**286936**	**339018**	**221168**
477390	-168803	-116631	17421	237513	82691	154562
28228	64615	96839	4191	20688	130185	27028
531816	-110694	-41671	30865	266248	208833	194140
17509	-26362	105	5294	1537	7974	1582
1	107	106	27		108	
2514	448	448			1416	695
393312	-47180	-16223	20488	192334	151375	137302
96675	-62235	-52287	1668	63122	-312	38356
48801	84008	114333	6747	25878	165680	40871
26	-994	100			1330	1149
567	9954	11120	797	238	12554	747
640	-3825	-2535	35	3827	-1106	468
56813	**45258**	**49528**	**2647**	**31276**	**110294**	**37483**
7465	4053	3440	697		4324	335
1555	13192	13300	-2240	1002	38289	5941
55258	32066	36228	4887	30273	72005	31542
0	-2069	-2061		2061	-1557	
5068	8357	6777	1345	7921	14259	6717
12296	14224	14739	-1456	31	40699	6584
27643	25262	31067	2758	20260	46378	13010
11704	-106	9			11517	11172
101	-409	-1002		1002	-1002	
10362	**3850**	**4311**	**1054**	**7127**	**9989**	**2039**
4512	6292	6681	892	1799	14344	4148
479	-788	-261	1	468	-296	-40
9883	4638	4572	1053	6659	10285	2079
2149	2854	3184	849	1848	12411	5649
4602	-178	-561	131	4349	-1889	-1331
3611	1174	1688	75	930	-533	-2278
6283	**322**	**414**	**16**	**3570**	**2330**	**1201**
74	-2651	-2875	1	3570	-3640	-864
6209	2973	3289	16		5971	2065
2	-2727	-2980	16	3570	-3831	-876
0	-10	19	1		19	
710	547	546			783	82
3278	1198	1523			1777	
2294	1313	1306			3582	1995
91806	**85614**	**89558**	**2055**	**8210**	**83492**	**-7962**
55600	62891	65061	786	1679	67706	1792
4047	1032	2170	92	1901	2628	341
87759	84582	87388	1963	6309	80864	-8303
72593	74873	78292	1663	5056	74569	-4885
108	-125	9			182	148
19000	10778	11170	392	3154	8088	-3622
105	87	87			653	397
-4	**9045**	**8946**	**1119**		**15470**	**4473**
-83	8359	7463	1119		13987	4473
79	686	1483			1483	
-83	8359	7463	1119		13987	4473
-4	9045	8946	1119		15470	4473
410485	**745926**	**803199**	**227407**	**114587**	**1619029**	**335739**
321870	583719	626553	193326	14056	1343410	287348
3212	6990	17938	225	2719	24860	5732
407273	738936	785261	227181	111869	1594169	330007
1671	2877	2885	317		871	-2101
191641	362952	379542	53858	33674	480351	38253
170031	395633	428904	167627	5544	1110656	281106
41947	-23561	-16096	4629	75369	16713	17234
3838	7345	7286	928		9730	1247
1356	680	680	48		707	

13-20 主要年份主要工业产品产量

Output of Major Industrial Products in Main Years

产品名称	Item	2012	2013	2014	2015	2016	2017
原煤 (万吨)	Coal (10 000 tons)	2460	3020	1800	805	775	716
原油 (万吨)	Crude Petroleum Oil(10 000 tons)	205	215	220	223	221	228
天然气 (亿立方米)	Natural Gas (100 million cu.m)	64	68	69	61	61	64
铜选矿含铜 (吨)	Content of Cuprum in Cuprum Concentration (ton)	46400	58954	56919	41745	32847	15101
锌精矿含锌 (万吨)	Content of Zinc in Zinc Concentration (10 000 tons)	6	10	7	9	10	7
铅精矿含铅 (万吨)	Content of Lead in Lead Concentration (10 000 tons)	4	13	16	5	6	5
碳酸钠(纯碱) (万吨)	Soda Ash (10 000 tons)	212	228	327	349	368	375
原盐 (万吨)	Salt (10 000 tons)	177	261	222	286	206	183
碳化钙(电石) (万吨)	Calcium Carbide (10 000 tons)	19	16	38	26	16	5
发电量(亿千瓦小时)	Electricity (100 million kwh)	556	566	551	537	487	561
水电	Hydropower	435	417	373	344	279	293
火电	Thermal Power	116	134	130	122	121	161
风电	Wind Power Generation			2	6	8	11
太阳能发电	Solar Power Generation.			46	65	79	96
食用植物油 (万吨)	Refined Edible Vegetable Oil (10 000 tons)	11	9	11	20	22	5
乳制品 (吨)	Dairy Products (ton)	157548	166362	189955	198038	193778	159511
饮料酒 (千升)	Alcohol Beverage (kilo-liter)	120378	137228	138352	129421	133134	48872
白酒 (千升)	Liquor (kilo-liter)	19178	21128	19442	18471	26259	18262
啤酒 (千升)	Beer (kilo-liter)	101200	116100	118910	110950	106755	30210
棉纱 (吨)	Cotton Yarn (ton)	7972	5922	6103	4839	4156	1305
皮鞋 (万双)	Leather Shoes (10 000 pairs)	3	3	2	12	5	12

13-20 续表

Continued

产品名称	Item	2012	2013	2014	2015	2016	2017
原油加工量 (万吨)	Processed Crude Oil (10 000 tons)	143	144	141	152	147	150
汽油	Gasoline	42	45	49	54	52	52
柴油	Diesel Oil	67	65	62	67	63	67
硫酸(折100%) (万吨)	Sulfuric Acid (10 000 tons)	56	48	41	42	23	8
氢氧化钠(烧碱) (万吨)	Caustic Soda (10 000 tons)	18	18	19	18	18	14
农用化肥 (万吨)	Chemical Fertilizers (10 000 tons)	357	413	503	520	552	462
钾肥(实物量) (万吨)	Potash Fertilizer (10 000 tons)	556	673	832	849	888	747
中成药 (吨)	Traditional Chinese Medicine (ton)	1539	2052	2079	1807	1806	1377
水泥 (万吨)	Cement (10 000 tons)	1371	1786	1844	1744	1875	1450
平板玻璃 (万重量箱)	Plain Glass (10 000 weight cases)	236	677	801	392	412	304
粗钢 (万吨)	Crude Steel (10 000 tons)	141	148	144	121	115	120
钢材 (万吨)	Rolled Steel (10 000 tons)	139	131	131	114	125	127
焦炭 (万吨)	Coke (10 000 tons)	240	252	133	—	134	151
铁合金 (万吨)	Ferroalloy (10 000 tons)	172	223	221	215	177	155
十种有色金属 (万吨)	Ten Kinds of Nonferrous Metals (10 000 tons)	216	237	247	231	233	238
铅 (万吨)	Lead (10 000 tons)	4	4	4	1	2	
锌 (万吨)	Zinc (10 000 tons)	9	10	8	7	5	7
原铝(电解铝) (万吨)	Electrolyzed Alumm (10 000 tons)	203	224	234	219	222	229
黄金 (千克)	Gold (kg)	4932	7648	7256	6816	5990	3316
铝材 (万吨)	Aluminum Material (10 000 tons)	20	36	65	100	143	123
金属切削机床 (台)	Metal-cutting Machine Tools (unit)	801	458	376	338	238	334
数控机床 (台)	Numerical Control Machine (unit)	408	321	258	269	207	281
环境保护专用设备 (台/套)	Environmental Protection Equipment (unit)	254	217	783	846	387	91
变压器 (千伏安)	Transformer (kva)	51935					588
手工地毯、挂毯(万平方米)	Handmade Carpets and Tapestries (10 000 sq.m)	36	27	24	22	17	12
机制地毯、挂毯(万平方米)	Mechanisms Carpets and Tapestries(10 000 sq.m)	506	1634	1867	2507	3162	658
制帽 (万顶)	Hatting (10 000 units)	7597	10065	11779	14748	22630	12862
单晶硅 (吨)	Monocrystalline (ton)	924	2016	2887	4741	9829	4539
多晶硅 (吨)	Polysilicon (ton)	5090	6779	7715	11104	17502	16875

13-21 分地区主要工业产品产量(2017年)

Output of Major Industrial Products by Region(2017)

产品名称	Item	西宁市 Xining City	海东市 Haidong City	海北州 Haibei Zang-A.P	黄南州 Huangnan Zang-A.P	海南州 Hainan Zang-A.P	果洛州 Golog Zang-A.P	玉树州 Yushu Zang-A.P	海西州 Haixi Mongolian &Zang-A.P
原煤 (万吨)	Coal (10 000 tons)			160.1					555.4
原油 (万吨)	Crude Petroleum Oil (10 000 tons)								228.0
天然气 (亿立方米)	Natural Gas (100 million cu.m)								64.0
铜选矿含铜 (吨)	Content of Cuprum in Cuprum Concentration (ton)			1864.0		1305.0	11487.0		445.0
碳酸钠(纯碱) (万吨)	Soda Ash (10 000 tons)								375.5
原盐 (万吨)	Salt (10 000 tons)								182.8
碳化钙(电石) (万吨)	Calcium Carbide (10 000 tons)	2.4	2.5						
发电量 (亿千瓦小时)	Electricity (100 million kwh)	133.6	80.1	27.4	53.2	194.5			72.2
水电	Hydropower	1.8	77.2	12.6	52.9	140.7			7.9
火电	Thermal Power	131.8	2.8	12.3		0.1			14.1
风电	Wind Power Generation					3.0			7.7
太阳能发电	Solar Power Generation.		0.1	2.4	0.3	50.7			42.5
食用植物油 (万吨)	Refined Edible Vegetable Oil (10 000 tons)	2.8	1.4	0.9					
乳制品 (万吨)	Dairy Products (10 000 tons)	15.0				1.0			
饮料酒 (千升)	Alcohol Beverage (kilo-liter)	30357	17485						1030
白酒 (千升)	Liquor (kilo-liter)	147	17485						630
啤酒 (千升)	Beer (kilo-liter)	30210							
棉纱 (吨)	Cotton Yarn (ton)					1305			
手工地毯、挂毯(万平方米)	Handmade Carpets, Tapestries (10 000 sq.m)	12							
机制地毯、挂毯(万平方米)	Mechanism Carpets, Tapestries (10 000 sq.m)	635							
制帽 (万顶)	Hatting (10 000 units)	3656	9206						
原油加工量 (万吨)	Processed Crude Oil (10 000 tons)								150.2
汽油	Gasoline								51.7
柴油	Diesel Oil								66.9
硫酸(折100%) (万吨)	Sulfuric Acid (10 000 tons)								7.9
氢氧化钠(烧碱) (万吨)	Caustic Soda (10 000 tons)	14.5							
农用化肥 (万吨)	Chemical Fertilizers (10 000 tons)	10.3							451.2
钾肥(实物量) (万吨)	Potash Fertilizer (10 000 tons)								747.5
中成药 (吨)	Traditional Chinese Medicine (ton)	1377.0							
水泥 (万吨)	Cement (10 000 tons)	384.6	684.3			72.6			308.1
焦炭 (万吨)	Coke (10 000 tons)								151.4
粗钢 (万吨)	Crude Steel (10 000 tons)	119.6							
钢材 (万吨)	Rolled Steel (10 000 tons)	127.1							
铁合金 (万吨)	Ferroalloy (10 000 tons)	80.2	74.0			0.6			
十种有色金属 (万吨)	Ten Kinds of Nonferrous Metals (10 000 tons)	190.2	47.1		0.1				0.7
原铝(电解铝) (万吨)	Electrolytic Aluminum(10 000 tons)	181.8	47.1		0.1				
黄金 (千克)	Gold (kg)			596.0					2720.0
铝材 (万吨)	Aluminum Material (10 000 tons)	83.5	40.0						
单晶硅 (吨)	Monocrystalline (ton)	4358.0							181.3
多晶硅 (吨)	Polysilicon (ton)	16541.0							334.7

13-22 2014-2017年规模以上工业主要产品生产能力
Production Capacity of Major Industrial Products of Industrial Enterprises above Designated Size(2014-2017)

能力名称	Item	年末生产能力 Production Capacity at Year-end				能力利用率(%) Capacity Utilization Ratio (%)			
		2014	2015	2016	2017	2014	2015	2016	2017
原煤开采 (万吨)	Coal Mining (10 000 tons)	2045	1035	1060	1030	76.7	81.9	77.0	83.5
天然原油开采 (万吨)	Petroleum Extraction (10 000 tons)	235	239	239	236	95.0	94.0	92.4	96.0
原油加工能力 (万吨)	Crude Oil Processing Capacity (10 000 tons)	150	150	150	150	93.9	101.2	98.0	100.0
发电设备容量 (万千瓦)	Generating Capacity (10 000 kw)	1600	2096	2323	2589	39.5	32.2	28.0	28.0
火电设备容量	Capacity of Thermal Power Equipment	221	192	406	399	68.1	62.8	42.6	46.1
水电设备容量	Hydropower Capacity	1053	1077	1091	1103	40.5	37.0	29.9	31.8
棉纺锭(环锭纺) (万锭)	Cotton Spindles (10 000 units)	…	5	5	2				
焦炭 (万吨)	Coke (10 000 tons)	200	200	200	272	66.4	18.5	67.1	60.8
电石(折300升/千克) (万吨)	Calcium Carbide (10 000 tons)	72	72	67	10	53.8	36.3	63.1	24.7
农用氮磷钾肥料(折纯) (万吨)	Chemical Npk Fertilizers (10 000 tons)	597	649	678	706	89.4	84.2	93.5	72.3
水泥熟料 (万吨)	Cement Chamotte (10 000 tons)	1708	1699	1699	2985	75.6	68.9	77.9	46.1
水泥 (万吨)	Cement (10 000 tons)	2428	2468	2448	2318	75.1	71.1	75.3	61.1
平板玻璃 (万重量箱)	Plate Glass (10 000 Weight-box)	880	880	880	880	93.3	44.5	46.8	34.6
生铁 (万吨)	Pig Iron (10 000 tons)	210	210	160	160	62.0	53.6	52.2	64.0
粗钢 (万吨)	Steel-making (10 000 tons)	210	210	160	160	80.2	57.4	62.1	74.7
钢材 (万吨)	Rolled Steel (10 000 tons)	200	202	162	162	75.1	56.4	68.9	78.7
铁合金 (万吨)	Ferroalloy (10 000 tons)	261	263	247	233	83.5	84.9	69.6	65.8
电解铝 (万吨)	Electrolytic Aluminum (10 000 tons)	222	239	253	259	99.0	94.2	86.8	86.2
金属切削机床 (台)	Metal-cutting Machine Tools (unit)	964	970	600	351	36.0	35.0	30.9	29.9

13−23 工业园区主要经济指标(2017年)
Main Economic Indicators of Industrial Park(2017)

指标名称		Item		绝对量 Absolute Amount	增长(%) Growth Rate(%)
园区工业企业单位数	(个)	Number of Enterprises of Industrial Park	(unit)	532	6.0
其中：规模以上工业企业		Number of Enterprises above Designated Size		305	4.8
固定资产投资	(万元)	Investment in Fixed Assets	(10 000 yuan)	9559008	15.8
其中：工业投资		Industrial Investment		7882358	16.0
工业总产值	(万元)	Gross Industrial Output Value	(10 000 yuan)	18310756	28.2
工业销售产值	(万元)	Gross Industrial Sell Output Value	(10 000 yuan)	17314674	26.1
流动资产合计	(万元)	Total Working Capitals	(10 000 yuan)	10857336	18.5
其中：应收账款		Accounts Receivable		1763027	18.5
存货		Inventory		2427228	16.3
其中：产成品		Finished Product		775082	-8.0
资产总计	(万元)	Total Assets	(10 000 yuan)	32260805	5.8
负债合计	(万元)	Total Liabilities	(10 000 yuan)	22998127	6.3
主营业务收入	(万元)	Revenue from Principle Business	(10 000 yuan)	11077920	7.3
主营业务成本	(万元)	Cost of Principal Business	(10 000 yuan)	9016823	5.6
主营业务税金及附加	(万元)	Taxes and Other Charges on Operating	(10 000 yuan)	183988	34.2
利润总额	(万元)	Total Profits	(10 000 yuan)	324008	-15.2
应交增值税	(万元)	Value Added Tax Payable	(10 000 yuan)	171425	58.3
从业人员平均人数	(人)	Aunnual Employed Persons at Year-end	(person)	100265	-5.2

13-24　2012－2017年全省规模以下工业抽样调查主要经济指标

Main Indicators of Sample Investigation of Industry Under Designated Size(2012－2017)

单位：个、人、万元　　(unit，person，10 000 yuan)

指　标	Item	2012	2013	2014	2015	2016	2017
规模以下工业总体	**Total of Industry Under Designated Size**						
企业单位数	Number of Enterprises	13076	13483	12980	15554	18557	18272
从业人员年末数	Employed Persons at Year-end	51686	59579	57421	54899	53550	51534
工业总产值	Gross Industrial Output Value	767124	1082739	960773	996119	856686	
工资及福利	Wages and Benefits	97928	126990	126207	189247	133359	140229
资产总计	Total Assets	2024726	2365731	2346439	3965764	5285336	
工业增加值	Industrial Value-added	300000	380000	337000	331000	301000	299000
企业子总体	**Enterprises Collectivity**						
企业数	Number of Enterprises	1418	1920	1973	2421	3926	4170
期末从业人数	Employed Persons at Year-end	29264	36682	35646	31745	28362	24238
工业总产值	Gross Industrial Output Value	436064	727493	614853	607249	547697	542622
主营业务收入	Revenue from Principle Business	428468	716772	605301	597386	542220	537196
应收帐款	Accounts Receivable	95848	202973	144212	257905		
固定资产原值	Original Value of Fixed Assets	739189	1405294	716370	1713144	1518802	
本年折旧	Depreciation in the Year	76951	74341	86676	198778	188006	187494
固定资产净值	Net Value of Fixed Assets	584977	1185085	536726	1369811	1134262	
资产总计	Total Assets	1606264	2312432	2292506	3865893	5194240	4895801
负债总计	Total Liabilities	902279	1160839	761793	2069258	3886167	3158394
出口产品销售收入	Export Sales Revenue	4345	1166	2495	1838		
主营业务成本	Cost of Principal Business	308212	550678	487818	477423	408185	481953
税金总额	Due Tax	20991	20651	22411	21702	19856	23423
所得税	Due Income Tax	1569	1455	1076	2313	2391	
利润总额	Business Profit	40140	66167	41437	19323	33513	-28145
应付职工薪酬	Due Wage	65942	96401	96056	108305	99014	95138
个体经营单位子总体	**Individual Business Units Collectivity**						
单位数	Number of Units	11658	11563	11007	13133	14631	14102
从业人员年末数	Employed Persons at Year-end	22422	22897	21775	23154	25188	27296
从业人员平均人数	Mean Number of Institutions Employed Persons						21917
营业收入	Business Income	331060	355246	345919	388870	308989	
生产支出	Production Expenditures	170944	189914	174808	53718	67137	
工资及福利	Wages and Benefits	31986	30590	30151	31550	34345	45091
资产总计	Total Assets	418462	53299	53933	99871	91096	

注：1.2017年企业年报取消了"固定资产原值、固定资产净值、所得税"三项指标。

2.2017年个体年报取消了"营业收入、生产支出、资产总计"三项指标，增加了"从业人员平均人数"一项指标。

a) Original Value of Fixed Assets, Net Value of Fixed Assets and Due Income Tax are cancelled in 2017 annual report of the enterprise.

b) Business Income, Production Expenditures and Total Assets are cancelled in 2017 annual report of individual household while Mean Number of Institutions Employed Persons is added.

主要统计指标解释

工业 指从事自然资源的开采，对采掘品和农产品进行加工和再加工的物质生产部门。具体包括：(1)对自然资源的开采，如采矿、晒盐等(但不包括禽兽捕猎和水产捕捞)；(2)对农副产品的加工、再加工，如粮油加工、食品加工、缫丝、纺织、制革等；(3)对采掘品的加工、再加工，如炼铁、炼钢、化工生产、石油加工、机器制造、木材加工等，以及电力、自来水、煤气的生产和供应等；(4)对工业品的修理、翻新，如机器设备的修理、交通运输工具(如汽车)的修理等。

工业统计调查单位为独立核算法人工业企业。

独立核算法人工业企业指从事工业生产经营活动的单位。独立核算法人工业企业应同时具备以下条件：①依法成立，有自己的名称、组织机构和场所，能够承担民事责任；②独立拥有和使用资产，承担负债，有权与其他单位签订合同；③独立核算盈亏，并能够编制资产负债表。

本年鉴中涉及的企业登记注册类型：

国有及国有控股企业 指国有企业加上国有控股企业。国有企业(即原全民所有制工业或国营工业)指企业全部资产归国家所有，并按《中华人民共和国企业法人登记管理条例》规定登记注册的非公司制的经济组织。包括国有企业、国有独资公司和国有联营企业。1957年以前的公私合营和私营工业，后均改造为国营工业，1992年改为国有工业，这部分工业的资料不单独分列时，均包括在国有企业内。国有控股企业是对混合所有制经济的企业进行的“国有控股”分类。它是指这些企业的全部资产中国有资产(股份)相对其他所有者中的任何一个所有者占资(股)最多的企业。该分组反映了国有经济控股情况。

集体企业 指企业资产归集体所有，并按《中华人民共和国企业法人登记管理条例》规定登记注册的经济组织。是社会主义公有制经济的组成部分。包括城乡所有使用集体投资举办的企业，以及部分个人通过集资自愿放弃所有权并依法经工商行政管理机关认定为集体所有制的企业。

股份合作企业 指以合作制为基础，由企业职工共同出资入股，吸收一定比例的社会资产投资组建，实行自主经营，自负盈亏，共同劳动，民主管理，按劳分配与按股分红相结合的一种集体经济组织。

联营企业 指两个及两个以上相同或不同所有制性质的企业法人或事业单位法人，按自愿、平等、互利的原则，共同投资组成的经济组织。联营企业包括：

国有联营企业指国有企业与国有企业间的联营；

集体联营企业指集体企业与集体企业间的联营；

国有与集体联营企业指国有企业与集体企业间的联营。

有限责任公司 指根据《中华人民共和国公司登记管理条例》规定登记注册，由两个以上，五十个以下的股东共同出资，每个股东以其所认缴的出资额对公司承担有限责任，公司以其全部资产对其债务承担责任的经济组织。

有限责任公司包括国有独资公司以及其他有限责任公司。

股份有限公司 指根据《中华人民共和国企业法人登记管理条例》规定登记注册，其全部注册资本由等额股份构成并通过发行股票筹集资本，股东以其认购的股份对公司承担有限责任，公司以其全部资产对其债务承担责任的经济组织。

私营企业 指由自然人投资设立或由自然人控股，以雇佣劳动为基础的营利性经济组织。包括按照《公司法》、《合伙企业法》、《私营企业暂行条例》规定登记注册的私营有限责任公司、私营股份有限公司、私营合伙企业和私营独资企业。

港、澳、台商投资企业 指企业注册登记类型中的港、澳、台资合资、合作、独资经营企业和股份有限公司之和。

外商投资企业 指企业注册登记类型中的中外合资、合作经营企业、外资企业和外商投资股份有限公司之和。

轻工业 指主要提供生活消费品和制作手工工具的工业。按其所使用的原料不同，可分为两大类：(1)以农产品为原料的轻工业，是指直接或间接以农产品为基本原料的轻工业。主要包括食品制造、饮料制造、烟草加工、纺织、缝纫、皮革和毛皮制作、造纸以及印刷等工业；(2)以非农产品为原料的轻工业，是指以工业品为原料的轻工业。主要包括文教体育用品、化学药品制造、合成纤维制造、日用化学制品、日用玻璃制品、日用金属制品、手工工具制造、医疗器械制造、文化和办公用机械制造等工业。

重工业 指为国民经济各部门提供物质技术基础的主要生产资料的工业。按其生产性质和产品用途，可以分为下列三类：(1)采掘(伐)工业，是指对自然资源的开采，包括石油开采、煤炭开采、金属矿开采、非金属矿开采等工业；(2)原材料工业，指向国民经济各部门提供基本材料、动力和燃料的工业。包括金属冶炼及加工、炼焦及焦炭、化学、化工原料、水泥、人造板以及电力、石油和煤炭加工等工业；(3)加工工业，是指对工业原材料进行再加工制造的工业。包括装备国民经济各部门的机械设备制造工业、金属结构、水泥制品等工业，以及为农业提供的生产资料如化肥、农药等工业。

根据上述划分原则，修理业中以重工业产品为修理作业对象的划为重工业，反之划为轻工业。

工业总产值

(1)定义：

工业总产值是以货币形式表现的，工业企业在一定时期内生产的工业最终产品或提供工业性劳务活动的总价值量。它反映一定时间内工业生产的总规模和总水平。

(2)计算原则：

工业生产的原则，即凡是企业在报告期生产的经检验合格的产品，不管是否在报告期销售，均包括在内。

最终产品的原则，即凡是计入工业总产值的产品，必须是本企业生产的经检验合格的，不需要再进行任何加工的最终产品。如果企业有中间产品(半成品)对外销售，则对外销售的中间产品应视为企业的最终产品。

工厂法原则，即工业总产值是以工业企业作为基本计算（核算）单位，即按企业的最终产品计算工业总产值。按这种方法计算的工业总产值，不允许同一产品价值在企业内部重复计算，不能把企业内部各个车间（分厂）生产的成果相加，但允许企业间的重复计算。

（3）内容及计算方法：

1995 年全国工业普查对工业总产值（原规定）的内容及计算原则和方法做了某些修订，修订后的工业总产值（新规定）包括三项内容：即本期生产成品价值、对外加工费收入、在制品半成品期末期初差额价值三部分。

本期生产成品价值 指企业本期生产，并在报告期内不再进行加工，经检验、包装入库的全部工业成品（半成品）价值合计，包括企业生产的自制设备及提供给本企业在建工程、其他非工业部门和福利部门等单位使用的成品价值。本期生产成品价值为按自备原材料生产的产品的数量乘以本期不含增值税（销项税额）的产品实际销售平均单价计算；会计核算中按成本价格转帐的自制设备和自产自用的成品，按成本价格计算生产成品价值。生产成品价值中不包括用定货者来料加工的成品（半成品）价值。

对外加工费收入 指企业在报告期内完成的对外承接的工业品加工（包括用定货者来料加工产品）的加工费收入和对外工业修理作业所取得的加工费收入。对外加工费收入按不含增值税（销项税额）的价格计算，可根据会计“产品销售收入”科目的有关资料取得。

对于本企业对内非工业部门提供的加工修理、设备安装的劳务收入，如果企业会计核算基础较好，能取得这部分资料，而且这部分价值所占比重较大，应包括在对外加工费收入中。自制半成品在制品期末期初差额价值：指企业报告期在制品期末减期初的差额价值，本指标一般可以从会计核算资料中取得。如果会计产品成本核算中不计算半成品、在制品的成本，则总产值中也不包括这部分价值，反之则包括。

（4）工业总产值统计范围变化和计算方法修订情况：

1984 年以前工业总产值不包括村办工业，村办工业总产值划归农业。1984 年以后工业总产值包括村办工业。

1995 年工业普查对工业总产值计算方法做了修订，即从 1995 年始按新修订（新规定）方法计算工业总产值。新规定与原规定的区别如下：

全价与加工费的计算原则不同：新规定为凡自备原材料，不论其生产繁简程度如何，一律按全价计算工业总产值；凡来料加工，允许按加工费计算工业总产值。原规定则视生产加工的繁简程度不同，规定哪些行业按全价，哪些行业按加工费计算工业总产值。

自制半成品、在产品期末期初差额价值的计算原则不同：新规定要求，凡会计产品成本核算时计算了成本的差额价值，总产值中就应包括，否则可不包括；原规定则按生产周期六个月的界限区分，凡生产周期六个月以上的企业，总产值计算中应包括这部分差额价值，否则可不包括。

计算价格不同：新规定按不含增值税（销项税额）的价格计算；原规定则按含增值税（销项税额）的价格计算。

工业增加值 指工业企业在报告期内以货币表现的工业生产活动的最终成果。

工业增加值有两种计算方法：一是生产法，即工业总产出减去工业中间投入加上应交增值税；二是收入法，即从收入的角度出发，根据生产要素在生产过程中应得到的收入份额计算，具体构成项目有固定资产折旧、劳动者报酬、生产税净额、营业盈余，这种方法也称要素分配法。本年鉴中的工业增加值是以生产法计算的。

生产法工业增加值的计算方法为：

工业增加值 = 工业总产出 - 工业中间投入 + 应交增值税

（1）工业总产出：指工业企业在一定时期内工业生产活动的总成果。工业总产出包括：成品生产价值，对外加工费收入，自制半成品、在产品期末期初差额价值。1995 年后用新规定计算的工业总产值代替。

（2）工业中间投入：指工业企业在工业生产活动中消耗的外购物质产品和对外支付的服务费用。服务费用包括支付给物质生产部门（工业、农业、批发零售贸易业、建筑业、运输邮电业）的服务费用和支付给非物质生产部门（如保险、金融、文化教育、科学研究、医疗卫生、行政管理等）的服务费用。工业中间投入的确定须遵循以下原则：必须从外部购入的，并已计入工业总产出的产品和服务价值；必须是本期投入生产，并一次性消耗掉（包括本期摊销的低值易耗品等）的产品和服务价值。

工业中间投入包括直接材料费用、制造费用中的工业中间投入、管理费用中的工业中间投入、销售费用中的工业中间投入和利息支出五部分。

资产总计 指企业拥有或控制的能以货币计量的经济资源，包括各种财产、债权和其他权利。资产按流动性分为流动资产、长期投资、固定资产、无形资产、递延资产和其他资产。该指标根据企业会计“资产负债表”中“资产总计”项目的期末数增列。

流动资产 指企业可以在一年内或者超过一年的一个生产周期内变现或者耗用的资产，包括现金及各种存款、短期投资，应收及预付款项、存货等。

流动资产平均余额 指企业在报告期内全部流动资产的平均余额。

固定资产原价 指企业在建造、购置、安装、改建、扩建、技术改造某项固定资产时所支出的全部货币总额。它一般包括买价、包装费、运杂费和安装费等。

固定资产净值年平均余额 指固定资产净值在报告期内余额的平均数。计算公式为：

$$\text{固定资产净值年平均余额} = \frac{\text{1 至 12 月各月月初、月末固定资产净值之和}}{24}$$

该指标根据“资产负债表”中“固定资产原价”、“累计折旧”指标的期初、期末数计算填列。

固定资产净值 指固定资产原价减去历年已提折旧额后的净额。计算公式为：

固定资产净值 = 固定资产原价 - 累计折旧

负债合计 指企业所承担的能以货币计量，将以资产或劳务偿付的债务，偿还形式包括货币、资产或提供劳务。负债一般按偿还期长短分为流动负债和长期负债。根据会计“资产负债表”中“负债合计”的年末数填列。

所有者权益 指企业投资人对企业净资产的所有权。企业净资产等于企业全部资产减去全部负债后的余额，包括企业投资人对企业的最初投入的实际到位的资产及资本公积金、盈余公积金和未分配利润。所有者权益合计数小于零,表示企业资不抵债。

主营业务收入 指会计“利润表”中对应指标的本年累计数。未执行2001年《企业会计制度》的企业,用“产品销售收入”的本期累计数代替。

主营业务成本 指会计“利润表”中对应指标的本年累计数。未执行2001年《企业会计制度》的企业,用“产品销售成本”的本期累计数代替。

主营业务税金及附加 指会计“利润表”中对应指标的本年累计数。未执行2001年《企业会计制度》的企业,用“产品销售税金及附加”的本期累计数代替。

利润总额 指企业生产经营活动的最终成果,是企业在一定时期内实现的盈亏相抵后的利润总额(亏损以“-”号表示),它等于营业利润加上补贴收入加上投资收益加上营业外净收入再加上以前年度损益调整。

本年应交增值税 指企业在报告期内应交纳的增值税额。它等于本年销项税额加上出口退税加上进项税额转出数减去本年进项税额。小规模纳税企业直接按全年计税销售额乘以征收率计算取得。

从业人员平均人数 是指报告期内每天拥有的从业人员人数。其计算公式为:

$$月平均人数=\frac{报告月内每天实有人数和}{报告月日历日数}$$

$$季平均人数=\frac{季内各月平均人数之和}{3}$$

$$年平均人数=\frac{年内各月平均人数之和}{12}$$

总资产贡献率 反映企业全部资产的获利能力,是企业经营业绩和管理水平的集中体现,是评价和考核企业盈利能力的核心指标。计算公式为:

$$总资产贡献率(\%)=\frac{利润总额+税金总额+利息支出}{平均资金总额}\times100\%$$

公式中:税金总额为产品销售税金及附加与应交增值税之和;平均资产总额为期初期末资产之和的算术平均值。

资产负债率 该指标既反映企业经营风险的大小,也反映企业利用债权人提供的资金从事经营活动的能力。计算公式为:

$$资产负债率(\%)=\frac{负债总额}{资产总额}\times100\%$$

资产与负债均为报告期期末数。

流动资产周转次数 指一定时期内流动资产完成的周转次数,反映投入工业企业流动资金的周转速度。计算公式为:

$$流动资产周转次数=\frac{产品销售收入}{全部流动资产平均余}$$

公式中:全部流动资产平均余额为期初和期末的流动资产之和的算术平均值。

成本费用利润率 反映企业投入的生产成本及费用的经济效益,同时也反映企业降低成本所取得的经济效益。计算公式为:

$$成本费用利润率(\%)=\frac{利润总额}{成本费用总额}\times100\%$$

公式中:成本费用总额为产品销售成本、销售费用、管理费用、财务费用之和。

产品销售率 该指标反映工业产品已实现销售的程度,是分析工业产销衔接情况,研究工业产品满足社会需求的指标。计算公式为:

$$产品销售率(\%)=\frac{现价工业销售产值}{现价工业总产值}\times100\%$$

规模以下工业主要指标解释

应收账款 指企业因销售商品、提供劳务等经营活动,应向购货单位或接受劳务单位收取的款项,主要包括企业销售商品或提供劳务等应向有关债务人收取的价款及代购货单位垫付的包装费、运杂费等。根据会计“资产负债表”中“应收账款”项目的期末余额数填报。

本年折旧 指企业在报告期内提取的固定资产折旧合计数。可以根据会计“财务状况变动表”中“固定资产折旧”项的数值填报。

负债合计 指企业过去的交易或者事项形成的,预期会导致经济利益流出企业的现时义务。包括流动负债和长期负债。

主营业务收入 指企业确认的销售商品、提供劳务等主营业务的收入。

出口产品销售收入 指工业企业销售给外贸部门或自营(委托)出口(包括销往香港、澳门、台湾),用外汇价格结算的销售收入,以及外商来样、来料加工、来件装配和补偿贸易等收入。在计算时,要把外汇价格按交易时的汇率折算成人民币计算。

主营业务成本 指企业经营主要业务所发生的成本总额。

税金总额 指企业报告期内应交纳的各种税金总和,包括产品销售税金及附加(城市维护建设税、消费税、资源税、营业税和教育费附加)、增值税、所得税、以及房产税、印花税、车船使用税和土地使用税等。

所得税 指企业按税法规定,应从生产经营等活动的所得中缴纳的税金。

营业利润 指企业从事生产经营活动所取得的利润。

利息支出 指企业短期借款利息、长期借款利息、应付票据利息、票据贴现利息、应付债券利息、长期应付引进国外设备款利息等利息支出。该指标为各项利息支出的总和,不冲减利息收入。

银行贷款利息 指本报告期,企业向银行、信用社等金融机构支付的利息。

民间借款利息 指本报告期,企业为生产经营发生的民间借款(非银行、非金融机构借款)所支付的利息。

期末剩余订单额 指本企业在报告期末,尚未兑现的订货金额,即企业现存的订货金额。

应付职工薪酬(贷方累计发生额) 指企业为获得职工提供的服务而给予各种形式的报酬以及其他相关支出。包括职工工资、奖金、津贴和补贴,职工福利费,医疗保险费、养老保险费、失业保险费、工伤保险费和生育保险费等社会保险费,住房公积金,工会经费和职工教育经费,非货币性福利,因解除与职工的劳动关系给予的补偿,其他与获得职工提供的服务相关的支出。

从业人员期末人数 指报告期末最后一日24时在本单位中工作,并取得工资或其他形式劳动报酬的人员数。该指标为时点指标，不包括最后一日当天及以前已经与单位解除劳动合同关系的人员，是在岗职工、劳务派遣人员及其他从业人员之和。

营业收入 指企业经营主要业务和其他业务所确认的收入总额。营业收入合计包括“主营业务收入”和“其他业务收入”。根据会计“利润表”中“营业收入”项目的本期金额数填报。

生产支出 指个体经营工业单位在工业生产活动中所消耗的原材料、燃料、动力、服务等费用。具体包括材料费、水电费、租赁费、邮电费、修理费、运输费、包装费等。但不包括支付给雇工的工资报酬、上交的税金及购置固定资产支出。

Explanatory Notes on Main Statistical Indicators

Industry refers to the material production sector which is engaged in the extraction of natural resources and processing and reprocessing of minerals and agricultural products, including (1) extraction of natural resources, such as mining, salt production (but not including hunting and fishing); (2) processing and reprocessing of farm and sideline produces, such as rice husking, flour milling, wine making, oil pressing, silk reeling, spinning and weaving, and leather making; (3) manufacture of industrial products, such as steel making, iron smelting, chemicals manufacturing, petroleum processing, machine building, timber processing; water and gas production and electricity generation and supply; (4) repairing of industrial products such as the repairing of machinery and means of transport (including cars).

In industrial statistics surveys, the units of enquiry are corporate industrial enterprises with independent accounting systems.

Corporate industrial enterprises with independent accounting systems refer to enterprises engaging in industrial production activities, which meet the following requirements: (1) They are established legally, having their own names, organizations, location and able to take civil liability; (2) They possess and use their assets independently, assume liabilities and are entitled to sign contracts with other units; (3) They are financially independent and compile their own balance sheets.

Enterprises covered in the industrial statistics in the Yearbook include the following categories by their registration:

State – owned and State – holding Enterprises refer to state – owned enterprises plus State – holding enterprises. State – owned enterprises (originally known as State – run enterprises with ownership by the whole society) are non – corporate economic entities registered in accordance with the Regulation of the People's Republic of China on the Management of Registration of Legal Enterprises, where all assets are owned by the State. Included in this category are State – owned enterprises, State – funded corporations and State – owned joint – operation enterprises. Joint State – private industries and private industries, which existed before 1957, were transformed into state – run industries since 1957, and into State – owned industries after 1992. Statistics on those enterprises are included in the State – owned industries instead of being grouped them separately. State – holding enterprises are a sub – classification of enterprises with mixed ownership, referring to enterprises where the percentage of State assets (or shares by the State) is larger than any other single share holder of the same enterprise. This sub – classification illustrates the control of the State over a particular industry.

Collective – owned Enterprises refer to economic entities registered in accordance with the Regulation of the People's Republic of China on the Management of Registration of Legal Enterprises, where assets are owned collectively. Collective enterprises constitute an integral part of the socialist economy with public ownership. They include urban and rural enterprises invested collectively, and some enterprises registered in industrial and commercial administration agency as collective units where funds are pooled together by individuals who voluntarily give up their right of ownership.

Cooperative Enterprises refer to economic units set up on a cooperative basis, with funding partly from employees of the enterprise and partly from outside investment, where the operation and management is decided by all the members who also participate in the production, and the distribution of income is based both on work (labour input) and on shares (capital input).

Joint Ownership Enterprises refer to economic units that are established by joint investment by two or more corporate enterprises or institutions of the same or different types of ownership on voluntary, equal and mutual – beneficial basis. They include:

a) State – owned joint – operation enterprises (joint operation between State – owned enterprises); b) Collective joint – operation enterprises (joint operation between collective enterprises; andc) State – collective joint – operation enterprises (joint operation between state and collective enterprises).

Limited Liability Corporations refer to economic units registered in accordance with the Regulation of the People's Republic of China on the Management of Registration of Corporations, with capital from 2 to 49 investors, each investor bears limited liability to the corporation depending on his/her holding of shares, and the corporation bears liability to its debt to the maximum of its total assets.

Limited liability corporations include state sole funded corporations and other limited liability corporations.

Share – holding Corporations Ltd. refer to economic units registered in accordance with the Regulation of the People's Republic of China on the Management of Registration of Corporate Enterprises, with total registered capital divided into equal shares and raised through issuing stocks. Each investor bears limited liability to the corporation depending on the holding of shares, and the corporation bears liability to its debt to the maximum of its total assets.

Private Enterprises refer to economic units invested or controlled (by holding the majority of the shares) by natural persons who hire labours for profit – making activities. Included in this category are private limited liability corporations, private share – holding corporations Ltd. , private partnership enterprises and private sole investment enterprises registered in accordance with the Corporation Law, Partnership Enterprise Law and Tentative Regulation on Private Enterprises.

Enterprises with Funds from Hong Kong, Macao and Taiwan refers to all industrial enterprises registered as the joint – venture, cooperative, sole (exclusive) investment industrial enterprises and limited liability corporations with funds from Hong Kong, Macao and Taiwan.

Foreign Funded Enterprises refer to all industrial enterprises registered as the joint – venture, cooperative, sole (exclusive) investment industrial enterprises and limited liability corporations with foreign funds.

Light Industry refers to the industry that produces consumer goods and hand tools. It consists of two categories, depending on the materials used:

(1) Industries using farm products as raw materials. These are the branches of light industry which directly or indirectly use farm products as basic raw materials, including the manufacture of food and beverages, tobacco processing, textile, clothing, fur and leather manufacturing, paper making, printing, etc.

(2) Industries using non – farm products as raw materials. These are the branches of light industry which use manufactured goods as raw materials, including the manufacture of cultural, educational articles and sports goods, chemicals, synthetic fibre, chemical products for daily use, glass products for daily use, metal products for daily use, hand tools, medical apparatus and instruments, and the manufacture of cultural and office machinery.

Heavy Industry refers to the industry which produces capital goods, and provides various sectors of the national economy with necessary material and technical basis for production. It consists of the following three branches according to the purpose of production or the use of products:

(1) Mining, quarrying and logging industry, which refers to the industry that extracts natural resources, including extraction of petroleum, coal, metal and non – metal ores.

(2) Raw materials industry refers to the industry that provides various sectors of the national economy with raw materials, fuels and power. It includes smelting and processing of metals, coking and coke chemistry, chemical materials and building materials such as cement, plywood, and power, petroleum refining and coal dressing.

(3) Manufacturing industry which refers to the industry that processes raw materials. It includes machine – building industries which equip sectors of the national economy; industries producing metal structure and cement products; and industries producing means of agricultural production, such as chemical fertilizers and pesticides.

In accordance with the above principles of classification, the repairing trades, which are engaged primarily in repairing products of heavy industry, are classified as heavy industry while those which are engaged in repairing products of light industry are classified as light industry.

Gross Industrial Output Value

(1) Definition: Gross industrial output value is the total volume of final industrial products produced and industrial services provided during a given period. It reflects the total achievements and overall scale of industrial production during a given period.

(2) Principles for calculation:

Statistics on industrial production follow the principle that all products produced by the enterprises and accepted through quality check during the reference period are to be included no matter whether they are sold or not during the reference period.

Determination of final products follows the principle that all products that are included in the calculation of gross industrial output value are the final products of the enterprise which have been accepted through quality check and require no further processing. If an enterprise has intermediate (semi – finished) products to sell, these intermediate products are considered as the final products of the enterprise.

Gross industrial output value is calculated following the principle of factory approach, i. e. industrial enterprise is used as the basic accounting unit in calculating the gross industrial output value. By this approach, value of the same product is not to be double – counted, and the output value of different workshops (branch factories) within the enterprise should not be added. However, this approach allows the possibility of double counting between enterprises.

(3) Content and method of calculation:

The old definition of gross industrial output value was modified during the 1995 National Industrial Census. The revised (new) definition of gross industrial output value consists of 3 components: value of the finished products during the reference period, income from processing for external parties, and value of change in semi – finished products between the end and the beginning of the reference period.

Value of Finished Products During the Reference Period refers to the value of all finished (semi – finished) industrial products that are produced during the reference period without the need for further processing, checked for acceptance, packed and put into the warehouse of the enterprise, including the value of own – produced equipment and the value of products provided to the projects under construction of the enterprise, and to other non – industrial or welfare units. Value of finished products during the reference period is calculated by the quantity of products produced using own materials multiplied by the average unit prices at which products are sold (excluding value – added tax). Own – produced equipment and products produced for own use are valued at cost prices as in the case of enterprise accounting. Value of finished products does not include the value of finished products (semi – finished products) that are produced using the materials from the clients who place the orders.

Income from External Processing refers to income from contracted external processing of industrial products (including processing of industrial products using materials from the clients), and the income from industrial repairing work provided to other parties. Income from external processing is calculated using information from the item "products sales income" in the enterprise accounting at the prices with value - added tax excluded.

For income from services such as processing, repairing and installation of equipment provided to non - industrial units within the enterprise, if the accounting work of the enterprise is good enough to separate it from other records, and the share of such services is significant, it should also be included in the income from external processing.

Value of change in semi - finished products between the end and the beginning of the reference period: refers to the value of change in semi - finished products between the end and the beginning of the reference period, which generally can be obtained from accounting records of enterprises. If the enterprise accounting excludes the cost of semi - finished products, then it should not be included in the gross industrial output value, and the reverse if otherwise.

(4) Changes in the scope and method of calculation of the gross industrial output value

Prior to 1984, the value of rural industry run by villages was classified into agriculture instead of industry. Since 1984, it has been included in the gross industrial output value. Method of calculation for the gross industrial output value was modified in the industrial census in 1995. The difference in the new method as compared with the old one is outlined below:

Principle in using full value vs. processing fee: The new method stipulates that all products produced using own materials are to be calculated with full value in reporting the gross industrial output value irrespective of the complexity of production, and for external processing, it allows calculation using processing fee. In the old method, however, the use of full value or processing fee was determined by the degree of complexity of production in different branches of industries. Principle in determining the value of change in semi - finished products: The new method requires that value of change in semi - finished products should be included in the gross industrial output value if it is included in the accounting record of the enterprise, otherwise it should not be included. In the old method, it is determined by the type of enterprises in terms of production cycle. If the production cycle is over 6 months, the value of change in semi - finished products is included in the gross industrial output value, otherwise it is not.

Difference in prices: The new method uses prices excluding value - added tax in the calculation of gross industrial output value, while the old method used prices including value - added tax.

Value - added of Industry refers to the final results of industrial production of industrial enterprises in money terms during the reference period.

Industrial value - added can be calculated by two approaches: the production approach, i. e. gross industrial output value minus intermediate input plus value - added tax, and the income approach, i. e. income for various factors used in the course of production, including depreciation of fixed assets, remuneration of labourers, net of production tax, and operating surplus. Value - added of industry in the Yearbook is calculated by the production approach as follows:

Value - added of industry = gross industrial output - industrial intermediate input + value - added tax

(1) Gross industrial output: refers to the total achievements of industrial production activities during a given period. Gross industrial output includes value of finished products, income from external processing, and value of change in semi - finished products between the end and the beginning of the reference period. Since 1995, the gross industrial output value obtained by the new method is used in the calculation.

(2) Industrial intermediate input: refers to purchased goods and paid services consumed during the industrial production of enterprises. Fees paid for services include fees paid for the services provided by material production sectors (industry, agriculture, wholesale and retail trade, construction, transport, post and telecommunications) and by non - material production sectors (insurance, banking, culture, education, scientific research, health and medical care, public administration, etc.). The determination of industrial intermediate input follows the principle that the goods and services must be purchased from outside and included in the gross industrial output, and that the goods and services are inputted into production and consumed (include low - value consumables) during the reference period.

Industrial intermediate input includes 5 components, namely direct consumption of materials, industrial intermediate input in manufacturing cost, industrial intermediate input in management cost, industrial intermediate input in marketing cost and expenditure on interest.

Total Assets refer to all economic resources, in monetary term, these are owned or controlled by enterprises, including properties, creditor's equity and other economic rights of all forms. Classified by the degree of liquidity, total assets include working capitals, long - term investment, fixed assets, intangible assets, deferred assets and other assets. Data on this indicator can be obtained by the year - end figures of total assets in the Assets and Liability Table of accounting records of enterprises.

Working Capital refers to capital that an enterprise can cash or use during one year or one production cycle that may exceed one year, including cash and savings deposits of various forms, short - term investment, money receivable and prepaid money, inventories, etc.

Annual Average Value of Working Capital refers to the average value of all working capital of the enterprise during the reference period.

Original Value of Fixed Assets refers to the total value, in monetary terms, that an enterprise spent on fixed assets, through construction, purchase, installation, transformation, expansion or technical upgrading. Generally, it covers cost of purchase, packing, transportation and installation, etc.

Annual Average of Net Value of Fixed Assets refers to the average of the net value of fixed assets during the reference period, calculated with the following formula:

$$\text{Annual Average of Net Value of Fixed Assets} = \frac{\text{sum of net value of fixed assets at the beginning and at the end of each month from January to December}}{24}$$

Information on this indicator can be obtained from the beginning and ending figures of the original value of fixed assets and cumulative depreciation from the Assets and Liability Table of enterprises.

Net value of Fixed Assets refers to the original value of fixed assets minus depreciation over the years, calculated with the following formula:

Net value of Fixed Assets = original value of fixed assets – cumulative depreciation

Total Liabilities refer to payable liabilities of enterprises that have to be repaid in terms of money, assets or labour services. In terms of payment, it can be divided into liquid liabilities and long – term liabilities. Data on this item is obtained from the ending figures on total liabilities from the Assets and Liability Table from the enterprises.

Owner's Equity refers to the ownership of net assets of enterprise by its investors. Net assets equal total assets minus total liabilities of the enterprise, including the actual assets invested into the enterprise by investors, accumulation of capital and operating surplus and non – distributed profits. The enterprise's assets are less than its liabilities if the sum of owner's equity is smaller than zero.

Revenue from Principal Business refers to the annual accumulation of the corresponding item in the "profit table" of the accountant. For enterprises that do not follow the 2001 Enterprise Accounting Standards, the year – end accumulation of revenue from the sales of products is used as a substitute.

Cost of Principal Business refers to the annual accumulation of the corresponding item in the "profit table" of the accountant. For enterprises that do not follow the 2001 Enterprise Accounting Standards, the year – end accumulation of cost for the sales of products is used as a substitute.

Tax and Extra Charges from Principal Business refer to the annual accumulation of the corresponding item in the "profit table" of the accountant. For enterprises that do not follow the 2001 Enterprise Accounting Standards, the year – end accumulation of tax and extra charges from the sales of products is used as a substitute.

Total Profits refer to the final achievement of production and operation activities of the enterprises, represented by total profits after deducting losses (loss is expressed by the negative figure). It is the sum of profits from operation, income from subsidies, investment earnings, net income from activities other than operation, and adjustment of profits and losses of previous years.

Value – added Tax Payable in the Current Year refers to the amount of the value – added tax which should be paid by the enterprises during the reference period. It is the sum of tax on sales, export rebate, and transferred tax on purchases of the current year, minus the tax on purchases of the current year. Value – added tax payable of small – size enterprises is determined by the taxable sales of the year multiplied by the tax rate.

Average Number of Employed Persons refers to the number of employee everyday during the reference period, calculated with the following formula:

$$\text{Monthly average number} = \frac{\text{sum of actual employees everydayin reference month}}{\text{number of calendar dates in reference month}}$$

$$\text{Quarterly average number} = \frac{\text{sum of monthly average number in reference quarter}}{3}$$

$$\text{Annual average number} = \frac{\text{sum of monthly average number in reference year}}{12}$$

Ratio of Profits, Taxes and Interests to Average Assets reflects the profit – making capability of all assets of the enterprise and is a key indicator manifesting the performance and management and evaluating the profit – making potential of the enterprise. It is calculated as follows:

$$\text{Ratio of Profits, Taxes and Interests to Average Assets}(\%) = \frac{\text{total profits + total taxes + interest payment}}{\text{average assets}} \times 100\%$$

In the above formula, total taxes is the sum of tax and extra charges on the sales of products and value – added tax payable; and average assets is the arithmetic mean of the sum of beginning assets and ending assets.

Ratio of Debts to Assets reflects both the operation risk and the capability of the enterprise in making use of the capital from the creditors. It is calculated as follows:

$$\text{Ratio of Debts to Assets}(\%) = \frac{\text{total debts}}{\text{total assets}} \times 100\%$$

Both assets and debts are figures at the end of the reference period.

Turnover of Working Capital refers to the number of times of turnover of working capital in a given period of time, which reflects the speed of the turnover of working capital of industrial enterprises, and is calculated as follows:

$$\text{Turnover of Working Capital} = \frac{\text{sales revenue of products}}{\text{average balance of total working capital}}$$

In the above formula, average balance of total working capital refers to the arithmetic mean of the sum of working capital at the beginning and at the end of the reference period.

Ratio of Profits to Total Industrial Costs refers to the ratio of profits realized in a given period to the total costs in the same period, which reflects the economic efficiency of input cost and is calculated as follows:

$$\text{Ratio of Profits to Total Industrial Cost}(\%) = \frac{\text{total profits}}{\text{total costs}} \times 100\%$$

In the above formula, total costs in the above formula are the sum of cost of products sold, marketing cost, management cost and financial cost.

Sales Ratio of Products is an indicator reflecting the actual sale of industrial products, analyzing the production - selling and supply - demand relations. It is calculated as:

$$\text{Sales Ratio of Products}(\%) = \frac{\text{value of industrial sales}}{\text{gross industrial output value(current prices)}} \times 100\%$$

Explanatory Notes on Main Statistical Indicators of Industrial Enterprises under Designated Size

Accounts receivable refers to the money that purchase units or receiving services unit should receive to the enterprise for selling of goods and services, including businesses selling goods or providing services, should be charged to the debtor price and purchase the goods unit advance the packing expenses, transportation charges etc.. According to the account balance sheet, the final balance of the accounts receivable.

Depreciation in the Year refers to the total amount of depreciation of fixed assets during the reporting period. It can be filled according to the numerical of the "fixed assets depreciation" in " Statement of financial position ".

Total Liabilities refer to payable liabilities of enterprises that accumulated from previous trades or transactions with expectation of economic profits leaking out. In terms of payment, it can be divided into liquid liabilities and long - term liabilities.

Revenue from Principal Business refers to the income confirmed of an enterprise from the principal business of selling products and providing services.

Export Sales Revenue refers to the sales revenue of industrial enterprises sold to foreign trade departments or self (commissioned) exports (including sold to Hong Kong, Macao and Taiwan) settled by the price of foreign exchange, as well as foreign investors to sample, processing, assembling and compensation trade income. In the calculation, the exchange rate should be converted into RMB according to the exchange rate.

Cost of Principal Business refers to the total cost occurred from the principal business of the enterprise.

Due Tax refers to various taxes in the reporting period paid by enterprise, including sales tax and additional (urban maintenance and construction tax, consumption tax, resource tax, business tax and education fee additional), value added tax, income tax, and property tax, stamp tax, vehicle and ship use tax and land use tax and so on.

Due Income Tax refers to the tax from the production and operation of the proceeds of enterprise in accordance with the provisions of the tax law.

Business Profit refers to the profits made by the enterprises in the production and operation activities.

Interest Expense refers to the short - term loan interest payments, interest payments, notes payable, interest payable, notes payable interest on interest payments, and long - term accounts payable etc.. The indicator is the sum of the interest expense, not to cut interest income.

Bank Borrowing Interest refers to the interest paid by company to bank or credit union or other financial institution.

Non - governmental Borrowing Interest refers to the interest paid by the enterprises in the period for production and operation to private lending (non - banks, non - financial institutions).

End of Remaining Amount of Orders refers to the amount of the order that the enterprise has not been honored at the end of the reporting period, that is, the existing order amount of the enterprise.

Due Wage Refers to various forms of remuneration and other related expenses paid by the company for the services provided by the staff and workers, including wages, bonuses, allowances and subsidies, employee welfare benefit expenses, medical insurance, endowment insurance, unemployment insurance, work - related injury insurance premiums and maternity insurance fees social insurance, housing provident fund, the trade union funds and employee education funds, non - monetary benefits, the compensation to give labor relations and workers for the solution in addition, and related expenditure to worker for other services.

Employed Persons at Year - end refers to persons working in the unit at the final day 24 of the reporting period and receiving wages or other forms of remuneration. The indicator is point indicators, including on - the - job workers, labor dispatch personnel and other employees. It does not include personnel that labor contract has been suspended in the final day and before.

Business Income refers to the total revenue recognized by the business and other business operations of the enterprise. Total operating income includes "main business income" and "other business income", According to the "business income" in the accounting "profit statement".

Production Expenditures Refers to the cost of raw materials, fuel, power, service, etc. in the industrial production activities of the individual business units, including material costs, utilities, rental fees, post and telecommunications, repair, transportation, packaging, etc.. But it does not include the payment of wages to workers compensation, pay taxes and purchase of fixed assets expenditure.

第 14 篇
CHAPTER 14

建 筑 业
Construction

建筑业总产值

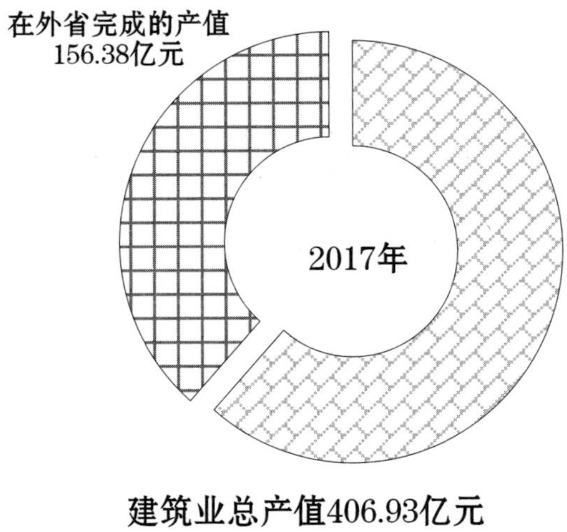

建筑业企业建筑面积

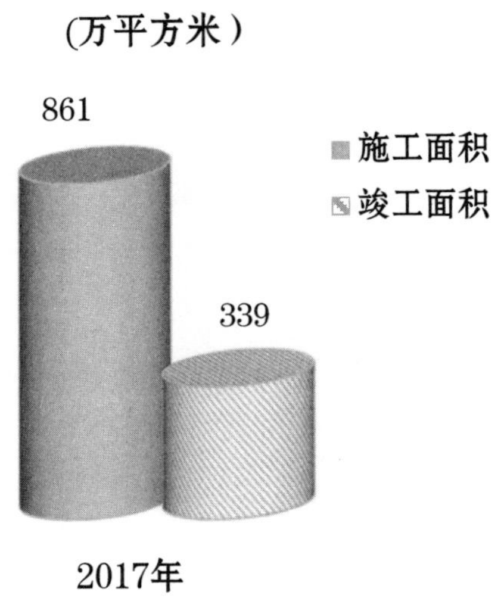

建筑业企业个数及从业人员

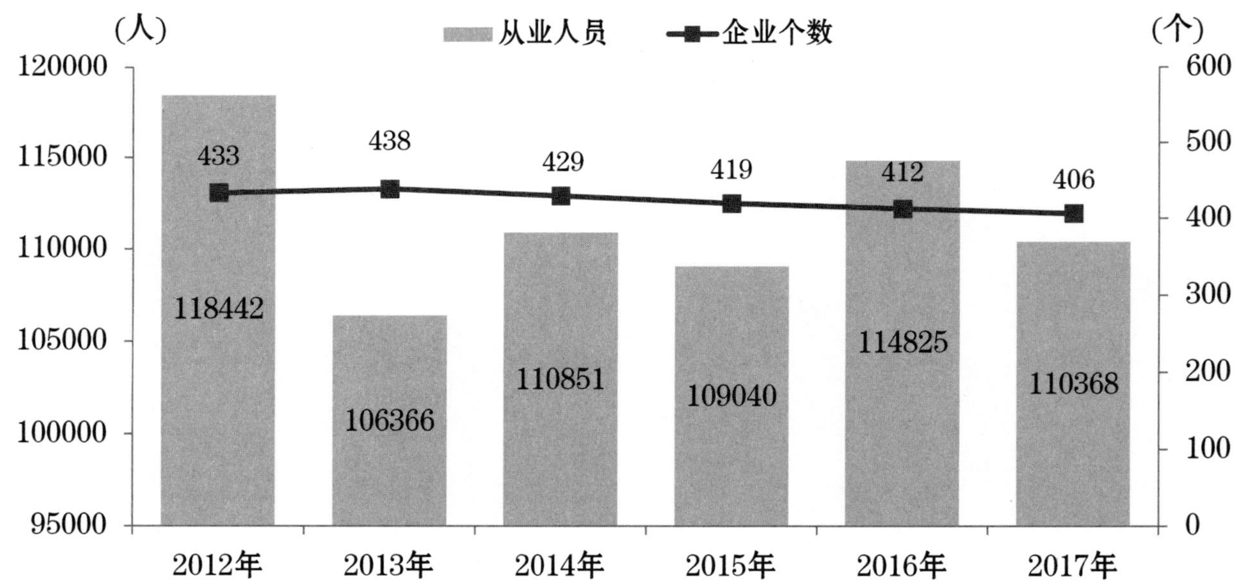

14-1 主要年份建筑安装施工企业概况
Main Indicators on Construction Enterprises in Main Years

年 份 Year	总 计 Total	国有企业 State-owned	集体企业 Collective-owned	有限责任公司 Limited Liability Corporation	股份有限公司 Share-holding Corporation Limited	私营企业 Private Enterprise	港澳台及外商投资企业 Funded from Hong Kong, Macao, Taiwan and Foreign
企业单位数(个) Number of Enterprises (unit)							
2000	273	101	104	25	16	25	2
2005	392	68	47	133	12	128	3
2006	417	67	49	137	14	147	3
2007	425	64	48	138	16	156	2
2008	459	60	39	171	10	177	2
2009	440	58	39	156	9	176	2
2010	439	57	37	157	9	177	2
2011	446	57	35	147	9	190	2
2012	433	53	35	107	8	218	2
2013	438	38	28	135	12	223	2
2014	429	37	28	128	11	223	2
2015	419	34	25	131	10	217	1
2016	412	33	24	129	12	212	1
2017	406	32	24	131	12	206	1
从业人员(人) Number of Persons Employed (person)							
2000	88269	45616	25873	7277	5236	4193	74
2005	86231	25921	10549	30018	3133	16454	144
2006	92565	30496	9619	29936	4035	18233	246
2007	95190	32046	7500	32204	3377	20012	51
2008	78936	24825	7162	28903	933	17082	31
2009	92625	34813	7305	31754	1208	17513	32
2010	89731	28654	6634	35441	1440	17535	27
2011	89183	35598	6429	24767	1301	20529	59
2012	118442	42943	13977	23288	3913	33433	33
2013	106366	19358	5142	44925	3373	33545	23
2014	110851	18535	5624	47451	3162	36056	23
2015	109040	13651	5424	45750	4524	30582	23
2016	114825	12063	8058	52350	7345	34954	11
2017	110368	11518	6967	51657	3799	36322	3
建筑业总产值(万元) Gross Output Value (10 000 yuan)							
2000	447163	329320	68189	23110	14862	11457	225
2005	909337	495063	47415	257143	20541	87864	1311
2006	1083718	617117	61000	291618	21878	91124	981
2007	1254431	718053	79896	318459	24104	113863	56
2008	1429970	778884	79537	411936	26421	132607	585
2009	2043419	1173359	95438	569258	22914	182120	330
2010	2796060	1633263	105009	802596	40803	214133	256
2011	3194161	1670780	114279	954021	22286	426003	448
2012	3257576	1691462	97487	749498	100276	607692	230
2013	4137110	796391	86902	2220020	252124	781522	151
2014	4329067	742934	127994	2234244	257114	966544	237
2015	4095059	596582	149288	2311129	10619	809835	100
2016	4106249	595202	150855	2305059	211661	843046	54
2017	4069313	513618	154075	2256576	167467	974560	10

注：本表2005年及以后数据为具有资质等级的施工总承包、专业承包建筑业企业(不含劳务分包建筑业企业)数据。(此表中集体企业含股份合作企业)。

a)Data since 2005 included all general construction contractors and professional contractors (not including construction enterprises of worker subcontractors) which possess qualification grades.The same applies to the following tables. In this table, the Collective-owned enterprises include cooperative enterprises.

14–2 主要年份建筑业企业主要经济指标

Main Economic Indicators on Construction Enteprises In MainYears

指标		Item		2014	2015	2016	2017
企业单位数	(个)	Number of Construction Enterprises	(unit)	429	419	412	406
期末从业人员	(人)	Number of Employed Persons	(person)	110851	109040	114825	110368
建筑业总产值	(万元)	Gross Output Value of Construction	(10000 yuan)	4329067	4095059	4106249	4069313
自有固定资产原值	(万元)	Original Value Fixed Assets Owned(original value)	(10000 yuan)	851570	866708	971660	999485
本年提取固定资产折旧	(万元)	Depreciation of Fixed Assets	(10000 yuan)	59871	71032	84499	64297
自有机械设备台数	(台)	Number of Machinery and Equipment Owned	(set)	29030	29300	41979	34548
自有机械设备净值	(万元)	Net Value of Machinery and Equipment Owned	(10000 yuan)	284659	221590	225284	326723
自有机械设备总功率	(千瓦)	Total Power of Machinery and Equipment Owned	(KW)	1260077	968119	1094709	1110815
工程结算税金及附加	(万元)	Taxes and Extra Charges on Project Settle Accounts	(10000 yuan)	126406	118952	61706	30305
应付工资总额	(万元)	Wages Payable	(10000 yuan)	503621	446840	478207	435174
利润总额	(万元)	Total Profits	(10000 yuan)	134864	134320	149497	106284
税金总额	(万元)	Total Tax	(10000 yuan)	136302	140027	160157	145311
施工面积	(万平方米)	Floor Space of Buildings under Construction	(10000 sq.m)	1072.82	908.69	886.79	861.16
竣工面积	(万平方米)	Floor Space of Buildings Completed	(10000 sq.m)	479.39	350.21	301.94	338.65
技术装备率	(元/人)	Value of Machines per Laborer	(yuan/person)	25679	20322	15552	29603
动力装备率	(千瓦/人)	Power of Machines per Laborer	(KW/person)	11.36	8.88	7.56	10.06
房屋建筑面积竣工率	(%)	Rate of Floor Space of Buildings Completed	(%)	44.69	38.54	34.05	39.32
产值利润率	(%)	Ratio of Profit to Gross Output Value	(%)	3.12	3.28	3.64	2.61
产值利税率	(%)	Ratio of Pre-tax Profit to Gross Output Value	(%)	6.26	6.70	7.54	3.57

注：建筑业总产值为现价。本表为所有具有资质等级的施工总承包、专业承包建筑业企业(不含劳务分包建筑业企业)数据。

a)Gross output value of construction is calculated at current prices.Data in this table included all general construction contractors and professional contractors(not including construction enterprises of worker subcontractors)which possess qualification grades.

14—3 主要年份建筑业企业概况

Basic Situation of Construction Enterprises In Main Years

年份 Year	建筑业企业单位数(个) Number of Construction Enterprises (unit)	国有 State-owned	集体 Collective -owned	建筑业企业从业人员(万人) Number of Persons Employed (10 000 persons)	国有 State-owned	集体 Collective -owned	建筑业企业总产值(亿元) Gross Output Value (100 million yuan)	国有 State-owned	集体 Collective -owned
1978	67	33	34	4.71	4.27	0.44	2.06	1.87	0.19
1980	67	38	29	5.70	5.09	0.61	2.75	2.44	0.31
1985	117	46	71	8.01	6.56	1.45	7.47	6.17	1.30
1990	131	43	88	4.65	2.97	1.68	9.01	7.55	1.46
1991	81	43	38	6.35	5.10	1.25	9.29	8.14	1.14
1992	87	46	41	6.75	5.15	1.60	11.35	9.75	1.60
1993	111	52	59	7.49	5.90	1.59	13.25	11.14	2.11
1994	115	53	62	8.20	5.54	2.66	16.44	14.29	2.14
1995	115	53	62	7.15	5.41	1.74	20.49	18.07	2.41
1996	212	84	109	13.32	10.15	2.98	27.77	22.73	4.73
1997	202	82	94	9.56	6.42	2.68	30.93	25.33	4.87
1998	215	78	100	8.39	4.86	2.64	35.56	26.77	6.08
1999	214	75	98	8.14	4.57	2.42	39.65	29.90	6.05
2000	273	101	104	8.83	4.56	2.59	44.72	32.93	6.82
2001	270	75	86	8.60	3.39	2.34	54.34	29.20	8.15
2002	374	83	75	9.73	3.57	1.73	73.38	42.74	10.17
2003	373	79	70	10.15	3.85	1.87	74.73	43.13	7.04
2004	399	74	51	9.38	2.83	1.25	88.78	44.84	4.61
2005	392	68	47	8.62	2.59	1.05	91.01	49.51	4.75
2006	417	67	49	9.26	3.05	0.96	108.42	61.71	6.11
2007	425	64	48	9.52	3.20	0.75	125.53	71.81	8.00
2008	500	61	51	7.89	2.48	0.72	143.47	77.89	7.96
2009	479	58	37	9.39	3.48	0.71	204.70	117.34	9.22
2010	478	57	37	9.11	2.87	0.66	280.47	163.33	10.50
2011	484	57	34	8.92	3.56	0.61	320.10	167.08	11.17
2012	461	53	36	11.84	4.29	1.40	326.31	169.15	9.75
2013	463	59	28	10.69	1.94	0.51	414.60	79.64	8.69
2014	453	37	26	11.20	1.94	0.50	434.16	65.19	11.78
2015	441	34	23	11.00	1.83	0.55	410.69	62.26	11.52
2016	434	33	22	14.62	2.44	0.74	411.38	59.52	14.20
2017	426	31	20	11.14	1.15	0.52	408.17	51.36	11.57

注：1992年以前数据为全民和集体所有制建筑业企业数据，1993年至1995年数据为各种经济成分的建制镇以上建筑业企业数据；1996年至2001年数据为资质等级(旧资质)四级及四级以上建筑业企业数据；2002年及以后数据为所有具有资质等级的施工总承包、专业承包建筑业企业（含劳务分包建筑业企业)数据。

a) Data before 1992 are the figures of State-owned and collective-owned construction enterprises. Data from 1993 to 1995 are the figures of construction enterprises of all economic types above town level. Data from 1996 to 2001 included construction enterprises at fourth or higher quality grades(old classification of grades). Data since 2002 included all general construction contractors and professional contractors (not including construction enterprises of worker subcontractors) which possess qualification grades.

14-4 主要年份建筑业企业主要指标

Main Indicators on Construction Enterprises In Main Year

年份 Year	建筑业企业增加值(亿元) Total Value-added of Construction Enterprises (100 million yuan)	资产合计(亿元) Total Assets (100 million yuan)	利润总额(亿元) Total Profits (100 million yuan)	税金总额(亿元) Total Tax (100 million yuan)	按总产值计算劳动生产率(元/人) Overall Labor Productivity by Gross Output Value (yuan/person)	房屋建筑面积(万平方米) Floor Space of Building Construction (10 000 sq.m) 施工面积 Under Construction	竣工面积 Completed
1978	2.14				4372	138.76	67.14
1980	2.16				4832	176.72	87.37
1985	4.49		0.22	0.12	7542	282.04	139.08
1990	5.66		0.04	0.23	11395	214.22	127.86
1991	6.35		-0.03	0.26	13363	183.54	100.25
1992	9.62		-0.03	0.27	16009	194.70	107.80
1993	11.46	17.03	-0.09	0.40	18883	188.65	87.83
1994	11.65	21.56	-0.72	5.05	25803	174.18	86.82
1995	12.96	24.89	-0.08	0.65	33407	183.73	97.29
1996	16.73	36.38	-0.07	0.88	22395	250.02	139.01
1997	19.73	38.37	-0.08	0.96	39426	283.05	149.39
1998	23.04	44.25	-0.16	1.14	44169	428.81	190.09
1999	25.41	51.28	-0.39	1.28	39027	386.95	223.82
2000	30.03	61.67	0.38	1.45	42284	339.43	192.90
2001	38.07	20.44	0.52	0.10	51904	375.16	183.66
2002	47.03	89.11	1.38	2.64	58626	451.32	244.09
2003	54.74	95.82	1.36	2.61	61046	556.64	242.88
2004	58.20	114.22	0.58	2.63	84295	438.00	263.31
2005	60.67	113.81	0.57	2.97	87203	407.55	194.02
2006	66.04	123.19	0.86	3.49	103128	346.80	160.56
2007	73.26	147.95	2.39	4.54	120027	384.67	173.97
2008	88.52	179.96	3.58	5.97	145192	404.50	189.18
2009	105.00	203.24	5.41	7.71	168323	490.98	211.71
2010	130.98	227.71	6.17	9.24	221885	693.12	273.16
2011	163.45	308.64	8.06	11.21	262028	738.96	323.76
2012	196.45	388.19	10.81	12.81	252800	763.76	344.10
2013	238.97	442.85	14.05	13.04	387789	1158.30	466.52
2014	280.43	508.72	13.49	13.63	307456	1072.82	479.39
2015	313.81	543.47	13.43	12.66	318902	908.69	350.21
2016	348.67	609.40	14.95	16.06	355038	886.79	301.94
2017	384.85	674.44	10.64	14.57	281983	861.16	338.65

注：1.自2002年起，建筑业增加值核算口径有所调整。

2.从2004年第一次全国经济普查开始，建筑业增加值按新核算方法核算。

a) Since 2002, the statistical coverage of value added of construction have been adjusted accordingly.

b) New accounting methods were applied in 2004 during the First Economic Census in calculating the value-added of the construction industry.

14-5 各种分组总专包企业生产汇总表(2017年)

Production Summary of General and Professional Contractors with Diversified Grouping (2017)

单位：个、万元 (unit, 10 000 yuan)

指标	Item	建筑业企业个数 Number of Construction Enterprises	有工作量的 Having Workload	合同情况 Total Value of Contracts	建筑业总产值 Gross Output Value of Construction	在外省完成的产值 Completed in Other Provinces	竣工产值 Completed Output Value
总计	**Total**	**406**	**364**	**9550018**	**4069313**	**1563768**	**2504806**
国有及国有控股企业	Stated-owned and State-holding Enterprises	60	55	5903497	2199052	1495701	1409111
按登记注册类型分组	**By Status of Registration**						
内资企业	Domestic Funded	405	363	9549963	4069303	1563768	2504806
国有企业	State-owned Enterprises	32	29	895272	513618	137027	193723
集体企业	Collective-owned Enterprises	22	21	190737	142941		89169
股份合作企业	Cooperative Enterprises	2	2	11133	11133		11043
有限责任公司	Limited Liability Corporations	131	117	6031242	2256576	1370957	1652971
股份有限公司	Share-holding Corporations Limited	12	11	522667	167467	13114	16962
私营企业	Private Enterprises	206	183	1898911	977568	42671	540937
其他企业	Others Enterprises						
外商投资企业	Foreign Funded Enterprises	1	1	55	10		
按国民经济行业分组	**By Sector**						
房屋建筑业	Housing Project building	163	149	2090101	1188612	123988	878540
土木工程建筑业	Civil Engineering Construction	138	125	7008853	2640892	1415530	1508237
建筑安装业	Construction Installation	56	51	400862	208465	20853	100330
建筑装饰和其他建筑业	Construction Decoration and Other Construction	49	39	50201	31344	3397	17698
建筑装饰业	Construction Decoration	34	27	35065	17832		12027
工程准备活动	Engineering Preparation Activity	7	5	1337	1239		826
提供施工设备服务	Providing Construction Equipment Services	1	1	3651	3201		3201
其他未列明建筑业	Others	7	6	10149	9073	3397	1644
按隶属关系分组	**By Jurisdiction of Management**						
中央	Central	10	9	4881137	1588762	1372052	1185149
地方	Local	396	355	4668881	2480551	191716	1319657
按企业资质等级分组	**By Qualification Criteria of Enterprises**						
施工总承包	Construction General Contractors	284	261	9143768	3734775	1473160	2321428
一级及以上	Frist Grade and above	19	16	6053095	2047564	1431805	1268305
二级	Second Grade	128	122	2396283	1227093	38036	708779
三级及以下	Third Grade and below	137	123	694390	460118	3319	344343
专业总承包	Profession General Contractors	122	103	406250	334538	90608	183378
一级	Frist Grade	3	3	122798	104323	85964	83964
二级	Second Grade	43	38	121713	103868	2563	34233
三级及以下	Third Grade and below	76	62	161739	126347	2081	65181

注：本表为所有具有资质等级的施工总承包、专业承包建筑业企业(不含劳务分包建筑业企业)数据。

Data in this table included all general construction contractors and professional contractors (not including construction enterprises of worker subcontractors) which possess qualification grades.

14-6 总承包和专业承包建筑业企业财务情况(2017年)

单位：万元

指 标	Item	建筑业企业个数(个) Number of Construction Enterprises (unit)	年初存货 Stock at the Beginning of the Year	流动资产合计 Total Current Assets
总计	**Total**	**406**	**768368**	**5129934**
#国有及国有控股企业	State-owned and State Holding Enterprises	59	508102	2786826
按登记注册类型分组	**By Status of Registration**			
内资企业	Domestic Funded	405	768367	5129667
国有企业	State-owned Enterprises	31	68310	634270
集体企业	Collective-owned Enterprises	18	4146	59618
股份合作企业	Cooperative Enterprises	2	202	3917
有限责任公司	Limited Liability Corporations	138	495928	2822596
股份有限公司	Share-holding Corporations Limited	13	42312	298524
私营企业	Private Enterprises	203	157469	1310741
其他企业	Others Enterprises			
港、澳、台商投资企业	Enterprises with Funds from Hong Kong,Macao and Taiwan			
外商投资企业	Foreign Funded Enterprises	1	0	267
按国民经济行业分组	**By Sector**			
房屋建筑业	Housing Project Building	162	153366	1338076
土木工程建筑业	Civil Engineering Construction	138	582400	3409166
建筑安装业	Construction Installation	57	21097	318564
建筑装饰和其他建筑业	Construction Decoration and Other Construction	49	11504	64128
建筑装饰业	Construction Decoration	34	6904	39838
工程准备活动	Engineering Preparation Activity	7	349	1900
提供施工设备服务	Providing Construction Equipment Services	1	23	4227
其他未列明建筑业	Others	7	4230	18163
按隶属关系分组	**By Jurisdiction of Management**			
中央	Central	11	392735	1844733
省(自治区、直辖市)	Provincial (Autonomous Regions and Municipalities)	69	83894	862636
市(地、州、盟)	City (Prefectures, Autonomous Prefecture and Leagues)	49	38337	396786
县级及以下	Ccounties and below	29	30154	274576
其他	Others	248	223248	1751203
按企业资质等级分组	**By Qualification Criteria of Enterprises**			
施工总承包	General Contractors	287	735110	4824951
特级	Special Grade	1	383883	1566910
一级	First Grade	19	64701	823051
二级	Second Grade	129	228195	1693639
三级以下	Third Grade and below	138	58331	741350
专业承包	Professional Contractors	119	33258	304983
一级	First Grade	3	7543	35483
二级	Second Grade	42	14898	100360
三级以下	Third Grade and below	74	10818	169140

Financial Affairs Condition of Enterprises of General and Professional Contractors (2017)

(10000 yuan)

应收工程款 Accounts for Projects	存货 Stock	固定资产合计 Total Fixed Assets	固定资产减值准备 Impairment of Fixed Assets	固定资产原价 Original Cost of Fixed Assets	累计折旧 Accumulated Depreciation	本年折旧 Depreciation Charge for the Year	在建工程 Project under Construction	资产合计 Total Assets
1387354	**924961**	**988848**	**3734**	**999485**	**495487**	**64297**	**57904**	**6735090**
701658	520668	624401	2748	515959	301861	38457	11599	3635599
1387354	924866	988836	3734	999380	495394	64297	57904	6734768
187922	71605	39737	0	137326	103744	5256	4242	721239
19778	4476	9762	300	19829	10595	1095	36	102763
1714	1045	1356		1448	430	50		5591
765827	567330	743064	2748	583667	273755	45036	19818	3749581
58930	95768	24272		47892	24714	1476		538199
353184	184642	170645	686	209219	82155	11384	33808	1617395
	95	12		105	93			322
334982	214779	198520	300	249016	103992	16338	37665	1694852
908543	656414	754048	2870	650157	321769	42284	15205	4594126
121894	35946	29623	563	86865	62081	4446	4530	364261
21935	17822	6657		13448	7645	1229	504	81851
10315	10666	2719		7344	4857	878	108	52177
757	522	1532		1843	537	32		3485
1801	298	865		1900	1035	113		5092
9063	6337	1541		2361	1216	207	396	21097
469280	373929	567968	2748	391031	220309	33841	3166	2419966
252507	130067	102597		181548	101818	7524	17119	1190382
121922	90016	43250		62031	27640	3090	521	525677
65927	25249	21501	300	26231	9417	1747	1716	335878
477718	305700	253533	686	338645	136303	18096	35382	2263187
1245096	888150	953590	3171	935160	461606	59049	54169	6328520
357599	354614	545904	2748	302006	153348	29797	3166	2112815
236088	180669	86974		144208	79573	3569	14959	1208752
451299	267161	224337		367179	180882	19772	24305	2101358
200110	85707	96375	423	121767	47803	5912	11739	905596
142258	36811	35258	563	64325	33881	5247	3735	406570
9379	9838	3567		9967	6409	271		40918
41898	14860	16778	563	27974	14652	2636	3232	132408
90981	12113	14913		26384	12821	2340	504	233245

14-6 续表1

单位：万元

指　标	Item	流动负债合　计 Total Liquid Liabilities	应付账款 Accounts Payable	非流动负债合计 Total Non-current Liabilities
总计	**Total**	**4186350**	**1794018**	**267465**
其中：国有及国有控股企业	State-owned and State Holding Enterprises	2464395	1176337	193118
按登记注册类型分组	**By Status of Registration**			
内资企业	Domestic Funded	4186329	1793996	267465
国有企业	State-owned Enterprises	504807	195530	5069
集体企业	Collective-owned Enterprises	50397	21485	150
股份合作企业	Cooperative Enterprises	468	468	
有限责任公司	Limited Liability Corporations	2469525	1199560	197375
股份有限公司	Share-holding Corporations Limited	333302	86428	30046
私营企业	Private Enterprises	827830	290526	34825
其他企业	Others Enterprises			
港、澳、台商投资企业	Enterprises with Funds from Hong Kong,Macao and Taiwan			
外商投资企业	Foreign Funded Enterprises	22	22	
按国民经济行业分组	**By Sector**			
房屋建筑业	Housing Project Building	977022	302710	31271
土木工程建筑业	Civil Engineering Construction	2925228	1372388	232129
建筑安装业	Construction Installation	237974	103989	2461
建筑装饰和其他建筑业	Construction Decoration and Other Construction	46126	14932	1603
建筑装饰业	Construction Decoration	26755	9208	1520
工程准备活动	Engineering Preparation Activity	1776	172	
提供施工设备服务	Providing Construction Equipment Services	3563	1964	
其他未列明建筑业	Others	14032	3587	83
按隶属关系分组	**By Jurisdiction of Management**			
中央	Central	1747604	940130	135343
省(自治区、直辖市)	Provincial (Autonomous Regions and Municipalities)	637669	265517	46683
市(地、州、盟)	City (Prefectures, Autonomous Prefecture and Leagues)	358525	95875	5832
县级及以下	Ccounties and below	239612	31352	7772
其他	Others	1202941	461144	71835
按企业资质等级分组	**By Qualification Criteria of Enterprises**			
施工总承包	General Contractors	3973956	1685007	265343
特级	Special Grade	1496223	785675	134234
一级	First Grade	794352	283632	58137
二级	Second Grade	1134277	480273	49577
三级以下	Third Grade and below	549103	135428	23395
专业承包	Professional Contractors	212395	109011	2122
一级	First Grade	16588	9961	
二级	Second Grade	70951	27051	1233
三级以下	Third Grade and below	124857	71999	889

Continued

(10000 yuan)

负债合计 Total Liabilities	所有者权益合计 Total Owners' Equity	实收资本 Paid-in Capitals	国家资本 State Capitals	集体资本 Collective Capitals	法人资本 Corporate Capitals	个人资本 Personal Capitals
4584985	**2150105**	**1419234**	**278168**	**74964**	**582809**	**483217**
2735789	899810	466354	272204	2200	185800	6150
4584964	2149805	1418934	278168	74964	582809	482992
522288	198951	100646	95957		4690	
66612	36151	19069	4	19004	61	
3306	2284	2228		2078	150	
2741740	1007841	573721	109345	37316	326447	100613
370632	167567	187114	72563	3897	3028	107626
880386	737010	536156	300	12668	248433	274754
22	300	300				225
1035008	659844	466888	13645	33001	218357	201886
3256794	1337333	826777	240879	35005	327869	223026
244924	119337	95211	23157	6899	24462	40692
48260	33591	30358	488	59	12122	17613
28689	23488	22202	328	59	10451	11364
1893	1592	2271	160		1481	630
3563	1529	150			150	
14115	6982	5735			40	5619
1882947	537019	189361	34934	4100	150326	
778717	411664	322754	191592	7569	81779	41814
367354	158324	121725	11984	16925	63243	29574
254887	80991	67155	37442	15229	8553	5930
1301080	962107	718239	2216	31142	278908	405899
4330772	1997748	1293789	269700	54279	544551	425259
1630457	482358	150000			150000	
852772	355980	310642	92056	17918	27416	173252
1255369	845989	591134	161844	14893	237894	176503
592175	313421	242013	15800	21467	129242	75504
254213	152357	125445	8468	20686	38258	57958
28896	12022	7303	3000	4017	286	
79871	52536	47563	1508	3008	22995	20052
145446	87798	70578	3960	13660	14977	37906

14-6 续表2

单位：万元

指　标	Item	营业收入 Operating Revenue	主营业务收入 Revenue from Principal Business	营业成本 Operating Cost	主营业务成本 Cost of Principal Business
总计	**Total**	**5165649**	**5009442**	**4736589**	**4442929**
其中：国有及国有控股企业	State-owned and State Holding Enterprises	2749420	2697436	2473458	2371148
按登记注册类型分组	**By Status of Registration**				
内资企业	Domestic Funded	5165649	5009442	4736589	4442929
国有企业	State-owned Enterprises	606072	601923	540990	537668
集体企业	Collective-owned Enterprises	139534	131874	124230	116310
股份合作企业	Cooperative Enterprises	10562	10562	9881	9444
有限责任公司	Limited Liability Corporations	2894233	2807281	2633502	2447974
股份有限公司	Share-holding Corporations Limited	211069	209787	199336	178755
私营企业	Private Enterprises	1304180	1248015	1228650	1152778
其他企业	Others Enterprises				
港、澳、台商投资企业	Enterprises with Funds from Hong Kong,Macao and Taiwan				
外商投资企业	Foreign Funded Enterprises				
按国民经济行业分组	**By Sector**				
房屋建筑业	Housing Project Building	1522899	1441038	1446406	1299163
土木工程建筑业	Civil Engineering Construction	3300951	3233016	2985663	2872203
建筑安装业	Construction Installation	296908	291967	264111	233455
建筑装饰和其他建筑业	Construction Decoration and Other Construction	44892	43421	40409	38108
建筑装饰业	Construction Decoration	27263	26509	24893	22759
工程准备活动	Engineering Preparation Activity	3701	3515	3230	3188
提供施工设备服务	Providing Construction Equipment Services	3201	3201	3030	3030
其他未列明建筑业	Others	10727	10197	9256	9130
按隶属关系分组	**By Jurisdiction of Management**				
中央	Central	2049383	2009339	1843634	1808420
省(自治区、直辖市)	Provincial (Autonomous Regions and Municipalities)	906289	895573	830001	762851
市(地、州、盟)	City (Prefectures, Autonomous Prefecture and Leagues)	407181	404107	373076	347869
县级及以下	Ccounties and below	168774	168774	158256	147388
其他	Others	1634022	1531649	1531621	1376401
按企业资质等级分组	**By Qualification Criteria of Enterprises**				
施工总承包	General Contractors	4811674	4667990	4416391	4149410
特级	Special Grade	1716619	1681765	1544793	1516187
一级	First Grade	824979	786309	766159	726468
二级	Second Grade	1599343	1572615	1487702	1372392
三级以下	Third Grade and below	670734	627302	617738	534363
专业承包	Professional Contractors	353975	341451	320197	293518
一级	First Grade	106260	104805	101430	100482
二级	Second Grade	91482	90664	82725	76078
三级以下	Third Grade and below	156233	145983	136042	116958

Continued

(10000 yuan)

营业税金及附加 Taxes and Other Charges		其他业务利润 Other Operating Profit	销售费用 Selling Expenses	管理费用 Management Costs	财务费用 Financial Costs			资产减值损失 Loss from Asset Devaluation
	主营业务税金及附加 Taxes and Other Charges on Principal Business					利息收入 Interest Revenue	利息支出 Interest Expense	
33710	**30305**	**4445**	**6965**	**248616**	**35852**	**16402**	**14118**	**11397**
12254	11603	3819	410	164388	22548	15974	7923	10100
33710	30305	4445	6965	248616	35852	16402	14118	11397
3719	3495	631	57	35521	1395	31	661	1266
1839	1512	-119	12	11858	-25	20	6	189
38	38		289	270	14	1.2	1	
14840	13785	3331	1412	153174	22573	15959	7748	7153
1585	1058	397	4	9108	6188	2	916	2899
11689	10417	204	5192	38685	5708	389	4787	-111
15232	13716	293	3833	44997	5926	-72	3990	-8
16104	14351	3321	1361	177146	28790	16419	9129	9455
1877	1754	727	1290	22624	972	53	911	1949
496	484	104	480	3850	163	1	88	
398	388	104	480	2019	150	1	87	
39	37		1	325	3		0	
15	15			129	4			
45	45			1376	6			
7957	7583	3442	283	126350	18854	15830	6046	4434
5891	5622	-89	85	44142	3910	152	1927	5848
3364	2487	950	172	18242	1250	46	453	-60
2787	2768	-64	538	6280	397	-2	490	-53
13711	11845	204	5888	53602	11440	375	5202	1227
31328	28353	4443	5194	221955	34778	16378	13568	10454
5370	5004	5882	15	98154	17368	15740	4986	756
3491	3013	-1964	942	38470	7529	259	1739	3097
15429	14576	418	3814	53847	7664	-86	4637	5836
7038	5760	106	423	31485	2217	465	2206	765
2382	1952	2	1771	26661	1074	23	550	943
464	398		0	3625	697	9	342	-14
1137	1089	104	1044	6381	260	-6	105	111
780	465	-102	727	16654	117	21	103	846

14-6 续表3

单位：万元

指 标	Item	公允价值变动收益 Gains on the Changes in Fair Value	投资收益 Investment Income	其他收益 Miscell--aneous Incomes	营业利润 Operating Profit
总计	**Total**	**1**	**8434**	**1342**	**102298**
其中：国有及国有控股企业	State-owned and State Holding Enterprises		6215	112	72589
按登记注册类型分组	**By Status of Registration**				
内资企业	Domestic Funded	1	8434	1342	102298
国有企业	State-owned Enterprises		-3	34	23154
集体企业	Collective-owned Enterprises		19	1230	2681
股份合作企业	Cooperative Enterprises				70
有限责任公司	Limited Liability Corporations	1	6547	78	68205
股份有限公司	Share-holding Corporations Limited		59		-7992
私营企业	Private Enterprises	0	1813		16181
其他企业	Others Enterprises				
港、澳、台商投资企业	Enterprises with Funds from Hong Kong,Macao and Taiwan				
外商投资企业	Foreign Funded Enterprises				
按国民经济行业分组	**By Sector**				
房屋建筑业	Housing Project Building		1780	78	8371
土木工程建筑业	Civil Engineering Construction	1	5828	34	88294
建筑安装业	Construction Installation		826	1230	6139
建筑装饰和其他建筑业	Construction Decoration and Other Construction				-507
建筑装饰业	Construction Decoration				-677
工程准备活动	Engineering Preparation Activity				103
提供施工设备服务	Providing Construction Equipment Services				23
其他未列明建筑业	Others				44
按隶属关系分组	**By Jurisdiction of Management**				
中央	Central		5587	1230	54687
省(自治区、直辖市)	Provincial (Autonomous Regions and Municipalities)	1	-3	112	16522
市(地、州、盟)	City (Prefectures, Autonomous Prefecture and Leagues)		862		11999
县级及以下	Ccounties and below		55		624
其他	Others	0	1933		18467
按企业资质等级分组	**By Qualification Criteria of Enterprises**				
施工总承包	General Contractors	1	8253	1342	101170
特级	Special Grade		5587		55750
一级	First Grade		77	34	5403
二级	Second Grade		1751	78	26880
三级以下	Third Grade and below	1	839	1230	13137
专业承包	Professional Contractors		181		1128
一级	First Grade				56
二级	Second Grade				-176
三级以下	Third Grade and below		181		1248

Continued

(10 000 yuan)

营业外收入 Non--operating Revenue	营业外支出 Non--operating Expenses	利润总额 Total Profit	应交所得税 Income Taxes Payable	应付职工薪酬 Employee Wages Payable	应交增值税 Value Added Tax Payable	建筑业企业在境外完成的营业收入 Operating Revenue Completed by Construction Enterprises in Overseas
9252	**5266**	**106284**	**20727**	**435174**	**111601**	**314567**
7543	2811	77321	12716	204866	58800	266017
9252	5266	106284	20727	435174	111601	314567
3377	913	25618	7366	53186	11963	7931
104	558	2227	733	20934	1524	
		70	18	992	608	
2980	2590	68594	8920	229094	70532	258086
2224	137	-5905	160	6261	2162	
568	1068	15680	3531	124708	24811	48551
1230	1182	8420	3158	141791	36441	
7793	2829	93258	16119	231649	65156	314467
154	618	5675	1395	55244	7634	
75	637	-1069	55	6491	2371	7931
74	633	-1236	7	3866	1330	
1	0	104	24	396	104	
0		23	8	172	131	
0	4	40	15	2057	807	
1426	1663	54450	5112	158882	47045	258086
5586	1773	20335	7662	70036	7192	
569	264	12304	1952	37611	18633	7931
59	55	628	557	24678	6742	
1613	1512	18568	5443	143968	31989	48551
8623	3984	105809	19892	391617	107251	314437
1117	333	56533	3903	113490	40739	258086
1409	1475	5337	2199	41350	20766	48421
5148	1452	30576	9921	160295	31633	7931
950	724	13364	3870	76483	14114	
629	1282	475	835	43557	4351	130
133	18	171	235	9143	5	
378	709	-508	254	14069	1790	
119	555	812	346	20345	2556	130

14-7 各种分组的劳务分包企业产值资产和损益情况(2017年)

指标名称	Item	企业个数(个) Number of Enterprises (unit)	建筑业总产值(万元) Total Gross Output Value (10 000 yuan)	从业人员期末人数(人) Number of Employed Persons (person)
总计	**Total**	**20**	**12359**	**1068**
按登记注册类型分组	**By Status of Registration**			
内资企业	Domestic Funded	20	12359	1068
有限责任公司	Limited Liability Corporations	7	4715	160
股份有限公司	Share-holding Corporation Limited	1	183	18
私营企业	Private Enterprises	12	7462	890
按国民经济行业分组	**By Sector**			
房屋建筑业	Housing Project building	2	2801	12
土木工程建筑业	Civil Engineering Construction	4	3157	182
建筑安装业	Construction Installation	4	1039	49
建筑装饰和其他建筑业	Construction Decoration and Other Construction	10	5362	825
按企业资质等级分组	**By Qualification Criteria of Enterprises**			
劳务分包	Labor Subcontract	20	12359	1068
一级	First Grade	9	7726	738
二级	Second Grade	1	561	35
三级及以下	Third Grade and Below	10	4072	295
按营业状态分	**By Business Status**			
营业	In Business	19	11629	1068
停业(歇业)	Out of Business	1	730	
按控股情况分	**By Holding Situation**			
集体控股	Collective Holding	2	1811	128
私人控股	Private Holding	16	7756	918
其他	Others	2	2792	22

Assets and Profit Conditions of Labor Subcontracting Enterprises by Groups (2017)

资产负债(万元) Assets and Liabilities(10 000 yuan)				损益及分配(万元) Profit and Loss, Distribution(10 000 yuan)					
固定资产原价 Original Cost of Fixed Assets	本年折旧 Depreciation Charge for the Year	资产总计 Total Assets	负债合计 Total Liabilities	营业收入合计 Operating Revenue	营业成本 Operating Cost	销售费用 Selling Expenses	管理费用 Management Costs	利润总额 Total Profit	应交增值税 Value Added Tax Payable
1083	**178**	**9308**	**5349**	**12363**	**11428**	**44**	**753**	**111**	**262**
1083	178	9308	5349	12363	11428	44	753	111	262
727	101	982	415	4715	4420	44	185	57	3
4		144	44	183	160		14	8	1
353	77	8183	4890	7466	6848		555	46	258
1	0	302	160	2801	2728		87	-13	0
589	93	1875	1408	3157	2894		201	49	34
89	64	2328	485	1039	854		192	-8	
404	21	4804	3297	5366	4952	44	274	82	228
1083	178	9308	5349	12363	11428	44	753	111	262
286	11	5679	4189	7726	7260		418	32	116
		317	213	561	518		26	13	17
797	167	3312	946	4076	3650	44	309	65	130
1083	178	8626	5148	11633	10717	44	738	110	262
		683	202	730	711		15	1	
693	101	481	185	1811	1640		91	72	
387	77	8693	5141	7760	7075	44	575	56	262
3	0	134	24	2792	2712		87	-18	

14-8 按行业分建筑企业主要指标(2017年)

类　别	Item	企业数(个) Number of Enterprises (unit)	从业人员(人) Number of Employed Persons (person)	建筑业总产值(万元) Gross Output Value of Construction (10 000 yuan)
总计	**Total**	**406**	**110368**	**4069313**
房屋建筑业	Housing Project Building	163	43125	1188612
土木工程建筑业	Civil Engineering Construction	138	58085	2640892
铁路、道路、隧道和桥梁工程建筑	Railway,Road,Tunnel and Bridge Engineering Construction	68	19036	837993
铁路工程建筑	Railway Engineering Construction	5	2024	141947
公路工程建筑	Highway Engineering Construction	48	14884	637105
市政道路工程建筑	Peripheral Road Engineering Construction	11	1335	48596
其他道路、隧道和桥梁工程建筑	Other Road, Tunnel and Bridge Engineering Construction	4	793	10345
水利和内河港口工程建筑	Water and Inland Port Engineering Construction	29	7544	190230
工矿工程建筑	Industrial and Mining Engineering Construction	7	24211	1377800
架线和管道工程建筑	Line and Pipeline Engineering Construction	25	5703	205278
其他土木工程建筑	Other Civil Engineering Construction	9	1591	29591
建筑安装业	Construction Installation	56	7760	208465
建筑装饰和其他建筑业	Construction Decoration and Other Constructions	49	1398	31344

注：本表数据为具有资质等级的施工总承包、专业承包建筑业企业(不含劳务分包建筑业企业)数据。

Main Indicators of Construction Enterprises by Sector(2017)

建筑工程 Output Value of Construction	安装工程 Output Value of Installation	竣工产值(万元) Output Value of Completed (10 000 yuan)	房屋建筑面积(平方米) Floor Space of Buildings(sq.m)		竣工房屋价值(万元)	
			施工面积 Floor Space under Construction	竣工面积 Floor Space Completed	Value of Completed (10 000 yuan)	住宅 Residential Buildings
3460744	**408791**	**2504806**	**8611603**	**3386498**	**613442**	**321451**
980360	63071	878540	731936	3080501	557071	294431
2363843	233375	1508237	99617	256192	50161	27020
830616	1681	210114	462127	56212	10287	801
141497		59251	373894	15632	3872	
635424	1681	115810	60334	17090	3760	
48596		28206	3372	3372	694	
5100		6847	24527	20118	1961	801
170751	10754	115260	62435	62274	7685	3887
1189506	172692	1095095	189679			
143988	47639	55057	2425	480	113	
28982	609	32711	279505	137226	32077	22332
99614	104423	100330	290697	48305	5820	
16927	7922	17698	5380	1500	390	

a)Data in this table included all general construction contractors and professional contractors (not including construction enterprises of worker subcontractors) which possess qualification grades.

14-9 2010-2017年建筑业企业房屋竣工面积
Floor Space of Buildings Completed by Construction Enterprises(2010-2017)

项 目	Item	房屋建筑竣工面积(平方米) Floor Space of Buildings Completed (sq.m)							
		2010	2011	2012	2013	2014	2015	2016	2017
总计	**Total**	**2731628**	**3237566**	**3440990**	**4665198**	**4793927**	**3502146**	**3019350**	**3386498**
按房屋主要用途分	By Usage of Housing								
厂 房	Workshop	61330	154573	152626	197133	70698	85352	69567	98590
住 宅	Residential Buildings	1582692	1972181	2025802	3069780	2746050	2108971	1581972	1864556
办公用房	Office	478501	272196	431445	513490	614595	475030	314114	333055
批发零售用房	Wholesale and Retail	11739	85498	35977	34243	47370	47318	115563	2220
住宿和餐饮用房	Hotel and Catering	22756	16248	64359	39620	63787	36219	47238	73976
居民服务业用房	Services to Households	22567	68856	48949	140707	131035	221085	293849	221289
教育用房	Education	243689	481498	413426	383162	606568	271636	321766	339021
文化体育娱乐用房	Culture, Sports and Entertainment	14692	29983	35667	58803	130302	44935	47650	39457
医疗用房	Medical	28824	23916	40638	82918	37621	10953	43533	82090
科研用房	Research	4807	19402	29238	921	100899	450	968	8175
其他用房	Others	260031	109233	142077	102212	214312	189561	180822	308529
仓库用房	Storage		3982	8529	22111	17409	9296	1458	14690
商务会展用房	Business Exhibition			12257	20098	13281	1340	850	850

14-10 2012-2017年建筑业经济效益指标
Main Indicators on Economic Benefit of Construction Enterprises (2012-2017)

指 标	Item	2012	2013	2014	2015	2016	2017
房屋建筑面积竣工率 (%)	Rate of Floor Space of Buildings Completed (%)	45.10	40.28	44.69	38.54	34.05	39.32
产值利润率 (%)	Ratio of Profit to Gross Output Value (%)	3.32	3.39	3.11	3.28	3.77	2.61
人均竣工产值 (元/人)	Gross Output Value Completed Per Capita (yuan/person)	100164	128424	196401	161606	143928	174288
人均施工面积 (平米/人)	Floor Space under Construction Per Capita (sq.m/person)	59.27	87.66	109.48	70.76	77.23	59.96
人均竣工面积 (平米/人)	Floor Space Completed Per Capita (sq.m/person)	26.70	35.30	48.92	27.27	26.30	23.58
人均利润 (元/人)	Profits Per Capita (yuan/person)	8339	13138	13730	10460	13398	8793
资产负债率 (%)	Assets-liability Ratio (%)	68.10	66.41	67.71	66.51	66.63	68.10
技术装备率 (元/人)	Value of Machines per Laborer (yuan/person)	16060	17080	25679	20322	15552	29603

14-11 按资质等级分的建筑业主要经济指标(2017年)

Main Economic Indicators of Construction Enterprises by Qualification Grade(2017)

指 标	Item	企业数(个) Number of Enterprises (unit)	有工作量的 Having Workload	年末从业人员(人) Number of Employed Persons (person)	工程技术人员(人) Engineering and Technical Personnel (person)	直接从事生产经营活动的平均人数(人) Average Number of Calculating Labor Productivity (person)	签订合同额(万元) Total Value of Contracts (10 000 yuan)
按资质等级关系分组	**By Qualification Criteria of Enterprises**	**406**	**364**	**110368**	**16217**	**143681**	**9550018**
施工总承包	General Contractors	284	261	99472	14631	123947	9143768
特级	Special Grade	1	1	22752	3156	22850	4181417
一级	First Grade	18	15	9804	3247	16723	1871678
二级	Second Grade	128	122	48054	6045	60283	2396283
三级及以下	Third Grade and Below	137	123	18862	2183	24091	694390
专业承包	Professional Contractors	122	103	10896	1586	19734	406250
一级	First Grade	3	3	892	197	3502	122798
二级	Second Grade	43	38	3558	613	7989	121713
三级及以下	Third Grade and Below	76	62	6446	776	8243	161739

14-11 续表1 Continued

单位：万元 (10 000 yuan)

指 标	Item	建筑业总产值 Total Gross Output Value	建筑工程产值 Output Value of Construction	安装工程产值 Output Value of Installation	其他产值 Output Value of Others	竣工产值 Output Value of Completed	建筑业企业在境外完成的营业收入 Operating Revenue Completed by Construction Enterprises in Overseas
按资质等级关系分组	**By Qualification Criteria of Enterprises**	**4069313**	**3460744**	**408791**	**199778**	**2504806**	**314567**
施工总承包	General Contractors	3734775	3303160	329315	102300	2321428	314437
特级	Special Grade	1356207	1185912	154693	15602	1090796	258086
一级	First Grade	691357	583712	65794	41852	177509	48421
二级	Second Grade	1227093	1132887	60361	33845	708779	7931
三级及以下	Third Grade and Below	460118	400650	48467	11000	344343	
专业承包	Professional Contractors	334538	157584	79476	97478	183378	130
一级	First Grade	104323	18157	202	85964	83964	
二级	Second Grade	103868	61999	35808	6061	34233	
三级及以下	Third Grade and Below	126347	77429	43466	5453	65181	130

14-11 续表2 Continued

单位：万元 (10 000 yuan)

项　目	Item	税金总额 Total Taxes	利润总额 Total Profits	营业收入 Operating Revenue	营业成本 Operating Cost
按企业资质等级分组	**By Qualification Criteria of Enterprises**	**145311**	**106284**	**5165649**	**4736589**
施工总承包	General Contractors	138579	105809	4811674	4416391
特级	Special Grade	46108	56533	1716619	1544793
一级	First Grade	24257	5337	824979	766159
二级	Second Grade	47062	30576	1599343	1487702
三级及以下	Third Grade and Below	21152	13364	670734	617738
专业承包	Professional Contractors	6732	475	353975	320197
一级	First Grade	469	171	106260	101430
二级	Second Grade	2927	-508	91482	82725
三级及以下	Third Grade and Below	3336	812	156233	136042

14-11 续表3 Continued

项　目	Item	房屋建筑施工面积（平方米）Floor Space of Buildings Under Construction (sq.m)	房屋建筑竣工面积（平方米）Floor Space of Buildings Completed (sq.m)	住宅 Residential Buildings	竣工房屋价值（万元）Value of Buildings Completed (10 000 yuan)	住宅 Residential Buildings
按企业资质等级分组	**By Qualification Criteria of Enterprises**	**8611603**	**3386498**	**1864556**	**613442**	**321451**
施工总承包	General Contractors	8357861	3326043	1862356	603071	321304
特级	Special Grade	189679				
一级	First Grade	2203869	613438	511923	77115	61377
二级	Second Grade	4461887	1859907	796749	381084	172892
三级及以下	Third Grade and Below	1502426	852698	553684	144872	87035
专业承包	Professional Contractors	253742	60455	2200	10371	147
一级	First Grade					
二级	Second Grade	233642	46983		8615	
三级及以下	Third Grade and Below	20100	13472	2200	1757	147

14-12 分地区建筑业企业主要经济指标(2017年)

Basic Statistics of Construction Enterprises Production by Region(2017)

地 区	Region	企业数(个) Number of Enterprises (unit)	有工作量的 Having Workload	签订合同额(万元) Total Value of Contracts (10 000 yuan)	建筑业总产值(万元) Total Gross Output Value (10 000 yuan)	竣工产值(万元) Output Value of Completed (10 000 yuan)	房屋建筑施工面积(平方米) Floor Space of Buildings Under Construction (sq.m)	房屋建筑竣工面积(平方米) Floor Space of Buildings Completed (sq.m)
总计	**Total**	**406**	**364**	**9550018**	**4069313**	**2504806**	**8611603**	**3386498**
国有及国有控股企业	State-owned and State-holding Enterprises	60	55	5903497	2199052	1409111	1156858	117306
西宁市	Xining City	291	254	8063715	3232009	1851571	5385169	1584440
海东市	Haidong City	43	43	781543	370603	291424	1523036	674840
海北州	Haibei Zang A.P	10	10	95206	62866	56743	383883	207099
黄南州	Huangnan Zang A.P	11	10	106869	93673	63776	412450	214127
海南州	Hainan Zang A.P	18	18	270926	185057	127085	563815	475739
果洛州	Golog Zang A.P	5	4	7410	7410	7520	35246	35246
玉树州	Yushu Zang A.P	4	4	4474	3291	900	4762	1870
海西州	Haixi Mongolian & Zang A.P	24	21	219875	114404	105787	303242	193137

14-12 续表1 Continued

单位：万元 (10 000 yuan)

地 区	Region	资产总计 Total Assets	固定资产合计 Total Fixed Assets	负债合计 Total Liabilities	流动负债合计 Total Liquid Liabilities	非流动负债合计 Total Non-current Liabilities	所有者权益合计 Total Owners' Equity
总计	**Total**	**6735090**	**988848**	**4584985**	**4186350**	**267465**	**2150105**
国有及国有控股企业	State-owned and State-holding Enterprises	3635599	624401	2735789	2464395	193118	899810
西宁市	Xining City	5570247	833157	3782590	3445479	235474	1787657
海东市	Haidong City	496994	46119	369399	343352	7760	127595
海北州	Haibei Zang A.P	57018	14274	30902	29880	1022	26116
黄南州	Huangnan Zang A.P	80748	11340	46874	36040	7636	33875
海南州	Hainan Zang A.P	222971	15295	157430	157011	419	65541
果洛州	Golog Zang A.P	17687	1625	14345	13747	133	3342
玉树州	Yushu Zang A.P	4559	383	1125	999		3434
海西州	Haixi Mongolian & Zang A.P	284866	66656	182321	159843	15020	102546

14-12 续表2 Continued

单位：万元 (10 000 yuan)

地 区	Region	实收资本 Paid-in Capitals	营业收入 Operating Revenue	主营业务收入 Revenue from Principal Business	营业成本 Operating Cost	主营业务成本 Cost of Principal Business	营业税金及附加 Taxes and Other Charges	主营业务税金及附加 Taxes and Other Charges on Principal Business	其他业务利润 Other Operating Profit	销售费用 Selling Expense
总计	**Total**	**1419234**	**5165649**	**5009442**	**4736589**	**4442929**	**33710**	**30305**	**4445**	**6965**
国有及国有控股企业	State-owned and State-holding Enterprises	466354	2749420	2697436	2473458	2371148	12254	11603	3819	410
西宁市	Xining City	1142260	4102252	3967294	3744265	3532896	25298	23472	3913	2401
海东市	Haidong City	94524	449109	448922	424914	410873	3116	2682	0	866
海北州	Haibei Zang A.P	17459	69532	69532	62977	62977	303	303		3
黄南州	Huangnan Zang A.P	32686	105911	105911	101491	71132	2046	1519		103
海南州	Hainan Zang A.P	56262	261624	261624	249165	230950	1086	1033		2962
果洛州	Golog Zang A.P	2077	18689	18279	15023	14902	334	244		47
玉树州	Yushu Zang A.P	1238	3259	2153	2744	1429	12	4	74	8
海西州	Haixi Mongolian & Zang A.P	72729	155275	135727	136009	117770	1515	1048	458	575

14-12 续表3 Continued

单位：万元 (10 000 yuan)

地 区	Region	管理费用 Management Expenses	财务费用 Financial Expenses	利息收入 Interest Revenue	利润总额 Total Profits	资产减值损失 Asset Impairment Loss	应付职工薪酬 Employee Wages Payable
总计	**Total**	**248616**	**35852**	**16402**	**106284**	**11397**	**435174**
国有及国有控股企业	State-owned and State-holding Enterprises	164388	22548	15974	77321	10100	204866
西宁市	Xining City	203883	31875	16301	97005	10456	316764
海东市	Haidong City	14517	1829	66	3649	346	60550
海北州	Haibei Zang A.P	3253	289	22	2818	-53	6389
黄南州	Huangnan Zang A.P	1754	273	4	235		18645
海南州	Hainan Zang A.P	2994	280	-1	5072		11273
果洛州	Golog Zang A.P	743	221	8	2686	25	1955
玉树州	Yushu Zang A.P	264	14		194	7	285
海西州	Haixi Mongolian & Zang A.P	21209	1071	2	-5375	616	19315

主要统计指标解释

建筑业统计单位 指从事房屋、构筑物建造和设备安装活动的法人企业。建筑业法人企业应具有建筑业资质并能够独立核算,同时其应具备以下条件:①依法成立,有自己的名称、组织机构和场所,能够承担民事责任;②独立拥有和使用资产,承担负债,有权与其他单位签订合同;③独立核算盈亏,能够编制资产负债表。

建筑业总产值 是以货币形式表现的建筑业企业在一定时期内生产的建筑业产品和提供的服务的总和。建筑业总产值包括:

(1)建筑工程产值:指列入建筑工程预算内的各种工程价值。

(2)安装工程产值:指设备安装工程价值,不包括被安装设备本身的价值。

(3)其他产值:建筑业总产值中除建筑工程、安装工程以外的产值。包括房屋构筑物修理产值、非标准设备制造产值、总包企业向分包企业收取的管理费以及不能明确划分的施工活动所完成的产值。

a. 房屋构筑物修理产值:指房屋和构筑物修理所完成的产值,但不包括被修理房屋、构筑物本身价值和生产设备的修理产值。

b. 非标准设备制造产值:指加工制造没有定型的非标准生产设备的加工费和原材料价值(如化工厂、炼油厂用的各种罐、槽,矿井生产统一使用的各种漏斗、三角槽、阀门等)以及附属加工厂为本企业承建工程制作的非标准设备的价值。

建筑业增加值 指建筑业企业在报告期内以货币形式表现的建筑业生产经营活动的最终成果。

从2004年第一次全国经济普查开始,建筑业现价增加值按生产法和分配法(收入法)两种方法计算,以收入法的计算结果为准,即从收入的角度出发,根据生产要素在生产过程中应得的收入份额计算。具体计算方法:经济普查年度建筑业增加值按照《经济普查年度GDP核算方案》计算,非经济普查年度建筑业增加值按照《非经济普查年度GDP核算方案》计算。

房屋建筑施工面积 指在报告期内施过工的全部房屋建筑面积,包括本期新开工的房屋面积、上期施工跨入本期继续施工的房屋面积、上期停缓建在本期恢复施工的房屋面积、本期竣工的房屋面积及本期施工后又停缓建的房屋面积。

房屋建筑竣工面积 指在报告期内房屋建筑按照设计要求全部完工,达到了使用条件,经验收鉴定合格,正式移交使用单位的房屋建筑面积。

Explanatory Notes on Main Statistical Indicators

Statistical Unit in the Construction Industry refers to a corporate enterprise engaged in the construction of buildings and structures and in the installation of equipment. A corporate construction enterprise should have qualification certificates with independent accounting system, and should meet the following 3 requirements: a) being set up in line with relevant legal basis, having its full name, organization and location, and capable of taking civil liabilities; b) independently possessing and using its assets and assuming its liabilities, and entitled to sign contracts with other institutions; and c) making independent accounts of its profits and losses, and capable of compiling its own balance sheet.

Gross Output Value of Construction refers to total of construction products and services, expressed in money terms, produced or rendered by construction and installation enterprises during a given period of time. It includes:

(1) Output value of construction projects: the value of projects covered by the project budgets;

(2) Output value of installation projects: the value of the installation of equipment, (excluding the value of the equipment to be installed);

(3) Other output values: the output value of construction industry apart from that of construction projects and installation projects. It includes: output value of repair of buildings and structures; output value of non – standard equipment manufacturing; overhead expenses received by contracted enterprises from the sub – contracted enterprises and the completed output value of construction activities for which there is no clear definition.

a. Output value of repair of buildings and structures: the value created through the repairs of buildings or structures. It does not include the value of buildings or structures being repaired and the value of the repair of production equipment;

b. Output value of manufactured non – standard equipment: the value of non – standard production equipment, including raw materials and manufacturing cost, made for the construction project (i. e. , chemical plant; kettles or tanks used by refineries; various fillers, triangle tanks, valves used by mines). It also includes the output value of equipment manufactured by subsidiary workshops.

Value – added of Construction refers to the final result of the activities of production and operation of enterprises of the construction industry in monetary terms during the reference period.

Starting from the 2004 economic census, value – added of construction is calculated by both production approach and income approach, with the figures from the income approach as the final figures. Under the income approach, , calculation starts from the perspective of income and is based on the share of income derived from the production process by the relevant factors of production. . Specifically, value – added of construction for the Census years is calculated in accordance with the Programme of Compilation of GDP and National Accounts for the Year of Economic Census, and value – added of construction for other years is calculated in accordance with the Programme of Compilation of GDP and National Accounts for the Non Economic Census Years.

Floor Space of Buildings Under Construction refers to floor space of buildings under construction during the reference period, including the floor space of buildings for which construction has newly started; buildings for which construction has started earlier and is continuing during the reference period; and buildings for which construction has been suspended earlier but has restarted during the reference period; buildings completed during the reference period; and buildings under construction but construction has subsequently been during the reference period.

Floor Space of Buildings Completed refers to the floor space of buildings that are completed in the reference period in accordance with the requirements of the design, up to the standard for being put into use, and having been checked and accepted by departments concerned as qualified ones.

第 15 篇

CHAPTER 15

运输和邮电

Transport, Postal and Telecommunication

铁路、公路、民航年末到达数

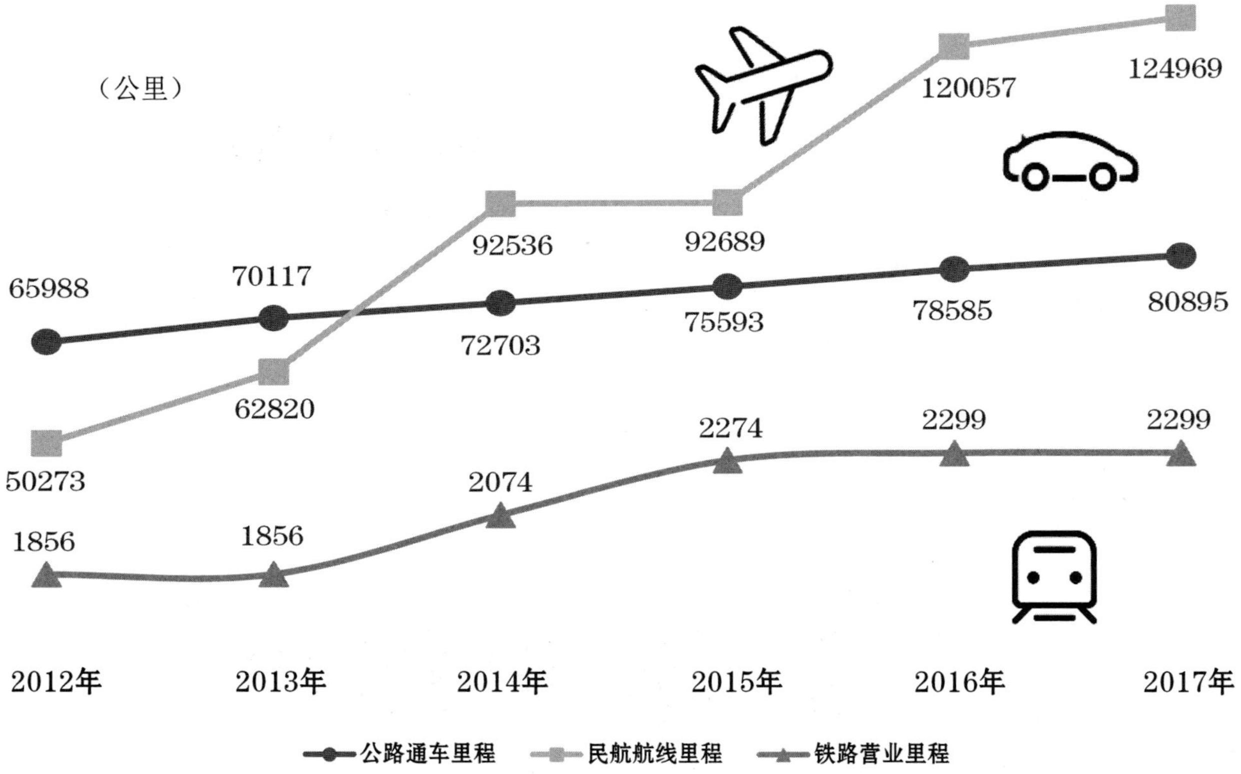

移动电话用户

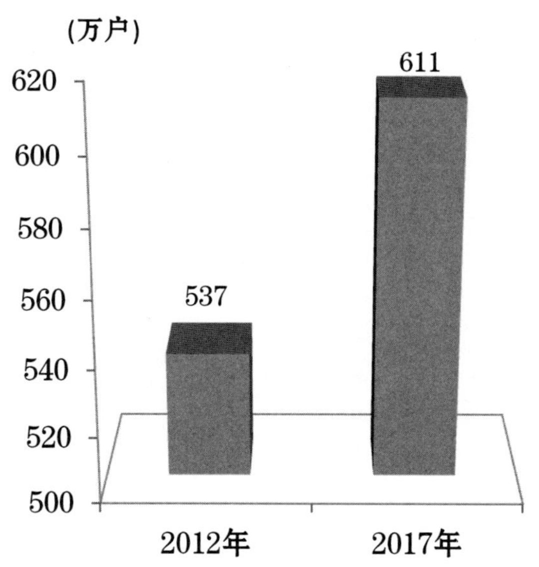

民用汽车拥有量

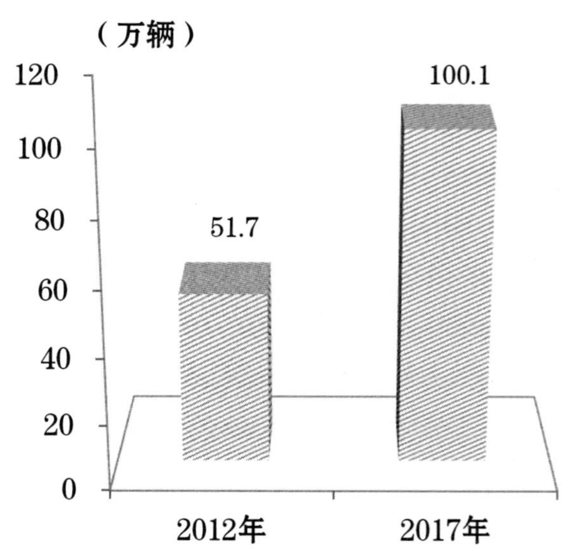

15−1 主要年份交通运输业基本情况

Basic Conditions of Transport in Main Years

指 标	Item	2012	2013	2014	2015	2016	2017
客运量总计 （万人）	**Total Passenger Traffic (10 000 persons)**	**12830**	**4957**	**5643**	**5825**	**6201**	**6603**
铁路	Railways	544	592	615	936	994	1134
公路	Highways	12100	4140	4769	4595	4873	5070
民用航空	Civil Aviation	138	167	199	224	268	329
水路	Waterways	48	58	60	70	66	70
旅客周转量总计(万人公里)	**Total Passenger-Kilometers (10 000 passenger-km)**	**1302492**	**1199090**	**1324986**	**1506906**	**1602593**	**1790854**
铁路	Railways	505492	548882	563086	744449	775300	869476
公路	Highways	595000	403349	465045	446500	475000	497684
民航	Civil Aviation	201349	246116	296093	315100	351500	422832
水路	Waterways	651	742	762	857	793	862
货运量总计 （万吨）	**Total Freight Traffic (10 000 tons)**	**13680**	**13576**	**14846**	**16173**	**17090**	**18140**
铁路	Railways	3784	3783	3608	2729	2834	3052
公路	Highways	9700	9588	11030	13233	14047	14871
民用航空	Civil Aviation	0.50	0.70	0.70	0.86	0.99	1.27
管道（输油管道）	Petroleum Pipeline	195	204	207	210	208	215
货物周转量总计(万吨公里)	**Total Freight Ton-kilometers (10 000 ton-km)**	**5362693**	**4594935**	**5162956**	**4549272**	**4850751**	**5290860**
铁路	Railways	2466199	2476842	2727096	2234468	2397600	2660328
公路	Highways	2810000	2027634	2343632	2221300	2360400	2534297
民用航空	Civil Aviation	792	1122	1206	1231	1338	1655
管道(输油管道)	Petroleum Pipeline	85702	89337	91022	92273	91413	94580
民用汽车拥有量 （辆）	**Possession of Civil Motor Vehicles (units)**	**517269**	**611681**	**706699**	**794476**	**896124**	**1001025**
载客汽车	Passenger Vehicles	366536	452810	542585	631616	729042	825561
载货汽车	Trucks	117733	127864	138219	142446	149421	161715
普通载货汽车	Ordinary Trucks	82970	91140	97788	101740	106328	113562
#私人汽车	Private Vehicles	383271	469563	558984	643629	739024	829005

注：1.从2007年起铁路为境内统计数，2006年之前为铁路部门管理辖区数。
2.民用车辆数据由省车辆管理部门提供。
3.根据交通运输部要求，省交通厅对2015年公路运输量数据按照2015年小样本抽样调查结果进行了调整。
a)Data about railway are cisborder since 2007, 2006 and before they are data of management popedom of railway department.
b)Data of civil motor vehicles is provided by the provincial vehicle management department.
c)Data on Highways traffic in 2015 were adjusted for the 2015 small sample survey According to the requirements of the Ministry of transport by Bureau of Transport of Qinghai province.

15-2 主要年份客运量

Passenger Traffic in Main Years

单位：万人、万人公里 (10 000 persons,10 000 passenger-km)

年 份 Year	客运量 合 计 Total Passenger Traffic	铁 路 Railways	公 路 Highways	民用航空 Civil Aviation	水路 Waterways	旅客周转量 合 计 Total Passener-Kilometers	铁 路 Railways	公 路 Highways	民用航空 Civil Aviation	水路 Waterways
1978	328	170	158			103241	85259	17982		
1985	1288	295	993			127647	73123	54524		
1990	1843	209	1634			153736	61220	92411	105	
1991	1899	196	1703			154238	55314	98817	107	
1992	2010	197	1812	1		161839	54785	105760	1294	
1993	2227	208	2017	2		186261	59608	123432	3221	
1994	2292	217	2073	2		193057	62980	126527	3550	
1995	2388	220	2165	3		198391	64027	129270	5094	
1996	2690	185	2500	5		205356	53923	144088	7345	
1997	2885	200	2680	5		220469	59275	153000	8194	
1998	3157	261	2889	7		245574	73025	161569	10980	
1999	3359	297	3055	7		275227	93634	171219	10374	
2000	3612	352	3250	10		312497	115090	182000	15407	
2001	3832	392	3428	12		347706	133605	195930	18171	
2002	4007	436	3556	15		372837	150444	200720	21673	
2003	4324	408	3900	16		407362	163987	220000	23375	
2004	4601	386	4193	22		451229	186281	232035	32913	
2005	4920	368	4525	27		472389	186922	246556	38911	
2006	5310	411	4861	38		598831	283518	262333	52980	
2007	5655	393	5218	44		744085	386640	293940	63505	
2008	9447	404	8996	47		826430	332583	424611	69236	
2009	10101	430	9603	68		955376	398742	455610	101024	
2010	10997	474	10439	85		1072054	446155	502093	123806	
2011	11972	520	11308	102	42	1205720	497642	556426	151096	556
2012	12830	544	12100	138	48	1302492	505492	595000	201349	651
2013	4957	592	4140	167	58	1199090	548882	403349	246116	742
2014	5643	615	4769	199	60	1324986	563086	465045	296093	762
2015	5825	936	4595	224	70	1506906	744449	446500	315100	857
2016	6201	994	4873	268	66	1602593	775300	475000	351500	793
2017	6603	1134	5070	329	70	1790854	869476	497684	422832	862

15-3 主要年份货运量

Freight Traffic in Main Years

单位：万吨、万吨公里 (10 000 tons,10 000 ton-km)

年 份 Year	货运量 合 计 Total Freight Traffic	铁 路 Railways	公 路 Highways	民用航空 Civil Aviation	管 道 输油量 Petroleum and Gas Pipelines	货 物 周转量 合 计 Total Freight Ton-Kilometers	铁 路 Railways	公 路 Highways	民用航空 Civil Aviation	管 道 输油量 Petroleum and Gas Pipelines
1952	3		3			553		553		
1978	1326	546	780			321164	274437	46727		
1985	2033	334	1699			244198	141109	103089		
1990	2434	454	1957		23	498544	298810	187665	3	10066
1991	2998	502	2413	…	83	565197	329657	199435	2	36103
1992	3071	518	2471	…	82	559774	317891	205994	15	35670
1993	3127	550	2533	…	89	578134	327642	211633	35	38824
1994	3328	538	2694	…	96	613271	335860	235274	41	42096
1995	3529	532	2887	…	110	664296	367320	248815	57	48104
1996	3909	535	3247	…	127	702042	357686	289646	86	54624
1997	4180	585	3450	…	145	760636	390821	306500	99	63216
1998	4502	590	3743	…	169	816028	409500	333172	101	73255
1999	4654	607	3865	…	182	883310	459448	344629	93	79140
2000	5076	833	4050	…	193	957168	507030	366000	140	83998
2001	5456	957	4305	…	194	1067872	598885	384419	178	84390
2002	5652	1000	4450	0.10	202	1120184	694370	397538	189	88087
2003	6189	1092	4890	0.15	207	1337595	814313	433000	237	90045
2004	6656	1308	5136	0.23	212	1394733	848590	453129	385	92629
2005	7152	1453	5491	0.33	208	1562445	987866	482660	563	91356
2006	7641	1572	5864	0.50	205	1549176	944456	514149	743	89828
2007	8260	1772	6280	0.50	207	1851758	1207432	552563	811	90952
2008	9318	2310	6805	0.60	202	3433354	1485024	1866003	1016	81311
2009	10057	2702	7173	0.64	182	3722543	1654897	1986737	1090	79819
2010	11426	3286	7962	0.47	178	4275704	1922024	2274730	645	78304
2011	12772	3634	8952	0.35	185	4945713	2283398	2580397	571	81347
2012	13680	3784	9700	0.50	195	5362693	2466199	2810000	792	85702
2013	13576	3783	9588	0.74	204	4594935	2476842	2027634	1122	89337
2014	14846	3608	11030	0.72	207	5162956	2727096	2343632	1206	91022
2015	16173	2729	13233	0.86	210	4549272	2234468	2221300	1231	92273
2016	17090	2834	14047	0.99	208	4850751	2397600	2360400	1338	91413
2017	18140	3052	14871	1.27	215	5290860	2660328	2534297	1655	94580

15-4 2015-2017年民用汽车拥有量
Possession of Civil Vehicles(2015-2017)

单位：辆 (unit)

指标	Item	2015	新注册 New Registrations	私人 Private	2016	新注册 New Registrations	私人 Private	2017	新注册 New Registrations	私人 Private
民用汽车合计	**Total**	**794476**	**109735**	**643629**	**896124**	**122050**	**739024**	**1001025**	**123790**	**829005**
载客汽车	Passenger Vehicles	631616	94227	527914	729042	103748	620493	825561	102412	706821
大型	Large	7116	621	88	7967	1170	81	8395	891	65
中型	Medium	5419	376	1142	5641	576	1135	5706	379	1062
小型	Small	612177	93059	521330	709291	101942	614618	805934	101133	701677
微型	Minicar	6904	171	5354	6143	60	4659	5526	9	4017
#轿车	Car	388552	51733	334772	439475	52895	382590	485541	48892	421469
载货汽车	Trucks	142446	14440	100563	149421	16929	106243	161715	20310	113904
重型	Heavy	25896	1579	9199	26941	1858	9686	29831	3625	10566
中型	Medium	7693	284	5555	7527	344	5376	7597	309	5354
轻型	Light	108489	12577	85534	114696	14726	90985	124106	16376	97839
微型	Mini	368		275	257	1	196	181		145
#普通载货	Ordinary Trucks	101740	11049	80299	106328	12493	84754	113562	13900	90589
其他汽车	Others	20414	1068	15152	17661	1373	12288	13749	1068	8280
摩托车	**Motorcycle**	**47395**	**2081**	**46772**	**38505**	**1847**	**38003**	**49215**	**1837**	**48453**
普通	General	47220	2074	46601	38384	1846	37882	49066	1836	48306
轻便	Light	175	7	171	121	1	121	149	1	147
农用运输车	**Farm Vehicles**	**20414**	**1068**	**15152**	**17661**	**1373**	**12288**	**13749**	**1068**	**8280**
三轮汽车	Tri-wheel Vehicle	8530	487	8477	6583	548	6532	3312	354	3274
低速货车	Low-speed Vehicle	4147	21	3956	3003	30	2853	1990	1	1884
拖拉机	**Tractors**	**273104**	**2290**	**273104**	**275729**	**2089**	**275729**	**270440**	**626**	**270440**
大中型	Large and Medium	16927	1151	16927	17808	881	17808	18434	626	18434
小型	Small	256177	1139	256177	257921	1208	257921	252006		252006
挂车	**Trailers**	**6046**	**724**	**1431**	**6982**	**1194**	**1771**	**9077**	**2331**	**2475**
其他类型车	**Other Vehicles**	**13**			**11**			**8**		

补充资料：1.2013年机动车驾驶员909583人,其中汽车驾驶员882715人。
2.2014年机动车驾驶员1301410人，其中汽车驾驶员990837人。
3.2015年机动车驾驶员1319052人，其中汽车驾驶员1130421人。
4.2016年机动车驾驶员1434199人，其中汽车驾驶员1254031人。
5.2017年机动车驾驶员1535165人，其中汽车驾驶员1364644人。

a)909 583 Motor Vehicle drivers in 2013, of whom 882 715 were Automobile drivers.
b)1 301 410 Motor Vehicle drivers in 2014, of whom 990 837 were Automobile drivers.
c)1 319 052 Motor Vehicle drivers in 2015, of whom 1 130 421 were Automobile drivers.
d)1 434 199 Motor Vehicle drivers in 2016, of whom 1 254 031 were Automobile drivers.
e)1 535 165 Motor Vehicle drivers in 2017, of whom 1 364 644 were Automobile drivers.

15-5 主要年份铁路、公路、民航里程年末达到数

Total Length of Routes of Railway, Highway, Civil Aviation at Year-end in Main Years

单位：公里、公里/万平方公里 (km,km/10000 sq.km)

年 份 Year	铁 路 Railways		公 路 Highways								民用航空航线里程 Length of Civil Aviation Routes
	营业里程 Length of Railways in Operation	线路密度 Railway Density	通车里程 Length of Highways	线路密度 Highway Density	有路面里程 Length of Railways with Road Surface	高级 Hihgways	等级路合计 Expressway and Class I to IV Highways	高速 Express way	一、二级 First and Second Class	等外路 Highways Below Class IV	
1965	198	2.75	11981	166.40	6643	182					1949
1970	409	5.68	12584	174.78	7244	367					1949
1975	497	6.90	12979	180.26	9141	1268					4893
1978	503	6.99	13675	189.93	9837	1958					4893
1980	505	7.01	15497	215.24	11624	2105					4251
1985	1095	15.21	15933	221.29	12252	2939					4972
1990	1095	15.21	16732	232.39	14212	3408	11974		1156	4758	4972
1991	1095	15.21	16769	232.90	14249	3435	12026		1156	4743	4748
1992	1100	15.28	16854	234.08	14334	3617	12151		1202	4703	4892
1993	1097	15.24	16963	235.60	14491	3640	12354		1202	4609	5942
1994	1097	15.24	17089	237.35	14646	3911	12509		1202	4552	5942
1995	1100	15.28	17223	239.21	14887	4028	12734		1202	4462	8869
1996	1100	15.28	17383	241.43	15047	4284	13056		1202	7327	11442
1997	1100	15.28	17640	245.00	15451	4494	13485		1236	4155	14700
1998	1100	15.28	17936	249.11	15866	4818	14024		1306	3912	14700
1999	1100	15.28	18268	253.72	16252	5191	14549		1412	3719	14700
2000	1100	15.28	18679	259.43	16713	5313	15178		1837	3501	16490
2001	1100	15.28	23328	315.24	19849	6452	17424	26	2544	5904	27636
2002	1100	15.28	24003	333.38	20868	7910	18484	35	3084	5519	31413
2003	1097	15.24	24377	338.57	21278	8745	21568	118	3449	2809	23423
2004	1097	15.24	28059	389.70	25032	10420	25322	171	3697	2737	20855
2005	1097	15.24	29719	412.76	26692	11787	26811	171	4146	2737	21458
2006	1651	22.92	47726	662.59	13371	9235	24638	171	4180	23088	23996
2007	1651	22.92	52625	730.60	16019	11361	30636	215	5045	21990	33264
2008	1651	22.92	56642	783.88	17331	12085	32649	215	5190	23994	32149
2009	1651	22.92	60136	835.22	18961	13704	39727	217	5410	20409	31562
2010	1651	22.92	62185	862.24	19594	14052	47604	235	5560	14582	32602
2011	1856	25.78	64280	891.30	22497	17268	49972	1133	5601	14309	37612
2012	1856	25.78	65988	915.00	25858	20755	52060	1148	6354	13927	50273
2013	1856	25.78	70117	972.22	29865	24740	57069	1228	6438	13048	62820
2014	2074	28.81	72703	1008.09	33147	28620	60806	1719	6817	11897	92536
2015	2274	31.54	75593	1048.15	37877	33290	64640	2662	7446	10952	92689
2016	2299	31.88	78585	1089.64	38653	34128	69956	2878	7680	8629	120057
2017	2299	31.88	80895	1121.67	39768	35338	68470	3223	8202	12425	124969

注：1.2006年交通部门对公路进行了普查，将乡村公路列入了等外公路。
2.2011年铁路营业里程含哈木铁路194.6公里。
3.2014年12月25日，兰新客运专线开通运营，线路营业里程218公里。

a) Department of Transportation carried out a general survey on the highway in 2006, rural roads were included in below Class Ⅳ.
b)The length of railways in operation of 2011 included 194.6 km of Haergai-Muli railway.
c)Lanzhou passenger dedicated line operated in december 25, 2014, whose operating mileage is 218 km.

15−6　主要年份邮电业务通信水平

指　　标	Item	2010
邮政通信水平	**Postal Services Available**	
平均每一邮政局所服务面积(平方公里)	Average Area Served by Every Postal Office (sq.km)	3767
平均每一邮政局所服务人口　(万人)	Average People Served by Every Postal Office (10 000 persons)	3.11
平均每人每年发函件数　(件)	Annual Average Number of Letters Mail per Capita (piece)	1.01
平均每百人每年订报刊数　(份)	Annual Average Number of Newspaper and Magazine Subscribed per 100 Persons(piece)	8.72
设有邮政局、所的乡(镇)比重　(%)	Percentage of Townships with Postal Offices (%)	28.42
已通邮的行政村比重　(%)	Percentage of Administrative Village with Posts (%)	73.76
电信通信水平	**Telecommunication Services Available**	
电话普及率 (包括移动电话)(部/百人)	Popularization Rate of Telephone (Include Mobile Telephone) (sets/100 persons)	89.90
农村固定电话普及率	Popularization Rate of Telephone in Rural Area	3.98
移动电话普及率　(部/百人)	Popularization Rate of Mobile Telephone (sets/100 persons)	70.70
每千人拥有公用电话数　(部)	Public Telephone owned Per 1 000 Persons (sets)	11.00
已通电话的行政村比重　(%)	Percentage of Administrative Village with Telephone (%)	100.0

注：邮电数据分别由省邮政管理局、省通信管理局提供。

Communication Level of Postal and Telecommunication Services in Main Years

2011	2012	2013	2014	2015	2016	2017
3860.00	3818.00	3756.00	1691.00	1581.00	1579.00	1575.49
3.24	3.33	3.23	1.37	1.29	1.30	1.31
0.93	1.00	1.00	1.00	0.63	1.00	0.81
8.27	8.17	7.23	8.00	8.60	3.00	8.02
28.42	27.87	27.52	86.00	99.45	100.00	100.00
73.61	73.65	73.56	92.47	92.73	92.73	93.00
100.60	112.60	112.40	111.48	106.09	108.15	119.92
3.50	5.53	4.10	4.60	4.30	4.41	4.21
82.10	94.50	94.60	94.15	88.71	91.73	102.09
10.10	9.80	8.17	7.96	6.56	5.40	4.69
100.00	100.00	100.00	100.00	100.00	100.00	100.00

a)Postal data are from Qinghai Provincial Postal Administration.

15-7 1985-2017年邮电业务情况

年 份 Year	邮电业务总量（万元） Business Volume of Postal and Telecommunication Services (10 000 yuan)	邮政业务总量 Business Volume of Postal Services	电信业务总量 Business Volume of Telecommunication Services	函件（万件） Number of Letters (10 000 pcs)	特快专递（万件） Pieces of Express Mail Services (10 000 pcs)	报刊期发数（万份） Issue of Newspapers and Magazines (10 000 copies)	集邮业务（万枚） Stamps for Collection (10 000 pcs)	固定互联网用户（万户） Number of Fixed Internet Users (10 000 subscribers)
1985				2344		154		
1986	1866			2607		151		
1987	2023			2829		150		
1988	2480			3222		147		
1989	3020			3221		81		
1990	3457			2778		70		
1991	6223			2074		69		
1992	7510			2186		74		
1993	9541			2864		79		
1994	11592			3389		114		
1995	15595			3354		262		
1996	23901			3156		80		
1997	32718			2664		75		
1998	47018			2966		74		
1999	67672	5212	32608	2108	12	52	1741	
2000	49181	6206	42974	2762	17	47	2361	0.90
2001	64792	14078	50714	2961	31	45		3.35
2002	199104	14728	184376	3580	40	44		5.25
2003	229811	15343	214468	3800	48	67		6.70
2004	339801	16262	323539	2836	48	75	599	8.34
2005	314330	17710	296620	1886	49	51	490	12.72
2006	396898	20229	376669	981	55	49	591	14.42
2007	537416	20956	516460	627	65	42	592	16.20
2008	699514	22514	677000	566	78	47	720	22.52
2009	916651	26651	890000	440	101	37	740	28.38
2010	1221325	23325	1198000	472	112	47	720	35.31
2011	479943	22943	457000	430	123	48	909	42.10
2012	569083	25083	544000	533	126	48	822	50.50
2013	602757	26057	576700	412	128	44	802	55.50
2014	802792	35355	767437	405	142	48	764	62.20
2015	1054328	37264	1017064	371	63	51	828	83.07
2016		48320	666048	321	76	27	849	100.52
2017		60114	1615898	483	90	48	679	121.10

注：1.电信业务总量1985—1989年按1980年不变价格计算,1990—2000年的业务总量按1990年不变价格计算,2001年后的业务量按2000年不变价格计算,2011年以后按2010年不变价格计算，2016年及以后按2015年不变价格计算。2002—2004年数据中含铁通、网通业务量。
2.邮政数据由省邮政管理局提供；集邮数据由省邮政公司提供。
3.邮政业务总量2011年以后按2010年不变价格计算。

Basic Conditions of Postal and Telecommunication Services(1985－2017)

移动电话年末用户（万户）Number of Mobile Telephone Subscribers at Year-end (10 000 subscribers)	固定电话年末用户（万户）Number of Subscribers of Fixed Telephone at Year-end (10 000 subscribers)	城市电话用户 Number of Urban Fixed Telephone Subscribers	住宅电话 Household Fixed Telephone Subscribers	乡村电话用户 Rural Fixed Telephone Subscribers	住宅电话 Household Fixed Telephone Subscribers	公用电话（万户）Public Telephone (10 000 subscribers)	邮政局所（处）Number of Postal Offices (unit)	信筒信箱（个）Number of Post Boxes (unit)	邮路总长度（公里）Length of Postal Routes (km)	农村投递线路（公里）Rural Delivery Routes (km)
	2.22	1.50		0.72		0.01				
	2.50	1.66		0.84						
	2.83	1.86		0.97						
	3.15	2.04	0.03	1.10		0.02				
	2.43	2.19	0.10	0.24		0.02				
	2.74	2.49	0.12	0.25		0.02				
	2.91	2.73	0.35	0.17		0.03				
	3.45	3.29	0.57	0.16		0.03				
	4.31	4.13	1.38	0.18	0.02	0.04				
0.16	5.38	5.39	2.31	0.22		0.05				
0.26	9.40	9.12	5.61	0.28	0.08	0.15				
0.65	13.84	13.43	9.18	0.41	0.17	0.24	521	717	22431	11601
1.41	17.57	17.10	12.55	0.47	0.25	0.49	217		21994	
3.53	21.56	20.80	16.03	0.77	0.57	0.61	292	705	20683	12619
6.59	27.55	26.14	20.08	1.41	1.03	0.83	208	663	25488	11596
21.07	36.87	34.35	27.68	2.51	2.13	1.09	201	574	26978	11563
42.10	46.81	42.52	34.72	4.29	3.75	1.33	198	576	28090	12081
77.14	57.92	50.21	38.52	7.67	7.12	1.53	220	598	35351	12737
100.36	76.42	64.91	51.87	11.51	10.94	3.23	210	600	24107	12728
117.73	94.35	77.66	56.91	16.69	15.16	5.60	211	601	24101	13138
121.36	113.50	92.90	65.70	20.60	18.50	6.80	219	571	23721	14278
172.20	126.30	99.50	68.40	25.90	23.70	7.60	233	584	20680	14207
222.00	123.00	96.00	65.00	27.00	25.00	7.60	245	593	24587	12526
247.20	119.40	92.50	62.40	27.00	24.50	7.30	288	457	24508	12740
310.70	109.30	84.10	50.10	25.20	22.20	6.75	185	426	33586	11981
397.80	103.20	80.80	48.80	22.40	19.90	6.19	185	360	43484	10451
461.80	104.20	84.60	50.05	19.60	17.20	5.70	180	349	48841	4987
537.20	102.50	85.60	50.60	16.90	14.50	5.60	183	354	88855	5517
542.40	101.80	86.60	46.10	15.20	12.40	4.68	186	325	64969	5291
543.99	100.15	86.48	46.14	13.67	10.73	4.61	427	322	58428	6770
517.53	101.42	88.77	45.13	12.65	10.51	3.83	457	351	33661	34993
539.76	102.07	89.18	50.30	12.90	10.81	3.18	455	351	95136	35253
610.88	106.69	94.88	52.83	11.81	9.83	2.81	457	345	86279	35626

a)Data in 1985-1989 of business volume of Telecommunication Services were calculated at 1980 prices, that in 1990-2000 were calculated at 1990 constant prices, and since 2001 that were calculated at 2000 constant prices, since 2011 that were calculated at 2010 constant prices,and since 2016 that were calculated at 2015 constant prices. Data in 2002-2004 contained business volume of China Tietong and China Netcom.

b)Postal data are from Qinghai Provincial Postal Administration. Stamps for collection data are from Qinghai Post.

c)Data of business volume of Postal Services were calculated at 2010 constant prices since 2011.

15-8 各地区邮政行业业务总量基本情况(2017年)
Basic Conditions of Postal Services by Region(2017)

地 区	Region	邮政行业业务总量(万元)（2010年价格） Business Volume of Postal Services (2010 price) (10 000 yuan)	国内 Domestic	国际 Internatonal
总计	Total	60114.09	60068.86	45.23
西宁市	Xining City	38094.58	38055.14	39.44
海东市	Haidong City	6135.62	6135.44	0.18
海北州	Haibei Zang A.P	1667.83	1667.73	0.10
黄南州	Huangnan Zang A.P	1070.70	1070.03	0.67
海南州	Hainan Zang A.P	1987.62	1986.78	0.84
果洛州	Golog Zang A.P	1063.12	1063.05	0.07
玉树州	Yushu Zang A.P	1898.68	1896.81	1.87
海西州	Haixi Mongolian & Zang A.P	8195.94	8193.88	2.06

注：本表数据来源于青海省邮政管理局。
a)Data in this table are from Qinghai Provincial Postal Administration.

15-9 各地区电话及互联网用户(2017年)

Telephone and Internet Subscribers by Region(2017)

地 区 Region	固定电话用户(户) Number of Fixed Telephone Subscribers (subscribers)	固定电话普及率(部/百人) Popularization Rate of Fixed Telephone (sets/100 persons)	移动电话用户(户) Number of Mobile Telephone Subscribers (subscribers)	移动电话普及率(部/百人) Popularization Rate of Mobile Telephone (sets/100 persons)	固定互联网宽带接入用户(户) Subscriber with Fixed Internet Broadband Access (subscribers)
总计 Total	**1066922**	**17.83**	**6108796**	**102.09**	**1201494**
西宁市 Xining City	627695	26.65	2797354	118.78	659427
海东市 Haidong City	142560	9.69	1246803	84.77	156167
海北州 Haibei Zang A.P	37770	13.35	279507	98.77	58461
黄南州 Huangnan Zang A.P	18247	6.65	244978	89.34	39970
海南州 Hainan Zang A.P	53670	11.36	441392	93.44	66795
果洛州 Golog Zang A.P	15236	7.48	170108	83.51	23710
玉树州 Yushu Zang A.P	30914	7.55	292364	71.40	41149
海西州 Haixi Mongolian & Zang A.P	140830	27.34	636290	123.50	155815

15-10 电信服务水平(2017年)

Telecommunication Services Level(2017)

指 标	Item	数量 Amount	占全省比重% Percentage of Provincial Total (%)
已通电话的行政村 (个)	Number of Administrative Villages with Telephone (unit)	4158	100
已通电话的自然村 (个)	Number of Natural Villages with Telephone (unit)	9375	95.3
3G网络覆盖的(县)市 (个)	Number of Cities and Counties Covered by 3G Network (unit)	46	100
3G网络覆盖的乡(镇) (个)	Number of Townships and Towns Covered by 3G Network (unit)	366	100
4G网络覆盖的(县)市 (个)	Number of Cities and Counties Covered by 4G Network (unit)	36	78.26
4G网络覆盖的乡(镇) (个)	Number of Townships and Towns Covered by 4G Network (unit)	293	80.05
互联网宽带接入普及率 (%)	Popularization Rate of Internet by Broadband (%)	20.6	
其中：城市互联网宽带接入普及率	Popularization Rate of Internet by Broadband of Urban Area	44.0	
农村互联网宽带接入普及率	Popularization Rate of Internet by Broadband of Rural Area	4.1	
家庭互联网宽带接入普及率 (%)	Popularization Rate of Household Internet by Broadband (%)	51.0	
互联网宽带接入通达的乡(镇) (个)	Number of Townships and Towns with Access to the Internet by Broadband (unit)	366	100
互联网宽带接入通达的行政村 (个)	Number of Administrative Villages with Access to the Internet by Broadband(unit)	3995	96.07

注：家庭互联网宽带接入普及率采用户籍人口统计数。

a)The popularization rate of household internet by broadband is by household registration statistics.

主要统计指标解释

铁路营业里程 又称营业长度（包括正式营业和临时营业里程），指办理客货运输业务的铁路正线总长度。凡是全线或部分建成双线及以上的线路，以第一线的实际长度计算；复线、站线、段管线、岔线和特殊用途线以及不计算运费的联络线都不计算营业里程。该指标可以反映铁路运输业基础设施的发展水平，也是计算客货周转量、运输密度和机车车辆运用效率等指标的基础资料。

铁路电气化里程 指在全部铁路营业里程中已安装了供电线路及设备，可以供电力机车牵引列车运行的区段的总里程。

公路里程 指在一定时期内实际达到《公路工程技术标准 JTJ01－88》规定的等级公路，并经公路主管部门正式验收交付使用的公路里程数。包括大中城市的郊区公路以及通过小城镇街道部分的公路里程和桥梁、渡口的长度，不包括大中城市的街道、厂矿、林区生产用道和农业生产用道的里程。两条或多条公路共同经由同一路段，只计算一次，不得重复计算里程长度。该指标可以反映公路建设的发展规模，也是计算运输网密度等指标的基础资料。

民用航空航线里程 指统计期间内全部民用航空航线的航线总长度。航线长度指民用航空航线的计费距离。计算航线里程可按重复和不重复两种方法，前者是指各航线长度相加的总和；后者则要扣除各航线之间相同航段重复计算的部分。

输油（气）管道长度 也称输油（气）里程，指油品（或天然气）的实际输送距离，一般按输油（气）管道的单线长度计算。若包括复线和备用线长度则称为输油（气）管道延展长度，是指管道铺设的实际长度。我们通常使用的是不包括复线的“输油（气）管道里程”，该指标可以反映管道运输的发展规模和水平。

货（客）运量 指在一定时期内，各种运输工具实际运送的货物（旅客）数量。该指标是反映运输业为国民经济和人民生活服务的数量指标，也是制定和检查运输生产计划、研究运输发展规模和速度的重要指标。货运按吨计算，客运按人计算。货物不论运输距离长短、货物类别，均按实际重量统计。旅客不论行程远近或票价多少，均按一人一次客运量统计；半价票、小孩票也按一人统计。

货（客）运密度 指在一定时期内某种运输方式在营运线路的某一区段平均每公里线路通过的货物（旅客）运输周转量。计算公式为：

$$货（客）运密度=\frac{货物（旅客）周转量}{营业线路长度}$$

该指标可以反映交通运输线路上的货物（旅客）运输量运输繁忙程度，是平衡运输线路运输能力和通过能力，规划线路建设及改造、配备技术设备，研究运输网布局的重要依据。

货物（旅客）周转量 指在一定时期内，由各种运输工具运送的货物（旅客）数量与其相应运输距离的乘积之总和。该指标可以反映运输业生产的总成果，也是编制和检查运输生产计划，计算运输效率、劳动生产率以及核算运输单位成本的主要基础资料。计算货物周转量通常按发出站与到达站之间的最短距离，也就是计费距离计算。计算公式为：

货物（旅客）周转量 = ∑（货物（旅客）运输量 × 运输距离）

民用汽车拥有量 指报告期末，在公安交通管理部门按照《机动车注册登记工作规范》，已注册登记领有民用车辆牌照的全部汽车数量。汽车拥有量统计的主要分类：根据汽车结构分为载客汽车、载货汽车及其他汽车；根据汽车所有者不同分为个人（私人）汽车、单位汽车；根据汽车的使用性质分为营运汽车、非营运汽车；根据汽车大小规格不同载客汽车分为大型、中型、小型和微型，载货汽车分为重型、中型、轻型和微型。

邮电业务总量 指以货币形式表示的邮电企业为社会提供各类邮电服务的总数量，是用于观察邮电业务发展变化总趋势的综合性总量指标。分别按邮政业务总量和电信业务总量统计。邮电业务总量是以各类业务的实物量分别乘以相应的不变单价，得出各类业务的货币量再加总求得。

移动电话用户 指在电信运营企业营业网点办理开户登记手续，通过移动电话交换机进入移动电话网，占用移动电话号码的各类电话用户。包括 GSM 数字移动电话用户、CDMA 数字移动电话用户和电信运营企业发行的报告期末已激活充值的能异地漫游的各种智能卡用户。

互联网上网人数 指平均每周使用互联网至少 1 小时的 6 周岁以上中国公民人数。

固定电话用户 指在电信运营企业营业网点办理开户登记手续并已接入固定电话网上的全部电话用户。包括普通电话用户、公用电话用户、窄带综合业务数字网（N－ISDN）用户、智能网专用接入终端用户等。按行政区划分为城市电话用户和农村电话用户。

城市电话用户 指直辖市、省辖市、地级市、县级市的市区、市郊区及县城范围内接入局用交换机的电话用户。包括分布在农村地区县团级以上建制的独立工矿区、林区、驻军等电话用户。

农村电话用户 指县城关区以下的集镇和农村接入局用交换机的电话用户。

住宅电话用户 指安装在居民住宅或农民家里并按照住宅电话用户登记注册和收费的各类电话用户。包括私人付费、单位付费和按规定免费安装的住宅电话用户。

长途电话交换机容量 指用于接入长途电话网的电话交换机的设备额定容量，包括国际电话交换机容量。

局用交换机容量 指安装在电信运营企业内用于接续本地固定电话的电话交换机容量，有倍增设备按倍增后的数量计数。包括现用和备用的人工或自动交换机的全部容量。不包括用户交换机容量。

移动电话交换机容量 指移动电话交换机根据一定话务模型和交换机处理能力计算出来的最大同时服务用户的数量。

Explanatory Notes on Main Statistical Indicators

Length of Railways in Operation refers to the total length of the trunk line for passenger and freight transportation (including both full operation and temporary operation). The calculation is based on the actual length of the first line if this line has a full or partial double (or more). Not included are double tracks, station sidings, tracks under the charge of stations, branch lines, special - purpose lines and non - payable connecting lines. The length of railways in operation is an important indicator to show the development of the infrastructure of railway transport. It is also essential data to calculate volume of passenger freight transport, traffic density and utilization efficiency of locomotives and carriages.

Length of Electrified Railways refers to the length of the section of railways in operation in which the power supply lines and other equipment are installed for the running of electrified locomotives. The proportion of the length of electrified railways to the total length of railways in operation is an important indicator to show the modernization of railways.

Length of Highways refers to the length of highways which are built in conformity with the grades specified by the highway engineering standard [Highways WTBZ - Technical Standard JTJ01 - 88] formulated by the Ministry of Transport, and have been formally checked and accepted by the departments of highways and put into use. The length of highways includes that of the suburb highways at large and medium - sized cities, highways passing through streets at small cities and towns, and also the length of bridges and ferry piers. It does not include the length of streets in big and medium - sized cities and highways built for the production purpose at factories, mines, forest areas and agricultural areas. If two or more highways go the same section of the way, the length of the section is only calculated for once and no duplication is allowed. The length of highways is an indicator to show the development of the scale of highway construction and to provide essential information to calculate the transport network density.

Length of Civil Aviation Routes refers to the length of all routes for civil aviation flights, which is used to account the freight, during the period of statistics.. There are usually two ways to calculate the route length: duplicated calculation and non - duplicated calculation, the former is the sum of length of all civil aviation routes, and the latter should deduct the duplication length of same route among all routes.

Length of Oil (Gas) Pipelines is used as an indicator to show the development, scale and level of the pipeline transportation. It refers to the actual transport distance of oil (or gas) products, and is in general calculated according to the length of single pipeline. If the length of the double pipelines and alternate pipeline are included, it is called the extension length of the oil (gas) pipelines, which indicates the actual length of the pipelines built. The commonly used indicator, the "length of oil (gas)" pipelines, does not include the double pipelines. It can reflect the extent and level of development of pipeline transport.

Freight (Passenger) Traffic refers to the volume of freight (passenger) transported with various means within a specific period of time. This indicator reflects the service of the transport industry towards the national economy and people's living conditions, as well as an important indicator used in formulating and monitoring transport production plans and research into the scale and pace of transport development. Freight transport is calculated in tons and passenger traffic is calculated in terms of number of persons. Freight transport is calculated in terms of the actual weight of the goods and takes no account of the type of freight and distance of travel. Passenger traffic is calculated by the principle that one person can be counted only once in one trip and takes no account of the travelling distance and ticket price. The passengers who travel with a half price ticket or a child's ticket is also calculated as one person.

Freight (Passenger) Traffic Density refers to the freight (passenger) traffic volume carried by a particular means of transportation during a given period through one kilometre of a specific section of transportation route. The formula is as follows:

$$\text{Freight (Passenger) traffic density} = \frac{\text{freight ton - kilometres (passenger - kilometres)}}{\text{length of route in operation}}$$

Freight (passenger) traffic density reflects how busy freight (passenger) traffic is on transportation routes. It provides an important basis for balancing transport capability and throughput capability, planning construction and upgrading of transport routes, installing technical facilities and studying the distribution of transport networks.

Freight Ton - kilometres (Passenger - kilometres) refers to the sum of the product of the volume of transported cargo (passengers) multiplied by the transport distance. It is an important indicator to reflect the achievement of the transportation industry. This is an important indicator to show the total results of the transport industry; to prepare and examine the transport plan; and to serve as the main basic data for calculating the efficiency, labour productivity and unit cost of transport. Normally, the shortest distance between the departure station and the destination station (i. e. , the payable distance) is the basis in calculating the freight ton - kilometres. The formula is as follows:

$$\text{Freight ton - kilometres (passenger - kilometres)} = \sum \text{freight (passenger) traffic} \times \text{distance of transportation}$$

Possession of Civil Motor Vehicles refer to the total numbers of vehicles that are registered and received vehicles license tags according to the Work Standard for Motor Vehicles Registration formulated by the Transport Management Office under the department of public security at the end of the reference period. They are divided into categories. According to the structure of motor vehicles, they are divided into passenger vehicles, trucks and others; according to ownership into private vehicles and vehicles for the unit's use; according to kind of usage into working vehicles and non – working vehicles; and according to size of vehicles into large passenger vehicles, medium – sized passenger vehicles, small passenger vehicles and mini passenger vehicles, heavy trucks, light – heavy trucks, light trucks and mini – trucks.

Business Volume of Post and Telecommunications refers to the total amount of postal and telecommunication services, expressed in value terms, provided by the post and telecommunications departments for society. This indicator reflects the overall results of development of postal and telecommunication services. It can be classificated as postal services and telecommunication services. Business volume of post and telecommunications is the sum of all services in kind multiplying with the unit price (constant price) to get the total business value.

Mobile Telephone Subscribers refer to persons who have gone through registration procedures in the operation points of enterprises engaged in telecommunications and are hence connected with the mobile telephone communication network through the mobile telephone switchboards and occupy mobile phone numbers. Included are GSM digital mobile phone subscribers, CDMA digital mobile phone subscribers and subscribers to intelligent phone cards with roaming facility issued by telecommunications enterprises and which have been subscribed to and activated at the end of the reference period.

Internet Users refer to the number of Chinese citizens aged 6 and over who use the Internet at least for one hour each week.

Local Telephone Subscribers refer to all subscribers who have gone through registration procedures in the operation points of enterprises engaged in telecommunications and are hence connected to the local telecommunications service provider through fixed line network. Included are general subscribers, public telephones subscribers, N – ISDN subscribers and intelligent network terminal subscribers. They are also classified in terms of administrative districts as urban telephone subscribers and rural telephone subscribers according to location.

Urban Telephone Subscribers refer to the number of telephone subscribers, located at the different administrative districts of municipalities directly under the Central Government, cities under the jurisdiction of province, cities at prefecture level, downtown and suburb of city at county level town and county towns, that are connected to the public line telephone network, including rural mineral area, forest area, military area.

Rural Telephone Subscribers refer to telephone subscribers, located at the towns below the level of county town and villages that are connected to the public line telephone network.

Household Telephone Subscribers refer to telephone sets installed in the dwelling units of urban or rural residents, and registered as residence subscribers for payment, including three types of payment for the service: private payment, public payment and free service in accordance with relevant regulations.

Capacity of Long Distance Telephone Exchanges refers to the rated capacity of telephone exchanges to connect long distance telephone network, including capacity of international telephone exchanges.

Capacity of Office Telephone Exchanges refers to the capacity (measured in gate) of telephone exchanges installed in the offices of telecommunication service providers for communication between fixed telephones. It includes the capacity of both manual and automatic exchanges in use and for stand – by purpose. The capacity of subscriber exchanges is not included.

Capacity of Mobile Telephone Exchanges refers to the capacity of the maximum services provided to subscribers at any one time as computed based on a certain model of calls distribution and transacting capacity of the mobile telephone exchanges.

第 16 篇
CHAPTER 16

国内贸易
Domestic Trade

社会消费品零售总额及增速

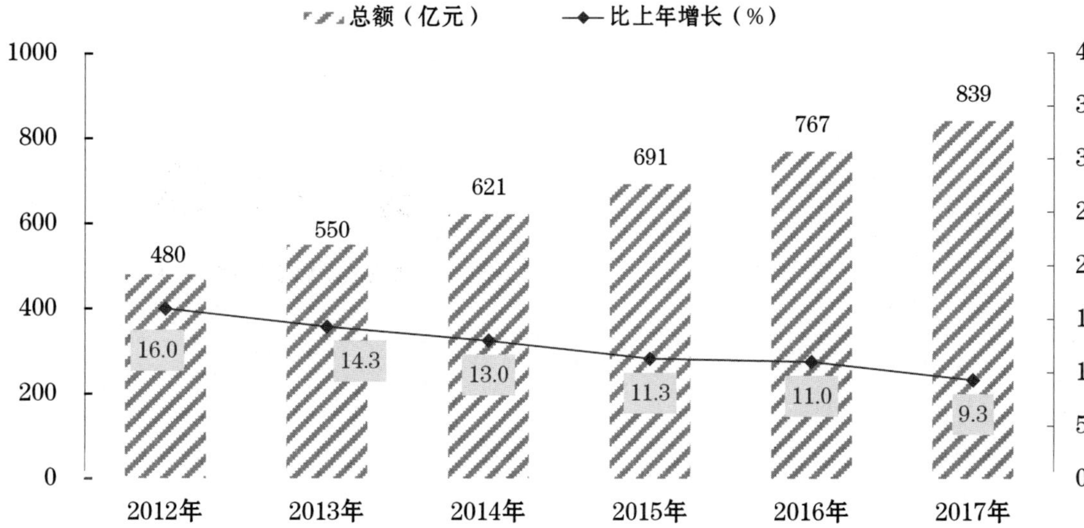

限额以上批发零售、住宿餐饮业基本情况

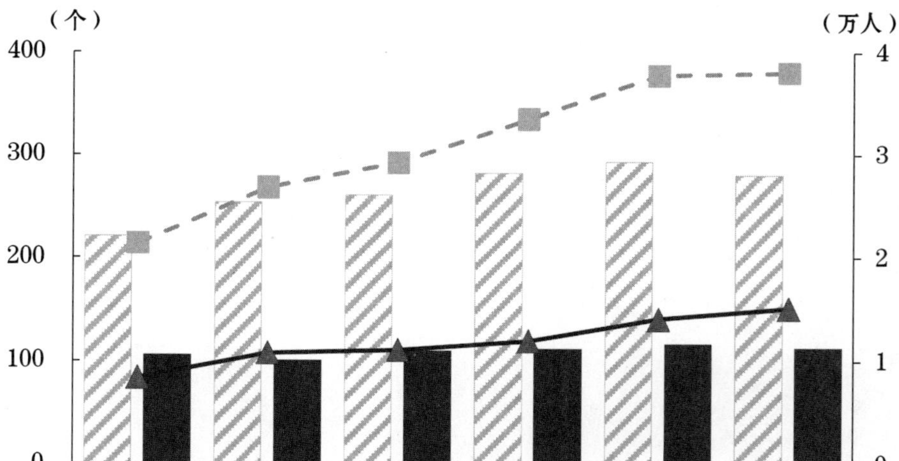

	2012年	2013年	2014年	2015年	2016年	2017年
批零企业从业人员	2.21	2.54	2.61	2.82	2.93	2.80
住餐企业从业人员	1.06	1.07	1.10	1.12	1.17	1.13
批零企业个数	214	268	292	335	377	380
住餐企业个数	84	108	111	120	141	151

16—1　2012—2017年国内贸易基本情况
Basic Statistics of Domestic Trade(2012-2017)

指　标	Item	2012	2013	2014	2015	2016	2017
法人机构　（个）	**Number of Corporation Enterprises　(unit)**	**298**	**376**	**403**	**455**	**518**	**531**
批发和零售贸易业	Wholesale and Retail Trades	214	268	292	335	377	380
住宿和餐饮业	Hotels and Catering Services	84	108	111	120	141	151
从业人员　（万人）	**Engaged Persons　(10 000 persons)**	**3.27**	**3.61**	**3.72**	**3.94**	**4.10**	**3.93**
批发和零售贸易业	Wholesale and Retail Trades	2.21	2.54	2.61	2.82	2.93	2.80
住宿和餐饮业	Hotels and Catering Services	1.06	1.07	1.10	1.12	1.17	1.13
批发和零售贸易业（亿元）	**Wholesale and Retail Trades　(100 million yuan)**						
商品购进总额	Total Purchases	963.0	1243.0	1161.1	884.3	883.9	946.0
商品销售总额	Total Sales	1080.8	1329.7	1273.0	1029.8	1136.7	1245.1
商品库存总额	Total Stocks	179.8	205.4	61.2	58.7	59.9	62.0
社会消费品零售总额	**Total Retail Sales of Consumer Goods**						
（亿元）	**(100 million yuan)**	**480.3**	**549.6**	**620.8**	**691.0**	**767.3**	**839.0**
限额以上单位零售额	Retail Sales of Enterprises above Designated Size	185.3	225.7	267.4	311.4	364.4	395.3
社会消费品零售总额增速	**Growth of Total Retail Sales of Consumer Goods**	**16.0**	**14.3**	**13.0**	**11.3**	**11.0**	**9.3**

注：1.2011—2012年社会消费品零售总额增加了“其他”零售额，即非批零住餐法人附营的限额以下产业活动单位零售额及非批零住餐法人单位消费品零售额。
2.2011—2014年社会消费品零售总额数为第三次经济普查修订数。
a) The Other Retail Sales have been increased in Total Retail Sales of Consumer Goods in 2011-2012. The Other Retail Sales refer to the retail sales of industrial activity unit below designated size attached to non-wholesale and retail trades, non-hotels and catering services legal person units. It also refer to the retail sales of Consumer Goods of non-wholesale and retail trades, non-hotels and catering services legal person units.
b)Data of Total Retail Sales of Consumer Goods in 2011-2014 have been amended based on the third economic census.

16-2 主要年份社会消费品零售总额
Total Retail Sales of Consumer Goods in Main Years

单位：万元 (10 000 yuan)

年份 地区	Year Region	社会消费品零售总额 Total Retail Sales of Consumer Goods	按销售单位所在地分 By Location 城镇 City	城区 County	乡村 Under County Level
1978		66815			
1980		82920			
1985		163903			
1990		287193			
1991		319869			
1992		352897			
1993		490480			
1994		595815			
1995		706331			
1996		763068			
1997		814859			
1998		862361			
1999		917987			
2000		1002576			
2001		1103644			
2002		1233703			
2003		1253967			
2004		1411984			
2005		1615902			
2006		1825969			
2007		2125428			
2008		2597274			
2009		3004652			
2010		3510347			
2011		4133523	3599676	277910	533847
2012		4802502	4201134	330301	601368
2013		5495816	4770290	3522396	725525
2014		6208264	5396764	3877805	811501
2015		6909798	6002201	4296608	907597
2016		7673039	6663123	3928317	1009916
2017		8390284	7280793	4271866	1109491
西宁市	Xining City	5607851	5093710	3499799	514141
海东市	Haidong City	973991	624935	53350	349056
海北州	Haibei Zang A.P	230082	193987		36095
黄南州	Huangnan Zang A.P	103745	93123	16510	10622
海南州	Hainan Zang A.P	302538	203909		98629
果洛州	Golog Zang A.P	64779	54196		10583
玉树州	Yushu Zang A.P	124572	85165	599	39407
海西州	Haixi Mongolian &Zang A.P	982726	931768	701608	50958

注：1.2010—2012年社会消费品零售总额增加了“其他”零售额，即非批零住餐法人附营的限额以下产业活动单位零售额及非批零住餐法人单位消费品零售额。
2.2010年至2014年社会消费品零售总额数为第三次经济普查修订数。
a) The Other Retail Sales have been increased in Total Retail Sales of Consumer Goods in 2010-2012. The Other Retail Sales refer to the retail sales of industrial activity unit below designated size attached to non-wholesale and retail trades, non-hotels and catering services legal person units. It also refer to the retail sales of Consumer Goods of non-wholesale and retail trades, non-hotels and catering services legal person units.
b)Data of Total Retail Sales of Consumer Goods in 2010-2014 have been amended based on the third economic census.

16-3 2017年限额以上批发零售贸易业基本情况
Basic Conditions of Enterprises above Designated Size in Wholesale and Retail Trades(2017)

指 标	Item	法人企业数(个) Number of Corporation Enterprises (unit)	从业人员(人) Engaged Persons (person)	销售总额(万元) Total Sales Value (10 000 yuan)	批发 Wholesale Trade	零售 Retail Trade
总计	**Total**	**380**	**28045**	**12451200**	**9107244**	**3343956**
批发业	**Wholesale Trade**	**150**	**11623**	**10124189**	**8954201**	**1169988**
按登记注册类型分	**By Status of Registration**					
内资企业	Domestic Funded Enterprises	146	10908	9168156	8108578	1059578
国有企业	State-owned Enterprises	11	1132	1095333	1092522	2811
集体企业	Collective-owned Enterprises	1	28	6723		6723
股份合作企业	Cooperative Enterprises	1	5	1436	453	983
有限责任公司	Limited Liability Corporations	53	2868	4796018	4656768	139250
国有独资公司	State Sole Funded Corporations	6	692	256779	195466	61313
其他有限责任公司	Other Limited Liability Corporations	47	2176	4539239	4461302	77937
股份有限公司	Share-holding Corporations Ltd.	7	4390	1390445	550348	840097
私营企业	Private Enterprises	73	2485	1878201	1808487	69714
私营有限责任公司	Private Limited Liability Corporations	72	2470	1875050	1806064	68986
私营股份有限公司	Private Share-holding Corporations Ltd.	1	15	3151	2423	728
港、澳、台商投资企业	Enterprises with Funds from Hong Kong, Macao and Taiwan	3	662	951850	845623	106227
与港澳台商合资经营企业	Joint-venture Enterprises	2	23	778423	778419	4
其他港澳台投资企业	Other Hong Kong, Macao and Taiwan investment enterprises	1	639	173427	67204	106223
外商投资企业	Foreign Funded Enterprises	1	53	4183		4183
外商投资股份有限公司	Enterprises with Sole Fund	1	53	4183		4183
按国民经济行业分组	**Grouped by Sector**					
农林牧产品批发	Wholesale of Farming, Forestry, Animal Husbandry and Fishery Product	4	332	100081	96216	3864
食品、饮料及烟草制品批发	Wholesale of Food, Beverages and Tobaccos	28	2174	1333751	1296787	36964
纺织、服装及日用品批发	Wholesale of Textiles, Wearing Apparel and Household Articles	4	122	34920	34470	450
文化、体育用品及器材批发	Wholesale of Culture, Sports Appliances and Equipments	1	265	23812	16667	7145
医药及医疗器材批发	Wholesale of Medicines and Medical Appliances	16	1295	281129	250491	30638
矿产品、建材及化工产品批发	Wholesale of Mineral Products, Building Materials and Chemical Products	79	6820	7613192	6540347	1072845
机械设备、五金交电及电子产品批发	Wholesale of Machinery, Hardware and Electronics	14	516	717847	699765	18082
贸易经纪与代理	Trade Broker and Agency	1	2	15244	15244	
其他批发业	Other Wholesale Trade	3	97	4215	4215	

注：限额以上批发业包括年主营业务收入在2000万元及以上的批发业企业及个体户；限额以上零售业包括年主营业务收入在500万元及以上的零售业企业及个体户。

a) Wholesale trade units above designated size include the wholesale enterprises and self-employed persons which annual revenue from principal business are 20 million yuan and above. Retail trade units above designated size include the retail enterprises and self-employed persons which annual revenue from principal business are 5 million yuan and above.

16-3 续表 Continued

指　标	Item	法人企业数(个) Number of Corporation Enterprises (unit)	从业人员(人) Engaged Persons (person)	销售总额(万元) Total Sales Value (10 000 yuan)	批发 Wholesale Trade	零售 Retail Trade
零售业	**Retail Trade**	**230**	**16422**	**2327011**	**153043**	**2173968**
按登记注册类型分组	**By Status of Registration**					
内资企业	Domestic Funded Enterprises	227	16017	2259345	153043	2106302
有限责任公司	Limited Liability Corporations	88	8630	1219820	30146	1189675
国有独资公司	State Sole Funded Corporations	5	471	170540	15563	154978
其他有限责任公司	Other Limited Liability Corporations	83	8159	1049280	14583	1034697
股份有限公司	Share-holding Corporations Ltd.	8	992	185020	17996	167023
私营企业	Private Enterprises	130	6382	852294	102707	749587
私营独资企业	Private-funded Enterprises	2	122	1067		1067
私营有限责任公司	Private Limited Liability Corporations	121	5842	802480	100617	701864
私营股份有限公司	Private Share-holding Corporations Ltd.	7	418	48747	2090	46657
其他企业	Other Enterprises	1	13	2211	2194	17
港、澳、台商投资企业	Enterprises with Funds from Hong Kong, Macao and Taiwan	3	405	67666		67666
与港澳台商合资经营企业	Joint-venture Enterprises	1	22	2975		2975
港澳台商独资企业	Enterprises with Sole Investment	2	383	64691		64691
按国民经济行业分组	**Grouped by Sector**					
综合零售	Integrated Retail	40	5243	516498	15745	500754
食品饮料及烟草制品专门零售	Special Retail of Food, Beverages and Tobaccos	24	523	26531	6263	20269
纺织、服装及日用品专门零售	Special Retail of Textiles, Wearing Apparel and Household Articles	8	1211	70544	2000	68544
文化、体育用品及器材专门零售	Special Retail of Culture, Sports Appliances and Equipments	7	466	10047	304	9743
医药及医疗器材专门零售	Special Retail of Medicines and Medical Appliances	14	1434	67366	8281	59085
汽车、摩托车、燃料及零配件专门零售	Special Retail of Motor Vehicles, Motorcycles, Fuel and Parts	112	6148	1395308	45624	1349684
家用电器及电子产品专门零售	Special Retail of Household Electric Appliances and Electronic Products	14	878	122267	8107	114160
五金、家具及室内装修材料专门零售	Special Retail of Hardware, Furniture and Interior Decoration Materials	3	141	77746	66078	11669
货摊、无店铺及其他零售业	Stalls, Non-shop and Other Retails	8	**378**	40702	642	40060

16－4　2017年限额以上批发零售贸易企业商品销售类值

Total Sales of Enterprises above Designated Size in Wholesale and Retail Trades by Category of Commodities(2017)

单位：万元　　(10 000 yuan)

项　目	Item	批发业 Wholesale		零售业 Retail	
		销售额 Sales Value	零售额 Retail Value	销售额 Sales Value	零售额 Retail Value
合计	**Total**	**11027973**	**1359636**	**2705830**	**2512237**
粮油、食品类	Grain and Oil, Food	40933	5927	263127	253461
饮料类	Beverages	45703	1144	20140	18970
烟酒类	Tobacco and Liquor	1285671	35434	32724	29485
服装、鞋帽、针纺织品类	Clothing, Shoes, Hats and Textiles	30570		221299	220641
化妆品类	Cosmetics	922	26	62447	59236
金银珠宝类	Gold, Silver and Jewellery			39040	39040
日用品类	Articles for Daily Use	4010	853	64807	64591
五金、电料类	Hardware and Electrical Materials	497	30	1061	1052
体育、娱乐用品类	Sports and Recreation Articles			1406	1394
书报杂志类	Newspapers and Magazines	32956	9320	2336	2336
电子出版物及音像制品类	E-journals and Video Products	502	142	3487	3487
家用电器和音像器材类	Household Appliances and Video Appliances	33265		121112	121109
中西药品类	Traditional Chinese and Western Medicines	240982	24612	68655	61151
文化办公用品类	Cultural and Offices Appliances	2957	2957	4397	4376
家具类	Furniture			71017	71017
通讯器材类	Communication Appliances	88380		32411	23425
煤炭及制品类	Coal and Related Products	367986	4290	12502	12013
石油及制品类	Petroleum and Related Products	2212204	1253859	306996	164388
化工材料及制品类	Chemical Materials and Related Products	211383		488	
金属材料类	Metal Materials	5959901			
建筑及装潢材料类	Building and Decoration Materials	88	43	443	443
机电产品及设备类	Mechanical and Electrical Products	293770	467	329	329
汽车类	Automobiles	31169	11860	1305621	1291001
种子饲料类	Seeds and Feedstuff	2477		118	
其他类	Others	141647	8673	69868	69291

16-5 2017年限额以上批发零售贸易业财务状况

单位：万元

指 标	Item	企业个数（个）Number of Enterprises (unit)
总计	**Total**	**380**
批发业	**Wholesale Trade**	**150**
按登记注册类型分组	**By Status of Registration**	
内资企业	Domestic Funded Enterprises	146
国有企业	State-owned Enterprises	11
集体企业	Collective-owned Enterprises	1
股份合作企业	Cooperative Enterprises	1
有限责任公司	Limited Liability Corporations	53
国有独资公司	State Sole Funded Corporations	6
其他有限责任公司	Other Limited Liability Corporations	47
股份有限公司	Share-holding Corporations Ltd.	7
私营企业	Private Enterprises	73
私营有限责任公司	Private Limited Liability Corporations	72
私营股份有限公司	Private Partnership Enterprises	1
港、澳、台商投资企业	Enterprises with Funds from Hong Kong, Macao and Taiwan	3
合资经营企业(港或澳、台资)	Joint-venture Enterprises	2
其他港澳台投资企业	Other Hong Kong, Macao and Taiwan investment enterprises	1
外商投资企业	Foreign Funded Enterprises	1
外商投资股份有限公司	Enterprises with Sole Fund	1
按国民经济行业分组	**Grouped by Sector**	
农林牧产品批发	Wholesale of Farming,Forestry,Animal Husbandry and Fishery Product	4
食品、饮料及烟草制品批发	Wholesale Trade of Food, Beverages and Tobaccos	28
纺织、服装及家庭用品批发	Wholesale Trade of Textiles, Garments and Daily Consumer Articles	4
文化、体育用品及器材批发	Wholesale Trade of Culture, Sports Appliances and Equipments	1
医药及医疗器材批发	Wholesale Trade of Medicines and Medical Appliances	16
矿产品、建材及化工产品批发	Wholesale Trade of Mineral Products, Building Materials and Chemical Products	79
机械设备、五金交电及电子产品批发	Wholesale Trade of Mechanical Equipment, Hardware and Electronic Products	14
贸易经纪与代理	Trade Broker and Agency	1
其他批发业	Other Wholesale Trade	3

Main Financial Indicators of Enterprises above Designated Size in Wholesale and Retail Trades(2017)

(10 000 yuan)

流动资产合计 Working Capitals	固定资产合计 Total Fixed Assets	累计折旧 Accumulated Depreciation	资产总计 Total Assets	负债合计 Total Liabilities	实收资本 Paid-in Capitals	主营业务收入 Revenue from Principal Business
45005427	**813580**	**1464122**	**46879192**	**41471999**	**4529072**	**11954545**
44164252	**520656**	**1380161**	**45647400**	**40592925**	**4276019**	**9875276**
43582613	488900	1356242	44779400	39863250	4027776	8947229
329043	18246	26079	369183	59727	17038	982305
2512	1784	384	4327	2219	1107	4721
1657	0	6	1858	1637	201	1409
763776	74683	75246	1085051	740366	186118	4211935
53897	29795	21238	94968	75731	15498	249354
709879	44888	54008	990083	664635	170620	3962581
1502960	207086	112292	1774441	907405	162354	2276253
40982664	187101	1142235	41544541	38151896	3660959	1470606
40981655	186480	1142215	41542841	38151716	3659769	1467456
1009	622	20	1700	180	1190	3150
580135	31699	23655	866434	727489	247787	923660
447607	433	317	696673	570572	241200	770448
132528	31267	23338	169761	156917	6587	153212
1504	57	263	1566	2186	455	4388
1504	57	263	1566	2186	455	4388
49723	7761	1202	61205	44798	13660	91152
418822	25466	65264	493307	135323	35278	1141978
24131	1180	811	27254	9073	16060	34920
30442	4859	5314	44251	35371	3070	23812
165407	5259	2403	186575	142161	27373	240584
11111883	314769	168667	12240122	10384764	2132261	7889871
32324220	158972	1135186	32518814	29820171	2041954	435716
32737		5	58272	12231	3000	13029
6888	2390	1308	17601	9033	3362	4215

16−5 续表1

单位：万元

指 标	Item	主营业务成本 Cost of Principal Business
总计	**Total**	**11011448**
批发业	**Wholesale Trade**	**9154297**
按登记注册类型分组	**By Status of Registration**	
内资企业	Domestic Funded Enterprises	8232024
国有企业	State-owned Enterprises	819827
集体企业	Collective-owned Enterprises	4118
股份合作企业	Cooperative Enterprises	1350
有限责任公司	Limited Liability Corporations	4105685
国有独资公司	State Sole Funded Corporations	231941
其他有限责任公司	Other Limited Liability Corporations	3873744
股份有限公司	Share-holding Corporations Ltd.	1911337
私营企业	Private Enterprises	1389708
私营有限责任公司	Private Limited Liability Corporations	1387007
私营股份有限公司	Private Partnership Enterprises	2701
港、澳、台商投资企业	Enterprises with Funds from Hong Kong, Macao and Taiwan	919074
合资经营企业(港或澳、台资)	Joint-venture Enterprises	769548
其他港澳台投资企业	Other Hong Kong, Macao and Taiwan investment enterprises	149526
外商投资企业	Foreign Funded Enterprises	3199
外商投资股份有限公司	Enterprises with Sole Fund	3199
按国民经济行业分组	**Grouped by Sector**	
农林牧产品批发	Wholesale of Farming,Forestry,Animal Husbandry and Fishery Product	89702
食品、饮料及烟草制品批发	Wholesale Trade of Food, Beverages and Tobaccos	935776
纺织、服装及家庭用品批发	Wholesale Trade of Textiles, Garments and Daily Consumer Articles	33553
文化、体育用品及器材批发	Wholesale Trade of Culture, Sports Appliances and Equipments	14848
医药及医疗器材批发	Wholesale Trade of Medicines and Medical Appliances	217230
矿产品、建材及化工产品批发	Wholesale Trade of Mineral Products, Building Materials and Chemical Products	7420508
机械设备、五金交电及电子产品批发	Wholesale Trade of Mechanical Equipment, Hardware and Electronic Products	426070
贸易经纪与代理	Trade Broker and Agency	13030
其他批发业	Other Wholesale Trade	3581

Continued

(10 000 yuan)

销售费用 Selling Expenses	管理费用 Management Expenses	财务费用 Financial Expenses	营业利润 Business Profit	利润总额 Total Profits	应交所得税 Income Tax Payable
411585	**156446**	**83171**	**345038**	**191496**	**128609**
292712	**89119**	**5762**	**309015**	**143315**	**94118**
284977	87123	4294	314768	149128	94100
12471	29403	-8818	62425	61973	66003
205	363	20	13	13	
25	4	28		3	155
67371	21844	7436	15392	14808	10102
11434	6379	210	959	727	545
55937	15464	7226	14433	14081	9557
87715	22118	-451	194449	147872	12366
117192	13392	6079	42490	-75541	5475
117142	13272	6079	42215	-75543	5475
50	120	0	275	2	
7190	1601	1456	-5965	-6054	18
6626	187	1456	-7382	-7470	18
564	1414		1417	1417	
544	395	12	212	241	
544	395	12	212	241	
1893	1146	221	-1442	-1274	**39**
42513	33264	-7940	70818	70567	66133
497	748	309	13	258	-82
5501	4592	-60	601	727	85
8446	7359	1765	7421	6792	3739
127820	38294	7334	229394	165732	22788
105080	3270	3753	3247	-98378	1243
	49	381	-431	-431	
963	398	-2	-605	-679	174

16-5 续表2

单位：万元

指 标	Item	企业个数（个） Number of Enterprises (unit)	流动资产合计 Working Capitals
零售业	**Retail Trade**	**230**	**841175**
按登记注册类型分组	**By Status of Registration**		
内资企业	Domestic Funded Enterprises	227	829278
股份合作企业	Joint Ownership Enterprises	88	473781
国有独资公司	State Sole Funded Corporations	5	14190
其他有限责任公司	Other Limited Liability Corporations	83	459591
股份有限公司	Share-holding Corporations Ltd.	8	30096
私营企业	Private Enterprises	130	324638
私营独资企业	Private-funded Enterprises	2	1764
私营有限责任公司	Private Limited Liability Corporations	121	301663
私营股份有限公司	Private Share-holding Corporations Ltd.	7	21211
其他企业	Other Enterprises	1	763
港、澳、台商投资企业	Enterprises with Funds from Hong Kong, Macao and Taiwan	3	11897
合资经营企业(港或澳、台资)	Joint-venture Enterprises	1	2139
港、澳、台商独资经营企业	Enterprises with Sole Investment	2	9758
按国民经济行业分组	**Grouped by Sector**		
综合零售	Integrated Retail	40	126678
食品、饮料及烟草制品专门零售	Special Retail of Food, Beverages and Tobaccos	24	30677
纺织、服装及日用品专门零售	Special Retail of Textiles, Wearing Apparel and Household Articles	8	39820
文化、体育用品及器材专门零售	Special Retail of Culture, Sports Appliances and Equipments	7	14017
医药及医疗器材专门零售	Special Retail of Medicines and Medical Appliances	14	76440
汽车、摩托车、燃料及零配件专门零售	Special Retail of Motor Vehicles, Motorcycles, Fuel and Parts	112	464704
家用电器及电子产品专门零售	Special Retail of Household Electric Appliances and Electronic Products	14	39785
五金、家具及室内装修材料专门零售	Special Retail of Hardware, Furniture and Interior Decoration Materials	3	1045
货摊、无店铺及其他零售业	Stalls, Non-shop and Other Retails	8	48009

Continued

(10 000 yuan)

固定资产合计 Total Fixed Assets	累计折旧 Accumulated Depreciation	资产总计 Total Assets	负债合计 Total Liabilities	实收资本 Paid-in Capitals	主营业务收入 Revenue from Principal Business
292924	**83961**	**1231792**	**879075**	**253054**	**2079269**
287040	80238	1213426	868627	249168	2017094
195642	51074	716132	542125	122422	1097875
11383	2018	26188	19525	5055	162780
184259	49056	689944	522599	117367	935096
45171	12160	99935	69390	20422	175974
45862	16985	396137	255991	106224	741035
632		2428	596	550	1065
42890	16541	368353	239912	98324	696599
2339	445	25356	15483	7350	43371
367	19	1222	1122	100	2210
5884	3723	18366	10447	3886	62175
89	543	2229	987	500	2320
5794	3180	16137	9460	3386	59855
138045	31825	295324	235780	47757	424899
6728	1529	45086	27188	13245	24627
34966	5828	77246	73763	14293	61098
5218	4204	20763	10505	5936	9713
2092	1938	80238	67972	14314	61769
72040	30283	580551	391142	139986	1294611
4675	1354	45220	28436	11414	111186
449	153	3934	3080	1700	47127
28710	6848	83430	41208	4408	44239

16−5 续表3

单位：万元

指 标	Item	主营业务成本 Cost of Principal Business	销售费用 Selling Expenses
零售业	**Retail Trade**	**1857151**	**118873**
按登记注册类型分组	**By Status of Registration**		
内资企业	Domestic Funded Enterprises	1804365	113396
股份合作企业	Joint Ownership Enterprises	962444	75843
国有独资公司	State Sole Funded Corporations	150835	6443
其他有限责任公司	Other Limited Liability Corporations	811608	69400
股份有限公司	Share-holding Corporations Ltd.	162540	5103
私营企业	Private Enterprises	677277	32433
私营独资企业	Private-funded Enterprises	730	89
私营有限责任公司	Private Limited Liability Corporations	637026	30687
私营股份有限公司	Private Share-holding Corporations Ltd.	39520	1657
其他企业	Other Enterprises	2105	18
港、澳、台商投资企业	Enterprises with Funds from Hong Kong, Macao and	52786	5477
合资经营企业(港或澳、台资)	Joint-venture Enterprises	1392	276
港、澳、台商独资经营企业	Enterprises with Sole Investment	51393	5201
按国民经济行业分组	**Grouped by Sector**		
综合零售	Integrated Retail	352246	47139
食品、饮料及烟草制品专门零售	Special Retail of Food, Beverages and Tobaccos	21361	1095
纺织、服装及日用品专门零售	Special Retail of Textiles, Wearing Apparel and Household Articles	50224	8356
文化、体育用品及器材专门零售	Special Retail of Culture, Sports Appliances and Equipments	7119	1048
医药及医疗器材专门零售	Special Retail of Medicines and Medical Appliances	52278	7194
汽车、摩托车、燃料及零配件专门零售	Special Retail of Motor Vehicles, Motorcycles, Fuel and Parts	1204228	42356
家用电器及电子产品专门零售	Special Retail of Household Electric Appliances and Electronic Products	95742	8077
五金、家具及室内装修材料专门零售	Special Retail of Hardware, Furniture and Interior Decoration Materials	44895	1149
货摊、无店铺及其他零售业	Stalls, Non-shop and Other Retails	29057	2459

Continued

(10 000 yuan)

管理费用 Management Expenses	财务费用 Financial Expenses	营业利润 Business Profit	利润总额 Total Profits	应 交 所得税 Income Tax Payable
67328	**77409**	**36023**	**48181**	**34491**
66370	77392	32343	44421	32877
39730	10112	21875	27423	17678
2770	114	2710	2388	2043
36961	9998	19164	25035	15635
7634	1128	1492	6217	2339
18998	66150	8906	10711	12859
90	1	144	56	48
17607	65852.4	8068.9	9874	11921
1302	297	694	781	890
7	2	70	70	1
958	17	3680	3760	1614
90	-13	563	563	95
868	29	3117	3197	1519
17328	5973	12017	14087	6537
1558	224	328	963	464
7943	1050	-4738	770	967
905	27	469	591	81
3014	804	-524	-467	1263
26476	69381	17459	21641	19842
6217	242	1158	578	668
844	-0.2	86.8	106.9	429.8
3044	-291.6	9767.8	9911.6	4238.9

16-6 2016-2017年限额以上住宿餐饮业基本情况
Basic Conditions of Hotels and Catering Services Enterprises above Designated Size (2016-2017)

项 目	Item	法人企业数(个) Number of Corporation Enterprises (unit)		营业总收入(万元) Total Business Income (10 000 yuan)	
		2016	2017	2016	2017
总计	**Total**	**141**	**151**	**134603**	**131019**
住宿业	**Hotels**	**88**	**98**	**80985**	**87338**
按登记注册类型分组	**By Status of Registration**				
内资企业	Domestic Funded Enterprises	86	96	75989	82823
国有企业	State-owned Enterprises	11	10	14592	12862
集体企业	Collective-owned Enterprises	5	1	3229	199
有限责任公司	Limited Liability Corporations	26	34	22438	27652
其他有限责任公司	Other Limited Liability Corporations	26	34	22438	27652
股份有限公司	Private Enterprises	2	3	7804	9890
私营企业	Private Enterprises	39	46	26536	30990
私营独资企业	Private-funded Enterprises	5	4	1597	932
私营有限责任公司	Private Limited Liability Corporations	31	38	23486	28450
私营股份有限公司	Private Share-holding Corporations Ltd.	3	4	1454	1607
其他企业	Other Enterprises	3	2	1390	1231
外商投资企业	Enterprises With Foreign Investment	2	2	4996	4515
中外合资经营企业	Joint-venture Enterprises	1	1	1778	1887
外资企业	Enterprises with Sole Fund	1	1	3218	2628
按国民经济行业分组	**Grouped by Sector**				
旅游饭店	Tourist Hotel	70	73	72450	75778
一般旅馆	Ordinary Hotel	15	23	7052	10252
其他住宿业	Other Accommodation Services	3	2	1483	1308
餐饮业	**Catering Services**	**53**	**53**	**53618**	**43681**
按登记注册类型分组	**By Status of Registration**				
内资企业	Domestic Funded Enterprises	53	53	53618	43681
有限责任公司	Limited Liability Corporations	8	8	14394	7590
国有独资公司	Wholly State-owned Enterprises		1		1360
其他有限责任公司	Other Limited Liability Corporations	8	7	14394	6230
股份有限公司	Share-holding Corporations Ltd.	5	4	5500	4417
私营企业	Private Enterprises	40	41	33724	31674
私营独资企业	Private-funded Enterprises	2	1	1717	802
私营合伙企业	Private partnership	1	1	295	442
私营有限责任公司	Private Limited Liability Corporations	34	37	28910	28006
私营股份有限公司	Private Share-holding Corporations Ltd.	3	2	2802	2425
按国民经济行业分组	**Grouped by Sector**				
正餐服务	Dinner services	52	51	52970	43058
快餐服务	Fast food services	1	1	649	624

注：限额以上住宿、餐饮业包括年主营业务收入在200万元及以上的住宿、餐饮业企业及个体户。

a)Hotels and catering services enterprises above designated size include hotels, catering enterprises and self-employed whose main business income is at 2 million yuan and above.business are 20 million yuan and above. Retail trade units above designated size include the retail enterprises and self-employed persons which annual revenue from principal business are 5 million yuan and above.

16-7　2017年城乡私营企业基本情况

Basic Statistics of Private Enterprises in Urban and Rural Areas(2017)

单位：个、万元　　(unit，10 000 yuan)

项　目	Item	期末实有 Actually Number at End of Period 合计 Total 单位数 Number of Enterprises	雇工人数 Registered Capital	注册资金 Registered Capital	#城镇 Urban 单位数 Number of Enterprises	雇工人数 Registered Capital	注册资金 Number of Enterprises
合计	**Total**	**72812**	**235806**	**54927059**	**61522**	**151340**	**44890059**
农林牧渔业	Agriculture, Forestry, Animal Husbandry and Fishery	8008	27181	3083808	6389	18974	2498172
采矿业	Mining	651	5200	1154135	377	1410	546135
制造业	Manufacturing	5107	34207	4763110	3689	11913	2734002
电力、热力、燃气及水生产和供应业	Production and Supply of Electriaty, Heat and Gas	626	3810	2200160	437	1415	1979060
建筑业	Construction	7513	29519	6888174	6776	18705	5523276
批发和零售业	Wholesale and Retail Trades	22609	52969	11313112	19195	36267	9025154
交通运输、仓储和邮政业	Transport, Storage and Post	1628	9317	664447	1391	7485	543843
住宿和餐饮业	Hotels and Catering Services	2433	7847	1234151	2112	5399	1096084
信息传输、软件和信息技术服务业	Information Transmission, Software, and Information Technology Services	2614	4136	1050380	2295	3717	984454
金融业	Financial Intermediation	302	1142	4840727	257	737	4703555
房地产业	Real Estate	1957	7740	2956707	1458	3963	1767814
租赁和商务服务业	Leasing and Business Services	10036	25344	9476322	9157	21315	8828775
科学研究和技术服务业	Scientific Research, and Technical Services	2704	6419	2421275	2491	5241	2262115
水利、环境和公共设施管理业	Management of Water Conservancy, Environment and Public Facilities	611	1324	553813	549	1088	509526
居民服务、修理和其他服务业	Residential Services, Repairs and Other Services	3899	11811	1212231	3351	8557	1084568
教育	Education	191	644	67337	166	621	65683
卫生和社会工作	Health and Social Work	203	1286	146154	181	1208	141179
文化、体育和娱乐业	Culture, Sports and Entertainment	1314	3239	617440	1200	3069	584238
其他	Other	406	2671	283579	51	256	12423

注：本表数据来源于青海省工商行政管理局。
a)Data in this table are from Qinghai Province Administration for Industry.

16−8　2017年零售业连锁经营情况综合表
Statistics on Chain Business of Retail Trade(2017)

单位：个、人、万元　　(unit，person，10 000 yuan)

指标	Item	连锁总店数 Number of General Chain Stores	门店数 Number of Branch Stores	年末从业人员数 Engaged Persons	连锁门店商品购进总额 Total Purchases Value of Branch Stores	统一配送商品购进额 Centralized Purchase and Delivery	连锁门店商品销售额 Sales of Commodities of Branch Stores
总计	**Total**	**10**	**190**	**5413**	**191861**	**87388**	**319568**
按登记注册类型分组	**By Status of Registration**						
内资企业	Domestic Funded Enterprises	10	190	5413	191861	87388	319568
有限责任公司	Limited Liability Corporations	9	185	4564	151861	87388	246954
其他有限责任公司	Other Limited Liability Corporations	9	185	4564	151861	87388	246954
股份有限公司	Private Enterprises	1	5	849	40000		72614
按行业分	**By Sector**						
批发业	**Wholesale Trade**	**1**	**60**	**132**	**2591**	**2591**	**3129**
食品、饮料及烟草制品批发	Wholesale of Food, Beverages and Tobaccos	1	60	132	2591	2591	3129
零售业	**Retail Trade**	**9**	**130**	**5281**	**189270**	**84797**	**316439**
综合零售	Integrated Retail	4	64	4101	132697	46673	236065
纺织、服装及日用品	Special Retail of Textiles, Garments	1	7	352	4190		17608
医药及医疗器材	Special Retail of Medicines and	3	47	704	22210	7951	33364
家用电器及电子产品专门零售	Special Retail of Household Electric Appliances and Electronic Products	1	12	124	30173	30173	29401
按批发零售连锁业态分组	**By Wholesale and Retail Trade Business Categories**						
超市	Supermarkets	1	50	752	17649	17649	46973
大型超市	Large Supermarkets	2	11	1510	69024	29024	113439
百货商店	Department Stores	1	3	1839	46024		75653
专业店	Specialty Stores	5	66	1180	56573	38124	80374
其他	Others	1	60	132	2591	2591	3129

16-9 2017年商品交易市场情况

Statistics on Commodity Exchange Markets(2017)

单位：个、平方米、万元 (unit, sq.m, 10 000 yuan)

指标	Item	市场数 Number of Markets	总摊位数 Number of Booths	营业面积 Operating Area	成交额 Turnover
总计	**Total**	**9**	**7593**	**555368**	**636638**
按市场类别分组	**By Markets Category**				
专业市场	Special Markets	9	7593	555368	636638
生产资料市场	Capital Goods Markets	1	22	1000	12111
金属材料市场	Metal Materials Markets	1	22	1000	12111
农产品市场	Farm Produce Markets	3	2285	393203	372642
蔬菜市场	Vegetables Markets	2	1885	277000	344142
其他农产品市场	Others	1	400	116203	28500
纺织、服装、鞋帽市场	Textiles, Clothing, Shoes and Hats Markets	3	3927	129000	104125
服装市场	Clothing Markets	1	320	19000	11500
其他纺织服装鞋帽市场	Others	2	3607	110000	92625
医药、医疗用品及器材市场	Medicine, Medical Materials and Medical Instruments Markets	1	70	20000	20000
中药材市场	Chinese Medicine Markets	1	70	20000	20000
家具、五金及装饰材料市场	Furniture, Hardware and Decoration Materials Markets	1	1289	12165	127760
其他装修市场	Others	1	1289	12165	127760
按营业状态分组	**By Operating Status**				
常年营业	Perennial Operation	9	7593	555368	636638
按经营方式分组	**By Operation Mode**				
以批发为主	Wholesale as the Main Mode	5	5334	494203	462978
以零售为主	Retail as the Main Mode	4	2259	61165	173660
按经营环境分组	**By Business Environment**				
露天式	Open Air	2	422	117203	40611
封闭式	Closed	7	7171	438165	596027

16-10 2017年城乡个体工商业基本情况

Basic Statistics of Individual Industry and Commerce in Urban and Rural Areas(2017)

项 目	Item	户 数（个） Number of Stores (unit)	城镇 Urban	资金数额（万元） Amount of Funds (10 000 yuan)	城镇 Urban
合计	**Total**	**275676**	**259480**	**3104478**	**2918347**
农林牧渔业	Agriculture, Forestry, Animal Husbandry and Fishery	7169	5698	253096	197477
采矿业	Mining	84	74	6304	3269
制造业	Manufacturing	14610	13276	135066	113478
电力、燃气及水的生产和供应业	Production and Supply of Electricity, Gas and Water	46	44	2141	2131
建筑业	Construction	573	533	10359	9542
交通运输、仓储和邮政业	Transport, Storage and Post	9572	8875	84994	79825
信息传输、计算机服务和软件业	Information Transmission, Computer Services and Software	803	735	6643	6321
批发和零售业	Wholesale and Retail Trades	156906	148209	1321861	1274387
住宿和餐饮业	Hotels and Catering Services	46466	44234	906391	866552
金融业		1	1	3	3
房地产业	Real Estate	39	38	569	479
租赁和商务服务业	Leasing and Business Services	2193	2005	34765	32583
科学研究、技术服务和地质勘查业	Scientific Research, Technical Service and Geologic Prospecting	292	286	2479	2456
水利、环境和公共设施管理业	Management of Water Conservancy, Environment and Public Facilities	9	8	72	52
居民服务和其他服务业	Services to Households and Other Services	30801	29566	253183	244789
教育	Education	71	68	2242	2217
卫生、社会保障和社会福利业	Health, Social Security and Social Welfare	1130	1079	17904	17495
文化、体育和娱乐业	Culture, Sports and Entertainment	2783	2650	59190	58155
其他行业	Others	2128	2101	7217	7138

注：本表数据来源于青海省工商行政管理局。
a)Data in this table are from Qinghai Province Administration for Industry.

主要统计指标解释

社会消费品零售总额 指国民经济各行业直接售给城乡居民和社会集团的消费品总额。它是反映各行业通过多种商品流通渠道向居民和社会集团供应的生活消费品总量，是研究国内零售市场变动情况、反映经济景气程度的重要指标。

社会消费品零售总额包括:⑴售给城乡居民作为生活用的商品和修建房屋用的建筑材料;⑵售给社会集团的各种办公用品和公用消费品;⑶售给机关、团体、学校、部队、企业、事业单位的职工食堂和旅店(招待所)附设专门供本店旅客食用,不对外营业的食堂的各种食品、燃料;企业、单位和国营农场直接售给本单位职工和职工食堂的自己生产的产品;⑷售给部队干部、战士生活用的粮食、副食品、衣着品、日用品、燃料;⑸售给来华的外国人、华侨、港澳台同胞的消费品;⑹居民自费购买的中、西药品、中药材及医疗用品;⑺报社、出版社直接售给居民和社会集团的报纸、图书、杂志,集邮公司出售的新、旧纪念邮票、特种邮票、首日封、集邮册、集邮工具等;⑻旧货寄售商店自购、自销部分的商品;⑼煤气公司、液化石油气站售给居民和社会集团的煤气灶具和罐装液化石油气;⑽农民售给非农业居民和社会集团的商品。不包括售给国民经济各部门企业、事业单位(包括国有经济的农场)生产经营用的各种原材料、燃料、设备、工具等和售给批发零售贸易业、餐饮业作为转卖用的商品,旧货寄售商店受托寄售卖出的商品,服务业的营业收入,邮局出售邮票的收入,自来水、电力、煤气生产(供应)单位的产品供应收入,也不包括农民之间的商品销售。

批发零售贸易业商品购、销、存总额 指各种登记注册类型的批发、零售贸易业(不包括个体)企业(单位)以本企业(单位)为总体的商品购进、销售、库存总额。

商品购进总额 指从本企业(单位)以外的单位和个人购进(包括从境外直接进口)作为转卖或加工后转卖的商品总额。它反映批发零售贸易业从国内、国外市场上购进商品的总量。商品购进总额包括:⑴从工农业生产者购进的商品;⑵从出版社、报社的出版发行部门购进的图书、杂志和报纸;⑶从各种登记注册类型的批发零售贸易企业(单位)购进的商品;⑷从其他单位购进的商品,如从机关、团体、企业等单位购进的剩余物资,从餐饮业、服务业购进的商品,从海关、市场管理部门购进的缉私和没收的商品,从居民手中收购的废旧商品等;⑸从国(境)外直接进口的商品。不包括企业(单位)为自身经营用和未通过买卖行为而收入的商品以及销售退回、商品升溢等。

商品销售总额 指对本企业(单位)以外的单位和个人出售(包括对境外直接出口)的商品总额(含增值税)。它反映批发零售贸易业在国内市场上销售商品以及出口商品的总量。商品销售总额包括:⑴售给城乡居民和社会集团消费用的商品;⑵售给工业、农业、建筑业、运输邮电业、批发零售贸易业、餐饮业、服务业等作为生产、经营使用的商品;⑶售给批发零售贸易业作为转卖或加工后转卖的商品;⑷对国(境)外直接出口的商品。不包括出售本企业(单位)自用的废旧包装用品;未通过买卖行为付出的商品;经本单位介绍,由买卖双方直接结算,本单位只收取手续费的业务;购货退出的商品以及商品损耗和损失等。

批发零售贸易业库存 指报告期末各种登记注册类型的批发零售贸易企业(单位)已取得所有权的商品。它反映批发零售贸易企业(单位)的商品库存情况和对市场商品供应的保证程度。期末库存包括:⑴存放在批发零售贸易业经营单位(如门市部、批发站、经营处)仓库、货场、货柜和货架中的商品;⑵挑选、整理、包装中的商品;⑶已记入购进而尚未运到本单位的商品,即发货单或银行承兑凭证已到而货未到的部分;⑷寄放他处的商品,如因购货方拒绝承付而暂时存放在购货方的商品和已办完加工成品收回手续而未提回的商品;⑸委托其他单位代销(未作销售或调出)尚未售出的商品;⑹代其他单位购进尚未交付的商品。不包括所有权不属于本单位的商品、拨付除批发零售贸易业以外的其他行业所属独立核算加工厂等加工生产尚未收回成品的商品、代国家物资储备部门保管的商品等。

住宿和餐饮业营业额 指住宿和餐饮业法人企业(单位)在经营活动中因提供服务或销售商品等取得的收入。包括:客房收入、餐费收入、商品销售额和其他收入。客房收入指住宿和餐饮业法人企业(单位)在经营活动中因提供住宿服务取得的收入。餐费收入指住宿和餐饮业法人企业、(单位)因为顾客提供就餐服务取得的收入,包括经烹饪、调制加工后出售的各种食品,如主食、炒菜、凉拌菜等的收入。商品销售额指住宿和餐饮业法人企业(单位)伴随服务而出售商品所取得的收入(含增值税)。其他收入指营业收入中除客房收入、餐费收入、商品销售额以外的其他收入,包括娱乐、健身和商务服务等。

Explanatory Notes on Main Statistical Indicators

Total Retail Sales of Consumer Goods refer to the sum of retail sales of commodities sold by Various industries of national economy to urban and rural households for household consumption and to social institutions for public consumption. It is a reflection of the industry through a variety of channels for commodity circulation to the residents and social group for the supply of consumer goods total, and it also is an important index for research of domestic retail market changes and reflecting the degree of economic boom.

Total retail sales of consumer goods include:

a) Sales sold to urban and rural residents as a commodity and the construction of housing construction materials.

b) Various office supplies and consumer goods sold to the social group;

c) Food, fuel sold to staff canteens of Organs, organizations, schools, military units, enterprises and institutions and canteen nearby hotels (Hospitality) specifically for the shop passenger edible and non – open to the public; products producing by enterprises, units and state farms sold directly to their employees and staff canteen own.

d) Food, non – staple food, clothing, daily necessities, fuel sold to military personnel, soldiers for living;

e) Consumer goods sold to foreigners, overseas Chinese, Hong Kong, Macao and Taiwan compatriots in China;

f) Chinese and Western medicine, Chinese herbal medicine and medical supplies purchased by residents purchased at their own expense;

g) Newspapers, books, magazines, new and old commemorative stamps sold by philatelic corporation , special stamps, FDC, stamps, stamp collecting tools, etc. sold by newspapers, publishing houses to residents and social groups;

h) Goods Since the purchase of second – hand shops;

i) Gas cooker and bottled liquefied petroleum gas sold by gas and liquefied petroleum gas stations to residents and social groups;

j) Goods sold by farmers to non – agricultural residents and social groups. It does not include all raw materials, fuel, equipment, tools etc. sold to national economic departments, enterprises and institutions (including farm of state – owned economy) for production and management and goods sold to wholesale and retail trade, catering industry as commodities, consignment selling goods commissioned by vintage consignment shop, services revenue of service industry, income of post on sell stamps, income of tap water, electricity, gas production and supply unit on the supply of products. It also does not include sales of commodities among farmers.

Purchase, Sales and Stock of Commodities by Wholesale and Retail Trades refer to the total volume of commodities purchased, total volume of sales and exports, and the stock of commodities by wholesale and retail enterprises (establishments) of different status of registration from domestic and overseas markets.

Total Purchases of Commodities refer to the total value of purchases of commodities by enterprises (establishments) from other establishments or individuals (including direct import from abroad) for the purpose of re – selling, either with or without further processing of the commodities purchased. This indicator is used to show the total value of purchases of commodities by wholesale and retail establishments from domestic and overseas markets. The purchases include: (1) agricultural and industrial products purchased from producers; (2) books, magazines and newspapers purchased from distribution departments of the publishers; (3) commodities purchased from wholesale and retail establishments of different status of registration; (4) commodities purchased from other units, such as surplus materials purchased from government agencies, enterprises or institutions, commodities purchased from hotels and catering services establishments, confiscated goods purchased from customs authorities or market management agencies, second – hand goods and wastes purchased from residents; and (5) commodities directly imported from abroad. Excluded are commodities purchased by enterprises (establishments) for use in their own business operation, commodities obtained without buying or selling procedures, rejected commodities, etc.

Total Sales of Commodities refer to value of commodities sold by the establishments to other establishments and individuals (including direct export to abroad). This indicator is used to show the total value of sales of commodities at domestic markets and export. The sales include: (1) commodities sold to urban and rural residents and social groups for their consumption; (2) commodities sold to establishments in industry, agriculture, construction, transportation, post and telecommunications, wholesale and retail trades, hotels and catering services, and public utility for their production and operation; (3) commodities sold to wholesale and retail establishments for re – selling, with or without further processing; and (4) commodities for direct export to abroad. Excluded are selling of waste packaging materials used by the establishments (units) themselves, commodities transferred without buying or selling procedures, commission income from brokerage in transactions for which settlement is directly handled by buyers and sellers, rejected commodities in the purchase, loss in commodities, etc.

Total Stock of Wholesale and Retail Trade refers to total commodities possessed by wholesale and retail enterprises (units) of various types of registration status at the end of the reference period, reflecting the commodity stock level of various wholesale and retail enterprises and the potential for market supply. It includes: (1) commodities located in storage, garages, counters, and shelves of operating units (such as sale stores, wholesale centres, and operating offices) of wholesale and retail enterprises; (2) commodities in the process of being selected, sorted, and packed; (3) commodities not arrived but recorded as purchase in the account, i. e. commodities not arrived but payment receipts for the commodities from the sellers or the banks arrived; (4) commodities deposited in other places rather than places mentioned above, for instance: commodities in the hold of purchasers temporarily due to the refusal of payment and commodities not taken back after going through the formalities; (5) commodities entrusted to other units to sell but not sold yet; (6) commodities purchased for other units but not delivered yet. Commodities not included as stock are those not owned by the enterprises (units), commodities on commission for processing but not yet delivered, imported commodities of agency of foreign trade enterprise but not yet delivered to ordering units and finally those put in stock on behalf of the state material reserves units.

Business Revenue of Hotels and Catering Services refers to revenue received from providing services or selling commodities by corporate enterprises and establishments engaged in hotels and catering services, including income from hotels, from catering services, from selling of commodities and from other services. Income from hotels refers to income of corporate enterprises and establishments engaged in hotels and catering services by providing lodging services. Income from catering services refers to income of corporate enterprises and establishments engaged in hotels and catering services by providing catering services, including selling of cooked or prepared foods such as staple food, cooked dishes or cold dishes. Income from selling of commodities refers to income of corporate enterprises and establishments engaged in hotels and catering services by selling commodities (including value – added tax) that accompany the services they provide. Income from other activities refers to income received other than income from hotels, catering services or selling of commodities, such as income from providing recreation, fitness or business services.

第 17 篇
CHAPTER 17

旅　游
Tourism

旅游收入

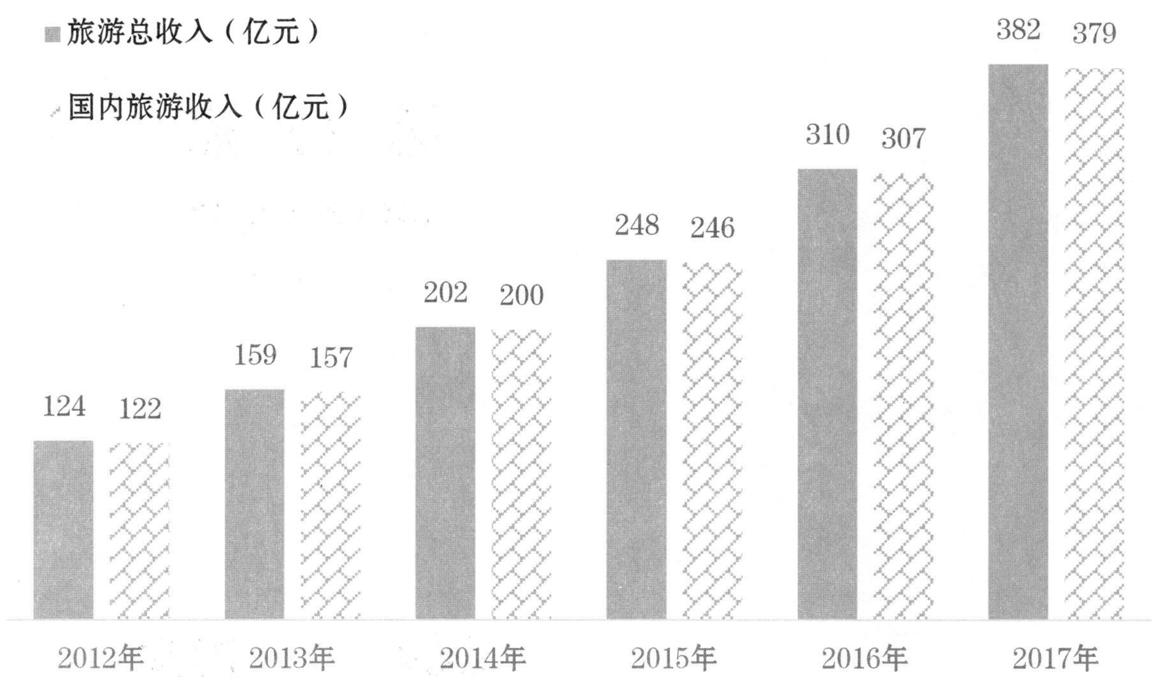

入青游客主要客源地结构

2017年

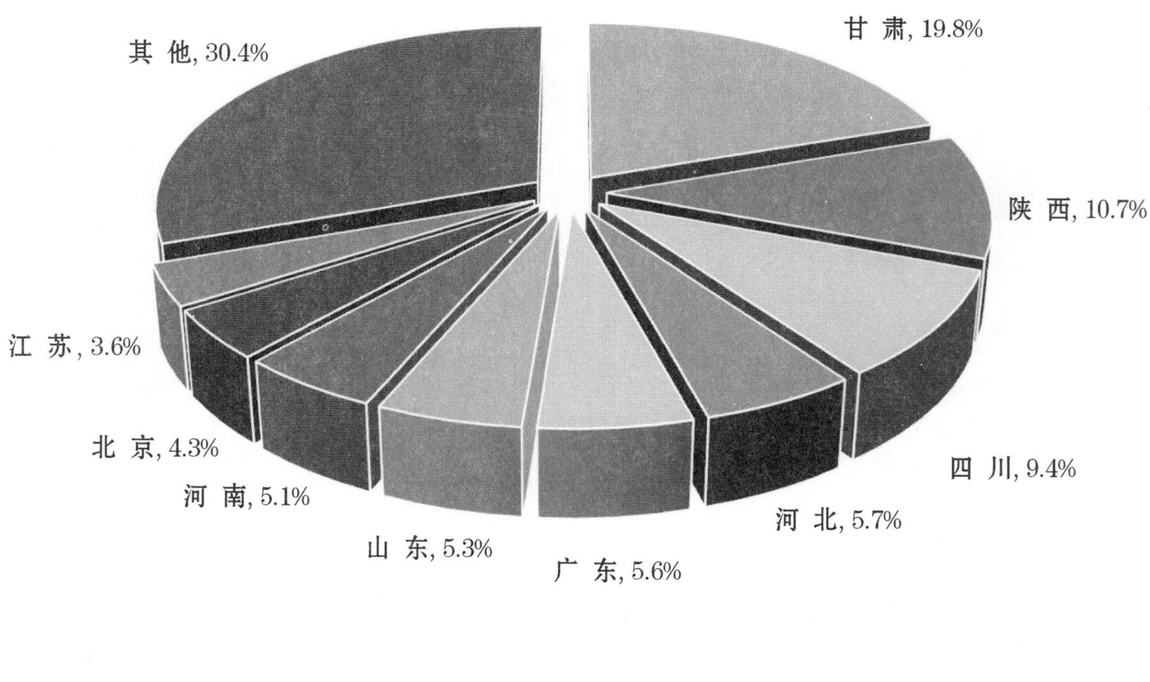

17-1 2013－2017年旅游事业发展情况

Development of Tourism (2013－2017)

指 标	Item	2013	2014	2015	2016	2017
年末旅行社数 （个）	**Number of Travel Agencies (unit)**	**245**	**247**	**238**	**273**	**308**
国际旅行社	International Travel Agencies	14	15	16	19	23
国内旅行社	Domestic Travel Agencies	231	232	222	254	285
年末旅行社从业人员 （人）	**Engaged Persons of Travel Agencies (person)**	**2456**	**2480**	**2138**	**2057**	**2303**
国际旅行社	International Travel Agencies	378	525	457	492	552
国内旅行社	Domestic Travel Agencies	2078	1955	1681	1565	1751
星级饭店总数 （个）	**Number of Star-rated Hotels (unit)**	**164**	**219**	**313**	**332**	**339**
旅游人次合计 （万人次）	**Number of Tourists (10 000 persons-time)**	**1780.4**	**2005.6**	**2315.4**	**2876.9**	**3484.1**
国际旅游者	Number of Overseas Visitor Arrivals	4.6	5.2	6.6	7.0	7.0
外国人	Foreigners	4.1	4.1	4.5	5.0	5.7
港、澳、台湾同胞	Chinese Compatriots From Hong Kong, Macao and Taiwan	0.5	1.1	2.0	2.0	1.3
国内旅游者	Number of Domestic Visitors	1775.8	2000.4	2308.8	2869.9	3477.1
旅游总收入 （亿元）	**Total Tourism Earnings (100 million yuan)**	**159**	**202**	**248**	**310**	**382**
国内旅游收入 （亿元）	Earnings from Domestic Tourism (100 million yuan)	157	200	246	307	379
国内旅游者人均花费 （元）	**Per Capita Expenditure from Domestic Tourism(yuan)**	**886**	**1001**	**1064**	**1071**	**1090**
国际旅游外汇收入（万美元）	**Foreign Exchange Earnings from International Tourism (10 000 USD)**	**1942**	**2574**	**3876**	**4416**	**3829**
国际旅游者人均天花费（美元）	**Per Capita Expenditure from International Tourism (USD)**	**158**	**159**	**179**	**166**	**169**

注：本章数据来源于青海省旅游发展委员会。

a)This data is from the Qinghai Provincial Committee for tourism development。

17-2 2016－2017年接待外国旅游人数(按国别分)

Number of Oversea Visitor Arrivals by Country(2016－2017)

单位：人次 (person-time)

国家(地区)	Country(Region)	2016	2017	国家(地区)	Country(Region)	2016	2017
总　计	**Total**	**50349**	**56953**	德　国	Germany	1580	1242
亚洲小计	**Total Asia**	**27340**	**33143**	意大利	Italy	1188	426
日　本	Japan	4910	8855	其　它	Others	5041	5140
韩　国	Republic of Korea	5554	2494	**美洲小计**	**Total America**	**9352**	**10350**
印度尼西亚	Indonesia	409	431	美　国	United States	5232	7741
马来西亚	Malaysia	1697	2669	加拿大	Canada	1646	1542
菲律宾	Philippines		159	其　它	Others	2474	1067
新加坡	Singapore	1479	3509	**大洋洲小计**	**Total Oceanic**	**2292**	**1891**
泰　国	Thailand	3037	164	澳大利亚	Australia	1244	1312
其　他	Others	10254	14862	新西兰	New Zealand	411	169
欧洲小计	**Total Europe**	**10920**	**10054**	其　它	Others	637	410
英　国	United Kingdom	1669	1779	**非洲小计**	**Total Africa**	**132**	**288**
法　国	France	1442	1467	**其　它**	**Others**	**313**	**1227**

17-3 2017年进入青海省自驾车量及排名
Volume and Rank of Tourists by Self-driving Cars (2017)

车源地	Car Source	自驾车数量(辆) Volume (unit)	比上年增长(%) Increase Over the Previous Year (%)	排名 Rank
合计	**Total**	**1428430**	**65.49**	
甘肃	Gansu	608691	132.84	1
陕西	Shaanxi	99557	69.51	2
宁夏	Ningxia	93928	87.73	3
四川	Sichuan	85819	54.58	4
重庆	Chongqing	61844	107.04	5
内蒙古	Inner Mongolia	48134	115.43	6
北京	Beijing	42385	61.30	7
河南	Henan	41353	12.23	8
山西	Shanxi	33104	46.51	9
新疆	Xinjiang	29089	65.38	10
西藏	Tibet	26015	25.93	11
其他	Others	258511	-1.05	

17-4 2017年入青游客主要客源地排名
Rank of the Main Source of Tourists into Qinghai(2017)

地区	Region	省外游客(万人次) Foreign Province Tourists (10 000 person-times)	所占比重(%) Percentage (%)	排名 Rank
合计	**Total**	**1800.98**	**100.0**	
甘肃	Gansu	356.23	19.8	1
陕西	Shaanxi	193.25	10.7	2
四川	Sichuan	170.01	9.4	3
河北	Hebei	102.30	5.7	4
广东	Gguangdong	100.13	5.6	5
山东	Shandong	95.99	5.3	6
河南	Henan	92.39	5.1	7
北京	Beijing	77.62	4.3	8
江苏	Jiangsu	65.56	3.6	9
其他	Others	547.50	30.4	

17−5 2017年星级饭店基本情况

Basic Conditions of Star-rated Hotel (2017)

指 标	Item	星级饭店 (个) Number of Star-rated Hotel (unit)	客房数 (间) Number of Rooms (unit)	床位数 (张) Number of Beds (unit)	从业人数 (人) Employed Persons (person)
合 计	**Total**	**339**	**26325**	**48431**	**17232**
五星级	Five-star Hotel	2	942	1534	850
四星级	Four-star Hotel	46	6692	11671	7103
三星级	Three-star Hotel	166	12771	24287	7186
二星级	Two-star Hotel	122	5778	10666	2056
一星级	One-star Hotel	3	142	273	37

17−6 2015−2017年分地区旅游业发展情况

Development of Tourism by Region(2015-2017)

单位：亿元、万人次、元　　(100 million yuan,10 000 person-times,yuan)

地 区	Region	旅游总收入 Total Tourism Earnings			旅游人数 Number of Tourists			人均花费 Per Capita Expenditure		
		2015	2016	2017	2015	2016	2017	2015	2016	2017
西宁市	Xining City	156.5	195.8	251.0	1606.5	1852.5	2138.3	973.9	1057.0	1173.7
海东市	Haidong City	28.5	35.7	44.7	835.8	962.5	1161.4	340.9	370.4	384.8
海北州	Haibei Zang A.P	16.5	20.5	26.6	636.3	733.5	862.7	259.8	278.8	308.6
黄南州	Huangnan Zang A.P	10.8	13.2	16.1	344.3	427.9	557.1	312.2	308.9	288.5
海南州	Hainan Zang A.P	13.1	16.6	20.7	476.0	657.8	778.5	275.0	251.9	265.5
果洛州	Golog Zang A.P	2.2	3.1	4.0	36.5	45.9	55.4	602.7	675.2	725.9
玉树州	Yushu Zang A.P	2.5	4.2	5.8	50.7	63.9	88.5	499.2	649.5	649.8
海西州	Haixi Mongolian &Zang A.P	31.6	58.0	85.9	646.3	1105.8	1375.2	488.8	524.5	624.8
青海湖管理局	Qinghai Lake Administration Bureau	2.2	2.5	3.3	165.2	189.8	330.5	135.0	130.1	99.3

注：表中旅游人数合计存在重复统计因素(一日游、自驾游等)，旅游收入合计也只含入住、餐饮、景点门票等收入。因此，分地区指标除代表本地旅游发展情况外，只做全省旅游统计指标测算参考依据，各地简单合计不能准确代表全省旅游发展情况。

a) There is repeated statistical factors (day trips, driving, etc.)in Total Tourist Arrivals in the table , and total tourism revenues contains only staying, restaurants, attractions tickets and other revenue. Therefore, indicators by region represent the local tourism development of the region, and become only measuring reference of the province's tourism statistical indicators, simple total of all the regions can not accurately represent the provincial tourism development situation.

17-7 青海省A级旅游景区名录
Catalogue of State Class Scenic Spots of Qinghai

景区名称	Scenic Spot Name	地　址
5A级景区	**AAAAA State Class Scenic Spots**	
塔尔寺景区	Ta'er Lamasery	西宁市湟中县鲁沙尔镇
青海湖景区	Qinghai Lake	青海湖管理与保护局
互助土族故土园旅游区	Huzhu Tu Homeland Park Scenic Spot	海东市互助县威远镇北大街1号
4A级景区	**AAAA State Class Scenic Spots**	
青海省博物馆	Qinghai Museum	西宁市西关大街新宁广场
格尔木昆仑文化旅游区	Geermu Kunlun Culture Area	海西州格尔木市八一中路
循化撒拉族绿色家园	Xunhua Sala Nationality Gardens	海东市循化县积石镇
金银滩景区	Jinyintan Pasture	海北州西海镇
青海藏医药文化博物馆	Qinghai Tibetan Medicine and Culture Museum	西宁市生物园区
门源百里油菜花海景区	Menyuan Hundred Miles of Rapeseeds Flower Field	海北州门源县东街
祁连风光旅游景区	Qilian Mountains	海北州祁连县祁连广场
热贡国家级历史文化名城旅游区	Regong State Historical and Cultural City	黄南州同仁县热贡宾馆
久治年宝玉则景区	Jiuzhi Nianbaoyuze Mountain	果洛州久治县智青松多镇
玉树称多拉布民俗村	Yushu Chengduo Labu Folk Customs Village	玉树州称多县拉布村
大通老爷山风景名胜区	Datong Laoyeshan Mountain	西宁市大通县桥头镇
湟源丹噶尔古城	the Ancient city of Dan Gar in Huangyuan County	西宁市湟源县
西宁乡趣农耕文化生态园	Xining Rural Farming Culture Ecological Park	西宁市城北区大堡子镇陶北村口
西宁市青藏高原野生动物园	Xining Qinghai-Tibet Plateau Wildlife Park	西宁市城西区行知路9号
贵德高原养生休闲度假区	Guide Highland Health and Leisure Resort	海南州贵德县
西宁市青海藏文化馆	Qinghai Tibetan Cultural Center	西宁市湟中县鲁沙尔镇
坎布拉景区	Kanbula Area	黄南州尖扎县西北部
青海茶卡盐湖旅游景区	Qinghai Chaka Salt Lake	海西州乌兰县茶卡镇
刚察县高原海滨藏城景区	Gangcha Plateau Seashore Tibetan City	海北州刚察县
西宁市中国工农红军西路军纪念馆	Chinese Red Army Memorial Museum	西宁市城中区
西宁市力盟步行街文化旅游区	Limeng Walking Street Cultural Tourism Area	西宁市城西区
格尔木市将军楼文化主题公园	Geermu Gen. Building Cultural Theme Park	海西州格尔木市
民和县永禄康格达景区	Minhe Yonglu Kangeda Area	民和县满坪镇大庄村
乡趣卡阳户外旅游度假景区	Kayang Village Interesting Outdoor Tourist Resort	西宁市湟源县
3A级景区	**AAA State Class Scenic Spots**	
西宁市人民公园	Xining People's Park	西宁市胜利路
西宁市东关清真大寺	Xining Dongguan the Great Mosque	西宁市东关大街
西宁市南山旅游风景区	Xining South Hill	西宁市南山公园
北山土楼观旅游景区	Beishan Taoist Temple	西宁市祁连路
西宁市麒麟湾	Xining Kirin Bay	西宁市黄河路29号
浦宁之珠(高原明珠)	Pearl Puning (Plateau Pearl)	西宁市西山一巷
青海赞普林卡旅游景区	Qinghai Zanpulinka Palace	西宁市湟源县县城入口处
青海日月山旅游景区	Qinghai Riyue Mountain	西宁市湟源县
大通国家森林公园察汗河景区	Datong National Forest Park Chahanhe Scenic Area	西宁市大通县宝库乡油坊卡村224号
大通县汇丰景园农业旅游景区	Datong Huifengjing Garden Agricultural Tourist Area	大通县景阳镇
贵德黄河奇石苑	Guide the Yellow River Rare Stones Garden	海南州贵德县河西镇
龙羊峡旅游景区	Longyangxia Reservoir	海南州共和县龙羊峡库区
可鲁克湖—托素湖高原生态旅游景区	Keluke Lake-Tuosu Lake Plateau Ecological Area	海西州德令哈市
玉树新寨嘉那嘛呢景区	Yushu Xinzhai Jiana Mani Stones City	玉树州玉树市结古镇

17-7 续表 Continued

景区名称	Scenic Spot Name	地　址
西宁市红叶谷休闲生态旅游景区	Xining Hongyegu Leisure Ecological Area	西宁市经济技术开发区杨沟湾
平安峡群寺森林公园	Pingan Xiaqiong Temple Forest Park	海东市平安区国有林场
西宁市大通国家森林公园鹞子沟景区	Datong National Forest Park's Kite Ditch	西宁市大通县东峡镇衙门庄村
勒巴沟—文成公主庙景区	Lebagou Valley Stone Drawing-the Temple of Princess Wencheng	玉树州玉树市结古镇
玉树当卡寺旅游景区	Yushu Dangka Lamasery	玉树州玉树市结古镇
玉树结古寺旅游景区	Yushu Jiegu Lamasery	玉树州玉树市结古镇
民和药泉山旅游景区	Minghe Medical Spring	海东市民和县古鄯镇七里寺
民和金三川民俗风情游览区	Minghe Jin Sanchuan Folk Customs Tourist Area	海东市民和县官亭镇
乐都柳湾彩陶旅游景区	Ledu Liuwan Pottery Tourist Attractions	海东市乐都区高庙镇柳湾村
化隆夏琼寺景区	Hualong Xiaqiong Temple	海东市化隆县查普乡
乌兰金子海风景区	Wulan Jinzihai Senic Area	海西州乌兰县
囊谦尕尔寺大峡谷生态旅游景区	Nangqian Gaer Temple Grand Canyon Ecotourism	玉树州囊谦县
囊谦达那河谷生态旅游景区	Nangqian Dana Valley Ecotourism	玉树州囊谦县
称多尕朵觉悟神山旅游景区	Chengduo Gaduojuewu Mountain	玉树州称多县
玉树隆宝滩旅游景区	Yushu Longbao Shoal Senic Area	玉树州玉树市
玛柯河原始森林生态旅游景区	Make River Virgin Forest Ecotourism	果洛州班玛县
治多贡萨寺旅游景区	Yushu Zhiduo Gongsa Lamasery	玉树州治多县
天峻县神湖之源旅游风景区	the Source of God Lake Scenic Area in Tianjun County	海西州天峻县
狮龙宫殿旅游景区	Lion Dragon Palace Scenic Area	果洛州达日县
格萨尔林卡旅游景区	Gesar Linka Scenic Area	果洛州达日县
查朗寺旅游景区	Chalang Temple Scenic Area	果洛州达日县
星星海生态旅游景区	Sea Star Zoology Scenic Area	果洛州玛多县
东格措纳湖生态旅游区	Donggecuona Lake Zoology Scenic Area	果洛州玛多县
白扎寺旅游景区	Baizha Temple Scenic Area	果洛州班玛县
多尕麻格萨尔王莲花圣殿旅游景区	Duogama Lotus Temple of King Gesar Scenic Area	果洛州班玛县
官仓峡旅游景区	Guancang Gorge Scenic Area	果洛州甘德县
龙恩寺德尔文格萨尔文化史诗村旅游区	Long'en Temple De'erwen Gesar Epic Village Scenic Area	果洛州甘德县
阿尼玛卿雪山旅游景区	Animaqing Snow Mountain Scenic Area	果洛州玛沁县
兴海赛宗寺文化旅游区	Xinghai Saizong Lamasery Culture Scenic Area	海南州兴海县南38公里处赛宗寺
拉加寺旅游景区	Lajia Temple Scenic Area	果洛州玛沁县
青海可可西里工业旅游景区	Qinghai Kekexili Industrial Scenic Area	西宁市城中区同安路108号
兴海县图旦达杰民俗文化旅游景区	Xinghai Tudandajie Folk Culture Scenic Area	海南州兴海县城西大街
共和县千卜录寺藏传佛教文化与民俗旅游景区	Gonghe Qianbulu Temple Tibetan Buddhist Culture and Folklore Scenic Area	海南州共和县廿地乡曲什纳村
西北骄集团	Xi Bei Jiao	西宁(国家级)经济开发区高新路7号
中华枸杞养生苑	Chinese Wolfberry Health Garden	西宁市经济技术开发区昆仑东路21号

17-7 续表2 Continued

景区名称	Scenic Spot Name	地　址
大通娘娘山景区	Datong Niangniang Mountain	西宁市大通县桥头镇
乐都区河湟碑林景区	Ledu District Hehuang Tablet Forest Area	海东市乐都区
久治县德合龙寺景区	Jiuzhi Dehelong Temple Area	果洛州久治县康赛乡
西宁锦熙丰生态旅游景区	Xining Jinxifeng Zoology Scenic Area	西宁市城东区
青海多巴国家高原体育训练基地	Qinghai Duoba National Plateau Sports Training Base	西宁市多巴镇
西宁湟源大黑沟旅游景区	Scenic Area Huangyuan Daheigou Scenic Area	西宁市湟源县
青海大漠红枸杞工业旅游景区	Qinghai Damohong Medlar Industrial Scenic Area	海西州都兰县
久治白玉旅游景区	Jiuzhi Baiyu Scenic Area	果洛州久治县
玛沁县喇日寺	Maqing Lari Temple Gesar	果洛州玛沁县
格萨尔文化产业园旅游景区	Cultural Industry Garden Scenic Area	
河南县瀞渡工业旅游景区	Henan Jingdu Industrial Scenic Area	黄南州河南县
民和县七里寺景区	Minghe Qili Temple Area	民和县古鄯镇七里寺
青海牦牛文化博物馆暨	Qinghai Yak Culture Museum and	青海省西宁市湟源县
臧宝工业旅游景区	Tibetan Treasure Industrial Tourism Scenic Area	
青海玉生琨昆仑玉文化景区	Qinghai Yushengkun Kunlun Jade Culture Area	青海省西宁市
2A级景区	**AA State Class Scenic Spots**	
玉树称多赛巴寺旅游景区	Yushu Chengduo Saiba Lamasery	玉树州称多县拉布村
同德石藏文化旅游区	Tongde Shizang Culture Scenic Area	海南州同德县河北乡
乐都瞿昙寺旅游景区	Ledu Qutan Temple Scenic Area	海东市乐都区瞿昙镇
民和天井峡–松山原始森林风景区	Minghe Tianjingxia- Songshan Virgin Forest	海东市民和县官亭镇
化隆县雄先岗山生态旅游景区	Hualong Xiongxiangang Mountain Zoology Scenic Area	化隆县西部雄先森林公园内
化隆县阿河滩撒拉民俗村	Hualong Ahetan Salar Customs Village	海东市化隆县甘都镇
乐都区农业示范园旅游景区	Ledu Agricultural Demonstration Garden Area	海东市乐都区
乐都区杨宗林场旅游区	Ledu Yangzong Tree Farm Area	海东市乐都区中坝乡杨宗寺
乌兰县哈里哈图国家森林公园	Wulan Halihatu National Forest Park	海西州乌兰县城东北部约25公里处
都兰县海寺花海景区	Dulan Hai Temple Flower Sea Area	海西州都兰县东行15公里左右
甘德县直尕尔风景区	Gande Zhigaer Scenie Area	果洛州甘德县
泽库县麦秀国家森林公园	Zeku Mexiu National Forest Park	黄南州泽库县
阿尼格日佛景区	Anigerifo Scenie Area	黄南州泽库县
石沟寺景区	Shigou Temple Scenic Area	海东市乐都区
水峡景区	Shuixia Scenic Area	海东市乐都区
药草台景区	Yaocaotai Scenic Area	海东市乐都区
上北山省级森林公园	Shangbeishan Provincial Forest Park	海东市乐都区
九寺掌旅游景区	Jiusizhang Scenic Area	海东市乐都区
黄河第一湾景区	First Gulf of the Yellow River Scenic Area	海东市化隆县

17-8 青海省对外开放山峰
Main Mountain Peaks Opened to the Outside

山峰名称 Names of Mountain Peak	海拔高程(米) Altitude(m)	所属山系 Mountain Range	地理位置 Geography of Place
阿尼玛卿峰	6282	昆仑山脉	果洛州玛沁县
格拉丹东峰	6621	唐古拉山脉	海西州格尔木市
雅拉达则峰	5215	昆仑山脉	果洛州玛多县
新青峰	6860	昆仑山脉	海西州与新疆交界处
年保玉则峰	5369	昆仑山脉	果洛州久治县
错日尕则峰	4610	昆仑山脉	果洛州玛多县
玉珠峰	6179	昆仑山脉	海西州格尔木市
玉虚峰	5933	昆仑山脉	海西州格尔木市
马阑山	6056	昆仑山脉	玉树州治多县
湖北冰峰	5769	昆仑山脉	海西州与玉树州交界处
五雪峰	5805	昆仑山脉	玉树州治多县
大雪峰	5863	昆仑山脉	玉树州治多县
唐古拉山	6205	唐古拉山脉	海西州格尔木市管辖区
龙亚拉峰	6104	唐古拉山脉	海西州格尔木市管辖区

17－9 各级政府驻地海拔高程
Altitude of the Government Locations by Region

县(市、行委)名称	Names of Cities and Counties	海拔高程(米) Altitude(m)	驻地名称 Names of Locations	备注 Remarks
西宁市	**Xining City**			
西宁市	Xining City	2250	西宁市	省政府驻地
大通县	Datong Hui&Tu County	2720	桥头镇	
湟中县	Huangzhong County	2645	鲁沙尔镇	
湟源县	Huangyuan County	2666	城关镇	
海东市	**Haidong City**			
平安区	Pingan County	2114	平安镇	海东市政府驻地
民和县	Minhe Hui&Tu County	1800	川口镇	
乐都区	Ledu County	2000	碾伯镇	
互助县	Huzhu Tu County	2520	威远镇	
化隆县	Hualong Hui County	2848	巴燕镇	
循化县	Xunhua Salar County	1860	积石镇	
海北州	**Haibei Zang A.P**			
海晏县	Haiyan County	3000	西海镇	海北州政府驻地
门源县	Menyuan Hui County	2880	浩门镇	
祁连县	Qilian County	2810	八宝镇	
海晏县	Haiyan County	3000	三角城镇	
刚察县	Gangcha County	3300	沙柳河镇	
黄南州	**Huangnan Zang A.P**			
同仁县	Tongren County	2480	隆务镇	黄南州政府驻地
尖扎县	Jianzha County	1990	马唐镇	
泽库县	Zeku County	3660	泽曲镇	
河南县	Henan Mengolian A.C.	3510	优干宁镇	
海南州	**Hainan Zang A.P**			
共和县	Gonghe County	2880	恰卜恰镇	海南州政府驻地
同德县	Tongde County	2980	尕巴松多镇	
贵德县	Guide County	2205	河阴镇	
兴海县	Xinghai County	3306	子科滩镇	
贵南县	Guinan County	3100	茫曲镇	
果洛州	**Golog Zang A.P**			
玛沁县	Maqin County	3730	大武镇	果洛州政府驻地
班玛县	Banma County	3560	赛来塘镇	
甘德县	Gande County	4020	柯曲镇	
达日县	Dari County	3970	吉迈镇	
久治县	Jiuzhi County	3628	智青松多镇	
玛多县	Maduo County	4300	玛查里镇	
玉树州	**Yushu Zang A.P**			
玉树市	Yushu County	3710	结古镇	玉树州政府驻地
杂多县	Zadou County	4080	萨呼腾镇	
称多县	Chengduo County	3825	称文镇	
治多县	Zhiduo County	4193	加吉博洛镇	
囊谦县	Nangqian County	3660	香达镇	
曲麻莱县	Qumalai County	4223	约改镇	
海西州	**Haixi Mongolian & Zang A.P**			
德令哈市	Delingha City	2980	德令哈市	海西州政府驻地
格尔木市	Geermu City	2850	格尔木市	
乌兰县	Wulan County	2960	希里沟镇	
都兰县	Dulan County	3180	察汗乌苏镇	
天峻县	Tianjun County	3408	新源镇	
大柴旦行委	Dachaidan	3176	柴旦镇	
冷湖行委	Lenghu	2755	冷湖镇	
茫崖行委	Mangya	2940	花土沟镇	

17−10 主要旅游景点海拔高程

Altitude of the Main Senics in the Province

旅游景点名称 Names of Scenic Spots	海拔高程(米) Altitude(m)	地理位置 Geography of Place
东关清真大寺	2230	西宁市
塔尔寺	2680	西宁市湟中县
青海湖	3190	海南州共和县、海北州刚察县交界处
瞿坛寺	2458	海东市乐都区
坎布拉国家森林公园	2630	黄南州尖扎县
十世班禅故居	2530	海东市循化县
孟达天池	2506	海东市循化县
隆宝滩黑颈鹤自然保护区	4352	玉树州玉树市
长江源头	6564	海西州格尔木市管辖区
察尔汗盐湖	2670	海西州格尔木市
鸟岛	3228	青海湖
互助北山国家森林公园	2290	海东市互助县
黄河源头	4780	玉树州曲麻莱县
阿尼玛卿山	6282	果洛州玛沁县
金银滩草原风光	3150	海北州海晏县
布喀达坂峰(昆仑山最高点)	6860	新疆与玉树交界处
昆仑山口	4771	海西州格尔木市与玉树州曲麻莱、治多县交界处
北禅寺	2330	西宁市
青海博物馆	2270	西宁市
老爷山	2928	西宁市大通县
互助北山国家森林公园	2740(场部2290)	海东市互助县
街子清真大寺	1940	海东市循化县
文都寺	2540	海东市循化县
夏宗寺	2795	海东市平安区
夏琼寺	2900	海东市化隆县
佑宁寺	2640	海东市互助县
日月山	3520	西宁市湟源县
倒淌河	3280	青海湖旅游区
龙羊峡	2480	海南州共和县龙羊峡库区
青海湖度假村	3190	青海湖旅游区
玉皇阁	2219	海南州贵德县
茶卡盐湖	3061	海西州乌兰县
原子城	3010	海北州海晏县
李家峡	2060	黄南州尖扎县和海东市化隆县交界处
南宗寺	2320	黄南州尖扎县
隆务寺	2480	黄南州尖扎县
麦秀林场	2910	黄南州同仁县
土蕃葬墓	3225	海西州都兰县
都兰国际狩猎场	4930	海西州都兰县
可可西里无人区	5863--4750	海西州格尔木市

17-10 续表 Continued

旅游景点名称 Names of Scenic Spots	海拔高程(米) Altitude(m)	地理位置 Geography of Place
万丈盐桥	2670	海西州格尔木市
巴颜喀拉山	5267	果洛州玛多、玉树州称多县交界处
文城公主庙	4250	玉树州玉树市
西王母瑶池	4470	海西州格尔木市
结古寺	3780	玉树州玉树市
骆驼泉撒拉族风情	1920	海东市循化县
凤凰山公园	2420	西宁市
金塔寺	2253	西宁市
苏家堡城	2560	西宁市大通县
南佛山	3265	西宁市湟中县
哈城	3150	西宁市湟源县
城隍庙	2666	西宁市湟源县
七里寺药水泉	2465	海东市民和县
官亭古文化遗址	2150	海东市民和县
白马寺	2105	海东市互助县
五峰寺	2860	海东市互助县
却藏寺	3023	海东市互助县
西海度假村	2155	海东市平安区
十四世达赖故居	2850	海东市平安区
古雷寺	2630	海东市循化县
二郎剑	3190	青海湖旅游区
三块石	3211	青海湖旅游区
海心山	3266	青海湖旅游区
三角城	3215	青海湖旅游区
沙岛	3252--3195	青海湖旅游区
祁连山原始森林	3020	海北州祁连县
祁连山鹿场	2870	海北州祁连县
仙米寺	2990	海北州门源县
珠固寺	2590	海北州门源县
热贡艺术馆	2520	黄南州同仁县
二郎洞	3580	海西州天峻县
石油城	2940	海西州茫崖行委
扎陵湖	4610	果洛州玛多县
鄂陵湖	4309	果洛州玛多县
囊谦猕猴自然保护区	3974	玉树州囊谦县
晒经台	4120	玉树州玉树市
敦科尔寺	3170	西宁市湟源县
魔鬼城	2980	海西州德令哈市
柳湾墓地	2060	海东市乐都区

主要统计指标解释

旅游人数

（1）入境旅游人数　指报告期内来我国观光、度假、探亲访友、就医疗养、购物、参加会议或从事经济、文化、体育、宗教活动的外国人、港澳台同胞等入境游客。统计时，外国人、港澳台同胞每入境一次统计1人次。

（2）出境人数　指中国（大陆）居民因公或因私出境前往其他国家、中国香港特别行政区、澳门特别行政区和台湾省观光、度假、探亲访友、就医疗养、购物、参加会议或从事经济、文化、体育、宗教活动的人数，即出境游客。统计时，按每出境一次统计1人次。

（3）国内旅游人数　指在报告期内在中国（大陆）观光游览、度假、探亲访友、就医疗养、购物、参加会议或从事经济、文化、体育、宗教活动的中国（大陆）居民人数，其出游的目的不是通过所从事的活动谋取报酬。统计时，国内游客按每出游一次统计1人次。

国际旅游（外汇）收入　指入境游客在中国（大陆）境内旅行、游览过程中用于交通、参观游览、住宿、餐饮、购物、娱乐等全部花费。

国内旅游收入　又称旅游总花费指国内游客在国内旅行、游览过程中用于交通、参观游览、住宿、餐饮、购物、娱乐等全部花费。

国际旅行社　指经营业务范围包括入境旅游业务、出境旅游业务和国内旅游业务的旅行社。

国内旅行社　指经营范围仅限于国内旅游业务的旅行社。

星级饭店　指设备、设施、服务符合《旅游饭店星级的划分与评定》（GB/T14308－2003），通过相关旅游管理部门评定，并取得星级饭店称号的饭店（含预备星级饭店）。

Explanatory Notes on Main Statistical Indicators

Number of Tourists

(1) Visitor arrivals refer to the number of foreigners, Chinese compatriots from Hong Kong, Macao and Taiwan Chinese (mainland) who come to China (mainland) for sight－seeing, vacation, visiting relatives, medical treatment, shopping, attending conference, or to engage in economic, cultural, sports and religious activities. In compiling statistics, each time of entering China is counted as one person－time.

(2) Number of Chinese residents going abroad refer to the number of Chinese (mainland) residents going to other countries, Hong Kong Special Administrative region, Macao Special Administrative region and Taiwan for on official or private purposes, for sight－seeing, vacation, visiting relatives, medical treatment, shopping, attending conference, or to engage in economic, cultural, sports and religious activities. In compiling statistics, each time of leaving is counted as one person－time.

(3) Number of domestic tourists refers to the number of Chinese (mainland) residents who travel within China (mainland) for sight－seeing, vacation, visiting relatives, medical treatment, shopping, attending conference, or to engage in economic, cultural, sports and religious activities. In compiling statistics, each time of travelling is counted as one person－time.

Foreign Exchange Earnings from International Tourism refer to the total expenditure of foreigners, overseas Chinese, Chinese compatriots from Hong Kong, Macao and Taiwan during their stay in the mainland of China on transportation, sighting, accommodation, food, shopping and entertainment.

Income from Domestic Tourism refer to expenditure of domestic tourists on transportation, sighting, accommodation, food, shopping and entertainment while they travel.

International Travel Agencies refer to travel agencies engaged in tourism entering China, Chinese residents going abroad and domestic tourism.

Domestic Travel Agencies refer to travel agencies only engaged in domestic tourism.

Star－rated Hotels refer to hotels rated with stars as assessed by the relevant tourism authorities according to GB/T14308－2003 standard with reference to their infrastructure, facilities and service levels.

第 18 篇
CHAPTER 18

金 融 业
Financial Intermediation

金融机构基本情况

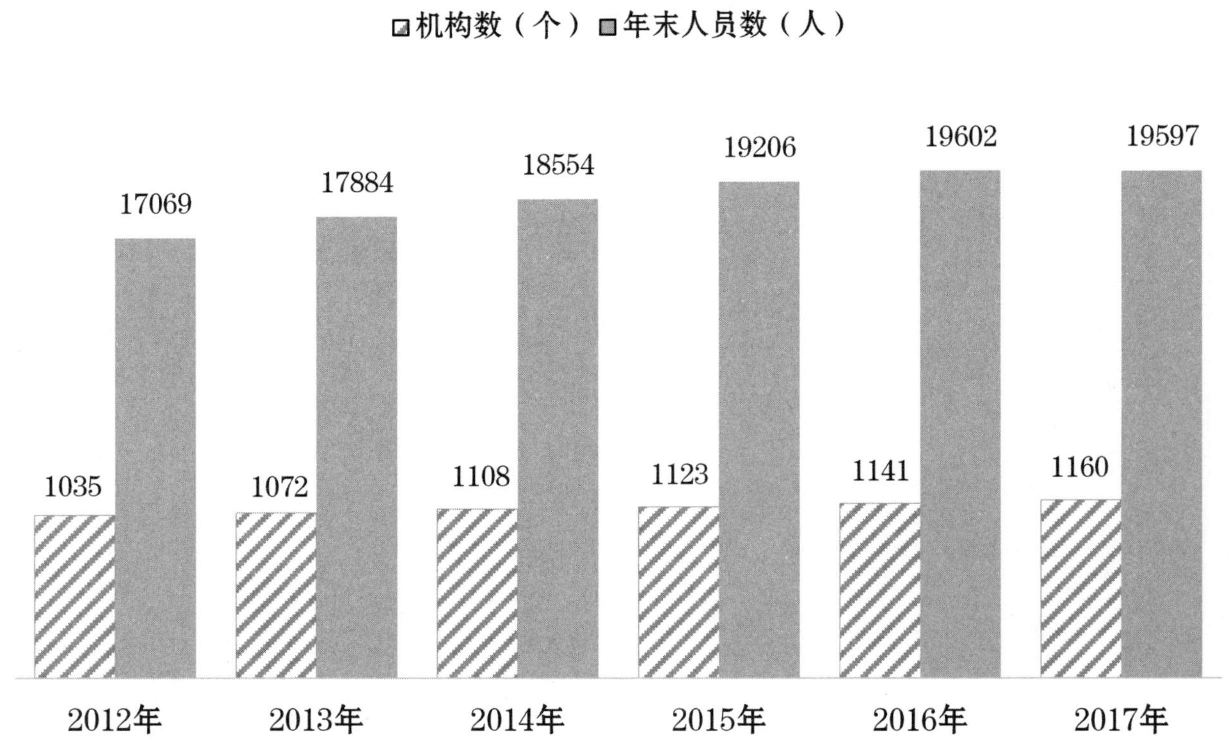

金融机构人民币存贷款余额

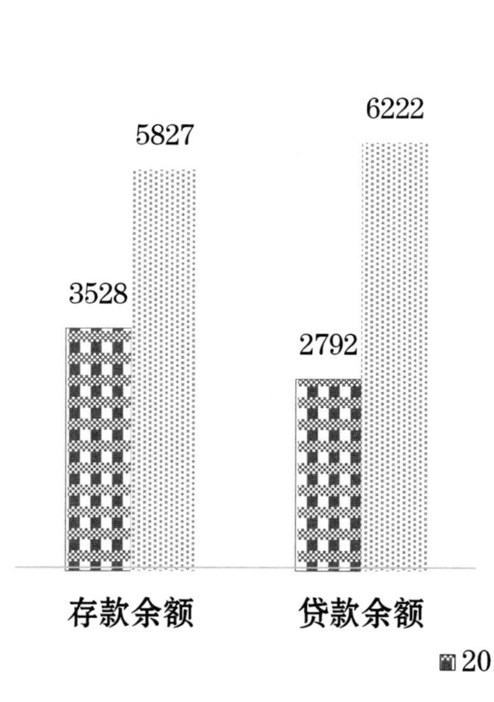

保险业务保费收入情况

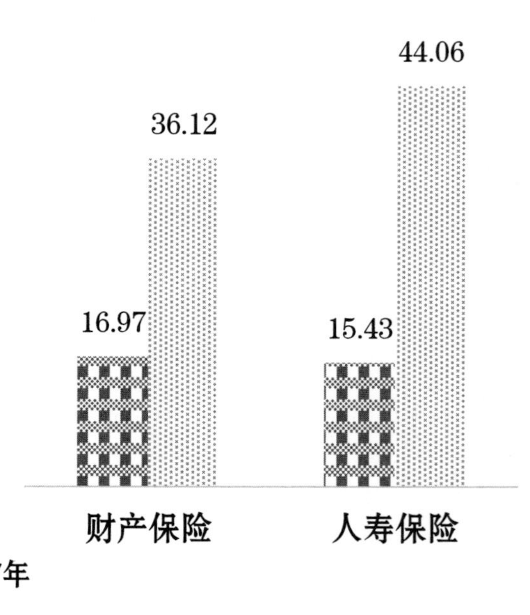

18－1　2015－2017年银行系统机构、人员数

Number of Institutions and Employees in Bank System(2015-2017)

项目	Item	机构数(个) Number of Institutions(unit)			年末人数(人) Number of Employees at Year-end (person)		
		2015	2016	2017	2015	2016	2017
全省金融机构合计	**Total Financial Institutions throughout the Province**	**1123**	**1141**	**1160**	**19206**	**19602**	**19597**
中国人民银行	People's Bank of China	18	18	18	1400	1314	1309
国家开发银行	China Development Bank	1	1	1	144	134	144
农业发展银行	Agricultural Development Bank of China	26	26	26	468	414	422
工商银行	Industrial and Commercial Bank of China	90	85	84	2250	2239	2199
农业银行	Agricultural Bank of China	177	177	177	2936	2903	2756
中国银行	Bank of China	46	46	47	1210	1230	1265
建设银行	China Construction Bank	114	114	114	2989	2962	2855
交通银行	Bank of Communications	4	4	5	155	170	184
邮储银行	Postal Savings Bank	181	181	181	926	961	970
中信银行	China Citic Bank	7	8	8	211	238	228
光大银行	China Everbright Bank			1			75
招商银行	China Merchants Bank	9	9	10	242	253	254
浦发银行	Shanghai Pudong Development Bank	4	7	12	158	190	213
兴业银行	Industrial Bank	1	1	3	113	143	132
民生银行	China Minsheng Bank		1	1		95	106
青海银行	Qinghai Bank	78	81	82	1676	1561	1684
农村信用社	Rural Credit Cooperatives	230	230	173	2468	2697	2004
农村商业银行	Rural Commercial Bank	133	146	211	1432	1647	2319
村镇银行	Rural Bank	2	4	4	58	118	120
财务公司	Finance Companies	1	1	1	27	29	31
五矿信托	Minmetals Trust	1	1	1	343	304	327

注：金融数据来源于人民银行西宁中心支行，以下表同。
a)financial data in this table are from the people's Bank of China, Xining central sub branch， the same below.

18-2 2015-2017年末金融机构人民币信贷收支
RMB Credit Balance of Financial Institutions at Year-end (2015-2017)

单位：亿元 (100 million yuan)

项 目	Item	2015	2016	2017
各项存款	**Total Deposits**	**5212.80**	**5570.17**	**5826.63**
境内存款	Domestic Deposits	5212.42	5569.74	5826.19
住户存款	Individual Deposits	1816.76	2002.42	2141.41
活期存款	Demand Deposits	967.97	1083.68	1151.50
定期及其他存款	Fixed Deposits and others	848.79	918.74	989.91
非金融企业存款	Non Financial Enterprises Deposits	1632.77	1642.42	1608.34
活期存款	Demand Deposits	1192.37	1125.09	1095.80
定期及其他存款	Fixed Deposits and others	440.40	517.33	512.54
广义政府存款	General Government Deposits	1716.00	1885.57	1924.28
财政性存款	Fiscal Deposits	181.91	241.64	337.36
机关团体存款	Organization Deposits	1534.09	1643.93	1586.92
非银行业金融机构存款	Non Banking Financial Institutions Deposits	46.89	39.33	152.16
境外存款	Foreign Deposits	0.39	0.43	0.44
各项贷款	**Total Loans**	**4988.01**	**5579.76**	**6222.49**
境内贷款	Domestic Loans	4987.93	5578.30	6220.23
住户贷款	Individual Loans	449.81	518.38	629.34
短期贷款	Short-term Loans	154.49	167.46	208.65
消费贷款	Consumer Loans	52.25	58.96	93.74
经营贷款	Operating LoanS	102.23	108.50	114.90
中长期贷款	Medium & Long-term Loans	295.32	350.92	420.70
消费贷款	Consumer Loans	181.00	218.71	266.70
经营贷款	Operating LoanS	114.32	132.21	154.00
非金融企业及机关团体贷款	Non Financial Enterprises and Organization Loans	4538.12	5059.92	5590.88
短期贷款	Short-term Loans	773.91	817.28	1075.31
中长期贷款	Medium & Long-term Loans	3356.96	3581.89	3887.70
票据融资	Bill Financing	402.18	655.55	622.66
融资租赁	Finance Lease			
各项垫款	Total Advances	5.08	5.20	5.22
非银行业金融机构贷款	Non Banking Financial Institutions Loans			
境外贷款	Foreign Loans	0.08	1.46	2.26

18-3 2017年金融机构人民币存款余额
RMB Deposits Balance of Financial Institutions(2017)

单位：万元 (10 000 yuan)

年份 地区	Year Region	合计 Total	境内存款 Domestic Deposits	住户存款 Individual Deposits	非金融企业存款 Non Financial Enterprises Deposits	广义政府存款 General Government Deposits	非银行业金融机构存款 Non Banking Financial Institutions Deposits	境外存款 Foreign Deposits
全　省	Provincial Total	58266302	58261897	21414091	16083394	19242785	1521627	4405
西宁市	Xining City	38837868	38833942	13391882	13016793	10906959	1518307	3926
海东市	Haidong City	6294009	6293925	3123494	880191	2290173	66	84
海北州	Haibei Zang A.P	1680923	1680901	600459	220079	860335	29	21
黄南州	Huangnan Zang A.P	1365815	1365811	472627	121792	771391		4
海南州	Hainan Zang A.P	2094327	2094325	890368	199081	1004868	7	2
果洛州	Golog Zang A.P	1132836	1132829	322509	38329	771990	1	7
玉树州	Yushu Zang A.P	1451523	1451511	566843	127851	756551	266	12
海西州	Haixi Mongolian & Zang A.P	5409002	5408653	2045908	1479277	1880517	2951	349

注：分地区数据为当年年度数，以下表同。
a)Data by region is current year data.The same as in the following tables.

18-4 2017年金融机构人民币贷款余额
RMB Loans Balance of Financial Institutions(2017)

单位：万元 (10 000 yuan)

年份 地区	Year Region	合计 Total	境内贷款 Domestic Loans	住户贷款 Individual Loans	非金融企业及机关团体贷款 Non Financial Enterprises and Organization Loans	非银行业金融机构贷款 Non Banking Financial Institutions Loans	境外贷款 Foreign Loans
全　省	Provincial Total	62224893	62202275	6293436	55908839		22618
西宁市	Xining City	51091458	51068841	4185196	46883645		22617
海东市	Haidong City	3448435	3448435	759506	2688929		
海北州	Haibei Zang A.P	739615	739615	321565	418051		
黄南州	Huangnan Zang A.P	531063	531063	180637	350426		0.33
海南州	Hainan Zang A.P	984189	984189	367789	616400		
果洛州	Golog Zang A.P	218164	218164	52177	165987		
玉树州	Yushu Zang A.P	319124	319124	75340	243784		
海西州	Haixi Mongolian & Zang A.P	4892844	4892844	351228	4541616		

18-5 2015-2017年末农村信用社人民币存、贷款余额

RMB Deposits and Loans Balance of Rural Credit Cooperatives at Year-end (2015-2017)

单位：万元 (10 000 yuan)

项　目	Item	2015	2016	2017
各项存款	**Total Deposits**	**3434521**	**3654734**	**3062654**
境内存款	Domestic Deposits	3434521	3654734	3062654
个人存款	Individual Deposits	1602012	1862295	1551746
活期储蓄存款	Demand Savings Deposits	929232	1049282	822258
定期储蓄存款	Fixed Savings Deposits	665122	807256	724045
结构性存款	Structured Deposits			
单位存款	Unit Deposits	1832509	1792439	1510908
活期存款	Demand Deposits	1743207	1685136	1381147
定期存款	Fixed Deposits	67679	80309	98778
保证金存款	Margin Deposits	21623	26994	30983
结构性存款	Structured Deposits			
国库定期存款	Treasury Fixed Deposits			
非存款类金融机构存款	Non Deposit Financial Institutions Deposits			
境外存款	Foreign Deposits			
各项贷款	**Total Loans**	**2200677**	**2505319**	**2014282**
境内贷款	Domestic Loans	2200677	2505319	2014282
短期贷款	Short-term Loans	582063	544585	397768
中长期贷款	Medium & Long-term Loans	1164267	1143024	804930
票据融资	Bill Financing	454347	817710	811584
融资租赁	Finance Lease			
各项垫款	Total Advances			
境外贷款	Foreign Loans			

注：本表统计口径同金融机构人民币信贷收支表。

a) Statistical caliber in this table is the same as RMB loans of financial institutions balance sheet.

18-6 2012－2017年保险业务基本情况

Basic Statistics of Insurance Business(2012－2017)

单位：万元 (10 000 yuan)

项　目	Item	2012	2013	2014	2015	2016	2017
财产保险公司保费收入	**Premium of Property Insurance Companies**	**169676**	**214234**	**249273**	**279280**	**320450**	**361243**
企业财产保险	Enterprise Property Insurance	12888	14572	14279	15108	13517	12182
家庭财产保险	Family Property Insurance	155	299	407	586	634	669
机动车辆保险	Motor Vehicle Insurance	124456	151516	184281	209121	232242	257673
责任保险	Liability Insurance	8202	8946	10682	11118	14340	17546
工程保险	Engineering Insurance	5900	6431	5332	3570	3988	3433
保证保险	Guarantee Insurance	153	149	253	145	2612	7168
船舶保险	Ship Insurance	72	93	108	108	67	38
货运险	Freight Transport Insurance	747	551	478	494	468	440
特殊风险保险	Special Risks Insurance	22	25	33	25	24	70
农业保险	Agriculture Insurance	8862	12507	14061	20803	28089	33487
健康险	Health Insurance	2828	12688	12940	11978	15343	18302
意外伤害保险	Accident Injury Insurance	5340	6435	6390	6112	8688	9578
信用保险	Credit Insurance		31	-13	3	285	432
其　他	Other Insurance	52	-9	41	108	153	225
人寿保险公司保费收入	**Premium of Life Insurance Companies**	**154331**	**175921**	**211618**	**283674**	**366833**	**440551**
意外险	Personal Accident Insurance	5229	6893	9126	10284	11635	12585
健康险	Health Insurance	17060	30817	36788	46739	66766	84566
寿　险	Life Insurance	132042	138211	165703	226650	288432	343400

注：本表数据来源于青海保监局。

a) Data in this table are from Qinghai Securities Regulatory Bureau.

18-6 续表 Continued

单位：万元 (10 000 yuan)

项　目	Item	2012	2013	2014	2015	2016	2017
财产保险公司赔款支出	**Payment of Property Insurance Companies**	**80978**	**104758**	**120839**	**136078**	**167412**	**185182**
企业财产保险	Enterprise Property Insurance	5390	6068	8538	4719	6396	5451
家庭财产保险	Family Property Insurance	157	83	176	286	187	486
机动车辆保险	Motor Vehicle Insurance	60393	70294	82053	91260	103492	118071
责任保险	Liability Insurance	4144	3335	4986	5553	6453	6745
工程保险	Engineering Insurance	1261	2417	2341	4028	4086	3653
保证保险	Guarantee Insurance	1		15	12	47	306
船舶保险	Ship Insurance	9	6	31	17	8	4
货运险	Freight Transport Insurance	66	48	67	97	51	52
特殊风险保险	Special Risks Insurance			6	3	8	2
农业保险	Agriculture Insurance	7205	8256	7066	14839	28125	30148
健康险	Health Insurance	721	12196	12374	11007	13849	15917
意外伤害保险	Accident Injury Insurance	1544	2018	3164	4206	4636	4245
信用保险	Credit Insurance					…	1
其　他	Other Insurance	87	35	22	50	75	101
人寿保险公司赔款支出与给付	**Payment of Life Insurance Companies**	**27599**	**48044**	**59939**	**67120**	**106382**	**107346**
意外险	Accident Insurance	1477	1914	2851	3427	4081	4348
健康险	Health Insurance	5312	16562	14072	19343	25054	20675
寿　险	Life Insurance	20810	29569	43015	44350	77248	82323

18-7 证券业主要情况
General Statistics on Securities Industry

指　　标		Item		2015	2016	2017
上市公司情况		**Listed Companies**				
上市公司	(户)	Number of Listed Companies	(accounts)	10	12	12
# A股	(只)	A Shares	(number)	10	12	12
上市公司总股本	(亿股)	Total Issued Capital of Listed Companies	(100 million shares)	95.77	129.59	137.54
# 流通股本		Negotiable Shares		85.43	89.10	106.16
上市公司股票市价总值	(亿元)	Total Market Capitalization of Listed Companies	(100 million yuan)	1409.80	1657.18	1585.16
# 股票流通市值		Negotiable Market Capitalization		1191.80	1061.12	1136.95
证券公司及交易情况		**Securities Companies and Trading**				
证券公司	(个)	Number of Securities Companies	(number)	1	1	1
证券营业部	(个)	Security Exchange	(number)	21	25	28
(含外地公司在青营业部)		(include Nonlocal Exchange in QingHai)				
证券交易开户数	(万户)	Total Stock Investors	(10 000 accounts)			
其中：在青		In Qinghai		22.86	26.96	31.03
辖外		Outside Jurisdiction		0.21	3.40	6.51
证券交易额	(亿元)	Trading Volume	(100 million yuan)			
其中：在青		In Qinghai		5060.83	2830.17	2507.98
辖外		Outside Jurisdiction		1603.27	4211.16	8162.83
# 股票、基金		Stocks and Funds				
其中：在青		In Qinghai		3433.24	1501.87	1291.99
辖外		Outside Jurisdiction		1442.45	979.66	2632.08
期货交易情况		**Futures Trading**				
期货代理交易额	(亿元)	Agent's Turnover of Futures	(100 million yuan)	5436.11	3288.43	2895.88

注：本表数据来源于青海证监局。

a) Data in this table are from Qinghai Securities Regulatory Bureau.

18−8　资金流量表(实物交易)(2016年)

单位：亿元

项目	Items	非金融企业部门 Non-financial Enterprises Departments 运用小计 Subtotal Use	来源小计 Subtotal Source	工业企业部门 Industrial Enterprise 运用 Use	来源 Source	其他非金融企业部门 Other non-financial Enterprises 运用 Use	来源 Source
一.净出口	Net Exports						
二.增加值	Added Value		1573.88		887.53		686.35
三.劳动者报酬	Worker's Reward	373.37		111.23		262.14	
(一)工资及工资性收入	Wage and Salary Income	347.68		103.57		244.11	
(二)单位社会保险付款	Unit Social Security Payment	25.69		7.65		18.04	
四.生产税净额	Net Taxes on Production	260.47		134.24		126.23	
(一)生产税	Production Tax	260.47		134.24		126.23	
(二)生产补贴	Production Subsidies						
五.财产收入	Property Income	145.46	75.28	27.81	80.31	117.65	-5.03
(一)利息	Interest	145.46	75.28	27.81	80.31	117.65	-5.03
(二)红利	Bonus						
(三)土地租金	Land Rent						
(四)其他财产收入	Other Property Income						
六.初次分配总收入	Initial Distribution of Income		869.87		694.57		175.30
七.经常转移	Current Transfers	6.05		2.85		3.20	
(一)收入税	Income Tax	3.22		0.02		3.20	
(二)社会保险缴款	Social Insurance Contributions						
(三)社会保险福利	Social Insurance Benefits						
(四)社会补助	Social Assistance						
(五)其他经常转移	Other Current Transfers	2.83		2.83			
八.可支配总收入	Total Disposable Income		863.82		691.72		172.10
九.最终消费	Final Consumption						
(一)居民消费	Household Consumption						
(二)政府消费	Government Consumption						
十.总储蓄	Total Savings		863.82		691.72		172.10
十一.资本转移	Capital Transfers		704.35		354.38		349.97
(一)投资性补助	Investment Grant		704.35		354.38		349.97
(二)其他资本转移	Other Capital Transfers						
十二.资本形成总额	Gross Capital Formation	2304.98		1815.27		489.71	
(一)固定资本形成总额	Gross Fixed Capital Formation	2292.72		1787.08		505.64	
(二)存货增加	Increase in Inventories	12.26		28.19		-15.93	
十三.其他非金融资产获得减处置	Other Non-financial Assets Gets Minus the Disposal	-736.81		-769.17		32.36	
十四.净金融投资	Net Financial Investment						
十五.统计误差	Statistical Error						

Flow of Funds Accounts (Barter) (2016)

(100 million yuan)

金融机构部门 Financial Enterprise Departments										政府部门 Governments	
运用小计 Subtotal Use	来源小计 Subtotal Source	银行部门 Banks		证券部门 Securities Department		保险部门 Insurance Department		其他金融企业部门 Other Financial Enterprise Departments		运用 Use	来源 Source
		运用 Use	来源 Source	运用 Use	来源 Source	运用 Use	来源 Source	运用 Use	来源 Source		
	245.81		193.87		7.14		14.45		30.35		353.33
52.82		37.16		4.15		5.56		5.95		493.91	
49.19		34.60		3.86		5.18		5.54		431.14	
3.63		2.56		0.29		0.38		0.41		62.77	
36.10		29.08		0.60		3.74		2.68		23.88	316.72
36.10		29.08		0.60		3.74		2.68		7.31	316.72
										16.57	
86.54	86.54	61.10	944.85		0.32	0.24	0.18	25.20	-858.82	128.16	30.83
86.54	86.54	61.10	944.85		0.32	0.24	0.18	25.20	-858.82	127.33	30.83
										0.83	
	156.89		1011.38		2.71		5.09		-862.29		54.94
16.30		15.01		0.38		0.00		0.91		156.45	60.18
16.30		15.01		0.38		0.00		0.91			25.93
										39.12	25.69
										25.28	
										92.05	
											8.56
	140.59		996.37		2.33		5.09		-863.20		-41.33
										686.52	
										686.52	
	140.59		996.37		2.33		5.09		-863.20		-727.85
										704.35	
										704.35	
4.69		4.69								1371.68	
4.69		4.69								1371.68	
135.90		991.68		2.33		5.09		-863.20		-2803.88	

18-10 续表

单位：亿元

项目	Items	住户部门 Households 运用 小计 Subtotal Use	住户部门 Households 来源 小计 Subtotal Source	城镇住户部门 Urban Households 运用 Use	城镇住户部门 Urban Households 来源 Source
一.净出口	Net Exports				
二.增加值	Added Value		399.46		267.52
三.劳动者报酬	Worker's Reward	486.01	1406.13	391.69	1072.15
(一)工资及工资性收入	Wage and Salary Income	412.23	1231.71	317.91	897.73
(二)单位社会保险付款	Unit Social Security Payment	73.77	174.42	73.77	174.42
四.生产税净额	Net Taxes on Production	12.84	16.57	12.84	
(一)生产税	Production Tax	12.84		12.84	
(二)生产补贴	Production Subsidies		16.57		2.23
五.财产收入	Property Income	7.59	29.66	4.00	16.06
(一)利息	Interest	7.59	28.83	4.00	15.49
(二)红利	Bonus				
(三)土地租金	Land Rent				
(四)其他财产收入	Other Property Income		0.83		0.57
六.初次分配总收入	Initial Distribution of Income		1345.39		947.20
七.经常转移	Current Transfers	-1.29	117.33	14.91	91.02
(一)收入税	Income Tax	6.41		6.41	
(二)社会保险缴款	Social Insurance Contributions	-13.43		2.77	
(三)社会保险福利	Social Insurance Benefits		25.28		8.17
(四)社会补助	Social Assistance		92.05		82.85
(五)其他经常转移	Other Current Transfers	5.73		5.73	
八.可支配总收入	Total Disposable Income		1464.02		1023.30
九.最终消费	Final Consumption	989.92		685.54	
(一)居民消费	Household Consumption	989.92		685.54	
(二)政府消费	Government Consumption				
十.总储蓄	Total Savings		474.10		337.76
十一.资本转移	Capital Transfers				
(一)投资性补助	Investment Grant				
(二)其他资本转移	Other Capital Transfers				
十二.资本形成总额	Gross Capital Formation	595.93		522.09	
(一)固定资本形成总额	Gross Fixed Capital Formation	594.63		522.09	
(二)存货增加	Increase in Inventories	1.30			
十三.其他非金融资产获得减处置	Other Non-financial Assets Gets Minus the Disposal	-121.83		-184.33	
十四.净金融投资	Net Financial Investment				
十五.统计误差	Statistical Error				

Continued

(100 million yuan)

农村住户部门 Rural Households		省内合计 Total Province		国内省外 Domestic and out of Province		国外部门 Foreign		合计 Total	
运用 Use	来源 Source	运用 Use	来源 Source	运用 Use	来源 Source	运用 Use	来源 Source	运用 Use	来源 Source
					-2669.41				-2669.41
	131.94		2572.49						2572.49
94.32	333.98	1406.10	1406.13					1406.10	1406.13
94.32	333.98	1240.24	1231.71					1240.24	1231.71
		165.87	174.42					165.87	174.42
	14.34	333.29	333.29					333.29	333.29
		316.72	316.72					316.72	316.72
	14.34	16.57	16.57					16.57	16.57
3.58	13.60	367.74	222.31					367.74	222.31
3.58	13.34	366.91	221.48					366.91	221.48
	0.26	0.83	0.83					0.83	0.83
	395.96		2427.09						2427.09
	26.32	177.52	177.52					177.52	177.52
		25.93	25.93					25.93	25.93
-16.20		25.69	25.69					25.69	25.69
	17.11	25.28	25.28					25.28	25.28
	9.21	92.05	92.05					92.05	92.05
		8.56	8.56					8.56	8.56
	422.28		2427.09						2427.09
304.38		1676.44						1676.44	
304.38		989.92						989.92	
		686.52						686.52	
	117.90		750.65						750.65
		704.35	704.35					704.35	704.35
		704.35	704.35					704.35	704.35
73.84		4277.28						4277.28	
72.54		4263.72						4263.72	
1.30		13.56						13.56	
44.06		-3526.63						-3526.63	

主要统计指标解释

信贷资金 指金融机构以信用方式积聚和分配的货币资金。金融机构信贷资金的来源有各项存款、金融债券、对国际金融机构负债、流通中现金、其他项目等;信贷资金的运用有各项贷款、有价证券及投资、金银占款、外汇占款、财政借款及在国际金融机构中的资产等。

存款 指企业、机关、团体或居民根据资金必须收回的原则,把货币资金存入银行或其他信贷机构保管并取得一定利息的一种信用活动形式。根据存款对象或性质的不同可划分为企业存款、财政存款、机关团体存款、城乡储蓄存款、农业存款、信托及委托类存款、其他存款等科目。它是银行信贷资金的主要来源。

贷款 指银行或其他信贷机构根据资金必须归还的原则,按一定利率,为企业、个人等提供资金的一种信用活动形式。我国银行贷款分为短期贷款、委托及信托类贷款、其他类贷款等。

保险公司 在中国境内的、经过保险监督管理部门批准设立,并依法登记注册的各类商业保险公司。

保险金额 指保险人承担赔偿或者给付保险金责任的最高限额。

保费 指投保人为取得保险人在约定范围内所承担赔偿责任而支付给保险人的费用。

赔款 指保险人根据保险合同的规定,向被保险人支付的赔偿保险责任损失的金额。

给付 包括死伤医疗给付和满期给付。死伤医疗给付是指保险人根据人寿保险及长期健康保险合同的规定,因被保险人在保险期内发生保险责任范围内的保险事故支付给被保险人(或受益人)的金额。满期给付是指被保险人生存期满,保险人按人寿保险合同规定支付给被保险人的满期保险金额。

机构单位 指有权拥有资产和承担负债,能够独立地从事经济活动并与其他实体进行交易的经济实体。

机构部门 将相同性质的机构单位归并在一起,就形成机构部门。资金流量核算将常住机构单位划分为以下四个机构部门:非金融企业部门、金融机构部门、政府部门、住户部门。与常住单位发生经济往来关系的非常住单位组成国外部门,在资金流量核算中也视同机构部门。

初次分配总收入 初次分配是生产活动形成的净成果在参与生产活动的生产要素的所有者及政府之间的分配。生产活动的净成果是增加值。生产要素包括劳动力、土地、资本。劳动力所有者因提供劳动而获得劳动报酬;土地所有者因出租土地而获得地租;资本的所有者因资本的形态不同而获得不同形式的收入:借贷资本所有者获得利息收入;股权所有者获得红利或未分配利润;政府因直接或间接介入生产过程而获得生产税或支付补贴。初次分配的结果形成各个机构部门的初次分配总收入。各部门的初次分配总收入之和就等于国民总收入,亦即国民生产总值。

经常转移 转移是一个机构单位向另一个机构单位提供货物、服务或资产,而同时并没有从后一机构单位获得任何货物、服务或资产作为回报的一种交易。经常转移包括扣除资本转移外的所有转移。其形式有收入税、社会保险付款、社会补助和其他经常转移。

可支配总收入 在初次分配总收入的基础上,通过经常转移的形式对初次分配总收入进行再次分配。再分配的结果形成各个机构部门的可支配总收入。各部门的可支配总收入之和称为国民可支配总收入。

总储蓄 指可支配总收入用于最终消费后的余额。各部门的总储蓄之和称为国民总储蓄。

资本转移 指一个部门无偿地向另一个部门支付用于非金融投资的资金,是一种不从对方获取任何对应物作为回报的交易。资本转移具有不同于经常转移的两个特征,一是转移的目的是用于投资,而不是用于消费;二是资本转移其实物形式往往涉及除存货和现金以外资产所有权的转移;其现金形式往往涉及除存货以外的资产的处置。资本转移包括投资性补助和其他资本转移。

Explanatory Notes on Main Statistical Indicators

Credit Funds refer to the monetary funds accumulated and distributed in the means of credit by the financial institutions. The sources of credit funds include various deposits, financial bonds, liabilities to international financial institutions, currency in circulation, other items. The uses of credit funds include loans, securities and investment, position for bullion and silver purchase, position for foreign exchange purchase, advances to treasury, and assets with international financial institutions.

Deposit is a form of credit by which enterprises, institutions, organizations or households can put money into banks and other credit institutions for safekeeping and interest earning under the principle of free withdrawal. According to different depositors, deposits are divided into enterprise deposits, fiscal deposits, deposits of government agencies and organizations, savings deposits of rural and urban households, agricultural savings deposits, entrusted deposits and other deposits. Deposits are major sources of the credit funds of banks.

Loan is a form of credit by which banks and other credit institutions provide funds at certain interest rate to enterprises and individuals in the light of the principle of unconditional repayment. Loans from Chinese banks include short – term loan, medium – term and long – term loans, entrusted loans, and other loans.

Insurance Companies refer to commercial insurance companies of various forms registered by law and established in China with the approval of insurance regulatory agencies.

Amount Insured refers to the maximum that the insurant will get for the claim of the case insured.

Premium is the fee paid by the insurant to the insurer to obtain the obligation of compensation from the insurance within the agreed terms.

Settled Claim is the compensation paid by the insurer to the insurant in accordance with the insurance contract.

Payment includes payment for death, injury or medical treatment and payment at maturity. Payment for death, injury or medical treatment refers to the money paid to the insurant (or the beneficiary) in accordance with the life or health insurance contract when the insurant encounters accidents within the insured period covered in the contract. Payment at maturity refers to the payment to the insurant in accordance with the life insurance contract at the end of the insured period.

Institutions Unit refer to economic entity which have the right to own assets and liabilities, to be able to engage in economic activities independently and to engage in transactions with other entities.

Institutional Departments refer to the consolidated institutional units with the same nature. Capital flow accounting will be permanent institutional units divided into the following four institutional sectors: non – financial corporate sector, financial institutions, government departments, household sector. The foreign departments composed by the non – resident units which occurred economic relations with resident units shall be deemed as departments and agencies in the flow of funds accounts .

Initial Distribution of Income initial distribution refer to the distribution between the owner of production factors the production activities and government in the net result of production activities. Net result of production activities is an added value. Production factors including labor, land, capital. Ownership of labor obtain labor remuneration for labor, while land owners obtain rent because of the leased land, owner of capital obtain different forms of income because of different forms of capital: loan capital owner obtain the interest income, equity holders receive dividends or undistributed profit and government obtained production tax or the payment of subsidies because of directly or indirectly involving in the production process. The initial distribution of the various institutional sectors form their total revenue. The total income of the initial distribution of the various institutional sector is equal to the gross national income, which is the gross national product.

Current Transfers Transfer refers to transaction that an institutional unit supply goods and services or assets to another unit, while does not obtain any goods, services or assets as a returns. Current transfers include all transfers excluding capital transfers. It is formed by income tax, social insurance payments, social assistance and other current transfer.

Total Disposable Income On the basis of initial distribution, the total income is allocated again by the form of the current transfer. The result of the redistribution forms the disposable income of the various institutional sectors. The total income of the various institutional sectors is the national disposable total income.

Total Savings refers to the balance of disposable income after final consumption. The total savings of the various institutional sectors is the national total savings.

Capital Transfers Refers to the funds a department pays gratis to another department for the payment of non – financial investment. The transaction isn't obtain any correspondence as a return . There are two capital characteristics that make the capital transfer different from the current transfer: one is that the transfer shifted to invest, but not for consumption and the other is capital transfer the kind often involve ownership transfer except for stock and cash assets and the form of cash often involves the disposal of assets except for stocks. Capital transfers include investment grants and other capital transfers.

第 19 篇
CHAPTER 19

教育和科技
Education, Science and Technology

各级各类学校在校学生数

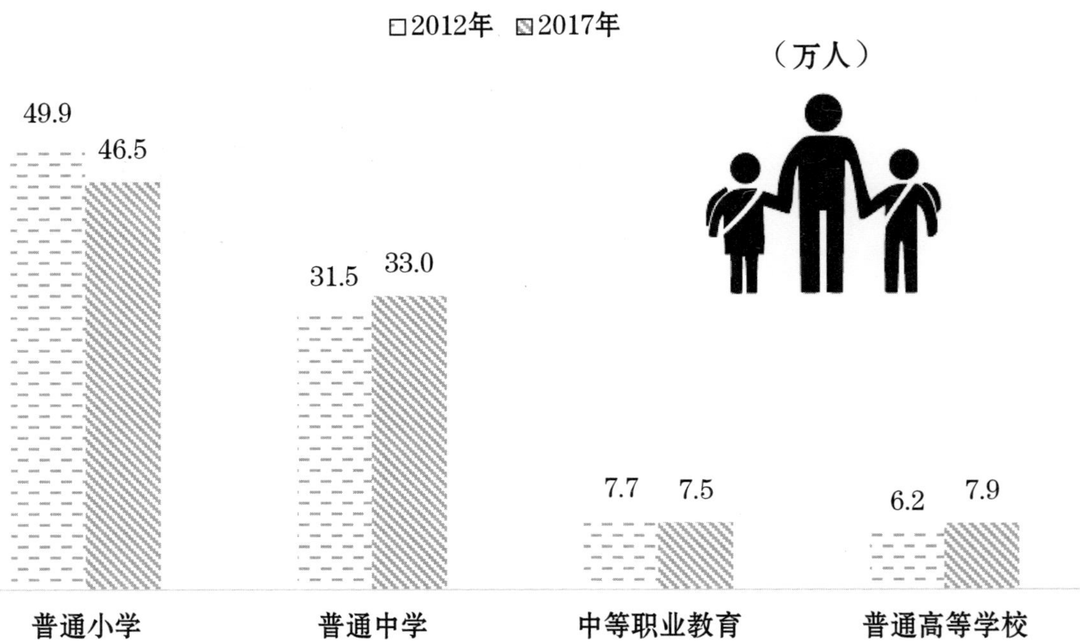

国有企业事业单位各类专业技术人员

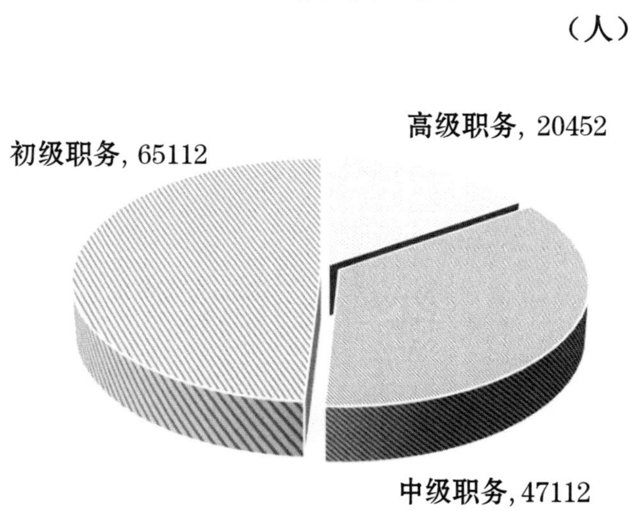

专利申请量和授权量

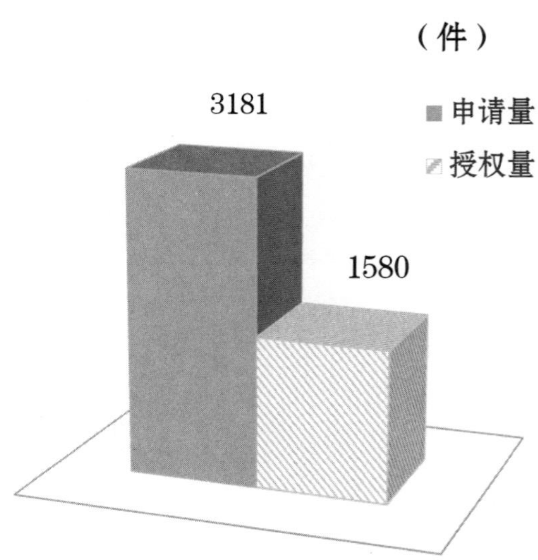

2017年

19-1 主要年份各级各类学校数

Number of Schools by Level and Type of School in Main Years

单位：所 (unit)

年份 地区	Year Region	普通高等学校 Regular Institutions of Higher Education	中等职业教育 Secondary Vocational Education	普通中学 Regular Secondary Schools	普通小学 Regular Primary Schools
1952			7	4	1065
1957		1	18	14	1441
1965		1	14	30	5847
1970		3	9	49	3097
1975		4	11	540	6531
1978		6	27	818	6577
1980		6	33	582	5207
1985		7	37	435	4256
1990		7	39	484	3839
1995		7	34	471	3437
1996		7	34	467	3451
1997		6	35	459	3473
1998		6	35	449	3465
1999		6	35	448	3448
2000		8	15	448	3429
2001		6	16	486	3159
2002		8	15	444	3120
2003		9	17	504	2998
2004		9	14	507	2995
2005		8	47	511	2898
2006		8	50	498	2841
2007		8	45	495	2727
2008		8	43	491	2556
2009		9	39	449	2047
2010		9	40	434	1792
2011		9	40	416	1533
2012		9	39	370	1425
2013		9	38	365	1250
2014		12	38	370	1114
2015		12	39	371	978
2016		12	39	374	889
2017		12	39	371	758
西宁市	Xining City	10	20	138	142
海东市	Haidong City	1	6	100	244
海北州	Haibei Zang A.P		2	12	31
黄南州	Huangnan Zang A.P		1	16	99
海南州	Hainan Zang A.P		2	24	54
果洛州	Golog Zang A.P		5	14	51
玉树州	Yushu Zang A.P		1	17	98
海西州	Haixi Mongolian & Zang A.P	1	2	50	39

注：本表数据来源于青海省教育厅，以下表同。

a)The data in this table are from the Qinghai Provincial Education Department, the same below.

19-2 主要年份普通高等学校基本情况

Basic Statistics on Regular Institution of Higher Education in Main Years

单位：人 (person)

年份 地区	Year Region	毕业人数 Graduates	招生人数 New Enrollment	在校学生数 Total Enrollment	教职工人数 Teachers and Staff	专任教师 Full-time Teachers	生师比 Student-Teacher Ratio
1957			102	178	113	55	3.2
1965		297	176	566	634	326	1.7
1970		323	368	616	792	351	1.8
1975		688	861	2709	1350	625	4.3
1978		785	1314	3538	1663	819	4.3
1980		692	1208	4238	1970	999	4.2
1985		1159	2037	6414	2559	1253	5.1
1990		1930	1725	6241	2805	1470	4.2
1995		2133	2339	7332	2965	1410	5.2
1996		2033	2460	7780	2973	1398	5.6
1997		2135	2619	8202	3108	1587	5.2
1998		2241	2787	8691	3399	1678	5.2
1999		2490	3172	7347	3454	1711	5.5
2000		2130	6105	13307	4229	2107	6.3
2001		2561	7032	17918	4669	2094	8.6
2002		2763	7123	22198	5314	2580	8.6
2003		4771	9075	26124	5589	2769	9.9
2004		5802	9452	29483	5820	3079	9.6
2005		8344	12812	34374	5830	3051	11.3
2006		8773	12318	37146	6038	3296	11.3
2007		9842	12493	39066	6127	3156	12.4
2008		13986	20505	55792	6242	3368	16.6
2009		14626	18375	58229	6418	3757	15.5
2010		15000	18676	60384	6682	3731	14.4
2011		20748	19075	58661	6677	3735	13.6
2012		16422	20832	61858	6668	3717	15.4
2013		17327	20797	63918	6851	3785	16.9
2014		17740	22805	67533	6182	3920	15.8
2015		18404	23028	71387	6357	4127	16.1
2016		19937	24782	74631	6625	4340	16.0
2017		19837	25879	79215	6911	4671	16.1
西宁市	Xining City	19581	23781	74222	6535	4358	16.0
海东市	Haidong City		1086	2591	206	170	16.5
海西州	Haixi Mongolian & Zang A.P	256	1012	2402	170	143	19.1

注：1.2008年以后普通高校毕业生数、招生数、在校生数含成人本专科生。
2.生师比采用教育统计折算法测算，生师比=折合在校生数/教师总数.
折合在校生数=普通本、专科(高职)生数+硕士生数*1.5+博士生数*2+留学生数*3+预科生数+进修生数+成人脱产班学生数+夜大(业余)学生数*0.3+函授生数*0.1+自学助考生+中职在校生数
教师总数=专任教师数+聘请校外教师数*0.5

a) Graduates, new enrollment and total enrollment of regular institution of higher education after 2008 include adult undergraduates and adult college students.

b) The teacher-student ratio is calculated by education statistical conversion method.
Number of Reduced total enrollment =number of ordinary undergraduate,college(Higher Vocational) students+number of Masters*1.5, number of doctors*2 students*0.3,Student-teacher ratio is number of reduced total enrollment divide by total number of teacthers. students*0.3+number of orrespondence students*0.1+number of self-study students+number of secondary vocational school students.
Total number of teacthers=number of Full-time teachers+ half of outside school teachers hired.

19－3 主要年份中等职业教育基本情况

Basic Statistics on Secondary Vocational Schools in Main Years

单位：人 (person)

年份 地区	Year Region	毕业人数 Graduates	招生人数 New Enrollment	在校学生数 Total Enrollment	教职工人数 Teachers and Staff	专任教师 Full-time Teachers	生师比 Student-Teacher Ratio
1952		134	499	1602	236	88	18.2
1957		465	1486	5856	862	330	17.8
1965		510	1644	3825	753	313	12.2
1970		970	1677	2210	578	261	8.5
1975		1502	2006	5703	989	436	13.1
1978		1778	3459	7966	1374	657	12.1
1980		2484	2922	9615	1917	955	10.5
1985		2872	4512	12159	2555	1283	9.5
1990		4216	3378	11286	3102	1670	6.8
1995		3280	4217	13643	3048	1691	8.1
1996		4296	4186	13479	3062	1701	7.9
1997		4121	3867	13215	3048	1719	7.7
1998		4215	4019	12925	3079	1758	7.4
1999		4252	4050	12600	3072	1777	7.1
2000		4093	4781	13406	2398	1363	9.8
2001		3477	3006	12296	2252	1307	9.4
2002		3266	2881	11382	1159	713	16.0
2003		4204	1829	8107	773	470	10.2
2004		2401	1466	5028	546	342	14.7
2005		5836	13216	24656	2227	1588	15.5
2006		7939	21173	36886	2408	1723	21.4
2007		9175	30861	54566	2569	1906	28.6
2008		13798	30968	67917	3100	2379	28.5
2009		19356	31892	76375	3140	2480	30.8
2010		19773	30713	79105	3157	2444	32.4
2011		21620	29600	80057	3222	2549	31.4
2012		23660	30143	76842	3188	2454	31.3
2013		22386	29277	77784	3234	2567	30.3
2014		20116	27303	77163	3022	2450	31.5
2015		19492	27047	76364	2931	2410	31.7
2016		19256	26852	74057	3058	2457	30.1
2017		19455	28004	75047	3041	2433	30.8
西宁市	Xining City	10525	11553	34690	1766	1446	24.0
海东市	Haidong City	3897	6932	17333	339	330	52.5
海北州	Haibei Zang A.P	801	1490	3507	144	111	31.6
黄南州	Huangnan Zang A.P	605	1203	2626	33	25	105.0
海南州	Hainan Zang A.P	940	1950	5043	97	75	67.2
果洛州	Golog Zang A.P	624	1064	3115	277	117	26.6
玉树州	Yushu Zang A.P	783	1445	3600	184	161	22.4
海西州	Haixi Mongolian & Zang A.P	1280	2367	5133	201	168	30.6

19-4 主要年份普通中学基本情况

Basic Statistics on Regular Secondary Schools in Main Years

单位：人 (person)

年份 地区	Year Region	毕业人数 Graduates	招生人数 New Enrollment	在校学生数 Total Enrollment	教职工人数 Teachers and Staff	专任教师 Full-time Teachers	生师比 Student-Teacher Ratio
1952		193	454	1221	137	60	8.9
1957		1026	4111	9382	539	400	17.4
1965		2182	4403	11978	1122	767	10.7
1970		8096	14374	38913	1700	1375	22.9
1975		26410	53092	120724	7528	5857	16.0
1978		49600	78600	209100	11512	9791	18.2
1980		58600	70597	199200	14058	10779	18.5
1985		58200	76200	230700	16599	12917	17.9
1990		67074	76269	217470	20161	16023	13.6
1995		57835	69755	193862	19190	15691	12.4
1996		55389	67599	192854	19046	15638	12.3
1997		58488	70944	194628	19440	16089	12.1
1998		58703	72987	195037	18884	16009	12.2
1999		56712	78901	207214	19090	16260	12.7
2000		57812	86540	224660	19378	16645	13.5
2001		61357	93034	244629	19835	16857	14.5
2002		56820	85181	220921	16670	14801	14.9
2003		75421	110325	294400	21257	18613	15.8
2004		83727	111830	315284	21853	19402	16.3
2005		93478	116340	327502	22370	20050	16.3
2006		100558	111044	328027	23047	20765	15.8
2007		101883	112097	327039	23357	21038	15.5
2008		106574	106538	315371	23429	21194	14.9
2009		100108	114485	322666	23587	21308	15.1
2010		100291	115028	327178	23923	21875	14.9
2011		99746	111925	330309	24482	22422	14.7
2012		104354	111579	314728	24560	22526	14.0
2013		98110	116321	317121	25438	23598	13.4
2014		94044	112779	325464	24869	23346	13.9
2015		101220	112104	329793	26293	24796	13.3
2016		107779	112186	328241	26674	25094	13.1
2017		106483	112899	329679	26891	25167	13.1
西宁市	Xining City	40076	42181	123150	9694	9275	13.3
海东市	Haidong City	28408	29441	85652	6842	6669	12.8
海北州	Haibei Zang A.P	5726	5914	17460	1498	1376	12.7
黄南州	Huangnan Zang A.P	5187	6024	17277	1260	1166	14.8
海南州	Hainan Zang A.P	9133	9583	28356	2413	2267	12.5
果洛州	Golog Zang A.P	2846	3178	9580	991	705	13.6
玉树州	Yushu Zang A.P	6410	7750	21642	1713	1487	14.6
海西州	Haixi Mongolian & Zang A.P	8697	8828	26562	2480	2222	12.0

19-5 主要年份小学基本情况

Basic Statistics on Primary Schools in Main Years

单位：万人、人 (10 000 persons,person)

年份 地区	Year Region	毕业人数 Graduates	招生人数 New Enrollment	在校学生数 Total Enrollment	教职工人数 Teachers and Staff	专任教师 Full-time Teachers	生师比 Student-Teacher Ratio
1957		2.3	4.1	15.4	4661	4401	34.9
1965		1.7	14.8	31.0	11148	10812	28.6
1970		2.3	3.4	23.1	10196	10057	23.0
1975		4.8	18.3	54.1	20512	19485	27.7
1978		6.5	13.4	59.9	24933	23918	25.0
1980		6.3	11.5	57.5	27049	25162	22.8
1985		6.1	9.6	54.2	26818	24649	22.0
1990		6.5	7.7	49.0	28582	26515	18.5
1995		5.9	8.3	44.8	28810	26881	16.7
1996		5.9	8.7	46.0	29298	27350	16.8
1997		6.1	8.9	47.1	29490	27611	17.1
1998		6.3	9.1	48.7	29433	27702	17.6
1999		6.9	9.6	50.1	29130	27452	18.2
2000		7.6	9.4	50.5	29371	27706	18.2
2001		7.9	9.5	50.2	29377	27870	18.0
2002		8.1	10.3	50.7	29546	28215	18.0
2003		8.2	9.5	50.7	29692	28496	17.8
2004		8.1	9.9	51.3	28926	27832	18.4
2005		8.1	8.9	50.7	28551	27478	18.4
2006		7.6	10.2	52.2	29209	28124	18.6
2007		7.1	10.1	53.1	28393	27303	19.4
2008		6.9	9.3	53.8	28115	27318	19.7
2009		7.8	8.7	53.3	27814	26794	19.9
2010		8.2	8.1	51.9	27516	26584	19.5
2011		8.0	8.2	51.2	26542	25897	19.8
2012		8.1	8.3	49.9	27052	26103	19.1
2013		8.3	7.8	47.4	28002	26974	17.5
2014		7.8	7.6	46.1	26187	25224	18.3
2015		7.6	7.7	45.4	27406	26479	17.1
2016		7.2	8.2	45.8	27531	26408	17.3
2017		7.3	8.5	46.5	28684	27319	0.0
西宁市	Xining City	25183	26916	150349	8168	8154	18.4
海东市	Haidong City	18683	22435	119816	7533	7469	16.0
海北州	Haibei Zang A.P	4044	3773	22453	1551	1419	15.8
黄南州	Huangnan Zang A.P	3999	4703	26192	1802	1771	14.8
海南州	Hainan Zang A.P	6078	7454	41702	2581	2524	16.5
果洛州	Golog Zang A.P	2543	3599	18739	1721	1196	15.7
玉树州	Yushu Zang A.P	6102	9364	47334	2868	2432	19.5
海西州	Haixi Mongolian & Zang A.P	6129	6733	38506	2460	2354	16.4

19-6 主要年份幼儿教育事业基本情况
Basic Statistics on Kindergartens in Main Years

单位：人 (person)

年份 Year / 地区 Region		幼儿园数（所） Kindergartens (unit)	在园幼儿数 Total Enrollment	教职工人数 Teachers and Staff	幼师 Kindergarten Teachers	生师比 Student-Teacher Ratio
1957		4	882	121	40	22.1
1965		13	2007	212	65	30.9
1980		46	15561	1053	408	38.1
1985		219	29140	1417	843	34.6
1990		203	44320	1820	1275	34.8
1995		203	72030	2694	1719	41.9
1996		192	70467	2443	1690	41.7
1997		185	73735	2947	2141	34.4
1998		192	70908	2643	1883	37.7
1999		189	66795	2784	1999	33.4
2000		201	63711	2721	2115	30.1
2001		183	67387	2646	1491	45.2
2002		215	69402	3079	1704	40.7
2003		220	74075	3243	1825	40.6
2004		240	77512	3518	1955	39.6
2005		284	82558	3978	2211	37.3
2006		317	88006	4265	2386	36.9
2007		318	88985	4384	2484	35.8
2008		374	94274	4701	2676	35.2
2009		466	101425	5356	3143	32.3
2010		599	111950	6202	3544	31.6
2011		980	134022	7334	4051	33.1
2012		1143	153340	7243	4361	35.2
2013		1245	166659	8047	4668	35.7
2014		1316	174980	9340	5276	28.4
2015		1525	184214	11711	6656	25.2
2016		1667	199804	17092	10158	18.3
2017		1735	207248	18703	10663	18.3
西宁市	Xining City	520	77539	8408	4471	17.2
海东市	Haidong City	367	50629	3624	2021	21.1
海北州	Haibei Zang A.P	156	10487	1061	625	16.6
黄南州	Huangnan Zang A.P	156	12180	543	471	22.9
海南州	Hainan Zang A.P	291	20743	1872	1113	18.5
果洛州	Golog Zang A.P	57	5795	321	210	24.6
玉树州	Yushu Zang A.P	94	13115	1282	823	15.5
海西州	Haixi Mongolian & Zang A.P	94	16760	1592	929	17.1

19—7 主要年份基础教育基本情况

Basic Statistics on Basic Education in Main Years

单位：%　　(%)

年 份 地 区	Year Region	初中毕业生升学率 Promotion Rate from Junior Secondary Schools to Senior Seconday Schools	小学毕业生升学率 Promotion Rate from Primary Schools to Junior Secondary Schools	小学学龄儿童入学率 Net Enrollment Ratio of Primany Schools
1957		113.0	58.1	
1965		93.7	106.7	73.1
1970		46.8	53.4	51.4
1975		63.0	89.5	89.8
1978		58.8	92.1	85.5
1980		40.2	86.9	82.4
1985		49.9	92.6	79.2
1990		48.4	88.9	81.5
1995		52.5	86.5	87.4
1996		66.5	87.9	89.6
1997		67.9	87.4	90.4
1998		60.1	91.1	92.1
1999		60.5	90.5	92.7
2000		66.4	88.7	94.2
2001		63.1	89.6	95.4
2002		65.5	92.0	95.4
2003		62.5	95.2	96.1
2004		66.5	96.9	96.6
2005		74.6	97.3	97.0
2006		75.1	97.3	97.1
2007		89.3	100.1	98.6
2008		85.0	97.5	99.4
2009		85.9	99.9	99.5
2010		86.5	95.6	99.6
2011		89.5	95.5	99.7
2012		86.1	90.6	99.7
2013		91.7	91.9	99.7
2014		92.4	94.3	99.7
2015		87.5	94.7	99.8
2016		87.7	96.2	99.8
2017		93.1	96.8	99.8
西宁市	Xining City	100.0	101.0	100.0
海东市	Haidong City	100.0	96.6	99.8
海北州	Haibei Zang A.P	101.7	94.2	99.9
黄南州	Huangnan Zang A.P	95.8	96.3	99.8
海南州	Hainan Zang A.P	98.6	97.2	99.7
果洛州	Golog Zang A.P	91.2	82.2	99.1
玉树州	Yushu Zang A.P	100.0	91.4	99.1
海西州	Haixi Mongolian & Zang A.P	91.7	93.9	100.0

注：升学率测算不含异地就读学生。
a)Enrollment rates do not include students studying in different places.

19−8 主要年份全省每万人口中在校学生数

Students Enrollment per 10 Thousand People in Main Years

单位：人 (person)

年 份 Year	普通高等学校 Regular Institutions of Higher Education	中等职业学校 Secondary Vocational Schools	普 通 中 学 Regular Secondary Schools	普 通 小 学 Primary Schools
1957	0.9	30.0	46.0	749.0
1965	3.0	16.0	52.0	1343.0
1970	2.0	8.0	138.0	818.0
1975	8.0	17.0	358.0	1602.0
1978	10.0	22.0	573.0	1642.0
1980	11.0	25.0	529.0	1525.0
1985	15.9	30.3	556.4	1350.6
1990	14.0	25.4	489.9	1104.6
1995	15.4	28.6	406.0	938.2
1996	15.9	27.6	421.6	941.1
1997	16.5	26.7	392.7	951.2
1998	17.3	25.7	387.9	967.9
1999	18.3	24.7	406.5	982.1
2000	25.7	25.9	433.7	974.5
2001	34.2	23.5	467.6	959.2
2002	42.0	21.5	499.8	958.4
2003	48.9	19.7	551.5	949.6
2004	54.7	34.9	585.4	951.7
2005	63.3	45.4	602.9	933.1
2006	92.7	67.3	598.9	953.1
2007	92.4	98.9	592.9	963.1
2008	100.7	122.5	569.0	970.9
2009	104.5	137.0	578.9	956.9
2010	107.4	140.8	582.2	923.5
2011	103.2	140.9	581.4	900.6
2012	107.9	134.1	549.1	870.6
2013	110.6	134.6	548.9	820.2
2014	116.0	134.1	561.1	794.9
2015	121.4	130.0	560.9	772.1
2016	125.8	124.8	553.1	771.7
2017	132.4	125.4	551.0	777.3

19−9 主要年份国有企业、事业单位各类专业技术人员情况
Scientific and Technical Personnel in State-owned Institutions and Enterprises in Main Years

单位：人 (person)

指标	Item	2005	2010	2013	2014	2015	2016	2017
总计	**Total**	**109589**	**117652**	**139471**	**138691**	**141419**	**132917**	**148469**
#市(州)	City (Prefecture)	12726	15524	18294	17341	18727	15473	20476
县(市、区)	County (City、District)	50722	47117	54573	53639	51952	51241	55349
乡(镇)	Villages (Towns)	22221	25517	27999	27075	27225	24159	26840
#高级职务	Senior technical position	7528	15344	18145	17771	18036	18755	20452
正高级职务	Senior Technical Position	619	19	1507	1607	1643	1778	1814
中级职务	Intermediate Technical Position	39222	48018	47560	45512	45103	46791	47112
初级职务	Elementary Technical Position	56760	53222	61021	62346	64658	64274	65112

注：1.本表数据来源于青海省人力资源和社会保障厅，下表同。
2.正高级职务指标2010年统计口径为企业单位，其余年份统计口径均为企业、事业单位。
a) The data in this table are from the Provincial Department of human resources and social security.the same below.
b) The calibre of senior technical position personnel in 2010 is enterprise units. The libre in other year is enterprise units and state-owned institutions.

19－10　2017年国有企、事业单位分行业专业技术人员情况

Professional and Technical Personnel in State-owned Institutions and Enterprises by Sector(2017)

单位：人 (person)

行业	Sector	合计 Total 事业 Institutions	合计 Total 企业 Enterprises
总计	**Total**	**129750**	**18719**
农林牧渔业	Farming, Forestry, Animal Husbandry and Fishery	9580	704
采矿业	Mining	5	1520
制造业	Manufacturing		9764
电力、燃气及水的生产和供应业	Production and Distribution of Electricity, Gas and Water		1343
建筑业	Construction	339	1407
交通运输仓储邮政业	Transport, Storage and Post	2353	840
信息传输计算机服务和软件业	Information Transmission, Computer Service and Software	136	769
批发和零售业	Wholesale and Retail Trades	1	70
住宿和餐饮业	Hotels and Catering Services	5	18
金融业	Financial Intermediation	56	126
房地产业	Real Estate	194	401
租赁和商务服务业	Leasing and Business Services	22	83
科学研究技术服务地质勘查业	Scientific Research, Technology Service and Geological Prospecting	4449	621
水利环境和公共设施管理业	Water Conservancy, Environment and Public Facility Management	2831	712
居民服务和其他服务业	Services to households and Other Services	218	110
教育	Education	64177	
卫生社会保障和社会福利业	Health, Social Security and Social Welfare	33567	
文化体育和娱乐业	Culture, Sports and Entertainment	5442	225
公共管理和社会组织	Public Management and Social Organizations	6375	6

19-11 主要年份科协系统科技活动基本情况

Basic Statistics on Scientific and Technological Activities of Science and Technology Associations in Main Years

指 标	Item	2016	2017
举办科普宣讲活动 (次)	Number of S&T Popularization Propaganda Activities (time)	496	278
院士科普报告会	Academician Science Popularization Report	30	2
举办专题展览	Thematic Exhibition	57	89
流动科技馆巡展	Mobile Technology Museum Itinerant Exhibition	10	37
开展科技咨询	Scientific and Technological Consultation	151	94
宣讲活动受众人数 (人次)	Number of Participants in Propaganda Activities (person-time)	763024	1227391
流动科技馆巡展受众人数	Number of Participants in Mobile Technology Museum Itinerant Exhibition	113300	280853
播放科技广播、影视节目 (分钟)	Time for S&T Broadcasting, Film and Television Programs (minute)	103320	115358
电视台播放科技节目	Time for S&T Programs on TV Station	1955	12949
举办实用技术培训 (次)	Number of Practical Technical Training (time)	1405	137
实用技术培训人数 (人次)	Number of Participants in Practical Technical Training (person-time)	70287	46126
推广新技术、新品种 (项)	Number of New Technologies and Varieties for Popularization (unit)	52	56
参加活动科技人员总数 (人次)	Number of S&T Personnel Participanting in Activities (person-time)	9450	31988
其中：专家人数	Number of Experts	765	1831
参加活动的学会协会研究会(个次)	Number of Learned Society, Associations,and Research Institutes Participating in Activities (unit-time)	73	483
覆盖村 (个)	Covered Villages (unit)	151	2055
覆盖社区 (个)	Covered Communities (unit)	105	335

注：本表数据来源于青海省科学技术协会。
The data source of this table is Qinghai science and technology association.

19-12 2017年73-75行业科技机构主要人员指标情况

指标名称	Item	机构数(个) Number of Institutions (unit)	有R&D的机构数 Number of R&D Institutions (unit)
73-75行业全部机构	All 73-75 Sectors of Institutions	77	36
事业单位	Government-affiliated Institutions	59	25
1.自然科学研究机构	Natural Science Research Institution	18	7
2.社会人文研究机构	Society and Humanity Research Institution	5	4
3.信息文献研究机构	Information and Documentation Research Institution	2	
4.县属研究机构	County Research Institution	1	
5.其　他	Others	33	14
企业单位	Enterprise	18	11

注：1.本表数据来源于青海省科学技术厅。
2.73行业指研究和试验发展；74行业指专业技术服务业；75行业指科技推广和应用服务业。以下表同。

Basic Situatics on 73-75 Sectors of S&T Institutions Major Personnels in 2017

全部科技活动人员(人) Total Personnels in S&T Activities (person)	大学本科及以上学历 University Degree or Above	R&D人员折合全时当量(人年) Full-time Equivalent of R&D Personnel (man-year)	研究人员 Resear-chers	R&D人员数(人) Number of R&D Personnels (person)	全时人员 Full-time Personnel	博士 Doctor
5837	4376	970	555	1552	604	294
4861	3569	888	514	1414	541	291
1293	1071	668	395	1022	404	276
125	110	84	49	115	66	8
37	26					
16	10					
3390	2352	136	70	277	71	7
976	807	82	41	138	63	3

a)The data source of this table is Qinghai provincial science and Technology Department.
b)73 industry refers to the development of research and experimenta; 74 industry refers to professional and technical services; 75 industry refers to the promotion of science and technology and application services. The following table is the same as.

19-13　2017年73-75行业科技机构主要经费指标情况

单位：个、万元

指标名称	Item	有R&D的机构数 Number of R&D Institutions (unit)	科技活动经费收入总额中政府拨款 Government Appropriation in Total S&T Funds Income	科技活动经费内部支出 Internal Expenditure on S&T Activities	R&D经费内部支出 Intramural R&D Expenditure
73-75行业全部机构	All 73-75 Sectors of Institutions	36	163344.6	196476.2	34533.7
事业单位	Government-affiliated Institutions	25	158029.6	181705.5	32868.7
1.自然科学研究机构	Natural Science Research Institution	7	44884.8	43465.5	25321.5
2.社会人文研究机构	Society and Humanity Research Institution	4	4828.1	4987.3	3926.3
3.信息文献研究机构	Information and Documentation Research Institution		995.4	875.5	
4.县属研究机构	County Research Institution		269.4	269.4	
5.其　　他	Others	14	107051.9	132107.8	3620.9
企业单位	Enterprise	11	5315.0	14770.7	1665.0

注：表中因四舍五入引起的误差未做配平调整。

Basic Situatics on 73-75 Sectors of S&T Institutions Major Funds in 2017

(unit,10 000yuan)

按来源分 by Source		按活动类型分 by Activity Type			R&D课题经费	按活动类型分 by Activity Type			R&D经费外部支出
政府资金 Government funds	企业资金 Enterprise funds	基础研究 Basic Research	应用研究 Applied Research	试验发展 Experimental Development	Expenditure on R&D Topics	基础研究 Basic Research	应用研究 Applied Research	试验发展 Experimental Development	External Expenditure on R&D
30548.6	2636.2	9474.0	8845.2	16214.5	19174.5	4643.7	4585.4	9945.4	60.5
29690.6	1829.2	9270.8	8672.9	14925.0	18013.4	4440.8	4491.7	9080.9	
22845.8	1821.2	6394.5	6802.6	12124.4	15106.3	3704.9	3894.3	7507.1	
3524.3		2207.6	1105.2	613.5	663.1	489.8	96.0	77.3	
3320.5	8.0	668.7	765.1	2187.1	2244.0	246.1	501.4	1496.5	
858.0	807.0	203.2	172.3	1289.5	1161.1	202.9	93.7	864.5	60.5

a)The errors caused by four to five entries in the table are not trimmed.

19－14　2017年自然领域研究机构R＆D人员情况

指标名称	Item	机构数(个) Number of Institutions (unit)	有R＆D的机构数(个) Number of R＆D Institutions (unit)	全部科技活动人员(人) Total Personnels in S&T Activities (person)	大学本科及以上学历 University Degree or Above
合　计	**Total**	**18**	**7**	**1293**	**1071**
按地区分	**by Region**				
西宁市	Xining City	10	7	1121	944
海北州	Haibei Zang A.P	2		54	47
黄南州	Huangnan Zang A.P	2		28	20
海南州	Hainan Zang A.P	1		14	10
果洛州	Golog Zang A.P	1		31	15
海西州	Haixi Mongolian & Zang A.P	2		45	35
按隶属分	**by Administrative**				
中央部门属	Central Department	2	2	590	530
地方部门属	Local Department	16	5	703	541

Basic Situatics on Natural Domain Research Institutions Personnels on R&D in 2017

R&D人员折合全时当量(人年) Full-time Equivalent of R&D Personnel (man-year)	研究人员 Researchers	R&D人员数(人) Number of R&D Personnels (person)			
			研究人员 Researchers	博士 Doctor	硕士 Master
668	**395**	**1022**	**624**	**276**	**296**
668	395	1022	624	276	296
487	355	748	529	248	217
181	40	274	95	28	79

19-15 2017年自然领域研究机构R&D经费情况

Basic Situatics on Natural Domain Research Institutions Funds on R&D in 2017

单位：个、万元 (unit,10 000yuan)

指标名称	Item	有R&D的机构数 Number of R&D Institutions	科技活动经费内部支出 Internal Expenditure on S&T Activities	科技收入中的政府资金 Government Funds in S&T Income	R&D经费内部支出 Intramural Expenditure on R&D	政府资金 Government Funds in S&T	R&D课题支出 Expenditure on R&D Topics
合　计	**Total**	**7**	**43465.5**	**44884.8**	**25321.5**	**22845.8**	**15106.3**
按地区分	**by Region**						
西宁市	Xining City	7	36313.0	38261.3	25321.5	22845.8	15106.3
海北州	Haibei Zang A.P		2712.9	3009.1			
黄南州	Huangnan Zang A.P		689.5	743.0			
海南州	Hainan Zang A.P		417.2	417.2			
果洛州	Golog Zang A.P		1605.1	718.9			
海西州	Haixi Mongolian & Zang A.P		1727.8	1735.3			
按隶属分	**by Administrative**						
中央部门属	Central Department	2	22938.4	23654.7	21025.8	18797.2	11321.3
地方部门属	Local Department	5	20527.1	21230.1	4295.7	4048.6	3785.0

19-16 规模以上工业企业科技活动情况表

Basic Statistics on Scientific and Technological Activities of Industrial Enterprises above Designated Size

指标	Item	2016	2017
有R&D活动的企业数 (个)	Number of Enterprises with R&D Activities(unit)	57	57
R&D人员 (人)	R&D Personnel (person)	3147	3837
R&D经费内部支出 (万元)	Intramural R&D Expenditure (10 000 yuan)	77940	83276
基础研究	Basic Research	45	582
应用研究	Applied Research	1686	2340
试验发展	Experimental Development	76208	80354
全部R&D项目 (项)	R&D Projects (unit)	296	310
全部项目经费内部支出(万元)	Project Internal Expenditures (10 000 yuan)	61197	83193
企业办研发机构 (个)	R&D Institutions Run by Enterprise (unit)	46	50
研发机构人员 (人)	R&D Institutions Personnel (person)	2271	2995

注：R&D指科学研究与试验发展。
a)R&D refers to Research and Development.

19-17 高等院校科技活动基本情况

Basic Statistics on Higher Education for Scientific Techological Activities

指 标		Item		理工农医类 Engineering, Agriculture and Medicine		人文、社科类 Humanities and Social Science	
				2016	2017	2016	2017
研究与试验发展经费支出(万元)		Expenditure on R&D	(10 000 yuan)	19310	22449	1600	2249
研究与试验发展人员	(人)	Research and Development Personnel	(person)	539	517	931	1061
研究与试验发展机构	(个)	R&D Institutions	(unit)	14	15	11	11
研究与试验发展课题	(项)	Questions for Discussion Research and Development(item)		696	715	447	563
研究与试验发展成果		Research and Development Achievements					
出版科技著作	(种)	Monographs of Science Published	(unit)	17	26	28	40
发表科技论文	(篇)	Scientific Papers Issued	(piece)	2334	2104	245	324

19-18 全省科技活动情况

Basic Statistics of Scientific and Technological Activities

指标		Item		2016	2017
有R&D活动单位	(个)	Number of Institutions with R&D Activities	(unit)	118	121
R&D人员	(人)	R&D Personnel	(person)	7378	9675
博士毕业		Doctor's Degree		516	603
硕士毕业		Master's Degree		1330	1470
R&D人员折合全时当量	(人年)	Full-time Equivalent of R&D Personnel	(man-year)	4166	5656
R&D经费内部支出	(亿元)	Intramural R&D Expenditure	(100 million yuan)	14.00	17.91
基础研究		Basic Research		2.63	2.42
应用研究		Applied Research		1.83	2.78
试验发展		Experimental Development		9.54	12.71
专利申请数	(件)	Patent Applications	(piece)	906	1112
项目(课题)数	(项)	Number of Projects	(unit)	2143	2390
项目(课题)经费内部支出(亿元)		Project Intramural Expenditure	(100 million yuan)	9.97	15.06
机构数	(个)	Number of Institutions	(unit)	107	113

19−19 主要年份技术市场基本情况

Basic Statistics of Technical Market in Main Years

单位：项、万元 (Unit,10 000 yuan)

指 标	Item	2010	2014	2015	2016	2017
合同数	**Number of Contracts**	**464**	**805**	**953**	**986**	**1016**
技术开发合同	Technology Development	68	99	115	66	94
技术转让合同	Technology Transfer	48	64	97	73	82
技术咨询合同	Technology Consultation	73	143	199	274	280
技术服务合同	Technology Service	275	499	542	573	560
技术合同成交额	**Transaction Value in Technical Market**	**114644**	**354287**	**469489**	**569190**	**677186**
技术开发合同	Technology Development	84930	40664	40694	20481	37349
技术转让合同	Technology Transfer	7634	68153	8990	7810	14290
技术咨询合同	Technology Consultation	1274	14439	75680	120372	44879
技术服务合同	Technology Service	20805	231031	344124	420527	580668

注：本表数据来源于青海省科学技术开发中心。

a)The data in this table are from the Qinghai Provincial Science and Technology Development Center.

19−20 主要年份专利申请受理量及授权量

Number of Patent Applications Accepted and Granted in Main Years

单位：件 (piece)

年 份 Year	申请量 Application Accepted	发 明 Inventions	实用新型 Utility Models	外观设计 Designs	授权量 Application Granted	发 明 Inventions	实用新型 Utility Models	外观设计 Designs
1990	111	26	82	3	59	4	55	
1995	100	24	66	10	65	2	61	2
2000	174	36	90	48	117	16	67	34
2001	162	44	75	43	101	15	58	28
2002	151	40	56	55	85	14	48	23
2003	173	70	60	43	91	17	36	38
2004	124	49	44	31	70	21	30	19
2005	216	103	83	30	79	24	34	21
2006	325	79	98	148	97	30	45	22
2007	387	91	115	181	222	28	84	110
2008	431	148	120	163	228	23	100	105
2009	499	175	147	177	368	35	89	244
2010	602	193	129	280	264	41	134	89
2011	732	204	233	295	538	70	147	321
2012	844	298	283	263	527	101	218	208
2013	1099	520	364	215	502	91	285	126
2014	1534	660	590	284	619	110	357	152
2015	2590	1103	1183	304	1217	207	687	323
2016	3284	1381	1569	334	1357	271	883	203
2017	3181	949	1946	286	1580	240	1079	261

注：本表数据来源于青海省知识产权局。
a)The data source of this table is the Intellectual Property Office of Qinghai province.

19−21　2017年全省重大科技成果登记基本情况
Basic Conditions of Important Achievements in Scientific Research(2017)

单位：项、万元　　(item, 10 000 yuan)

指　标	Item	合计 Total	科研机构 Scientific Research Institutes	大专院校 University and Colleges	企业 Enterprises	医疗机构 Medical Treatment Institutes	其他 Others
总计	**Total**	**510**	**105**	**82**	**148**	**94**	**81**
按应用技术成果水平分类	**By Application Technology Achievements Level**						
国际领先	International Leading	11		1	9		1
国际先进	International Advanced	33	10	5	10	1	7
国内领先	Domestic Leading	133	31	16	54	17	15
国内先进	Domestic Advanced	106	12	6	39	34	15
国内一般	Domestic Common	10		1	3	2	4
按应用技术成果行业分类	**By Application Technology Achievements Sector**						
农林牧渔业	Agriculture, Forestry, Animal Husbandry and Fishery	163	70	31	22		40
采矿业	Mining	24	1		16		7
制造业	Manufacturing	43	2	2	39		
电力燃气及水生产供应业	Production and Supply of Electricity, Gas and Water	31			29		2
建筑业	Construction	23	8	2	9		4
交通运输、仓储和邮政业	Transport,Storage and Post	4	1		3		
信息传输、软件和信息技术服务业	Information Transmission, Software and Information Technology Services	2		1	1		
科学研究和技术服务业	Scientific Research and Technical Services	10	5	1	1		3
水利、环境和公共设施管理业	Water Conservancy, Environment and Public Facilities Management	11		4	5		2
卫生和社会工作	Health, Social Security and Social Work	61		3	1	54	3

注：本表数据来源于青海省科技成果管理办公室。
a)The data in this table are from the Qinghai province science and technology achievement management office.

19-21 续表 Continued

单位：项、万元 (item, 10 000 yuan)

指 标	Item	合计 Total	科研机构 Scientific Research Institutes	大专院校 University and Colleges	企业 Enterprises	医疗机构 Medical Treatment Institutes	其他 Others
按应用技术成果情况分类	**By Application Condition of Application Technology Achievements**						
产业化应用项目数	Number of Application Projects of Industrialization	165	25	23	79	8	30
小批量或小范围应用项目数	Application Number of Items in Small Quantities or Small-scale	141	46	10	30	36	19
试用项目数	Number of Trial Projects	46	12	4	17	4	9
未应用项目数	Number of Not Applied Projects	20	4	7		6	3
资金问题	Capital Reason	10	1	2		5	2
技术问题	Technique Reason	1		1			
市场问题	Market Reason	1		1			
管理问题	Manage Reason	7	2	3		1	1
政策因素	Policy Reason	1	1				
经济效益项目数	**Cost-effective Projects**	**91**	**12**	**4**	**66**	**1**	**8**
应用后本年度取得的经济效益	**Economic Profits Made after Application This year**						
净利润	Net Profits	924928	391	1061	896810		26666
实交税金	Actual Tax Payments	558141	273		557868		
出口创汇	Earning Foreign Exchange Through Exports	50	50				
节约资金	Saving Capital	91823	40		91782	1	
技术转让与许可收入	Technology Transfer and Licensing Income	50		50			

19−22　2017年规模(限额)以上企业创新活动总体情况

单位：(个，%)

指标名称	Item	企业数 Number of Enterprises (unit)	开展创新活动的 Enterprises Carrying out Innovative Activities	
			数　量 Quantity	比　重 proportion
总计	**Total**	**1397**	**449**	**32.1**
按规模分	**Grouped by Size of Enterprises**			
大型企业	Large Enterprises	48	32	66.7
中型企业	Medium-sized Enterprises	342	137	40.1
小型企业	Small Enterprises	789	234	29.7
微型企业	Micro Enterprises	218	46	21.1
按登记注册类型分	**By Type of Investment**			
内资企业	Domestic Funded	1354	437	32.3
国有企业	State-owned Enterprises	73	29	39.7
集体企业	Collective-owned Enterprises	4		
股份合作企业	Cooperative Enterprises	5	2	40.0
有限责任公司	Limited Liability Corporations	563	185	32.9
股份有限公司	Share-holding Corporations Ltd.	76	36	47.4
私营企业	Private Enterprises	632	185	29.3
其他企业	Others	1		
港、澳、台商投资企业	Hong Kong, Macao and Taiwan Investment Enterprises	27	8	29.6
合资经营企业(港或澳、台资)	Joint-venture Enterprises	10	2	20.0
合作经营企业(港或澳、台资)	Cooperative Business Enterprise	1		
港、澳、台商独资经营企业	Enterprises with Sole Investment	10	3	30.0
港、澳、台商投资股份有限公司	Share-holding Corporations Ltd.	4	1	25.0
其他港澳台投资企业	Other Enterprises	2	2	100.0
外商投资企业	Foreign Funded Enterprises	16	4	25.0
中外合资经营企业	Joint-venture Enterprises	7	3	42.9
中外合作经营企业	Cooperation Enterprises	1	1	100.0
外资企业	Enterprises with Sole Funds	3		
外商投资股份有限公司	Share-holding Corporations Ltd.	2		
其他外商投资企业	Other Enterprises	3		
按行业分	**By Sector**			
采矿业	Mining	32	8	25.0
制造业	Manufacturing	434	196	45.2
电力、热力、燃气及水生产和供应业	Production and Supply of Electricity, Gas and Water	103	20	19.4
建筑业	Construction	194	34	17.5
批发和零售业	Wholesale and Retail Trades	379	118	31.1
交通运输、仓储和邮政业	Transport, Storage and Post	91	22	24.2
信息传输、软件和信息技术服务业	Information Transmission, Software and Information Technology	33	15	45.5
租赁和商务服务业	Leasing and Business Services	55	13	23.6
科学研究和技术服务业	Scientific Research and Technical Services	66	20	30.3
水利、环境和公共设施管理业	Management of Water Conservancy,Environment and Public Facilities	10	3	30.0
按地区分	**By Regions**			
西宁市	Xining City	841	281	33.4
海东市	Haidong City	136	36	26.5
海北州	Haibei Zang A.P	35	6	17.1
黄南州	Huangnan Zang A.P	22	7	31.8
海南州	Hainan Zang A.P	67	21	31.3
果洛州	Golog Zang A.P	13	3	23.1
玉树州	Yushu Zang A.P	7	2	28.6
海西州	Haixi Mongolian & Zang A.P	276	93	33.7

Overall Situation of Enterprises above the Scale (Limit) Innovation Activities(2017)

(unit,%)

成功实现创新的 Successful Innovative Enterprises		同时实现 四种创新的 Successful Four kinds of Innovation Enterprises		开展产品或 工艺创新的 Carrying out Innovation of Product or Process		有组织(管理)创新 或营销创新的 Organization (Management) or Marketing Innovation	
数 量 Quantity	比 重 proportion	数 量 Quantity	比 重 proportion	数 量 Quantity	比 重 proportion	数 量 Quantity	比 重 proportion
430	**30.8**	**61**	**4.4**	**230**	**16.5**	**391**	**28.0**
32	66.7	8	16.7	23	47.9	26	54.2
133	38.9	20	5.8	73	21.3	120	35.1
220	27.9	25	3.2	116	14.7	203	25.7
45	20.6	8	3.7	18	8.3	42	19.3
418	30.9	58	4.3	225	16.6	379	28.0
27	37.0			17	23.3	24	32.9
2	40.0	1	20.0	1	20.0	2	40.0
178	31.6	24	4.3	96	17.1	157	27.9
35	46.1	7	9.2	21	27.6	30	39.5
176	27.8	26	4.1	90	14.2	166	26.3
8	29.6	1	3.7	3	11.1	8	29.6
2	20.0			1	10.0	2	20.0
3	30.0	1	10.0	1	10.0	3	30.0
1	25.0			1	25.0	1	25.0
2	100.0					2	100.0
4	25.0	2	12.5	2	12.5	4	25.0
3	42.9	2	28.6	2	28.6	3	42.9
1	100.0					1	100.0
8	25.0			3	9.4	7	21.9
184	42.4	38	8.8	126	29.0	159	36.6
20	19.4			4	3.9	19	18.4
34	17.5	4	2.1	17	8.8	32	16.5
115	30.3	10	2.6	43	11.3	111	29.3
22	24.2	3	3.3	11	12.1	21	23.1
15	45.5	4	12.1	8	24.2	14	42.4
12	21.8	1	1.8	5	9.1	12	21.8
17	25.8	1	1.5	12	18.2	13	19.7
3	30.0			1	10.0	3	30.0
265	31.5	48	5.7	163	19.4	236	28.1
36	26.5	3	2.2	14	10.3	33	24.3
5	14.3			3	8.6	5	14.3
7	31.8	3	13.6	5	22.7	7	31.8
21	31.3	1	1.5	7	10.4	21	31.3
3	23.1					3	23.1
2	28.6			1	14.3	2	28.6
91	33.0	6	2.2	37	13.4	84	30.4

19-23 2017年规模以上工业企业创新活动总体情况

单位：(个，%)

指标名称	Item	企业数 Number of Enterprises	开展创新活动的 Enterprises Carrying out Innovative Activities	
			数 量 Quantity	比 重 proportion
总计	**Total**	**569**	**224**	**39.4**
按规模分	**Grouped by Size of Enterprises**			
大型企业	Large Enterprises	22	19	86.4
中型企业	Medium-sized Enterprises	87	47	54.0
小型企业	Small Enterprises	380	140	36.8
微型企业	Micro Enterprises	80	18	22.5
按登记注册类型分	**By Type of Investment**			
内资企业	Domestic Funded	545	218	40.0
国有企业	State-owned Enterprises	6	4	66.7
集体企业	Collective-owned Enterprises	1		
股份合作企业	Cooperative Enterprises	2	2	100.0
有限责任公司	Limited Liability Corporations	242	89	36.8
国有独资公司	State Sole Funded Corporations	30	10	33.3
其他有限责任公司	Other Limited Liability Corporations	212	79	37.3
股份有限公司	Share-holding Corporations Limited	35	20	57.1
私营企业	Private Enterprises	258	103	39.9
私营独资企业	Private-funded Enterprises	1		
私营合伙企业	Private Partnership	1	1	100.0
私营有限责任公司	Private Limited Liability Corporations	244	101	41.4
私营股份有限公司	Private Share-holding Corporations Ltd.	12	1	8.3
其他企业	Other Enterprises	1		
港、澳、台商投资企业	Hong Kong, Macao and Taiwan Investment Enterprises	12	2	16.7
合资经营企业(港或澳、台资)	Joint-venture Enterprises	6	1	16.7
港、澳、台商独资经营企业	Enterprises with Sole Investment	5	1	20.0
港、澳、台商投资股份有限公司	Share-holding Corporations Ltd.	1		
外商投资企业	Foreign Funded Enterprises	12	4	33.3
中外合资经营企业	Joint-venture Enterprises	7	3	42.9
中外合作经营企业	Cooperation Enterprises	1	1	100.0
外资企业	Enterprises with Sole Funds	3		
外商投资股份有限公司	Share-holding Corporations Ltd.	1		
按行业分	**By Sector**			
采矿业	Mining	32	8	25.0
制造业	Manufacturing	434	196	45.2
电力、热力、燃气及水生产和供应业	Production and Supply of Electricity, Gas and Water	103	20	19.4
按地区分	**By Regions**			
西宁市	Xining City	271	131	48.3
海东市	Haidong City	86	22	25.6
海北州	Haibei Zang A.P	25	3	12.0
黄南州	Huangnan Zang A.P	9	3	33.3
海南州	Hainan Zang A.P	37	10	27.0
果洛州	Golog Zang A.P	2		
海西州	Haixi Mongolian & Zang A.P	139	55	39.6

Overall Situation of Industrial Enterprises above Designated Size Innovation Activities(2017)

(unit,%)

成功实现创新的 Successful Innovative Enterprises		同时实现四种创新的 Successful Four kinds of Innovation Enterprises		开展产品或工艺创新的 Carrying out Innovation of Product or Process		有组织(管理)创新或营销创新的 Organization (Management) or Marketing Innovation	
数量 Quantity	比重 proportion	数量 Quantity	比重 proportion	数量 Quantity	比重 proportion	数量 Quantity	比重 proportion
212	**37.3**	**38**	**6.7**	**133**	**23.4**	**185**	**32.5**
19	86.4	5	22.7	14	63.6	15	68.2
47	54.0	12	13.8	33	37.9	37	42.5
129	33.9	19	5.0	80	21.1	116	30.5
17	21.3	2	2.5	6	7.5	17	21.3
206	37.8	35	6.4	129	23.7	179	32.8
4	66.7			1	16.7	4	66.7
2	100.0	1	50.0	1	50.0	2	100.0
84	34.7	10	4.1	55	22.7	69	28.5
10	33.3	2	6.7	5	16.7	7	23.3
74	34.9	8	3.8	50	23.6	62	29.2
19	54.3	4	11.4	14	40.0	15	42.9
97	37.6	20	7.8	58	22.5	89	34.5
1	100.0			1	100.0		
96	39.3	20	8.2	56	23.0	89	36.5
				1	8.3		
2	16.7	1	8.3	2	16.7	2	16.7
1	16.7			1	16.7	1	16.7
1	20.0	1	20.0	1	20.0	1	20.0
4	33.3	2	16.7	2	16.7	4	33.3
3	42.9	2	28.6	2	28.6	3	42.9
1	100.0					1	100.0
8	25.0			3	9.4	7	21.9
184	42.4	38	8.8	126	29.0	159	36.6
20	19.4			4	3.9	19	18.4
122	45.0	31	11.4	96	35.4	100	36.9
22	25.6	1	1.2	6	7.0	21	24.4
2	8.0			2	8.0	2	8.0
3	33.3	1	11.1	2	22.2	3	33.3
10	27.0	1	2.7	3	8.1	10	27.0
53	38.1	4	2.9	24	17.3	49	35.3

19–24 2017年资质等级以上建筑业企业创新活动总体情况

单位：(个，%)

指 标	Item	企业数 Number of Enterprises	开展创新活动的 Enterprises Carrying out Innovative Activities	
			数 量 Quantity	比 重 proportion
总计	**Total**	**194**	**34**	**17.5**
按规模分	**Grouped by Size of Enterprises**			
大型企业	Large Enterprises	6	4	66.7
中型企业	Medium-sized Enterprises	71	19	26.8
小型企业	Small Enterprises	87	9	10.3
微型企业	Micro Enterprises	30	2	6.7
按登记注册类型分	**By Type of Investment**			
内资企业	Domestic Funded	194	34	17.5
国有企业	State-owned Enterprises	21	7	33.3
股份合作企业	Cooperative Enterprises	2		
有限责任公司	Limited Liability Corporations	65	16	24.6
国有独资公司	State Sole Funded Corporations	8	4	50.0
其他有限责任公司	Other Limited Liability Corporations	57	12	21.1
股份有限公司	Share-holding Corporations Limited	11	5	45.5
私营企业	Private Enterprises	95	6	6.3
私营有限责任公司	Private Limited Liability Corporations	85	6	7.1
私营股份有限公司	Private Share-holding Corporations Ltd.	10		
按行业分	**By Sector**			
房屋建筑业	Housing Construction	90	13	14.4
土木工程建筑业	Civil Engineering	59	18	30.5
建筑安装业	Construction Installation	24	2	8.3
建筑装饰和其他建筑业	Construction Decoration and other Construction	21	1	4.8
按地区分	**By Regions**			
西宁市	Xining City	150	28	18.7
海东市	Haidong City	16	3	18.8
黄南州	Huangnan Zang A.P	3		
海南州	Hainan Zang A.P	10	2	20.0
果洛州	Golog Zang A.P	1		
海西州	Haixi Mongolian & Zang A.P	14	1	7.1

Overall Situation of Construction Enterprises above the level of Qualification Innovation Activities(2017)

(unit,%)

成功实现创新的 Successful Innovative Enterprises		同时实现四种创新的 Successful Four kinds of Innovation Enterprises		开展产品或工艺创新的 Carrying out Innovation of Product or Process		有组织(管理)创新或营销创新的 Organization (Management) or Marketing Innovation	
数 量 Quantity	比 重 proportion	数 量 Quantity	比 重 proportion	数 量 Quantity	比 重 proportion	数 量 Quantity	比 重 proportion
34	**17.5**	**4**	**2.1**	**17**	**8.8**	**32**	**16.5**
4	66.7	2	33.3	3	50.0	3	50.0
19	26.8			10	14.1	18	25.4
9	10.3	2	2.3	4	4.6	9	10.3
2	6.7					2	6.7
34	17.5	4	2.1	17	8.8	32	16.5
7	33.3			4	19.0	7	33.3
16	24.6	2	3.1	8	12.3	14	21.5
4	50.0	1	12.5	2	25.0	3	37.5
12	21.1	1	1.8	6	10.5	11	19.3
5	45.5	1	9.1	3	27.3	5	45.5
6	6.3	1	1.1	2	2.1	6	6.3
6	7.1	1	1.2	2	2.4	6	7.1
13	14.4	1	1.1	5	5.6	13	14.4
18	30.5	2	3.4	11	18.6	16	27.1
2	8.3	1	4.2	1	4.2	2	8.3
1	4.8					1	4.8
28	18.7	4	2.7	14	9.3	26	17.3
3	18.8			2	12.5	3	18.8
2	20.0					2	20.0
1	7.1			1	7.1	1	7.1

19−25　2017年规模(限额)以上服务业企业创新活动总体情况

单位：(个，%)

指标名称	Item	企业数 Number of Enterprises	开展创新活动的 Enterprises Carrying out Innovative Activities	
			数　量 Quantity	比　重 proportion
总计	**Total**	**634**	**191**	**30.1**
按规模分	**Grouped by Size of Enterprises**			
大型企业	Large Enterprises	20	9	45.0
中型企业	Medium-sized Enterprises	184	71	38.6
小型企业	Small Enterprises	322	85	26.4
微型企业	Micro Enterprises	108	26	24.1
按登记注册类型分	**By Type of Investment**			
内资企业	Domestic Funded	615	185	30.1
国有企业	State-owned Enterprises	46	18	39.1
集体企业	Collective-owned Enterprises	3		
股份合作企业	Cooperative Enterprises	1		
有限责任公司	Limited Liability Corporations	256	80	31.3
国有独资公司	State Sole Funded Corporations	29	10	34.5
其他有限责任公司	Other Limited Liability Corporations	227	70	30.8
股份有限公司	Share-holding Corporations Limited	30	11	36.7
私营企业	Private Enterprises	279	76	27.2
私营独资企业	Private-funded Enterprises	4	1	25.0
私营有限责任公司	Private Limited Liability Corporations	262	73	27.9
私营股份有限公司	Private Share-holding Corporations Ltd.	13	2	15.4
港、澳、台商投资企业	Enterprises with Funds from Hong Kong,	15	6	40.0
合资经营企业(港或澳、台资)	Joint-venture Enterprises	4	1	25.0
合作经营企业(港或澳、台资)	Cooperative Business Enterprise	1		
港、澳、台商独资经营企业	Enterprises with Sole Investment	5	2	40.0
港、澳、台商投资股份有限公司	Share-holding Corporations Ltd.	3	1	33.3
其他港澳台投资企业	Other Hong Kong, Macao and Taiwan Investment Enterprises	2	2	100.0
外商投资企业	Foreign Funded Enterprises	4		
外商投资股份有限公司	Share-holding Corporations Ltd.	1		
其他外商投资企业	Other Foreign-invested Enterprises	3		
按行业分	**By Sector**			
批发和零售业	Wholesale and Retail Trades	379	118	31.1
交通运输、仓储和邮政业	Transport, Storage and Post	91	22	24.2
信息传输、软件和信息技术服务业	Information Transmission, Software and Information Technology	33	15	45.5
租赁和商务服务业	Leasing and Business Services	55	13	23.6
科学研究和技术服务业	Scientific Research and Technical Services	66	20	30.3
水利、环境和公共设施管理业	Management of Water Conservancy,Environment and Public Facilities	10	3	30.0
按地区分	**By Regions**			
西宁市	Xining City	420	122	29.0
海东市	Haidong City	34	11	32.4
海北州	Haibei Zang A.P	10	3	30.0
黄南州	Huangnan Zang A.P	10	4	40.0
海南州	Hainan Zang A.P	20	9	45.0
果洛州	Golog Zang A.P	10	3	30.0
玉树州	Yushu Zang A.P	7	2	28.6
海西州	Haixi Mongolian & Zang A.P	123	37	30.1

Overall Situation of Service Enterprises above Scale (Limit) Innovation Activities(2017)

(unit,%)

成功实现创新的 Successful Innovative Enterprises		同时实现四种创新的 Successful Four kinds of Innovation Enterprises		开展产品或工艺创新的 Carrying out Innovation of Product or Process		有组织(管理)创新或营销创新的 Organization (Management) or Marketing Innovation	
数 量 Quantity	比 重 proportion	数 量 Quantity	比 重 proportion	数 量 Quantity	比 重 proportion	数 量 Quantity	比 重 proportion
184	**29.0**	**19**	**3.0**	**80**	**12.6**	**174**	**27.4**
9	45.0	1	5.0	6	30.0	8	40.0
67	36.4	8	4.3	30	16.3	65	35.3
82	25.5	4	1.2	32	9.9	78	24.2
26	24.1	6	5.6	12	11.1	23	21.3
178	28.9	19	3.1	79	12.8	168	27.3
16	34.8			12	26.1	13	28.3
78	30.5	12	4.7	33	12.9	74	28.9
10	34.5	6	20.7	6	20.7	10	34.5
68	30.0	6	2.6	27	11.9	64	28.2
11	36.7	2	6.7	4	13.3	10	33.3
73	26.2	5	1.8	30	10.8	71	25.4
1	25.0			1	25.0	1	25.0
70	26.7	5	1.9	28	10.7	68	26.0
2	15.4			1	7.7	2	15.4
6	40.0			1	6.7	6	40.0
1	25.0					1	25.0
2	40.0					2	40.0
1	33.3			1	33.3	1	33.3
2	100.0					2	100.0
115	30.3	10	2.6	43	11.3	111	29.3
22	24.2	3	3.3	11	12.1	21	23.1
15	45.5	4	12.1	8	24.2	14	42.4
12	21.8	1	1.8	5	9.1	12	21.8
17	25.8	1	1.5	12	18.2	13	19.7
3	30.0			1	10.0	3	30.0
115	27.4	13	3.1	53	12.6	110	26.2
11	32.4	2	5.9	6	17.6	9	26.5
3	30.0			1	10.0	3	30.0
4	40.0	2	20.0	3	30.0	4	40.0
9	45.0			4	20.0	9	45.0
3	30.0					3	30.0
2	28.6			1	14.3	2	28.6
37	30.1	2	1.6	12	9.8	34	27.6

主要统计指标解释

普通高等学校 指按国家规定的设置标准和审批程序批准举办的，通过全国普通高等学校统一招生考试，招收高中毕业生为主要培养对象，实施高等学历教育的全日制大学、独立设置的学院和高等专科学校、高等职业学校及其他机构(独立学院和分校、大专班)。

大学、独立设置的学院主要实施本科层次以上教育。高等专科学校、高等职业学校实施专科层次教育。其他机构是承担国家普通招生计划任务不计校数的机构，包括独立学院、普通高等学校分校、大专班和批准筹建的普通高等学校等。

成人高等学校 指按照国家规定的设置标准和审批程序批准举办的，通过全国成人高等教育统一招生考试，招收具有高中毕业或同等学历的人员为主要培养对象，利用函授、业余、脱产等多种形式对其实施高等学历教育的学校。包括职工高等学校、农民高等学校、管理干部学院、教育学院、独立函授学院、广播电视大学、其他机构等。其他机构是承担国家成人招生计划任务不计校数的机构。

小学学龄儿童入学率 指调查范围内已入小学学习的学龄儿童占校内外学龄儿童总数(包括弱智儿童，不包括盲聋哑儿童)的比重。计算公式为：

$$小学学龄儿童入学率 = \frac{已入学的小学学龄儿童数}{校内外小学学龄儿童总数} \times 100\%$$

生师比采用教育统计折算法测算

1、折合在校生数 = 普通本、专科(高职)生数 + 硕士生数 *1.5 + 傅士生数 *2 + 留学生数 *3 + 进修生数 + 成人脱产班学生数 + 夜大(业余)学生数 *0.3 + 函授生数 *0.1 + 自学助考生 + 中职在校生数。

2、教师总数 = 专任教师数 + 聘请校外教师数 *0.5。

3、生师比 = 折合在校生数/教师总数。

科技活动 是指在自然科学、农业科学、医药科学、工程与技术科学、人文与社会科学领域(简称科学技术领域)中与科技知识的产生、发展、传播和应用密切相关的有组织的活动。为核算科技投入的需要，科技活动可分为科学研究与试验发展(R&D)、科学研究与试验发展成果应用及相关的科技服务三类活动。

R&D(科学研究与试验发展，简称“研发”) 是指在科学技术领域，为增加知识总量、以及运用这些知识去创造新的应用进行系统的创造性的活动，包括基础研究、应用研究、试验发展三类活动。

基础研究 是指为了获得关于现象和可观察事实的基本原理的新知识(揭示客观事物的本质、运动规律，获得新发现、新学说)而进行的实验性或理论性研究，它不以任何专门或特定的应用或使用为目的。其成果以科学论文和科学著作为主要形式。

应用研究 是指为获得新知识而进行的创造性研究，主要针对某一特定的目的或目标。应用研究是为了确定基础研究成果可能的用途，或是为达到预定的目标探索应采取的新方法(原理性)或新途径。其成果形式以科学论文、专著、原理性模型或发明专利为主。

试验发展 是指利用从基础研究、应用研究和实际经验所获得的现有知识，为产生新的产品、材料和装置，建立新的工艺、系统和服务，以及对已产生和建立的上述各项作实质性的改进而进行的系统性工作。其成果形式主要是专利、专有技术、具有新产品基本特征的产品原型或具有新装置基本特征的原始样机等。在社会科学领域，试验发展是指把通过基础研究、应用研究获得的知识转变成可以实施的计划(包括为进行检验和评估实施示范项目)的过程。人文科学领域没有对应的试验发展活动。

R&D 人员 指单位内部从事基础研究、应用研究和试验发展三类活动的人员。包括直接参加上述三类项目活动的人员以及这三类项目的管理人员和直接服务人员。为研发活动提供直接服务的人员包括直接为研发活动提供资料文献、材料供应、设备维护等服务的人员。

R&D 经费内部支出 指调查单位在报告年度用于内部开展 R&D 活动(基础研究、应用研究和试验发展)的实际支出。包括用于 R&D 项目(课题)活动的直接支出，以及间接用于 R&D 活动的管理费、服务费、与 R&D 有关的基本建设支出以及外协加工费等。不包括生产性活动支出、归还贷款支出以及与外单位合作或委托外单位进行 R&D 活动而转拨给对方的经费支出。

专业技术人员 指从事专业技术工作和专业技术管理工作的人员，即企事业单位中已经聘任专业技术职务从事专业技术工作和专业技术管理工作的人员，以及未聘任专业技术职务，现在专业技术岗位上工作的人员。包括工程技术人员、农业技术人员、科学研究人员、卫生技术人员、教学人员、经济人员、会计人员、统计人员、翻译人员、图书资料、档案、文博人员、新闻出版人员、律师、公证人员、广播电视播音人员、工艺美术人员、体育人员、艺术人员及企业政治思想工作人员，共十七个专业技术职务类别。用来反映科技人力资源情况。

专利 是专利权的简称，是对发明人的发明创造经审查合格后，由专利局依据专利法授予发明人和设计人对该项发明创造享有的专有权。包括发明、实用新型和外观设计。反映拥有自主知识产权的科技和设计成果情况。

发明(专利) 指对产品、方法或者其改进所提出的新的技术方案。是国际通行的反映拥有自主知识产权技术的核心指标。

实用新型(专利) 指对产品的形状、构造或者其结合所提出的适于实用的新的技术方案。反映具有一定技术含量的技术成果情况。

外观设计(专利) 指对产品的形状、图案、色彩或者其结合所作出的富有美感并适于工业上应用的新设计。反映拥有自主知识产权的外观设计成果情况。

创新 指本企业推出了新的或有重大改进的产品或工

艺,或采用了新的组织管理方式或营销方法。此处的"新"是指它们对本企业而言必须是新的,但对于其他企业或整个市场而言不要求一定是新的。

产品创新(工业) 指企业推出了全新的或有重大改进的产品。产品创新的"新"要体现在产品的功能或特性上,包括技术规范、材料、组件、用户友好性等方面的重大改进。

工艺创新(工业) 指企业采用了全新的或有重大改进的生产方法、工艺设备或辅助性活动。工艺创新的"新"要体现在技术、设备或流程上;它对本企业而言必须是新的,但对于其他企业或整个市场而言不一定是新的。

产品创新(建筑业) 指企业向市场推出或向客户交付了全新的或有重大改进的产品。产品创新的"新"要体现在产品的功能或特性上,包括技术规范、材料、组件、用户友好性等方面的重大改进。

工艺创新(建筑业) 指企业采用了全新的或有重大改进的施工工艺、生产工艺或辅助性活动。工艺创新的"新"要体现在技术、设备或流程上;它对本企业而言必须是新的,但对于其他企业或整个市场而言不一定是新的。

产品(服务)创新(服务业) 指企业向市场推出了全新的或有重大改进的服务或产品。产品(服务)创新的"新"要体现在服务或产品的功能或特性上,包括在技术规范、材料、组件、用户友好性等方面的重大改进。

工艺(流程)创新(服务业) 指企业在推出服务或其他产品的过程以及辅助性活动中采用了全新的或有重大改进的技术、设备或软件等。工艺(流程)创新的主要目的是提高服务质量或降低单位成本;它对本企业而言必须是新的,但对于其他企业或整个市场而言不一定是新的。

组织(管理)创新 指企业采取了此前从未使用过的全新的组织管理方式,主要涉及企业的经营模式、组织结构或外部关系等方面。

营销创新 指企业采用了此前从未使用过的全新的营销概念或营销策略,主要涉及产品设计或包装、产品推广、产品销售渠道、产品定价等方面。

Explanatory Notes on Main Statistical Indicators

Regular Institutions of Higher Education refer to educational establishments set up according to the government evaluation and approval procedures, recruiting graduates from senior secondary schools as the main target by National Matriculation TEST. They include full – time universities, colleges, institutions of higher professional education, institutions of higher vocational education, institutions of higher vocational education and others (non – university tertiary, branch schools and undergraduate classes).

Universities and colleges primarily provide undergraduate courses; institutions of higher professional education and institutions of higher vocational education primarily provide professional trainings; and others refer to educational establishments, which are responsible for enrolling higher education students under the State Plan but not enumerated in the total number of schools, including: branch schools of universities and colleges, and universities and colleges that have been approved and under plan for construction. Non – university tertiary refers to the regular undergraduate branch college which is running in new mechanism and mode, excluding the branch schools and other similar branches of educational institutions.

Institutions of Higher Education for Adults refer to educational establishments, set up in line with relevant rules approved by the government, enrolling staff and workers with senior secondary school or equivalent education, and providing higher education courses in many forms of correspondence, spare time, or full time for adults. Professionals thus trained receive a qualification equivalent to graduates studying regular courses at regular universities, colleges and professional colleges. Institutions of higher learning for adults include schools of higher education for staff and workers, schools of higher education for peasants, colleges for management cadres, pedagogical colleges, independent correspondence colleges, Radio and TV universities and other educational establishments. Other educational establishments have undertakings to enrol adult students but not enumerated in the schools under the State Plan.

Net Enrolment Ratio of Primary Schools refers to the proportion of school age children enrolled at schools to the total number of school age children both in and outside schools (including retarded children, but excluding blind, deaf and mute children). The formula is:

$$\text{Net Enrolment Ratio of Primary Schools} = \frac{\text{Total Primary School – age Children at Schools}}{\text{Total Primary School – age Children Whether or Not Attending School}} \times 100\%$$

The teacher – student ratio is calculated by education statistical conversion method.

Number of Reduced total enrollment = number of ordinary undergraduate, college (Higher Vocational) students + number of Masters * 1.5, number of doctors * 2 + number of foreign students * 3 + number of preppies + number of advanced students + number of adult students + number of evening university and mater students * 0.3 + number of correspondence students * 0.1 + number of self – study students + number of secondary vocational school students.

Total number of teachers = number of Full – time teachers + half of outside school teachers hired.

Student – teacher ratio is number of reduced total enrollment divide by total number of teachers.

Scientific and Technological Activities (S&T Activities)

refer to organized activities which are closely related with the creation, development, dissemination and application of the scientific and technical knowledge in the fields of natural sciences, agricultural science, medical science, engineering and technological science, humanities and social sciences (referred to as scientific and technological fields). S&T activities can be classified into 3 categories: research and development (R&D) activities, application of R&D results, and related S&T services. This statistical definition is made by UNICHIEF for scientific and technological activities to meet the need of carrying out statistical work in this field for its member countries particularly the developing countries.

Research and Development (R&D) refers to systematic and creative activities in the field of science and technology aiming at increasing the knowledge and using the knowledge for new application. R&D includes 3 categories of activities: basic research, applied research and experimentation for development. The scale and intensity of R&D are widely used internationally to reflect the strength of S&T and the core competitiveness of a country in the world.

Basic Research refers to empirical or theoretical research aiming at obtaining new knowledge on the fundamental principles regarding phenomena or observable facts to reveal the intrinsic nature and underlying laws and to acquire new discoveries or new theories. Basic research takes no specific or designated application as the aim of the research. Results of basic research are mainly released or disseminated in the form of scientific papers or monographs. This indicator reflects the innovation capacity for original knowledge.

Applied Research refers to creative research aiming at obtaining new knowledge on a specific objective or target. Purpose of the applied research is to identify the possible uses of results from basic research, or to explore new (fundamental) methods or new approaches. Results of applied research are expressed in the form of scientific papers, monographs, fundamental models or invention patents. This indicator reflects the exploration of ways to apply the results of basic research.

Experiments and Development refer to systematic activities aiming at using the knowledge from basic and applied researches or from practical experience to develop new products, materials and equipment, to establish new production process, systems and services, or to make substantial improvement on the existing products, process or services. Results of experiment and development activities are embodied in patents, exclusive technology, and monotype of new products or equipment. In social sciences, experiment and development activities refer to the process of converting the knowledge from basic or applied researches into feasible programs (including conduct of demonstration projects for assessment and evaluation). There are no experiment and development activities in the science of humanities. This indicator reflects the capability of transferring the results of S&T into technique and products, and measures the realization of S&T in spearheading the economic and social development.

R&D Personnel refer to persons engaged in research, management and supporting activities of R & D, including persons in the project teams, persons engaged in the management of S&T activities of enterprises and supporting staff providing direct service to the research projects. This indicator reflects the size of personnel engaged in R&D activities with independent intellectual property.

Funding for S&T Activities refers to funds obtained from various sources for S&T activities, including government funds, self-raised funds by enterprises, self-raised funds by institutions, loans from financial institutions, foreign funds and other funds. This indicator reflects the efforts made by various social economic entities in promoting the development of S&T.

Professional and Technical Personnel refer to persons engaged in professional and technical work or in the management of professional and technical activities, i. e., people with professional or technical positions who are engaged in professional and technical work or in the management of professional and technical activities, and people without professional or technical positions but are working on professional or technical posts. They include professionals and technicians working in 17 categories of technical occupations including engineering, agriculture, scientific researches, medical service, teaching, economic research and application, accounting, statistics, translation, libraries, archives, cultural and museum service, journalism and publication, lawyers, notarization service, radio and television broadcasting, handicraft and fine arts, sports, performing art, and political workers in enterprises. This indicator reflects the condition of human resources in S&T.

Patent is an abbreviation for the patent right and refers to the exclusive right of ownership by the inventors or designers for the creation or inventions, given from the patent offices after due process of assessment and approval in accordance with the Patent Law. Patents are granted for inventions, utility models and designs. This indicator reflects the achievements of S&T and design with independent intellectual property.

Patented Inventions refer to new technical proposals to the products or methods or their modifications. This is universal core indicator reflecting the technologies with independent intellectual property.

Patented Utility Models refer to the practical and new technical proposals on the shape and structure of the product or the combination of both. This indicator reflects the condition of technological results with certain technical content.

Designs refer to the aesthetics and industrially applicable new designs for the shape, pattern and colour of the product, or their combinations. This indicator reflects the appearance design achievements with independent intellectual property.

Innovation refers to the introduction of new or significantly improved products or processes, or the adoption of new organizational management methods or marketing methods by enterprises. The "new" here must be new to the enterprise, but it is not necessarily new to other enterprises or the whole market.

Product innovation (**industry**) refers to the introduction of new or significantly improved products. The innovation should be reflected by the functions or features of the products, including improvement on technical specifications, materials, parts, user - friendliness etc.

Process innovation (**industry**) refers to the adoption of new or significantly improved production methods, process equipments or supporting activities by enterprises. The innovation should be reflected by technology, equipment or process. It must be new to the enterprise, but it is not necessarily new to other enterprises or the whole market.

Product innovation (**construction**) refers to the introduction to the market or delivered of new or significantly improved products by enterprises. The innovation should be reflected by the functions or features of the products, including improvement on technical specifications, materials, parts, user - friendliness etc.

Process innovation (**construction**) refers to the adoption of new or significantly improved construction technology, production process or supporting activities by enterprises. The innovation should be reflected by technology, equipment or process. It must be new to the enterprise, but it is not necessarily new to other enterprises or the whole market.

Product (**service**) **innovation** (**service**) refers to the introduction of new or significantly improved services or products. The innovation should be reflected by the functions or features of the services or products, including improvement on technical specifications, materials, parts, user - friendliness etc.

Process (**procedure**) **innovation** (**service**) refers to the adoption of new or significantly improved technology, equipment, or software in the process of launching services or other products and auxiliary activities by enterprises. The main purpose of the innovation is to improve service quality or reduce unit cost. It must be new to the enterprise, but it is not necessarily new to other enterprises or the whole market.

Organization (**management**) **innovation** refers to the adoption of new organization management mode which has never been used before by enterprises, mainly involving the business mode, organizational structure or external relationship of the enterprise.

Marketing innovation refers to the adoption of new marketing concept or marketing strategy which has never been used before by enterprises, mainly involving product design or packaging, product promotion, product sales channel, product pricing etc.

第 20 篇
CHAPTER 20

卫生和社会服务
Public Health and Social Services

卫生机构情况

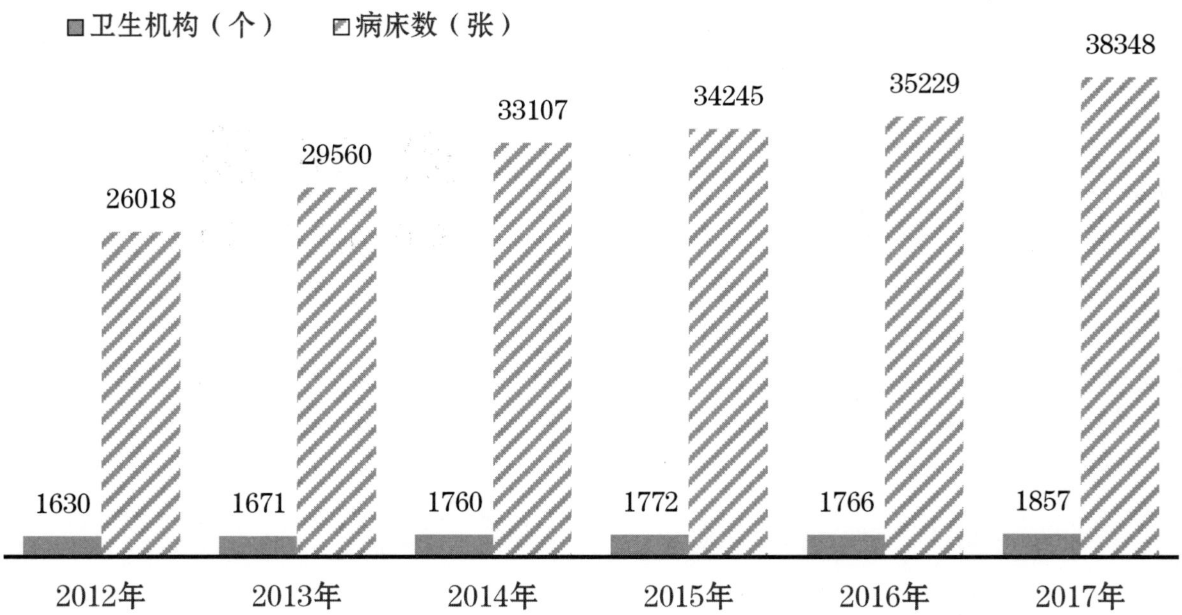

卫生技术人员情况

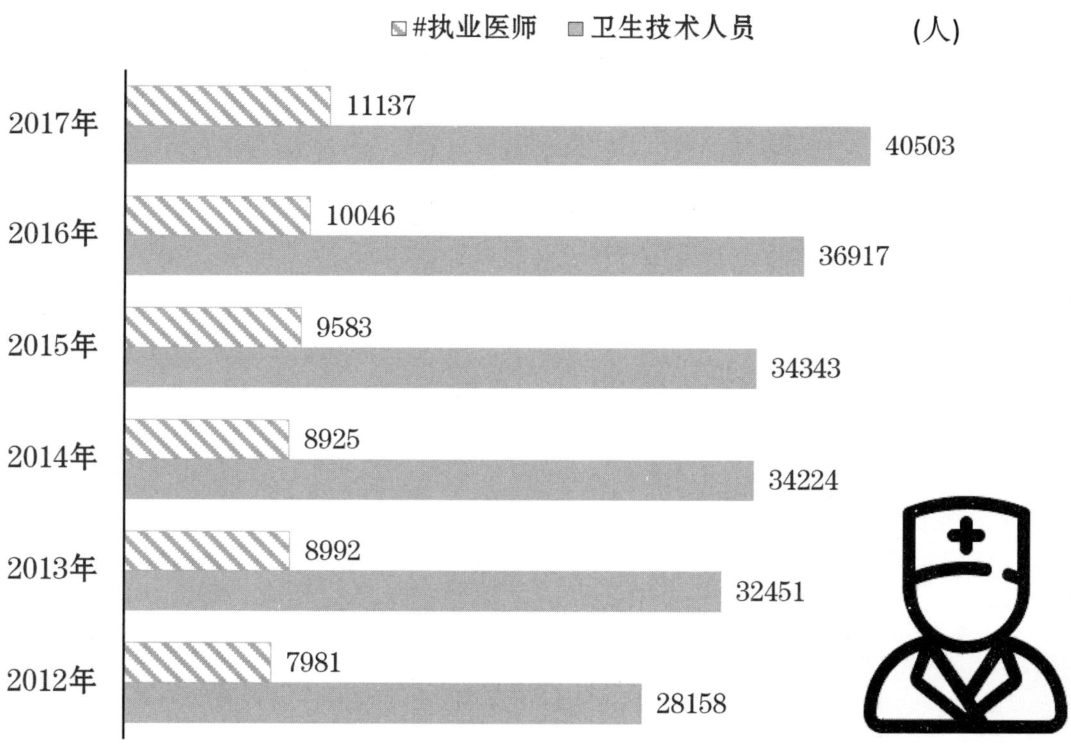

20-1 主要年份卫生事业机构、床位、人员数

Number of Health Care Institutions, Beds and Medical Technical Personnel in Main Years

年 份	卫生机构数 (个) Health Care Institutions (unit)	医疗机构 Medical Institutions	病床数 (张) Beds (unit)	卫生技术人员 (人) Medical Technical Personnel (person)
1952	67	28	529	513
1957	215	45	2115	2605
1965	822	63	6634	6114
1970	818	80	8212	8217
1975	920	499	10222	11390
1978	1032	507	10951	13090
1980	1047	511	11941	15115
1985	1253	518	13743	18031
1986	1282	454	14417	18906
1987	1302	433	15119	19759
1988	1276	445	15093	19780
1989	1226	436	15511	20103
1990	1218	446	15698	19893
1992	1187	510	16828	20239
1993	1172	494	16684	19891
1994	1177	592	16896	20116
1995	1176	592	17165	20233
1996	1201	590	17461	20216
1997	1201	592	17176	21418
1998	1263	591	17096	21159
1999	1259	586	16862	21825
2000	1847	577	16521	21502
2001	1437	564	16464	20119
2002	1411	549	16127	19294
2003	1408	536	16652	23036
2004	1434	535	16461	20002
2005	1478	562	16035	20771
2006	1613	687	16273	20119
2007	1640	688	16383	20347
2008	1643	713	17861	21973
2009	1598	734	19119	23440
2010	1569	734	20052	23897
2011	1601	748	23171	26132
2012	1630	764	26018	28158
2013	1671	771	29560	32451
2014	1760	836	33107	34224
2015	1772	863	34245	34343
2016	1766	878	35229	36917
2017	1857	956	38348	40503

注：1.本表数据来源于青海省卫生和计划生育委员会，以下表同。

2.2000年及以后卫生机构数据由省卫生部门按统一口径进行了调整。

a)The data in this table are from the Qinghai provincial health and Planning Commission，the same below

b)The Health Care Institutions data were adjusted according to the unified caliber by Provincial Health Department since 2000 .

20−2 2017年医疗机构、床位及人员数

Number of Medical Institutions, Beds and Medical Technical Personnel(2017)

医疗机构	Medical Institutions	机构数(个) Number of Institutions (unit)	床位数(张) Beds (unit)	卫生技术人员(人) Medical Technical Personnel (person) 小计 Subtotal	执业医师 Licensed Doctors	助理医师 Assistant Doctors	注册护士 Registered Nurses	药剂人员 Pharmacist	技师(士) Technician	检验人员 Laboratory Technician	其他 Others
总　计	**Total**	**956**	**38348**	**37318**	**11137**	**1874**	**15707**	**2006**	**2109**	**1246**	**4485**
医　院	**Hospitals**	**212**	**32055**	**28625**	**8573**	**984**	**13218**	**1499**	**1666**	**965**	**2685**
综合医院	General Hospitals	122	22269	21112	6189	706	10137	957	1147	631	1976
中医医院	Hospitals Specialized in Traditional Chinese Medicine	13	2445	2238	737	64	907	220	174	101	136
中西医结合医院	Hospitals Combining Chinese and Western Medicine	4	184	154	42	23	52	11	13	6	13
蒙藏民族医院	Mongolian and Tibetan Nationalities Hospitals	35	3508	1549	624	120	401	150	88	52	166
专科医院	Specialized Hospitals	37	3555	3544	977	71	1697	161	244	175	394
护理院	Nursing Home	1	94	28	4		24				
社区卫生服务中心(站)	**Community Health Service Centers(Stations)**	**254**	**1197**	**2366**	**747**	**144**	**903**	**215**	**107**	**51**	**250**
社区卫生服务中心	Community Health Service Centers	31	578	1178	346	85	400	116	96	45	135
社区卫生服务站	Community Health Service Stations	223	619	1188	401	59	503	99	11	6	115
卫生院	**Health Care Centers**	**405**	**4512**	**4905**	**1291**	**657**	**1163**	**215**	**211**	**142**	**1368**
中心卫生院	Central Health Centers	91	1670	1630	396	169	412	82	83	53	488
专科疾病防治院(所、站)	**Specialized Disease Prevention & Treatment Institutions**	**1**	**40**	**30**	**9**	**2**	**10**	**3**	**4**	**3**	**2**
门诊部	**Clinics**	**34**	**80**	**292**	**112**	**18**	**74**	**25**	**29**	**15**	**34**
妇幼保健院(所、站)	**Women and Children Care Agencies (Stations)**	**50**	**464**	**1100**	**405**	**69**	**339**	**49**	**92**	**70**	**146**

注：医疗机构不包括诊所、卫生所、医务室、村卫生室和采供血机构。

a) Medical Institutions don't include dispensary, health-center, infirmary, village health clinic and Blood collection agencies.

20–3　2017年分地区村卫生室机构数

Number of Health Institutions at Village Level by Region(2017)

单位：个　　(unit)

地　区　Region	总　计 Total	按设置／主办单位分 By Setting / Host Unit					按行医方式分 By Way to Practice Medicine		
		村　办 Village Run	乡卫生院设点 Under the Township Hospital	联合办 Jointly Run	私人办 Privately Run	其　他 Others	西医为主 Western Medicine-oriented	中医为主 Traditional Chinese Medicine-oriented	中西医 Traditional Chinese and Western Medicine
机构数　Number of Institutions	**4518**	**1813**	**626**	**596**	**1020**	**463**	**1904**	**172**	**2442**
西宁市　Xining City	1151	357	171	13	520	90	387	23	741
海东市　Haidong City	1594	882	28	173	372	139	783	42	769
海北州　Haibei Zang A.P	260	78	40	5	110	27	115	13	132
黄南州　Huangnan Zang A.P	286	66	100	109		11	111	10	165
海南州　Hainan Zang A.P	452	191	34	135	15	77	231	18	203
果洛州　Golog Zang A.P	188	49		62		77	38		150
玉树州　Yushu Zang A.P	259	180	79				104	52	103
海西州　Haixi Mongolian & Zang A.P	328	10	174	99	3	42	135	14	179

20－4　2016－2017年残疾人事业基本情况
Basic Statistics of Disabled Persons(2016-2017)

指　标		Item		2016	2017
康复		**Rehabilitation**			
视力残疾康复		**Rehabilitation of Persons with Sight Disability**			
培训儿童家长	(人)	Parents Trained	(person)	776	362
盲人定向行走训练数	(人)	Blindman Trained with Direction Walking	(person)	1271	220
聋儿康复		**Rehabilitation of Children with Hearing Disability**			
年收训聋儿	(人)	Hearing and Speech Training	(person)	139	111
培训家长	(人)	Parents Trained	(person)	209	538
机构数	(个)	Number of Institutions	(person)	7	7
在岗专业人员教师	(人)	Employed Special Personnel Teachers	(person)	33	33
资助贫困聋儿	(人)	Children with Hearing Disability Remained in Poverty Supported	(person)		30
精神病防治康复		**Prevention and Treatment of Mental Diseases**			
开展精神病防治康复工作市县数	(个)	Counties Carried on the Works of Prevention and Treatment of Mental Diseases	(unit)	34	34
综合防治康复精神病人数	(人)	Prevention and Treatment Provided for Patients with Severe Mental Diseases	(person)	1833	1932
孤独症儿童训练数	(人)	Number of Autism Children Trained	(person)	193	40
肢体残疾康复		**Rehabilitation of Persons with Physical Disability**			
肢体残疾人社区康复训练数	(人)	Persons Rehabilitated at Community	(person)	2840	20645
肢体残疾儿童机构康复训练数	(人)	Children Rehabilitated at Institutions	(person)	435	454
智力残疾康复		**Rehabilitation of Persons with Intellectual Disability**			
智残儿童康复培训数	(人)	Children with Intellectual Disability Receiving Rehabilitated Training	(person)	822	374
智残儿童家长培训数	(人)	Parents Trained	(person)		374
用品用具供应服务		**Supply Services of Supplies Equipment**			
发放辅助用具	(件)	Assistant Devices Provided	(piece)	30450	14780
普及型大小腿假肢装配总例数	(例)	Assemblage Popular Type Universal-type Leg Prosthetics	(cases)	424	470

注：本表数据来源于青海省残疾人联合会。
a)The data in this table are from the Qinghai disabled persons' Federation.

20-4 续表 Continued

指 标	Item	2016	2017
教育	**Education**		
未入学适龄残疾儿童少年（人）	School-age Disabled Children Unable to Enter School (person)	464	958
就业	**Employment**		
城镇残疾人就业状况 （人）	Employment of Urban Handicapped Persons (person)		
当年安排就业	Persons Employed in the Year	3356	3416
按比例就业	Proportional Employment	1975	1660
集中就业	Concentrated Employment	1779	2005
个体就业	Self-employed	2654	2773
未安排就业	Unemployed		
农村残疾人就业状况 （人）	Employment of Rural Handicapped Persons (person)		
就　业	Employed	41333	44893
未就业	Unemployed		
盲人医疗按摩员培训 （人）	Blind Medical Massage Personnel Training (person)	102	24
扶贫	**Poverty Alleviation**		
农村实际脱贫人数 （人）	Actual Number of Persons out of Poverty in Rural Areas (person)	6279	10009
农村贫困残疾人 （人）	Rural Poor Handicapped Persons (person)	23366	13762
农村贫困残疾人危房改造(户)	Dangerous House Transformation of Rural Poor Handicapped Persons (household)	1026	1012
残疾人工作者数 （人）	Workers for Handicapped (person)	492	619

主要统计指标解释

卫生机构 指从卫生行政部门取得《医疗机构执业许可证》,或从民政、工商行政、机构编制管理部门取得法人单位登记证书,为社会提供医疗保健、疾病控制、卫生监督服务或从事医学科研和教育等的单位。卫生机构包括医院、疗养院、社区卫生服务中心(站)、卫生院、门诊部、诊所(卫生所、医务室)、急救中心(站)、采供血机构、妇幼保健院(所、站)、专科疾病防治院(所、站)、疾病预防控制中心(防疫站)、卫生监督所、卫生监督检验(监测、检测)机构、医学科研机构、医学在职培训机构、健康教育所(站)等其他卫生机构。

医疗机构 指从卫生行政部门取得《医疗机构执业许可证》的机构,包括医院、疗养院、社区卫生服务中心(站)、卫生院、门诊部、诊所(卫生所、医务室)、妇幼保健院(所、站)、专科疾病防治院(所、站)、急救中心(站)和临床检验中心。

社区卫生服务中心(站) 指为本社区居民提供预防、医疗、保健、康复、健康教育、计划生育技术服务等的基层卫生机构。包括社区卫生服务中心和社区卫生服务站。

卫生技术人员 指卫生事业机构支付工资的全部固定职工和合同制职工中现任职务为卫生枝术工作的人员。包括中医师、西医师、中西医结合高级医师、护师、中药师、西药师、检验师、其他技师等。

执业医师 指具有《医师执业证》及其"级别"为"执业医师"且实际从事医疗、预防保健工作的人员,不包括实际从事管理工作的执业医师。执业医师类别分为临床、中医、口腔和公共卫生。

Explanatory Notes on Main Statistical Indicators

Health Care Institutions refer to the units which have been qualified the Certification of Health Care Institution by the administration of public health, or qualified the Certification of Corporate Unit by the civil affairs, administration for industry and commerce, commission office for public sector reform, and engaging in medical care, disease prevention and control, health supervision and inspection, medicine research and health education, etc., including: hospitals, sanatoriums, community health service centers (stations), health centers, clinics (health stations and infirmaries), first – aid centers (stations), blood gathering and supplying institutions, women and children care agencies (centers and stations), special disease prevention and curing agencies (centers and stations), disease prevention and control centers (epidemic prevention stations), health supervision and inspection agencies, sanitary inspection institutions, medicinal scientific research and on – job training institutions, health education centers and so on.

Medical Organizations refer to the institutions which have been qualified the Certification of Health Care Institution by the administration of public health, including: hospitals, sanatoriums, community health service centers (stations), health centers, clinics (health stations and infirmaries), women and children care agencies (centers and stations), special disease prevention and curing agencies (centers and stations), first – aid centers (stations) and clinic inspection centers.

Community Health Service Centers (stations) refer to the primary units that provide the health care for community residents, such as disease prevention and control, medical treatment, health care, rehabilitation, health education, family planning technical services, including community health service centers and community health service stations.

Health Care Employee refer to all employee engaged in the health care institutions, such as medical organizations, disease prevention and control centers, health care agencies, medicinal scientific research and on – job training institutions, including medical technical personnel, other technical personnel, manager and labor.

Licensed Doctors refer to the medical workers who have obtained the licenses of qualified doctors and are employed in medical treatment, disease prevention or healthcare institutions, excluding the licensed doctors engaged in management job. The classification of licensed doctors is clinician, Chinese medicine, dentist and public health.

第 21 篇

CHAPTER 21

文化和体育

Culture and Sports

文化事业机构情况

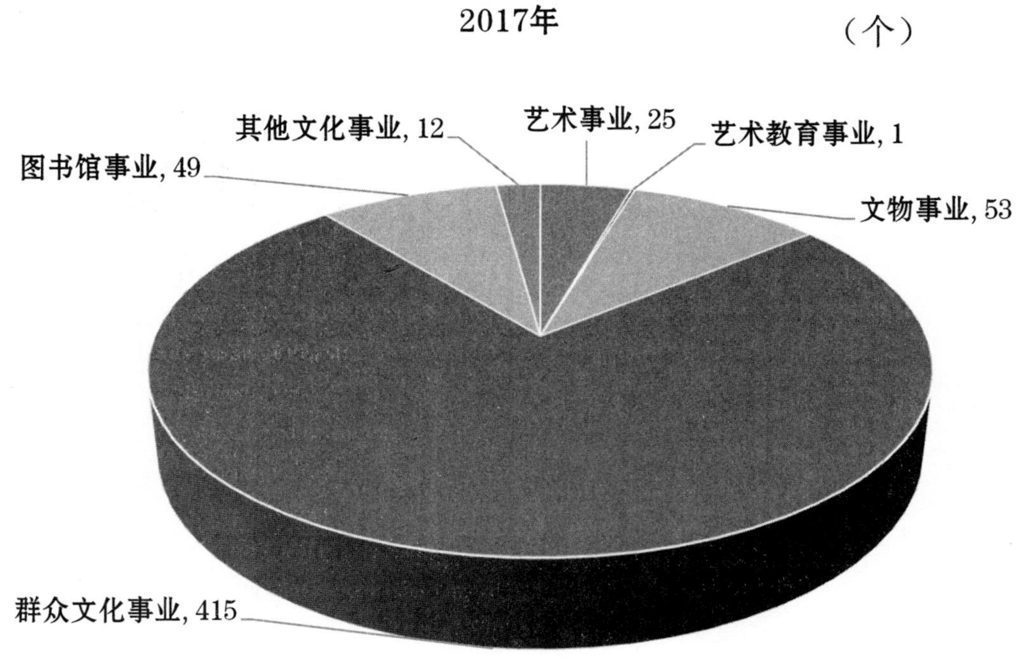

青少年业余体校在校师生情况

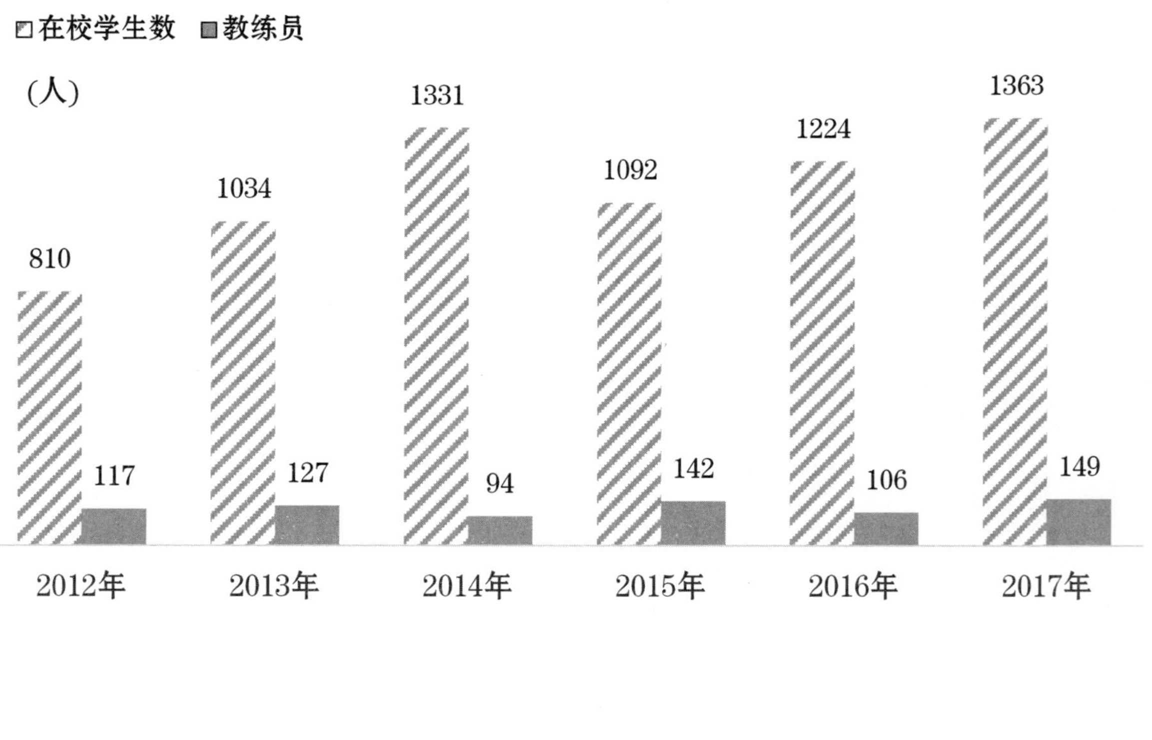

21-1 2016-2017年文化事业机构、人员情况

Basic Statistics on Cultural Institutions and Personnel(2016-2017)

类 别	Category	机构数(个) Number of Institutions (unit)		从业人员(人) Number of Employed Persons (person)	
		2016	2017	2016	2017
总 计	**Total**	**555**	**555**	**3185**	**3162**
艺术事业	**Arts**	**27**	**25**	**538**	**513**
艺术表演团体	Arts Performance Troupes	12	12	478	471
歌舞团、轻音乐团	Song and Dance Troupe, Light Music Troupe	12	12	478	471
艺术表演场所	Arts Performance Places	15	13	60	42
图书馆事业	**Public Libraries**	**49**	**49**	**425**	**483**
文物事业	**Cultural Relics**	**55**	**53**	**444**	**413**
文物机构	Historical Relics Agencies	30	29	109	109
文物保护机构	Agencies of Historical Relics Preservation	29	28	65	62
博物馆	Museums	23	23	281	294
文物商店	Cultural Relics Shops	1	1	10	10
其他文物	Others	1		44	
群众文化事业	**Mass Culture**	**414**	**415**	**1157**	**1173**
群众艺术馆	Mass Art Centers	9	9	175	169
文化馆	Cultural Centers	46	46	493	495
文化站	Cultural Stations	359	360	489	509
艺术教育事业	**Art Education**	**1**	**1**	**93**	**145**
中等专业学校	Specialized Secondary Schools	1	1	93	145
其他文化事业	**Other Cultural Units**	**9**	**12**	**528**	**435**
艺术科研机构	Art Research Institutions	1	1	17	16
其他	Others	8	11	511	419

注：本表数据来源于青海省文化和新闻出版厅，下表同。
a)The data sources of this table are from the Qinghai provincial culture and press and publication department，the same below.

21-2 主要年份报刊、杂志、图书出版情况
Basic Statistics on Newspapers, Magazines, Books Published in Main Years

年份 Year	报纸 Newspapers Published		杂志 Magazines Published		图书 Books Published	
	种数（种）Number of Publication (item)	总印数（万份）Total Printed Copies (10 000 Copies)	种数（种）Number of Publication (item)	总印数（万册）Total Printed Copies (10 000 Copies)	种数（种）Number of Publication (item)	总印数（万册）Total Printed Copies (10 000 Copies)
2000	21	4800.2	50	91.2	195	586.2
2001	19	4235.8	31	280.8	148	507.0
2002	20	4494.2	43	59.2	142	397.5
2003	20	4752.0	41	73.8	156	827.7
2004	21	4384.0	49	220.0	377	504.0
2005	19	4486.0	40	204.0	390	840.4
2006	27	4400.0	52	108.0	392	1077.0
2007	25	9757.0	52	196.0	576	1143.0
2008	26	8859.0	52	281.0	656	987.0
2009	26	9172.0	53	353.0	680	843.0
2010	27	9769.7	53	322.5	652	1002.9
2011	27	10825.0	53	460.0	781	1015.0
2012	28	11085.0	53	421.0	788	1115.0
2013	28	12426.4	53	379.5	1051	1331.3
2014	27	13737.5	53	378.1	1091	1213.0
2015	27	10554.4	53	299.3	1111	1213.4
2016	27	9573.5	54	317.6	1136	1128.4
2017	27	9102.2	54	283.4	1109	1215.2

21−3 主要年份广播、电视事业发展和普及情况
Basic Statistics on Development and Popularization of Radio and Television in Main Years

年份 Year	中短波发射台和转播台(座) Medium and Short Wave Transmitting Station and Relay Station (set)	广播节目套数(套) Number of Radio Programs (set)	广播人口覆盖率(%) Radio Coverage Rate of the Population (%)	调频、电视转播发射台(座) FM and Television Rebroadcast and Transmitting Station (set)	电视节目套数(套) Number of Television Programs (set)	电视人口覆盖率(%) TV Coverage Rate of the Population (%)	广播电视台数(座) Radio and Television Station (set)
2000	7	8	63.0	1274	6	86.0	
2001	8	8	80.5	1206	11	87.8	
2002	8	8	84.4	1208	12	88.9	
2003	8	8	84.5	1415	13	90.4	
2004	8	8	86.4	1393	13	92.0	
2005	8	8	86.5	1495	13	92.5	
2006	8	8	87.5	1480	13	93.0	
2007	8	8	88.0	1440	13	93.5	
2008	8	9	88.5	1584	13	94.0	
2009	8	9	88.9	1449	13	94.3	
2010	9	9	90.0	1194	13	95.0	
2011	12	9	91.6	1187	13	95.7	
2012	21	10	94.1	1162	15	96.3	
2013	21	12	95.7	1134	16	96.9	
2014	21	12	97.0	1011	16	97.5	
2015	21	15	98.0	421	17	98.0	
2016	26	15	98.2	436	17	98.2	
2017	26	26	97.4	439	46	98.4	46

注：1.本表数据来源于青海省广播电影电视局。
2.2017年起，广播电视台数量统计范围包括广播电视台和电视台。
a)The data in this table are from the Radio, film and Television Bureau of Qinghai province.
b)The number of radio and television stations has been covered by radio and television stations and television stations since 2017.

21-4 分项目在队优秀运动员达到等级运动员人数(2017年)
Number of Certified Athletes in the Team by Sports Item (2017)

单位：人 (person)

项目	Item	合计 Total	女 Female	国际级健将 International Master	女 Female	国家级运动健将 National Master	女 Female	一级 First Grade	女 Female	二级 Second Grade	女 Female
总计	**Total**	**220**	**37**	**5**	**5**	**17**	**10**	**81**	**13**	**117**	**9**
田径	Track and Field Events	41	17	4	4	12	7	22	6	3	
中国式摔跤	Chinese Wrestling	16	6			2	2	4	2	10	2
跆拳道	Taekwondo	22	2			2	1	16		4	1
足球	Football	37						11		26	
拳击	Boxing	23	2					7		16	2
自行车	Cycling	2						2			
射击	Shooting	1				1					
柔道	Judo	29	5					8	1	21	4
武术	Wushu	8	2					3	2	5	
散打	Free Combat	5	2	1	1			1	1	3	
射箭	Archery	1								1	
篮球	Basketball	34						6		28	
乒乓球	Ping-pong	1	1					1	1		

注：本表数据来源于青海省体育局，下表同。
The data in this table are from Qinghai Sports Bureau，the same below.

21-5 主要年份青少年业余体校
Juvenile Amateur Sports Schools in Main Years

年 份 Year	学校数 (所) Number of Schools (unit)	在校学生 (人) Enrollment (person)	教练员 (人) Full-time Coaches (person)	重点业余学校 Key Amateur Sports Schools	
				学校数 (所) Number of Schools (unit)	在校学生 (人) Enrollment (person)
1993	20	1352	114	1	156
1994	20	1374	110	3	664
1995	20	1274	109	3	670
1996	21	1351	105	1	70
1997	21	1248	114	1	95
1998	21	1157	125	1	117
1999	21	1211	201	1	39
2000	20	1120	109	1	49
2001	20	1783	112	1	98
2002	23	4059	138	15	2099
2003	22	2175	133	15	
2004	20	2647	128	20	2647
2005	19	2452	125	19	2452
2006	20	1874	133	20	1874
2007	17	1808	123	17	1808
2008	15	966	115	15	966
2009	18	721	99	18	721
2010	16	626	226	16	626
2011	16	769	102	16	769
2012	16	810	117	16	810
2013	15	1034	127	15	1034
2014	17	1331	94	17	1331
2015	17	1092	142	17	1092
2016	17	1224	106	17	1224
2017	19	1363	149	19	1224

主要统计指标解释

艺术表演团体 由文化部门主办或实行行业管理(经文化市场行政部门审批或已申报登记并领取相关许可证),专门从事表演艺术等活动的各类专业艺术表演团体,含民间职业剧团。如话剧团、方言话剧团、滑稽剧团、儿童剧团、歌剧团、木偶团、皮影团等以及由若干剧种组成的综合性专业艺术表演团体。不包括半工半艺、半农半艺的剧团。

艺术表演场所 指由文化部门主办或实行行业管理(经文化市场行政部门审批或已申报登记并领取相关许可证),有观众席、舞台、灯光设备,公开售票、专供文艺团体演出的文化活动场所。包括剧院(场)、音乐厅、歌剧院(场)、舞剧院(场)、话剧院(场)、戏院、马戏场、影剧院等进行文艺表演的场所。不包括电影院、礼堂、体育场馆、美术馆及绘画、雕塑等艺术馆。

广播人口覆盖率 指根据国家广电总局制定的《广播电视人口覆盖率统计技术标准和方法》进行统计调查的,在对象区内采用无线、有线、卫星等技术手段能够收听到包括中央、省、地市、县广播节目其中任意一套的人口数占全省总人口数的百分比。

电视人口覆盖率 指根据国家广电总局制定的《广播电视人口覆盖率统计技术标准和方法》进行统计调查的,在对象区内采用无线、有线、卫星等技术手段能够收看到包括中央、省、地市、县级电视节目中任意一套的人口数占全省总人口数的百分比。

Explanatory Notes on Main Statistical Indicators

Arts Performance Troupes refer to the various professional performing arts groups, which sponsored by the cultural sectors or guided by the cultural society (approved by the cultural market administration, or registered and permitted with the relative certificate), including non - governmental troupes, such as drama troupes, dialect troupes, comedy troupes, children troupes, Opera troupes, puppetry troupes, Shadowgraph troupes, etc., comprehensive professional arts performance troupes. The semi - working and semi - farming arts troupes are not included.

Arts Performance Places refer to the various sites for cultural activities, which sponsored by the cultural sectors or guided by the cultural society (approved by the cultural market administration, or registered and permitted with the relative certificate), with the facility of auditorium, stage, and lighting, and selling tickets in public, specially performed by arts troupes, including theatre, concert halls, opera halls, dance halls, drama halls, cinemas, circus fields, and other showplaces for the performing arts. The cinemas, auditoriums, stadiums, and arts museums, such as art galleries, painting houses, sculpture houses, are not included.

Radio Coverage of Population refers to the percentage of population, which can listen to one of central, provincial, city, prefecture, and county radio programs by wireless, cable, satellite and other technical means, in the surveying area, to national total population, according to Statistical Standard and Method on Television and Radio Coverage of Population established by the State Administration of Broadcasting, Film and Television.

Television Coverage of Population refers to the percentage of population, which can watch one of central, provincial, city, prefecture, and county television programs by wireless, cable, satellite and other technical means, in the surveying area, to national total population, according to Statistical Standard and Method on Television and Radio Coverage of Population established by the State Administration of Broadcasting, Film and Television.

第 22 篇
CHAPTER 22

公共管理、社会保障和其他
Public Management, Social Security and Others

党建与团建基本情况

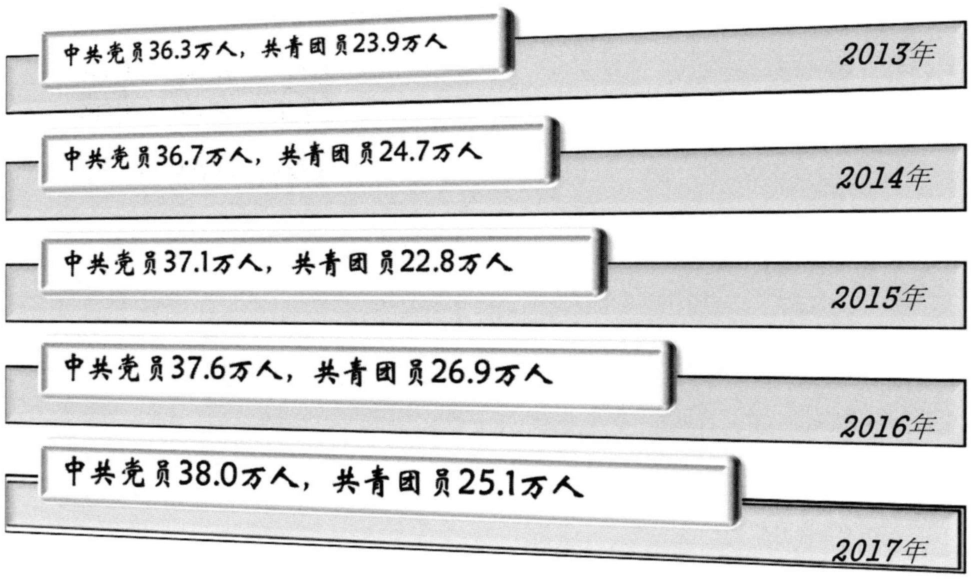

律师工作者与公证人员

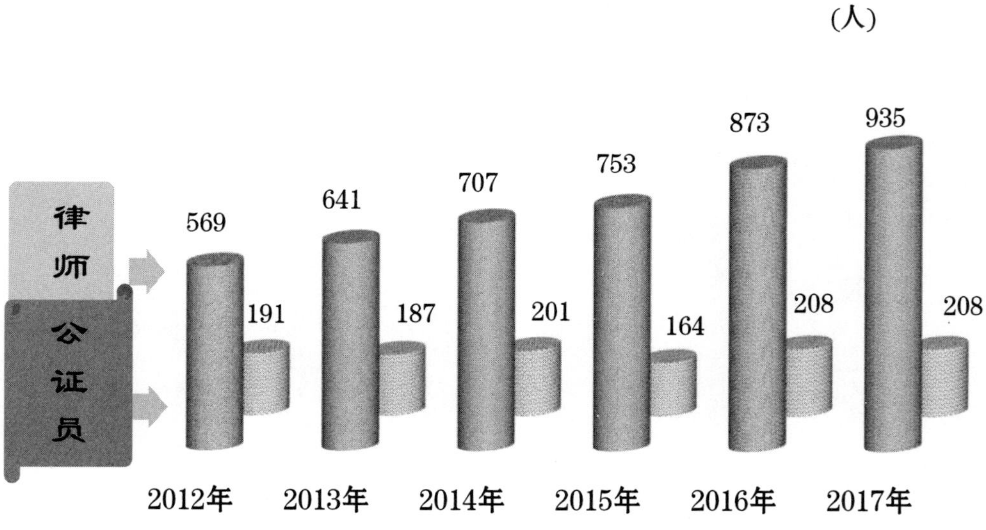

22—1 2012—2017年各党派党员(成员)数

Number of Members of Parties（2012-2017）

单位：人 (person)

名 称	Name	2012	2013	2014	2015	2016	2017
中国共产党 （万人）	Communist Party of China (10 000 persons)	35.3	36.3	36.7	37.1	37.6	38.0
中国国民党革命委员会	Revolutionary Committee of Chinese Kuomintang	458	511	539	561	583	601
中国民主同盟	China Democratic League	1587	1677	1750	1845	1929	2027
中国民主建国会	China Democratic National Construction Association	841	893	957	1015	1107	1202
中国农工民主党	Peasants and Workers Democratic Party	1091	1180	1230	1281	1405	1442
九三学社	Jiu San Society	1302	1386	1457	1551	1638	1722

注：本表数据分别来源于青海省委组织部和统战部。
a)The data in this table are from the Party Committee Organization department and Committee of United Front Work department of Qinghai provincial.

22—2 历届青海省人民代表大会的代表人数

Number of Deputies to All the Previous People's Congresses of Qinghai Province

单位：人、% (person,%)

届 别	Congress	年份 Year	代表总数 Total Number of Deputies	女代表 Female Deputies	少数民族代表 Ethnic Minority Deputies	占代表总数的比重 As Percentage to Total Deputies 女代表 Female Deputies	少数民族代表 Ethnic Minority Deputies
一届	First Congress	1954	300	21	152	7.0	50.7
二届	Second Congress	1958	303				
三届	Third Congress	1963	355	48	127	13.5	35.8
五届	Fifth Congress	1977	715	157	277	22.0	38.7
六届	Sixth Congress	1983	450	97	182	21.6	40.4
七届	Seventh Congress	1988	381	71	148	18.6	38.8
八届	Eighth Congress	1993	376	71	169	18.9	44.9
九届	Ninth Congress	1998	392	77	174	19.6	44.4
十届	Tenth Congress	2003	391	75	157	19.2	40.2
十一届	Eleventh Congress	2008	394	77	167	19.5	42.4
十二届	Twelfth Congress	2013	398	79	162	19.8	40.7
十三届	Thirtrnth Congress	2018	392	111	156	28.3	39.8

注：本表数据来源于青海省人民代表大会常务委员会。
a)The data in this table are from the Standing Committee of Qinghai Provincial People's Congress.

22-3 历届青海省政治协商会议的委员人数
Number of Deputies to All the Previous People's Political Consultative Conferences of Qinghai Province

单位：人、% (person，%)

届别 Congress		年份 Year	委员总数 Total Number of Deputies	女委员 Female Deputies	少数民族委员 Ethnic Minority Deputies	占委员总数的比重 As Percentage to Total Deputies 女委员 Female Deputies	少数民族委员 Ethnic Minority Deputies
一届	First Congress	1949	77		30		39.0
二届	Second Congress	1954	64		32		50.0
三届	Third Congress	1959	139		70		50.4
四届	Fourth Congress	1979	177				
五届	Fifth Congress	1983	275		134		48.7
六届	Sixth Congress	1988	275	30	138	10.9	50.2
七届	Seventh Congress	1993	289	30	136	10.4	47.1
八届	Eighth Congress	1998	289	39	116	13.5	40.1
九届	Ninth Congress	2003	344	57	139	16.6	40.4
十届	Tenth Congress	2008	390	82	158	21.0	40.5
十一届	Eleventh Congress	2013	399	95	166	23.8	41.6
十二届	Twelfth Congress	2018	396	102	158	25.8	39.9

注：本表数据来源于中国人民政治协商会议青海省委员会。
a)The data in this table are from the Qinghai Provincial Committee of the Chinese people's Political Consultative Conference.

22-4　2012-2017年妇联干部情况

Basic Statistics on Cadres of the Women's Federation(2012-2017)

单位：人　　(person)

项　目	Item	2012	2013	2014	2015	2016	2017
干部总数	**Total Number of Cadres**	**693**	**700**	**721**	**640**	**648**	**661**
其中:少数民族干部	Number of Ethnic Minority Cadres	397	398	279	380	392	397
按行政级别分	By Administration Level						
司局级	Department/Bureau Level	6	6	5	6	7	5
县处级	County Level	38	38	43	33	35	42
科以下	Section Level and Below	649	656	673	601	606	614
按干部年龄分	By Age Group						
35岁以下	35 and Below	262	222	249	279	281	279
36-45岁	36-45	272	272	329	230	424	230
46-55岁	46-55	137	169	118	123	119	143
56岁以上	56 and Over	22	37	25	8	6	9
按干部政治面貌分	By Political Status						
共产党员	Chinese Communist Party	467	525	532	510	529	530
共青团员	Communist Youth League	41	13	44	12	9	19
民主党派	Democratic Parties	2		7	3	3	
群众	Mass	183	162	138	115	107	112
按干部文化程度分	By Education Attainments						
博士生	Doctor Degree						1
研究生	Master Degree	26	30	20	55	48	63
大学本科	University	371	350	396	461	485	480
大专或同等学历	College or Equal	207	246	219	50	52	59
高中、中专及以下	Senior Middle School and Below	89	74	86	74	63	58
按行政编制分	By Organization Types						
行政编制	Administration	422	505	457	228	228	231
事业编制	Institution	103	76	132	33	21	27
其他	Others	168	119	132	379	399	403
干部参加学历教育情况	**Cadres Attending the Formal Education**						
博士生	Doctor Degree						
研究生	Master Degree	5	15	15	1		3
大学本科	University	15		51			39
大专及同等学历	College or Equal	9	39	21			
干部流动	**Movement of Cadres**						
调入	In	64	9	34	72	52	38
调出	Out	57	2	28	54	48	21

注：本表数据来源于青海省妇女联合会。
a)The data in this table are from the women's federations of Qinghai.

22-5 主要年份各级在职女领导干部情况

Basic Statistics on Women Leaders at All Levels in Main Years

单位：人 、% (person，%)

年 份 Year	总 数 Total	省 级 Provincial Level		厅局级 Department/Bureau Level		县(处)级 County Level		科 级 Section Level	
		女干部数 Female Cadres	占同级数的比重 As Percentage to the Same Level Total	女干部数 Female Cadres	占同级数的比重 As Percentage to the Same Level Total	女干部数 Female Cadres	占同级数的比重 As Percentage to the Same Level Total	女干部数 Female Cadres	占同级数的比重 As Percentage to the Same Level Total
1998	4537	3	5.8	48	7.9	540	11.9	3946	21.3
1999	4909	3	7.5	46	9.3	595	16.6	4265	42.8
2000	4927	3	7.1	50	10.0	554	12.5	4320	21.8
2001	5293	3	7.1	63	10.5	611	13.2	4616	22.4
2002	5260	2	5.4	63	9.9	632	13.9	4563	23.6
2003	5415	3	7.3	69	10.4	673	14.1	4670	23.9
2004	5971	4	9.1	67	9.8	730	14.4	5170	24.9
2005	6446	3	6.5	68	9.7	786	14.8	5589	25.5
2006	6908	3	6.5	82	10.7	832	14.9	5991	25.9
2007	7236	3	6.9	78	10.8	898	15.8	6257	26.2
2008	8524	4	8.6	76	10.7	1038	16.4	7406	28.5
2009	9272	3	7.5	75	10.4	1130	17.1	8064	28.0
2010	9254	3	7.5	75	10.4	1112	16.9	8064	28.0
2011	9770	3	8.3	90	11.2	1295	18.4	8382	29.5
2012	10282	3	8.0	95	11.4	1369	18.5	8815	30.0
2013	10539	4	10.8	99	11.7	1413	19.0	9023	30.7
2014	10810	4	9.8	103	12.2	1413	19.1	9290	31.1
2015	10533	4	9.8	104	12.3	1403	19.3	9022	30.9
2016	10334	4	10.0	106	12.3	1404	19.9	8820	31.0
2017	10067	4	10.0	102	13.0	1399	20.4	8562	30.1

注：本表数据来源于青海省委组织部。
a)Data source, Qinghai provincial Party Committee Organization department.

22-6 主要年份共青团组织情况

Basic Statistics on the Communist Youth League in Main Years

年 份 Year	共青团基层组织个数（个） Number of Grassroot Organizations (unit)	团员人数（万人） Number of Communist Youth League (10 000 persons)	专职团干部（人） Full-time Cadres of Communist Youth League (person)
1991	1004	26.9	1266
1992	1020	27.2	1323
1993	1013	25.1	1197
1994	1038	26.0	1109
1995	1118	26.4	1098
1996	1059	27.2	1181
1997	1134	28.3	1231
1998	1016	28.9	1231
1999	816	25.3	596
2000	1010	26.2	540
2001	875	27.0	480
2002	1882	36.7	667
2003	1894	37.1	566
2004	1994	37.6	700
2005	8824	38.2	700
2006	8824	42.8	930
2007	8824	40.9	904
2008	8816	37.1	770
2009	9272	19.0	432
2010	9291	22.8	432
2011	9416	22.0	388
2012	10411	23.2	392
2013	18331	23.9	417
2014	21373	24.7	503
2015	22344	22.8	259
2016	21920	26.9	247
2017	15870	25.1	255

注:1.本表数据来源于共青团青海省委。
2.2009年及以后数据按新口径统计。
a)The data source of this table is the Qinghai Provincial Committee of the Communist Youth League。
b) Data since 2009 have been on new calibers.

22-7 2016-2017年律师、公证工作基本情况
Basic Statistics on Lawyers and Notarization (2016-2017)

项　目		Item		2016	2017
律师工作		**Lawyers**			
律师事务所	(个)	Number of Law Offices	(unit)	107	109
律师工作者	(人)	Lawyers	(person)	873	935
专职律师		Full-time Lawyers		708	743
兼职律师		Part-time Lawyers		73	54
公职律师		Public Lawyers		48	61
公司律师		Compang Lawyers			22
法律援助律师		Legal Aid Lawyers		44	55
聘请担任常年法律顾问的单位	(处)	Number of Units With Permanent Legal Advisors	(unit)	1074	1324
刑事诉讼辩护及代理	(件)	Agent and Defender of Criminal Cases	(case)	2390	2006
民事案件诉讼代理	(件)	Agent of Civil Cases	(case)	6991	7524
行政案件诉讼代理	(件)	Agent of Administrative Cases	(case)	293	400
非诉讼法律事务	(件)	Agent of Non-Litigious Legal Affairs	(case)	708	1516
代写法律事务文书	(件)	Agent of Legal Documents Written on Behalf of Clients	(case)	29710	27755
公证工作		**Notarization**			
公证处	(个)	Number of Notary Offices	(unit)	32	37
办理涉外的公证处	(个)	Number of Foreign-related Notary Offices	(unit)	2	2
公证人员	(人)	Notarial Personnel	(person)	208	208
公证员	(人)	Notaries	(person)	116	123
办理国内公证	(件)	Domestic Notarization	(case)	36534	48642
办理涉外公证	(件)	Foreign-related Notarization	(case)	3121	2699
办理涉港、澳、台公证	(件)	Hong Kong, Macao, Taiwan-related Notarization	(case)	48	24
接待来访	(人次)	Receipted Visits	(person-time)	33236	37642
处理来信	(件)	Handled Letters	(case)	75	69
外地公证处委托	(件)	Notarization Entrusted Outside	(case)	97	83
公证费收入	(万元)	Notary Fees	(10 000 yuan)	1543.3	1370.7
国内公证收费		Domestic Notarization		1505.4	1227
涉外公证收费		Foreign-related Notarization		37.9	143.7

注：本表数据来源于青海省司法厅。
a)Data from Qinghai Provincial Department of Justice.

22-8 收养、低保、服务、老龄基本情况

Basic Statistics on Adoption, Subsistence Allowances, Service and Aging

项　目	Item	2015	2016	2017
城市居民最低生活保障　(人)	Number of Persons Receiving Minimum Living Allowance in Urban Areas (person)	177427	163219	133875
城市居民最低生活保障家庭数(户)	Number of Households Receiving Minimum Living Allowance in Urban Areas (household)	86576	80959	69294
农村居民最低生活保障　(人)	Number of Persons Receiving Minimum Living Allowance in Rural Areas (person)	317797	515877	426492
农村居民最低生活保障家庭数(户)	Number of Households Receiving Minimum Living Allowance in Rural Areas (household)	111744	153780	128985
农村五保供养人数　(人)	Number of Persons Receiving the Five Guarantees in Rural Areas (person)	23505	23906	20576
收养孤儿数　(人)	Numbers of Adopted Orphans (person)	16268	15771	13754
医疗救助情况人数　(人次)	Number of Persons Receiving Medical Assistance(person)	832292	889008	767368
抚恤、补助优抚对象总人数　(人)	Total Number of Entitled Groups Receiving Pension and Subsidy (person)	15011	14350	14660
提供住宿养老服务机构和设施数	Numbers of Pension Services Institution Accommodation-provided (unit)	210	291	281
60岁以上老年人口数　(人)	Population Aged 60 and Over (person)	697662	724957	727837

注：本表数据来源于青海省民政厅。
a)The data source of this table is the Civil Affairs Department of Qinghai.

22−9 各级各类档案馆(2017年)
Various Kinds and Types Archives(2017)

项　目	Item	数　量 (个) Institutions (unit)	人　员 (人) Personnels (person)	馆藏档案(卷) Collection Archives (volume)	案卷排架长度(米) Length of Shelfs (meter)	馆　藏 资　料(册) Information Stored (copy)
省级国家综合档案馆	National Comprehensive Archives of Provincial Level	1	20	240156	4803	47673
地级国家综合档案馆	National Comprehensive Archives of Prefectural Level	8	38	603428	15919	43153
县级国家综合档案馆	National Comprehensive Archives of County level	46	154	1295789	33571	233898

注：本表数据来源于青海省档案局。
a)The data in this table are from the Qinghai Provincial Bureau of Archives.

22−10 2016－2017年各类事故
Classification of Accidents(2016－2017)

类　别	Type	2016				2017			
		事故起数(起) Number of Accidents (case)	死亡人数(人) Number of Deaths (person)	受伤人数(人) Number of Injuries (person)	直接经济损失(万元) Direct Economic Losses (10 000 yuan)	事故起数(起) Number of Accidents (case)	死亡人数(人) Number of Deaths (person)	受伤人数(人) Number of Injuries (person)	直接经济损失(万元) Direct Economic Losses (10 000 yuan)
工矿商贸事故工伤事故	Work Accidents of Industry, Mining and Business	62	72	51	6644.5	57	66	22	5708.0
农机肇事	Farm Machinery Accidents	3	3		10.3	3	3		0.4
铁路路外事故	Rail-road Outside Accidents	9		4	18.5	3	1	2	62.9
火灾事故	Fire Accidents	1380	3	1	1384.9	1685	2	2	1607.4
交通事故	Traffic Accidents	1023	529	1124	750.7	1129	527	1176	1120.3

注：1.本表数据分别来源于青海省安全生产监督管理局、青海省公安厅交通警察总队、青海省公安消防总队。
2.工矿商贸事故包括县以下集体企业和私营企业伤亡情况。
3.交通、火灾事故按全口径统计。
a)The data in this table are from the Qinghai Provincial Bureau of Safe production supervision,Qinghai Public Security Traffic Police Corps and Qinghai provincial public security fire brigade.
b) Work Accidents of Industry, Mining and Business include casualties of collective-owned enterprises and private enterprises below county.
c) Traffic and Fire Accidents statistics by the full caliber.

22-11　2017年基本养老保险情况

Statistics on Basic Pension Insurance(2017)

单位：人、万元　　(Person,10 000yuan)

指　标	Item	参保职工 Insurance Participants of Employees	离休退休退职人员 Retirees	应发养老金 Pension Payable	实发养老金 Mature Pension
参保职工期末人数	Insurance Participants of Employees at Year-end	955659	427722	2006028	2006028
城镇企业职工参保人数	Insurance Participants of Urban Enterprises Employees	762324	321470	1271481	1271481
企业	Enterprises	505392	242568	1111764	1111764
国有企业	State-owned Enterprises	211820	196053	900863	900863
集体企业	Collective-owned Enterprises	11236	39727	136730	136730
其他企业	Other Enterprises	280466	6788	74171	74171
港、澳、台及外资企业	Enterprises with Funds from Hong Kong, Macao, Taiwan and Foreign Countries	1870			
其他人员	Others personnel	256932	78902	159717	159717
机关事业单位参保人数	Insurance Participants of Organs and Public Institutions	193335	106252	734547	734547
机关	Organs	77915	44701	318528	318528
事业	Public Institutions	114776	61178	413522	413522
其他单位	Other Institutions	644	373	2497	2497

注：本表数据来源于青海省人力资源和社会保障厅，下表同。
a)The data in this table are from the Provincial Department of human resources and social security, the same below.

22-12　2012－2017年失业保险基本情况

Statistics of Unemployment Insurance(2012－2017)

项　目	Item	2012	2013	2014	2015	2016	2017
参保人数(万人)	**Contributors (10 000 persons)**	**37.88**	**38.51**	**39.31**	**40.11**	**40.77**	**41.47**
企业	Enterprises	25.28	25.73	27.68	27.74	28.83	29.05
事业	Institutions	11.65	11.56	10.5	10.64	10.77	11.05
其他	Others	0.95	1.22	1.13	1.73	1.17	1.37
在参保人数中：	In Contributors:						
农民合同制工人	Farmers Contract Workers	0.33	0.41	0.37	0.33	0.18	0.26

22-13　2012-2017年参加生育保险人员情况

Number of Contributors of Maternity Insurance (2012－2017)

单位：人、人次　　(person)

指　　标	Item	2012	2013	2014	2015	2016	2017
参保人员	**Contributors**	**337637**	**428220**	**458160**	**479675**	**496520**	**500368**
女性	Female	141757	179181	182509	196311	209071	207083
本期享受生育保险待遇人次	**Beneficiaries of Maternity Insurance**	**3293**	**17001**	**34422**	**49759**	**36696**	**38428**
按待遇类别分	By Treatment Category						
本期生育人数	Number of Births at Year-end	2583	10541	6879	6479	10705	10633
计划生育手术人次	Number of Family Planning Operations	637	938	1301	906	956	1603

22-14　2012-2017年参加工伤保险人员

Number of Contributors of Work Injury Insurance(2012-2017)

单位：户、人　　(household,person)

指　　标	Item	2012	2013	2014	2015	2016	2017
参保单位户数	**Contributors of Units**	**8534**	**9288**	**9949**	**10815**	**12497**	**14309**
参保人员	**Contributors of Personnels**	**492007**	**522630**	**546917**	**580039**	**597527**	**648543**
享受工伤保险待遇人数	**Beneficiaries of Injured Insurance**	**5648**	**5654**	**5993**	**4897**	**4894**	**5101**
#享受伤残待遇人数	Beneficiaries of Disability Treatment	3218	3186	3457	2672	2646	2830
因公死亡人数	Deaths for Official Reason	218	145	151	151	149	175
供养亲属人数	Number of Dependent Relatives	2212	2323	2385	2074	2099	2096

22-15 2012-2017年城镇职工参加基本医疗保险人员及特殊人员情况
Statistics on Urban Staff and Workers Contributors and Specials of Basic Medical Care Insurance (2012-2017)

单位：人 (person)

项　目	Item	2012	2013	2014	2015	2016	2017
城镇职工参加医疗保险人数	**Number of Contributors of Urban Staff and Workers**	**861462**	**897072**	**933030**	**955938**	**978843**	**940262**
实施统帐结合	**Implementation of a Combination of Social Pooling and Individual Accounts**	**807452**	**845137**	**882012**	**905071**	**929296**	**900574**
期末职工人数	Number of Staff and Workers Contributors at Year-end	541989	570959	593198	603009	612925	573729
期末退休人员	Number of Retirees at Year-end	265463	274178	288814	302062	316371	326845
单建统筹基金	**Single-built Pool Fund**	**54010**	**51935**	**51018**	**50867**	**49547**	**39688**
期末职工人数	Number of Staff and Workers Contributors at Year-end	52118	49719	48714	48477	47441	38151
期末退休人员	Number of Retirees at Year-end	1892	2216	2304	2390	2106	1537
特殊人员人数	**Number of Specials**	**5377**	**4926**	**4454**	**4010**	**3809**	**3138**
医疗照顾人员	Personnel Enjoying Special Medical Care	**53**	**43**	37	50	279	
离休及老红军	Retirees and Red Army Soldier	5061	4628	4154	3713	3285	2883
1-6级革命伤残军人	1-6 Level Revolution Disabled Soldiers	263	255	263	247	245	255

22-16 2012-2017年城市居民最低生活保障情况
Minimum Living Allowance in Urban Areas(2012-2017)

项　目	Item	2012	2013	2014	2015	2016	2017
保障对象户数	**(户) Number of Households of Security Object (household)**	**106222**	**105059**	**96780**	**86576**	**80959**	**68780**
年末保障对象人数	**(人) Number of Security Object at Year-end (person)**	**230399**	**225153**	**203014**	**177427**	**163219**	**133392**
在职职工	Staff and Workers	5548	4308	3316	1848	2354	1444
学生	Students	49661	45612	39977	33463	10471	6089
三无对象	Object of Three Non-target	4053	3159	2980	2891	2498	
其他人员	Others	171137	172074	156741	139225	147896	125859
全年补助资金支出	**(万元) Grant Capital Expenditures throughout the Year(10 000yuan)**	**63485**	**67350**	**67781**	**62288**	**74060**	**74741**
月人均补助水平	**(元) Amount of Subsidy Every Month One Person (yuan)**	**231**	**247**	**263**	**281**	**320**	**361**
低保标准	**(元) Minimum Living Allowance Standards (yuan)**	**310**	**330**	**350**	**370**	**400**	**450**

注：本表数据来源于青海省民政厅。
a)The data source of this table is the Civil Affairs Department of Qinghai.

主要统计指标解释

律　　师　指受聘参加法律顾问处工作，担任法律顾问、刑(民)事代理人、刑事辩护人，办理非诉讼事件、解答法律询问，代写法律事务文书等主要从事律师业务的专职法律工作者和兼职律师。

公证人员　指在公证处工作的人员总称，包括公证处主任、副主任、公证员、公证员助理(助理公证员)和其他从事辅助性工作的人员。

城市居民最低生活保障人数　指在报告期末家庭平均收入在当地规定的最低生活保障线以下的城镇居民数。包括"三无"对象，失业人员和在职、下岗、退休人员等。

农村居民最低生活保障人数　指报告期末在建立农村最低生活保障制度的地区，得到当地政府或集体给予最低生活保障的农业人口家庭人数。

农村集中五保供养户数(户)　指无法定抚养义务人，或者虽有法定抚养义务人，但是抚养人无抚养能力的；无劳动能力的；无生活来源的老年人、残疾人和未成年人。

Explanatory Notes on Main Statistical Indicators

Lawyers refers to full - time legal workers and part - time lawyers mainly engaged in lawyer business, who are employed in the legal advisory office, served as legal adviser, punishment (people) agent, defenders in criminal cases, for non - lawsuit cases, answers to legal questions and write legal affairs documents.

Notary Personnel refers to people working for notary offices including: directors, deputy directors, notaries, assistant notaries and other people providing assistance.

Number of Urban Residents Entitled to Minimum Living Allowances refers to the number of those whose average family income is below a minimum local standard by the end of the reporting period, including both the employed and unemployed, laid off and retired, and those jobless people without stable residence or valid IDs.

Number of Rural Residents Entitled to Minimum Living Allowances refers to the number of those receiving the minimum living allowances from the local government or community in the rural areas where this allowances system is in place as of the end of the reporting period.

Households Enjoying Five Guarantees refers to those senior citizens, handicapped or under - aged who, without labour ability, can not make a living by themselves and whose statutory providers are unable to support them or who have no statutory providers at all.

第 23 篇

CHAPTER 23

全国各地区主要经济指标

Main Economy Indices and Order of the Different Parts of the Country

23−1 全国各地区生产总值和增长率及排序(2017年)

Growth Rate of Gross Domestic Product and Its Order by Region of the Whole Country(2017)

单位：亿元、% (100 million yuan, %)

地区	Region	国内(地区)生产总值 Region Gross Domestic Product				第一产业增加值 Value Added of the Primary Industry			
		数量 Amount	位次 Rank	增长率 Growth Rate	位次 Rank	数量 Amount	位次 Rank	增长率 Growth Rate	位次 Rank
全国	**National Total**	**827121.7**		**6.9**		**65467.6**		**3.9**	
北京	Beijing	28000.4	12	6.7	24	120.5	30	-6.2	30
天津	Tianjin	18595.4	19	3.6	30	218.3	28	2.0	29
河北	Hebei	35964.0	8	6.7	24	3507.9	8	3.9	15
山西	Shanxi	14973.5	24	7.0	21	777.9	25	3.0	26
内蒙古	Inner Mongolia	16103.2	22	4.0	29	1647.2	20	3.7	17
辽宁	Liaoning	23942.0	14	4.2	28	2182.1	14	3.6	18
吉林	Jilin	15288.9	23	5.3	27	1429.2	21	3.3	25
黑龙江	Heilongjiang	16199.9	21	6.4	26	2968.8	9	5.4	4
上海	Shanghai	30133.9	11	6.9	23	99.0	31	-9.5	31
江苏	Jiangsu	85900.9	2	7.2	20	4076.7	4	2.2	28
浙江	Zhejiang	51768.3	4	7.8	11	2017.4	16	2.8	27
安徽	Anhui	27518.7	13	8.5	6	2611.7	11	4.0	13
福建	Fujian	32298.3	10	8.1	7	2442.4	12	3.6	18
江西	Jiangxi	20818.5	16	8.9	5	1953.9	17	4.4	8
山东	Shandong	72678.2	3	7.4	17	4876.7	1	3.5	23
河南	Henan	44988.2	5	7.8	11	4339.5	2	4.3	9
湖北	Hubei	36523.0	7	7.8	11	3759.7	6	3.6	18
湖南	Hunan	34590.6	9	8.0	9	3690.0	7	3.6	18
广东	Guangdong	89879.2	1	7.5	16	3792.4	5	3.5	23
广西	Guangxi	20396.3	17	7.3	18	2906.9	10	4.1	12
海南	Hainan	4462.5	28	7.0	21	979.3	24	3.6	18
重庆	Chongqing	19500.3	18	9.3	4	1339.6	22	4.0	13
四川	Sichuan	36980.2	6	8.1	7	4282.8	3	3.8	16
贵州	Guizhou	13540.8	25	10.2	1	2020.8	15	6.7	1
云南	Yunnan	16531.3	20	9.5	3	2310.7	13	6.0	2
西藏	Tibet	1310.6	31	10.0	2	122.8	29	4.3	9
陕西	Shaanxi	21898.8	15	8.0	9	1739.5	18	4.6	7
甘肃	Gansu	7677.0	27	3.6	30	1063.6	23	5.4	4
青海	**Qinghai**	**2624.8**	**30**	**7.3**	**18**	**238.4**	**27**	**4.9**	**6**
宁夏	Ningxia	3453.9	29	7.8	11	261.1	26	4.3	9
新疆	Xinjiang	10920.1	26	7.6	15	1691.6	19	5.6	3

注：1.地区生产总值、三次产业增加值及人均生产总值绝对数按当年价格计算，增长速度按不变价计算。
2.各地区三次产业增加值增速为2017年快报数。
3.执行《国民经济行业分类》(GB/T4754—2011)和《三次产业划分规定》(2012)。

a) The amount of Region Gross Domestic Product, three industrial added value and Per Capita GDP are calculated at current prices. The growth rate are calculated at constant prices.
b) The growth rate of regional three industrial added value of 2017 are from express report forms.
c) It implement in accordance with the national economic industry classification (GB/T4754-2011) standards and the three industry classification standards of 2012.

23-2 全国各地区第二、三产业增加值及排序(2017年)
Value-added of Secondary and Tertiary Industry and Their Orders by Region of the Whole Country (2017)

单位：亿元,% (100 million yuan,%)

地区	Region	第二产业增加值 Value Added of the Secondary Industry				第三产业增加值 Value Added of the Tertiary Industry			
		数量 Amount	位次 Rank	增长率 Growth Rate	位次 Rank	数量 Amount	位次 Rank	增长率 Growth Rate	位次 Rank
全国	**National Total**	**334622.6**		**6.1**		**427031.5**		**8.0**	
北京	Beijing	5310.6	24	4.6	23	22569.3	5	7.3	27
天津	Tianjin	7590.4	18	1.0	30	10786.7	15	6.0	30
河北	Hebei	17416.5	6	3.4	25	15039.7	11	11.3	2
山西	Shanxi	6181.8	22	6.5	19	8013.9	22	7.8	24
内蒙古	Inner Mongolia	6408.6	20	1.5	29	8047.4	21	6.1	29
辽宁	Liaoning	9397.8	14	3.2	26	12362.1	13	5.0	31
吉林	Jilin	7012.9	19	3.9	24	6846.9	24	7.5	25
黑龙江	Heilongjiang	4289.7	26	2.9	27	8941.4	18	8.7	19
上海	Shanghai	9251.4	16	5.8	22	20783.5	6	7.5	25
江苏	Jiangsu	38654.9	1	6.6	17	43169.4	2	8.2	22
浙江	Zhejiang	22471.5	4	7.0	12	27279.3	4	8.8	18
安徽	Anhui	13486.6	11	8.6	5	11420.4	14	9.7	10
福建	Fujian	15770.3	8	6.9	14	14085.5	12	10.3	4
江西	Jiangxi	9972.1	13	8.3	6	8892.6	19	10.7	3
山东	Shandong	32925.1	3	6.3	20	34876.3	3	9.1	17
河南	Henan	21450.0	5	7.3	9	19198.7	7	9.2	14
湖北	Hubei	16259.9	7	7.1	11	16503.4	10	9.5	12
湖南	Hunan	14145.5	10	6.7	15	16755.1	9	10.3	4
广东	Guangdong	38598.6	2	6.7	15	47488.3	1	8.6	21
广西	Guangxi	9297.8	15	6.6	17	8191.5	20	9.2	14
海南	Hainan	997.1	30	2.7	28	2486.1	28	10.2	6
重庆	Chongqing	8596.6	17	9.5	4	9564.0	16	9.9	7
四川	Sichuan	14294.0	9	7.5	8	18403.4	8	9.8	8
贵州	Guizhou	5439.6	23	10.1	3	6080.4	25	11.5	1
云南	Yunnan	6387.5	21	10.7	2	7833.1	23	9.5	12
西藏	Tibet	514.5	31	11.9	1	673.3	31	9.7	10
陕西	Shaanxi	10895.4	12	7.9	7	9264.0	17	8.7	19
甘肃	Gansu	2562.7	27	-1.0	31	4050.8	27	6.5	28
青海	**Qinghai**	**1162.4**	**29**	**7.2**	**10**	**1224.0**	**30**	**7.9**	**23**
宁夏	Ningxia	1580.5	28	7.0	12	1612.3	29	9.2	14
新疆	Xinjiang	4292.0	25	5.9	21	4936.5	26	9.8	8

23-3 全国各地区人均GDP和增长率及排序(2016-2017年)
Per Capita GDP and Their Orders by Region of the Whole Country (2016-2017)

单位：元、% (yuan, %)

地区	Region	2016				2017			
		数量 Amount	位次 Rank	增长率 Growth Rate	位次 Rank	数量 Amount	位次 Rank	增长率 Growth Rate	位次 Rank
全国	**National Total**	**53980**		**6.1**		**59660**		**6.3**	
北京	Beijing	118198	1	6.3	27	128927	1	6.7	15
天津	Tianjin	115053	3	7.5	11	119238	3	3.3	30
河北	Hebei	43062	19	6.1	28	47985	18	6.0	24
山西	Shanxi	35532	27	4.0	30	40557	27	6.4	20
内蒙古	Inner Mongolia	72064	8	6.8	20	63786	9	3.6	29
辽宁	Liaoning	50791	14	-2.3	31	54745	14	4.3	28
吉林	Jilin	53868	12	7.3	12	56102	13	6.0	24
黑龙江	Heilongjiang	40432	22	6.5	24	42699	25	6.7	15
上海	Shanghai	116562	2	7.0	19	124571	2	6.8	13
江苏	Jiangsu	96887	4	7.5	7	107189	4	6.8	13
浙江	Zhejiang	84916	5	6.8	21	92057	5	6.6	18
安徽	Anhui	39561	25	7.7	6	44206	23	7.6	6
福建	Fujian	74707	6	7.5	7	82976	6	7.1	12
江西	Jiangxi	40400	23	8.4	3	45187	20	8.2	4
山东	Shandong	68733	9	6.7	21	72851	8	6.5	19
河南	Henan	42575	20	7.6	7	47130	19	7.3	9
湖北	Hubei	55665	11	7.5	7	61972	11	7.3	9
湖南	Hunan	46382	16	7.3	12	50563	16	7.4	8
广东	Guangdong	74016	7	6.2	26	81089	7	6.0	24
广西	Guangxi	38027	26	6.3	25	41955	26	6.3	22
海南	Hainan	44347	17	6.7	21	48430	17	6.1	23
重庆	Chongqing	58502	10	9.6	2	63689	10	8.3	3
四川	Sichuan	40003	24	7.0	16	44651	22	7.5	7
贵州	Guizhou	33246	29	9.8	1	37956	29	9.4	1
云南	Yunnan	31093	30	8.0	4	34545	30	8.8	2
西藏	Tibet	35184	28	7.9	5	39259	28	7.9	5
陕西	Shaanxi	51015	13	7.1	16	57266	12	7.3	9
甘肃	Gansu	27643	31	7.2	14	29326	31	3.0	31
青海	**Qinghai**	**43531**	**18**	**7.1**	**15**	**44047**	**24**	**6.4**	**20**
宁夏	Ningxia	47194	15	7.0	16	50917	15	6.7	15
新疆	Xinjiang	40564	21	5.3	29	45099	21	5.8	27

23-4 全国各地区常住人口规模(2011-2017年)
Population by Region of the Whole Country (2011-2017)

单位：万人 (10 000 Persons)

地区	Region	2011	2012	2013	2014	2015	2016	2017
全国	**National Total**	**134735**	**135404**	**136072**	**136782**	**137462**	**138271**	**139008**
北京	Beijing	2019	2069	2115	2152	2171	2173	2171
天津	Tianjin	1355	1413	1472	1517	1547	1562	1557
河北	Hebei	7241	7288	7333	7384	7425	7470	7520
山西	Shanxi	3593	3611	3630	3648	3664	3682	3702
内蒙古	Inner Mongolia	2482	2490	2498	2505	2511	2520	2529
辽宁	Liaoning	4383	4389	4390	4391	4382	4378	4369
吉林	Jilin	2749	2750	2751	2752	2753	2733	2717
黑龙江	Heilongjiang	3834	3834	3835	3833	3812	3799	3789
上海	Shanghai	2347	2380	2415	2426	2415	2420	2418
江苏	Jiangsu	7899	7920	7939	7960	7976	7999	8029
浙江	Zhejiang	5463	5477	5498	5508	5539	5590	5657
安徽	Anhui	5968	5988	6030	6083	6144	6196	6255
福建	Fujian	3720	3748	3774	3806	3839	3874	3911
江西	Jiangxi	4488	4504	4522	4542	4566	4592	4622
山东	Shandong	9637	9685	9733	9789	9847	9947	10006
河南	Henan	9388	9406	9413	9436	9480	9532	9559
湖北	Hubei	5758	5779	5799	5816	5852	5885	5902
湖南	Hunan	6596	6639	6691	6737	6783	6822	6860
广东	Guangdong	10505	10594	10644	10724	10849	10999	11169
广西	Guangxi	4645	4682	4719	4754	4796	4838	4885
海南	Hainan	877	887	895	903	911	917	926
重庆	Chongqing	2919	2945	2970	2991	3017	3048	3075
四川	Sichuan	8050	8076	8107	8140	8204	8262	8302
贵州	Guizhou	3469	3484	3502	3508	3530	3555	3580
云南	Yunnan	4631	4659	4687	4714	4742	4771	4801
西藏	Tibet	303	308	312	318	324	331	337
陕西	Shaanxi	3743	3753	3764	3775	3793	3813	3835
甘肃	Gansu	2564	2578	2582	2591	2600	2610	2626
青海	**Qinghai**	**568**	**573**	**578**	**583**	**588**	**593**	**598**
宁夏	Ningxia	639	647	654	662	668	675	682
新疆	Xinjiang	2209	2233	2264	2298	2360	2398	2445

注：全国数据包括中国人民解放军现役军人数，但不包括香港、澳门特别行政区和台湾地区数据；分省数据中未包括中国人民解放军现役军人数。

a) National data includes the number of military personnel, but excluding Hong Kong and Macao Special Administrative Regions and Taiwan data.Provincial data does not include the number of military personnel.

23–5 全国各地区城镇人口比重(2011–2017年)

Proportion of Urban Population by Region of the Whole Country (2011-2017)

单位：% (%)

地 区	Region	2011	2012	2013	2014	2015	2016	2017
全 国	**National Total**	**51.27**	**52.57**	**53.73**	**54.77**	**56.10**	**57.35**	**58.52**
北 京	Beijing	86.20	86.20	86.30	86.35	86.50	86.50	86.50
天 津	Tianjin	80.50	81.55	82.01	82.27	82.64	82.93	82.93
河 北	Hebei	45.60	46.80	48.12	49.33	51.33	53.32	55.01
山 西	Shanxi	49.68	51.26	52.56	53.79	55.03	56.21	57.34
内蒙古	Inner Mongolia	56.62	57.74	58.71	59.51	60.30	61.19	62.02
辽 宁	Liaoning	64.05	65.65	66.45	67.05	67.35	67.37	67.49
吉 林	Jilin	53.40	53.70	54.20	54.81	55.31	55.97	56.65
黑龙江	Heilongjiang	56.50	56.90	57.40	58.01	58.80	59.20	59.40
上 海	Shanghai	89.30	89.30	89.60	89.60	87.60	87.90	87.70
江 苏	Jiangsu	61.90	63.00	64.11	65.21	66.52	67.72	68.76
浙 江	Zhejiang	62.30	63.20	64.00	64.87	65.80	67.00	68.00
安 徽	Anhui	44.80	46.50	47.86	49.15	50.50	51.99	53.49
福 建	Fujian	58.10	59.60	60.77	61.80	62.60	63.60	64.80
江 西	Jiangxi	45.70	47.51	48.87	50.22	51.62	53.10	54.60
山 东	Shandong	50.95	52.43	53.75	55.01	57.01	59.02	60.58
河 南	Henan	40.57	42.43	43.80	45.20	46.85	48.50	50.16
湖 北	Hubei	51.83	53.50	54.51	55.67	56.85	58.10	59.30
湖 南	Hunan	45.10	46.65	47.96	49.28	50.89	52.75	54.62
广 东	Guangdong	66.50	67.40	67.76	68.00	68.71	69.20	69.85
广 西	Guangxi	41.80	43.53	44.81	46.01	47.06	48.08	49.21
海 南	Hainan	50.50	51.60	52.74	53.76	55.12	56.78	58.04
重 庆	Chongqing	55.02	56.98	58.34	59.60	60.94	62.60	64.08
四 川	Sichuan	41.83	43.53	44.90	46.30	47.69	49.21	50.79
贵 州	Guizhou	34.96	36.41	37.83	40.01	42.01	44.15	46.02
云 南	Yunnan	36.80	39.31	40.48	41.73	43.33	45.03	46.69
西 藏	Tibet	22.71	22.75	23.71	25.75	27.74	29.56	30.89
陕 西	Shaanxi	47.30	50.02	51.31	52.57	53.92	55.34	56.79
甘 肃	Gansu	37.15	38.75	40.13	41.68	43.19	44.69	46.39
青 海	**Qinghai**	**46.22**	**47.44**	**48.51**	**49.78**	**50.30**	**51.63**	**53.07**
宁 夏	Ningxia	49.82	50.67	52.01	53.61	55.23	56.29	57.98
新 疆	Xinjiang	43.54	43.98	44.47	46.07	47.23	48.35	49.38

23-6 全国各地区农业总产值和增长率及排序(2017年)

Gross Agricultural Value and Its Growth Rate and Order by Region of the Whole Country (2017)

单位：亿元、%　　　　(100 million yuan，%)

地区	Region	农林牧渔业总产值 Gross Output Value of Farming,Forestry, Animal Husbandry and Fishery				农业产值 Output Value of Farming		牧业产值 Output Value of Animal Husbandry	
		数量 Amount	位次 Rank	增长率 Growth Rate	位次 Rank	数量 Amount	位次 Rank	数量 Growth Rate	位次 Rank
全国	**National Total**	**114653.1**		**3.9**		**61720.2**		**30242.8**	
北京	Beijing	308.3	29	-6.9	30	129.8	30	101.4	29
天津	Tianjin	471.9	27	0.5	29	247.8	27	119.9	28
河北	Hebei	6142.5	8	4.1	13	3491.7	5	1899.4	4
山西	Shanxi	1519.7	25	3.0	25	983.4	24	325.9	23
内蒙古	Inner Mongolia	2822.4	20	3.4	21	1383.2	20	1261.0	10
辽宁	Liaoning	4398.5	12	3.0	24	1861.1	16	1505.8	8
吉林	Jilin	2618.9	21	3.1	23	1174.7	23	1205.2	11
黑龙江	Heilongjiang	5680.3	9	5.4	3	3324.8	7	1852.0	5
上海	Shanghai	261.6	30	-7.4	31	141.2	29	40.9	31
江苏	Jiangsu	7210.4	3	2.3	27	3805.0	4	1167.0	12
浙江	Zhejiang	3212.5	16	2.3	26	1559.4	18	351.8	22
安徽	Anhui	4727.5	11	4.1	14	2333.6	11	1285.7	9
福建	Fujian	4302.5	13	3.7	18	1810.1	17	669.5	19
江西	Jiangxi	3187.6	17	4.4	11	1501.4	19	720.1	17
山东	Shandong	9298.2	1	4.0	16	4602.8	2	2399.7	2
河南	Henan	7913.4	2	4.6	7	4812.5	1	2425.8	1
湖北	Hubei	6560.2	5	5.0	5	3094.0	9	1652.4	7
湖南	Hunan	6269.5	6	4.0	15	3408.6	6	1713.5	6
广东	Guangdong	6215.3	7	3.3	22	3232.4	8	1116.8	15
广西	Guangxi	4742.8	10	4.3	12	2545.5	10	1136.3	14
海南	Hainan	1528.2	24	3.8	17	727.0	25	244.7	25
重庆	Chongqing	2009.4	22	3.7	20	1193.7	22	601.4	21
四川	Sichuan	6963.8	4	3.7	19	4016.0	3	2326.7	3
贵州	Guizhou	3389.8	15	6.6	1	2043.0	14	885.8	16
云南	Yunnan	3808.8	14	6.0	2	2034.0	15	1153.4	13
西藏	Tibet	178.2	31	4.4	10	78.4	31	92.2	30
陕西	Shaanxi	3070.5	18	4.6	8	2119.4	13	664.0	20
甘肃	Gansu	1907.7	23	5.2	4	1377.2	21	315.3	24
青海	**Qinghai**	**364.1**	**28**	**4.9**	**6**	**162.4**	**28**	**183.0**	**26**
宁夏	Ningxia	513.9	26	4.5	9	320.0	26	141.1	27
新疆	Xinjiang	3054.9	19	1.6	28	2206.1	12	685.3	18

注：本表绝对数按当年价格计算，增长速度按可比价格计算。

a) Level data in this table are calculated at current prices, while growth rate data are calculated at constant prices.

23-7 全国各地区主要农畜产品产量、人均产量及排序(2017年)
Output, Per Capita Output of Main Agricultural Products and Its Order by Region of the Whole Country (2017)

单位：万吨、千克 (10 000 tons、kg)

地区	Region	粮食 Grain			肉类 Meat			奶类 Milk		
		总产量 Amount	人均产量 Per Capita Output	位次 Rank	总产量 Amount	人均产量 Per Capita Output	位次 Rank	总产量 Amount	人均产量 Per Capita Output	位次 Rank
全国	**National Total**	**61793.0**	**445.71**		**8588.1**	**61.9**		**3655.2**	**26.4**	
北京	Beijing	41.1	18.94	31	26.4	12.2	30	37.4	17.2	15
天津	Tianjin	212.0	135.95	28	37.4	24.0	27	56.5	36.2	9
河北	Hebei	3508.0	468.06	10	463.7	61.9	19	465.4	62.1	6
山西	Shanxi	1299.9	352.09	19	82.5	22.4	28	94.3	25.5	13
内蒙古	Inner Mongolia	2768.4	1096.60	3	267.7	106.0	1	699.8	277.2	1
辽宁	Liaoning	2136.7	488.58	8	440.5	100.7	2	141.1	32.3	11
吉林	Jilin	3720.0	1365.13	2	265.5	97.4	4	50.3	18.4	14
黑龙江	Heilongjiang	6018.8	1586.41	1	242.4	63.9	18	542.7	143.0	3
上海	Shanghai	89.2	36.86	30	11.6	4.8	31	21.3	8.8	18
江苏	Jiangsu	3539.8	441.71	12	343.2	42.8	23	59.9	7.5	20
浙江	Zhejiang	768.6	136.67	27	104.4	18.6	29	14.8	2.6	25
安徽	Anhui	3476.0	558.37	6	404.3	64.9	16	31.9	5.1	21
福建	Fujian	665.4	170.94	25	232.7	59.8	20	16.1	4.1	22
江西	Jiangxi	2127.1	461.70	11	335.2	72.8	13	12.8	2.8	23
山东	Shandong	4723.2	473.45	9	795.6	79.7	9	274.0	27.5	12
河南	Henan	5973.4	625.78	4	705.3	73.9	11	320.5	33.6	10
湖北	Hubei	2599.7	441.11	13	429.4	72.9	12	16.0	2.7	24
湖南	Hunan	2984.0	436.19	14	543.9	79.5	10	9.6	1.4	29
广东	Guangdong	1365.1	123.16	29	412.8	37.2	25	13.2	1.2	30
广西	Guangxi	1467.7	301.90	23	415.4	85.4	6	10.0	2.1	26
海南	Hainan	168.9	183.31	24	79.5	86.3	5	0.3	0.3	31
重庆	Chongqing	1167.2	381.21	18	208.1	68.0	14	5.3	1.7	28
四川	Sichuan	3498.4	422.41	16	666.0	80.4	8	63.8	7.7	19
贵州	Guizhou	1178.6	330.38	20	207.6	58.2	21	6.6	1.8	27
云南	Yunnan	1929.5	403.18	17	388.1	81.1	7	67.6	14.1	17
西藏	Tibet	105.1	314.98	22	32.8	98.2	3	42.0	125.9	4
陕西	Shaanxi	1216.2	318.06	21	111.8	29.2	26	184.5	48.2	8
甘肃	Gansu	1128.3	430.99	15	100.6	38.4	24	40.7	15.6	16
青海	**Qinghai**	**100.7**	**169.05**	**26**	**38.3**	**64.3**	**17**	**34.6**	**58.0**	**7**
宁夏	Ningxia	368.2	542.76	7	32.2	47.5	22	153.3	226.0	2
新疆	Xinjiang	1447.6	597.80	5	163.2	67.4	15	168.8	69.7	5

注：人均产量均按年平均常住人口计算。
a) The Per Capita Output are calculated according annual average population.

23-8 全国各地区规模以上工业企业主要经济指标及排序(2017年)
Main Indicators on Economic Indicators of Industrial Enterprises above Designated Size by Region of the Whole Country (2017)

单位：%，亿元 (%，100 million yuan)

地区	Region	工业增加值 Value-added of Industry		主营业务收入 Prime Operating Revenue		利润总额 Total Profits	
		增长率 Growth Rate	位次 Rank	数量 Amount	位次 Rank	数量 Amount	位次 Rank
全国	**National Total**	**6.6**		**1164623.8**		**75187.1**	
北京	Beijing	5.6	23	20354.9	19	1992.5	14
天津	Tianjin	2.3	29	17019.6	21	1096.0	20
河北	Hebei	3.4	26	51900.5	6	3118.7	8
山西	Shanxi	7.0	18	17725.3	20	1024.5	21
内蒙古	Inner Mongolia	3.1	27	13638.2	22	1409.1	18
辽宁	Liaoning	4.4	25	22480.2	16	1001.4	22
吉林	Jilin	5.5	24	23162.3	15	1129.2	19
黑龙江	Heilongjiang	2.7	28	10158.7	25	474.7	26
上海	Shanghai	6.8	21	37426.8	12	3210.9	6
江苏	Jiangsu	7.5	13	154899.9	1	10359.7	1
浙江	Zhejiang	8.3	9	67081.0	5	4569.8	5
安徽	Anhui	9.0	6	43408.1	9	2285.3	12
福建	Fujian	8.0	11	48004.3	7	3208.6	7
江西	Jiangxi	9.1	5	35585.1	13	2475.7	10
山东	Shandong	6.9	20	142660.2	2	8327.6	3
河南	Henan	8.0	12	80605.7	4	5272.4	4
湖北	Hubei	7.4	14	43531.2	8	2470.6	11
湖南	Hunan	7.3	15	39463.9	11	1930.9	15
广东	Guangdong	7.2	16	135598.7	3	8986.0	2
广西	Guangxi	7.1	17	24170.3	14	1559.3	16
海南	Hainan	0.5	30	1831.5	30	110.4	29
重庆	Chongqing	9.6	3	21333.2	18	1498.4	17
四川	Sichuan	8.5	8	42423.4	10	2610.6	9
贵州	Guizhou	9.5	4	11085.7	24	873.1	23
云南	Yunnan	10.6	2	12058.0	23	772.0	24
西藏	Tibet	14.2	1	207.3	31	25.2	31
陕西	Shaanxi	8.2	10	22375.0	17	2185.7	13
甘肃	Gansu	-1.7	31	8487.6	27	246.9	27
青海	**Qinghai**	**7.0**	**18**	**2094.8**	**29**	**73.2**	**30**
宁夏	Ningxia	8.6	7	4083.6	28	152.1	28
新疆	Xinjiang	6.4	22	9768.8	26	736.8	25

注：1.规模以上工业统计口径为年主营业务收入2000万元及以上工业企业。
2.本表为2017年快报数据。
a) The statistical caliber of industry is industrial enterprises with the annual sales income from main business of 20 million yuan and above.
b)Data in this table in 2017 are from express report forms.

23−9 全国各地区工业企业主要产品产量、人均产量及排序(2017年) Output, Per Capita Output of Major Industrial Products and Its Order by Region of the Whole Country (2017)

地 区	Region	天然气(亿立方米) Natural gas (100 million cubic metres) 总产量 Amount	人均产量 Per Capita Output 立方米 Cubic meters	位 次 Rank	发电量(亿千瓦小时) Electricity (100 million km·h) 总产量 Amount	人均产量 Per Capita Output 千瓦时 KWh	位 次 Rank
全 国	**National Total**	**1480.3**	**106.8**		**64951.4**	**4685**	
北 京	Beijing	15.4	71.0		388.4	1788	30
天 津	Tianjin	21.5	137.8	6	611.0	3918	19
河 北	Hebei	7.4	9.9	16	2817.1	3759	20
山 西	Shanxi	46.8	126.7	7	2823.9	7649	5
内蒙古	Inner Mongolia	0.2	0.8	24	4435.9	17571	2
辽 宁	Liaoning	5.1	11.7	13	1829.3	4183	16
吉 林	Jilin	18.6	68.2	11	800.3	2937	23
黑龙江	Heilongjiang	40.5	106.9	8	917.3	2418	27
上 海	Shanghai	1.7	7.1	17	859.3	3552	21
江 苏	Jiangsu	2.9	3.7	20	4914.7	6133	7
浙 江	Zhejiang	6.1	10.9	15	3312.3	5890	8
安 徽	Anhui	2.6	4.2	18	2456.3	3946	18
福 建	Fujian				2200.7	5654	9
江 西	Jiangxi	0.2	0.5	25	1128.8	2450	26
山 东	Shandong	4.1	4.2	19	5162.7	5175	11
河 南	Henan	3.0	3.1	21	2739.6	2870	25
湖 北	Hubei	1.3	2.2	23	2615.5	4438	14
湖 南	Hunan				1434.7	2097	29
广 东	Guangdong	89.2	80.5	9	4503.4	4063	17
广 西	Guangxi	0.2	0.4	26	1401.1	2882	24
海 南	Hainan	1.1	11.9	12	299.3	3248	22
重 庆	Chongqing	60.7	198.3	5	728.1	2378	28
四 川	Sichuan	356.4	430.3	4	3480.4	4202	15
贵 州	Guizhou	4.2	11.6	14	1899.1	5323	10
云 南	Yunnan	0.0	0.1	27	2955.1	6175	6
西 藏	Tibet				55.7	1668	31
陕 西	Shaanxi	419.4	1096.8	2	1814.0	4744	13
甘 肃	Gansu	0.6	2.3	22	1349.1	5153	12
青 海	**Qinghai**	**64.0**	**1074.5**	**3**	**626.6**	**10518**	**4**
宁 夏	Ningxia				1380.9	20354	1
新 疆	Xinjiang	307.0	1268.0	1	3010.8	12433	3

注：本表为2017年快报数据。
a)Data in this table in 2017 are from express report forms.

23-9 续表 Contined

地区	Region	钢材(万吨) Rolled Steel (10 000 tons)			农用化肥(万吨) Chemical Fertilizers (10 000 tons)		
		总产量 Amount	人均产量 Per Capita Output 千克 Kg	位次 Rank	总产量 Amount	人均产量 Per Capita Output 千克 Kg	位次 Rank
全 国	**National Total**	**104958.8**	**757**		**6184.3**	**45**	
北 京	Beijing	179.0	82	29			
天 津	Tianjin	4374.0	2805	2	13.6	9	24
河 北	Hebei	24551.1	3276	1	223.8	30	16
山 西	Shanxi	4335.4	1174	5	373.9	101	6
内蒙古	Inner Mongolia	2002.7	793	8	438.3	174	2
辽 宁	Liaoning	6393.0	1462	4	46.0	11	22
吉 林	Jilin	1028.0	377	18	68.8	25	17
黑龙江	Heilongjiang	410.6	108	28	52.8	14	20
上 海	Shanghai	2056.0	850	7	1.9	1	29
江 苏	Jiangsu	12295.4	1534	3	163.9	20	18
浙 江	Zhejiang	3148.2	560	12	19.7	4	28
安 徽	Anhui	3143.9	505	15	233.6	38	15
福 建	Fujian	2725.7	700	9	24.1	6	26
江 西	Jiangxi	2524.4	548	13	23.3	5	27
山 东	Shandong	9209.8	923	6	427.9	43	13
河 南	Henan	4036.0	423	16	470.5	49	11
湖 北	Hubei	3609.9	613	11	851.0	144	4
湖 南	Hunan	2210.2	323	22	90.3	13	21
广 东	Guangdong	4213.7	380	17	77.3	7	25
广 西	Guangxi	3270.7	673	10	89.2	18	19
海 南	Hainan	1.1	1	30	60.5	66	8
重 庆	Chongqing	917.3	300	24	150.4	49	12
四 川	Sichuan	2491.2	301	23	425.7	51	10
贵 州	Guizhou	495.7	139	27	567.3	159	3
云 南	Yunnan	1607.4	336	20	299.2	63	9
西 藏	Tibet	0.1	0.3	31			
陕 西	Shaanxi	1377.6	360	19	150.0	39	14
甘 肃	Gansu	702.3	268	25	25.1	10	23
青 海	**Qinghai**	**127.1**	**213**	**26**	**463.4**	**778**	**1**
宁 夏	Ningxia	221.8	327	21	46.2	68	7
新 疆	Xinjiang	1299.6	537	14	306.4	127	5

注：本表为2017年快报数据。
a)Data in this table in 2017 are from express report forms.

23-10 全国各地区固定资产投资和增长率及排序(2017年)
Investment in Fixed Assets and Its Growth Rate and Order by Region of the Whole Country (2017)

单位：亿元、%、万平方米 (100 million yuan, %, 10 000 sq.m)

地 区	Region	固定资产投资(不含农户) Investment in Fixed Assets (Excluding Rural Households)				房地产开发投资额 Investment of Real Estate Development		商品房销售面积 Floor Space of Commercial Buildings Sold	
		数量 Amount	位次 Rank	增长率 Growth Rate	位次 Rank	数量 Amount	位次 Rank	数量 Amount	位次 Rank
全 国	**National Total**	**631683.96**		**7.2**		**109798.5**		**169408**	
北 京	Beijing	8307.33	23	5.3	24	3692.5	13	870	29
天 津	Tianjin	11274.69	21	0.5	28	2233.4	19	1482	27
河 北	Hebei	33012.23	5	5.3	24	4823.9	8	6426	11
山 西	Shanxi	5722.16	26	6.3	22	1166.3	23	2416	19
内蒙古	Inner Mongolia	13827.85	18	-7.2	30	889.7	27	2068	22
辽 宁	Liaoning	6444.75	25	0.1	29	2289.7	18	4148	17
吉 林	Jilin	13130.90	19	1.4	27	910.1	26	1885	23
黑龙江	Heilongjiang	11079.65	22	6.2	23	815.6	28	2256	21
上 海	Shanghai	7240.95	24	7.2	21	3856.5	12	1692	24
江 苏	Jiangsu	53000.21	2	7.5	19	9629.1	2	14211	2
浙 江	Zhejiang	31125.99	9	8.6	18	8226.8	3	9600	6
安 徽	Anhui	28816.37	10	11.0	11	5612.5	6	9201	7
福 建	Fujian	26110.34	11	13.9	6	4794.2	9	5854	12
江 西	Jiangxi	21770.43	13	12.3	10	2014.0	22	5842	13
山 东	Shandong	54236.03	1	7.3	20	6637.2	5	12813	4
河 南	Henan	43890.36	3	10.4	15	7090.2	4	13314	3
湖 北	Hubei	31872.57	6	11.0	11	4574.9	10	8155	9
湖 南	Hunan	31328.08	7	13.1	8	3426.1	14	8532	8
广 东	Guangdong	37403.91	4	13.5	7	12075.7	1	15959	1
广 西	Guangxi	19908.27	14	12.8	9	2683.5	17	5171	14
海 南	Hainan	4125.40	28	10.1	16	2053.1	21	2293	20
重 庆	Chongqing	17440.57	16	9.5	17	3980.1	11	6711	10
四 川	Sichuan	31235.89	8	10.6	13	5149.9	7	10869	5
贵 州	Guizhou	15288.01	17	20.1	2	2201.0	20	4697	15
云 南	Yunnan	18474.89	15	18.0	4	2786.3	16	4327	16
西 藏	Tibet	1975.60	31	23.8	1	40.4	31	53	31
陕 西	Shaanxi	23468.21	12	14.6	5	3102.0	15	3890	18
甘 肃	Gansu	5696.35	27	-40.3	31	944.5	25	1560	26
青 海	**Qinghai**	**3819.86**	**29**	**10.5**	**14**	**408.6**	**30**	**494**	**30**
宁 夏	Ningxia	3640.12	30	3.0	26	652.8	29	1021	28
新 疆	Xinjiang	11795.64	20	20.0	3	1037.9	24	1598	25

注：1.固定资产投资(不含农户)统计口径指计划总投资500万元及以上固定资产投资项目投资和所有房地产开发投资。
2.本表增速按当年价计算。

a) Fixed assets investment (excluding Rural Households) statistical caliber refers to the total investment of 5 million yuan and above, fixed assets investment, project investment and all real estate development investment.

b) The growth rate in this table are calculated at current prices.

23-11 全国各地区建筑业总产值和施工、竣工面积及排序(2017年)

Output Value, Area of Construction and Completion and Their Orders by Region of the Whole Country (2017)

单位：亿元、万平方米 (100 million yuan，10 000 sq.m)

地 区	Region	建筑业总产值 Gross Output Value		施工面积 Floor Space of Buildings Under Construction		竣工面积 Floor Space of Buildings Completed	
		数 量 Amount	位 次 Rank	数 量 Amount	位 次 Rank	数 量 Amount	位 次 Rank
全 国	**National Total**	**213954.0**		**1317195.4**		**419074.1**	
北 京	Beijing	9736.7	9	65290.1	6	9844.4	13
天 津	Tianjin	4262.4	18	15231.2	22	3218.4	24
河 北	Hebei	5656.0	16	34565.9	13	9835.9	14
山 西	Shanxi	3566.6	21	15861.8	21	3552.6	23
内蒙古	Inner Mongolia	1122.2	27	5453.9	26	2031.5	27
辽 宁	Liaoning	3687.9	20	16509.0	20	5320.6	19
吉 林	Jilin	2219.0	24	9336.2	25	3834.3	21
黑龙江	Heilongjiang	1560.1	26	4768.7	27	2127.0	26
上 海	Shanghai	6426.4	13	41197.5	12	8066.5	16
江 苏	Jiangsu	27956.0	1	232034.2	1	75454.3	1
浙 江	Zhejiang	27235.8	2	205855.0	2	66565.3	2
安 徽	Anhui	6829.4	12	42711.3	11	14980.0	11
福 建	Fujian	9993.7	8	65711.8	5	16895.0	8
江 西	Jiangxi	6166.8	15	30726.8	15	15042.2	10
山 东	Shandong	11477.8	4	77332.7	4	23344.4	4
河 南	Henan	10085.5	7	55688.8	9	20226.0	6
湖 北	Hubei	13391.2	3	79247.7	3	30836.9	3
湖 南	Hunan	8422.9	10	54603.9	10	19840.3	7
广 东	Guangdong	11372.5	6	60112.8	7	16687.4	9
广 西	Guangxi	4210.1	19	25598.0	17	8438.6	15
海 南	Hainan	322.8	30	2060.5	29	562.5	29
重 庆	Chongqing	7608.0	11	33210.8	14	13448.2	12
四 川	Sichuan	11400.3	5	58278.7	8	21648.3	5
贵 州	Guizhou	2933.0	22	18041.2	18	4714.1	20
云 南	Yunnan	4726.4	17	17318.1	19	7451.8	17
西 藏	Tibet	147.9	31	352.7	31	153.8	31
陕 西	Shaanxi	6227.5	14	26977.3	16	6981.6	18
甘 肃	Gansu	1825.4	25	9777.6	24	3031.5	25
青 海	**Qinghai**	**406.8**	**29**	**861.2**	**30**	**338.7**	**30**
宁 夏	Ningxia	549.2	28	2569.4	28	791.8	28
新 疆	Xinjiang	2428.1	23	9910.6	23	3810.2	22

注：建筑业数据统计口径为具有资质等级的施工总承包、专业承包建筑业企业(不含劳务分包建筑业企业)数据。

a)Construction industry data statistics include construction general contracting, professional contracting construction enterprises having qualification grade (exclude labor subcontracting construction enterprise).

23-12 全国各地区社会消费品零售额和货物进出口总额及排序(2017年)

Retail Sales of Consumer Goods, Total Value of Imports and Exports of goods and Their Orders by Region of the Whole Country (2017)

单位：亿元、%　　(100 million yuan，%)

地区	Region	社会消费品零售总额 Total Retail Sales of Consumer Goods				货物进出口贸易总额 Total import and export of goods			
		数量 Amount	位次 Rank	增长率 Growth Rate	位次 Rank	数量 Amount	位次 Rank	增长率 Growth Rate	位次 Rank
全国	**National Total**	**366261.6**		**10.2**		**277923.0**		**14.2**	
北京	Beijing	11575.4	13	5.2	29	21923.8	5	17.6	14
天津	Tianjin	5729.7	24	1.7	31	7646.8	8	12.8	20
河北	Hebei	15907.6	8	10.7	14	3375.8	15	9.7	24
山西	Shanxi	6918.1	22	6.8	28	1161.9	24	5.6	27
内蒙古	Inner Mongolia	7160.2	21	6.9	27	942.4	25	22.6	7
辽宁	Liaoning	13807.2	10	2.9	30	6739.2	9	18.0	13
吉林	Jilin	7855.8	18	7.5	26	1254.6	23	3.0	28
黑龙江	Heilongjiang	9099.2	15	8.3	22	1272.3	22	16.3	15
上海	Shanghai	11830.3	12	8.1	23	32237.8	3	12.5	21
江苏	Jiangsu	31737.4	3	10.6	15	40020.8	2	19.1	12
浙江	Zhejiang	24308.5	4	10.6	15	25604.2	4	15.3	16
安徽	Anhui	11192.6	14	11.9	6	3631.6	14	23.7	6
福建	Fujian	13013.0	11	11.5	9	11590.8	7	12.0	22
江西	Jiangxi	7448.1	20	12.3	2	3020.0	17	14.5	18
山东	Shandong	33649.0	2	9.8	19	17823.9	6	15.2	17
河南	Henan	19666.8	5	11.6	8	5232.8	10	11.0	23
湖北	Hubei	17394.1	7	11.1	12	3134.3	16	20.6	9
湖南	Hunan	14854.9	9	10.6	15	2434.6	19	39.9	4
广东	Guangdong	38200.1	1	10.0	18	68155.3	1	8.0	26
广西	Guangxi	7813.0	19	11.2	11	3866.3	13	22.6	7
海南	Hainan	1618.8	28	11.4	10	702.4	26	-6.3	29
重庆	Chongqing	8067.7	17	11.0	13	4508.2	12	8.9	25
四川	Sichuan	17480.5	6	12.0	4	4605.9	11	41.2	3
贵州	Guizhou	4154.0	25	12.0	4	551.1	27	46.7	2
云南	Yunnan	6423.1	23	12.2	3	1586.4	20	20.5	10
西藏	Tibet	523.3	31	13.9	1	58.9	30	13.9	19
陕西	Shaanxi	8236.4	16	11.8	7	2715.2	18	37.4	5
甘肃	Gansu	3426.6	26	7.6	25	341.7	28	-24.0	30
青海	**Qinghai**	**839.0**	**30**	**9.3**	**21**	**44.4**	**31**	**-55.9**	**31**
宁夏	Ningxia	930.4	29	9.5	20	341.3	29	58.6	1
新疆	Xinjiang	3044.6	27	7.7	24	1398.4	21	19.9	11

23-13 全国各地区全社会客货运量和周转量及排序(2017年)

Freight and Passenger Traffic and Their Turnovers and Orders by Region of the Whole Country (2017)

地 区	Region	货运量(万吨) Total Freight Traffic (10 000 tons)		货物周转量(亿吨公里) Total Freight Ton-kilometers (100 million ton-km)		客运量(万人) Total Passenger Traffic (10 000 persons)		旅客周转量(亿人公里) Total Passenger-Kilometers (10 million passenger-km)	
		数 量 Amount	位 次 Rank	数 量 Amount	位 次 Rank	数 量 Amount	位 次 Rank	数 量 Amount	位 次 Rank
全 国	**National Total**	**4804850**		**197372**		**1848620**		**32813**	
北 京	Beijing	20110	29	958	27	58871	15	253	26
天 津	Tianjin	51800	25	2170	22	17440	25	267	25
河 北	Hebei	228854	6	13382	3	50023	17	1283	5
山 西	Shanxi	189516	11	4185	16	25155	24	374	23
内蒙古	Inner Mongolia	213318	10	5147	12	14867	27	363	24
辽 宁	Liaoning	216135	9	12757	4	72483	9	940	11
吉 林	Jilin	49903	26	1635	26	32989	22	425	22
黑龙江	Heilongjiang	56398	24	1658	24	34670	21	452	20
上 海	Shanghai	96850	20	24999	2	15485	26	225	27
江 苏	Jiangsu	220532	8	9058	8	126783	2	1515	3
浙 江	Zhejiang	242504	4	10106	6	104497	6	1096	9
安 徽	Anhui	403426	1	11430	5	69105	10	1154	8
福 建	Fujian	132227	17	6780	10	51134	16	604	17
江 西	Jiangxi	154437	16	4217	15	62997	13	1000	10
山 东	Shandong	327006	3	9719	7	65299	12	1247	7
河 南	Henan	230114	5	8229	9	114351	4	1762	2
湖 北	Hubei	188107	12	6345	11	103144	7	1278	6
湖 南	Hunan	225551	7	4301	14	114936	3	1501	4
广 东	Guangdong	392381	2	27920	1	137418	1	2012	1
广 西	Guangxi	174642	13	4613	13	48578	18	778	13
海 南	Hainan	21351	28	864	28	14660	28	129	29
重 庆	Chongqing	115536	19	3374	18	60522	14	496	18
四 川	Sichuan	172922	14	2696	19	109093	5	882	12
贵 州	Guizhou	96242	21	1656	25	91803	8	720	15
云 南	Yunnan	129298	18	1825	23	44622	19	453	19
西 藏	Tibet	2203	31	136	31	1319	31	45	31
陕 西	Shaanxi	163079	15	3761	17	67880	11	761	14
甘 肃	Gansu	66204	23	2440	20	42638	20	620	16
青 海	**Qinghai**	**17923**	**30**	**519**	**30**	**6274**	**30**	**137**	**28**
宁 夏	Ningxia	38187	27	754	29	7345	29	99	30
新 疆	Xinjiang	84395	22	2176	21	27083	23	429	21
不分地区	Not Classified by Region	83696		7563		55156		9513	

注：1.货运不分地区合计中包括管道运输企业、民航运输企业、中国远洋海运集团有限公司下属海外公司完成数。
2.客运不分地区数据为民航完成数。
a)The total number of goods transported across regions includes pipeline transportation enterprises, civil aviation transportation enterprises and Overseas companies affiliated to China ocean shipping group co., LTD
b)The total passenger traffic not classified by region refers to that completed by civil aviation.

23-14 全国各地区各类价格指数(2017年)

Consumer Price Indices and Its order by Region of the Whole Country (2017)

(上年=100) (preceding year=100)

地 区	Resion	居民消费价格指数 Consumer Price Indices	食品烟酒 Food,Tobacco and Liquol	商品零售价格指数 Commodity retail price index	农业生产资料价格指数 Price Index for Means of Agricultural Production	固定资产投资价格指数 Price Index for Investment in Fixed Assets
全 国	**National Average**	**101.6**	**99.6**	**101.1**	**100.6**	**105.8**
北 京	Beijing	101.9	100.5	99.2		104.7
天 津	Tianjin	102.1	100.3	100.8		104.3
河 北	Hebei	101.7	99.3	101.4	101.0	106.7
山 西	Shanxi	101.1	98.9	101.3	102.2	106.3
内蒙古	Inner Mongolia	101.7	99.8	101.2	100.0	103.4
辽 宁	Liaoning	101.4	99.4	100.7	100.3	104.0
吉 林	Jilin	101.6	98.9	101.4	97.9	104.7
黑龙江	Heilongjiang	101.3	98.6	99.9	100.6	103.4
上 海	Shanghai	101.7	101.2	100.9		106.7
江 苏	Jiangsu	101.7	100.4	101.9	102.1	107.6
浙 江	Zhejiang	102.1	100.3	101.4	101.8	105.8
安 徽	Anhui	101.2	98.9	101.7	101.3	107.4
福 建	Fujian	101.2	99.0	100.6	100.0	105.6
江 西	Jiangxi	102.0	99.3	101.0	101.0	106.1
山 东	Shandong	101.5	99.6	100.8	100.9	105.8
河 南	Henan	101.4	98.4	101.3	99.7	107.4
湖 北	Hubei	101.5	99.4	100.3	100.9	105.9
湖 南	Hunan	101.4	99.3	101.3	101.0	105.7
广 东	Guangdong	101.5	100.0	101.6	100.4	105.3
广 西	Guangxi	101.6	99.7	101.2	101.4	104.4
海 南	Hainan	102.8	100.1	102.0	99.9	104.1
重 庆	Chongqing	101.0	98.2	100.8		105.3
四 川	Sichuan	101.4	98.6	100.5	99.8	107.7
贵 州	Guizhou	100.9	100.0	100.9	98.8	106.1
云 南	Yunnan	100.9	100.4	101.3	100.4	104.9
西 藏	Tibet	101.6	102.0	101.4	101.6	
陕 西	Shaanxi	101.6	99.4	101.3	102.1	105.3
甘 肃	Gansu	101.4	100.1	101.4	103.7	105.9
青 海	**Qinghai**	**101.5**	**99.9**	**101.2**	**102.4**	**106.1**
宁 夏	Ningxia	101.6	99.5	101.8	103.1	105.9
新 疆	Xinjiang	102.2	102.1	100.9	100.8	103.5

23-15 各地区全体居民人均收支及排序(2017年)

Per Capita Annual Income and Expenditure of the all Households and Their Orders by Region of the Whole Country (2017)

单位：元、%　　　　(yuan，%)

地 区	Region	人均可支配收入 Per Capita Annual Disposable Income				人均消费性支出 Per Capita Annual Consumption Expenditure			
		数 量 Amount	位 次 Rank	增长率 Growth Rate	位 次 Rank	数 量 Amount	位 次 Rank	增长率 Growth Rate	位 次 Rank
全 国	**National Total**	**25973.8**		**9.0**		**18322.1**		**7.1**	
北 京	Beijing	57229.8	2	8.9	19	37425.3	2	5.7	26
天 津	Tianjin	37022.3	4	8.7	24	27841.4	3	6.6	19
河 北	Hebei	21484.1	17	8.9	19	15437.0	19	8.3	9
山 西	Shanxi	20420.0	23	7.2	28	13664.4	26	7.7	13
内蒙古	Inner Mongolia	26212.2	10	8.6	26	18945.5	9	4.8	29
辽 宁	Liaoning	27835.4	8	6.9	30	20463.4	8	3.1	30
吉 林	Jilin	21368.3	18	7.0	29	15631.9	16	5.8	24
黑龙江	Heilongjiang	21205.8	19	6.9	30	15577.5	17	7.8	12
上 海	Shanghai	58988.0	1	8.6	26	39791.9	1	6.2	21
江 苏	Jiangsu	35024.1	5	9.2	12	23468.6	6	6.0	23
浙 江	Zhejiang	42045.7	3	9.1	15	27079.1	4	6.1	22
安 徽	Anhui	21863.3	16	9.3	10	15751.7	15	7.1	16
福 建	Fujian	30047.7	7	8.8	22	21249.3	7	5.4	27
江 西	Jiangxi	22031.4	15	9.6	5	14459.0	24	9.1	4
山 东	Shandong	26929.9	9	9.1	15	17280.7	11	8.5	8
河 南	Henan	20170.0	24	9.4	7	13729.6	25	8.0	10
湖 北	Hubei	23757.2	12	9.0	18	16937.6	13	6.6	19
湖 南	Hunan	23102.7	13	9.4	7	17160.4	12	9.0	5
广 东	Guangdong	33003.3	6	8.9	19	24819.6	5	5.8	24
广 西	Guangxi	19904.8	26	8.7	24	13423.7	27	9.2	2
海 南	Hainan	22553.2	14	9.2	12	15402.7	20	7.9	11
重 庆	Chongqing	24153.0	11	9.6	5	17898.1	10	9.2	2
四 川	Sichuan	20579.8	21	9.4	7	16179.9	14	9.0	5
贵 州	Guizhou	16703.6	29	10.5	2	12969.6	29	8.7	7
云 南	Yunnan	18348.3	28	9.7	4	12658.1	30	7.6	14
西 藏	Tibet	15457.3	31	13.3	1	10320.1	31	10.7	1
陕 西	Shaanxi	20635.2	20	9.3	10	14899.7	23	6.9	18
甘 肃	Gansu	16011.0	30	9.1	15	13120.1	28	7.1	16
青 海	**Qinghai**	**19001.0**	**27**	**9.8**	**3**	**15503.1**	**18**	**4.9**	**28**
宁 夏	Ningxia	20561.7	22	9.2	12	15350.3	21	2.6	31
新 疆	Xinjiang	19975.1	25	8.8	22	15087.3	22	7.3	15

注：1.本表增速为名义增速。

2.从2013年起，国家统计局开展了城乡一体化住户收支与生活状况调查，本表数据来源于此调查，与2013年前的分城镇和农村住户调查的调查范围、调查方法、指标口径有所不同(下表同)。

a) The growth rate in this table are nominal growth.

b) The NBS have started an integrated household living condition, income and expenditure survey since 2013,including both urban and rural households.The data in this table are compiled on the basis of the survey. The coverage, methodology and indicator caliber used in the survey are different from those used for separate urban and rural household surveys prior to 2013.The same applies to the tables following.

23-16 各地区城镇居民人均收支及排序(2017年)

Per Capita Annual Income and Expenditure of Urban Households and Their Orders by Region of the Whole Country (2017)

单位：元、% (yuan，%)

地 区	Region	人均可支配收入 Per Capita Annual Disposable Income				人均消费性支出 Per Capita Annual Consumption Expenditure			
		数 量 Amount	位 次 Rank	增长率 Growth Rate	位 次 Rank	数 量 Amount	位 次 Rank	增长率 Growth Rate	位 次 Rank
全 国	**National Total**	**36396.2**		**8.3**		**24445.0**		**5.9**	
北 京	Beijing	62406.3	2	9.0	2	40346.3	2	5.5	21
天 津	Tianjin	40277.5	6	8.5	9	30283.6	4	6.8	11
河 北	Hebei	30547.8	22	8.1	24	20600.3	20	7.8	6
山 西	Shanxi	29131.8	27	6.5	30	18404.0	30	8.3	3
内蒙古	Inner Mongolia	35670.0	9	8.2	22	23637.8	9	3.9	27
辽 宁	Liaoning	34993.4	10	6.4	31	25379.4	8	1.5	30
吉 林	Jilin	28318.7	29	6.7	28	20051.2	25	4.6	26
黑龙江	Heilongjiang	27446.0	31	6.6	29	19269.8	28	6.2	14
上 海	Shanghai	62595.7	1	8.5	9	42304.3	1	6.1	17
江 苏	Jiangsu	43621.8	4	8.6	8	27726.3	6	4.9	25
浙 江	Zhejiang	51260.7	3	8.5	9	31924.2	3	6.2	14
安 徽	Anhui	31640.3	14	8.5	9	20740.2	18	5.8	19
福 建	Fujian	39001.4	7	8.3	18	25980.5	7	3.9	27
江 西	Jiangxi	31198.1	15	8.8	4	19244.5	29	8.8	1
山 东	Shandong	36789.4	8	8.2	22	23072.1	11	7.3	9
河 南	Henan	29557.9	24	8.5	9	19422.3	27	7.4	7
湖 北	Hubei	31889.4	13	8.5	9	21275.6	16	6.2	14
湖 南	Hunan	33947.9	11	8.5	9	23162.6	10	8.1	5
广 东	Guangdong	40975.1	5	8.7	5	30197.9	5	5.5	21
广 西	Guangxi	30502.1	23	7.7	27	18348.6	31	6.3	13
海 南	Hainan	30817.4	17	8.3	18	20371.9	22	7.1	10
重 庆	Chongqing	32193.2	12	8.7	5	22759.2	13	8.2	4
四 川	Sichuan	30726.9	20	8.4	17	21990.6	14	6.4	12
贵 州	Guizhou	29079.8	28	8.7	5	20347.8	23	6.0	18
云 南	Yunnan	30995.9	16	8.3	18	19559.7	26	5.0	24
西 藏	Tibet	30671.1	21	10.3	1	21087.5	17	8.5	2
陕 西	Shaanxi	30810.3	18	8.3	18	20388.2	21	5.3	23
甘 肃	Gansu	27763.4	30	8.1	24	20659.4	19	5.7	20
青 海	**Qinghai**	**29168.9**	**26**	**9.0**	**2**	**21473.0**	**15**	**3.0**	**29**
宁 夏	Ningxia	29472.3	25	8.5	9	20219.5	24	-0.7	31
新 疆	Xinjiang	30774.8	19	8.1	24	22796.9	12	7.4	7

注：1.本表增速为名义增速。

2.从2013年起，国家统计局开展了城乡一体化住户收支与生活状况调查，本表数据来源于此调查，与2013年前的分城镇和农村住户调查的调查范围、调查方法、指标口径有所不同(下表同)。

a) The growth rate in this table are nominal growth.

b) The NBS have started an integrated household living condition, income and expenditure survey since 2013,including both urban and rural households.The data in this table are compiled on the basis of the survey. The coverage, methodology and indicator caliber used in the survey are different from those used for separate urban and rural household surveys prior to 2013.The same applies to the tables following.

23−17 全国各地区农村居民人均收支及排序(2017年)
Per Capita Annual Income and Expenditure of Rural Households and Their Orders by Region of the Whole Country(2017)

单位：元、% (yuan，%)

地 区	Region	人均可支配收入 Per Capita Annual Disposable Income				人均消费性支出 Per Capita Annual Consumption Expenditure			
		数 量 Amount	位 次 Rank	增长率 Growth Rate	位 次 Rank	数 量 Amount	位 次 Rank	增长率 Growth Rate	位 次 Rank
全 国	**National Total**	**13432.4**		**8.6**		**10954.5**		**8.1**	
北 京	Beijing	24240.5	3	8.7	17	18810.5	1	8.5	11
天 津	Tianjin	21753.7	4	8.4	22	16385.9	4	3.0	31
河 北	Hebei	12880.9	15	8.1	27	10535.9	15	7.5	20
山 西	Shanxi	10787.5	24	7.0	28	8424.0	27	4.9	29
内蒙古	Inner Mongolia	12584.3	20	8.4	22	12184.4	8	6.3	24
辽 宁	Liaoning	13746.8	10	6.7	31	10787.3	14	8.4	14
吉 林	Jilin	12950.4	12	6.8	30	10279.4	18	8.0	17
黑龙江	Heilongjiang	12664.8	18	7.0	28	10523.9	16	11.7	3
上 海	Shanghai	27825.0	1	9.0	11	18089.8	3	6.0	27
江 苏	Jiangsu	19158.0	5	8.8	16	15611.5	5	8.2	15
浙 江	Zhejiang	24955.8	2	9.1	8	18093.4	2	4.2	30
安 徽	Anhui	12758.2	16	8.9	13	11106.1	12	8.0	17
福 建	Fujian	16334.8	6	8.9	13	14003.4	6	8.5	11
江 西	Jiangxi	13241.8	11	9.1	8	9870.4	21	8.1	16
山 东	Shandong	15117.5	8	8.3	25	10342.1	17	8.6	9
河 南	Henan	12719.2	17	8.7	17	9211.5	25	7.3	22
湖 北	Hubei	13812.1	9	8.5	20	11632.5	9	6.3	24
湖 南	Hunan	12935.8	13	8.4	22	11533.6	10	8.5	11
广 东	Guangdong	15779.7	7	8.7	17	13199.6	7	6.3	24
广 西	Guangxi	11325.5	22	9.3	4	9436.6	23	13.0	1
海 南	Hainan	12901.8	14	8.9	13	9599.4	22	7.6	19
重 庆	Chongqing	12637.9	19	9.4	3	10936.1	13	9.9	6
四 川	Sichuan	12226.9	21	9.1	8	11396.7	11	11.8	2
贵 州	Guizhou	8869.1	30	9.6	2	8299.0	28	10.2	4
云 南	Yunnan	9862.2	28	9.3	4	8027.3	30	9.5	7
西 藏	Tibet	10330.2	26	13.6	1	6691.5	31	10.2	4
陕 西	Shaanxi	10264.5	27	9.2	6	9305.6	24	8.6	9
甘 肃	Gansu	8076.1	31	8.3	25	8029.7	29	7.2	23
青 海	**Qinghai**	**9462.3**	**29**	**9.2**	**6**	**9902.7**	**20**	**7.4**	**21**
宁 夏	Ningxia	10737.9	25	9.0	11	9982.1	19	9.2	8
新 疆	Xinjiang	11045.3	23	8.5	20	8712.6	26	5.3	28

注：本表增速为名义增速。
a) The growth rate in this table are nominal growth.

中国统计出版社最新图书简目

(仅供参考,以实际出版为准)

统计资料

中国统计年鉴	中国统计摘要	中国第三产业统计年鉴
中国第三次全国农业普查综合资料	国际统计年鉴	金砖国家联合统计手册
中国-东盟国家统计手册	中国农村统计年鉴	中国县域统计年鉴
中国农产品价格调查年鉴	中国城市统计年鉴	中国价格统计年鉴
中国贸易外经统计年鉴	中国零售和餐饮连锁企业统计年鉴	中国商品交易市场统计年鉴
大中型批发零售和住宿餐饮企业统计年鉴	中国住户调查年鉴	中国工业统计年鉴
中国环境统计年鉴	中国能源统计年鉴	中国建筑业统计年鉴
中国房地产统计年鉴	中国固定资产投资统计年鉴	中国对外直接投资统计公报
中国人口和就业统计年鉴	中国劳动统计年鉴	中国社会统计年鉴
中国科技统计年鉴	中国高技术产业统计年鉴	全国企业创新调查年鉴
中国文化及相关产业统计年鉴	2018年时间利用调查资料	中国妇女儿童状况统计资料
中国基本单位统计年鉴	中国教育统计年鉴	中国教育经费统计年鉴
中国民族统计年鉴	中国残疾人事业统计年鉴	

省级综合统计年鉴系列

北京 天津 河北 山西 内蒙古 辽宁 吉林 黑龙江 上海 江苏 浙江 安徽 福建 江西 山东 河南 湖北 湖南 广东 广西 海南 重庆 四川 贵州 云南 西藏 陕西 甘肃 青海 宁夏 新疆 新疆生产建设兵团

市(县)级综合统计年鉴系列

滨海新区 石家庄 唐山 邯郸 保定 沧州 邢台 廊坊 承德 衡水 秦皇岛 张家口 太原 大同 阳泉 长治 晋城 朔州 晋中 运城 忻州 临汾 吕梁 呼和浩特 呼和浩特新城区 鄂尔多斯 包头 沈阳 大连 长春 吉林 延吉 四平 通化 松原 哈尔滨 齐齐哈尔 黑龙江垦区 上海浦东新区 南京 无锡 徐州 常州 苏州 南通 连云港 淮安 盐城 扬州 镇江 泰州 宿迁 江阴 丹阳 海门 杭州 宁波 温州 嘉兴 湖州 绍兴 金华 衢州 舟山 台州 丽水 合肥 安庆 马鞍山 福州 厦门 宁德 漳州 龙岩 南昌 九江 上饶 新余 抚州 萍乡 赣州 吉安 景德镇 济南 青岛 潍坊 枣庄 日照 滕州 郑州 洛阳 平顶山 三门峡 商丘 信阳 济源 汝州 武汉 十堰 荆州 宜昌 荆门 咸宁 长沙 广州 深圳 惠州 东莞 汕尾 南宁 柳州 桂林 梧州 来宾 河池 防城港 海口 三亚 成都 贵阳 黔南 毕节 昆明 西安 咸阳 延安 宝鸡 安康 铜川 汉中 榆林 兰州 庆阳 银川 乌鲁木齐 兵团一师 兵团十师

调查年鉴系列

天津 内蒙古 上海 浙江 福建 河南 湖北 湖南 广东 广西 重庆 四川 云南 甘肃 宁夏

统计方法应用/实用手册

实用SAS统计分析教程　Python数据分析基础　统计公文知识问答　领导干部统计知识问答

乡镇统计人员岗位知识培训系列教材：辅助调查员岗位基础知识　乡镇统计人员岗位基础知识

县级统计人员岗位知识培训系列教材：Excel在统计工作中的应用　简明统计分析

地市级统计人员岗位知识培训系列教材：统计报告与演示　中国国民经济核算体系（2016）基础知识

全国统计专业技术资格考试系列考试用书：统计业务知识（第四版）　统计业务知识学习指导与习题

全国统计专业技术资格考试系列考试用书：统计相关知识（第四版）　统计相关知识学习指导与习题

统计通俗读物/统计科普图书

我国20个统计指标的历史变迁　联合国工业发展组织：2016年工业发展报告

中国古代统计发展史　理解国民账户

重点图书

波澜壮阔四十年　砥砺奋进铸就辉煌——改革开放40年与时俱进的中国统计

新编英汉汉英统计大词典　中国国民经济核算体系2016　国民经济行业分类注释

挑大学选专业2019—考研择校指南　挑大学选专业2019—高考志愿填报指南　中华医学统计百科全书